陨石猎人

<上>

易飞扬 著

文匯出版社

CONTENTS

目 录

- 楔 子 001
- 第一章 疯狂的陨石 005
- 第二章 雪夜人狼 018
- 第三章 雪山王 032
- 第四章 生死关头 039
- 第五章 绿色之心 052
- 第六章 再现鬼脸 065
- 第七章 真 相 080
- 第八章 姑娘的目的 095
- 第九章 蓝月村的老人 108
- 第十章 遭遇豺群 120
- 第十一章 美食真相 132
- 第十二章 水落石出 145
- 第十三章 规则制订者 155

- 第十四章 猴　子　165
- 第十五章 野蛮之心　172
- 第十六章 圣雄互助会　184
- 第十七章 神奇的陨石　196
- 第十八章 撞击坑理论　205
- 第十九章 圣　屋　217
- 第二十章 真　凶　227
- 第二十一章 屠　杀　234
- 第二十二章 死　星　253
- 第二十三章 银行劫案　266
- 第二十四章 冷心石的秘密　276
- 第二十五章 永不陷落的峡谷　289

楔子

年幼时，马陆亲眼目睹科考队挖出一颗陨石，数年后，他成为一名"陨石猎人"。

自此，他游走于绝境死地，只为寻找那些来自太空的遗迹。

恐怖的"115元素"、引发上古洪水的"力量石"、使人自燃的"凤凰蛋"、触发奇异能量的"死亡钟"……

马陆逐渐意识到，陨石中隐藏着不可思议的力量。

沙漠中的黑市、居心叵测的藏家、行星坟场中的诅咒……世间苦求陨石者，并非只有"猎人"一行。

死亡的星体，宇宙的秘密。

一切，亟待开发……

一九四二年，第二次世界大战激战正酣。德军妄图以"不为人知的神秘力量"快速赢得胜利，于是党卫队下属的大日耳曼历史与文献搜集部门，在占领区秘密搜寻所有具有"神秘功能"的物品，其中包括古代文献、历史文物、神话史诗、陨石及其制品……

一九四三年，"特别侦讯小队"带回了一颗在摩洛哥境内发现的墨绿色陨石，代号"秘境"。

陨石猎人 上

经过一番研究,纳粹科学家从"秘境"中提取出了名为"115"的元素,此元素具有辐射性且半衰期短,似乎能对尸体产生影响。

于是,此时已到穷途末路的纳粹在位于罗马尼亚的南部秘密地点,建立了一座"僵尸工厂",企图利用"秘境"创造僵尸军团……

……

这是马陆听过,最早与陨石相关的故事。说这个故事的人,是他的二叔。而二叔曾经最大的人生理想,是当一名县长……

马陆的老家在北方,是一个名为纳兰的小山村。山村的名字很美,亦如周围美丽的风景。距离村子不远,有一口天河潭,潭里的泉水碧蓝透彻,犹如蓝宝石一般。据村里老人说,泉眼已存在千年,从未枯竭。但不知道是水里有毒,还是水温太低的缘故,泉水里不长活物。如果放条鱼下去,用不了多久就会死。总之,没人敢用潭水,孩子们也不敢下潭游泳。正因为如此,泉水生态保持得非常好。

然而在马陆十岁那年的夏天,发生了一场不可思议的天象奇观,天河潭也因此换了名。那时正值二叔大二暑假返家探亲。八十年代中后期,农村出一个大学生,那是顶了天的大事情。二叔每次回家,都由村长亲自带人迎接,风光得不得了。不夸张地说,全村人的希望都在他身上,指望他学业有成,在城里混个好出身,将来能为村里出出力。

所以二叔每次回来,都要开一顿流水席,家家户户都有人来,说这些人是在巴结他,一点不为过。每到这个时候,马陆最开心,因为有好东西吃,什么水果萝卜、青鲶胡子、大肘子……数都数不清。

那天的酒席是在村长家里搭的台子,院子里用灯笼布造了个顶,几十个村民挤在闷热的棚子里吃菜喝酒,轮番要马陆二叔给他们讲城里的新鲜事儿。

七月流金似火,大太阳高悬空中,晒得泥巴路都快冒了烟。

马陆刚往嘴里塞满了肉,忽然,一声炮轰般的炸雷声平白无故地炸响了。马陆吓得一嘴肉全吐了,刚才还晴空万里的"烈火天"骤然变暗,冷风扯着灰尘杂物,鬼哭狼嚎般往棚子里涌,酒菜眨眼就被盖了一层"胡椒面"。

"村长,话匣子里说今天下雨吗?"村民问。

"奶奶的,今天是晴天,天气预报扯鸟蛋呢?"村长一番抱怨,引来笑声

一片。

然而笑声未歇,忽然一阵奇异的旋风冒了出来,从棚子处呼啸而过,数十根固定用的大毛竹和五颜六色的灯笼布顿时被卷裹上天,随着旋风打着圈往前走。

接着,更加奇异的景象出现了,乌云沉沉的天空出现了紫色闪电。闪电接二连三地劈向旋风,毛竹子和灯笼布燃起熊熊大火,很快在旋风中化为灰烬。明明灭灭的火星,使得旋风就像一只移动的大灯笼。

骤然发生的奇异景观顿时吸引了所有村民,奶奶拉着马陆,随人群追着旋风走。众人赶到天河潭旁,只见旋风"驻足"于潭水,不再前行,形成了一幕天象奇观——龙吸水。

只见碧蓝透彻的潭水,被尽数吸入旋风风眼中。巨大的水流声和不断溅射而出的水珠告诉旁观人群,这一切不是幻觉。所有人,包括马陆在内,目瞪口呆地看着这波澜壮阔的一幕,无人发觉潭底的泥浆也被吸入风眼……

奇异的"龙吸水"大约持续了一分钟,庞大的旋风骤然消失,潭水从空中落下,巨大的冲击力扬起大股水浪,将所有看热闹的村民浇了个透心凉。风平浪静后,天上乌云滚滚散开,太阳再度出现。

不知谁喊了一嗓子:"潭下面有东西。"于是,村民们又聚集到天河潭边。

只见去了一层泥沙的潭底,露出了某种生物的骨头。骨头呈暗褐色,约有一米高矮,看形状与所有动物都不搭,长尾、长身、长脖,脑袋也是扁平狭长。说是蜥蜴,却是比蜥蜴大得多,说是蛇,却又多出了四只脚。

奇怪的骨骼引起了村民的热议,说什么的都有,但指向最明确的是村长,他觉得这是龙骨。

"村长说得没错,这是龙骨。不过,却是恐龙的骨头化石。"说话的是二叔。

当时的农村连电视机都是稀罕货,没人知道恐龙是什么龙,化石又是什么石头。

二叔做了详细解释,村民们听得稀里糊涂,而马陆看着水中的化石,觉得恐龙似乎活了过来,正在水底游泳。

在二叔的建议下,村长将发现恐龙化石的消息通知给乡里。之后乡里回

楔子

复，上面会安排相关人员来村里实地考察。

事儿说到这里，应该快结束了。但其实，才刚刚开始。

相关人员进村的时候，马陆毫不知情，当时他正忙着跟几个本家哥哥掏鸟蛋。年龄最大的堂哥是"主掏"，他身手敏捷，三两下就爬上了一株十数米高的桦树顶端，高处的树杈有一个喜鹊窝。

眼看鸟蛋就要到手，他却忽然转了方向，指着西北方向，惊恐地道："潭里，死人了，死人了。"

天河潭里真的死了人。一名下水打捞恐龙化石的考古人员进入水潭后，便遭到强电流电击，短短数秒后，便失去生命。

当几个小孩赶到现场，正好看到被捞出的尸体。那是一位二十出头的年轻人。由于下水时他只穿了一条裤头，此刻浑身布满了黄褐色的电灼伤口，四肢肌肉萎缩，双臂扭曲变形，口中不断有鲜血涌出。

虽然尸体很快就被大人带走，可亲眼见到如此恐怖的情况，马陆吓得不轻，直到今天，他时不时还会在梦中惊悸，就是那时落下的毛病。

七天后，村里进驻工程人员。天河潭周围设立警戒线，经过几天勘察挖掘，又在恐龙化石之下的泥层里，挖出了一块将近二百公斤重的大黑石头。

马陆当时并不知道，这是一块石铁陨石。

与地球岩石不同，这块"天外来客"具有蓄电性。当旋风将雷电引入水潭，巨大电流通过水这一导体，存入陨石中。此时的潭水，就是一处强电陷阱，人入其中，犹如遭受轮番雷击，根本没有生还可能。

从这天起，天河潭改名为雷击潭，原本村民只是不敢食用潭水，后来连靠近水潭都不敢了。

第一章

疯狂的陨石

马陆偶尔也会想,如果那年暑假二叔没有回来,他肯定还活着,或许已经当上县长了。可人生,哪里会有"如果"……

工作组在村里待了三天,他们征调了村支部的一间瓦房,应该是在里面研究石铁陨石。而马陆的二叔,作为全村学历最高的知识分子,也被工作组邀请,做了三天协助工作。家里人也问二叔,在瓦房里做什么?他都一笑,避而不答。

三天后工作组撤离,如果事情到此为止,也不会对二叔造成任何影响。但随后来的那些人,彻底改变了二叔的人生轨迹。

那些人,就是陨石猎人。

八十年代,寻找陨石的人并不多,但相比现在吃这行饭的,他们更加专业,也更有毅力。纳兰村发现一块超过两百公斤的超大陨石,这一消息传出后,各地陨石猎人蜂拥而至,每天都有几拨人进驻雷击潭。

起初这些人并没有引起二叔注意,但来的多了,他偶尔也跟着过去转转。也不知道这些人究竟对二叔说了什么,临开学时,他突然提出不念大学了。这一决定,不仅让家里彻底乱了套,就连整个村子都被震动了。那些天奶奶整日以泪洗面,爷爷蹲在院子里一根接着一根抽烟。村子里但凡有点头脸的人,都轮番来劝二叔。他却根本不为所动,毫无商量余地,铁了心要辍学。最终，在全村人的非议声中，二叔收拾了一个包裹，跟着其中一拨人走了，去追寻他心中的理想。

自此后，马陆家变得冷冷清清，也没什么人来了，"老马家的二小子"从全村人的榜样，变成反面教材，与赌棍、混混儿、劳改犯属于同类。

二叔回来的次数也不多，一年中也就过年能见着人。马陆觉得他应该没赚到什么钱，看他穿着打扮，还不如同村出去打零工的。不过人确实粗壮了很多，不像念书时白白瘦瘦的书生模样。

二叔对马陆依旧很好，每次回来都会给马陆带很多礼物，小时候是玩具，大了就是手表、电脑、手机……

马陆和二叔的感情，是家里所有人中最好的，也只有马陆把二叔当家人。而爷爷，自二叔辍学那天起到二叔死的那天，就再没跟二叔说过一句话。

二叔是和团队去南极寻找一颗名为"拉渣之心"的陨石时，所有队员眼睁睁看着他跌落冰缝而亡的。上一秒还活生生的人，眨眼间便尸骨无存。这，就是二叔死亡的方式。他没有留下遗物，背在身上的所有装备，都随他坠入了不知道究竟有多深的冰缝中。不过他留下了一些陨石，算是遗产吧。

二叔的队长（绰号"老刀"的西北大汉）将一堆煤渣般的陨石送到马陆家时，全家甚至没人难过。马陆那时候才知道，家里人是有多么记恨二叔。

老刀看出了端倪，私底下告诉马陆，说这些东西都是二叔用命换来的，让马陆一定好好保存，将来或许能派上大用场。临走时，他给马陆留了电话，说二叔是他兄弟，兄弟的家人他一定管到底，让马陆有事就打他电话。

但他人刚走，爷爷就将那些陨石，狠狠丢进了废弃的猪圈。马陆也是后来才想明白，爷爷一定是难过的，如果真的记恨二叔，他早就把陨石丢进粪坑了。

时间很快到了二〇〇〇年。

二叔过世的第五个年头，发生了三件大事，爷爷过世，猪圈内墙倒塌，纳兰村纳入了生态公园的规划，将要拆迁。

当时拆迁政策是"拆一还一"，马陆家连房带院共一千三百多平方米，分了八套房子。家人铆足了劲搬家，第一时间搬进了城里的新小区。埋在猪圈里的陨石，马陆也从碎砖里扒了出来带去新家，暂存于与阳台相连的空调外机孔里。

分到的八套房子,除了留下两套一楼的,其余的都出租了。老爸装了一套房子,隔壁的房子空着,用作当马陆的婚房。拆迁的补偿款加房租,已足够马陆一家无忧地生活。他第一次感受到,人生原来可以如此美好。

那一年,家人逼马陆与女友分手,又给马陆介绍了一个邻村的姑娘,因为她家分了十二套房。媒人是上了岁数早已退休的村长,他管这叫"肥水不流外人田",乡里乡亲的,在一起成家多好,别便宜了那些苦哈哈的城里人。

马陆和前女友真有感情,却不敢违抗家人的命令,为此马陆很苦恼。刚分手那些天,他整个人甚至有些恍惚。渐渐地,马陆开始恨家里人,尤其恨那位无辜的现女友。她的一举一动,对马陆而言,都是极其庸俗、丑陋的。

于是,马陆选择躲进空无一物的婚房——既可以感受"孤独",又离家很近,吃喝无忧。懦弱的孩子就是这样,即便反叛,也离不了父母的呵护。

然而当马陆在一天上午悄悄进入新房后,却发现屋里并不是空的——地上有两只死去的老鼠。万幸老鼠刚死不久,还没腐臭,马陆用塑料袋装着,丢进了垃圾箱。之后马陆铺了层席子,架上电脑,开始玩当时很流行的游戏《英雄无敌》。正当马陆沉迷于游戏时,忽然听到一声刺耳的尖叫。一只约成人手掌大小的老鼠,居然站在阳台门的边上,冲马陆龇牙咧嘴地尖叫。

老鼠的胆子非常小,一般情况下,不敢进有人的屋子。与人正面相对时,更是只会"鼠窜"逃跑。然而这只老鼠,尾巴居然高高竖起,浑身毛发竖立,尖嘴颤抖,雪白尖利的小牙颗颗毕露。那模样,像极了一条即将战斗的比特犬。

马陆不免有些惊讶,老鼠怎会有如此胆量?

更加不可思议的状况发生了,它又是一声尖叫,朝马陆冲来。幸亏马陆不怕老鼠,否则非吓死不可。

没有任何意外,这只发了狂的老鼠,被马陆一脚踩死。当时马陆也没多想,以为"城里的耗子和乡下的不同",中午吃饭时,只当闲事在饭桌上说了。

老爸说:"一楼耗子多,明天把空调洞堵起来,别让耗子进家做窝。"

工程也不复杂,老爸第二天找了个瓦匠,半包水泥、几十块砖就把空调洞堵上了。马陆把装着陨石的包裹拿回家,丢在阳台一角。鼠患的问题似乎

陨石猎人 上

结束了……

然而当天晚上,窗外耗子叫成一片,同时还有"噗噗"声响,一直闹到后半夜才算消停。

第二天,马陆正睡得迷糊,就听老妈和物业的人在外说话,像是吵起来了。马陆赶紧披上衣服出门,只见老妈和一名物业工作人员站在新房阳台旁。这人情绪有些激动,赌咒发誓说"这事儿和物业没关系"。

马陆走过去正要询问发生了什么,忽然见到空调洞外死了几十只老鼠,各个脑袋都是血肉模糊一团,而封住的空调孔墙壁上,星星点点,溅满了暗红色的血迹,要多恶心就有多恶心。

老妈认为是物业捕鼠后,将耗子尸体丢弃在此,因为耗子都是脑袋破裂而死,明显人为,所以要求物业赔偿"精神损失费"。物业却说昨天根本没有捕鼠工作,他们愿意清理耗子尸体,但要求赔钱属于无稽之谈。

双方话没说完,就见两只耗子从地缝中钻出,一前一后,急速狂奔,冲到封死的空调洞前,纵身而起,撞在水泥墙上。由于拼尽全力,一下就撞得头破血流,然而两只耗子没有退缩,继续用头撞墙,直到不能动弹为止。

亲眼见到这一切,老妈目瞪口呆地对马陆道:"这地方,闹鬼了。"

老妈这辈儿农民,还是迷信的,她坚定地认为新房不干净,要找村里的"巫婆"来跳大神。

待一切"准备"做好,"巫婆"王奶奶也喝了"顺天酒",然而驱邪当天,却遭到了物业的阻拦。

家人和物业爆发了争执,直接惊动了辖区派出所。警察不可能支持迷信活动,做通了王奶奶的思想工作,老太太主动拒绝马陆家人的要求。

耗子的自杀还在继续,每天起码死个七八只。物业为了解决问题,也是各种招儿都想了,什么烟熏炮炸、敲锣打鼓,最后实在没办法,弄来三只猫,养在新房阳台,打算用猫的气味和叫声驱走马陆家周围的耗子。

然而,这并没有什么用,耗子依旧撞墙自杀。而三只猫也在两天后,忽然疯狂地互相攻击,战况之激烈,马陆甚至不敢进入阳台分开它们。

三只猫奋力厮杀,任凭身体被对方扯得鲜血淋漓,直至喘出最后一口气,流尽最后一滴血,惨烈的厮杀才终于结束。玻璃、白墙、阳台到处是毛、碎肉、牙齿,甚至还有内脏。

这下，物业终于慌了，思想开始动摇，物业经理甚至亲口说："可以请为开发商定风水的道长，看看房子周围状况。"

老妈当然是赞成的，不过联系开发商后得知，这位"高人"正在外地替其他大户看风水，过几天才能回来。

马陆所居住的小区是市政府主导的拆迁工程，开发商不敢怠慢，下午来了个总监，承诺一定解决问题，让马陆一家放心。可他人还没走，又出了新状况。

那天下午，天气很闷，到了傍晚，忽然起风，天上乌云滚滚，雷声隆隆。当时，事儿已经说得差不多，眼看一场大雨，老爸便邀请总监进屋说话。

当人们正打算离开，忽然亮起一道紫红色的闪电，由天空直接劈入新房的阳台。闪电将一到三楼所有阳台的窗户玻璃崩碎，无数碎玻璃，如雪片般撒落。阳台里，犹如同时点燃大量烟花，耀眼的电火花瞬间充满阳台，晃得马陆双眼发白。

直到火花消失，抱头蹲下的总监狼狈不堪地起身道："这楼有'接闪杆'，闪电不可能劈入房子里。"

所有建筑都有"接闪杆"，也就是俗称的"避雷针"。它能吸引云层中的电荷并导入地下，这也是建筑不会被闪电劈中的原因。然而，闪电却完美地避过了接闪杆，劈入了新房的阳台里。

此时云暗天黑，暴雨将至，所有人担心再次雷击，便忙不迭地走开。只有马陆发现归于沉寂的阳台，隐隐闪烁着一层淡蓝色的光。

于是马陆趁家人谈事儿，悄悄打开新房门，冒险进入阳台区域。猫的尸体一片焦糊，毛和碎肉都已气化，可见那道闪电释放出的能量，究竟有多强大。而装盛陨石的麻袋也被烧成灰烬，露出的陨石，其中一颗透出蓝莹莹的润光，犹如一枚极品蓝色宝石。

考虑到安全，马陆并没有贸然上前，而是退出新房。之后暴雨倾盆，电闪雷鸣，却没有闪电再劈入房中。

雨过天晴，墨蓝的天空，一轮圆月高挂，夜晚的亮度还要超过暴风雨来临时的白天。说也奇怪，当晚再没有耗子闹夜，难得静谧。

也不知是心里有事，还是环境的突然改变，马陆失眠了。一直挨到后半

陨石猎人 上

夜，躺得浑身酸疼的马陆，干脆起床活动筋骨。

当马陆走到阳台时，赫然见到对门新房的阳台里，人影绰绰。由于窗子玻璃全碎了，外人能轻易翻入。难道，有人来偷陨石？

当时的马陆，并不知道陨石的市场价值，之所以对这事儿敏感，是因为两点。一是陨石为二叔的遗物，是他用命换来的东西；二是在于陨石蓄电，别说人，大象也能电死，马陆可不想摊上人命官司。

为了避免被狗急跳墙的小偷伤害，马陆并没有进入屋子，而是走到阳台前，小声道："哥们，这里面没东西，你还是走吧。"

连说几声，没人答应，没办法，马陆只能点亮手电，朝屋里照射。黑黝黝的屋子里没有人，然而两面墙壁、地板、房顶，却满是走动的人影……

马陆吓得一激灵，手电掉落在地，镜片和灯泡摔碎了。

清冷的月光洒入与阳台相连的新房客厅里。那些纷乱而动的人影，反而变得更加清晰。

马陆吓得浑身发冷，一头钻进卧室，将所有能发光的物体点亮，躲在被子里瑟瑟发抖。

第二天马陆发烧了，满嘴胡话，老妈更加认定新房周围"不干净"，驱邪计划再度提上日程。

这次，派出所和物业都睁一只眼闭一只眼了。王奶奶终于"出山"，以八十岁高龄，在新房前连做两天法事。

如果是商品房小区，遇到这种事儿，估计居民都会来看热闹。可马陆所居住的小区，住户大多是同村人，对于这种封建迷信的活动，见怪不怪。

如果老刀不来，法事起码要做七天。

与五年前相比，老刀没任何变化，一米八的大个儿，身材魁梧，皮肤黝黑粗糙，浓密的山羊胡子几乎挂到胸口，两道眉毛浓密得就像羽毛，几乎连在一起，鼻子又大又挺，一双铜铃般眼睛，目光犀利。一看，就是那种经历了无数风霜雪雨的狠角色。

老刀之所以会在这个时候来，是因为他在纳兰村里埋了眼线。毕竟当年那场挖陨石行动中，村里的参与者可不止二叔一个，因此老刀认识所有的大队干部，以及八成以上的青壮年。这些年，他和马陆一家人虽然没有直接联系，但也时不时从别人口中，打听他们家的情况。

"你们真以为闹鬼了?"老刀坐下后,问道。

"还能是啥?"木讷寡言的父亲蹲在门口,语气不善地反问。

"其实你们都想到了,只是不愿意承认。"老刀轻声言道。

"我们想到了什么?为什么不愿意承认?"马陆虽然这么问,其实早就想到,怪异的状况十有八九和陨石有关,但他不敢说。"陨石"这两个字,在他家里,属于绝对的忌讳。

"我们宁可信鬼,也不信你这种人。"老爸忽地起身,大声道。

老刀也不生气,取出块指甲盖大小的陨石,只见陨石外部布满了黑色融壳,表面满是类似手指按出的气印。他将药碗里的勺子取出,放在床头柜上:"看清楚了。"

说罢,他将手中陨石抛起,石头在空中划过一道弧线,落在床头柜上。"咚"的一声轻响,木板上的物品都是轻轻一震,然而不锈钢的勺子却腾空而起,足有半米之高,随后居然悬浮在空中不动了。

"这可不是变魔术,勺子悬浮空中,是这颗陨石造成的。"说罢,他拿起陨石,装进口袋。

"当啷"一声,勺子掉落。

神奇的一幕,惊得马陆合不拢嘴,老爸也是瞪着眼睛说不出话来。

"没别的意思,只是做一个简单的展示。"老刀笑道。

"这究竟是怎么做到的?"马陆好奇地问。

"这是陨石造成的重力失衡状态,陨石撞击释放的能量,可以使金属物体漂浮。"说罢老刀再次取出陨石,轻轻放在柜面,勺子轻微抖动,并没有飘起。

"简直就是魔法石。"马陆叹道。这块陨石和二叔留下的陨石颜色形状并无异常,只是在灯光照耀下,黑色的融壳却反射出一层淡绿色的荧光。

"这是一颗石陨石,经过检测成分并没有任何异常⋯⋯"说着他转到陨石的断面,断面处布满了细小球粒体。

"但它能造成轻量的金属悬空漂浮,说是魔法石,也不过分。"说罢他将石头放在马陆手中问道,"你觉得怕吗?"

马陆当然明白他的意思,道:"如果新房里发生的状况和陨石有关,那⋯⋯"

"在老家,并没有发生这些怪状对吗?"老刀知道马陆心中的疑惑,自问自答道,"道理很简单,和空间有关。在老家时,老爷子将陨石扔进猪圈,土坯就是土层,陨石被掩盖,就会失去一切特性。"

老爸松了口气道:"只要不是新房问题就好。"

老刀的到来,没有解决任何问题,只是让马陆明白,新房里发生的一切并非灵异事件。而马陆,终于知道了聪明过人的二叔,为什么会为一堆石头放弃大好前程。因为,没有人可以抵御与生俱来的好奇心。正因为好奇,人类才能一路向前,更多地了解这个世界。为了解密,人甚至可以付出生命,一份文凭又算什么?

老刀知道在马陆家里,自己并不是一个受欢迎的人,所以跑了上千里路的他连水都没喝一口,便连夜离开。

"有事儿尽管找我。"老刀拍了拍马陆的肩膀,上了那辆满是灰尘的福特猛禽,一溜烟地走了。

而此时的马陆,虽然对陨石感到好奇,却从未想过去做一名陨石猎人。因为马陆知道,这是一项风险度极高的职业。而真正带马陆入行的人,却与这个行业没有半点关系。

他的名字,叫乌中旗。认识他的人,都管他叫贝勒爷,因为他是满族人,据说,祖上是一位亲王。

乌中旗是如假包换的富二代,家里有矿。在煤窑能亏掉裤衩的年代,他爹接了三个大矿,当时穷得差点要吃煤了,结果城市建设如火如荼地展开,所有能源行业收入井喷,他爹手下的三个煤矿,很快比金矿都赚钱了。

他爹其实早就在北京二环内买了几栋楼,一家人也入了北京户口,但这小子不想"重头再来",坚持在东北念完高中。他爹也知道念好念坏,将来都是管煤矿的,素质高了反而不是好事儿,就由得他去了。

乌中旗家里那是真有钱,高中他就买了一辆宝马七系,一百四十万的车价,在当时来说,足够买一套别墅了。这小子也大方,天天拉着马陆几个人出入歌厅舞厅,乱七八糟的钱没少花。高中毕业后,大家也是常有来往,马陆家拆迁搬家,他还随了一万块钱份子。

在马陆家人眼里,乌中旗是个懂礼数的好孩子。这次新房事件平息后,家人摆酒宴,也把他请来了。

马陆和乌中旗自然坐一起,吃了没几筷子,乌中旗突然问:"真是陨石闹的?"

马陆详细说了整件事的来龙去脉,乌中旗点头道:"挺有意思,对了,咱们也跟着那个什么老刀,找一趟陨石呗?"

"你吃饱了撑的?"

马陆以为他就是随口一说,没想到他来真的,一本正经道:"要不你给联系一趟,我和他去,路上费用算我的。"

"为什么?"

"旅游能有这刺激?他们见到的景色,普通人一辈子也瞧不见呐。"

马陆觉得,乌中旗讲的也有一定道理。

乌中旗又小声道:"我刚换了一辆大悍马,能比无人区里转一圈更磨车的?"

那时候东北的煤老板,特别喜欢买"悍马H2",车子大,形状彪悍,特别耗油。还有什么车,能比这款更嘚瑟的?

乌中旗虽然没工作,但车子换得勤快。他提车时马陆也跟着去了,坐进去的感觉,就像进了一辆公交车,那底盘,稳得像是一辆坦克。

"你要是促成这事儿,回来这车就是你的。"

马陆吓了一跳,因为这小子从来不说瞎话,他说给,就一定会给。

"这车你舍得给,我都开不起。"

"那……换成五万块钱怎么样?"他伸出一只手,比画着。

"找陨石不光好玩,风险是有的,我二叔怎么死的?"

"你就是胆小,咱二叔是掉进南极的冰缝里,咱们又不去南极,跟着去无人区看看,能有什么危险?"

乌中旗也不是说大话,他算得上骨灰级驴友,因为过硬的经济条件,他很早就开始徒步旅行,常在东三省的著名景点晃荡,仅长白山一地,就已经去了三次。应该说,乌中旗虽然有富二代的某些负面特质,但他确实有胆量、不惧危险,学习并掌握了一定的野外生存技巧。他有这个想法,不是心血来潮,而是性格使然。

马陆没有拒绝,倒也不光是为了钱,毕竟一个高中下来,没少吃他的,帮个忙,无可厚非。于是背着家人,马陆私底下联系了老刀。

沉默片刻，老刀道："寻找陨石，是一份事业，不是玩笑。"

"老刀叔，我朋友愿意承担这次出行的费用，也不会对你们工作造成任何影响。"

"为什么要跟我走？"

"只有跟着你们，才能见识真正的无人区。"

老刀没有拒绝，道："如果我答应了，你是不是一起来？"

"我？这事儿和我没关系。"

"你是中间人，怎么可能没关系，而且你不来，让我伺候他？犯不上，我又不缺钱。"老刀笑道。

马陆也没犹豫，立刻拍了板儿，既然能白玩一趟，何乐而不为。

家人以为马陆和乌中旗是结伴旅行，所以老妈只叮嘱道："路上少喝点酒。"

在市中心乌大伯投资的茶楼里，两人和老刀接上了头。一顿简餐后，老刀道："目的地有谱了。"

"哪儿？"乌中旗一对大眼熠熠闪光。

"没有出东北，但确是无人区。"

"具体在什么位置？"乌中旗取出地图。

"不用看了，这上面能找到的，都是城市景点路线。"

说罢，老刀取出一张泛黄的塑封地图，铺在桌子上，指着一处并未有标识的白色区域道："这就是我们要去的地方，当地人称'永冻山谷'，由于气温常年处于零度以下，环境恶劣，尤其到了冬天，大雪封山，只有动物能在这片冻土带生存。"

收好地图，老刀道："冷和雪，对东北人而言，不稀罕，不过……能冻住两头顶杠牦牛的白毛风和烧不化的雪团，你俩见过吗？"

"雪团烧不化？怎么可能。"乌中旗讪笑道。

"我也不信，所以，有人提供了一份标本。"说罢，老刀从包里取出一个普通的塑料袋，袋子里装着一枚雪团。

他拎着袋子，在两人面前晃了晃道："屋子里，起码有二十来度，我们待了也有两个多钟头，这团雪可一点没融。"

"当啷"一声，他用拇指顶开芝宝打火机的盖子，打着后，点了一颗拇

指粗细的雪茄,抽了几口,嘿嘿一笑道:"看仔细了。"

说罢他将雪团放在火焰上部炙烤。

燃烧片刻,雪团没有丝毫融化迹象,反倒是长条状的火焰,闪烁几下后,熄灭了。

"这雪真的烤不化?"乌中旗接过,用手指按了按雪团道,"感觉特别冷。"

"要去的地儿就是一处寒冰地狱,刺激吗?"老刀抽了口雪茄。

"嗯,有点意思。"乌中旗想了想道,"那地方,有没有大型野兽?"

"当然有,狗熊、云豹,据说偶尔还能看见东北虎。"

"有狼没有?"

"狼?野外哪都有狼,不过野兽除非饿极了,或是受伤,一般不会主动攻击人类。"

"嗯。"乌中旗不置可否地点了点头。

"怕了?"老刀弹了弹雪茄烟灰,轻描淡写地问。

"怕?我巴不得碰一个。"乌中旗嗤笑一声,满不在乎地道。

事儿基本上定了,众人下榻本市最高档的宾馆套房。第二天起床后没多久,乌中旗拎着两个背包走了进来。

"你也不懂野外装备,我替你买了。"

对于野外生存的装备,马陆并没有接触过。他大致看了下,背包里有急救包、工具箱、刀具和两件加厚的冲锋衣。

基本符合马陆的想象,马陆将背包放在一边,道:"这趟行动,你得听从命令,可别乱来。"

"放心,我不会添乱,野外生存的能力,老刀未必如我。"乌中旗自信满满地道。

和老刀再碰面,他身后多了两名队员,看样子都在三十岁出头,一高一矮,身体都很结实。高个叫马明毅,长脸尖下巴,一头油腻腻的三七分,就像沾满油的黑布。看人时,眼里充满了警惕,一副拒人千里之外的神态。矮个叫王大庆,据说曾经是一名野战兵王。他的长相没什么特别,但脖子粗大,布满青筋,一双手掌又宽又厚,暗褐色的皮肤表面布满了伤疤和皮茧,十根手指就像十根胡萝卜头,又粗又短。

相比马明毅的冷漠,拥有一双"杀人手"的王大庆倒是很热情,主动替两人拎包,并作了自我介绍。

五人,分乘两辆车一路向北。

年末,东北的天气十分寒冷,滴水成冰,虽然悍马和猛禽都是全天候越野车,但老刀也没赶夜路,到了七八点钟,就找店休息。

第一天晚上,五人在距国道不远的"月亮旅馆"休息,晚餐只有简单的炒饭、面条。

"有几句话,要和你俩说清楚。"吃完饭,老刀抹了抹嘴道,"这次行动,目标地气候环境恶劣,一旦进入,你们不要单独行动,以免发生危险。我们搜寻的是一颗名为'勇敢者之心'的陨石,东方气象中心在陨石坠落过程中全程跟踪坠落区域明确,所以应该能够顺利地找到陨石。"

说完,他点了一根粗大的雪茄,在烟雾中眯着眼道:"你俩如果有问题,尽管问。"

"没啥问题。"乌中旗抖着腿道。

"陨石猎人满世界划拉石头,找到一颗算一颗,怎么还有气象台的帮助?"马陆问道。

"大部分民间猎人都在沙漠或冰原地区搜寻陨石,这种方式,就是你说的满世界划拉,而我和几个科研机构有合作,他们一有陨星坠落的消息就会通知我。如果找到,我会捐献一部分陨石作为科研样本。"

"老刀叔,你……"马陆想了想,又摇头道,"算了,不说了。"

"你想问老二的事儿?"老二就是马陆的二叔,马二觉。

"家人这么对他,不公平。"藏在心底多年的话,马陆终于说了出来。

"嗯,不过老二走得太突然,太快了,我甚至没有看到,唉!"

马陆看他脸色有点发青,应该是想到二叔,心里难过。

"二哥是好人,老天没长眼。"说罢,王大庆一拳头捶在桌上,发出的声音吓了马陆一跳。

"出事儿那天,我就走在他后面不到两米,二哥是用他一人的性命,保全了我们所有人。"

老刀搁下抽了半根的雪茄烟道:"那些石头,我一块不少送到你家,就是因为欠着你二叔的人情,我对不起这个兄弟。"他长叹一口气,眼珠子红了。

"啪"的一声,屋门被踹开,四五个如狼似虎的壮汉卷裹着一股寒风冲了进来。守在饭堂的厨师转身就跑,想从窗户窜出去,没想到推开窗户,被外面一根木棍子直接打在脸上。

又胖又壮的厨师顿时摔倒在地,四人一句话没说,围住他就是一阵棍棒乱打。那血肉模糊的惨状,吓得马陆魂飞魄散,下意识想走,却被老刀一把按住。他摆了摆手,示意马陆别动。

残忍恐怖的伤害持续了半分钟左右,挨打的人浑身是伤,躺在地下一动不动,死活不知。地面、桌椅、墙面溅满了暗红色的鲜血。几名行凶者,罢手后朝他们望去,手中的凶器在灯光下闪烁着刺眼的血光。

对峙片刻,一名满脸黝黑,身着破烂夹克,牛仔裤满是油渍的人,迈步朝他们走来。他手里握着一柄沾满鲜血的短斧。

老刀抽出一把精光雪亮的伞兵刀,戳在桌面,马明毅从桌下取出一柄帕兰砍刀,缓缓起身。此时的马明毅满眼杀气,犹如变了一人。

见对方气势上丝毫不弱,握短斧之人犹豫了,停住脚步后,慢慢用袖子将斧头上的血迹擦去。

老刀满不在乎,跷起二郎腿,歪头抽烟。

最终这帮凶徒退了,四人快步走出屋子,消失在黑夜中。

报警后,马陆心兀自怦怦直跳,老刀则无所谓地道:"越是人烟稀少的地方,人性越是趋于原始,所以遇事不能怕,越怕越得死。"

"如果他们动手了,怎么办?"

"不想被他干死,就得干死他,山高路远林子深,别人是野兽,你也得是。"说罢他掐灭烟头道,"赶紧睡吧,明天还得早起赶路。"

第二章

雪夜人狼

或许是受到血腥的刺激，马陆躺在床上翻来覆去睡不着觉。也不知过了多久，乌中旗道："被吓到了？"

"或许是吧，你呢？"

他不屑地笑了一声。

"这里撑死了算城市边缘地带，不是无人区吧？"

"算不上，但也是三不管，老刀说得没错，没人管的人，就是野兽，他们只遵守强者生存的丛林法则，你和他说法律法规，就是对牛弹琴。"

"你这些年在外东奔西跑，遇过这种事情吗？"

"没有，不过我爸的煤矿，有些工人没下井时很正常，只要进了矿井就和霸王一样，惹不得碰不得。人的性格，确实和环境有关。"

马陆叹了口气："不知道进了真正的无人区是什么样子。"

"跟着他们，你有啥好担心的，咱们就是出来玩一趟，放松心态。"

聊了一会儿，乌中旗睡着了，鼾声如雷，马陆有点佩服他了，起码比自己胆子大。

半夜时，警察上门做了笔录，并询问了管制刀具的信息。马陆这才知道，老刀隶属于某科研机构，他所携带的一切物品，都有相关证明，是必须用到的装备。

警察离开后,马陆终于睡着了。

天亮起床,马陆头晕脑涨,上路之后也是昏昏沉沉。乌中旗倒是精气神十足,多次的野外徒步旅行增强了他的身体素质。关键时刻,他比马陆能扛得住。

"你就是耐力不够,以后没事儿多跟我出去转转。"

荒凉的国道,两辆车子穿行其中,马陆看到远处的高速公路,犹如长龙一般扭转。

一路向北,不断穿越城市乡村。四天后,五人进入人烟稀少的雪原地带。只见远处群山连绵,雪原片片,虽然阳光刺眼,天气却冷得能把人冻成冰坨子。

车子最终停在一处名为"天山玉门"的景区入口前,下车后,只见台阶高处,耸立着一座巨大宽阔的白玉山门,左侧立着一条虎皮红的花岗岩石碑,上用金字镌刻着"此为登山路,好汉莫回头"。

"这里和那个什么山谷有啥关系?"下车后乌中旗瞪着眼嚷嚷。

"别急,先吃饭。"

坐在布满白霜的石阶上,吃着冰冷的三明治,不知过了多久,老刀起身拍了拍屁股道:"来了。"

来人名叫武明星,三十出头年纪,身材矮胖,圆滚滚的脸上始终挂着一副客气的笑容,像是专卖假烟的小贩。

"老刀兄弟。"他特别热情地上前和马明毅握手、拥抱。

老刀略感无奈,小声对马陆、乌中旗道:"武老板是重度脸盲症患者。"

"又认错人了。"他哈哈笑着和老刀拥抱,接着又握住乌中旗的手道:"这次我肯定没认错,马明毅老弟?"

"武老板,我在这儿。"马明毅接茬。

"一个老中医说针灸能治我的病,我都快被他扎成筛子了。"武明星表情有些尴尬。

"看来没什么效果。"老刀颇为同情。

"唉,烦心事儿不说了,准备上路。"

乌中旗贴着马陆耳朵,笑道:"这个傻子不知道有啥用。"

从车里取出整理好的装备,乌中旗把背包往地上一放,他正要关车门,武明星忽然问:"你带复合弓了?"

乌中旗一愣,道:"你怎么知道?"

"我猜猜,是什么型号的,嗯……"他在车的引擎盖上拍了几下道,"是暴龙弩,对吗?"

"真神了,你、你到底是怎么知道的?"

"不光有弩,还有……你行啊,还带了全套的三棱尖刀陷阱装备,有必要吗?"

乌中旗怒了:"你凭什么翻看我的背包?"

"我可一直在你们眼皮子底下,怎么翻你包?"

老刀走过来,对乌中旗道:"武老板虽然看脸不大灵光,但耳朵厉害,凭你包裹发出的声响,他就知道是哪些东西。"

后来马陆才知道,武明星听力不止是灵敏,简直能算特异功能。他能凭声音分辨出物品的细微差别,甚至是重量或形状。

上一分钟乌中旗还在嘲笑他的视力,此刻就被他骇人的听力所震惊,抱歉地点了点头,背起包裹。

"你准备打猎?"武明星追问了一句。

"多点准备,总没错吧?"

"当地只有鄂伦春族的猎人才有狩猎资格,可以在春秋两季猎捕野兔和山鸡,其他人的捕猎都是违法的,千万别自找麻烦。"

"我会盯着他的,你放心。"老刀道。

随后,武明星带众人穿过天山玉门,走入了大山深处。

很快,众人走到悬崖断口,顿时无路可走。马陆正要问他,还没开口就听到震耳欲聋的引擎声传来,一架蓝色的民用直升机从悬崖断口处升起。

除了武明星,所有人依次进入机舱,戴上耳机后,乌中旗道:"武老板不去吗?"

"他是搞后勤的,不是陨石猎人。"

飞行了一段时间,天色阴沉,鹅毛般的雪片纷纷扬扬地落下,可见度越来越差。

"准备降低飞行高度,几位,做好出舱准备。"飞行员道。

随着一道圆锥形的射灯射向地面,副驾驶将软锁丢出舱外,五人通过软

锁滑落,装备则由起降机运送下来。

虽然换上了全套雪地行进装备,马陆仍感到一阵刺骨的寒气,体温在瞬间降低。

老刀示意双手护头,蹲在地下,等螺旋桨造成的气流消失后,再站起身来。

"快动,否则会被寒气冻住。"老刀道。

北方的冬天四五点钟天就黑了,永冻山谷里没有公共照明设备,更是黑得伸手不见五指,看不清周围状况,只能听见凄厉的寒风,一阵阵呼啸而过。点亮手电后,老刀领头,王大庆垫后,众人一字排开,朝铺天盖地的黑暗中走去。

在陌生的雪地环境里夜行,充满着无数的危险,老刀正在找一处搭营休息的场地。众人运气还算不错,走了没多久,就发现一处耸起的土坡,便躲进土坡背面。

到今天,马陆才算明白,野外生存是一门大学问,有许多不为人知的技巧。比如说,在雪山坡后搭营,首先要确定不会造成雪崩,其次要利用积雪,在营地周围堆砌防风墙。雪是冷的,但利用好,却能挡风保暖,所以只有砌好防风墙,火堆才有意义,否则一股强风,就能把火堆吹散。在雪地点火也有讲究,除了防止火源不被融化的雪水浇灭,最重要的是在人对面的位置,须架设一面屏风。屏风的作用是积蓄热能,否则火堆只有照明作用。

老刀带了少量的火炭、干松木,用于进入山谷后取暖用。建好营地,所有人围着篝火煮方便面,头顶寒风呼啸,火源却稳定不动,足见老刀选地眼光之准。

他取出地图,指着其中一处道:"我们目前在这儿。"接着手指缓缓向上,指定一处区域道,"不出意外的话,陨石撞击区就在这片了。"

"大概要走多远?"乌中旗道。

"一百公里左右,雪原行进不比别的地方,走路很吃力,你们要做好打硬仗的准备。"吃面时,老刀笑道。

在这种地方过夜,稍有不慎,便会造成大麻烦,所以细节特别重要。进入雪地帐篷,拉上拉链后,马陆仔细检查,确定没有缝隙,再钻睡袋。

由于包裹得过于严实,马陆根本睡不着,只见守夜的王大庆身影投射在帐篷上，影影绰绰。

马陆正犹豫着是不是出去替他，就在这个时候，王大庆的身影却晃了晃，忽然变了。只见他的脸越变越长，身体也是越来越长，接着手爪、长嘴、利牙……

他，居然是狼人！

马陆顿时出了一身冷汗，猛地坐起身道："闹鬼了，闹鬼了……"

马陆慌得不知所措，下意识地喊了"闹鬼"。

正当马陆魂飞魄散时，帐篷门被人拉开，王大庆问道："闹什么鬼？"

马陆这才看清楚，原来他脑袋上顶着一条狼皮，狼皮保存完整，整个头部栩栩如生，犹如活着一般。

马陆拍了拍狂跳的心脏道："对不起，我看帐篷倒影，以为，以为……"

"咋？你以为我变狼人了？"王大庆愣了片刻，骤然大笑。

马陆满脸通红，恨不能找个地缝钻进去。

"没事儿吧？"老刀迷迷糊糊问了一句。

"睡你的觉吧，小朋友做了场噩梦。"很快，鼾声四起，他们都睡着了。

马陆穿上衣物，走到火堆旁，坐在王大庆身侧。

"第一次离开家？"王大庆抱着炭炉道。

"是。"

"你二叔第一次出门，比你潇洒，该吃吃，该睡睡，啥心理负担没有。"

王大庆整个人缩成一团时，全身被狼皮覆盖，更像是一头狼。马陆看着灰黄色的狼毛根根竖立，油光铮亮，忍不住用手摸了摸。

"这是一头狼王，当年我在德令哈执行任务，与四名队友脱离了连队。在返回部队的途中，遇到了岗瓦狼群。迫于自保，我们击毙了三头狩猎的公狼，你猜怎么着？这头狼王，跟了我们两百多里路，在雨夜发动了突袭，造成一死一伤。"

狼牙在火光中闪烁着一层寒光，令人不寒而栗。

"后来呢？它死了没有？"

"拼到最后，它没了力气，被我压倒，我亲手割断了它的脖子。"

"畜生就是傻，趁着有劲儿时候逃走，不就得了？"

"如果它会逃走，就不会追踪我们几百里路，这头狼早已下定决心，宁

可搭上一条性命,也要为死去的同伴复仇。"说话时,王大庆那双粗糙皮实的手始终在轻轻抚摸狼毛。

"我最佩服的就是生死相对的对手,明知有活路走,却坚定地赴死……不知道我是否有它们的勇敢。"

"嗨,老话说得好,好死不如赖活着。而且,狼杀戮应该是出于本能。"

王大庆没反驳,轻声道:"或许吧。"

本想再问他关于二叔的消息,王大庆却显得意兴阑珊。再后来,暖烘烘的热量使人一阵阵犯迷糊,马陆居然坐着睡着了。

一觉醒来,天色大亮,阳光使雪原反射着一片刺眼的白光,马陆赶紧戴上墨镜,防止眩晕和雪盲。

这是一处下陷明显的山谷,远处高原连绵起伏,一路下行至此,沿途怪石嶙峋,雪丘密布。老刀道:"冷空气下沉,所以地势越低,温度越低,这就是永冻山谷的由来……"

忽然,他眉头皱起问:"你做什么?"

只见乌中旗正埋头组装暴龙弩,这是一种能连射三枝弩箭的复合弓,杀伤力巨大。

"准备打点野兔、山鸡,万一遇到猛兽也能自保。"乌中旗将弩箭斜挎在身上。

"你怎么就那么喜欢操我的心呢?"老刀明显不快。

"老刀叔,我对天发誓,绝对不会用弓弩射杀保护动物,就是为了打点野味,改善下伙食,马陆知道,我嘴特别馋。"

虽然这小子连使眼色,但马陆看出老刀不快,便装糊涂没接话。乌中旗嘴馋也是真的,因为家庭条件好,他什么好东西都吃过,不但能吃,而且会吃。他曾说过,他最大的理想,就是在有生之年尝遍天下美味,现在他来到野外,怎能放弃当地野味。

"如果你想用这把弓,咱们就约法三章,同意咱就继续。不同意,我宁可耽误几天,也不能让你跟着进去。"

"您说,我都答应。"

"一,箭由我保管,需要捕猎时,我再给你。二,来这儿是为搜寻陨石,不是吃喝,尽量克制肚里馋虫。三,你学的那点野外生存技巧,在这里根本用不上。所以,不要自作聪明,和生活在极端区域的野兽相比,谁是猎物,真不一定。"

"您说得没错,我没意见,照单全收。"乌中旗诚恳地道,将箭匣中的三枝箭取下,交给老刀。

吃过早饭,众人捡来一些枯枝败草,扎了一个简易的雪橇,将大部分装备固定在雪橇上。套着狼皮的王大庆负责运输,一行五人,朝雪原深处走去。当天天气还算可以,阳光强烈,并未下雪,只是雪地行走确实费劲儿,深一脚浅一脚的,走不好就会摔个跟头。

"累了就说,别强撑,在这种地方消耗太多体能是非常危险的。"走在第一位的老刀叮嘱道。

"老刀叔,这地儿有冰缝吗?"马陆问。

"理论上并不存在,雪层下就是土地,地形并不复杂。况且,就算真有冰缝,第一个掉下去的也是我,你们掉头跑就得了。"老刀笑道。

"那绝对不会,我们一定想尽办法救人。"

老刀突然停住脚步,凝立片刻,转身对马陆道:"马陆,你二叔确实是找不到了。否则,我绝不会把兄弟留在那种地方。"

"您误会了,我不是质问。"马陆赶紧解释。

话音未落,就听"嗷呜"一声咆哮,空气中隐隐传来腥膻气味。

这就遇到猛兽了?马陆心脏一下提到嗓子眼。循声望去,只见不远处被白雪覆盖的大石上,一头成年雪豹浑身紧绷地盯着他们。

老刀立刻举起左手,轻声道:"不要乱动,深吸一口气,跟着我的脚步,慢慢往后退。"

和花豹相比,雪豹毛发显得更加蓬松,肚腹白毛几乎拖到地面,头更小,四肢也短,这是符合"阿伦规律"的,极寒地区的热血生物,身体突出部位更加短小,这种体型结构,能减少热量散发。虽然如此,但雪豹的体行并不小,反而显得粗壮敦实。

当众人慢慢后退时,雪豹用宽脚掌试探着往前伸了两下,也开始缓缓后退。随后,它掉头跃下大石,没了踪影。

马陆一头冷汗,不大说话的马明毅却连连拍手道:"刚进来就遇到一只雪豹,难得,太难得了,可惜没法拍照。"

"咱们是不是应该做点防范,别被它伤着?"乌中旗摸着他的暴龙弩道。

"不需要,你怕它,它也怕你,互相克制忍让,就不会爆发战争。"王大庆道。

"王叔,这身狼皮你是怎么得的?"

"一条人命,加一条人腿换的。"

乌中旗冲马陆做了个鬼脸,对于王大庆说的话,他根本不信。

随后,他贴着马陆的耳朵,小声问了一句:"哥们,想不想尝尝狼腿?"

"你……"

马陆刚要说话,却被乌中旗一把捂住嘴巴,他小声道:"狼又不是保护动物,你怕啥?"

"聊什么呢?"老刀问。

"没什么,聊聊景色。"乌中旗抢着说话,瞪了马陆一眼。

"都是雪而已,看好脚下的路最要紧。"

乌中旗在金庸小说里,曾看过一段"狼腿猩唇"的描述。这些年,什么好东西他都吃过,就是没有吃过狼腿。什么私厨菜馆,能问的他全问了,可怪就怪在虎鞭熊掌都有人承诺能弄到,唯独狼腿,却没人接招。

越得不到的东西,越是弥足珍贵。到今天为止,一条狼腿对乌中旗而言,不仅仅意味着美食,更能体现他的"力量和抱负"。在蛮荒的无人区,战胜一头饿狼,想想就让他热血沸腾。

"兄弟,你好人做到底,既然帮我约了老刀,就再帮我一次,算我求你了。"

"你想过没有,老刀能答应吗?"

"这种人,有钱就能摆平。"望着正在搭建营地的老刀,乌中旗吐了口吐沫。

"我又不会打猎,怎么帮你?"

"替我打马虎眼,这是你的强项。"乌中旗露出一脸坏笑。

中学的时候,这货"脚踏四条船",马陆经常为他"四处补漏"。马陆想到那些女孩,叹了口气道:"我是助纣为虐,现在想着都后悔。"

"嗨,杀狼也算为民除害,和骗女孩子不是一回事。兄弟,我都求你了,还要咋样?"

"你真浑蛋,早知道……"

"得了,回去好酒好肉伺候。"

好说歹说,马陆抹不开脸一味拒绝,只能勉强答应下来。

之后的两天,没有任何异样。两天后的一个下午,忽然起了白毛风,狂暴的寒风卷起大片干雪花,铺天盖地。老刀就地挖了个雪洞,众人钻入后又在顶部盖了条毯子。

"妈的,今天走不了了。"老刀皱眉。

"正好,咱们找些柴火,干柴不多了。"乌中旗道。

肆虐的狂风停止时,天色将晚不晚,天边挂着一片灰蒙蒙的云层。雪原就像搅入了石灰的清水,有光,但颇为朦胧。所有人以营地为中心,呈扇形朝附近的树林走去,搜寻枯枝败叶。

没一会儿,乌中旗假意说肚子痛,捂着肚子就钻进林子深处,只有马陆知道他要干啥。

过了没一会儿,他回来了,脸上一副心满意足的样子。趁人不注意,他小声对马陆说道:"明天,等着吃狼腿吧。"

"你就这么肯定,能捕到狼?"

"错不了,诱饵是一个老猎人配的,公羊下水。你鼻子闻不到气味,狼是没跑了。这种天气下食物难寻,它们不会错过的。"乌中旗自信满满道。

或许是心理作用,深夜,马陆觉得林子里传来一声接着一声的狼嚎,声音似乎特别凄厉……

马陆被叫醒时,天色未亮,乌中旗却是武装整齐,精神抖擞。

"走,我替王大庆值了早班,他们都睡着了。"

"我们走了,谁放哨?"

"有什么好放的?这里连鬼都没有。再说,咱们去去就回来。"

于是马陆穿戴整齐,两人小心翼翼地朝林子走去。

松林并不茂盛,稀稀拉拉的总共也没几棵树。两人走入林中,一股难闻的气味扑面而来。乌中旗摘下肩上的暴龙弩,小声道:"当心,狼都是群居的。"

"你的箭,被老刀叔收了,又从哪来的?"

"我带了三套箭匣。"乌中旗警惕地四下打量,一步步朝陷阱靠近。

林中光线昏暗,到处是凸起的石块和掉落的松枝,陷阱设在一块大石之后,两人并没有从一侧绕行,而是爬上石头,居高临下朝陷阱方位俯瞰。

陷阱真的困住了一头狼,圆形钢套折叠咬合,将一条灰色的狼腿夹得皮开骨裂,钢套周围的雪地上布满了早已凝结成冰的暗红色血迹,犹如一颗颗碎裂的红宝石。

"不可思议。"乌中旗嘟囔一声,站了起来。

原来陷阱中,只剩下一条残破不堪的狼腿,中了圈套的狼,决然咬断被钢圈夹住的腿,逃走了。

两人从石头跳入雪地,只见狼腿断口处,是一圈不规则的牙印,甚至还有嚼碎的骨渣。

"这不得疼死?"马陆浑身发冷。

"你们这是……做了什么?"王大庆愤怒的声音传来。

马陆一激灵,转身望去,只见面色铁青的王大庆一动不动地站在自己身后。

让乌中旗守夜,王大庆心里毕竟不踏实,打了个盹,立刻醒来,再看帐篷外,除了一堆火,哪有人在。王大庆放心不下,叫醒了马明毅后,循着脚印找到了林子里。

"我就知道你俩会出幺蛾子,什么出来玩儿,就是为了作践动物!"他怒斥。

"王叔儿,您别气,这事儿错在我,和马陆没关系。"乌中旗赔着笑脸道。

"我不管你俩谁对谁错,赶紧收拾东西,滚蛋。"

"别,我这时候走,也耽误你们事情。"

"你们……"

"嗷呜……"林子里忽然传出一声沉闷的吼叫。这一声狼吼,虽不响亮,却似乎震动天地,马陆觉得雪地仿佛都在颤抖。接着,光亮无法触及的黑暗深处,亮起两点绿油油的光,犹如烛火悬浮空中。

"是狼。"乌中旗喊了一声,举起暴龙弩,就要射击。

王大庆冲上去将他拦腰抱起,横摔在地。

"你疯了。"雪层厚实,衣服又穿得多,人没事儿,但乌中旗脾气上来了，暴龙弩就要对准王大庆。

"砰"，枪响了。

老刀手里攥着一柄左轮，朝天开了一枪。

"把弩放下。"他面无表情道。

马陆赶紧走到乌中旗身边劝道："别乱来，听老刀叔的。"

乌中旗脾气虽坏，但他知道，在这种地方，由不得自己逞凶斗狠，于是狠狠将暴龙弩丢出。老刀也没说话，收了枪后，转身离开。

那头狼，或许被枪声所吓，悄无声息地走了，王大庆捡起暴龙弩，"押着"两人返回营地时，老刀正坐着抽烟。

"老刀叔……"

不等乌中旗话说完，老刀挥了挥手，继续抽烟。

将整根雪茄抽完，老刀起身，从王大庆手中接过暴龙弩，走到乌中旗面前。乌中旗赶紧伸手去接，道："老刀叔，我发誓，再也不会……"

话音未落，老刀忽然用暴龙弩弓身，狠狠撞在他肚子上。

"妈呀……"乌中旗猝不及防，摔倒在地。这下可是不轻，他捂着肚子满地翻滚。老刀丢了弩，脱了手套，一把薅住他脖领子，几拳呼在他脸上。

马陆想要上前劝架，却被王大庆推倒在地。

"少管闲事。"他凶巴巴呵斥。

老刀下了狠劲，几拳下去，乌中旗顿时满脸开花，晕了。

"老刀叔，你把人打死……"

"放心吧，他死不了。"老刀并未显得愤怒，只是呼吸有些急促。

随后他松开手，站起身道："你这个朋友，好说没用，我得让他明白这里的规矩。"

乌中旗狼腿没吃到，却吃了从未吃过的大亏。醒来后，乌中旗满是鲜血的脸肿得和猪头一样。他必然愤怒到极点，可肿胀的面皮却不能显露一丝表情，就像冻僵了一般，呆呆坐着。

"唉。"马陆叹了口气，走到他身边，也不知说些什么。

过了一会儿，老刀拍了拍手道："走。"

乌中旗吐了口血痰，默不作声收拾装备，走在最后。然而没走多远，就听到刺耳的嚎叫声传来，循声望去，远处两条毛色偏灰的野狼，凝立不动，

遥望着他们。

"都加点小心，受伤的是一头母狼，正在哺乳期，狼的报复心极强，不会轻易放过咱们的。"老刀头也不回地道。

"老刀叔，你怎么知道是母狼？"

"从残腿推断出的，以你们布设陷阱的手段，如果不是哺乳期饿极了的母狼，绝不可能中招。"

说罢，老刀停步，将暴龙弩丢给王大庆道："狼是群居动物，在狼群中只有狼王和它的配偶才有生育权。所以，你俩伤害的是狼王的女人。"

马陆低着头，也不知如何回答。

王大庆又对乌中旗道："狼的厉害，你没领教过。它们不但狡猾、凶狠，而且意志力极其顽强。老刀打你，也是希望它们见好就收，否则这一路不知道会出什么事儿。"

乌中旗并没有回应，只是低头走路。一直走到天色偏黑，扎营休整。当晚，老刀多生了一堆火，他没睡觉，和王大庆、马明毅一同守夜。

马陆睡得并不踏实，因为愧疚。他正胡思乱想，忽然觉得火光急速晃动起来，帐篷上全是忽来忽去的影子，喝骂声顿起，接着此起彼伏的狼嚎声，响彻在静谧的山谷中。

马陆心脏咚咚狂跳，打开帐篷门，只见四头毛色各异的公狼，正围着营地迅速转圈。它们正寻找机会，试图发动致命攻击。没有了栅栏的阻隔，野狼在马陆眼中，显得更加雄壮威猛。面对敌人时，它们的表情凶恶又残忍。

老刀带领二人，手持火把，不停对狼挥动，阻止它们靠近，然而这样也只能暂时阻隔狼群，无法彻底赶走。

"妈的，就是这俩丧货搞的事。"王大庆怒骂。马陆待不住了，爬出帐篷，加入战团。

"小心，别被狼拖出去，离了火圈，就是死路一条。"老刀对马陆道。

话音未落，就听马明毅吼道："坏了，咱们上了畜生的当。"

狼群从不蛮干，它们天生懂得使用战术，每一头狼都有明确的分工，主攻、侧攻、佯攻等手段，层出不穷。

今晚这四头狼突然袭击，牵扯众人精力，另有两头悄悄潜伏于左翼，在所有人提防狼群正面攻击时，叼走了两个装着重要资料和工具的包裹。和豹

雪夜人狼

029

子偷袭狮群,攻击弱小幼狮一样,狼叼走包裹,是为了制造麻烦。当对手心浮气躁时,自然就会露出破绽。

果然,老刀急了,他抽出手枪道:"明毅,你跟我去抢包,大庆在营地守着。"说罢,他举着火把,当先朝两头狼追去。

在狼群环伺中,冲出火圈是非常危险的,但老刀已经顾不上其他的了,他一心只想着把包追回来。王大庆一人无法与四头狼周旋,于是将暴龙弩丢给马陆道:"找机会射一只,否则我们会被耗死的。"

这时乌中旗也从帐篷里出来了,马陆将暴龙弩丢给他,道:"还是你来协助王大庆抵御狼群。"

然而,老刀二人离开后不久,黑夜中响起一声犹如狮吼般的咆哮,四头野狼似乎受到召唤,马上停止攻击,转身朝老刀离开的方向跑去。

"坏了,老刀叔有危险。"马陆嘴皮子都在哆嗦。

即便是经历过大风大浪的王大庆,此刻都慌了神。他面色铁青,指着乌中旗道:"要是队长出事,你他妈别想活着出去。"

"王叔,别说气话了,咱们该怎么办?"马陆焦急地问。

"队长身经百战,他一定能回来,保护好自己,就行了。"

"万一老刀叔需要帮助,怎么办?"

王大庆一咬牙道:"你们俩老实在这儿待着,我……"话音未落,他身后的雪堆忽然扬起,一头体型硕大的白狼从纷纷扬扬的雪花中蹿了出来,直立而起,两只前爪搭在王大庆的肩膀上。

这一幕,马陆看得清清楚楚,慌得连退数步,摔倒在地,指着那头白狼,喉咙里却只能发出"呜呜"声,根本说不出话。在马陆的眼里,时间仿佛停止了,一切物体都变成了静态的图片,王大庆僵立不动,白狼一对眼睛凶光四溢,鼻子里喷出的白色雾气,一股股撞击在王大庆后脑上。随即,白狼嘴巴渐渐咧开,两排如箭头般锋利的狼牙在火光中闪烁着森然寒光。

"中旗,你、你准备动手。"马陆哆哆嗦嗦道。

乌中旗站在白狼的左边,射击角度非常清晰,王大庆没有动,也是等他出手。只见乌中旗端起暴龙弩,对准白狼……然而,他并没有扣动扳机。

"你犹豫什么?射箭啊?"在这冰天雪地的地方,马陆愣是急出了一头汗。

乌中旗狠狠啐了口唾沫，居然放下弓弩，王大庆叹了口气，一把抽出腰里的匕首。可是他速度再快，也快不过身后的白狼。只见血盆大口蓦然张开，猩红的舌头口水淋漓，一口咬住王大庆的后脖颈。

这一口，白狼直将两排牙齿尽数插入王大庆的肉里，骨头碎裂声中，鲜血喷涌而出，王大庆颈骨断裂，瘫痪倒地。

鲜血，将白雪染红一片。

满嘴血红的白狼随后抬起头，表情狰狞地望向二人，乌中旗这次没有犹豫，抬起弩，对它就射。

白光一闪，狼迅捷无伦地窜入雪地，浑身白毛和雪地完美地融为一体，就像幽灵，消失在雪原中。

第二章

雪山王

马陆头脑一片空白,走到王大庆身边,将他抱起。王大庆脖子上两排牙印几乎对穿,鲜血涌出的速度,就像拧开的水龙头,没等马陆说话,他就死了。

"啊……"马陆蓦然发出一声惨叫,起身朝乌中旗冲去。

"你也要像他们那样,把我往死里打?行啊,死在你手里,我认了。"乌中旗丢了弓弩,对马陆道。

"你为什么见死不救?"马陆怒吼。

"杀他的不是我,我只是没有射中那头狼而已。"乌中旗冷冷道。

"你说得简单,可,可是,这一切,怎么收场?"

"你就如实告诉老刀,是白狼咬死的人。他要为兄弟报仇,就去杀狼,不过,他俩还能不能回来?"乌中旗冷笑一声。

他的判断出现了失误,天色将明时,老刀和马明毅拎着两口包裹回来了。老刀腿上有伤,马明毅除了披头散发,没有明显的伤处。

看见王大庆的尸体,老刀铁青着脸不说话,马明毅问是怎么回事,马陆只说遭到了一头白狼的袭击,并没有说乌中旗见死不救。他不想再死一个人。马明毅蹲在王大庆尸体旁,放声大哭了几声,又起身,朝乌中旗走去。

老刀拦住他,道:"这就是大庆的命,你打死他也没用。"

马明毅瞪着通红的眼珠子道:"人怎么办?任务又怎么办?"

"任务必须完成。"老刀朝王大庆望去,"大庆……唉,再难也得把他带回去。"

被狼咬死的人,不能就地掩埋,否则会被狼群寻着味刨出来,吃得连头发都不剩。冰天雪地里,尸体不会腐烂,此时的王大庆已被冻住了。老刀将他体表衣服脱去,用被子裹住尸体,固定在雪橇车上,继续前进。

这次气氛更加凝重,一路上无人说话。默默走了两天,第三天清早,众人收拾了装备正要离开,忽然老刀抬起右手,示意藏身。

一阵轻微的脚步声传来,两名身披白色斗篷、端着老式猎枪的猎人,走入了营地中。

看二人打扮,应该是当地的鄂伦春猎户,而非盗猎者。老刀吹了声口哨道:"老乡,大雪封山,你们还在呢?"说罢当先走出,但右手按在枪柄上。

两名猎人,一人年过六旬,一人二十出头。年长者抖开斗篷,露出内里的狍皮衣,胸口有鹿角形状的装饰。

"你们是哪里来的嘛?"老人皮肤黝黑,面颊紫红,虽然满头白发白须,但一双眼睛精光闪烁。

"咱们是同行,你们捕活物,我们捕天上掉下来的石头。"老刀招呼。

"你说的是陨石吧?"年轻人颇感兴趣。

"是啊,听说再往下有一处大山谷,大概有多远?"

老人道:"还有三天的路程。"他看了一眼雪橇里裹着的尸体,眉头不由自主皱了皱。

"您别误会,我的朋友是被狼咬死的,脖子上有伤口。"老刀卷开裹布,王大庆脖子狼牙印记清清楚楚。

"唉……你们招惹的是当地山神雪山王。"寒风凛冽,老人颔下胡须,犹如旗穗一般飘动。

"这雪山王是不是一头白色的狼?"老刀问。

"我们这里嘛,早年间有不少猎人加入了抗联,后来日本人进山扫荡,我们的雪山王率领狼群咬死、咬伤大量日本人,后来他们派来最厉害的猎手,想要杀死雪山王。最后,雪山王把人引去了背阴山谷里,同归于尽了。"

"雪山王的后代都是毛色雪白的,都是狼群的领袖,是我们鄂伦春人的山神,你们这些城里人啊,来了就没好事。"老头气得胡子直哆嗦。

"大爷,我们无意冒犯山神,如果可以,希望能够补偿……"

"补偿?狼嘛,不像人有许多的心眼子,它们一旦宣战,就不可能停下了。年轻人,你们惹了大麻烦。"说罢,老人摇着头,和年轻的猎人快步离开了。

事到如今,乌中旗反而坦然了,他没有任何表示,只是静静地站着。

马明毅狠狠瞪了他一眼,却也无可奈何,问:"队长,怎么办?"

老刀深深吸了口气,望着雾气弥漫的雪原深处,片刻后道:"走吧。"说罢继续向前。

这一路,每迈出一步,马陆都会觉得心惊肉跳。雪山王是否就藏在白茫茫的雪堆中,伺机发动致命一击?他这辈子,从没有像现在这样后悔,为什么要答应乌中旗?真的是因为哥们义气,还是为了那笔五万块钱的"中介费"?

他正在胡思乱想,忽然,一阵凄厉的狼嚎在身侧不远处响起。马陆顿时面色惨白道:"雪山王来了。"

"专心赶路,它要找的人不是你。"

渐渐地,野狼的嚎叫声此起彼伏,越发频繁,马明毅都慌了神:"队长,咱们真的安全吗?"

老刀只顾低头走路,并不说话。

天色越发阴沉,寒风裹挟着雪花铺天盖地降落下来。忽然,老刀抽出腰间的手枪,对一侧看似无物的雪堆开了一枪。声音炸响在空旷幽静的雪原,又是一阵刺耳的尖叫。雪地拱开,一只脊背上淌满鲜血的青狼,跟跟跄跄地钻了出来,它试图朝人群冲击,却挣扎着倒下了。

昨晚,老刀还以驱赶狼群为主。此刻,他对狼群不再有任何留情。他的洞察力和枪法远远超出马陆意料,即便是猎人,也不过如此。周围蓦然爆发出此起彼伏的狼叫,声音尖利刺耳,听得人毛骨悚然。

"我们被狼群包围了?"说话时,马明毅的嘴皮子都在哆嗦。

老刀镇定地指着不远处一块隆起的石头道:"上到高处,再作准备。"

"队长,这种天气里,咱们上高处,那就是自杀。"马明毅道。

"不上,你就等着喂狼吧。"说罢,老刀朝石头走去。

天色越加昏暗,风雪中点点绿光隐约可见,狼群迅速地交叉换位,朝四人逼近。石头近似船型,三面光滑如镜,一面断面嶙峋,四人互相扶持着爬上高处,老刀用积雪堆出风墙,生起一堆火后,将简易雪橇拆了,将木枝一根根削尖。

狼爪踩踏雪面,雪层发出细密的轻响,它们犹如训练有素的军人,在即将展开攻击时,居然集体静默,不发出半点声音。

老刀点燃一支烟,插在王大庆尸体前道:"兄弟,我绝不会让你白死。"

他居然要为死去的兄弟复仇,疯狂的念头令马陆叫苦不迭,却又无可奈何。己方无非就是一把手枪、一把弩、两柄砍刀、数根木刺,凭这些武器,绝不可能抵御狼群进攻。想到这儿,马陆突然爆发了:"你自己不想活,干吗拉着我们陪葬?"

老刀语调不变,挥了挥手道:"帮忙烧一壶水。"

老刀不接招,马陆倒也不好发作,只是手抖得厉害,根本搭不起灶台。

"镇定点,到这份上,你怕也没用了。"老刀道。

"镇定?都快成速冻食品了,叫我怎么镇定?"马陆几乎要哭了。

"我在野外待的时间,比在家里都要久,野兽是有灵性的,它们远比你想的聪明,狼群不会贸然进攻,它们在等咱们犯错。"老刀搭了个灶台,烧上水。

狼爪踩雪发出的声音逐渐密集,老刀将水烧开后,洒在北面的石阶,热水在瞬间凝结成冰。

看着老刀将几锅烧开的水洒在石阶上,马陆明白了他的用意。大石块北面的断层石阶,是唯一可以爬上石顶的位置,结冰上后,就会变得异常滑溜,即便是狼也不能上来。

老刀拍了拍马陆的肩膀道:"越是危险,越要冷静,否则,必死无疑。"

为了防止体温流失,四人裹着被子,围着火堆。而狼群在数次试探后,逐渐失去了耐心,试图从四个方向攀爬,然而无论它们如何费力,都无法取得半点进展。

马陆听着狼爪挠在石块上发出的"唰唰"轻响,嘟囔道:"累死你们。"

"这些狼迟早会想出爬上来的办法。"老刀道。

陨石猎人 上

马陆起身走到大石边,朝下望去,石头的垂直高度足有十二三米,狼不可能凭借跳跃或是攀爬冰封的石面上来。借着火光,马陆只见数十条狼翘着尾巴在雪地来回兜圈子。

"只要找到白狼,把它击毙,狼群也就散了。"马陆道。

"狼王必然是族群中最骁勇善战的那头,杀它可不容易。"老刀道。

马陆搓了一个雪团,对着狼群掷去,正中一头,那狼蓦然一惊,跳开半米,随即仰头狂叫。

马陆不停掷出雪团,驱赶狼群,野狼更加愤怒,它们依次散开,凶狠的咆哮声此起彼伏地响起。

"省点力气吧,这种行为除了激怒狼群,没别的作用。"

"有用没用另说,就是不能让狼群消停。"就在这时,飞雪迷蒙的天地,一道白色身影出现了,雪山王一步一步走来。

马陆特意在雪团里夹了一块石头,朝雪山王丢去。雪山王停下脚步,一动不动,雪团落在它面前,连毛都没沾到一根。雪山王瞪着一双绿油油的眼睛,朝石顶望来。原本撕扯着嗓子吠叫的野狼,顿时住口,夹着尾巴,簇拥到狼王身边。

马明毅倒是干脆,端着暴龙弩走到石边,对准白狼,然而在他扣动扳机的瞬间,老刀一把将弓弩托起。利箭发出刺耳的尖啸,直冲上天。

异常的声音,使得狼群躁动起来,然而狼王依旧不动,群狼逐渐又恢复平静。

"队长,你为什么拦我?"马明毅急了。

"它是我的。"老刀言简意赅地说明了用意。

极度寒冷的区域,手枪的稳定性不如冷兵器,老刀用手搓出三股绳,将伞兵刀牢牢绑在一根树枝上。

"老刀叔,咱们还能活着离开吗?"马陆走到老刀身边,轻声问。

"你怕吗?"

"我?应该是怕的。"

老刀放下木刺,拍了拍手道:"我刚出道那会儿就在湖南一处山谷里,遇到了熊。我跑不过它,只能装死,这就必须忍受熊的作贱,它会不停嗅你的脸,或用舌头舔脸,也有可能拍打你的身体部位,甚至一屁股坐在你的身上。我被嗅了很长时间,左胸被熊掌抠下两块肉,那次遇到的险情,比这次要可怕得多。"

"您是如何脱险的?"

"紧咬牙关不动,否则,被熊发现是活体,必死无疑。当时,因为忍痛,我把一颗板牙给咬断了。"说罢,老刀张嘴展示他断了的板牙。

马明毅忽然焦急地道:"队长,这些狼作妖了。"

老刀朝下方望去,只见群狼一头爬上另一头的身,如此一来,"狼梯"逐渐变高,如果放任不管,它们很快就能蹿上来。群狼居然懂得叠罗汉,说是"作妖",丝毫不过。

老刀立刻举起一根木刺,对着狼群投去。一声悲鸣,竖起的狼群被砸中后,犹如坍塌的积木,散落一地。摔得虽然狼狈,但雪地柔软,没有狼受伤。正当它们准备集结,第二次叠罗汉时,一声沉闷的低吼声响起,雪山王再度出现,狼群又回到它身侧。

马陆叹了口气道:"我有点相信老猎人说的话了,这头狼王确实不一般。"

"有它在,狼是战士,没有它,狼只是野兽。"老刀点了点头道,"千万小心,我们没有必胜的把握。"

这时雪山王仰脖发出一声长啸,马陆以为它是在召唤援兵,然而簇拥在它身边的狼群纷纷离开,荒凉的雪原,只剩下它孤零零的身影。

"妈的,你这是要耍什么花招?"老刀喃喃自语。

雪山王居然迈动四爪,朝巨石走来,雪地留下一排清晰的脚印。

"这头狼……"老刀话音未落,猛然觉得身后一股大力涌来,等他警觉时,已来不及反应,被人推下石块。

马明毅转过身,一股白雪撒在脸上,眼前顿时白茫茫一片,正要用手抹脸,被乌中旗一脚踹落。

"中旗,你……有什么话好好说。"此时乌中旗已经将暴龙弩端在手中。

"你是不是也要对我下手?"马陆眼都红了,心里既害怕,又愤怒。

"我对你太失望了,不讲兄弟义气,任由这帮人作践我。"乌中旗语气森冷。

"中旗,别,别乱来……"马陆慌得话都不会说了。

"我回不了头了,老马,咱俩兄弟一场,我送你上路,别被狼咬死,那太惨了。"说罢,暴龙弩瞄准了马陆。

第四章

生死关头

没有犹豫，马陆从大石顶上纵身跳了下去，与此同时，一枝利箭几乎擦着他头皮飞过。

大石虽高，雪层也厚，落地后马陆就势一滚，虽然摔得狼狈，但并未受伤，然而没等他站稳，又是一股大力袭来，将他推开几米。

一支箭，钉在他之前站立的位置。如果不是老刀将他推开，马陆已被利箭穿身。

"快跑。"老刀喊，只见大石顶上的乌中旗又将王大庆的尸体踹落，然后举起暴龙弩对准老刀。

老刀和马陆两人躬身小跑，然而雪地羁绊，跑不快，雪山王又发出一声长啸，迈动四爪，追逐而来。两条腿不可能跑过四条腿，雪山王越来越近。它的目标，是老刀。

老刀虽然没有受伤，可武器都留在大石顶上，手无寸铁，面对白狼，只能绝望地握紧双拳。

"嗷"，一声咆哮，雪山王腾空而起，就像一枚迫击炮弹，精准地坠落在老刀身上，强大的冲击力将老刀扑倒在地，血淋淋的利口张开，獠牙在黑夜中闪烁着死亡的寒光。

"你妈的。"老刀一拳打在它左边下颌，硕大的狼头却连动都没动。死亡将至，绝望至斯，老刀干脆放弃抵抗，闭目等死。

然而，随着"啪"一声响，马陆不顾一切冲来，狠狠撞在雪山王身侧。人急三倍力，这是马陆豁出性命的一撞，雄壮的雪山王居然被顶开了两三米。它在地下翻滚两圈迅速爬起，一声低鸣，又朝两人而来。

"快跑。"老刀对马陆吼道。

"你死了，我一样活不了，跟它拼了。"马陆也不知道怕了，瞪着满是血丝的双眼，口沫横飞地咆哮。

空中尖啸声大作，乌中旗看准两人一狼，用暴龙弩同时射出三箭。利箭犹如流星一般呼啸而来，必能击中鲜活的生命。千钧一发，老刀忽然从脖子拽下一枚"饰品"，狠狠摔在雪地上。刺激耳膜的尖啸声忽然消失了，已在马陆两眉间的长箭骤然悬停，片刻后掉落雪地。死亡的边缘，是神奇的陨石救了二人一狼的性命。

马陆立刻捡起长箭，哆哆嗦嗦对准雪山王。才发现，原本与自己缠斗的雪山王，已调转方向，一动不动地望着大石顶上的乌中旗。

站在人的角度，狼天性残忍、贪婪、恶毒。可身处极端环境，善者如何生存？

马陆终于明白，狼比人更有原则，虽然未必有恩必偿，但绝对有仇必报。

老刀捡起另一支箭，道："快走。"

这是唯一生存的机会，两人相互扶持，朝雪原深处跑去，乌中旗嘶哑的声音响起："你们没有任何装备，就算逃得了一时，必然会被冻死。"

乌中旗慌张的情绪显露无遗，他显然已经预料到，自己只是暂时活着而已。

马明毅死了，或许摔落时头部着地，或许摔落处藏有暗石，此刻他一动不动躺在雪地，后脑流淌出大股血液，已经结冰。

老刀和马陆两人在乌中旗的喝骂声中，逃出了暴龙弩的射击范围，狼群也没有尾随而来。这并不代表二人是安全的，恰恰相反，他们将面对最为致命的杀手——寒冷的天气。这种寒冷，由皮肤透入骨髓，犹如从人体每一处细微的毛孔，扎入冰针。

"尽量动起来，否则会被冻死。"老刀说话时，牙关打颤。

"老刀叔,我,我对不起你。"

老刀叹了口气道:"我不该打他。"顿了顿,又道,"应该宰了他。"

雪原中,雾气逐渐弥漫,老刀道:"一旦没了光,我们必然会冻死在这里。"

"可我们没有任何办法。"马陆已经冷得浑身发麻,这是血液不通畅的症状。

老刀四下看了一圈,指着不远处的一棵松树道:"那里。"

两人互相扶持着走到松树下,老刀拨开雪层,又用箭尖划开冻住的土层,清理出一个浅浅的凹档,再将凹档周围堆上积雪压实,然后摘下数根茂密的松枝在土层上铺了一层,道:"咱俩必须紧紧抱住,减少体温的流失。"

随后两人平躺凹档,紧紧搂住对方,老刀又将剩余的松枝压在身上。

"无论多困,千万不要睡着。"老刀说话时呼出的气比冰凌还要冷。

马陆意识已经模糊了,哆嗦着道:"要是有一颗……发热的……陨石,就好了。"

"唉……"老刀叹了口气,"其实我早就知道,永冻山谷里有白色的狼存在。"

"什么……意思?"马陆脑子一激灵,清醒了不少。

"陨石代号为'勇敢者之心'是有所指的,你想知道为什么吗?"

"想……想知道。"

"六年前,我就看过相关资料。"

"那时候,我……二叔……还活着?"

"当然,而且这是你二叔最想找到的陨石,因为它太特殊了。"

"哪儿……特殊了?"两人一问一答,马陆的精神见长。

"资料记载,这块陨石在七十年前坠落。当时这里有一口巨大的温泉,陨石撞击造成的地层破裂,温泉流入地下,所以有了现在的永冻山谷,撞击区中的一切有机物,几乎在一夜之间变成了白色。"

"为……什么?"

"或许是辐射,或者别的什么原因,确切的答案只有找到陨石后才能知道。"

吞了口唾沫,老刀继续道:"发生撞击后不久,当地一名叫哈丹巴特尔的猎人，打猎时在白色的松林中发现了一条纯白色的狼崽。或许是因为异常的毛色，小狼遭到母狼遗弃，猎人将冻僵的小狼揣进怀里，带回家喂养。"

"狼是很难驯化的。"马陆终于觉得冻僵的身体，有了一点感觉。

"所以狼能捕食后，哈丹巴特尔将它送回白松林。据说，这匹白狼不但雄壮有力，而且非常聪明。它曾躲在一头绵羊肚腹下，混入羊群，企图捕猎。白狼回归野外，用很短的时间就收编了两大狼群，从此成了永冻山谷的狼王。"

老刀对这段历史熟稔于心，越说声音越大。

"受到陨石影响，一条狼变成白色不奇怪，可是后代都成白色，那就奇怪了。"

"白狼之所以能繁衍至今，不是基因稳定，而是它有了智慧，知道延续血脉的办法。"

马陆想了想问："这么说，白狼是在撞击地与母狼交配的？"

"没错，得知日军进山的消息，当地人便将白松林砍伐焚烧，陨石撞击地从此不为人知。"

"所以，你打算借助白狼寻找撞击区。"

"这个计划是你二叔定的。"老刀语气有些黯然。

这次老刀损失惨重，合作多年的兄弟无一幸存，自己是不是能活着出去也未可知。想到这儿，马陆心里也难受，也不知如何安慰他。

不知不觉，一丝光亮，从松枝缝隙处透射进来，天亮了。这一夜，如果不是老刀应对得当，两人肯定已经冻死了。起身之后，两人互相揉搓对方四肢关节，终于，麻木的身体有了知觉。

"我可没那么容易死。"说罢，老刀一跃而起，在松林中捡起一截手臂粗细的干燥枯木，用箭头刮掉树皮，划开一道凹槽，将木屑和松针放入凹槽，再用一截小指粗细的树枝在其中钻动，片刻青烟滚滚，老刀吹了几口，便燃烧起来。

有火，没炊具，老刀又找来一块巴掌大小的扁石，在火中加热，烧化少量雪水，解决了饮水的问题。

马陆认为无解的食物问题，也得到了解决。在松林背阴处，满地都是脚印，这是夜晚出来觅食的兔子留下的。顺着这些脚印，能轻易地找到栖身洞穴。很快,老刀逮了两只兔子,剥皮后,用树枝穿了在火上烤熟,两人饱餐一顿。

抹了把嘴,马陆心满意足地道:"真是美味,比家畜家禽好吃多了。"

"兔肉好吃,但缺乏人体必需的脂肪,不能多吃,否则会得兔肉综合征。"

"老刀叔,跟着你,在任何地方都不怕了。"

"我去过数不清的无人区,如何就地取材获得补给是陨石猎人的基本技能。"

"吃饱喝足,身体恢复热量,只是在这片白茫茫的区域,如何分辨东西南北?"

老刀指着一个方向道:"我们要去的地方是永冻山谷的南边,顺着这条道走就是南方。"

"在这种地方,还能分得清方向?"

"树木背阴处长苔藓,就是北面,与之相对应的,自然就是南面了。"

"这么简单?"

"你以为呢?"老刀笑问。恢复了体力,老刀点燃一根火把,朝雪原深处走去。

"雪山王没来,怎么办?"

"它一定会来。"

"你怎么知道?"

"那头母狼必死无疑,它需要另立一位王后,而雪山王的发情期,就在这个月份。"

"可是,我们如何跟上它?"

"雪山王的领地,就在往南的路上,否则我为什么要朝南边走?"

两人一路向南,走到日头偏西,只见不远处热气蒸腾,白烟袅袅。马陆顿时来了精神,道:"有温泉。"

他正要快步赶去,却被老刀一把拉住:"小心,野外的水源周围大多有猛兽出没。"

两人小心翼翼靠近热源,只觉一股温暖潮湿的热气扑面涌来。一块大石之后,地势凹陷,出现了一口直径约两三米的圆形泉眼,泉眼里积蓄了近半米深的温泉,热气蒸腾,清澈透底。四周虽是冰天雪地,这里却温暖如春。

老刀松了口气道:"这里是安全的。"说罢指着温泉道,"泉水里含有硫磺,所以泉眼四壁不生青苔,水不能喝,就不会有动物来。"接着,又试了试水温道,"冷热正好。"

说罢,老刀脱去衣物,只见宽阔的身体肌肉虬结,背后和胸口布满了各种各样的伤口,一条斜长的刀纹,自左肩直到右腰,看着就像是一条暗红色的蜈蚣,令人触目惊心。

"老刀叔,你受的伤太吓人了。"

"和我三个兄弟比,我算幸运了。"说罢,他跳进泉水里。

永冻山谷的寒气能在短时间内将人冻成冰坨,然而温泉处却形成一道天然屏障,将寒气隔绝在外。两人泡在热水里,看着白茫茫的冰雪世界,阴霾的情绪平复不少。

"天无绝人之路,只要活着,就有希望。"老刀洗了把脸,笑道。

"老刀叔,我发誓之前并不知道乌中旗的打算,否则……"

"这事儿怪我太大意,没把乌中旗放在眼里。算了,不说了。"老刀挥了挥手。

出水后,躺在泉水边的石岩上,老刀懒懒道:"睡会儿吧,真舒坦。"

马陆也是眼皮子发沉,没过多久,便睡着了。

也不知过了多久,马陆隐约觉得下雨了,沁凉的雨水洒在身上,只觉神清气爽。

"娘里个巴子,还笑了。"天空中传来一阵人声,语调颇为戏谑。马陆吃了一惊,顿时醒了,只见石头高处出现四五张人脸。其中一人,正用水壶里的水浇他的身体。

"你们……是什么人?"马陆大吃一惊,赶紧抓过衣物,盖在身上。

"怕啥,都有个球球。"一名肤色黝黑,满头油腻长发的男子道。刚才就是他在说话。

老刀也醒了,他并不慌乱,稳稳坐起道:"诸位,哪条道上的朋友?"

长发男双手轻动,举起一把AK47,对两人晃了晃:"你看,俺是做啥的?"

"看不出,但肯定不是盗猎的,这地儿的动物,皮毛不值钱。"

长发男咧嘴一笑,黄板牙在火光中金光闪闪:"说得也对,也不对,你是不是叫老刀?还有那个小胖子,你叫马陆,对不?"

马陆稍感惊讶,立刻明白道:"乌中旗呢?他人在哪儿?"

"这就对咧,都对上咧。"他哈哈一笑道,"二位,穿上衣物,俺请你们喝大酒。"

马陆不知对方用意,小声问:"老刀叔,咋办?"

"他们手上有武器,别乱来,咱们静观其变。"

两人穿好衣物,绕过大石,回到了天寒地冻的冰原,然而突如其来的一幕,将马陆吓得魂飞魄散,他不由自主连退数步,摔倒在地。只见乌中旗背着一副树枝做成的十字架,双手分别捆在横着的树枝两端。

恐怖的是,乌中旗双手被砍,血肉模糊的伤口已然冻住,布满一层薄霜。他满脸鲜血,只剩下半条命,跪在冰雪中,气喘如牛,额头上刻着四个血淋淋、七歪八扭的字:俺是王八。

马陆只觉得浑身发冷,血液瞬间冲到脑门顶,肚子里翻江倒海,张嘴就吐了。

"哈哈哈哈……"四人笑作一团。

逃过了狼的捕猎和乌中旗的追杀,好不容易在极端恶劣的环境中生存下来,又遇到四个毫无人性的冷血杀手。马陆崩溃了,瘫坐在雪地,脑子里一片空白。

"这个尿娃,见面就放箭,射死俺两个人,砍他两只手,不过分吧?"说罢,长头发一脚将乌中旗踹倒。

他艰难地爬到马陆腿边,嘶哑着嗓门道:"马陆,求你……救救我。"

看他这副模样,马陆心生怜悯,叹了口气道:"我想帮你,可我帮不了你。"

"我知道错了,对不起,对不起……"他放声大哭。

"杀人时候挺硬气,现在尿了,什么东西。"长头发使了个眼色,一个满脸拉碴胡子的手下,走到乌中旗身边,掏出手枪。

"别开枪,有话好说……"马陆下意识扑倒在乌中旗身上。

那人冷笑一声:"行啊,够义气。"将子弹顶上膛。

"慢着。"老刀对长头发道,"哥们,做笔交易,如何?"

生死关头

"你除了有条命，还剩下啥？"

"聊聊呗，说不定我这儿有你想要的东西。"

"哦，我要雪山王的皮，你有吗？"

"你……"老刀没料到他来这么一句，愣住了。

"这就没辙了？"长头发冷笑一声，打了个响指道，"做了他。"

"谁说没辙？这头白狼只有我能找到。"老刀言之凿凿。

"在俺这儿说瞎话，那可是要人命的。"长头发面如寒霜，一字字道。

"放心，我说到做到，否则就对我脑袋来一枪。"

长头发眯眼直视老刀片刻，道："暂且信你。"

老刀指着不远处的装备道："有一份地图在包里，我需要用到。"

"顺子，把地图找出来。"

顺子是四人中年纪最轻的，约莫二十出头，长得五大三粗，圆滚滚的脸上一脸的"高原红"，虽然脸型巨大，一对眼睛却又长又细，犹如在沙发上割开的两条缝。顺子没有带枪，右腰带上挂着一把血迹斑斑的板斧，乌中旗的手，十有八九是他砍断的。

打开老刀的包，掏了好一会儿，找出了皱巴巴的地图，老刀指着地图上一处画红圈的区域道："这里，就是白狼的栖息地……"

"废话就别说了，到时候见真章吧。"长头发懒洋洋地道。

夜幕降临，他们在温泉边生了一堆火，取来四条鲜血淋漓的狼腿，搁在火堆上炙烤。世事难料，乌中旗为了尝到狼腿，付出如此巨大的代价，却连一根狼毛都没尝到。今晚，却有人将狼腿送到了他嘴边。血红的肉，在火焰中逐渐变成金黄色，油脂不停滴落，奇异的香味四下弥漫。

今晚的夜，不再静谧，狼的低鸣、长啸、呜咽声此起彼伏，回响四周。但这四人根本无所谓，只专心致志地制作美味，口沫横飞地聊着粗鄙的闲话。

马陆小心翼翼包扎好乌中旗的伤口，又喂他吃了抗生素。

"老马，那个人不是我，不是我……"乌中旗虚弱无力地嘟囔着。

"我知道，先养伤，有话回去再说。"

巨大的身影遮住火光，脱了大衣，犹如铁塔般强壮的顺子，将一大块狼肉丢在两人面前的雪地。

"哎,我朋友的手呢?"待他转身要离开时,马陆忽然问了一句。

顺子立定不动,随后,他的蒲扇般的手掌缓缓按在斧头上。马陆心里虽然"咚咚"狂跳,但没有退缩。

顺子正要抽斧头,老刀将一杯"闷倒驴"塞进他手里道:"顺子兄弟,咱俩走一个。"

短短几个小时,老刀就和四名凶徒打成一团,喝酒吃肉聊天,仿佛他们才是一路的。顺子接过酒杯喝了一大口,摇摇晃晃地走了。

四人里,领头的长发男名叫吴忠,顺子大号赵连顺,还有瘦如排骨的"耗子"马飞,和木讷寡言的矮子吴忠喜。两个姓吴的是同父异母的兄弟,也是盗猎团伙的正副手。他们进入永冻山谷,猎杀雪山王,是为了"报仇雪恨"。

三年前,吴忠手下悍将阿亮和一帮自家的兄弟进山盗猎雪豹,不料却在山谷内遭遇了狼群的伏击,被咬死三人。吴忠原本不相信这一说法,他认为以阿亮的手段,绝不可能被狼群打到如此程度,必然是遭了同行的阴招。然而经过多方打听,他终于打听到永冻山谷里确实有一头异常强悍的雪山王。

其实为兄弟报仇只为凸显吴忠的义气深重,他来此地的真正目的,是为了把雪山王尸体带回去,做成标本炫耀,以奠定他在行业内的名气。要出名,就得挑最硬的骨头啃,这是盗猎者们默认的法则。

"老刀兄弟,俺佩服你们这些找陨石的人,好几次遇到都放了绿灯,跑江湖的,都不容易。"

"谢谢吴大哥,这次有你们保驾护航,也是我的幸运。"老刀端起酒杯。

"老子打了一辈子野兽,啥没干过?别怕狼,比狗凶不了几分,这一路俺就吃狼腿了,看它咋办。"

"没错。"

放哨的人是吴忠喜,他斜挂着一把AK,举着火把,站在高处四下眺望。黑夜中,他就像一盏移动的灯笼。

马陆对这些人恨到极点,却又无可奈何,只能用手比作手枪,对着吴忠喜连连射击,只可惜"手枪"没有子弹,那力道,还不如崩个屁。

"我是不敢杀人,不过现在给我一把枪,我肯定毫不犹豫干翻这帮人。"马陆小声道。

乌中旗却闭着眼睛一动不动，似乎没了动静。马陆暗中吃了一惊，正要叫醒他，却不由自主浑身一颤……

他感到一股股热气，喷在脖颈上，耳朵里隐约能听到，一丝低沉的呜咽。

想到神出鬼没的雪山王杀死王大庆的场面，马陆汗毛直竖，但他并没有发出半点声音，既然必死无疑，干脆和这些魔鬼同归于尽。

然而，雪山王一动不动。片刻，马陆尽量保持动作的稳定转身望去，只见体型雄壮的雪山王，犹如雪雕一般，蹲立在幽暗的阴影中。

盗猎者与白狼最多不到二十米的距离，然而愣是没有人发觉致命的对手已经潜伏在他们身边。马陆悄悄挪动身体，让开路，然而白狼并没有发动进攻，凝立片刻后，它转身离开，消失在山壁中。

这些人虽在喝酒吃肉，但上了膛的步枪就挂在身上。率领狼群强攻，这些人必死无疑，不过峡谷狭窄的地形，也会造成狼群巨大伤亡，所以雪山王没有贸然发动进攻，也没有袭击手无寸铁的马陆和身负重伤的乌中旗。

雪山王确是一头"异兽"，具有高度的智慧和强大的力量，甚至形成了道德观念。

马陆觉得，即将发生的战斗，必将以人的失败告终，七人必死无疑。想到这儿，他反而坦然了，宁可死在狼群嘴里，也不愿被残忍的盗猎者屠戮。

"长亭外，古道边，芳草碧连天……"喝多了酒的吴忠，用树枝敲着不锈钢水杯，以沙哑的嗓音唱起略带伤感的歌曲。野外的狼，呜咽声更加响亮。

"矮子，能看见狼不？"吴忠忽然改唱为吼。

"没有，放心喝吧。"

吴忠指着高处吴忠喜道："俺这兄弟，真正的神枪手，五百米以内，说打你左眼，绝不会打到右眼。我谁都不服，就服他。"

老刀微微一笑，端起酒杯道："吴二哥，兄弟我敬你一杯。"吴忠喜敬了个礼，以示回应。

马陆悄悄将身前烤熟的狼肉，埋进雪地里。

这一夜，难得快乐。酒香与肉香，就像一针针麻醉剂，使人在危机四伏的山谷中，获得了整整一夜的快感。吴忠喝吐了。第二天，他醒来后不停揉搓着脑袋，宿醉未醒。乌中旗终于醒了，虽然虚弱不堪，至少还能喘气。

"这个累赘，别带了，耽误时间。"吴忠对马陆道。

"我带着他，不麻烦你们。"

"让你把人丢这儿，听不懂吗？"吴忠牛眼一瞪。

"老马，听他的，我活该。"乌中旗道。

马陆依旧架着乌中旗，一动不动。

"行啊，你娃有个性。"吴忠正要拉动枪栓，就听高处的吴忠喜喊道："白畜生来了。"

吴忠哈哈笑道："娘的，正要找它，反倒送上门了。"

"我先干几个。"说罢吴忠喜半蹲在石头上，举起突击步枪，瞄准后开了火，几声震耳欲聋的枪响后，野狼惨叫声传来。

"来吧，多的就是子弹。"说罢，吴忠爬上石头。

马陆正要绕过大石，查探情况，肩头一紧被人按住，老刀低声道："咱们趁乱逃走。"

"这帮人一旦杀光狼群，必然杀咱们灭口，老刀叔，现在是唯一的机会。"

马陆的冷静有点出乎老刀意料，他点了点头问："你准备怎么办？"

马陆朝老刀使了个眼色，老刀转身望去，只见暴龙弩就放在温泉岸边，旁边坐着顺子，他双脚泡在泉水里，正大嚼着一块冰冷的烤肉。这人脑子不太灵光，就知道吃，发现狼群时，他正在一块凸起的石头上磨斧子。此刻，精光闪烁的板斧就搁在身边。

"傻大个守着装备，他脑子不行，可比牛还壮，我空手拿他没辙。"

马陆将冻了一晚的烤肉，从雪地里挖出，一团肉冻的比铁疙瘩都硬，他对顺子的脑袋比画了一下。

老刀明白他的用意，接过烤肉，蹑手蹑脚地朝顺子走去，可刚走到顺子身后，顺子仿佛有了感知，居然转头望向老刀。马陆心脏差点没从嗓子眼蹦出来，然而顺子晃了晃手里的烤肉，傻笑两声，咬了一大口。老刀一头冷汗退回，指了指泉水，原来顺子是从水面倒影发现了老刀，万幸他脑子不够用，以为老刀给他送吃的。

吴忠在高处连连叫好，不间断的枪声伴随着一阵阵野狼的惨叫，雪山王的"军队"损失惨重。马陆暗中替雪山王揪心,然而,山体一侧,缝隙旁的雪堆涌起,随即有一条青灰色的野狼从雪堆里钻了出来。这道缝隙是天然形成的,只是被冰雪覆盖,肉眼很难发现,雪山王就是通过这道缝隙钻进之后再离开的。

大战在即,马陆赶紧扶着乌中旗,三人远远躲开。

两条公狼钻进来后,悄无声息地朝顺子走去。接近后,犹如闪电般张嘴咬住顺子的肩膀和他粗壮的大腿。

顺子怒吼连连,两手并用,将两条狼硬生生从身上扯下。他蛮力惊人,狼被他一手一个拎起,抡了出去。

两头狼撞在石壁,落地后四腿一蹬,再起身时,狼鬃怒立,神态狰狞凶恶,不停发出低吼声。

顺子身上被扯下两大块肉,血肉模糊的伤口处鲜血流得遍体都是。他也不觉得疼,嘿嘿傻笑着抄起雪亮板斧。

"顺子,用不用枪?"吴忠站在高处问。

顺子晃了晃斧头,算作回应。这时两头狼再度发起进攻,犹如闪电般疾驰而至。一头狼靠近时腾空跃起,攻击上身,一头狼张开血淋淋的尖嘴,攻击下身,二者配合默契,犹如训练有素的战士。

如果换成另外六人中的任意一个,遭遇两头狼的攻击,必死无疑,但顺子不怕,因为他是巨人。精光爆闪,一斧子下去,纵跃空中的狼被砍成两段,内脏鲜血洒落一地。他又抬起一脚,踢在另一头狼的下颚。青狼再次撞上石壁,这次落地后没能起来,瘫倒在地,哀声悲鸣。

"突袭"行动失败,雪山王发出低沉的咆哮,狼群有序地收缩、撤退。

吴忠如战胜敌军的统帅,满脸得意,昂首挺胸自石头攀下,走到重伤的青狼身边。青狼强撑着想要起身,却只能微微晃动尾巴,身体无法动弹。

"娘的,活剥了你。"吴忠从腰间抽出匕首,将青狼翻转,四腿撩开,待刀尖触及咽喉,他想了想,又道,"给它们放个'礼花',咋样?"

顺子激动了,口水横流,连连拍手。

"礼花"是一种残酷虐待动物的手段,盗猎者以此为乐。具体来说,是将一根雷管塞入动物的肛门或嘴巴,引爆后的惨状便是所谓的"红色礼花"。

顺子将雷管塞入青狼的嘴里,再用胶布固定,正要点燃引线,吴忠道:

"等会。"他指着温泉道,"丢水里,炸开更刺激。"

点燃引线,顺子拎着狼爪,将它丢入温泉,震耳欲聋的爆炸声响起,立刻涌起一大股红色水花,相对于炸碎身体,这种效果对视觉的冲击确实更加强烈。

没等叫好,就见水潭被炸塌半边,温泉顿时流淌一空,气温骤降,失去支撑的土层迅速陷落,引起石壁下覆盖的雪堆坍塌。

随即,一处嵌入大石中的隐秘区域显露出来……

第五章

绿色之心

洞窟入口呈拱桥状,被冰雪覆盖多年的洞窟内光线幽暗,但隐约能看到洞内有物体存在。

突然发生的地质变化令所有人猝不及防,除了站在高处放哨的吴忠喜,其余全部陷入坍塌的土层,细密的泥沙被温泉和雪水浸湿,犹如水泥一般黏性极强。

对别人而言,陷入湿泥不过一时半会难以脱身,但对顺子则是致命,因为事发之前,他靠着温泉,只穿了一件薄薄的卫衣。温泉泄光后,气温骤然降到零下四五十度,这是足以杀死人的低温,即便强壮如顺子,挣扎片刻后就被冻僵了。

其余人各自用力往外爬,就听到枪声大作。狼群去而复返,再度展开攻击。只凭吴忠喜一人,即便枪法神准,也不可能阻挡狼群。片刻,数只野狼蹿上石台,将他咬翻在地。惨叫声中,"神枪手"在短时间内,被一群充满愤怒的野兽咬得皮开肉绽,骨断筋碎。

"娘的……"没等吴忠喜脏话说完,只见山谷的通道入口处影影绰绰——密密麻麻的狼群出现了。

狼群中狼的数量足有三四十头之多,将狭小的山谷围得水泄不通。随即,低沉的吼声响起,狼群开始移动,让出一条路,雪山王身后跟着两条体

型相当的灰狼，缓步走入了盗猎者的领地。它停下脚步，犹如王者一般俯视众生。

枪械全被埋入土里，吴忠和耗子面如白纸，浑身颤抖如触电，乌中旗却蓦然爆发出一阵疯狂的笑声，对吴忠道："报应来得快啊。"

两头灰狼不紧不慢，分别走到吴忠和耗子身前。二人用尽全力想要躲避，却是深陷泥潭，还能躲去哪里？

嗅闻片刻，两头狼几乎同时张开利牙森森的长嘴，不紧不慢地撕咬起泥潭中的二人。刺耳的惨叫声中，两人逐渐变成血淋淋的白骨。随即，白骨又被嚼碎，吃光。整个过程，雪山王一动不动，待满嘴鲜血淋漓的手下回到它身边，低下头围着它脚边缓缓绕圈数周，它昂起头，发出一声长啸，当先离开，山谷中的狼群也随之离开。

马陆做梦也没想到，他能活下来。同时，他明白了一个道理："万物皆有灵性。"人，并不比野兽高贵，大家都是为了生存，拼尽一切活在这个世界上的物种而已。

爬出泥坑后，老刀和马陆在洞窟里，发现了一人一狼两具尸体。狼，竟然是第一代雪山王，人，身着日本军服，从尸体状态看，身材远比普通的日本人高大，应该是来此捕杀雪山王的日本猎人。他手中一柄尖刀，穿透了雪山王的肚腹，雪山王的利牙咬穿他的脖颈，一人一兽就这样纠缠一处，同归于尽了。

几十年来，极寒的洞穴就像冰柜一般，完整保存了二者的尸体。还有悬在洞顶的"勇敢者之心"。

此地距离陨石撞击区已经不远，洞穴里的陨石应是从撞击区溅射出的"碎石"。看外包，陨石极大概率是一块石陨石，融壳掉落，露出其中石灰一样的白色颗粒，整块石头约有拳头大小，犹如笔架斜插在石壁的缝隙中。

陨石确有将生命体毛发变成白色的神奇作用，死亡多年的日本军人，身体毛发也已全然变白，与雪山王的白毛融为一体，在光线照耀下，闪烁着一层油光。神奇的陨石，就在雪山王的坟墓里。直到雪山王生命消逝多年，它依然陪伴着雪山王，永存于世。

老刀和马陆抬出人的尸体，就地掩埋，将雪山王的尸体用布巾裹住，再将洞口仔细封住，掩藏好。他们没有带走陨石，这是雪山王的信物。

"老刀叔，为什么将这块陨石，命名为'勇敢者之心'？"

"我手上的资料记录了当年那场人狼之战，雪山王率领狼群攻击侵略者，或许是出于守护领地的本性……但不管怎么说，我佩服狼的行为。"

带着雪山王的尸体，老刀、马陆和乌中旗沿原路返回。乌中旗没有撑到聚集地，就死于伤口感染。他走得很平静，因为知道自己罪无可恕，即便出去，也会受到法律严惩。进山时五人意气风发，出山时两人几乎没了人样。

接风的武明星没说什么，喝了一顿酒，付了酒钱，便离开了。

老刀和马陆分手时，马陆也不知道该说什么，犹豫半天，只说了一句"对不起"。

回到家里，日子又恢复了往日的平静，马陆接受了警方的问询，说清情况后，一切事宜便与他无关。然而经历过惊心动魄的死亡，马陆对生活产生了质疑，难道自己的一生就是收收房租，然后稀里糊涂地活着？

他觉得惶恐。于是，他尝试着找了几份工作，可一没人脉资源，二没学历文凭，找的工作不是理货员就是服务员。这不是自己想做的事儿，可自己还能做什么？

春暖花开，夏天到了。站在炽热的阳光下，马陆时常想到那片冰封千里的雪原，还有那头桀骜不驯、霸气凛然的雪山王。最终，他拨通了老刀的电话。

"老刀叔，我想跟你。"马陆言简意赅地表明意思。

"像上次那样玩玩，还是像你二叔那样？"

"没什么好玩的，我想像二叔那样，跟着你做事儿。"

"你知道这行的风险。"

"我们这儿有一位老人坐在家里时，中暑死了。人的生死，和做的工作没有必然关联。"

老刀笑了："好吧，我被你说服了，还真有个活儿。"

"什么样的活儿？"

"嗯……我给这块石头命名为'绿色之心'，是一块坠落于蛮荒之地的陨石，多年来关于那片区域的传说层出不穷，但没有一句好话。"

"勇敢之心、绿色之心……"马陆笑了，道，"像是一个系列。"

"之所以取了这个名字，因为它坠落的区域是一片原始丛林，早在九十年代我就知道了这块陨石,没去找是因为其所处区域极其危险。以我当时的技术和能力,肯定有去无回。"

"危险?和永冻山谷比呢?"

"永冻山谷……"老刀笑了笑,道,"算得上世外桃源了。"

"这……"

"怕了?"

"那倒不至于,不过,到底有多可怕?"

"神仙沟里有一片名为绿深渊的区域,就这个地方。起码折了十几条好汉,进去的没一个出来,百分百的死亡率。"

马陆倒抽一口冷气,道:"老刀叔,这你也敢去?"

"以前肯定是不敢的,不过绿深渊里发现了一处宋代古庙,有考古队进去了,我们配合考古队工作,顺便寻找'绿色之星'。"

"明白了,他们人多,能保障我们的安全。"

"就是这个意思,所以你来不来?"

"当然来。"

马陆毫不犹豫地投奔老刀,登上前往西京的火车。到站后老刀接上他,先去西金公寓租了套房,之后开始准备路上的用具。

待一切停当,由武明星"接驾",前往神仙沟。渐渐地能够看见远处重峦叠嶂,翠峰如屏,便知已经进入神仙沟地界。直到夜晚,进入林区,马陆颇为紧张地盯着前方黑黝黝的大山,好像这样就能从中看出危险。可瞪着眼凝视片刻,他恍惚看到山体确实出现了一条类似于黑烟般的物体向上攀升。仔细看,居然是一条大到难以想象的巨蟒。

"蛇,蛇……"马陆指着那条急速攀援而上的巨蟒,慌得语无伦次。

武明星莫名其妙看了他一眼,道:"这小雏儿……"

"哎,说话注意点。"老刀皱了皱眉。

"咳咳……你在哪看到蛇了?"武明星忍住笑道。

"一条巨大的黑色蟒蛇,难道你们没有看见?"马陆惊讶地道。

武明星一脚刹车停住,扭头对后座的马陆道:"你眼睛没毛病吧?这黑灯瞎火的,就算真有黑蛇,你能看见?"

"这不是眼睛的毛病,是太紧张,产生了幻觉。"老刀取出一瓶风油精,递给马陆道:"鼻子上抹点,有一定的镇静作用。"

抹了点清凉油,马陆确实觉得好受了一些,问道:"老刀叔,深更半夜的,山里怎会有绿火,还有蛇一样的黑烟?"

"所以说眼睛看到的,未必是真相。"老刀慢悠悠点了支雪茄道,"我吃这行饭也有小二十年了,从没有招过一个外人,吸纳的队员都是相处过的熟人,你知道为什么?"

"为什么?"

老刀抽了一口雪茄,继续道:"说起来,也是十几年前的事儿了。那时候,探星项目组刚成立,我是新任队长,想着赶紧做出成绩,首要任务就是增加在职人员。"

"当时也有前辈和我说过,人不能乱用,否则自找麻烦。当时我只当耳旁风,也没往心里去。"

"我一共招了四个人,其中一人名叫于天明,比你大两岁,一米八几的大个儿,身高体壮。据他自己说,还是一名武警。我特别看好他,觉得这孩子能做出一番事业。"

"第一次任务,我们去了一座处于休眠期的火山。进山之前,于天明就说他看见了火山爆发,我以为他开玩笑,也没当回事。随后这一路,他不停形容看见了火山灰、岩浆这些根本不存在的景象,我听得不耐烦,就臭骂了这小子一顿。"

"当晚休息时,山里的气温在零下十度左右,很冷,我安排于天明和一人守夜。到了半夜,这小子突然鬼哭狼嚎,说快被熔浆烫死了,大冷的天,他把衣服全部脱光,用冰冷的水浇在身上。我以为他精神出了问题,就把人捆住。结果,所有人亲眼看到他皮肤表面,出现了灼烧痕迹,就在寒冷的山风中,他被活活烫死了。"

"我以为他是死于自焚,可法医解剖后,得到的结论是伤情由外及里,所以于天明真是被烫死的。"

"这……怎么可能?"马陆愕然。

"你觉得我在说故事,但我说的是真事儿。"老刀轻轻叹了口气道,"为这事儿,我托关系找了很多人询问情况,后来从一位脑科大夫那儿知道,于天明极大可能是死于暗示自杀,这是一种由精神过度紧张而产生的疾病。"

"难道，于天明把自己吓死了？"

"不好说，这起意外事件至今没有定论。大夫说虽然属于偶发，但并不罕见，大致相当于幻觉变成了现实。于天明感觉到了并不存在的岩浆，结果被烫死。还有一名大夫亲眼见过死者被反锁在冰库里，冰库的设备并没有启动，温度在二十五度左右，但死者被发现时，全身却被冻僵，体表甚至出现了白霜。"

说到这儿，老刀转身对马陆道："我们没有看到你说的景象，绿火和黑蟒都是你的幻想。"

马陆打了一个冷颤，张大了嘴合不拢，过了好一会儿才道："可我刚才看得清清楚楚……"

"所以看见的未必是真相，否则哪来的幻觉。马陆，你压力有点大，我建议……"

"老刀叔，别在山脚下否定我，都到这儿了，我不可能回去。"

"但你得明白，精神压力这种事儿，可大可小……"

"我绝对不会半路掉链子。"马陆近乎哀求。

老刀默默将一根雪茄烟抽完，丢了烟蒂道："走。"

一路向前，林木越发茂密，车子穿行林间，直到无路可走，武明星停了车道："只能送到这儿了。"

分别之后，两人背上包裹，老刀点亮手电，继续前行。

"老刀叔，这块'绿色之心'有没有不同寻常的地方？"

"找到才知道。"

登山区域名为马上坡，地形有点类似马背。两根登山绳从高处垂落，几乎要走一段接近百米的垂直山体。老刀身手矫健，如猿猴一般攀登而上，马陆用尽全力，才勉强爬上，累得魂飞魄散，躺在地下大口喘气。

"寻找陨石的过程，没有一蹴而就的，都很难。"老刀望着近乎原始状态的山路，皱眉道。

"来的时候，我还在想山路比雪路好走，没想到，更累人。"马陆撑着地，勉强起身。

"这行里的新人普遍体能跟不上，得有适应期，你算不错了。"老刀将他拉起。

不远处透出橘黄色的光，马陆看得清清楚楚，却不敢再问。老刀猜到他心中所想，指着前方光源道："那就是东方考古的营地了。"

路，看似不远，其实不近，需要穿过一条极其狭窄的山路。山路狭窄到供人立足的区域只有半个脚掌的宽度，行人必须紧紧贴着石壁，一点点往前蹭。虽然称不上悬崖峭壁，却也让马陆出了一身冷汗，万幸包裹里有专门搭建索道的装备。

进入营地，马陆一身臭汗，累得都快吐了。只见山体四周角峰林立，沟壑纵横，山谷中长满了巨大的冷杉，一座格局为"人"字形的宫廷式琉璃瓦建筑的古庙，竖立于茂密的珍珠黄杨林中。

古庙格局明晰，廊角飞檐，雕梁画栋，虽然经历数百年时光，却屹立不倒，墙体长满青苔。周围的杂草已被清理干净，入口处，摆放着两口锈迹斑斑的香炉。古庙山墙早已坍塌，山地中满是散碎的砖块，另有青石井、石墩石桌、一口残破不堪的磨盘。破旧的窗孔用塑料布重新遮挡，透出橘黄色的灯光，门口一人正是迎接他们的安保队长——李山河。

寒暄几句，三人走入古庙。随即，马陆看见残破的供桌上，摆放着一具尸体。

死者是一名老妪，身着满是补丁的民国衣物。头发灰白、皮肤灰褐、干瘪、皮实，可怕的是一对眼珠并无瞳仁，白茫茫的一片，在射灯光源映射下，闪烁着诡异的荧光。

马陆的第一反应是考古队在这挖到了古尸。然而，古庙内的气氛却有些不同寻常，所有人面色凝重坐在东南一角。庙宇中央的空地摆着一块乌油油的八卦铜牌，铜牌表面洒满了暗红色液体，似是鲜血。

考古队算上李山河共有七人，五男两女，除了一位白发苍苍的老者与两名年近中旬的安保队员之外，其余四人都很年轻。

"罗教授，久仰大名。"老刀径直朝老人走去。

罗教授明显有点紧张，打招呼时的笑脸颇为勉强。"小陈给我打过电话，你的要求……"罗教授迟疑片刻，才道，"本来是没什么的，但是，昨天晚上，遇到了一件怪事……我，建议你们，还是不要贸然行动的好。"

小陈是风云基金的负责人，其父是罗教授好友，所以为老马与马陆争取到了进入神仙沟的机会。

"哦,为什么?"老刀问。

罗教授朝供桌上的女尸望去道:"我不知道该怎么解释,总之,除了说是鬼神,又能是什么?唉……"

"因为这具尸体?"老刀抬手指向女尸。

一个下意识动作却引起女孩们的惊恐情绪。她们同时捂住嘴,发出低声的惊呼。

"不至于吧,被尸体吓成这样?"马陆忍不住道。

"这不是尸体。"一名低头静坐的年轻人站了起来。他坐着时不显个,起身却又高又壮。

"不是尸体,能是什么?"老刀不解地问。

"这……根本就是山魈,或是魔鬼。"他迟疑片刻,说道。

"哦。"老刀并未质疑,道,"这么说,绿深渊里真有鬼?"

"绿深渊闹鬼"的说法由来已久,进入之前,老刀也对马陆说过,但刚进来就见到一只,还是出乎他的意料。

"你看她的穿着打扮,能是人吗?"年轻人有点急于说服别人。

"大宝,别着急,把你昨晚遇到的情况详细说说。"罗教授道。

年轻人名叫于大宝,他愁眉不展,边挠头边道:"昨天夜里,我和李哥守夜。大概半夜三点多,我去林子里解手,刚走到一棵杉树前,突然冲出来一团黑影,我以为遇到了野兽,手里又有一根铁棍,就砸了过去,结果……"

听明白了整件事的前因后果,老刀点点头道:"我不是质疑你,她确实不像正常人,但你要说她是鬼,好像也不太符合鬼的特征。"

"那就是山魈……对了,还有可能是僵尸。"于大宝满脸通红地解释。

马陆虽然觉得于大宝在胡说八道,可死亡的老妪无论衣服还是外形特征,都不太符合人形标准。

老刀问罗教授道:"您也是这么认为的?"

"唉,在别的地方,我当然不会这么想,可绿深渊……就是一处鬼域。再说,所里的领导如果不信这里的怪事,又何必安排两名特种兵教官保护我们?"

罗教授是真的怕了,作为一名科学工作者,他不该相信鬼神之说,但绿深渊的离奇传说使一切意外看起来都像是不可控的灵异事件。

"人再老也不可能长成这副模样,还有她的眼珠子,就算白内障加青光眼,瞳仁应该在吧?而且铁棍砸在头上,如果是人,血呢?"

话音未落,就听"咣当"一声,庙门被一阵狂风吹开,突然发出的异响吓得两个女孩惊叫连连。与此同时,老妪已僵硬的手指突然耸动起来。

"我去。"于大宝吓得连退几步,用颤抖的手指着尸体,却说不出话来。

"这是尸动,不是闹鬼。"老刀情绪没啥变化,将庙门关上。

"人死后尸体慢慢变得僵硬,但过不多久,又会变得柔软,由僵到软的过程,可能会出现痉挛,别怕。"老刀拍了拍年轻人的肩膀。

"你的意思,她是人?"于大宝忽然愤怒。

"我的意思不重要,重要的是如何继续任务。"

李山河道:"在座的都是文化人,俺是个老粗,说的话不一定对。不过呢,生生死死的事儿,俺经历的确实不少。要俺说,这地儿随它有什么,大家只管做学问,安全的事儿,包在俺哥俩身上,就算真的有鬼……"

"什么叫'真的有鬼',这就是鬼。"

老刀打个手势,和马陆出了古庙。他压低嗓门道:"你相信他说的话吗?"

"我倒是不太相信鬼神,不过,死者确实不像人,而且深更半夜的,她这把年纪独自在深山老林里,解释不通。"

"她确实不像人,但更不像鬼,至于山魈、僵尸,那更是胡扯蛋。我觉得,于大宝这小子害怕承担法律责任,所以睁着眼说瞎话。"

"有可能,和咱们没啥关系吧?"

"不管他们,咱们按原计划,明天准备行动。"

两人再回到古庙内时,考古队员之间发生了争执,一方是于大宝,他提议烧了"鬼身",一了百了。另一方则是罗教授,他觉得无论是人是鬼,都应该报警,由警方来界定这件事。罗教授虽然害怕,头脑还算冷静。师徒二人越说越僵,眼看就要爆发争吵,老刀赶紧打圆场道:"刚出事儿没多久,大家都慌着呢,要不,先稳稳神,明天再说?"

李山河也趁机劝道:"老刀小马刚到,需要休息,咱们准备晚饭吧?"说罢,他将于大宝拖了出去。刚劝了没几句,李山河就觉得手腕一麻,便随手

抓了几下。

"别跟教授杠了,等他睡着,把那东西抬出去烧了,谁知道?"李山河小声道。

"嗯……"于大宝深吸口气道,"那你帮我?"

"当然了,这事儿……"

于大宝忽然指着他胳膊道:"你怎么淌血了?"

李山河抬手一看,整只左手全是血。

血,是从手腕伤口流出的,伤口约有指甲盖大小,血肉翻起一片,就像用刀剜去一块。

"怪了,就抓了两下,不至于吧。"李山河用指头在伤口处拨弄几下,没想到生生扯下一条血淋淋的肉条。

"鬼,真有鬼。"于大宝吓魂飞魄散,转身跑回庙里。

李山河走入庙内,脸色苍白如纸。他脚步踉跄,伤口以肉眼能看到的速度迅速腐烂,一团团浓稠如面糊的血肉掉落在地,骨头都露了出来。

"救救我,救救我……"

他有气无力地呼救,而众人吓得魂不守舍,没人上前帮他,反而都往后退,恨不能挤破墙壁逃走。

只有老刀,上前扶住他道:"李队长,怎么了这是?"

"不知道……"他忽然攥住老刀衣领,道,"快,砍了我的胳膊,迟了就来不及了。"说罢,他举起腐败的胳膊,一股难闻的气味扑面而来。

关键时刻,老刀比一般人挺得住。他立刻取出绷带,将伤臂上端牢牢捆住,对李山河道:"我要将你的胳膊皮肉割开,再锯断骨头,会很疼……"

"快,快动手。"李山河眼珠子通红,他低声吼叫,犹如受伤的野兽。

"来两个人,把他按住。"老刀边说边取出包里的急救盒。马陆和李山河的战友,分别按住他的手脚。老刀准备好手术器械,便用手术刀将李山河胳膊皮肉割开。李山河常年训练,胳膊处肌肉发达,异常粗壮,增加了割断难度,有的部位需来回切割。他真是条汉子,牙都咬出血了,愣是一声不吭。终于,皮肉组织割断了,老刀再用锯子将骨头锯断。这时,李山河已经痛晕过去了。

处理好伤口,已是深夜,只见整条断臂腐烂化水,已看不清形状。老刀将一堆枯枝落叶烧成灰,用草灰将脓血残肢盖住道:"我从没遇到过这种情况,伤口会在瞬间溃烂。"

亲眼看见整个过程,马陆的状态并不比李山河好,甚至更差。老刀坐在他身边,说道:"如果后悔,现在回去还来得及。"

"说不怕,那是假的,不过……就这么回去,我不甘心。"

"和不甘心相比,性命更重要。"

"鬼,神……这些东西我只有亲眼看到,否则是不会相信的,我不会因为别人一句话就跑了。"

"成,看来想要忽悠你还真不容易。"

"这次来,我想得很清楚,既不轻易犯险,也不轻易退缩。"

"说得好,做这行,就得……"

"这件事,从头到尾都是你弄出来的,你不解决,谁解决?"

老刀话没说完,就听见一人扯着嗓子,呵斥于大宝。两人年纪相仿,都是罗教授的学生,突然起了冲突,于大宝虽然比对方高出不少,可自觉理亏,只能低着头小声道:"你以为我想。"

"你是不想,可谁让你出手伤人的,当时冷静一点……"

"我怎么冷静?黑灯瞎火的,突然钻出来一团东西……"

"这就是你的问题,鲁莽、暴躁、不计后果,工作中你就是这样,如今还把这些负面情绪带来绿深渊,惹了这么大的麻烦。"

一番指责,终于把于大宝惹毛了,他恼火地道:"这事儿被我碰到,我还没说倒霉,你咋呼什么?是我替你挡了灾,知道吗?"

"挡个屁,你就是胡搅蛮缠,你就是个扫把星。"

于大宝一拳砸在对方脸上,那人连退几步,站定后,骂了一句,准备冲过去干仗,罗教授和两名女生赶紧拦在两人之间劝架。

眼看两人越闹越凶,李山河战友忽然起身,几步冲到于大宝身前,抬手就是一拳。这人身材瘦小,皮肤黝黑,似是广东一带的人,在高壮的于大宝面前,几乎和小孩一样。可他毕竟是特种兵教官,即便收着力道出了一拳,愣是打得于大宝七荤八素,一屁股坐倒在地。聚拢一处的人群再度散开,所有人下意识站在于大宝对面,用实际行动表明了态度。

"你他妈的,喊什么?"李山河战友呵斥道。

　　于大宝可不敢和特种兵叫板，捂着脸不吭声了。

　　"把这怪物拖出去烧了。"李山河战友道。

　　于大宝浑身一紧道："出去我就死定了。"

　　"是你把她打死拖进来的，只能由你再拖出去。"说话时，李山河战友双拳紧握，咔咔作响。

　　"老师，你得拦着他，这时候我出去就死定了。"于大宝没辙了，向老师求援。

　　罗教授沉默片刻，叹了口气道："大宝，如果我替你求情，就是坏了自己定的规矩，谁的事儿由谁负责，天经地义。"

　　"老师，我，我……"于大宝一咬牙，转而对刚刚发生冲突的同学道，"宋城，是我错了，看在咱们同学一场的份上，你帮我劝劝他们，别让我出去。"

　　"你的事儿，和我无关。"宋城冷漠地道。

　　"娟娟，小婷，你们……"两女孩就像见了鬼一样，使劲往罗教授身后躲。

　　"这事儿，咱们管吗？"马陆小声问。

　　"你不可能在短时间内扭转所有人的观点，不屑于落井下石，也别挑战人多的一方，就当自己睡着了。"说罢，老刀真把帽子遮在脸上，装睡觉。

　　"把尸体拖出去，我不想再说第二遍。"李山河战友的声音越发愤怒。

　　罗教授取出一部卫星电话道："大宝，如果你不照做，我立刻报警。"说罢，手指按在数字键上。

　　"好，我走，你们这群混蛋，我就是死，也不和你们在一起。"于大宝愤怒地喊道。

　　拖着不知"是人是鬼"的尸体，于大宝快步走出古庙，很快消失在黑暗的山林中。

　　"他会不会出事？"关闭庙门，马陆问道。

　　"烧了尸体，就可以回来，我并没有驱逐他。"罗教授解释道。

　　"可是……"

　　"行了，咱们远来是客，今晚的事儿轮不到你发表意见。"老刀生硬地打断了马陆的话。马陆两边看了看，无奈地坐回老刀身边。

罗教授取出卫星电话，和总部取得联系，报备了李山河的伤情。很快，总部发来指令，安排直升机前往指定地点接送伤员。这就需要将李山河送去指定地点集合，可谁敢在漆黑一片、危机四伏的绿深渊里走夜路？

见罗教授和他的学生们集体噤声，老刀暗中叹了口气，对李山河战友道："哥们，如何称呼？"

"我叫王家山。"

"OK，这样，我和王家山送李队长过去，你们……"

"那不行，王队和李队的任务就是保证我们安全，两人都走了，万一出事，算谁的？"宋城高声问道。

"那你说怎么办？"老刀急眼了。

第六章

再现鬼脸

"我的要求合情合理,而且你们谁不是这么想的?我只是把你们想要说的话说出来,替你们做恶人。"

"唉……"老刀没说什么,只是重重叹了口气。

"老刀叔,我和你们一起去。"马陆走到老刀身边。

"好。"老刀拍了拍他的肩膀。

搀扶着虚弱的李山河,三人走出古庙。老刀点燃一根火把,道:"马陆,真遇见怪事儿了,你可不能跑。"

"放心,承诺的事情,我绝不反悔。"

"谢谢二位,连累你们了。"李山河道。

"我也当过兵,六年的志愿兵,虽然不如你们兵王,但'决不放弃一个战友'这句口号我可没忘。"老刀道。

"按年龄算,我得喊你一声班长。"

"是的,我八十年代参的军,那时候你估计还在上初中。"

"是啊,时间过得太快了。"

"你这条手臂没了,怎么办?"

"还能怎么办,转业去地方某个单位,安心做个废物呗。"李山河苦笑一声。

"也好，求个安稳。"

"我们这种人，天生就好上天入海，过安稳日子相当于慢性自杀。"李山河越说声音越低。

集合地点距离登山口不远，一路走来，倒也太平无事，只见一处不生植物的山地，四周堆满了青灰色的石块、石子，像是一处塌方现场。老刀用火把照耀四周，道："这里的石头，怎么湿漉漉的？"

"罗教授检测过空气环境，说是当地湿度高，树林过密的自然环境造成的。"

"如果是环境原因，古庙里也应该潮湿，可地面的灰尘却很厚？"

"你看出什么问题？"

"附近有水道，应该能听见流水声。"老刀竖起耳朵，仔细倾听片刻，忽然面色一沉道："你们听，什么动静？"

马陆静听片刻，隐约听见一阵断断续续的哭泣声，他顿时觉得头皮发炸，道："鬼哭。"

老刀也有些紧张，却并不慌张，他举起火把道："我也算活过半辈子了，还真就没见过鬼，有种露个脸让我看看。"

"救援队快到了，你们别管我，先回去。"李山河说话当口，螺旋桨引擎声远远传来，将细微的哭泣声压制得无踪。

"等等吧，直升机这动静，就算真有鬼也被吓跑了。"老刀笑道。

片刻后，一架直升机飞来，射灯将三人所在区域照得一片雪亮。直升机飞到三人头顶上空，劲风盘旋，气流激荡。

"二位，大恩不言谢，回去后一定联系我，请你们吃大餐。"道别后，李山河借助专业救援设备，登上直升机，飞离此地。

火把被螺旋桨的气流吹灭，两人陷入静谧的黑暗中，老刀点亮了狼眼手电，道："一定跟紧我。"

话音未落，又听见哭泣声，声音忽远忽近，更加清晰，似乎就在附近。

"老刀叔，咋办？"马陆紧张地四下观望。

老刀停下了脚步，侧耳倾听，随后迈步朝古庙相反方向走去。

"咱们，这是去哪儿？"马陆小声问道。

"你被吓迷糊了？这可是人的声音。"

"深山老林里的哭声,难道……"话说到这,马陆心里一动道,"难道,是于大宝?"

"除了他,还能是谁,赶紧找人。"说罢老刀继续前行,走入一片冷杉树林中,哭声越发清晰。

"于大宝,于大宝……"马陆低声呼唤。

老刀忽然道:"别出声。"他举着狼眼手电,在茂密的树林中缓缓转动,最终停在一株巨大的云杉树上。

只见于大宝蜷缩在粗如电缆的树根旁,脑袋顶着树干,一动不动。马陆正要上前查看状况,却被老刀一把拉住。接着,手电继续向一侧平移,照到另一株粗壮的云杉树干上。暗褐色的树干乍看并无异样,仔细看,似乎凸出一截,且多出的部位,居然在微微晃动。难道,是变色龙?

老刀从靴筒里抽出防身用的伞兵刀,反持刀柄,将手电交给马陆,捡起一块石头,朝凸出的树皮丢去。"啪嗒"一声,石头正中目标。

马陆暗中奇怪,不明白老刀用石头砸树用意何在,就听"呼啦"一声,暗褐色的树皮居然临空展开,就像蝙蝠的翅膀,接着,一颗恐怖怪异的头颅出现了。这颗头颅就像用水泡肿了一般,整张脸毫无血色,却并不苍白,而是呈现出一种灰紫色,皮肤上布满了褐黄色的斑块,一对眼睛鼓凸而出,眼珠是黄色的,就像得了晚期肝病。此外,这张脸没有鼻子,嘴巴近似于圆形,隐约能看到嘴唇里蜡黄的牙齿,和一条雪白的舌头。

马陆倒抽一口冷气,"鬼"还没喊出口,就见鬼脸冲他抬起双手,手里端着一物。老刀来不及说话,一跃而起,将马陆扑倒在地。与此同时,"嗖嗖"声响,一样硬物从他头皮飞过,撞入身后冷杉树干,发出清脆的响声。

老刀身手极其矫健,落地后,一个翻滚,半蹲在地,再用手电朝原处照去,恐怖的人头和蝙蝠翅膀都不见了。他没有贸然行动,而是确定四周没有埋伏,才小心翼翼起身,对马陆道:"你在原地,别动。"说罢,贴着大树,曲折行进,靠到于大宝身边。

"赶紧走。"老刀拍了拍于大宝肩膀。

于大宝充耳不闻,一动不动。

"这里不安全。"老刀将人强行拉起。

当于大宝转而面对他,饶是老刀胆大过人,也吓得浑身一抖,差点摔

再现鬼脸

倒。只见于大宝满脸鲜血，眼珠子被抠出，只剩下一对血肉模糊的眼窝。

"我错了"三个字，被于大宝翻来覆去地叨念。

"兄弟，咱们先回去再说。"老刀悄声道。

于大宝恍若不闻，依旧翻来覆去地念叨，显然神志已恍惚。老刀对马陆使了个眼色，两人架着他往外走。

然而刚走到林子边，于大宝死活不肯再迈出一步，抱着树干鬼哭狼嚎道："我错了，错了……"

老刀急得没辙，对马陆暗使眼色，示意把人打晕。马陆举起手电，正打算拍他，忽然，劲风透体，不知从哪飞来一块石子，正中于大宝面部。

顿时，鲜血四溅，石子由鼻梁嵌入脑中，于大宝未来得及惨叫，倒地身亡。

老刀喊道："卧倒。"

两人几乎同时趴伏在地，手电关闭，再度陷入黑暗。

马陆的呼吸浓重而急促，心脏几乎要从胸膛里跳出。只见林区与山区交界处，一道人影似乎从树干剥裂而出。接着，那张古怪、丑陋、邪恶的脸，在月光下清楚呈现，鼓凸的眼珠微微转动，在二人藏身的区域扫来扫去。

这次，马陆终于看清他的手持之物，居然是一个弹弓。弹弓以木叉子固定皮筋做成，孩子手中的玩具，在他手中成了杀戮凶器。老刀悄悄摸到一块石头，瞄准对方，猛地起身，将石块投出。和之前试探不同，这次他用尽全力，"嗖嗖"声响中，石头飞射而至。对方不闪不避，右手闪电般伸出，将石块攥入手中。他不但目力过人，力气也远超常人。

突然，马陆身边"沙沙"作响，一只受到惊吓的白兔不知从哪窜出，迅速向前跑去。与此同时，怪人身边再度出现一道人影，他手持一根细长竹管，用嘴轻轻一吹。"嗖"的一声，奔跑中的兔子忽然没了方向，扭曲着身体摔倒在地。兔子双腿连蹬，奋力挣扎，却始终无法起身。片刻，伤口处出现明显溃烂，血肉变得浓稠一团。

原来李山河的伤势是遭到了怪人的暗中偷袭。吹竹管的比同伴好不到哪去，一张脸呈死灰色，光秃秃的脑袋，两只耳朵犹如切开的卷心菜，一层层褶皱极为显眼，脖子处蜡黄的皮肤耷拉而下，几乎垂到胸口。

两怪物发射弹弓和毒针准头甚佳。马陆和老刀不敢贸然行动，趴在地下

一动不动。双方僵持片刻，忽然，远处有人打出一枚照明弹，燃烧的红色火焰的球体就像火流星般极速飞起，随后打开降落伞，于半空中缓缓下降。黑暗的森林，顿时笼罩于红色光中。

两个怪物，在刺眼红光中，悄无声息地消失了。老刀确认再无危险，持匕首护住身前，带领马陆走出林区，借着照明弹发出亮光，两人一路小跑，终于返回营地。

推门而入，古庙里又多出四人，其中两人在搭建通信设备，一人做问询笔录，还有一人双手抱在胸前，站在古庙的西南一角。这人约莫一米八，身体健硕，交叉的双臂肌肉凸起，虽然面无表情，可五官刚毅坚韧，一看就是历经风霜的狠角色。

他转过身，对二人点了点头道："老刀，马陆？"

"您是……"

"我叫岳长奇，来这儿是为了调查李队长的受伤情况。"

"哦，部队的反应太快了。"老刀赞道。

"我不是现役军人，严格意义上说，我不服务于任何机构，是独立的自然人。"

"明白。"

岳长奇道："我的工作是负责特殊军种的研究调查，如果有谁伤害了我们正在执行任务的军人，无论他是谁，有怎样的身份背景，必将接受制裁。我需要你的配合，找出伤害李山河的凶手。"

"好，我一定知无不言。"

"关于绿深渊的传说，无非就是一些鬼鬼神神的东西，我不信这世上有鬼，伤害李队长的，必然是人。"

"您说得没错，肯定是人。"老刀赞同。

岳长奇一对双眼，闪烁起利剑般的光芒道："你，为什么这么肯定？"

"我们见到了伤害李队长的凶手。"随后，老刀将树林中的遭遇，叙述一番。

"于大宝死了？"极力将他赶走的宋城显得十分震惊。

"尸体呢？"岳长奇做了个手势，三人立刻围拢过来。

"等天亮吧，这时候出去太危险。"

再现鬼脸

"我们可以等到天亮，但凶手不会。即刻行动，我负责你的安全。"岳长奇的手下打开一口皮箱，里面装着防弹背心和三支九五式突击步枪。

"我觉得……"老刀话到嘴边，又停了。

"有话直说。"

"今晚遇到的两个，肯定是人，不过……我总觉得哪里不对。"老刀皱着眉头道。

"就是几个胆大包天的杀人狂。"岳长奇取出一件防弹衣，丢给老刀。

"我觉得这两人，以凶手定义，有点简单了。"

岳长奇拍了拍老刀肩膀道："我这辈子专和人渣打交道，在深山老林里杀人为乐的疯子，算上这次，我见过三回了。"

见老刀犹豫，岳长奇道："你在地图上标清地址，不用去了。"

老刀沉思片刻，在地图上标明了位置，并没有和岳长奇小队行动。

"我做的足够多了，咱们来这里的目的是为了寻找野蛮之心。"老刀道。

"绿深渊确实危机四伏，就凭那两个怪人，都够咱们喝一壶了。"马陆道。

"是啊，也不知道两人算什么路数。"

对讲机里，岳长奇声音响起道："秃鹰，秃鹰，猎人发现目标，重复，猎人发现目标。"

守在营地的队员发送了信号，正准备接应，就听岳长奇再度联络营地，不过这次他呼吸急促，声音也很痛苦。

"我中了埋伏，需要支援，千万小心，这四周可能还有陷阱。"

岳长奇的手下都是千锤百炼的狠人，关键时刻没人畏缩，立刻行动。

不等两名队员出门，老刀道："我跟你们一起。"

"你不是怕吗？就别去了，别拖累我们。"对方说话一点不客气。

"岳队长就在陷阱里杵着，处理野外陷阱的能力，我肯定比你强。"

另一名队员打圆场道："没时间争论了，救人要紧。"

包括马陆在内，四人出了古庙，打出一颗照明弹后，一路小心翼翼地赶往出事林区。

到达现场，确定位置后，四人进入丛林。由于事发地就在边缘，所以很快看到中了陷阱的两人。

一人悬空倒吊，岳长奇左脚陷入泥土，看不清机关状况，但他一动不动，表情痛苦。

两名队员着急救出同伴，正要过去，老刀道："别急，周围肯定还有猎道。"

隐藏陷阱的区域，称为"猎道"，陷阱周围的安全区，称为"光区"。

短短数十米的距离，每一步，都危机四伏。

两名队员着急救人，却被老刀拦住，他道："两位，能让我先看看再行动吗？"

"你别在那瞎指挥，这里……"

"行了，你俩听老刀的。"岳长奇道。

虽然不服气，但二人永远不会违背队长的命令。老刀也不客气，道："你们负责警戒，我们负责救人。"

说罢，他带着马陆躲到一株树后，边观察地形边道："这些人知道我们会来，所以在尸体周围布置了困人的陷阱。他们利用人为饵，引救援者上钩。所以，两人身边必然还有陷阱。"

陷阱的伪装术在懂行人眼里，并非毫无破绽。任何经过布置的区域，只要仔细观察，与周围环境总有不同。

老刀找来一根细长树棍，一路戳点，小心翼翼地朝岳长奇靠近。马陆则在大树后面，观察老刀的一举一动。虽然身处险境，但也是一次学习的机会。

老刀能在树林地面中准确分辨出岳长奇二人的脚印，顺着脚印走，便是安全的。他边前行，边利用石子做记号，将安全的区域标记出来。很快，老刀便靠近了岳长奇，朝陷坑里看了一眼，转头对马陆道："你顺着我摆放的石子过来。"

等人到身边，老刀指着陷坑道："你看。"

泥地中的陷阱并不复杂，是四五根削尖的树枝，尖头朝下，呈螺旋状斜插在土层中，当人脚陷入后，虽说不会受伤，却也无法脱身。

老刀取出匕首道："必须齐心协力，才能把人救出来。"

"尽管放心。"马陆自信满满。

老刀脱了鞋袜，光着一只脚道："咱俩分别架住岳队长，我扒开土层后，

陨石猎人 上

陷坑坍塌时,木刺自然掉落,到时候扛住人,别让他陷下去。"

说罢,两人分左右架住岳长奇,老刀赤脚将陷坑周围的土一点点拨开,终于露出了木刺的根部,随后他用脚轻轻一点,插着木刺的浮土顿时坍塌,岳长奇终于抽出被困的腿。

"谢谢了。"他冲老刀点点头。

"你得信我,这事儿才能办成。"

"成,接下来怎么办,你就说吧。"

"麻烦你先退出去,这里两个人足够了。"

看得出岳长奇有些不快,但他没说什么,顺着石子标记的安全地带顺利撤出。老刀用树棍将满地落叶轻轻拨开一条道儿,俯身趴在泥地,向前缓缓爬行,仔细小心地观察周围状况道:"找出隐藏的陷阱,比扫雷更难,因为无法使用专业仪器,只能凭经验判断,我……"话音未落,他的左手忽然不受控制地甩向一侧,紧紧贴在泥巴地上。

突然变故,把马陆吓了个魂飞魄散,以为中了埋伏,正要上前帮忙,老刀急喊一声:"别动,我没事儿。"他攥住左手腕袖口,缓缓翻转身体,将贴地的胳膊抬了起来,接着脱下戒指丢向上空。

然而泥土中似乎有一双无形之手,戒指飞入空中后,立刻就被"拽回",跌入土中,砸出一个小坑。

"老刀叔,这是怎么了?"马陆惊讶地问道。

老刀并没有说明原因,做了记号后,继续往前爬,直到爬到被吊着人的下方。

"能撑得住吗?"老刀问。

"还行吧,再吊一会儿,可能就要脑充血了。"

老刀用树棍将掉落的步枪勾到身边,道:"当时的情况,你还记得吗?"

"就感觉一脚悬空,被吊了起来,能把我先放下来再问吗?"

"保持耐心,没搞清楚状况,贸然处理可能造成伤害。"

"妈的,这帮畜生,把人当猴耍。"被吊着的人愤怒地喝骂。

老刀仔细检查周围状况,静静望着厚密落叶,久久不动。

就在所有人等得心浮气躁时,他突然猛击一掌道:"我想到了。"

说罢,他不再像之前那样小心,迈步走到于大宝尸体边,将周围的落叶

扫开,果然见到了一根钉入土地中的木钉,根部拴着一条用动物筋脉搓成的具有弹力的绳子。

"小心,我要断绳子了。"说罢,老刀将绳索割断,那人身手敏捷,落地后就地一滚,翻身而起。

这次救援,有惊无险,得益于老刀对陷阱的了解。

将于大宝的尸体带回营地,众人假惺惺一番悼念。岳长奇郑重道谢后,问:"老刀兄对这里发生的一切,有何看法?"

"那些人虽然杀人,但不是凶手。"

"这话说的,是不是有点矛盾?"

"我先说说陷阱的原理。"

"这不是急事儿,改天我请老刀兄专门去我那,做一期培训。"

老刀摆了摆手道:"不是聊闲天,由陷阱的布设可以侧面了解对方的一些情况。"

"哦,那请说。"

"困住岳队长的是连环井。在中古世纪,欧洲军队会在战阵前布置这种陷坑,陷阱分上下两层,上层是钉坑,以木头倒刺困人。陷入后,想要脱身,必须弯腰挖土,一旦受力,底部土层便会压塌。下面还有一层陷阱,里面全是尖头钉板,掉进去,整条腿就废了。"

"没错,我中招后,当时就感觉不对劲,所以一动不动等待救援。"

"这就是经验,如非岳队长沉着冷静,腿肯定是废了。"

之后,他又对另一人道:"困住你的陷阱,其实是最普通的平衡套。这是一种常用陷阱,我们在野外捕捉动物,用的就是这个。我以为对方会布设更加复杂的陷阱,后来发现触发点在死尸脸部,所以判断对方布设陷阱的目的,不是为了杀人,而是为了保护尸体不被野兽伤害。"

"这么说,对方杀死于大宝,重伤李山河之后,良心发现了?"岳长奇眉头略皱。

"这些怪人应该是当地土著,而不是什么连环杀手。土著应该分为两拨,一拨对陌生进入者有极强的敌意,另一拨没有。在于大宝身边设置陷阱,或许是为保护尸体。"

马陆忍不住问道:"如果是人,怎么长得和鬼一样?"

"土著捕猎作战时,都会化装,他们的脸,是画出来的。"

"当地属泗水林业局管理,来之前,我们找林业局了解过情况,如果真有土著,他们应该知道。"岳长奇道。

"进入绿深渊的人,失踪概率是百分之百。这么多年,没人管没人问,你不觉得奇怪吗?"老刀问。

岳长奇利剑般的眉毛紧紧簇拥,沉思片刻道:"稍等,我去打个电话。"

天亮了,阳光难以透入密林,庙里的光线昏沉,就如雨天一般。马陆一夜颠簸,此时只觉得浑身疲劳,正准备躺下休息,又听老刀道:"咱们还得走一趟。"

"去哪儿?"

"于大宝出事的那片林子。"

"啊……还去?"

"怎么,怕了?"

"那倒不是,毕竟再去都是第三次了,我就是……"

"干咱们这行,三天不睡觉,一觉睡三天,你得适应。"老刀哈哈一笑。

马陆揉了揉眼睛,正准备跟着出去,岳长奇挂了电话,问:"去哪儿?"

"忙了一晚上别的事儿,现在得操心自己的事儿了。"老刀道。

"哦,我刚联系了朋友,让他联系林业局的人,细问情况。"

老刀挠了挠头道:"岳队长,昨天晚上情况特殊,有人出事儿,我不能干看着,可我也有自己的事情要干,你这边……"

岳长奇道:"明白你的意思,这样,咱们保持联系,一方有难八方支援。"说罢,将一部对讲机丢给老刀。

走出古庙,马陆问:"就这么出来,是不是太冒险了?"

"确实冒险,不过树林里可能藏有陨石。"

"啊……"马陆吃了一惊道,"你是怎么发现的?"

"还记得我手上的戒指?"

"记得,那地居然能吸附金属,难道是陨石的作用?"

"我手上戴的,是一枚探磁戒指,能探测出带磁性的物体。绝大部分陨石都带有磁性,而地球矿石大多没有磁性,所以探磁戒指的作用,是通过磁性,对一块石头作大致判断。"

"说不定就是'野蛮之心'。"马陆顿时来了精神。

"但愿。"

两人原路返回,站在树林入口,马陆不无担心地道:"这些人会不会再设陷阱?"

"我做了标记,如果地形有改变,能看出来。"

茂密的植被,在光合作用下,释放氧气。两人踏入林中,一股清幽,扑面而来。

"如果没有那些怪人,这是多好的旅游区。"马陆感慨道。

"这世上,什么狗屁玩意都有,就是没有如果。"老刀顺脚将标记用的石子踢开,道,"没人来过。"

"标记,就是这些石子?"

"我在每颗石子下,埋了一片碎叶,就是标记。"

"原来如此。"马陆又学了一招。

磁力异常的区域无法使用工兵铲,两人各撅了一截树枝,挖掘土层。然而土层黏性极强,马陆累出了一身臭汗,也只掏出一口小坑。

"我得歇会儿。"马陆坐下,大口喘气。

"比你在家的日子苦多了?"老刀靠着树坐下,笑问。

"家里我不管事儿,也很少做家务。"

"嗯,像你这个年龄的孩子,家里都当宝贝惯着。"

"老刀叔,你怕这些人吗?"

"我在外头野惯了,见的事儿太多,这些人是狠点,不过……"他揉了揉鼻子道,"也就那样。"

"有过让你害怕的人或事儿吗?"

"当然有,我又不是孙悟空。"他抽出一根雪茄,搁在鼻子上来回嗅着道,"六年前,我们去九州峡找陨石,当地有一条名叫十发龙的河道,是陨石坠落区。"

"我们到的时候,正是汛期,十发龙河水暴涨,并不适合出航,我急着做事儿,就硬着头皮上了。

"当时一共四个人,租了条冲锋艇,逆着水走,穿过井口峡谷时,皮艇撞击后突然停顿了,不管怎么操作,就是一寸不动。"

老刀伸开手，斜对马陆道："河道两边是两座相距不过二十米的大山，我们由低向上，逆水行舟，你说怎么就在湍急的洪水中，停住了？"

马陆头皮隐隐发麻道："如果是我，肯定认为撞到了暗礁。"

"我也是这么想的，可就在舵手准备调整方向时，船头处忽然冒出了一截蛇信子，紫红色，大概有半米左右。"

"半米左右的舌头？那这蛇得有多长？"

"洪水很浑，我没见到蛇的其余部位。"他叹了口气道，"当时，我们所有人吓得屁滚尿流，关闭引擎，筏子顺着水流飘，差点翻了。"

老刀嘴唇子居然在哆嗦，可见当年的遭遇对他造成的影响之大。这是听故事的马陆无法切身体会的。

沉默片刻，马陆问："最后呢，陨石找到了没有？"

"没有，遇到这么个……谁还敢往下走，我们就退了。从此，我没去过九州峡的地界。"说罢，老刀起身，继续挖坑道，"我算是明白了，甭管人怎么吹牛，地球上还是有很多地方、很多事儿，是人根本不能理解的，就像那几个怪人，为什么会在这里，为什么是那种模样。所以，没什么想不通的，存在即合理，你觉得奇怪，因为你不是他。"

"老刀叔，你心态真好。"

"见的多了，心态自然就好，否则去一地儿怕一路，还活不活……"

"啪嗒"一声，树枝凿在了硬物上，断成两截。

"娘的，就是它了。"老刀欣喜若狂，丢了树枝用手刨地。

马陆也是精神一振，过去帮忙，两人徒手越挖越深，时不时便会碰到冰凉的金属物体。片刻，只见一个银白色的物体，露出顶尖。看材质，像是银制品，随着整体露出越来越多，一块稀奇古怪的石头，重见天日。

石头约有西瓜大小，绿色、银色杂生，表面遍布坑洞和一些紫颜色的类似于水晶的物体。

"这肯定是陨石，地球上的岩石、矿石就没这样的，我们找到'野蛮之心'了。"马陆激动得眼眶都红了。

老刀却很淡然，他取出一条录音笔道："石头为单颗主体，具有融合外壳，是绿色厘米级粗粒多晶聚集体与紫色原生晶石附着体。"

关闭录音，老刀对马陆道："这不是'野蛮之心'，这块陨石的融壳是新

鲜的,应该是不久前,被人埋在这里。"

"可惜。"马陆道。

除了被杀害的陨石猎人,没人会在这种地方藏一块陨石。这是一块石铁陨石,本身具有极强的磁性,老刀用封装带将陨石包住,装进袋子里道:"这趟不亏了。"

"陨石究竟有什么科研价值,值得人冒生命危险寻找?"马陆好奇地问。

"陨石是宇宙星体的组成部分,研究陨石就是研究宇宙的组成部分,这是明面上的理由。"

"那私底下呢?"

"陨石具有极高的收藏价值,一些民间收藏家为陨石开出极高的价格,这是最直接的经济利益。"

"像刚找到的陨石,大概值多少钱?"

"不算特殊质量的陨石,以月球和水星陨石价格最高,也是大多数猎手的目标,我从来不为陨石估价,没卖过。"

忽然,林子里发出一声轻响。两人吃了一惊,以最快速度藏身于树后。片刻,只见一头公猪摇头晃脑地从灌木丛后走出。

野猪虽然看着憨态可掬,其实性格极其暴躁,且皮糙肉厚、力大无穷,尤其是嘴里的一对獠牙,比刀不差。如果有猎枪傍身,倒也不怕,可两人身上只有一块陨石和匕首,一旦遭到野猪攻击,后果不堪设想。

老刀捡起一块石头,朝两人所在的反方向丢去。一声轻响吸引了野猪的注意,它站立片刻,转而朝发出声音的方向走去。

背上装备,老刀做了个手势,两人蹑手蹑脚地朝树林外面走去。然而,就在两人走过一株云杉时,忽然听到一阵刺耳的摩擦声。循声望去,只见一头野猪正贴着树皮摩擦身体,两者距离不超过十米。野猪发现二人,停止了蹭树,一对小尖耳朵犹如天线般转着圈摆动,警惕地望着突然出现的人类。

老刀小声道:"别慌,保持镇定……慢慢走。"说罢万分小心地迈出一步。

见野猪没动,两人一步一顿向前移动,可没走几步,野猪开始发出哼哼唧唧的低嚎。

"这下麻烦大了。"老刀话音未落,野猪突然一声刺耳的嚎叫,迈开四蹄朝两人冲来。野猪是群居动物,同伴发出的叫喊吸引了另一头野猪,它挺着白森森的獠牙,直冲过来。

野猪虽是猪,身体脂肪含量却很低,所以奔跑速度快,且耐力持久。两条腿的人,根本不可能跑过它们。

老刀边跑边道:"我引着它俩走,你去找岳长奇。"他嘴里吆喝着,往另一边跑去。

要命的是,野猪对他视若不见,死死跟住马陆,大有"咬定青山不放松"的架势。

"S路线跑,野兽视力窄,不要直线跑。"老刀跟在后面提醒。

野猪跑动时发出的响声越来越近,马陆心里害怕,两条腿却犹如灌满了铅,越跑越慢,一脚绊在树根,摔倒在地。野猪挺起一对獠牙,疾冲而至。

"死定了。"马陆万念俱灰。

忽然,一道黑影卷裹着劲风,不知从哪冒了出来,狠狠撞在野猪身侧。这股撞击力道极强,野猪被撞出数米,惨叫连连。与此同时,一株云杉满树枝叶无风自动,一道蓝色身影从中忽闪而出。

只见他双手盘绕着一条暗褐色树藤,在空中荡出一道弧线,借着高处落下的冲击力,一脚踹在野猪嘴部。这一脚力道极强,野猪摔倒时,鼻子已经断裂,鲜血洒落泥土。

受伤的野猪狂性大发,翻身而起,刚裂开的嘴就被一张遍布厉牙的狼嘴猛地咬住。剧痛中,野猪用尽全力想要挣脱,狼却紧咬着不松口,紧接着它人立而起,两只前爪搭在野猪头部。

一番角力,重伤的野猪被压倒在地,狼脑袋用力一摆,连肉带骨扯下一大块。野猪正要挣扎,却被人用一根骨头磨成的骨刺一下扎入心口。另一头野猪发疯似的冲来,这人转身就跑,顺手摘下背着的弓箭。

他奔跑的速度比普通人快了太多,却仍旧跑不过野猪。只见二者距离越来越近,这人突然一脚蹬在云杉树上,高高跃起后,在空中一个翻转。野猪收势不住,撞在树身,木屑飞溅。身在半空之人,出手一箭,极其准确地射入野猪颈骨,将它钉在地面。

一连串动作,令人目不暇接。稳稳落地之后,那人面不改色,气不喘。

这位突然出现的"神箭手",十八九岁年纪,个子不高不矮,虽瘦却不弱，满头曲卷长发披肩而下，由于脸上太多泥垢，看不清长相，但他的模样并不怪异，尤其一双眼睛，精光闪闪，犹如清澈的泉水。

少年身着一件蓝色的运动衫，与之前两名怪人一身黑布短打的风格大不相同。老刀正要走动，他却动作极其敏捷，立刻拉满长弓，对准老刀。

"我没有恶意。"老刀赶紧举起双手道。

与之前两个怪人相比，少年的眼神中并没有杀气。那头狼，回到少年身边，蹲坐在一旁。

"谢谢，谢谢你救了我一命。"马陆瘫坐在地下，有气无力道。

迟疑片刻，少年终于松了弓弦，背起弓箭，转身要走。老刀赶紧上前道："朋友，麻烦打听一句，你知道绿深渊的陨石撞击区吗？"

少年眼神有些茫然，老刀赶紧从包里取出陨石，道："类似这种外形的石头，从天上降落，撞出的坑穴，你见到过没有？"

没想到少年居然点了点头，转身朝林子深处走去。

老刀大喜过望，对马陆道："成了。"

第七章

真　相

狼的毛色棕红，虽然没有雪原王雄壮的体魄，但也是一头大狼。它的眼神里充满了敌意，时不时便会警惕地望二人一眼。

三人一狼越走越深入。森林深处的云杉，每一株都长得顶天立地。破土而出的树根，都有成人大腿粗细。近似于密封的环境里，弥漫着一股浓烈的腐臭腥气，脚下的泥土黏得如橡皮泥。马陆只能脱了鞋子，然而袜子又被黏掉，只能赤着脚走。少年穿的是茅草搓成的鞋子，在泥巴地里走得飞快。野狼忽然提速，朝林子深处跑去，很快没了踪影。又走了很久，终于到达林中一片开阔地，不远处，生长着一棵巨大的柏树。

这棵柏树不知长了多少年，树干粗壮，直径有数十米，高度不下二十米，树身长满苔藓，茂密的枝叶犹如伞盖朝四面生长，一根树枝就有小树粗细。树身中空，巨大的空间横躺五六个人不成问题。

只见一名满头白发的老人坐在大树旁，身前生了一堆篝火，火上悬挂着一口铁锅。此刻铁锅热气腾腾，林子中弥漫着一股鱼汤的鲜香。老人白发垂肩，上半身穿着一件褐色皮袄，下半身两腿精光。一对眼珠子呈土黄色，一动不动，死气沉沉，犹如鳄鱼的眼睛，看模样有几分诡异。马陆刚刚放下的心，又提到了嗓子眼。

只见野狼盘坐在树根处，大口撕扯着一条近半米长的白鱼，老人侧耳倾听，脸上露出笑容道："老幺，回来了？"

老人语气慈祥，不像凶狠之人。少年"嗯"了一声，走到他的身边坐下。

"听声音，好像不止你一个，还有人吗？"老人拿出一个木碗，边盛鱼汤边问。

"有。"少年说话的声音并不清晰，口音很重。

"哦，你们要不要来点鱼汤？"

老刀笑道："谢谢老爷子，我们一共两人，尝尝您的手艺。"

老人手一抖，鱼汤洒在地上，他道："你们……是哪儿的人？"

"哦，我们是陨石猎人，来这儿……"

"你们来这里，是为了寻找那颗坠落在绿深渊的陨石？"

"是的，您也知道？"

"三年前，我进入绿深渊就是为了寻找陨石。"说罢，老人重重叹了口气。

这里有的不是陨石，而是寻找陨石的人，马陆暗中略觉几分遗憾。

"您是前辈。"老刀坐在篝火旁，端着热腾腾的鱼汤碗道，"听说进来这里的人，没一个活着出去的，他们都还在吗？"

"全都死了，只有我活着，多亏了老幺。"老人黯然道。

"是被那些怪人杀死的？"

听了这句话，老幺突然把手里的碗重重顿在地下，满脸怒色望向老刀。

"那些不是怪人，是老幺的族人，一地儿有一地儿的忌讳。"

老刀这才明白怎么回事，赶紧连连作揖道："兄弟，实在对不起，我没有侮辱你族人的意思。"

老人伸手轻轻按在老幺肩头，柔声道："孩子，别着急，他对你没有任何恶意。"

老幺气鼓鼓的表情渐渐放松，低下头，继续喝他的鱼汤。

"这孩子挺愿意和人交朋友的，单纯善良。不过，他的族人对进入山林的外人不太友好，我想，你们应该领教过了。"

"是的，差点丢了性命。"

"唉……"老人微微摇头道，"别怪他们，无非是一群可怜的人。"

"那些死去的……才是真的可怜人。"马陆道。

老刀打断他的话头道:"老爷子,这里的情况,您能说说吗?"

"这里居住着一个名叫昂克旗的原始部落,他们天生怪相,性格凶狠,绿深渊是这个部落守护的圣地。"

"杀人,是因为我们入侵了圣地?"

"我是研究陨石的,并不清楚他们杀人的目的,但很有可能是这个原因。"

"冒昧地问一句,这位小兄弟为什么愿意和咱们坐一起?"

"老幺这孩子,本领是真的厉害,和他的族人相比,也是数一数二的。他不喜欢杀戮,所以救了我和你俩的性命。"

"老爷子,这三年时间,你为什么不走?"

"我当然想走,可眼瞎了,往哪走?只能躲在这里,苟且偷生了。"

"今天,机会来了。"老刀偷瞧少年一眼,他很专注地喝鱼汤,并不关注两人的对话。

老人叹了口气,一颗颗浑浊的泪珠夺眶而出,声音颤抖着道:"老幺,我是真舍不得你和庄娃,可我也有家人,我想将来有一天,能带家人来这片林子,咱们再团聚,好吗?"

老幺放下碗,眼神中露出不舍之情。少年和老人间的友谊,看得出他不想被族人同化,他想寻找到属于自己的生活方式。老人的离开,或许带走了他最后的希望。可即便老幺觉得矛盾与痛苦,他也没有阻拦老人。老刀没有丝毫耽搁,扶起老人就朝外走去。庄娃警惕地起身,发出低沉的嘶吼,却并没有发动攻击。三人一路不敢停歇,返回古庙中,老人累得都快断了气。

岳长奇立刻带着手下围拢过来,道:"这……是你们抓到的?"

"他是幸存者,给点水喝。"老刀上气不接下气。

三人喝了点水,休息片刻,岳长奇道:"究竟怎么回事?"

老刀正要回答,老人神情激动,站起来道:"麻烦你们立刻联系公安部,这里发生了惊天大案,至少有十名以上的罪犯,在此地预谋犯罪,杀害了几十条生命。"

岳长奇面色大变,问老刀道:"我的判断是对的?"

老刀则愣住了,过了好一会儿才道:"老爷子,您之前说……"

"刚才我说什么都是权宜之计,是为了脱身说的谎话。这里的真实情况,是一帮人合起伙来以杀人为乐。这些疯子不除尽,将来必然还有更多的人受到残害。"

老人神情激动,说的话也和之前大相径庭。

马陆忍不住问道:"老爷子,老幺算不算杀人凶手?"

老人毫不犹豫,道:"绿深渊里的所有人,都是疯子、杀人狂,没有一个好东西,应该被……千刀万剐。"

"可是……"

"马陆。"老刀高声打断了他。

老刀拖着马陆出了古庙,道:"你是不是疯了,替那些疯子说话?"

"老幺不是疯子,他只是和那些人生活在一起。"

"这件事没有道理可讲,一旦消息报上去,接下来就是抓捕行动。你除了管好自己,别的跟你没关系。"

"老刀叔,我的命是老幺救的,你可以不受这份情,可我不行。"马陆怒了,高声反驳。

"老幺是谁?"岳长奇出现了。

"林子里遇到的怪人,其中一个。"

"是我们遇到发狂的野猪,是他救了我们性命。"马陆没有妥协。

岳长奇看了两人一眼,也没表态,转身走回古庙,只听他高声道:"情况通报上去,请求支援。"

"回去吧,这里的事情,你管不了的。"

老刀拍了拍他的肩膀,正要走,忽然,马陆转身就跑。

"马陆,你给我回来。"老刀知道他要去哪,跟着后面就追。

跑了没多远,就听到一阵急促的脚步声,岳长奇以近乎冲刺的速度超过老刀,追上了马陆。他腾空跃起,将马陆扑倒在地道:"你他妈的,是不是疯了?"岳长奇将马陆死死按在地下。

"放开我。"马陆奋力挣扎,可他哪是岳长奇的对手,很快便被制服。忽然,马陆咩了他一口。

"你……"岳长奇怒不可遏,抬手扇了马陆两耳光。

老刀一把将马陆拖起,岳长奇反应何等迅速,回手一肘子顶在老刀腰

真相

间,起身一个反踹,将身高一米八几的老刀踹翻几个跟头。

"行了,有话好好说。"老刀捂着胸口对马陆喊道。

马陆此时倒也清醒了,他跑到老刀身边,扶着他道:"没事儿吧?"

"你不闹,我就没事儿了。"在马陆搀扶下,老刀艰难起身道,"岳队长,你办你的事儿,我们保证不会添乱的。"

岳长奇情绪渐渐平稳,深吸一口气道:"以你们刚才的行为,我有权开枪自卫,懂吗?"

"是我们的错。"

其余几名队员赶了过来,岳长奇挥了挥手道:"把二位同志带回去。"

马陆无奈,只能跟着回去。只见老人身披着一条毛毯,坐在软垫上瑟瑟发抖,反而比在林子里紧张。

马陆趁人不注意,蹲在他身边道:"老爷子,只有你能救老幺,告诉岳队长真相,保全一条无辜的性命。"

"我管不了这些,是他们咎由自取,和我没关系。"老人哆嗦着道。

"你确实受到了伤害,可是老幺……"

"老幺就是个怪胎,我和他相处是为了苟活性命。"老人涕泪横流。

"把他铐起来,单独监禁。"岳长奇下令,立刻就有队员给马陆戴上手铐。马陆也知道反抗无用,老老实实蹲在古庙的西南角。

此地竖着一根石柱,马陆蜷缩在地,靠着石柱坐下。过了一会儿,他实在闲得无聊,用脑袋轻轻撞击石柱,心里捉摸着如何去给老幺通风报信。忽然,"咔啦"一声轻响。马陆转身望去,只见石柱表面出现了一道缝隙,接着,缝隙就像冰面的裂痕,瞬间蔓延,白色的粉末一股股往下掉。

他吓得窜了出去道:"庙要塌了。"

"警告你,再出幺蛾子,小心我……"岳长奇话音未落,就听"嘎嘣"一声,白色石柱整体破碎,犹如雪片夹裹着一堆烟尘纷纷掉落。一根精光四射的铁棍露了出来。

石柱是用类似石膏的材料造的,天长日久,内部早已干裂,马陆轻轻敲击,导致其整体碎裂。造一根石膏的假柱子,是为了掩藏铁棍。只见铁棍约有酒杯粗细,一米半左右长度,表面刻满了图案。

罗教授拿着放大镜,贴在铁柱表面仔细观察后,起身道:"这根铁棍,是用陨石做成的。"

老刀吃惊地道："教授，您确定吗？"

"别看我是考古的，但这根棍子的来历，我比你们专业的陨石猎人都要清楚。"

罗教授将放大镜交给助手，继续道："应该是十七年前吧，具体时间我记不太清了，印度一支考古队在原始丛林的神庙遗址中，发现了一柄存在两千多年的金属匕首。虽然历经千年，但匕首没有生锈。经过分析，匕首是铁和镍、钴等金属的混合物，换而言之，就是铁陨石制成的。"

"之后，世界各地陆续发现了铁陨石制成的物品，说明早在铁矿被发现之前，人们就已掌握了铸造技术，用以提炼铁陨石中的金属元素。这方古庙，存在数百年，铁棍没有生锈，极有可能是用陨石铸造的。"

马陆小声问老刀："会不会是'野蛮之心'？"

"不可能，那是从天降落的陨石，可不是加工后的成品。"

"诸位，听我说两句，大约会有一个中队的警力在下午三点之前进场，之后我会安排大家撤出战区，等战斗结束，再送你们回来。"岳长奇拍了拍手道。

马陆是真急了："老刀叔，如果这件事我假装不知道，还算是人吗？"

"我真不明白，和你有什么关系。"老刀气得原地转了一圈。

"他的目的不是为了救你，而是为了杀戮，只不过他杀的是野猪。"

岳长奇见二人争论，也没说什么，示意手下打开手铐道："一旦抓捕行动展开，决不允许受到干扰。小子，别让我难做。"

瞎了眼的老人哈哈笑道："这就对了，早这么做，能挽救多少人命。"

话音未落，忽然有人敲门。轻轻两下敲门声把老人吓得屁滚尿流，他边往后躲，边道："他来了，来了。"

"谁来了？"岳长奇做了个手势，三名队员拿起枪械，将保险打开。

"这敲门的方式，是我教他的，每两下一停顿。他来了，他来杀我了。"在老头杀猪般的惨叫声中，庙门被一脚踢开，一头棕红色的公狼当先而入。

狼的速度极快，冲进来后，张嘴咬住宋城的小腿，将人扯倒在地，宋城顿时惨叫连连。岳长奇面色铁青，抽出手枪，可狼和人纠缠在一处，没有开枪的角度。又是一道人影冲了进来，岳长奇掉转枪口瞄准老幺。突然，一件亮晶晶，满是汁水的物体直飞过来，砸了岳长奇满头满脸。岳长奇只觉得满鼻子腥气，差点没被砸晕过去，连退几步，撞入人群中。

此起彼伏的尖叫声中，三名队员各自举枪想要瞄准老幺，只见老幺弯下腰，两步跨到一人面前，速度之快，三名队员连开枪的机会都没有。

但这些人也是身经百战的兵王，掉转枪托，朝老幺后背狠狠砸去。老幺不闪不避，一记勾拳后发先至，打在下巴上。这人闷哼一声，顿时被打晕。

老幺攻击的动作并不花哨，无非是拳打、脚踢、撞击、扯拽，和街头的流氓打架没有区别。但是他的速度快，快到人眼根本无法看清。力量更强，强到即便是受过击打承受训练的特种兵也无法承受的地步。很快，持枪四人就被打倒在地，根本没有开枪的机会。

老幺吹了声口哨，庄娃终于松口，跑回主人身边，一人一狼拦在老人身前。接着，他用极不清晰的口语问道："没事吗？"

马陆顿时了然，老幺来此是为了给老人送鱼的。他以老人教导的方式敲门，听见老人发出的惊叫声后，误以为老人受到伤害，冲入庙里，攻击岳长奇及其手下的目的，是为了救人。

老人吓得魂飞魄散，神志失常，他连打带踢道："你给我滚，去死吧。"

老幺愣住了，他显然不明白老人为什么会有如此大的转变，就在此时，一名队员将掉落在地的步枪够回手中，正要开枪。

马陆拦在老幺身前道："谁对谁错，已经很清楚了，你们为什么非要助纣为虐？就因为老头一堆屁话，就要枉杀好人？"

"让开，否则我一枪崩了你。"那人愤怒地咆哮。

老刀焦急地喊道："马陆，别发神经，赶紧让开。"

马陆心里害怕到了极点，不由自主瑟瑟发抖。他倒不是蛮干，而是赌对方不敢开枪。不过看对方一张脸铁青，一双眼通红，马陆心里也不太有底，此人是否还有理智。

"我数到三，你不让开，后果自负。一……"数数同时，他食指扣在了扳机上。

马陆咽了口口水，脑子里乱成一团，难道自己真的要为老幺挡枪子儿？

"二……"

他娘的，我看你真敢开枪？马陆暗中骂道。

"三……"

这下马陆腿软了,他正打算求饶对方放过老幺,就见岳长奇按住了枪口。

"队长,你……"

"行了,你唬不住他。"

特战队员放低枪口,颇有些无奈道:"个生瓜蛋子,脑子有病。"

马陆瘫倒在地,浑身软得就像一团棉花。

只见老幺缓缓起身,转过身时,手伸进口袋。特战队员正要举枪,岳长奇道:"他不为行凶,要是动真格的,咱们几个早死了。"

老幺从口袋里取出的,是一本陈旧的工作笔记,或许是老人的东西。只见老幺把东西扔在地下,神情黯然地带着庄娃离开了。

老刀上前扶起马陆道:"之前怎么就没看出来,你小子脾气这么犟。"

"我,我只是凭良心做事儿。"

"良心,比命值钱?"

"我不知道最后一刻,自己会不会躲开,可错事儿,总要纠正。"

只见岳长奇蹲在老人面前道:"老爷子,你说这些人都是疯子、杀手,为什么其中一个进来后没有杀人?"

"我不知道,你们被他骗了,一切都是假象……"

"那你告诉我,真相是什么?"

"真相?这个世界,哪有什么真相,我们都是……"

"别他妈虚头巴脑地扯淡了,要说阴暗丑陋的东西,我比你见的多多了,老实说,到底是怎么回事?"岳长奇忽然暴喝一声。

老人吓得一激灵,愣住了,足足过了两三分钟,浑浊的眼泪滚滚而出,道:"是我不对,是我辜负了他们。"

随后,在老人的描述中,三年前的一桩往事,逐渐被还原。

事情并不复杂。三年前,老人所在的团队进入绿深渊后不久,一天夜里,他在林中解大手,无意中发现几名怪人潜伏进入营地。如果他发声喊叫,众人得到提醒,或许能免遭灭顶之灾。然而,他怂了,几次张嘴都没有发出声音,眼睁睁看着自己的同事、亲人被怪人杀死后,一一拖走,而他只能蜷缩于黑暗中瑟瑟发抖。更要命的是,在逃跑的过程中,他的双眼被毒烟熏坏，就在快要饿死时，被老幺所救。从此，他在密林深处活了下来，教会老幺一些简单的口语，两人可以简单交流。

看似慈祥的老人，却无时无刻不想复仇。怎奈人老眼瞎，离不开人照顾，只能假装和平相处，一晃就过了三年。

"不是我心狠，可亲眼见到同事亲人们被屠杀，这口气，我咽不下去。"

马陆忍不住道："你的同事是死于你的胆小懦弱，你把责任推给外人，甚至是对你有恩的老幺，是人干的事儿吗？"

老人浑身一震，道："我，我……"

"老爷子，虽然咱们是一伙儿的，但我得说一句，这事儿你做得确实不厚道。"岳长奇满脸鄙夷地道。

马陆赶紧趁热打铁道："岳队长，你也听到了，一切都是他胡编的，这次行动……"

"一码是一码，虽然老幺不是坏人，但他的族人伤害无辜，杀死多人，这事儿不可能算了。"

"能留老幺一条命吗？"

"当然，前提是他缴械投降。"

"我这就去找他。"

"你想什么呢？消息一旦传出去，他们逃入深山里，别说这点人手，就是多个十倍，也未必能找全他们。"

马陆彻底失望了，这里没有一个人关心老幺的生死，即便所有人都知道他是无辜的。

"我能理解你的心情。"岳长奇拍了拍他的肩膀道，"不是敷衍，真心话。可有些事情，明知道做了会有遗憾，还是要做，我们都有属于自己的使命。"

无论马陆是否理解，这件事开弓没有回头箭。很快，增援到场。随后，岳长奇组织人手护送众人撤离战区。

走出庙门，岳长奇对马陆道："我尽量不伤害老幺。"

"你我都知道这不可能做到。"马陆黯然道。

抓捕行动迫在眉睫，老幺必和他的族人战斗到底。他的命运，从出生那天起，就已注定。

岳长奇正要离开，就见一名队员大步流星赶来道："队长，当地政府和

林业部门的人要进山。"

"我正打算把他们接过来,快请。"

抓捕行动须有当地部门的配合,岳长奇通过渠道,给当地机构发去了协同行动的信息,虽然时间上仓促了些,但这些人只是配合,在场应景而已。

马陆闷闷不乐地往出口走着,只见四五名身着便装的中年人急匆匆赶来,是当地林业、公安、县政府的工作人员。

走在中间的身着灰色夹克衫的中年男子忽然问了一句:"请问,你是马陆?"

"嗯,是我。"马陆停下脚步。

"我是乡政府办公室的,叫于顺青,想请你帮个忙。"

"我?帮什么忙?"马陆问道。

于顺青走到马陆面前,小声道:"如果你想帮助老幺,请和我们回去,劝岳长奇取消这次行动。"

"这次抓捕行动,我说了没用。"

"因为他们不了解内情,如果知道,会有转机的。"

"为什么找我?"

"不光是你,我希望在场的科研人员都留下来别走,但罗教授不同意,我也不好勉强。"

马陆毫不犹豫道:"我跟你们回去。"

"非常感谢,咱们目标是一致的,保护无辜的人不受伤害。"

经过一番交涉,探星项目组再度返回古庙区域。岳长奇颇有些无奈地对马陆道:"看来很难赶走你了。"

"岳队长,他们没必要走,应该撤离的是你们。"于顺青直截了当地道。

"只要理由合理,我可以申请撤离。"岳长奇一改坚定不动摇的态度,口气有了松动。

"我们的理由很充分,绿深渊的土著居民是合法的中国公民,他们具有人权。"

"你说当地土著是合法公民,我不否认,可公民就得遵纪守法,这些人滥杀无辜时,你们作为上级管理部门的在哪儿呢?"

"这里从来没有杀人凶手,有的只是饱受伤害的灵魂。"

"你少在那儿念诗,如果不是你们放任不管,事情也不会……"

"岳队长,我负责任地表态,这里没有任何一个人是凶手,如果你能确实指证,我愿意接受法律制裁。"

"杀死于大宝的是谁?绿深渊的失踪人口你敢说和当地土著无关?"

"那些失踪人口……"于顺青沉默片刻后道,"确实与土著有关,但人没死,于大宝是死于意外。"

"什么?"所有人异口同声道。

于顺青叹了口气,默然不语。

"到底怎么回事?"岳长奇问。

"我们这些人,都是从绿深渊里走出的。"于顺青朝身后的同事们望了一眼,道,"这里的生态约建立在八十年前,人口来源是各地逃命至此的麻风病人。当地所有人,都是麻风病人的后裔。族群在绿深渊生活了八十年,有一部分人在当地政府帮助下,离开了山里,还有一部分人留了下来。"

"既然有机会离开深山老林,为什么不走?"

"说出来没人相信,都是因为一块陨石。当年逃难的人口,在山里建了两处群落,一南一北。也不知道是哪年,天上落下一块陨石,掉在了北区,当时也没人把这当回事。可过了没多久,北区人发现,一旦离开绿深渊,就会爆发奇怪的血液病,而且是急性病,根本没得救治,他们就算想走,也走不了。"

老刀道:"陨石可能具有强辐射,当地居民或许是受到了辐射影响。"

"也有人这么解释过,但这是个无解的局。不论是谁,只要靠近撞击区三百米以内,立刻就会沾染怪病,而且绝无治好的可能,所以我的族人只能想办法驱离进入绿深渊的人。如果他们执意深入,阻拦不了,那只能是身染怪病,永远留在山里了。"

岳长奇听得目瞪口呆:"竟然,还能有这种怪事?不过……"他想了想道,"这块陨石居然会对人造成损害,为什么没有处理?"

"没法处理,无论使用任何手段,都无法切断辐射感染,所以只能留在山里。岳队长,你的队员一旦进入撞击区域,结果也是一样。"

"于主任,你可不要吓唬我。"

"稍等,我证明给你看。"

大约过了二十分钟，岳长奇手下进来报告，说是有突发状况。

出了古庙，只见林子深处，晃晃悠悠走出数十人，这些人年龄有大有小。经过核实，都是曾在此地失踪的人口。一名七十多岁老者上前说明情况道："同志，我们都是来此执行任务的科研人员，请核实身份。"他递交了一沓厚厚的身份证、工作证。

"老爷子，既然你们出不去了，为啥不联系单位和家人，把情况告诉他们？"

"我也想，可说过之后呢？这地方太危险了，稍有不慎，就会断送一生，我不想家人冒险。"他的语气里充满了悲凉。

岳长奇点了点头，对手下道："采集血样，核对目标身份。"

一起将要造成严重后果的事件，以和平的方式结束了，马陆松了口气道："谢天谢地。"

于顺青把马陆拉到一边，小声道："这事儿并没有完全解决，老幺和我两个表弟不见了，他们带走了一批毒箭。"

"这……不是我不想管，而是我也没辙了。"

"马兄弟，我也不想麻烦你，可我那两个兄弟，脾气确实不太好，对外人戒心很重，我怕这两混蛋把老幺给坑了。"

"我能做什么？论打，我不是他俩对手，就算找到人，又能怎么办？"

"放心，不能让你冒险，只需要你帮个忙。"说罢于顺青掏出一面骨头雕刻的雕件道，"这是狼牙雕件，老幺一直想要，看到这件东西，他就知道我来了，麻烦你挂到于大宝出事儿的林子。"

于顺青无法离开指挥部，这件事只能拜托马陆。马陆正要接，就听老刀道："差不多得了。"

他走到二人身边，对于顺青道："既然岳队长已经撤销了抓捕行动，我们也不方便久留，这事儿你找别人做吧。"

说罢他拖着马陆就走，边走边道："该做的你都做了，别自找麻烦了。"

"只是去林子里挂一个雕件，没啥麻烦吧？"

"那两个怪物也在，万一遇到了怎么办？"

想到那两个恐怖的怪人，马陆一阵阵发毛，犹豫片刻，最终决定还是跟着老刀走，毕竟天好地好，还是自己的命最好。

陨石猎人 上

抓捕行动取消,队员们三三两两地朝营地方向走去。老刀也松了口气道:"来了就没闭眼,下山我可得好好睡一觉。"

"我也是,脑子直发蒙。"说罢,马陆打了个哈欠。

然而,没等他嘴巴合拢,眼睛一花,两名身着破衣烂衫,样貌丑陋的怪人,就像凭空冒出一般,拦在二人身前。

老刀一边打出一击重拳,一边大声吼道:"快跑。"

他常年野外行走且练拳,也算半个练家子,这一拳既快又狠。

对手并不躲避,也是一拳击出。两拳相对,"啪"的一声,老刀手骨几乎断裂,痛入骨髓。没等他喊出"疼",怪人手一翻,多出一根竹箭,一下捅穿了老刀手腕,直入肩膀。这等于将他的手臂固定在他的身上。

残忍的一幕吓得马陆浑身抽紧,老刀推了他一把道:"跑啊,发什么愣。"

另一个怪人发出刺耳笑声,从腰间抽出一枚磨得发亮的长条铁片,铁片边缘甚至比匕首还要锋利。马陆脑子一片空白,双腿不受控制地奔跑起来。老刀是条汉子,抽出伞兵刀,以仅有的一只手,与对方两人周旋。两个怪人犹如猫戏鼠般,戏弄着重伤的老刀,只等玩够了,一刀杀之。马陆稀里糊涂抓起两把泥土,转身又回去了。

"你疯了,来就是白死,快走。"老刀话音未落,就被打倒在地。这次,他没能爬起来。马陆毫无章法地将灰土撒出,二人轻易躲开,抬脚便将他踹倒在地。

怪人攥着刀一般的铁片,一脚踏住马陆,攥住马陆的耳朵就要割。忽然,伸出一只手,握住了铁片。鲜血,从指缝中一滴滴落下,马陆看见了老幺的脸。

马陆差点哭了,这倒不是因为激动,而是吓得。

怪人没想到老幺会半路杀出,愣了片刻,松手撤刀,一巴掌甩在老幺脸上。挨了打的老幺没有吭声,他似乎颇为畏惧,低头起身。

怪人并未停手,接二连三抽他嘴巴,老幺的嘴角有血流出,他还是不解气,抬脚对老幺踹去。

老幺忽然出手,一刀将他脖子划开,大动脉被割断,鲜血狂喷。怪人捂着伤口摔倒在地,四肢不停痉挛,眼看活不成了。

另一个怪人没想到老幺竟然下此狠手，目瞪口呆良久才回过神来，愤怒地狂叫，朝老幺冲去。老幺以迅雷不及掩耳之势摘下弓箭，一箭将他心脏射穿。秃脑袋摔倒在地，死了。眨眼间连杀两人，可见老幺本领之强。老幺跪倒在地，仰头大哭，这一哭就哭了个没完没了。

很快，岳长奇带人来到出事现场。看到惨状，正要下令枪指老幺，马陆赶紧道："岳队长，老幺是为了救我们。"

于顺青从他身后走出，叹了口气道："我还担心老幺被他俩拖下水，没想到……也好，他俩麻烦惹的太多了。"

"这就是你两个表兄弟？"岳长奇问道。

"是的，我姨夫姨娘是近亲结婚，生了两个儿子都是畸形，精神也不太正常，从小就好折磨动物。绿深渊的伤亡状况，也都是他俩造成的，老幺特别反对他们伤人性命，这些年关系不太好，可我没想到……唉。"

"你应该早告诉我，而不是出事了再说。"岳长奇皱了皱眉。

"是我的错，我检讨。"

岳长奇对老幺道："你两个表哥虽然犯了罪，但也不能私刑处置。"

老幺也不说话，低着头，瘫坐在地。

于顺青小声道："岳队长，你看能不能把孩子带走？出了这事儿，他没法待了。"

"你不是说被陨石辐射的人，离不开山里的吗？"

"老幺没有，他只是愿意留在山里生活，平时都待在南边的树林里，孩子心地好，人也单纯。"

"我倒是想，可没法带啊，一有任务就全世界地跑，上哪安置他？"

于顺青愁眉不展道："这孩子也没法送出去打工，还真是个麻烦事儿。"

马陆道："我带他走，成不？"

"你？"于顺青愣住了。

"咋了？我能提供住房，能提供工作，这些都是老幺需要的。"

"您别误会，我只是没想到有人愿意收留他。"

"那就这么定了。"

这次，老刀没说他多管闲事，他也期待老幺的加入，以老幺的本事，可以算是强援。

老幺虽然单纯，也知道杀死两名族人，这里再没有他的立足之地，所以必须离开。老刀和马陆放弃了寻找"绿色之星"，给老刀处理完伤口，他们就离开了大山。这次两人进山，三人离开，也算"添砖加瓦"了。坐在返程的车上，马陆忽然对老幺道："老幺这个名字没啥意思，不如换个名字。"

"想到了没有？"老刀问。

"老幺来自蛮荒，有一身蛮霸的本事，干脆就叫阿蛮吧。"马陆道。

第八章

姑娘的目的

　　阿蛮虽然沉默寡言，但并不是一个冷酷的人，他愿意倾听，也愿意和人交流。不过他会说的话，实在有限。

　　或许因为他的族人对现代文明有强烈的抵触情绪，所以目前生活在绿深渊的原住民都不会说话。他们平时交流靠手语，或是画一些简单的图案。

　　老人虽然教会他一些简单的口语，但还是不足以顺畅交流。年纪越大，学说话越难，所以阿蛮学语言不是一蹴而就的事儿。而这次进入绿深渊的行动，也有了结果，因为"绿色之星"找到了。当然，不是那颗具有极强辐射的陨石，而是老刀从土里挖出的那颗。

　　"绿色之星"并没有形状、标准可参考，所以只要是陨石，那就是"绿色之星"。而且，老刀从土里挖的那颗陨石恰巧又是绿色，所以没人怀疑它的身份。

　　绿深渊是行业的禁区，而老刀以身犯险，成功身退，还找到了"绿色之星"。消息传出后，很快在业内引起轰动，老刀名气更响了。

　　三人获得的报酬，除了留下一部分陨石切片留存纪念之外，还有三万元奖金。对马陆而言，这可是一笔巨款，不过和陨石价值相比，不值一提了。

　　马陆拿到切片后不久，有藏家通过关系找到他，希望收购他手上所有陨石，开出的价格是一克五百美元。如果零售，对方愿意为"绿色之星"付出两千美元一克的价格,而马陆得到的切片,重达二十八克。算上二叔留给他的所有陨石,马陆身家已经超过百万。时间退回到两个月前,他做梦也没想过,这辈子能赚过百万身家。

阿蛮对钱没有概念,他会用百元大钞买一支冰棒,或是他最爱吃的烤芋头。没办法,马陆只能暂代他保管奖金。

进了城市后,阿蛮的行头也换了。他特别喜欢运动衫,马陆带他去打折的耐克专卖店,买了四款深色运动装、三双运动鞋。清理干净,换上新衣服,小伙长得有模有样,尤其是一双眼睛,又大、又黑、又亮,显得特别精神。

老刀开玩笑道:"这下,咱们项目组的形象代言人有了。"

休整了半个月,一天早上,马陆刚到项目组所在的"天成国际"写字楼入口,一位女士走到他身边,问道:"请问,您是马陆?"

来人身着Oversize蓝色套装,手拿ZIPPY拉链钱夹,一副干练十足的职场女性模样。凭来者一身行头,马陆判断,她应该是某外企老总的私人助理。

"您好,我是锐安公学的董事助理。"

果不其然。

"哦,我有点忙,回见。"马陆懒得和她废话,准备往里走。

"如果可以,请您留一个联系方式,我们董事长……"

"不需要了。"马陆粗暴地打断对方,头也不抬走了。

探星项目的办公间在十七楼,房间面积约百平方米,不算大,装修走的是现代简约风,白色基调,屋子里最显眼的,就是展示架上摆放的十六块陨石。此外,屋子里还有些简单的健身器材和一个小型酒吧。队员们的主要工作在野外开展,办公室的主要作用是休闲放松,所以除了几台电脑,没有其他的办公设备。

三人到齐之后,老刀打开DVD道:"听说《指环王》不错,我租了一盘。"

这是一部西方魔幻史诗作品,场面宏大、人设奇巧。看完后,三人叹为观止,尤其阿蛮,特别喜欢箭无虚发的精灵王子。

"这特效,真是没谁了。"马陆正自感叹,身边的阿蛮忽然起身,望向

门口。

马陆回头望去,只见一名穿着牛仔装,梳着马尾辫的年轻姑娘,站在门口。

"不好意思,这门没锁,我就进来了。"她笑道,径直走到陨石展览区,一颗颗地看。

"你是谁?"马陆暂停播放,起身问道。

"我想约马先生喝杯咖啡,却遭到无情拒绝,幸亏是我助理出面,否则这脸可没地儿放了。"话虽这么说,但姑娘始终一副笑脸,并未真的见怪。

圆圆的鹅蛋脸,白皙的皮肤,饱满的苹果肌,充满了青春气息,眼睛又大又圆,眉毛既长且弯,模样明媚动人。这样的女孩,当然不会让人觉得讨厌。马陆脸都红了,道:"我以为又是个找我买陨石的。"

"难道董事一定都是秃脑袋、大肚皮的中年老男人吗?"女孩一笑,大眼睛弯如弦月,既好看又喜庆。

"我确实有点先入为主了。"

"我接受你的道歉。"

马陆挠了挠头道:"可我没道歉。"

"大姑娘,你专门来找马陆,还是有事儿?如果只为找马陆,我们暂时回避。"老刀打趣。

"你是老刀叔叔,对吧?"

"嘿,还知道我呢!那是为探星项目组来了?"

"是的,我叫杨月钟葭,这是我的名片。"说罢,她从口袋里取出一个精巧的名片盒,打开后每人发了一张。

阿蛮接过后,看了看,随手丢了。

"呃……"女孩薄薄嘴唇,微微动了两下。

"别误会,我表弟不太懂应酬。"马陆赶紧将名片捡起,收好。

"你找我们有事儿吗?"

"嗯,我想……"女孩一步跨到展示区道,"跟着你们一起,去寻找陨石。"

"什么?"马陆、老刀异口同声道。

"我表达的,应该挺清楚的。"

"为什么?"马陆问。

"放飞自我,亲近自然,这个理由如何?"女孩发出银铃般的笑声。

"理由合适,不过我必须拒绝,因为这份工作并不适合女孩,尤其是有钱的女孩。"老刀道。

"你挺大男子主义的。"

"首先,男女同行有很多不方便。其次,这行可不是你想的那样,而是非常危险的。"

"你们在绿深渊找到的陨石,并不是'绿色之星'对吗?"她突然冒了一句,把两人说愣了。

"你什么意思?"老刀笑容收敛,问道。

"那是一块粗粒多晶聚集体与紫色原生晶石附着体的陨石,具有极强的磁性,对吗?"女孩继续问道。

"你不说明来意,我拒绝回答所有问题。"老刀道。

"老刀叔叔,我没有恶意,只是你公布的陨石,和我父亲记录的'绿色之星'完全不同,倒是和他收藏的引力波一模一样。"

老刀面色一变,又打量女孩一眼道:"你是杨教授的女儿?"

"是的。"女孩表情变得黯然。

"听到你名字的时候,我就觉得耳熟,原来如此。"

"父亲从没有提过我,对吗?"

"你错了,杨教授经常说起你,我能感受到,他以你为荣。"

"你说的……是真的?"女孩转过身,用手擦拭眼泪。

老刀将一盒餐巾纸放在她身侧,女孩抽取一张,擦了擦眼,转身走了。

"老刀叔,到底怎么回事?"

"杨教授是收藏陨石的大家,九十年代初期就开始收藏陨石,其中有很多藏品被评定为S级。"

"S级?"

"陨石中品级最高的类别,具有极高的科研价值。当年,我还是他的学生时,就知道绿深渊存在一块特殊陨石,一旦找到,极有可能定为S级,所以,我惦记了很多年,没想到,是一颗臭蛋。"

"臭蛋"是陨石猎人代称危险陨石的暗语。陨石除了具备神秘、神奇的特性,也极有可能带来危险,甚至死亡,比如"绿色之星",有多少陨石猎人因为它而深陷泥潭。

"教授是一位大家,是真正热爱陨石的人。他一生都在搜集收藏陨石,守着巨额财富,却过着极其清贫的生活。他是我最尊敬的人,可惜,过世太早。"

"生病吗?"

"死于意外,一个叫李伟的抑郁症患者在科学园持枪扫射,教授中了八枪,当场死亡。"

"这……精神有问题的人,杀人不犯法吧?"

"打死人后,他也自杀了,可是一个渣子怎么和科学大家比较?"

"唉,这种人,就是临死都要拖个垫背的。"

老刀点燃一支雪茄,道:"过去的事儿,不提了,不过杨月钟葭找来,确实出乎意料。"

"那没理由拒绝她的加入了?"

"说起来,她算我的小师妹。她加入探星团队,不光是人情关系,也有实际的好处。教授手头有一本资料,记录的是各地陨石撞击坑的信息。"

"这对我们可太有用了。"

"谁说不是呢。"老刀抽着烟,陷入了沉思。

过了十几分钟,杨月钟葭返回屋里,一副心事重重的样子。

老刀掐灭了雪茄道:"如果你真想出去散散心,没问题。不过,进这行还是算了,风险太大,不值得冒险。"

"老刀叔叔,你知道'末世之钟'吗?"

"当然知道,'末世之钟'被国际陨星组织定为罕见的超级陨石,可能是蕴藏有改变人类文明的能量体。不过关于这块陨石的撞击区域,至今没有定论,难道你有'末世之钟'的消息?"说话时,老刀的眼睛都在发光。

女孩道:"找到'末世之钟'是我父亲一生的夙愿,我要实现他的愿望。可是,凭我一个,无法完成这项任务,所以,我需要一个可靠的团队。"

"不如这样,你提供陨石的确切所在,我们去搜寻,找到后……"

"有些事,必须亲自去做。老刀叔叔,我虽然是个女孩子,但不娇气,你们能吃的苦,我一样可以咽下去。"

"嗯。"老刀点了点头道,"我相信,不过话好说,事儿不好做,钟葭,我劝你一定要慎重。"

"我不白拿,进组前,给你们一条关于冷心石的信息,如果找到这块石头,我不要,全是你们的,如何?"

"冷心石?"老刀若有所思地点了点头。

"老刀叔叔,我足够诚心了吧。"

"你先说石头在哪儿。我问过情况后再说。"

杨月钟葭用纸笔写下信息,递给老刀道:"我还有个例会,先走了,晚上请三位在青竹堂吃饭。"

说罢,她匆匆离开,老刀拨通了武明星的电话道:"你帮我查查,西南省蓝月村是不是存在陨石撞击坑?"

很快,武明星回复了,他虽然没有问出蓝月村陨石撞击坑所在,却问出了一起颇为诡异的事。

蓝月村是一处落后的山村,由于地势较高且在深山中,所以至今没有通水。自一九八五年起至今,整个村子人口始终保持不变。蓝月村每出生一人,就会有一人死去,每当有人死去,就会有一人降生。这里似乎存在一座无形的生命之秤,生与死始终保持平衡。

诡异的状况,导致村民们纷纷离开。到今天,村里除了四名留守老人,其余的人都走光了。

"一九八五年之前,当地有没有发生过陨石撞击事件?"

"问不出来,村子已经荒芜了,没有资料可查,就算有消息留存,也不靠谱。"

挂了电话,老刀自语道:"确实有问题。"

"难道村子里的怪象,是冷心石造成的?"

"冷心石也被称为冰石,并不算特别罕见,不过其含有特殊的金属,所以收藏的人多,价格炒得很高。不过蓝月村的怪事儿,应该和这种陨石无关。"

"咱们去还是不去?"

"当然去了,万一找到冷心石,能发一笔横财。"

马陆笑道:"我以为老刀叔只好陨石,不爱钱财。"

"我没那么伟大,陨石和钞票,我都喜欢。"

六点之后,杨月钟葭安排一辆宝马七系轿车接三人前往青竹堂。这是全市档次最高的日料店,所有原材料全部从日本空运而来。

四人坐定,先来了一壶清酒。阿蛮至今无法接受酒精,无论什么类型的酒,闻都不行。他喜欢吃鱼,双手轮番使用,很快就把桌上的炭烤秋刀鱼和三文鱼吃光了。由于吃相偏"原始风",看得杨月钟葭直咂舌。

寿司讲究材质,顶级的日料店用的自然是顶级的材料。马陆笑道:"你挺实惠,两三口就吃了上千块。"

"放开肚子吃,不用替我省钱,这间店也是我开的。"

马陆差点被芥末呛到,涕泪直流道:"真是年轻有为。"

杨月钟葭伸出左手拇指道:"指甲盖大小的冷心石,以现在的市场价算,能开三家这样的店。"

"我的天。"马陆暗中咂舌。

老刀擦了擦嘴道:"丫头,你也别拿话刺激我,蓝月村我一定会去。不过,就算那里确实存在陨石,也未必是冷心石。"

"或许价值比冷心石更高呢,也说不准。"

"你了解陨石,也知道陨石猎人的风险,这行不是只有收入那么简单。"

"如你所见,收入多少对我来说,并不重要。"女孩道。

"就是因为你条件好,所以我劝你慎重。"

"我的一切,都是父亲给予的,我不能只顾自己享受。"

"好,如果你想清楚了,我答应你。"老刀答应了女孩的请求。

"那就祝我们合作愉快,一路坦途。"女孩端起酒杯。

第二天,三人开始有条不紊地准备使用的装备。

这是阿蛮第一次以探星队员的身份上路,马陆觉得意义重大,特意定制了一柄精钢匕首给他。

对于人工制品,即便使用更加方便、效果更好,阿蛮也不是很感兴趣。他还是惯用自己打磨的器物,曾经使用的刀剑是用骨头打磨的,弓箭是用抽了水的竹子做成的。

总之,阿蛮的动手能力非常强。有一次他将席子拆了,用篾片扎了一条绳子,成功勾走了别人晾晒在阳台的咸肉香肠。他还用混着辣椒粉的猪油,抹在鞋帮子上，成功驱离了一条总喜欢围着他打转嗅闻的狼狗。

马陆觉得阿蛮智商非常高，如果从小接受教育，阿蛮一定是学霸。偶尔，马陆也会觉得自卑，因为探星小队目前三人中，只有他没有明确的使命和作用，仿佛就是个充数的。临出发前，他问老刀："老刀叔，探星小队现在有队长、有战神，还有一位大富婆，我有必要跟这里充数吗？"

"充数？"老刀笑道，"你当然不是充数的，相反，你对于整个小组而言，极其重要。"

马陆笑了道："这句客气话，说得太假了。"

"小组目前四人里，论单体技能，你确实不占优势，不过你也有别人不具备的优势。"

"比如呢？"

"比如你有极强的凝聚力，我不是说虚的，野外行走，往往会身陷绝境，一个人能凝聚一群人，就能使人心不散、意志不灭，生存下去。两次行动，每次遇到危险，你没有只顾逃命，而是尽一切可能救援他人，这是非常难得的，让我对你刮目相看。"

老刀语气诚恳，绝非敷衍，马陆暗中松了口气道："我会用心学习，提升自己的行动能力。"

老刀点了点头道："这是对的，马陆，我迟早有一天会退出的，到时候，团队需要一位领袖。说真的，算上我以前接触的所有队员，包括你二叔在内，我觉得最有希望从我手上接过项目组的，就是你了。"

说罢，他拍了拍马陆的肩膀道："好好干，别胡思乱想。"

不知不觉中，马陆接受了这份高收入、高风险的工作，所以他才会在乎老刀对自己的看法。

中午，杨月钟葭到了。她穿着一身利落的黑色运动服，一头黑发盘起后装入鸭舌帽内。

"野外的生活不容易，可能十天半月洗不了一次澡，你得有思想准备。"

"既然来了，就不会退缩，老刀叔叔，你吓唬我也没用。"她调皮地笑道。

那位浑身名牌的助理，一直把她送上车，还是不愿离开。

"真要是难分难舍，你也跟着上来。"老刀笑道。

"我穿的是职业装,不方便。"她脸有些红。

"行了,我肯定会完整回来的,别担心。"杨月钟葭安慰她。

驱车上路,老刀道:"你这位下属真是尽心尽责,我看她眼泪都下来了。"

"她不是下属,是我的干姐姐,她在美国念书的时候就很照顾我。"

老刀的猛禽皮卡里,一直弥漫着生铁和汽油的味道。今天,多了一丝香甜气息。马陆坐在女孩身边,不免熏熏欲醉,车子的颠簸似乎都变得温柔。

"你们不管去哪儿都开车?"

"是啊,开车虽然累点,但携带东西比较方便。"老刀道。

"这一路,我们可以换着开。"

"踏实休息吧,我的车子,一般人开不好。"

西南省距离老刀所在的城市并不算近,足足开了四天,才抵达蓝月村。

蓝月村在一座名为天盛谷的大山之内,山体泥石均为赤红色,山势虽然雄壮,却只有独峰一座。

阿蛮就是"急先锋",别人背负装备时,他将竹制弓箭背在身上,犹如猿猴一般,迅速向上攀爬,很快没了踪影。

"太厉害了。"杨月钟葭望着他消失的背影,吐了吐舌头。

"这不算啥,他还能和野生动物沟通,原来还养了一头大公狼。可狼没法跟他来城市,否则,特别拉风。"马陆道。

"真是个牛人,你们从哪招聘的?"

"他可不是招聘的,阿蛮是我们的救命恩人。如果没他,我俩早就死在绿深渊了。"

三人边聊天,边朝山上走去。天盛谷不大、不险,偶尔能见到一两名登山的游客。杨月钟葭虽然身材纤细,看似单薄,但体能不弱于男人,上山时一路快走,气息稳定。

"你做过力量训练?"老刀问。

"是的,我已经健身三年了。"

"可以,能感受到你的决心。"

树林中人影晃动,探路的阿蛮回来了。他口袋里揣着两枚热气腾腾的烤土豆,嘴里鼓鼓囊囊,嚼着食物。走到三人面前,他将土豆都给了马陆。

姑娘的目的

103

"兄弟，好歹你分一个给我们，也太偏心了。"老刀笑着打趣。

马陆将两枚土豆分别递给老刀和女孩，道："你们吃，我不饿。"

"蓝月村民给你的？"接过土豆，老刀问。

"嗯。"阿蛮在衣服上擦了擦手。

"当地村民挺好客的。"老刀搓了搓手，抽出伞兵刀道，"马陆，咱俩分。"

说罢，老刀将土豆摆在掌心，用刀切开。

一股热气蒸腾而起，只见松软的土豆瓤中，居然有一条暗红色的大肉虫子。虫子被刀切断后，断体涌出一股黏稠的蓝色液体，粘在黄色的瓤上，真是要多恶心有多恶心。

马陆这才发现，阿蛮的嘴角，粘着一些蓝色的印渍。

"我的妈呀，你把大虫子吃了？"马陆恶心得差点要吐了。

"难道，每个土豆里都有虫子？"杨月钟葭将土豆掰开，果然，一条又短又肥的暗红色大肉虫露了出来，它居然没被烫死，嵌在土豆中，奋力扭动身体。女孩吓得一声尖叫，赶紧扔了土豆。

人影晃动，阿蛮如风一般，掠到她身前，一把将尚未落地的土豆抄入手中。接着，将嵌着虫子的土豆塞入嘴里，随着轻微爆裂声，蓝色液体从他的口中喷出，顺嘴角往下流。亲眼见到这恶心的一幕，马陆胃里一阵阵翻腾，差点吐了。

"你，饿疯了？"老刀瞠目结舌地问道。

阿蛮不管别人如何恶心，几口就将土豆和虫子吃了个干干净净。

"他是不是中蛊了？"杨月钟葭离阿蛮远远的，问道。

西南一地，很多神话传说都与蛊有关，情蛊、虫蛊、毒蛊等，这类传说大多煞有介事。马陆并不相信这些玄之又玄的故事，可看阿蛮状态，心中不免怀疑，难道他真的中了蛊毒？

蓝月村地处深山老林，人迹罕至，符合制蛊之地的想象。再看阿蛮，一张精瘦的长脸光彩熠熠，似乎非常开心。阿蛮的性格并不活泼，大多数时间，他都比较严肃，这与他自幼没有玩伴的成长经历有关，所以平白无故满脸喜色，是不正常的。

"你没事儿吧？"马陆问道。

"嗯。"阿蛮舔了舔嘴唇,两眼一动不动,望着老刀手中土豆。

"不能再吃了。"老刀将手背到身后。

"给我。"阿蛮伸出手。

"兄弟,你要是肚子饿了,咱们就开火做饭……"

"我要吃。"阿蛮口齿不清地道。

"你肚子难受吗?"马陆问。

阿蛮摇了摇头,注意力全在老刀藏着的土豆上。

"我就不信邪了。"老刀抬起手,将土豆送到鼻下嗅了嗅。

"咦。"他略微皱眉。

"什么味儿?"

"味道……好像不是很难闻。"老刀略感惊讶。

"我闻闻。"马陆凑上前闻了闻,一股无法形容的气味直入鼻中,像是土豆和某种肉类一锅炖的香气。

奇异的香味刺激他口水涌出,咕噜一声,咽回肚里。

"确实挺香的。"马陆忍不住就想吃,心里一凛,道,"这东西确实邪门,刚才我特别想吃?"

"我也是。"

三人正不知道该如何是好,就听有人道:"这是鸡汤虫。"

说话声中,三名打扮时髦的年轻人从山中下来。三人两女一男,二十出头年纪,男的染了一头"杀马特"风格的黄发,两名女孩一胖一瘦,看模样像是大学生。

三人走到老刀身边,胖姑娘满脸羡慕道:"你这鸡汤虫真大,多少钱买的?"

老刀被问得莫名其妙,道:"鸡汤虫,是什么?"

"你手里拿的就是了,你不知道?"

"这是别人给的,我以为是蚂蟥。"

两个女孩捂嘴轻笑,瘦女孩又道:"鸡汤虫是一种非常美味的大肉虫,味道近似于鸡汤,尤其是夹在土豆中烤到半生不熟时,味道极其鲜美,这是蓝月村最著名的美食,全国各地的吃客都知道。"

"还有把虫子当美食的?"杨月钟葭一脸嫌弃地道。

"多啊,天津吃蚂蚱,云南吃蚕蛹,广东吃蝎子,法国吃蜗牛,到了咱们这儿,就吃鸡汤虫了。"男青年道。

"你们外地来的人不懂,这种虫子看着特别恶心,可只要有胆吃,你不会失望的。千万不要小看它,鸡汤虫特别难买,我们本地人来十次,未必能买到一次。"胖女孩道。

"难道,还是我的幸运?"

"绝对的。"

老刀想了想,将半截肥胖的虫子身体从土豆中捻起。

"噫……"杨月钟葭赶紧用手捂住眼睛。

"老刀叔,你不是准备吃了它吧?"马陆深吸一口气,肝儿都在颤。

"当年,我们被困在老龙林里,连耗子都吃了。"说罢,他舔了舔嘴唇,真把虫子举起,塞进嘴里。老刀一阵咀嚼,黏稠的蓝色液体冒着泡地往外溅射。

"我的天。"马陆咬着后槽牙道。

老刀紧皱的眉头逐渐舒展,他微微点头,对两女孩道:"你们说得不错,这虫子味道确实很好。"说罢,他将剩下半截交给马陆道,"你也尝尝,很有特点。"

老刀亲身做了示范,马陆犹豫着接过鸡汤虫,正在"吃与不吃"间徘徊时,阿蛮上前一把,夺过虫子,放进嘴里。三名男女哈哈大笑,阿蛮则意犹未尽,咂巴几下嘴,又把土豆吃了。马陆有些后悔,应该尝尝这非同寻常的美味,万一真是美味呢?

"至于吗?"他心有不甘地问阿蛮。

"好吃。"阿蛮回答依旧干脆。

"你也知道好吃,也不给我留点。"

"不留。"

"好吧,我认输。"

笑闹中,一段小插曲过去,告别三人,探星小队继续前进。老刀问:"阿蛮,这些人为什么给你鸡汤虫?"

"兔子。"阿蛮做了个射箭的动作。

"你可真行,用兔子换虫子。"

话音未落,阿蛮闪电般摘下弓箭,对准一侧茂密的灌木丛。

"嘘,千万不要大声说话,这里下着钩呢。"只见一个胖胖的老人,从树林中伸出头来,笑眯眯道。他一张脸红润饱满,虽然白发白须,可精神矍铄,就像老顽童周伯通一般。说罢,脑袋又缩回灌木丛中。

四人踮着脚走到林边,透过茂密的枝叶,只见老人胖乎乎的手上牵着细绳,绳子垂入身前一口土洞中,他不停抖动线绳,一对圆溜溜的大眼睛,一动不动地盯着绳线。

忽然,细绳明显往下一沉,老头哈哈一笑道:"中了。"说罢,伸手一提,只见一个背部长着些许白毛,奇形怪状的淡粉色小动物被拎出来。

第九章

蓝月村的老人

小动物通体粉红色,皮肤就像透明一般,血管脏器看得清清楚楚,约莫有巴掌大小。老人把小动物捧在手心里爱若珍宝,小声道:"小宝宝,不要怕,爷爷带你回家家。"

老人看到阿蛮嘴角黏着的蓝色液体,道:"那老抠门的东西,居然舍得卖给你一条虫子?"

"还真不是卖的。"老刀笑道。

"难道是送的?"他眼睛都瞪圆了。

"是我小兄弟用兔子换的。"为了进入蓝月村后方便行事,老刀跟老人套近乎。

"我非把他头剃光了,居然用一只兔子……"说到这儿,他下意识舔了舔嘴道,"兔子肉啥滋味儿?弄一只给我尝尝呗?"

众人愕然,老刀道:"老爷子,您连鸡汤虫都养得出来,难道没吃过兔子肉?"

"我这把年纪,上哪去抓兔子,是吧?"

"倒也是,这事儿交给我了。"说罢,老刀对其余三人使了个眼色道,"别含糊,赶紧行动起来。"

小型啮齿动物大多在夜间外出觅食,白天难觅踪迹,更别说捕捉了。不过,老刀和阿蛮都是野外捕猎的高手,两人很快在林中发现了六口小洞。所谓"狡兔三窟",以六口洞分布和距离判断,十有八九是兔子洞。

兔子是打洞高手,洞口之下,往往千折百转,四通八达,方便透气和逃跑。老刀用枯草点了火堆道:"把兔子熏出来再抓。"

他将冒烟的残枝塞入洞穴,并用湿泥将洞穴封闭一半。

做完这一切,老刀拍了拍手道:"大家看仔细了,兔子出洞是最佳抓捕时机,一旦跑起来就很难得手了。"

老头一副心满意足的模样,靠树而坐,轻轻抚摸着手掌中的小动物,观察着林中忙碌的四人。

很快,靠近桦树的洞穴封土连动几下,老刀指道:"就是那儿了。"

话音未落,一只灰褐色的兔子脑袋从洞中钻出,它晃去头上的泥土和灰烬,一双毛茸茸的耳朵竖立而起。兔子警惕性非常高,发现人之后,一纵而出。行如闪电,眨眼从人群缝隙处蹿了出来,马陆企图追上它,还没跑出两步,兔子已在数十米开外。

"根本追不上。"马陆停住脚步,正要喘口气,就听"嗖"的一声。一枝竹箭破空而过,将兔子钉在泥地中。兔子拼命蹬动双腿,无法前进半寸,反将伤口越扯越大,很快死了。

"一箭射中奔跑的兔子,准得恐怖。"马陆震惊了。

阿蛮将弓箭背上身,上前抽出竹箭,擦净鲜血,再抽出骨刀,三两下便将兔子皮扒了。接着,他用树杈搭建了炉灶,点火烤兔。很快,诱人的香气弥漫林中。

马陆胃口大开,掏出一块压缩饼干,正要吃,就听老人重重叹了口气道:"他娘的,味道和屎一样,是人吃的吗?"

马陆愕然,心道:老头鼻子有毛病?

老刀则哈哈大笑道:"老爷子,您是大吃客,我们这点雕虫小技,肯定不入法眼。"

"对喽,你说话,我爱听。"他将粉色小兽小心翼翼地放进背着的灰色布包,走到烤炉边道,"这火有讲究,大了,表面糊,里面生,小了,肉硬没味道,必须正好。你开的火,大了。"说罢,一脚将火堆踩灭。

"跟我走,让你们见识见识,啥叫烤肉。"

阿蛮拿起"烤串",扯下一条兔肉,正要往嘴里送,被马陆一把夺下。

"野味都有细菌,没烤熟的千万别吃,以前的习惯,要改。"

阿蛮极不情愿将半生不熟的兔子交给马陆,四人跟着老人往山上走去。包里的小兽不停喊叫,声音就像婴儿啼哭,幼稚明亮。

"您包里的小动物是啥珍稀品种?"老刀问。

"你们城里人啥都不懂,这是刺猬的幼崽。"

"我见过小刺猬,这个不太像呀。"马陆道。

"这是白化刺猬,可比你见的刺猬稀罕。"

"您养刺猬玩呢?"

"年纪大了,总得想点子排解自己,否则活得憋屈。"老人熟悉山里的道路,穿过草丛,走上一条青石板路,"这座山不算难走,我都八十二了,一个礼拜至少下去三次。"

"您身体真够棒的。"

"你们几个的包裹里,装了帐篷?"

"没错,我们准备好好玩几天,咱们这儿没啥危险吧?"

"有什么危险的?山里没有猛兽,来往的都是游客,否则就凭我们几个老头,早就不在了。"老头笑道。

"快了,村子就在前面。"老头指着山顶道。

不远处的山顶边缘,两栋木质结构的小屋在林木中若隐若现,一名包着头的老人坐在木屋台阶上,悠闲地抽着旱烟。

"又带人来了?"老头搁脚上磕了磕烟管,问道。

"老大用虫子在他们手上换了只兔子,你不知道?"

"老大痴呆了,这亏本生意都能干?"包头老人瞪眼问道。

"谁能知道老大的心思。"

一众人走到山顶,只见一片古色古香的木楼建筑群映入眼帘。这些建筑有点类似吊脚楼的形式,细节上又有差别。木板上了年岁,散发着乌油油的沉光,背阴处长满绿色苔藓。这里就是蓝月村了,时过境迁,绝大多数村民离开了这里,只剩下几位老人。

胖老头对四人道:"我可说清楚,你们吃的可不免费。"

"您尽管开价。"老刀笑道。

"嗯,烤一条青蛇三百。"

杨月钟葭道:"什么,蛇都能吃吗?"

"这座山里,除了人,别的都吃得。"胖老头得意洋洋道。

老刀暗中使了个眼色,又对胖老头道:"我要四条。"说罢取出钱包,数了一千二百块钱。

"等会儿,还差两条,我得再去弄。"

"没事儿,两条也行,钱也不用退了。"

胖老头眼睛转了几转道:"你们这些人,不是为'四天王'来的吧?我可事先告诉你们,宝贝趁早别想了,已经上缴国家了。"

老刀面露惊讶,却又平复,他问:"您说'四天王',我不太明白,我们来这儿就是为了散心,您说的宝贝指的是……"

"就是建房的木头,全是酸梨木,确实值钱。不过这些都是文物,我们四个老头只是替国家守着文物。"

"那么四天王就是你们四位了?"

"没错,人们来天盛谷,要么为了酸梨木,要么为四天王,总有一图。"

"您要这么说,我们的目标也很明确,就是为了四天王的厨艺,谁不喜欢吃呢?"

"你这个娃娃,说话讨喜。"胖老头咧嘴乐了,"走,给你们开开眼。"

他带着四人,进了其中一栋木屋,屋子里只有一座老式的铜皮火炉和一张长条木桌。桌子上堆满了各种各样精巧的厨具,有一些四人从没见过。在屋子一角,有一口瓦缸。胖老头走到瓦缸前,不知从哪摸出一条水淋淋的猪肠膜,套在胳膊上,将手伸入黑漆漆的缸中。

"嘶嘶"声响起,胖老头抬起插入缸中的手。只见一条青色大蛇将胖老头整条胳膊吞入大半,蛇的身体被撑得暴涨一圈。当胖老头攥起拳头,青蛇再也无力吞入半寸,一张嘴时开时闭,进退不得。

胖老头不慌不忙道:"这叫绷蛇皮,是烤蛇肉的根本。"

说罢,他不慌不忙地用另一只手点着火炉,又在炉膛内撒了些木屑,只见火舌吞吐,一股奇异的木头香味弥散开来。

"咱这儿吃的东西,为啥和别地儿不一样,就是因为做的手法不同。"

说罢,老头从桌子上拿起一把犹如鹰爪的钩形小刀,刀口金光闪闪,异

蓝月村的老人

常锋利。刀尖轻轻刺入青蛇下颚,鲜血涌出。青蛇虽痛,却动弹不得。

"烤蛇肉的根本就在于速度,所以剥皮的速度是决定口感的关键。"说罢,老头由下往上在蛇腹开了个口子。

只见切口处蛇皮炸开,老头三两下就将蛇皮给褪了。蛇的身体还在蠕动,血呼啦地摆在炭火上炙烤,很快鲜血凝固,蛇肉呈现焦黄色,一股奇特的肉香味,弥漫小屋。

马陆情不自禁,咽了口口水,道:"您用这种办法烤肉,不怕被蛇咬吗?"

"吃是门学问,要想做出好吃的东西,其实特别难,需要用到各种办法。"

胖老头用一根黑乎乎的铁叉,穿过蛇体,继续翻烤。

"烤到什么程度为算?"老刀问。

"烤肉得看滴下来的油,颜色清亮时,肉质最为可口。颜色泛白,肉就老了。"说罢,老头用手指捻了一滴油,用手搓了搓道,"现在正好。"

杨月钟葭小声道:"吃野生蛇违法,万一吃了受保护的蛇,那是犯法的。"

"那怎么办?人都进来了,不能光看。"马陆道。

"你们要是怕,就退货,我一个电话,门外面可就排上队喽。"老头呵呵笑道。

等了一会儿,没人说话,胖老头又道:"当我吹牛是吧,行啊,证明一下。"他掏出手机道,"老二,这里有两条青玉蛇,两千一条,有要的让他过来。"

过了一会儿,没啥动静,马陆忍住笑,暗中对女孩做了个鬼脸。

老头忽然喊了一嗓子:"门口的进来吧。"

屋门被推开,只见屋外站着三四人,都是男的,三十到五十岁之间的年纪,个个气度过人。看模样,都是懂得享受的有钱有闲之辈。他们围在老人身边,七嘴八舌地嚷嚷着,想要买下两条蛇。

老刀使了个眼色,带着三人走出木屋道:"看来四天王的厨艺,不是吹的。"

"如果我没看错,老人家宰杀的,应该是受二级保护的蛇类,这些人不是为了吃蛇肉,而是为了吃罕见的食物。"杨月钟葭道。

"他们的目的和咱们无关。"没买到蛇肉的人,心有不甘走出屋子,胖老头跟着走出问道,"怎么样?"

"我服气。"老刀笑道。

"我是看在你们这些娃娃帮忙捉兔子的份上,给了折扣,没想到你们还不领情。这人呐,真难伺候。"

"老爷子,您别见怪,并不是咱们不喜欢美食,而是珍稀动物做成的美食,我不敢吃。"虽然老刀暗中连使眼色,杨月钟葭还是说完了这句话。

老头满不在乎道:"这话说得没见识,世上除了人不能吃,还有啥不能吃的?饭店里鳄鱼、蛇啥的还少了?"

"那不一样,那是人工饲养的。"

"对啊,人养出来的都能吃,野生的就更能吃了。"

老头一句话怼得杨月钟葭无语。

"钟葭,咱们远来是客,你少说两句。"老刀皱了皱眉。

"这山里面的好东西有多少?嫩竹子、毛银耳、鬼手菜、蛇、胖甲虫、青蛙、蛤蟆啥的,取之不尽用之不竭,咱四个老头子,最年轻的七十八,最大的八十六,个个眼不花耳不聋,因为啥?还不是山里的东西养人。"胖老头洋洋得意地说着,仿佛说出来的都是道理。

杨月钟葭听得目瞪口呆:"您就这么吃,也没人管?"

"管?谁管四个老绝户?"

"行了,到此为止。"老刀打断了意欲说话的杨月钟葭,对老人道,"不好意思,您别跟孩子一般见识。"

"女娃娃都喜欢小动物,我能理解。"老头挥了挥手。

又聊了几句,四人告别老人,继续深入林中,杨月钟葭道:"老刀叔叔,您别生气,我也是没忍住。"

"本来想从老头那儿套些话,被你给断了。"老刀语气颇无奈。

"要不然,我和老人家去赔礼道歉?"

看女孩可怜兮兮的模样,老刀摆摆手道:"话是说出来痛快,但是,有些话说了不如不说。"

话音未落,阿蛮突然上前把他推开,接着抽出砍刀,三两下将身前一片野草割开，露出了一颗和冬瓜差不多大小的土豆。不远处，还有两枚西瓜大小的圆茄子。

"这里的蔬菜成精了。"马陆惊讶地道。

"啥成精了？"林子深处，又是一位上了年纪的老人扛着铁锹走出。

"老爷子，这土豆、茄子都是……"话没说完，马陆看见老人身后的背篓，装着两颗足球大小的红洋葱。

"我的天。"马陆惊叹道。

"蔬菜果子大了点，就成精了？"老人道。他穿一身上世纪六七十年代的中山装，破旧到看不出衣服原来的颜色，满头白发，面色黝黑，不似胖老头那般满面红光，一脸的苦瓜相。

"我从没见过这么大的土豆。"马陆道。

"这也算大？我种的土豆里，这算正常吧。"

"如果这种算正常，那大的得有多大？"

"最大的一颗差不多得有一间屋子大。"老人用手比画了一下。

老刀问："您种菜是有秘诀，还是当地的风水好？"

老头笑道："看你年轻轻的，还挺迷信，种菜和风水有啥关系？我种菜有秘诀。首先，把蔬菜当兰花养，精心培育。其次，我用的肥料好，全是人和动物的粪便。最后，这山里阳光好，土壤肥。"说罢，他放下箩筐，取出一根和婴儿手臂差不多大小的黄瓜，递给杨月钟葭道，"尝尝味道，比你们城里如何？"

黄瓜是刚从枝子上摘下的，颜色犹如墨翠的玉，用矿泉水洗干净，切成四段。杨月钟葭道："大家都尝尝。"

黄瓜汁水丰富，清澈的汁液自断口一滴滴落下，浓郁的清香弥漫四周。马陆接过，咬了一口，黄瓜的香气，先是冲入脑子，又从口鼻喷涌而出，清脆甘甜。那种感觉，简直爽到极点。看其余三人，也和他一样，都被黄瓜超乎寻常的口感所震撼。

"怎么样？"老头问道。

"简直太香了，这是仙果。"杨月钟葭道。

老头哈哈大笑道："无非就是一根黄瓜，却成了仙果。也罢，美味赠食客，都给你们吧。"他从箩筐中又拿出三根黄瓜，递给四人，随后唱着山歌，

大步离开了。

老刀捧着近乎半米长的黄瓜道:"真邪门了,你们说这些大菜和陨石有没有关系?"

"以目前研究冷心石得到的数据显示,陨石除了坚硬,没别的作用。"杨月钟葭道。

"走一步看一步吧,说不定能给咱们个惊喜。"

天盛谷不是无人区,而是景区。既然是景区,就是有管理的。不能在这里设立帐篷野营,更不能生火做饭。于是四人找了一处平坦地,吃了两根黄瓜,算是晚饭。

天黑之后,老刀取出地图,道:"教授标明的地址在天盛谷西侧,大概还有两三个小时的路程。"

"很近了。"马陆道。

"来之前我查过天盛谷的地形资料,西侧是一片凹陷山谷,撞击坑存在于西区也合理。不过以地形现状分析,应该是形成于几千年前,这么长时间了,陨石还在?"老刀问。

杨月钟葭道:"父亲手上的资料都是经过严格考证的,老刀叔叔,你不应该质疑。"

"不相信就不会来了,丫头,别太敏感了。"老刀笑道。

当晚月色朦胧,山里光线极差,老刀并没有贸然赶路,而是寻找一处隐蔽山地,扎营休息。杨月钟葭并不别扭,铺好床,倒下就睡。

老刀守夜,马陆也睡不着,坐在老刀身边,望着熟睡中的杨月钟葭道:"这姑娘,真是没心没肺。"

"她可不傻,加入前肯定调查过我们的背景,否则这行里比我们厉害的人也不少,为啥找咱们?"

阿蛮是躺下就能睡着的"高手",他睡觉时不打呼,而且特别警觉,稍有异动就会醒。

由于不能生火,夜晚觅食的啮齿动物越靠越近,窸窸窣窣的响声不断响起。马陆打了个哈欠,正打算闭会儿眼睛,忽然,一声响亮的鸣叫在静谧的夜幕中响起。阿蛮猛然翻身而起,眼睛在夜色中闪闪发光。

"怎么了?"马陆警惕地问道。

阿蛮也不吭声,背起身边弓箭,一溜小跑,循声而去。

杨月钟葭也醒了,睡眼惺忪地道:"出事儿了?"

"你跟着阿蛮,别出什么意外。"老刀拍了拍马陆肩头道。

马陆抄起一根狼眼手电,追着阿蛮去了。可阿蛮这小子在黑暗茂密的树林如履平地,马陆却是跑两步绊一下,很快就被远远甩开。更要命的是,马陆发现自己迷路了。

黑夜中的林区前后左右都是树木,无法辨认方向。马陆只能通过树干上的苔藓,确定北面,而营地在西面,搞清楚了两边方位,由此判断阿蛮走向是东面。

调整方向后,马陆点亮手电,深一脚浅一脚地走着。也不知过了多久,只见树林深处有火光闪烁。接着,马陆又闻到一股刺鼻的血腥气,似乎不大对劲。马陆关了手电,蹑手蹑脚朝火光处走去,渐渐地,血腥气味中又夹杂了腐臭味,马陆差点被熏吐了。

"太臭了。"他低声自语。

忽然,就听一人惨叫道:"我的妈呀。"声音凄惨到了极点。

果然有问题。马陆打了个冷颤,下意识地躲进一侧的草丛中。当他趴在地下,只觉空气中难闻的气味瞬间达到顶点,熏得他喘气都困难,而身侧泥土黏度似乎也不对劲。马陆抬起手,整只手掌除了泥巴,还沾了一些暗红色的黏液,臭味似乎就是粘液散发出的。

接着,马陆发现自己身处的是一片面积并不算小的浅坑,泥坑里草叶茂盛,遮掩了一些极其恶心的东西。这些东西包括:数颗公鹿脑袋、一些粘连着腐肉的脊柱、许多白森森的骨头和一些黏兮兮冒着泡的青绿色脓液。马陆张嘴就吐了。

与此同时,又有人笑出了声,听声音欢乐到极点,他语带讥讽道:"非要逞强,这下吃亏了?"

马陆从"血池"中一跃而起,只见胸口以下沾满了腐臭血液。可是,没等他走出去,一柄匕首从身后转来,抵住他喉咙道:"别动。"

马陆下意识举手道:"我没有恶意,别乱来。"

"深更半夜鬼鬼祟祟的,你想干啥?"

"我是来这儿旅游的游客,迷了路,刚听到有人惨叫,我以为出什么事儿了。"

对方从身后转到前面,是个二十出头的年轻人,和马陆年纪相仿,身穿黑色西裤和酒红色衬衫,痞里痞气的模样,不像好人。

他收回了弹簧刀,揣进兜里,皱了皱眉道:"你也太臭了。"

"这里究竟是怎么回事?"马陆不免手足无措。

"说出来怕你恶心,这是肥料池,给土地供料的。"

马陆又吐了一次。年轻人点了一支烟,递给他,马陆道:"不会。"

"就当去味儿吧。"

马陆接过烟,也没抽,夹在手里,跟着年轻人朝林中走去。

走近后,借着火光,只见不远处生长着两株粗壮的罗汉树,翠绿的盖顶,遮天蔽日。在罗汉树之间的空地,点着一个锥形火堆,干柴烧得噼啪作响。除此外,罗汉树旁打着一根地桩,拴着一头母梅花鹿,在它身边,一头犄角初冒的小公鹿,不安地踢着脚,以稚嫩犄角对着身前众人。

除了马陆和年轻人,现场还有五人,都是年过中旬,穿着便装。其中一人杵着木棍蹲在地下,看样子估计被小鹿顶了一记。

周围同伴正忙着嘲笑他,见到马陆,一个戴着眼镜,面相斯文的中年人问:"他是谁?"

"走错了路的游客。"年轻人走到蹲着的中年人身边,笑道,"马总,没事儿吧?"

"妈的,肠子都快断了。"他咬着牙道。

年轻人拎过一个装满水的大塑料桶,放在马陆身前道:"把你衣服脱了,洗干净。"

话音刚落,蹲着的那位中年人怒气冲天起身,攥着木棍朝小鹿走去。

"我他妈打不死你。"他咬牙咒骂道。

梅花鹿母子似乎感到了危险,发出喊叫,中年人狠狠一棍敲在小鹿背上,它痛得一跃而起,来回蹿动,惨叫声连连。

"让你顶老子,让你顶老子……"他一边棍击,一边喝骂。

小鹿虽剧痛难忍,却死也不愿离开母亲,马陆实在看不下去道:"小鹿不懂人事,何必跟它一般见识,打累了,吃亏的还是自己。"

中年人确实累得气喘吁吁,杵着棍子喘息片刻,再度持棍殴打小鹿。其余几人站在一边看热闹,没人劝他。

马陆觉得小鹿可怜,想要上前劝住殴打者,年轻人却拦住他道:"这里的事儿,和你没关系。"

"没必要伤害小动物,算了吧。"

"不想看,你可以走。"他忽然变了脸,凶巴巴地道,说话时,手伸进兜里。

马陆倒也没有硬来,他打算回营地报警。可刚要走,就见阿蛮从右侧树林中大步走出。

"喂,你别乱闯,这是私人聚会。"年轻人顾不得马陆,朝阿蛮走去。

阿蛮虽然是走路,可双腿迈动奇快,一溜烟走到殴打小鹿之人身后,一把攥住棍梢。阿蛮看似瘦削,其实力气远比一般人要大,中年男子拼尽全身力气,棍子却纹丝不动。

"叫你放手,听见没?"他指着阿蛮鼻子喝道。

见恐吓不起效果,他又对赶来的年轻人道:"麻虾,给我干他。"

叫麻虾的年轻人两步并作一步,冲到阿蛮身前,抬腿就踹。阿蛮身子一侧,那哥们便踹过了头。阿蛮冷不丁松了手,中年人正全力回夺木棍,不及收力,一棍夯在回过头来的麻虾脸上,麻虾惨叫一声摔倒在地。

"你,你……"

阿蛮也没真动手,随手一推,就将中年人推倒在地。

"有话好说。"面相斯文的中年人赶紧劝架。

阿蛮也不理他,抽出匕首,就要割断绳子。

"这是花钱买来的,你不能破坏私产。"被阿蛮推倒的中年人急了。

又有人道:"怎么就打起来了?"

循声望去,只见一位身着蓝布绸衫,踏着一双草鞋的老人,拄着拐棍,慢悠悠走来。老人身材矮小,背有些驼,头发胡须白如霜雪,看着倒有几分仙风道骨,尤其手里拄着的龙头拐,龙嘴中叼着的红色珠子,在夜色中闪闪发光,价值不菲。看到老人,阿蛮挺客气,点了点头。

"你们千万不要和这个娃娃打架,他本领大得很,兔子都能射中,就凭你们几个身板,一人一箭,准没跑。"他乐呵呵道。

"哦,小兄弟原来是武林高手,果然身手了得。"面相斯文之人假笑着套

近乎。

"小娃娃,别急着动手,有什么话,咱们好好说。"老头又对阿蛮道。

老人是"四天王"中的老大,鸡汤虫的饲养者。

"老爷子,梅花鹿是受保护的珍稀动物,却被这些人虐待殴打。"马陆赶紧告状。

"唉,你们这是要做什么?"老人皱起眉头,连声叹气,走到面相斯文之人身前道,"你们是为吃鹿肉来的,何苦作践畜生呢?"

马陆都听傻了,愣了好一会儿才道:"梅花鹿不是家畜,而是世界级的保护动物,您知道大熊猫吗?梅花鹿和它比也差不了多少。"

"哦,咱们这儿没有熊猫,否则早就尝过熊猫肉了。"老头随口对付了一句,又对对方道,"把小鹿放了,你们几个人,一头母鹿就足够吃了。"

马陆急了,一把扯下臭烘烘的衣服,兜头浇了一桶凉水,再对老人道:"杀死梅花鹿,就是犯罪,您明白犯罪的意思吗?"

"你说话声音小点,我连犯罪都不懂,不成傻子了。"老头哑然笑道,"但是,你别吓唬我,吃点鹿肉都算犯罪,那我早该枪毙十回了。"

他从胸前的衣兜里取出一把月牙形的小刀片道:"我亲自动手,准保它不受苦。"

"您要是敢动手,我立刻报警!"

"凭我捐出全村的房子,就是天大的功劳,吃点喝点谁敢说我?"老头一脸的无所谓。

蓝月村的老人

第十章

遭遇豺群

不等他把话说完，阿蛮就将绳子割断，一掌拍在梅花鹿后腿。两头梅花鹿迅速跑入深林中，没了踪影。一帮等着吃鹿肉的人急了，却又畏惧阿蛮本领，只能找老人论理。

戴眼镜的道："老人家，五万块钱可是一分不少地给了，这事儿到底怎么算？"

"这不扯淡吗，你的东西被人抢走，和我有啥关系？"

"让我们尝到梅花鹿肉是合同的一部分，你没有完成就是违背合同，附件条款里是有赔偿义务的。"

"你和字儿都不认识的人说合同？"老人转而训斥阿蛮道，"你小子，也是恩将仇报，吃过甩脸就忘了？"

阿蛮退了几步，不想和老人直接发生冲突，可表达有障碍，只能默不作声。

马陆道："老人家，阿蛮这么做是帮了你。"

"帮个屁。"老头用力一顿拐杖，气咻咻道，"我已经准备好做硬菜了，却被你们搅了局，这不是钱的事儿，我的脸没了。"

"好吧，我不说了。"马陆觉得老人无理取闹，也懒得搭理。

"小伙子，咱们要讲道理，你放走鹿，我没意见，但你得把钱退出来，总不能你做英雄我埋单吧?"戴眼镜的凑到阿蛮身边,小声商议。

"你觉得我们做得不对就报警,我们在这儿等着。"马陆道。

"我说,你们是不是跟我耍无赖?真觉得我没办法对付你俩?"他那斯文的脸,有点变形。

"别吓唬我,我又不是你干儿子。"马陆也不认怂,半句不让。

麻虾终于爬起来了,他摸着一块石头,用尽全力朝阿蛮砸来。"啪"的一声,阿蛮抬手便将飞来石块攥在手中。麻虾吓得面色大变,一猫腰,躲进罗汉树背面。阿蛮掂了掂石块,突然出手,对着罗汉树高枝掷出。

石块飞入空中,势若流星,准确砸中一株小臂粗细的树枝,木屑飞溅,树枝砸断后掉落下来,压在麻虾身上。

"妈呀,砸死我了。"他发出一声惨叫。

这下没人说话了,所有人都被阿蛮唬住。满脸擦伤、脑袋上顶着包的麻虾从断枝里狼狈爬出,气喘吁吁地瘫坐在地,屁都不敢放一个。马陆担心闹出事,拖着阿蛮走了。

"好臭。"阿蛮皱眉抱怨。

"洗过了,还臭?"马陆抬起胳膊闻了闻,确实还有臭味。

都是老爷们,脏点臭点也就算了,可现在多了杨月钟葭,被女孩嫌弃,马陆有点尴尬。

马陆皱着眉头道:"阿蛮,能不能找一个水源?"

阿蛮四下看了看,随后沿着草丛往下走去。马陆跟在他后面,一路走到林区边缘,只见无数块大大小小、形状不一的岩石蔓延向上,形成巨大的山体。阿蛮顺着岩石缝隙寻找,很快,找到一处往外渗着涓涓细流的裂口。

"真有你的。"马陆竖起大拇指。

"洗,要快。"阿蛮叮嘱道。

"也没人排队,急什么。"

"泉口,有野兽来,晚上,更是。"阿蛮结结巴巴说明原因。

"嗨,没这么巧的事儿,再说,有什么动物能逃过你的箭。"马陆并不在意,跪地接水,搓洗身体。

他连一条胳膊都没洗干净,阿蛮忽然摆了摆手,随后不由分说,拖着马陆爬上了层层叠叠的岩石,藏身于一株岩松之后。片刻,就听嘈杂的"咻咻"声响起，接着，数十只浑身暗红色毛发、形如土狗般的动物出现了。它们行动迅速，来回小跑，依次凑到岩石缝隙下舔舐泉水。马陆头皮顿时阵阵发麻。

这是一群豺，食肉动物里最猥琐的存在。豺的身体不大，外形不凶猛，近似于土狗和狐狸之间，却是极其残忍的野兽。豺是群居动物，一来一群，配合有素，攻击迅捷，人在野外遇到狩猎的豺群是极其危险的。

马陆躲在暗中，浑身一阵阵发冷，暗暗祈祷：拜托，喝完水赶紧走吧。可世事难遂人愿，正喝水的豺群中，有几只体型较大的，忽然扬起脑袋，对着马陆藏身的方向，连连翕动鼻子。

马陆心想：完了。他身上沾染的是动物尸体腐烂后的液体，豺也食腐肉。

片刻，几只豺连连吠叫，周围的同伴被叫声吸引，开始在它们身边聚拢。

"妈的，闻到我身上的味儿了。"马陆冷汗一股股往外涌。

一条豺率先跳上石头，试探性地来回奔跑几圈，随后半蹲在地，尖声吠叫。阿蛮纵身跃出，弯弓搭箭，一箭将它射倒，豺群猝不及防，四下散开。他抽出腰后横插的骨刀，就要冲下山。

马陆吓得手足冰凉，赶紧拦住他道："你疯了，准备给它们当食物？"

阿蛮急了，用力挣脱道："冲下去，它们，怕……"

"不能蛮干，得冷静。"

两人拉扯时，原本犹豫不前的豺接二连三跳上石头，似乎准备进攻了。

阿蛮用力叹了口气，道："不走了。"

他说"不走了"并非是要在此落脚，而是"走不了"的意思。话音未落，豺叫嚣着，一拥而上，朝高处的两人冲去。阿蛮箭无虚发，接连射倒三只豺。可发了性子的野兽不会退缩，二人无奈，只能继续往高处走。

两条腿快不过四条腿，人与豺的距离越来越近，马陆气喘吁吁道："早知道有今天，还不如死在雪山王的嘴里。"

阿蛮瞅空回身射一箭，失了准头，几支箭全部落空。

然而，天无绝人之路。就在马陆以为必死无疑时，不远处忽然出现了一株三四米高的岩松，疲惫不堪的身体，顿时又有了力量。马陆一路狂奔到树下,手脚并用,眨眼爬上树顶。

随后豺也赶到了,有的绕树转圈,有的不断跃起,却连两人鞋跟子都舔不着。

马陆喘息一阵后,笑道:"傻狗子,累死你们活该。"

只见一条豺从数十米外跑来,靠近树身,借助奔跑之力,纵身跃起近一米高度。

然而,它并未落下,居然悬空漂浮,不动了。

由于事发突然,过了一会儿,马陆才反应过来。豺悬空片刻,感到异样,然而身体无法动弹,只能转动脑袋,连连鸣叫。其余豺,仍是接二连三跃起,试图咬住树上二人。很快,又有四只悬空漂浮。

豺群攻势减缓,绝大多数成员聚集在五条悬空不动的同伴身下,踌躇不前。不安的鸣叫声,细密响起。

阿蛮弯弓搭箭,对准一条悬空的豺射去。它无法躲避,只能眼睁睁看着竹箭射穿肚腹。一声悲鸣,它用力扭动脑袋,鲜血顺着箭杆流淌在地。死亡后,尸体依旧悬空漂浮。马陆摘下一挂松枝丢下去,松枝却一路晃悠,稳稳落地。

"见鬼了。"马陆嘀咕了一句,又四下看了一圈,周围全是巨大的岩石和石缝中生长的植物,没有任何特殊。

忽然,豺群开始收缩。数十条豺,首尾相连,站在一起,转向东面,一动不动。阿蛮也没见过这种怪象,于是他又对着豺群射出一箭。一条豺中箭倒地,周围同伴恍若不见,一动不动。

"咱们走不了了。"马陆哆嗦着嘴皮子道。

阿蛮不信邪,在树干上小心翼翼站起,顺着豺群正对方向望去。他似乎看到了什么,于是拍了拍马陆肩膀,指向前方。

"怎么?"马陆也踩着树枝起身,可倒霉的是树枝无法支撑马陆的重量,没等他站稳,忽然断裂了。

由三四米高的距离落下,底下又是坚硬凸起的岩石,马陆万念俱灰,这下不死也残废了。然而,坠落近半时,马陆忽然撞入一团似云似雾、软如棉花的物体中,感觉整个人被包裹起来,也是悬空不动了。他想要挣扎,可周围没有借力点,用力蹬了几下,却一动不动。

陨石猎人 上

当马陆急出一脑袋汗时，一条布带从天而降，落在他手边。阿蛮穿的运动服，不需要裤带，但他总在腰间绑一条布带，用以固定器械，今天正好派上用场。阿蛮将布带固定树上，一点点把马陆拉了回去，靠近树干后，马陆忽然失去依托，坠落在地。

这下，差点没把肚肠子震出来。由于豺群就在身侧，马陆也不敢吭声，强忍着痛，爬回树上。整个过程，豺群毫无知觉，一动不动望着东方。

喘息片刻，待浑身痛感消失，马陆选了一棵结实的枝杈，踩住起身。只见绵延向上的山体，距离己方大约七八十米的位置，有一处天然裂缝，裂口约有一米左右宽度。黑夜中，洞内隐隐透出一道细微紫光。野兽之所以会有古怪的行为，十之八九和洞里的发光物体有关。

一直到天亮，豺群终于恢复意识，它们放弃了捕猎，也放弃了同伴，纷纷朝山下跑去，消失于密林中。

马陆终于松了口气道："大难不死，必有后福。"

顺着树干往下出溜，奇怪的浮力便不起作用，两人安全着陆后，马陆犹豫着问："要不，咱们过去看看？"

阿蛮用手摩挲着弓把，犹豫片刻，点了点头，他也觉得好奇。紫色光源可能是宝石的荧光，也有可能是某种辐射光源，贸然前往，并不安全。可最终，好奇战胜了恐惧，两人小心翼翼地往山上爬去，直到裂缝边缘。

由于当天光线很好，裂缝周围也没有遮挡物，阳光直直射入洞穴中。山洞内部一片生机勃勃，长满了青草、苔藓、鲜花、老藤。

见植物长势自然，没有畸形状态，马陆松口气道："这里是安全的，没有辐射。"

洞口与底部垂直距离有七八米，不算深。阿蛮将腰带垂入洞内，两人依次进入，站定后，只觉得一股清气扑面而至。

"真是个……"刚说出三字，洞内骤然传出巨大的回音，马陆觉得耳鼓膜一阵阵发胀，简直要炸裂一般。

虽然两人用手捂住耳朵，可音波袭来，人能清楚感到，波浪般的音波一股股透体而过。也不知过了多久，回声渐渐消失，马陆头晕脑涨瘫坐在地，手掌沾了一丝血迹，估计耳鼓膜破裂了。

不知什么原因，山洞里回声过于巨大，马陆不敢发出半点声音，蹑手蹑

脚地朝山洞深处走去。山洞是风力侵蚀形成，岩石石块大多如刀砍斧削般棱角分明。沿着洞径，一路向里，空气明显变得干燥，自缝隙透入的阳光弥漫着无数灰尘。

走到一块凸起的大石边，马陆以为无路可走，可透过狭窄的缝隙，却发现里面另有空间。

缝隙不宽，勉强也能挤进去，于是，马陆缩起肚皮，挤进洞里。然而没等站稳，便看到极其古怪的一幕，他赶紧示意阿蛮退出。随后，他也跟着退了出去。

山洞空间不大，寸草不生，灰暗的岩石布满灰尘。在山洞深处，居然悬空漂浮着一口铜皮棺材。以体积看，铜皮棺材少说也有数百斤的重量，居然一动不动地悬浮空中。更为诡异的是，棺材尾部，有一道神位，红漆木的神位中央，端端正正写着四个墨字：吴阳之墓。

正是"吴阳"这个名字，吓得马陆头皮发麻。因为老刀大名就叫"吴阳"，而且在神位之前的祭品里，有一支古巴雪茄和一瓶红星二锅头。这两样，正是老刀爱抽的烟和好喝的酒。

马陆越想越怕，和阿蛮一起退出山洞，返回了营地。

安全返回后，老刀正做早饭，看见他，马陆松了口气。

"老刀叔，你，你在呢？"

"钟葭非要去找你们，我就张罗早饭了。"

马陆听不清他说的话，老刀得知马陆耳朵失了音，便用烧煳的树枝写字交流，马陆将山洞里看到的异常状况，都写了出来。

"你是说，有人给我在这儿安排了衣冠冢？"老刀忍不住笑了。

"千真万确，不是亲眼所见，谁能拿这种事儿乱说话。"

"吃过早饭，咱们一起去看看，真有的话，我给自己上炷香。"

早餐是四包方便面，煮好后，老刀又加了一些蒜末。蒜末对于身处野外的人来说，是非常重要的食物材料，提味又杀菌。

老刀联系了杨月钟葭，没过一会儿，她就返回营地。见到二人，问："这大半夜的，你们去哪了？"

马陆总算恢复了一部分听力，回道："别提了，差点当了豺狗的食物。"

女孩笑道："在野外难免遇到野兽，关键是要冷静。"

"话好说，事儿不好做。"

接过一碗面，马陆道："四个老头连梅花鹿都敢杀了做菜，咱们是不是应该报告当地管理部门？"

"我已经联系了乡政府，说是尽快安排相关人员过来。"老刀道。

"愚昧得可笑，做违法犯罪的事情，还说得理直气壮。"

"人不是越老越明白，而是越老越糊涂。"杨月钟葭道。

吃完早饭，四人收拾干净，得知任务作了调整，女孩道："咱们应该以寻找冷心石为主，不要偏离任务。"

"我的灵位都有了，能不去看看嘛？"

女孩笑道："我不信，这比鬼故事都要假。"

"不抬杠，到现场后你就知道了。"马陆道。

一路前行，直到出事的山隘，五条豺依旧悬空漂浮，它们是饿得口水直流，对人"咻咻"嘶叫，可就是动不了。

杨月钟葭道："老爸和我说过，以色列有一处地下教堂，内部建有数十处房间，不管人在哪个房间说话，其余房间都能清楚地听到声音，其中原理至今无解。或许你进的山洞，和那处地下教堂有相似处。"

"有可能，反正洞里能够放大声音，进去后不要说话。"

杨月钟葭捡起一根树枝，轻轻戳了一条豺，它横向飘动寸许，又停下，像失重一般。

"我信了。"她对马陆道。

"我接受你的道歉。"

"你，我什么时候道歉了，真是的。"杨月钟葭故意白了马陆一眼。

四人来到洞口边，依次入洞，随后径直走到最深处的洞口。里面的景象没有丝毫改动，老刀皱着眉头走到棺材边，轻轻推了一把，只见棺材稳稳飘动，飞出数米开外。

"妈的，还真是给我设的灵位。"老刀在纸上写道。

"老刀叔叔，你是不是得罪了什么人？"

"就算我有仇人，也不至于跑到这里给我设个衣冠冢。王八蛋，别让我查出来。"写罢，他啐了一口。唾液并未落地，也是悬空而起。

想了想，老刀继续写道："棺材里或许有东西。"

铜皮棺材在这处重力失衡的山洞里轻如无物,老刀一根手指就将它掉了个儿,棺盖脱落,已经悬空。

老刀伸手在棺材里上下摸了一遍,缩回手时,他握着一颗表面布满黑色融壳的陨石。

杨月钟葭接过石头,仔细观察后写道:"这就是冷心石,表面没有晶体,金属层饱满光滑,光反射弱于常见金属。如果没有引力干扰,这块石头的重量远大于体积,估计,应该在五十斤左右。"

"陨石没有巴掌大,能有五十斤?"这次,轮到马陆质疑了。

"如果是冷心石,就是这个分量,即使有差别,也不大。"杨月钟葭又强调了一遍。

老刀仔细检查了山洞里的每一处角落,确认没有遗漏,带队返回。出洞后,他将陨石丢在地下,"咔"的一声,地面上坚硬的岩石被砸出一道裂口。

"绝对有五十斤,甚至不止。"说罢,老刀从工具箱取出一柄手斧,狠狠砸在陨石表面。"咣当"一声,窜起一溜火花,老刀揉了揉发麻的手,指着陨石道:"这么大力道,连痕迹都没留下,可见石头硬度极强,十有八九是冷心石了。"

"如果真是冷心石,五十斤得卖出多少钱?"马陆觉得阳光都在跳舞。

"说富豪有点够呛,当个有钱人应该绰绰有余。"

这次行动,消息来源是杨月钟葭,与探星项目组没有关系,所以一切收益,由四人均分。

老刀很高兴,盘膝坐下道:"在这行里混了二十来年,值了。"

杨月钟葭笑道:"老刀叔叔,这一次就实现了财务自由,还会陪我继续寻找陨石吗?"

"我不是一个容易满足的人,而且,陨石对我吸引力更大。"老刀点了支雪茄,惬意地伸个懒腰道,"杨教授留下的资料,准确性非常高,我信了。"

老刀几次三番死里逃生,活到今天,可以说是人精中的人精,说服他全力以赴的唯一方式,只有"靠谱"二字。他只和靠谱的人,合作靠谱的事儿。杨月钟葭通过了老刀的考验,她凭借教授留下的陨石资料,成为探星小队的又一位队员。

"陨石到手了,不过,重力失衡的现象怎么解释?"马陆道。

"世上稀奇古怪的事儿多了，搞清楚原理是科学家应该干的，和咱们无关。"

"老刀叔叔说得没错，等走的地方多了，你就会知道，怪事真的特别多。"

离开前，老刀放下悬浮空中的豺，落地后的豺狗舔着嘴，眼睛直勾勾望着四人。老刀上前踹了一条，呵斥道："还不赶紧滚蛋。"几条豺狗这才"啾啾"叫着，掉头逃走了。

"咱们呢，是不是也该走了？"马陆问。

"嗯……"老刀沉思片刻道，"我想去撞击区看看。"

"行啊，万一还有冷心石呢。"

"你可是真够贪心的。"老刀笑了。

四人一路说说笑笑，朝山西面的撞击坑而去。不知道是不是因为心情太好，马陆觉得一路之中景色优美，轻风云淡，一切都好到了极点。

直走到中午，四人都觉得肚子饿，于是埋锅造饭，补充能量。

中午吃的是牛肉炒面，一种速热食品，将袋装炒面浸泡温水五分钟，就能吃上热气腾腾的面食。

老刀埋锅，杨月钟葭烧水，两人有条不紊地做事。

忽然，老刀轻声问了一句："丫头，你心里藏着什么事儿？"

"啊……老刀叔叔，你什么意思？"杨月钟葭觉得意外。

老刀露出一副不冷不热的笑脸道："老刀叔叔可不缺心眼，所以，你最好实话实说。"

马陆和阿蛮在林子里布设陷阱，捕捉野物，准备晚上的大餐，所以不知道二人对话。

杨月钟葭摆好煮水的饭盒道："老刀叔叔，麻烦您把话说清楚，我作为一名新人，刚刚加入团队，能有什么图谋？"

"发现冷心石的地方并不隐蔽，山里人来人往这么多年，居然没人发现，于情于理，说不过去。"

杨月钟葭点点头道："您担心宝贝来得太容易，可运气是没法解释的。"

"呵呵，这世界上比我运气好的人多了去了，凭啥好事儿就落在我脑袋上？"

"如果你就是不信，我也没什么可解释的，我退出不就行了。"

"我只是随口问问，这行里的人都好琢磨事儿，别生气了，我道歉。"

"老刀叔叔，冷心石的价值你是知道的，这样一颗用价值连城形容都不为过，我该是多有钱，用一颗冷心石坑你？"

"哈哈，你说得对，是我小心眼了。"

"一个是咱们运气到了，还有，这颗陨石是马陆发现的，和我没有任何关系。"

"嗯，我早就看出这小子是福将了。他二叔运势也高，那时候在团队里，指哪哪有货，可惜，走得太早。"

"您和他家两代人有合作？"

"杨教授是我老师，你又成了探星小队一员，我和你们家也是两代人合作。"

"还真是。"杨月钟葭笑道。

马陆和阿蛮两手空空走回，马陆道："都怪阿蛮，要不是他手笨，我差点抓住一只山鸡。"

"是，你，不行。"阿蛮很不服气，奈何话说得不顺溜。

"别听他的，我设的陷阱那叫一个周全，绳挂到位，食撒精准，山鸡是一步步靠近，就在陷阱边缘。阿蛮手抖，提前拉了绳子，要是我，大家现在就能吃上山鸡肉了。"

"你，这都是你……"

"你也不用道歉了，好在我们还有口炒面吃。"马陆拍了拍憋得面红耳赤的阿蛮，自己都忍不住笑了。

吃午饭时，老刀告知了陨石交易规则。一般而言，收藏陨石的大家会和民间陨石贩子直接联络，所以单独的陨石交易，很难出手大货。民间陨石贩子看似简单，其实是一个架构严密的国际组织，职能是负责处理民间陨石交易。

民间陨石贩子在每个国家都有独立办公机构，起码九成以上的陨石交易是通过民间陨石贩子完成的。他们掌握着大量的渠道和资金，控制了九成的陨石交易。

马陆道："什么意思？难道我们做生意，还要给他分成？"

"分成不至于，但交易必须通过机构才能进行，否则会有阻力，价格上可能也有损失。"

"真是无耻。"

"你的理解有偏见，任何行业都需要规则秩序，否则其中的人就会变成野兽。"

"倒也是，我宁可太太平平少赚点，也不想过刀头舔血的生活。"说罢，马陆又问杨月钟葭道，"杨教授是收藏大家，估计认识不少机构里的人吧？"

杨月钟葭道："我父亲收藏陨石时，交易机构还没成立。"

"早期入行的人现在都是大家，我还是……"

阿蛮忽然势若闪电摘下弓箭，对准身侧密密匝匝的树林。

"怎么回事？"马陆浑身一震，抄起他当拐杖用的树棍。

只见在一片茂密的木槿花丛中，两颗近乎乒乓球大小的眼珠子，一动不动盯着众人。

马陆仗着阿蛮就在身边，挺起棍子道："赶紧出来，别在那儿鬼鬼祟祟地吓唬人。"

叶丛被拨动，哗哗作响，一头梅花鹿缓缓走出。

说来也巧，就是昨天晚上救下的小公鹿，马陆暗中松了口气，丢了棍子正打算引它过来，却被老刀拦住。

"梅花鹿天生胆小，警惕性又高，不可能主动靠近人类。"老刀盯着梅花鹿道。

只见梅花鹿迈动四蹄，晃晃悠悠朝四人走来，像是喝醉了酒。

杨月钟葭道："我知道了，这头鹿在梦游。"

"什么，动物也会梦游？"马陆忍不住笑出了声。

"有什么好笑的，别说鹿了，蜜蜂还梦游呢，这是有过观察记录的。"

说罢，她小心翼翼走向梅花鹿，靠近后，伸出右手，对着梅花鹿头顶道："乖孩子，停下。"

在梦呓般的语调中，梅花鹿停住了脚步。杨月钟葭轻轻抚摸它的犄角，回头对同伴笑道："看见没，它就是在梦游。"

木槿花丛再度发出轻响，随即，一颗豺的脑袋露了出来，它面相凶恶，口水一滴滴落下，两只眼睛死死盯着梅花鹿，距离杨月钟葭不到丈余。

"坏了。"马陆大喊一声,抄起棍子,朝杨月钟葭跑去。

与此同时,豺狗犹如闪电般蹿了出来,梅花鹿被惊醒,它倒是反应奇快,立刻横跨双蹄,朝右侧跑去。眼看豺狗就要咬中杨月钟葭,一支竹箭,无比精准由她肩头擦过,射入豺狗张开的嘴中。惨叫声中,身在半空的豺失去平衡,摔落在地。

又有三头豺出现了,分三个方向朝杨月钟葭冲来,马陆勇敢地冲了上去,一棍子将一条豺砸得嗷嗷叫。然而,因为马陆的力量不够,豺并未受伤,身子前拱,咬住马陆裤腿。另外两只,左边的被阿蛮一箭射倒,右边的冲到杨月钟葭身前,她吓得都不会动了,用手捂脸,惊声尖叫。

然而豺狗并没有扑到她,千钧一发之际,愣是被马陆扯着尾巴拖走了。豺狗掉转过头,疯了般撕扯咬马陆。他无力抵御两条豺的攻击,只能用手护着脸,不停翻滚。小腿、身体、胳膊接连被豺狗咬中,痛得他连连惨叫。

杨月钟葭哭道:"你们救救马陆,他快被咬死了。"

老刀抽出匕首,正要上前,忽然,两只疯狂的豺直起身子,面对树林西面。

只见"四天王"背着竹篓,不急不慢地从树林里走出。

美食真相

豺竖起尾巴,朝四名老人缓缓走去,乖巧得就像是宠物。

衣服被撕得一团破烂,浑身是血的马陆坐了起来。他模样很狼狈,万幸受的都是外伤。

两支箭连珠疾发,两条豺几乎同时被射穿身体,钉入地上。它们惨叫着扭动身体,却无法挣脱。阿蛮正要再射箭,"大天王"道:"慢着,我来吧。"

老头从身后竹篓取出一柄雪亮柴刀,看似老态龙钟之人,一把揪住豺的脑袋,三两下就将其脑袋给割了,从他毫不留情的下手风格看,豺狗似乎不是他们养的。

老刀用刀划开马陆裤管,小腿上几排牙印触目惊心,正往外涌血。此外,腰部、胳膊、肩头也都有伤口。

老刀正用清水为马陆冲洗伤口时,"大天王"拎着鲜血淋漓的狗头,走到马陆身边道:"别慌,用豺狗血洗伤口,能防狂犬病。"

"您别添乱了。"老刀不耐烦道。

"你这小子,才多大年纪,敢说我?"老头忽然就怒了。

"得了,我给您赔礼道歉。"老刀随口敷衍,取出抗生素针剂,给马陆注射。

"是不是很疼?对不起,是我害了你。"杨月钟葭哭了。

"别哭啊,我又没死,受点伤罢了。"马陆笑道。

"你还笑得出来,不疼吗?"

"疼啊,可我一大老爷们,总不能哭吧?"

"你也别忙着哭了,赶紧给他处理伤口。"老刀取出绷带递给杨月钟葭。

"老爷子,你们养豺是为什么?就是为了吃?"马陆问。

"养豺?我养这玩意干啥?"老头诧异地道。

"不是你养的,会对你这么服帖?"

"你这个娃娃,说话啥意思?"

"行了,你少说两句。"老刀制止了马陆,又起身对老人道,"您别生气,我们这就下山。"

"别以为我不知道,你们这些娃娃阴得很,背地里使暗招,欺负我们几个老绝户。"

"这话您说过头了,咱们萍水相逢,为什么要害您几位?"

"还装糊涂呢,是不是你们举报,说山里有人残害野生动物?"

马陆愣住了,没想到老头们居然收到了线报。

老刀面不改色,想也不想道:"您误会了,山里游客不少,应该是他们举报的。"

"哼,我还就吃了,看你咋办?"说罢老头手法熟练地将豺狗皮毛扒了干净,点燃火堆,开始烤肉。他将一种蜜般调料涂在豺狗身上,片刻后,一股奇异香气弥漫山谷。

说也奇怪,这股香气仿佛有生命,顺着鼻子往脑瓜里钻,马陆觉得整个脑袋被香气包裹,呼吸之间,都是诱人的肉香。他忍不住咽了口口水,不争气的肚子发出"咕噜"一声。

"想吃就过来,我们这些老家伙不会和你们一般见识。"

此刻,马陆浑身发软,似乎要在香气中迷失,心里有两个念头在打架,一个是"吃",另一个是"不吃"。

"天人交战"良久,"不吃"的意识越来越弱,就在马陆忍不住要起身时,杨月钟葭先他而起,朝老人走去。

"哎,这就对了。"老头得意洋洋地笑道。

老刀似乎意识到了状况不对,想要拉住女孩,可手软得只能勉强碰到她手腕。

"妈的,你们到底用了什么东西?"老刀怒骂。

"笑话,嘴馋还怪别人?"老头边说边割下块肉,递给杨月钟葭。

杨月钟葭接过,缓缓送到嘴边,看似要吃,忽然,伸手一甩,将整块肉砸在火堆,接着又将烤肉的木架踹倒。老人们赶紧退开,躲避扬起的火星。

"你,你这是要做什么?"胖老头站定后,愤怒质问。

"我为什么这么做,你们心里清楚。"

老人将女孩围住,七嘴八舌地呵斥,一副倚老卖老的模样。

香气消失后,马陆意识逐渐清醒,身体也有了力气。他强撑着想要站起来,老刀先他一步,走过去道:"四位,咱们各走各的路,互不干扰,你们也别再说了。"

"小丫头无端毁了烤肉,你往哪走?"

"嗨,不就是烤肉吗?我赔,三百块钱够吧?"

"老刀叔叔,你别给钱,这种人不能惯的。"

"丫头,你少说一句吧,有些事儿和咱们没关系。"

"他们四个,根本没有烧菜做菜的本事。"

"你敢诬陷我们?"看家本领被人唱衰,老人的愤怒可想而知。

"你们用的调料是曼陀罗和黄金剑叶。四千年前,非洲巫师会燃烧这两种植物,对信徒造成幻觉。你们用美食为借口,伤害动物,用药粉迷惑游人,和那些心怀叵测的巫师,有什么区别?"

"你,什么曼陀罗,我根本听不懂。"大天王道。

"你是不懂,然而却种了这些植物,并晒干磨成粉,做成调味品,抹在食物上。其实你们的厨艺极其一般,只是食客味觉被花粉麻痹,精神产生幻觉,错误感知了气味。这些,你们是知道的,对吗?"

大天王脸上一阵青一阵红,一口气憋是堵在嗓子眼。杨月钟葭说的是实情,无论外人对他们做成的菜品如何褒奖,他们自己清楚,做菜时不抹点调味品,根本难以下咽。比如鸡汤虫,其实就是大青虫,用菜叶将虫子养大,抹上调味品后,就会有一股奇异的香味。有人说这是鸡汤的香气,之后试吃的人大多人云亦云。久而久之,普通的青虫,便成了神秘的鸡汤虫。

"老人家,我没说错吧?"

134

面对杨月钟葭的指责,老人们瞠目结舌,无言以对。

老刀叹了口气道:"走吧,马陆的伤口还需要进一步处理。"

杨月钟葭这才住口,和阿蛮架着马陆,朝山下走去。

"你是怎么发现的?"老刀问她。

"他们在屋子后面开垦了一片花田,里面种着曼陀罗和黄金剑叶。我也是看到了这些,所以提前做了应对。"

"这么说我吃的就是青虫?"

"是的,否则再好吃,阿蛮也不至于是那种状态吧?"

杨月钟葭问马陆道:"你疼不疼?"

"当然疼了,我又不是机器人。"

"对不起。"杨月钟葭小声道。

"看到豺我就想,女孩子皮肤都是又白又嫩的,被咬出伤口那是暴殄天物。我就无所谓了,皮糙肉厚,只要没被咬死,大不了留点疤,以后还能露出来吓唬人。"

杨月钟葭被逗笑了,用手擦了擦眼眶中的泪水。

"没看出来,你小子挺能说的。"老刀道。

"说正经的,任由四个老头偷猎山里的野生动物,不太合理吧?"

"该做的我们都做了,但愿会有人来管。"

下山之后,四人以最快的速度赶往县医院,为马陆处理伤口。打了针后,医生要他住院两天观察。

天刚暗时,医院的走廊里忽然变得嘈杂,人们乱作一团。马陆道:"扶我过去看看,发生什么事儿了?"

走到门口,就见几名护士推着两架移动病床一路小跑,病床上躺着的人浑身血肉模糊,看衣服穿着,似乎就是"四天王"其中两位。

"劳驾,那两人怎么回事?"马陆问一名走过的护士。

"蓝月村的村民,被豺群袭击。"

杨月钟葭捂住嘴,惊讶地道:"天呐。"

"真是奇怪,天盛谷没有食肉野兽,头一次听说有豺。"护士摇了摇头,走了。

"不需要我们管了。"马陆道。

第二天一早,四人得到消息,两个老人虽然经过全力抢救,但还是伤重不治。

杨月钟葭叹了口气道:"他们其实也挺可怜的,没人关心,或许这么做,也是为了有人陪着说说话。"

"这些老人一辈子孤苦,人到老年突然被抬成'天王',这种生活,他们肯定想尽办法维持。怎么说呢,愚昧的可怜人。"老刀给了最终总结。

"老刀叔,咱们还去撞击坑吗?"马陆问。

"不去了,等你出院,咱们就回去。"

"可是那座坟墓……"

"谁知道是哪个孙子恶作剧,故意整蛊我的。"老刀满不在乎地道。

"一边布置衣冠冢诅咒你,一边又送了块冷心石给咱们,这个人到底要干什么?"

老刀笑道:"行,你小子总算没被胜利冲昏头脑,终于想起这茬了。"说罢,老刀起身关门,"你们听说过暗语联盟吗?"

"又是什么组织?"

"这是一个存在于暗网的网站,也不做啥伤天害理的事儿,主要就是揭秘一些特别奇怪的事情。"

"特别奇怪?是有多奇怪?"

"暗语联盟揭露的怪事儿都是和人生活息息相关的,因为太过于熟悉,所以常被人忽视,比如《爱我中华》这首歌,你会唱吗?"

"当然,是中国人都会唱。这首歌有什么奇怪的?"马陆问道。

"前几句的歌词,你说我听听。"

"五十六个民族,五十六朵花,五十六族兄弟姐妹是一家……"

"打住,你确定歌词没记错吧?"

"百分百没记错。"

老刀不置可否,又问杨月钟葭道:"马陆说得对吗?"

"对的,这首歌词没人会记错,简单明了,朗朗上口。"

"好,你们稍等,我出去一趟,马上回来。"说罢,老刀起身离开了。

几人莫名其妙,马陆道:"老刀叔会不会是乍富,精神受了刺激,神经病犯了?"

"别在背后编派人,会烂舌头的。"杨月钟葭捂嘴笑道。

正聊天,老刀大步流星走入病房,手里拿着一张CD唱片,他递给马陆道:"里面有歌词,你自己看。"

这是一张名为《中国民歌大全》的盗版CD,《爱我中华》就在《我的祖国》之下,列第二位。

"你出去,就是为了买一张盗版CD?"马陆越发觉得不可思议。

"先看歌词,再说。"

打开盒盖,取出封面,歌词在夹页中,字体比针眼大不了多少,只能勉强看清楚。

《爱我中华》的第一句歌词,居然是"五十六个星座"……

再细看,还是"五十六个星座,五十六朵花……"

马陆笑道:"盗版CD,印刷出错太正常了,这就是暗网发掘的怪事,他们吃饱了撑的。"

"就知道你会这么说,所以我录了歌。"老刀取出录音笔,按了播放钮。

闻名四海的女高音歌唱家那穿透力极强的嗓音从录音笔传出,清清楚楚地唱道:"五十六个星座……"

马陆来来回回听了好几遍,确定没有听错,关了录音笔道:"我……明明记得是'五十六个民族'。"

"这就是暗语联盟排名第一的怪事儿,我们都记得是'五十六个民族',但偏偏这个词就不是的。"

"我真是晕了。"马陆挠了挠头道,"难道改歌词了?"

"就算改歌词,星座只有十二个,哪来的'五十六个星座'?这么明显的错误,不该出现吧?"

"我服了,心服口服,不过这和衣冠冢有什么联系?"

"我的意思,还是那句话,稀奇古怪的事情,哪儿都有,解释不了,就当不存在,反正冷心石是真的。"

马陆摇了摇头,不说话了。

过了两天,马陆伤势稳定,四人踏上归程。在路上,他们商量如何处理冷心石,最终四人以"一票弃权,两票卖,一票留"的方案,决定卖掉这块陨石。

初步估计,这块石头的价值约在三到五千万美元之间,即便按照最低售价,马陆也能分到大约八百万美元,折合成人民币……

马陆的心都在发抖。他做梦也没想过,这辈子能赚几千万的身家,而现在,这一目标近在咫尺。

车子过了西南省边境时,天色变得阴沉,淅淅沥沥的小雨落在车窗玻璃上,荒凉的国道上只有老刀一辆车子。

进入防风林带,只见不远处两辆轿车迎头碰撞,车祸现场颇为惨烈。一个披头散发的女子坐在地下嚎啕大哭,身边不远处躺着知觉全无的丈夫。

"出车祸了。"躺在座椅上的马陆立刻坐直了。

老刀眉头紧皱道:"这种地方还能出车祸,真见鬼了。大家警惕些,别中招了。"随后将装有陨石的袋子交给杨月钟葭道,"你们看好陨石,我下去看看怎么回事。"

车子缓缓停住,老刀将匕首插在腰间走下车。一辆雅阁和一辆破旧的桑塔纳撞在一起,看事故现场,是桑塔纳逆行,撞上了雅阁。男子头破血流躺在地上,气息微弱,女人一条胳膊明显折断成两截,身上也有多处擦伤。

"报警没有?"老刀问。

"我手机找不到了,那个天杀的混蛋,撞了人就跑了。"她声音嘶哑地道。

伤成这样,肯定是车祸无疑了。

"我这就报警。"

老刀报了警,并联系了救护车,之后又拿了条毯子,盖在伤者身体上。这么做,可防止流血过多造成体温过低。在盖上毛毯的过程中,老刀无意发现,桑塔纳驾驶室里撒满了照片,随手捡起一张,看了一眼,他的眉头立刻皱起。

老刀走回车旁,将照片递给马陆,其中的内容,居然是天盛谷里的衣冠冢。

马陆暗中吃惊道:"难道,送咱们冷心石的就是这个人?"

老刀将所有照片搜集在手,一张张翻看,全是洞穴内的景象。

"这个人是在回去交差途中发生的车祸,而且和咱们相距并不远。"

"也就是说,这一路他很有可能就潜伏在我们身边?"

"他进山就是为了布置衣冠冢,否则以山洞的位置,早就被发现了,还能轮到咱们?"老刀捶了车门一拳道,"这王八蛋,到底想什么?"

"查出他的身份不难,车子就在这里。"

"这是辆套牌车,司机知道警方不可能凭车牌找到他,所以弃车逃跑了。"

警笛鸣响,交警和一辆救护车赶到现场。

在医护人员和警务人员通力合作下,三两下就将伤者抬上救护车。交警上前询问情况,老刀一一作答。

"感谢你的配合和对伤者的援助。"

"您甭客气,这是我应该做的。"

交警走后,马陆问:"照片你不交给警方?"

"交出去也没啥用,我先留着。"说罢,老刀又对杨月钟葭道,"丫头,我对于你的错误言论,还请原谅。"

"没事儿,我能理解。"

马陆这才知道两人间小小的"矛盾",他也不好发表意见,只能傻笑两声作罢。

由于是私人行动,四人回来后原地解散,各自休息。等杨月钟葭走后,老刀道:"马陆,陨石先放你那儿。"

"我那儿?"

"要不然呢,带去项目组,给管理层的人看看?"

"也是。"于是马陆带着石头,返回西金公寓。

老刀本打算晚上聚餐,但临时来了应酬,所以改成第二天。马陆觉得伤势不妨碍行动,于是带阿蛮去一家新开的鱼锅店,点了两个大鱼头。阿蛮风卷残云一般,将鱼头吃得干干净净,惹得周围食客纷纷侧目。

"我说,你吃相能好看点吗?"

"哦。"阿蛮的"哦",相当于无法理解你话里的意思,作为一名从小在原始丛林里长大的猎手,他实在不明白"吃相好看"是什么样子,更不知道如何客套。他喜欢吃的食物,一定会在最短时间内吃光。

吃过饭,马陆带他去看了一场电影,甄子丹主演的《导火线》。阿蛮生平第一次进影院,虽然对于剧情完全无法理解,可对于动作戏,他极感兴趣，好几次大叫大嚷起来，好在电影院里只有他俩。

散场后刚走出电影院，马陆隐约听到手机的来电提示音，掏出一看，七个未接电话全是老刀打来的。不会出什么事儿吧，马陆心里一沉，赶紧回了电话。

响了几声，老刀声音传来，似乎略显低沉道："干吗呢？"

"刚和阿蛮看了场电影，没听见电话响，酒喝多了？"

"就是那座衣冠冢，我心里不大得劲。今天没喝多少，要不然，现在就是死人了。"老刀啐了口。

"出什么事儿了？"

"吃过饭，我去路口准备打车回家，没想到一个王八蛋开着车就撞过来，万幸我没喝醉，所以躲开了，否则就他娘的挂了。"

"是不是遇到酒驾了？"

"嗯……司机喝醉了，不过我觉得不太对劲。"

"老刀叔，你现在在哪儿，我和阿蛮过去。"

"我去你那儿，在家等我。"

"应该是意外，不是阴谋。"走在路上，马陆自言自语。

午夜的街头清冷静谧，偶尔一两个行人路过也是行色匆匆。进入小区电梯间，马陆道："阿蛮，这些天你多加小心，得保证我的安全。"阿蛮似懂非懂地点点头。

"真邪门了，难道是得了宝贝把运势给败光了？"马陆皱眉道。

电梯停在十九楼，进了楼梯道，马陆正打算掏钥匙开门，阿蛮却一把按在他的手上，又像猫一般，蹑手蹑脚走到门口，贴着门倾听片刻，随后贴墙而立。

马陆小声问："屋里有贼？"阿蛮点点头。

过了没几分钟，就听门锁咔哒一声，被拉开了。戴着黑色鸭舌帽的小偷没走出门，被阿蛮一拳捣在鼻子上，他疼得一声惨叫，接着小肚子又挨了一脚。阿蛮未用全力，饶是如此，也痛得他跪倒在地，蜷缩一团。

两人前后进屋，把门关上，只见小偷背着一个帆布包，似乎装有重物。

"对不住，我，我偷错人家了。"他没敢起身，跪在地下连连作揖。

"我看你偷得是无比精准，包里装的是啥？"

"是，是……"他脸色有些发青。

有人敲门，开门后老刀拎着一瓶二锅头和一袋子卤菜走进屋里，见跪着的小偷，问："怎么回事？"

"小偷。"

"你小子，是谁派来的？"老刀放下酒菜问。

小偷擦了一把鼻血，道："我就是个过路贼，不凑巧被抓到了。"

"贼？"老刀瞪着一对牛眼道，"只偷石头的贼，挺有品位。"

"几位老大，我有眼不识泰山，对不住，对不住……"他连连磕头。

"少他妈装可怜，别以为我不知道你的底细。"老刀抄起酒瓶。

小偷双手抱头道："大哥，别动粗，您要什么都好商量。"

马陆吓了一跳，赶紧拦住老刀道："报警吧，如果他是受人指使，警察肯定能问出来。"

"他偷的就是块石头，你指望警察和你一样，知道陨石的价值？"

"那也不能动私刑。"

"你啊，根本不懂这行里的人有多可怕，如果不把指使者查出来，我们都有危险。"

"大哥，我真就是个贼，您打死我也没人可招。"小偷几乎哭着道。

马陆怕出事儿，用手机报了警。很快派出所民警到场，带四人录了口供。除了阿蛮，三人心有灵犀地未提陨石半句，很快马陆等人带着石头离开了派出所。

"警察根本不知道陨石，当他偷的就是块石头，估计用不了多久就会放人的。"

"那也没办法，真把小偷打出事儿，坐牢的就是咱们了。"

"我敢打赌，这小子不敢报警。"

"用违法犯罪做赌注，还是算了吧。"

回到租住的房子，老刀端起酒瓶道："来点？"

"喝酒算了，我身上有伤。"马陆拿起一个鸡爪子，边啃边道。

"你啊，就是缺少狼性，得拿出男子气概来。"

"男子汉未必就是野蛮人，更加不是罪犯。"

老刀笑道："你咋说都有理，不过，将来你迟早有独立行动的一天。到时候，可千万不能服软。"

"老刀叔，你咋老劝我与人为敌？"

老刀干了一杯，抹嘴道："咱们这行的本质是什么，你想过没有？"

"寻找陨石，为科研工作贡献自己的一份力。"

"那叫屁话，陨石可都是从天上掉下来的，没刻你名字，所以这行的根本，就是丛林法则——谁狠，谁就是老大。"

"你说的是黑社会。"

"黑社会又咋样，不过是一帮子抱团欺负人的人。真遇到狠的，跑得比兔子还快。"说罢，挥了挥手道，"你不信，我就不说了。"

"聊聊眼前的事儿吧，你觉得小偷和今晚的酒驾司机是一路的？"

老刀眉头略皱，又倒了杯酒道："我去派出所的路上，把整个事情捋了一遍，实在是逻辑不通。为什么要布置衣冠冢，在棺材里藏了颗冷心石，我拿到手之后，他又指使人偷走？整件事，真是乱七八糟，哪儿都不挨着。"

"或许小偷真是为了偷东西来的，也有可能。"

"这个人绝对不是小偷，两点细节。首先，见我拿起酒瓶，他立刻举起手臂，你看他是护着脑袋，其实是护着眼睛，这是练拳人才懂的动作。其二，求饶时，他说自己是个贼，人在下意识里会避免使用贬义词汇形容自己，真是小偷，就不会说自己是贼。"

"行，老刀叔还学过心理学。"

"还有，如果是小偷，他不会偷这么重的石头，而且他带了一个特别结实的帆布包，就是有备而来。"

听了老刀分析，马陆连连点头道："有道理，这些细节我都忽略了。"

"还是混社会的时间太短，所以别人说啥你都信。"

"不过，暗杀这个揣测，不至于吧？"

"谁知道呢，反正这段时间我得多加小心，这把刀是不能离身了。"老刀抽出伞兵刀，割了一块卤肉。

当晚，他没回去，睡在沙发上，那呼噜打得和火车过站一样。

马陆一觉醒来，发现阿蛮没睡，坐在黑暗中，一双眼睛熠熠发光。

"失眠了？没发现你有这功能？"

"我想老爷爷了。"

他说的"老爷爷",是在绿深渊住了三年的老头。马陆并没有告诉阿蛮实情,对于一个单纯的男孩来说,真相过于残忍。

第二天一早,老刀起床冲了把凉水澡,也没说干嘛,就急匆匆离开了。此后的两天风平浪静,老刀一个电话也没打来。马陆不放心,打了几次电话,都被老刀直接挂断了。直到当晚八点过后,老刀回了电话。

"你要没事儿,来天水仓库一趟。"

马陆和阿蛮打车去了天水仓库,这是位于城市中最大的仓库区。两人进去后,七拐八绕了很长时间,好不容易找到了蹲在一间仓库门口抽烟的老刀。由于过了工点,周围区域只有他们三人。

"怎么了?"

老刀没说话,叼着雪茄烟,将仓库的绿皮铁门拉开,当先而入。

关上门,点亮灯,只见里面摆满了货架,货架上全是汽车零件,入口处停着一辆老式绿色北京吉普,保养得还不错。

"来这儿干吗?"马陆有点摸不着头脑。

老刀带着他俩走到最后一排货架道:"你自己问吧。"

只见一个满脸是血的人被吊在半空,低着头微微喘气。

马陆吓了一跳道:"是那个小偷?"

"嗯。"老刀冷着脸点点头。

"老刀叔,你疯了?"

老刀没说话,端起一桶水,泼在小偷脸上。

"我的天。"他倒抽一口气,醒了。

"该说的我都说了。"他抽噎着道。

"那就麻烦你再说一次。"老刀道。

他咽了口口水,道:"确实有人雇我,去你家偷石头,那人给了我详细的地址,和你们离开家的时间,我想这钱不赚白不赚,就答应了。"

过了好一会儿,马陆才算回过神问:"雇你的人是谁?"

"我不知道,是通过电话联系的,只知道对方是个女人。"

"这个女人,知道你租住房子的地址和离开家的时间,能是谁?"老刀问。

"难道,是杨月钟葭?"

"你应该用肯定句。"老刀皱着眉头道,"这样一来,衣冠冢、冷心石,就能说通了。"

"可她这么做的目的呢?"

"这个不能靠猜,只能靠找了,咱们就用她的办法对付她。"

水落石出

"总不成,咱们也当小偷吧?"

"马陆,难道你不想找出答案?"

马陆犹豫片刻,道:"行吧,就按你说的办,可是我们不知道她住在哪儿。"

"我早就作了准备。"说罢他从架子里取出一沓照片道,"我找人跟踪了她,根据她的行踪,有问题的房子应该是这处。"

老刀所说的是西京拖拉机厂的职工宿舍,上世纪七十年代建成。根据照片内容,女孩回到西京后,先回了大宅,是一处高档别墅区,之后和朋友们约饭,当晚她并没有返回别墅区,而是留宿市中心的高档公寓,直到第二天晚上十点后,独自驱车,来到拖拉机厂宿舍,在某栋楼的三楼房屋里,逗留到凌晨才离开的。

"因为房子多,就一定有问题?"

"和房子没关系,而是她的行为。"

马陆叹了口气道:"查吧,可如果查不出问题,我会向钟莨坦白的。"

"没问题,我承担一切后果。"

三人趁夜上路,到了拖拉机厂宿舍,已是深夜,老小区根本没人管。三人来到杨月钟莨出入的屋子前,只见和别家破旧的屋门不同,这间屋子换了

陨石猎人 上

一扇宽厚的防盗门。

门,是无法阻挡老刀的。他取出一套开锁器械,很快将门捣开。

屋子里窗帘紧闭,一丝光都无法投入。老刀点亮一根荧光棒照明,借着幽绿色的灯光,只见这是一处两室一厅的屋子,客厅里摆着一张陈旧的老式桌椅,虽然装饰简单,打扫得却很干净。推开一侧屋门,里面有一张棕绷床,再推开另一侧门,只有一张书桌,两间卧房也没什么东西。

马陆小声道:"什么都没有。"

"怪了,看那丫头的状态,不像是没事儿的。"老刀皱着眉头道,过了一会儿,他又道,"也许不是这间屋子。"

"老刀叔,还记得你对我说过的,心理作用会对人产生实际影响?"

"绝对不是心理作用,我是杨教授的学生,主观上对钟葭不可能带有恶意,我是根据确实存在的线索,判断女孩的行为存在疑点。"

"至少这间屋子里没有任何问题。"

"唉。"老刀长叹一口气。

"现在呢?该怎么做?"

"算了,走吧。"老刀无奈地挥挥手。

马陆随手带上卧室门。

"门的开关状态,可别弄错了,我记得卧室门是开着的。"老刀把门推开了。

"你记错了,我百分百肯定是关着的。"

"是你错了……"

两人争论着,门则是来回开关。忽然,老刀一把抵在门上道:"慢着。"说罢推门而入,走到空无一物的墙边。

他用手在墙面轻轻摩挲,道:"原来如此。"说罢,用指头划了一下,竟然在"墙面"抠出一条裂缝。

"原来是用白纸盖墙,差点被糊弄了。"老刀三两下,将白色墙纸撕开。

只见墙面贴满了照片,马陆也凑了过去,借着荧光棒发出的亮光,一张张看。

照片虽然多,却是有系统有规则地摆放,分为两个部分。第一部分,是各种各样的冷心石照片,从七十年代中期直到当前年份,这一部分照片最多,大约有上百张。第二部分,是找到冷心石的猎人,或收藏的藏家。然而,这一部分照片,大多用红笔画了"×",并在其上标明了死因。

老刀数了数道:"有四十二人得到冷心石,至今死亡三十七人。"

"难道冷心石具有辐射性?"

"先不说石头,这墙上挂的全是和冷心石相关的照片,说明什么问题?"

"说明女孩确实有问题?"

"说明冷心石有问题,而她故作神秘地布了个衣冠冢的局,让我们得到一块,目的很明确……"

"她想知道,我们拿了冷心石后,会不会死?"

"没错,我们就是试验品,当她知道冷心石不会致人死亡,又雇了小偷,想把石头偷回去。"

"这下都说通了。"马陆叹了口气,心里多少有些难过。

他希望老刀错了,杨月钟葭是无辜的。

"说不上对与错,但这丫头的心,确实够狠。这口气,我咽不下去。"老刀虎着脸,坐在椅子上。

"她事儿都做成了,还能怎么办?"

"唉……"沉默良久,老刀重重叹了口气,起身道,"走吧。"

没有收拾"作案现场",老刀走到门口,打开防盗门,没承想一道黑影悄无声息地堵在出口处。

"你……"老刀退了一步,看清对方的脸,居然是杨月钟葭。

她表情难测,缓缓走进屋里,把门关上。"啪嗒",灯亮了。除了阿蛮,三人表情略显尴尬,尤其是马陆。

"是碰巧遇到,还是……"马陆低着头问,一脸亏心相。

杨月钟葭反倒坦然,道:"可惜椅子太少,否则可以坐着聊天。"

"丫头,我只能说,这件事儿你做得太不厚道。"

"老刀叔叔,你说得没错。"杨月钟葭并没有否认。

"你怎么知道我们来了这里?"

"房子里有监控设备,被人侵入会远程报警的。"

"嗯。"老刀不置可否点点头,点了支雪茄道,"你自己说吧,到底怎么回事?"

杨月钟葭一双明亮的大眼中，透露出万般无奈的眼神，忽然，她哭了。

"钟葭，我们也不会为难你的，有什么话……"

"马陆，麻烦你把嘴闭上，成不？"老刀有些恼火。

"我知道您很生气，可我不能否认自己的行为。确实是我布局，让你们找到冷心石的，目的就是为了查明潜在风险。"

"也就是说，得到冷心石的人，很大概率会死？"

杨月钟葭咬着嘴唇，点了点头。

老刀气得将雪茄狠狠丢在地下。

"你们都听到了，这是她亲口承认的。"

"对不起，真的对不起大家，是我让你们身处危险中。我后悔了，所以想把陨石再偷回来，可是，已经来不及了。"

"也就是说，三天前，开车撞我那王八蛋不是酒驾？"

"应该不是。"女孩说话的声音比蚊子声都细。

"得找到这个混蛋，老子要他把肚子里的事儿，一个籽儿不剩地掏出来。"老刀暴怒地吼道。

"老刀叔叔，您静一静……"

"静个屁，都是你，恶意把我们拉下水，你还是人吗？"老刀越说越气，一张脸变成了紫红色。

马陆看他的情绪已在失控边缘，便劝道："老刀叔，咱们先回去睡一觉，明天再商量对策。"

"都他妈要死了，还有心思睡觉，你心真大，别被她那张脸糊弄了，这小丫头心狠着呢。"老刀手指都快戳到女孩脸上了。

"先走吧，车到山前必有路。"马陆走到老刀身边，想把人拖走。

"去你的吧。"老刀一掌将他推倒在地。

老刀彻底引爆了积蓄在心的愤怒，他失去了理智，就要对杨月钟葭动手，马陆见势头不对，死死抱住老刀左腿道："钟葭，赶紧走。"

"放手，你放手。"老刀用力掰马陆的手，他虽然力气大，但马陆死抱着不松手，一时半会儿挣脱不了。

来回磨了几下，老刀彻底失去耐心，瞪着一双充血的眼珠子道："马陆，可别怪我手黑。"说罢，举起硕大的拳头。

没等他一拳打出,阿蛮上前一脚,将他踹倒在地。

暴怒的老刀翻身而起,一拳朝阿蛮打去。

阿蛮身子一侧,轻易让过,接着一把薅住他的脖领子,将老刀整个人背过去,狠狠砸在地上。

"你个王八蛋,老子脊梁骨给你砸断了。"老刀挣扎了几下,没起来。

这一番动静闹得上下左右人家的灯都亮了,破小区也没物业,有人直接报了警,辖区派出所民警很快到了现场。

两名警员五十岁上下年纪,一高一矮,都挺胖。他俩认识杨月钟葭,进屋后高个儿就道:"钟葭啊,这老房子隔音效果差,大半夜的,说话声音不能小点吗?"

"吴叔叔,真不好意思,我们这就走。"杨月钟葭并没有说别的事儿。

"赶紧走吧,真有事儿去茶楼里聊。"

下楼时,杨月钟葭道:"这房子是我外公的,小时候我在这里生活过一段时间。"

老刀总算冷静了,上车前道:"钟葭,咱们找个地方,把这件事从头到尾说清楚,我们有权利知道这一切。"

"您放心,我知无不言。"

两辆车驶向了杨月钟葭另一处住宅,位于二环边的天玺台别墅区。这里是西京最高档的别墅区,清一色的独栋别墅,而杨月钟葭的房子,在天玺台的黄金位置。

进入别墅,只见客厅装修得富丽堂皇,女孩带着三人去了地下室的独立影厅。

关上门,她道:"这里用的全是隔音材料,外人不可能听见,老刀叔叔,如果你想打我一顿出气……"

"别说虚的,说正事儿吧。"

"今天发生的所有事情,都和我父亲的死因有关。"

"什么,和教授的死因有关?"老刀吃了一惊。

"我坚信,父亲是死于一场有预谋的谋杀。"

"你的推论有依据吗?"

"得到冷心石之后,您就遭遇了车祸,这就是我的依据。"

"难道有人为了冷心石杀人？可是，花钱购买，不是更容易？"

"我知道很难解释清楚，但从父亲留下的资料来看，应该是没错的。"

老刀沉默半晌道："你为什么会对教授的死因产生怀疑？"

"我不是侦探，之所以会怀疑这一切，是因为父亲曾经对我说过，如果有一天死于意外，十之八九是因为冷心石。那些资料，是来自他的搜集，我只是整理了一下。"

"原来，教授早就知道冷心石有问题，既然如此，他为什么不交出去？"

"父亲不是一个愿意招惹麻烦的人。如果凶手与他沟通，我相信他不会拒绝。但对方根本没有露面，杀人之后，偷走了冷心石，我手上这颗，是父亲事先藏好的。"

"枪手的情况有没有调查过？"

杨月钟葭点点头道："枪手李伟，就是蓝月村人。当年蓝月村的怪事闹得人心惶惶，后来消息被控制，没有大规模扩散。当地村民有条件的大多搬离了蓝月村，而李伟自杀后，他的妻子和孩子搬去了邻近的城市，生活至今。"

"你怀疑这是一场交易？李伟用命换了他家人的新生活？"

"不是怀疑，事实就是如此。李伟患有严重的抑郁症，几次自杀虽然抢救回来，但家里早已负债累累。不想活的人用死给家人换一种体面的生活，换作是我，也会这么做。"

"那就简单了，只要调查清楚雇佣李伟的人是谁，就知道凶手是谁了。"马陆适时发表了自己的看法。

"这种人为了一块石头不惜大开杀戒，而且持续多年，不可能被轻易查出的。"杨月钟葭叹了口气道，"这些年我托了各种关系，调查李伟家人的资助人，但并没有查出任何信息。"

"丫头，这事儿你早该告诉我们。"

"我布置衣冠冢，就是为了让你们提高警惕，可没想到，对方行动如此迅速。"

马陆忍不住问道："咱们真要卷入这场是非？"

老刀沉默很久道："无论如何，教授是我的老师。如果有机会查明他的死因，我不会袖手旁观。"

"行啊,咱们都是一拨儿的,一方有难八方支援,不过风险也得考虑进去,我不想白白送死。"

"把你们拖进是非里,我已经非常不好意思了,我想还是不麻烦诸位了。"

"这事儿已经发生了,还有退路?"

"只要你们把冷心石出售给我,这件事就和你们无关了。"

"丫头,你呢,也不用客气,这事儿我答应帮你,就不会半途而废。"

"您放心,无论如何,这块冷心石我个人不参与任何分成。另外,我还会提供父亲搜集的所有陨石撞击区资料。"

"哦……恐怕,我要的不止这些。"老刀微微一笑。

"您开个价,我绝不还。"杨月钟葭倒也干脆。

老刀嘿嘿一笑,道:"不急,想到了再说。"

杨月钟葭亲自下厨,做了一桌菜,又拿出一瓶九五年的茅台。

"半夜三更大吃大喝,能受得了?"马陆咽了口口水道。

"就凭这瓶茅台,喝死都值了。"老刀一把拧开盖子,先给自己倒了一杯。

"几位,咱们把酒端起来。"杨月钟葭端起酒杯。

"啥都不说了,全在酒里。"老刀喝了一口,咂巴嘴道,"香,太他娘的香了。"

杨月钟葭见状也没说什么,微微一笑,坐了回去。

一顿吃喝,老刀喝得酩酊大醉,搂着马陆唱《一无所有》,最后还是在保安的帮助下,躺在了车子后座。汽车上路没走多远,鼾声四起的老刀忽然翻身坐起。

"你没醉?"马陆吓了一跳。

"这点酒,塞牙缝差不多。"

"那你为什么装醉?"

"我把她话断了,这小丫头心眼太深,我怕被她绕晕了。"

"老刀叔,这事儿我觉得还是考虑清楚,毕竟风险太大,我不想做为钱赌命的事儿。"

"我可不是为钱不要命的人,这件事如果做成了,好处不仅是钱,我们的声望会在整个行业达到顶点，以后再做一些事情会有很大的方便。"

"比如呢？"

"这么和你说吧，陨石猎人也有等级之分。探星小组也就比刚入行的新人好点儿，所以只能去无人区或公共区域，而一旦有了提升，就可以进入特殊区域，比如大名鼎鼎的秦贡山外星人基地，那里也是一处陨石撞击区，是属于管制区，咱们无法进入。"

马陆头次听说陨石猎人还有等级之分，道："这等级由谁评定？是专门的机构组织，还是别的什么人？"

"我之前说过的，就是民间陨石贩子联盟。他们以交易陨石的数量、质量为依据，为猎人或猎人小队制定等级，一共分为五级，最高级别的猎人能拿到大型科研机构的合同，到那时候就能出入被管制的陨石撞击区。"

"秦贡山外星人基地？难道地球上真的有外星人基地？"

"秦贡山是西部无人区里的一座土山，所谓的基地，只是当地有一些史前文明的建筑，可不是科幻片里那种外星人基地。"

"我想不明白，明明能用钱买来的东西，为什么非要杀人，难道是太穷了？"

"幕后凶手可不是一般人。"老刀不紧不慢地点了支雪茄烟道，"不过，咱们也不是待宰的羔羊，想杀我可没那么容易。"

老刀的自信来源于他的"全天候战略合作伙伴"武明星，此人虽然重度脸盲，却是一位有手段、有资源的高人。

老刀、马陆和阿蛮三人先去仓库放人，小偷虽然鼻青脸肿、满头鲜血，不过只是外伤，老刀给了他五千块钱，也就互不追责了。

回到住所，老刀连夜给武明星打了电话。第二天下午，他来到了西京。由于身材上的差别，武明星这次没有认错人，和老刀来了一个拥抱后，问："你说你被人暗杀，开玩笑的吧？"

"开玩笑的事儿，我能让你跑来西京吗？"

武明星笑道："成啊，终于成大人物了，都有人愿意暗杀你了。"

"你就别磕碜我了，赶紧帮我想想办法，到底该怎么办？"

"遇到这种事儿没别的办法，首先雇佣安保人员，确保自身安全。其次，找到幕后真凶，一锤子夯死。"

"我可没钱雇保镖。"

"那就只能找人了，你有什么线索？"武明星取出纸笔。

老刀提供了酒驾司机的姓名和车牌号，武明星也没耽搁，立刻就出门了，再回来已是深夜。

"找关系查了一下，这人是一家私人广告公司的业务经理，应该没什么隐藏身份，不过他有赌博的恶习，欠了不少债务，所以有杀人动机。"

老刀皱着眉头，在屋子里来回踱步，过了会儿，武明星问："要不然，我找人问问他？"

"现在还不是时候，先等等。"

"行啊，听你吩咐。"

武明星离开后，老刀坐在窗口发呆，马陆见状道："老刀叔，你也不用过于担心，还有咱们呢。"

老刀起身道："闲着没事儿，我带你们去个地方。"

"现在出门安全吗？"

"总不至于这辈子就待在房里了，别被你的对手牵着鼻子走，否则必败无疑。"

"咱们去哪儿？"上车后，马陆问道。

"把安全带系好。"老刀答非所问。

车子很快驶出市区，上了一条坑坑洼洼的乡间小道。好在"猛禽"就是为了这种路而生的，虽然颠簸得厉害，却也一路畅通无阻。

车子停在一处红漆门的乡间别墅前。别墅周围是大片荒弃的农田，曾经在此居住的农民也都搬离此地，荒弃的砖瓦房到处都是。

"老刀叔，这栋别墅不会是你的产业吧？"

"这是你二叔的房子。"

"啊……"马陆张大了嘴合不拢。

"很奇怪我为什么没有告诉你？"

"二叔，为什么会在这种地方修建别墅？"

"现在看当地和无人区差不多，但几年前可不是这样。你二叔也是为了图个安静，在这里盖了房子，没任务的时候，就会住在这里。"

"哦。"马陆点了点头，只见围墙粉刷洁白，铁门无一丝锈迹，看得出，房子这些年都有修缮。

"为什么来这儿,准备把房产过继到我名下?"

老刀被逗笑了:"这套房子你不用惦记了,已经有了继承者。"

"谁啊?"

"你二叔的儿子。"

"什么,我二叔有儿子?"

"没想到吧。"老刀取出一串钥匙,将铁门打开。

三人进了院子,只见宽敞的天井打扫得一尘不染,中间是一栋贴着白瓷砖的二层小楼,典型的农家小院。

没等马陆看仔细,小院里忽然响起了沉重的脚步声,一头浓密毛发、体型高大雄壮的狮子,从小楼背面踱步而出。

规则制订者

马陆吓得腿一软,差点没瘫倒。阿蛮虽然身手矫捷,可苦于没带弓箭。他倒是不怕野兽,正准备行动,却被老刀一把按住。

"大宝,过来。"老刀拍了拍膝盖。

只见狮子奔跑过来,到了老刀身前,忽然俯身扑倒,就像撒欢的小狗,来回滚动身体,扬起的四条腿又粗又壮,就像四口石墩子。马陆这才看清楚,狮子虽然体型雄壮,但浑身长满了长毛,把脸都遮住了。它躺在地上老大一摊,像一张暗红色的地毯。

老刀蹲下后,抱起它硕大的脑袋,又亲又摸道:"你个小坏蛋,还是见人就撒娇。"

马陆终于看清楚了,这是一只藏獒,只是体型比一般藏獒大了几倍。

"大宝是只狮头母獒,体型虽然大,但性情特别温顺,是你二叔从卖狗肉的贩子手上买的。"

大宝似乎感受到了马陆和二叔间相连的血脉,一骨碌翻身而起,面对马陆。大宝实在太大了,硕大的脑袋,几乎和马陆的脸平齐。它对马陆嗅了嗅,发出一声低沉的吼叫,空气中,音波震动明显。

"这只藏獒真是天赋异禀,居然长这么大。"马陆尝试着想要摸摸它的头顶,大宝却转身跑走了。

"它可不是凭天赋长大的。"老刀道,"进屋里坐坐。"

三人进了小楼,只见一楼堂屋陈设简简单单,最显眼的物品只有电视机顶上摆着的全家福照片。照片早已发黄,是马陆十周岁时,全家人的合影。除了照片,沙发边墙壁上还挂着一口玻璃罩子,里面有一颗枣核形状、通体乌油油的石头。

"这块石头,我都不记得从哪儿找的了,大概是塔克拉玛干沙漠那次。"老刀坐在沙发上,点了支烟。

"那次行动,我们得了不少石头,回来后就在你二叔家里喝的庆功酒。我们喝多了,也不知道怎么搞的,把这块石头丢到了电视机柜后面,人没找到,被狗找到了。"

"那时候大宝也就这么大……"老刀用手比画了一下,约莫一尺长短。

"它就天天钻柜子底下舔这颗石头,从那以后,体型开始暴涨。如果不是你二叔无意中发现了陨石,估计大宝能长得和大象一样。"

"这颗石头有催长作用?"

"神奇吧,它总是在不经意时,给你一个大大的惊喜,这就是寻找陨石的乐趣。"

"真希望我也能找到一颗神奇的陨石。"马陆羡慕地道。

"你问过我,这行风险这么大,为什么还有人愿意做,这就是答案。"老刀指着悬挂在墙上的石头道。

马陆明白了老刀的意思,钱不足以使人卖命,真正让人置生死于不顾的是陨石神奇的魔力。

"你觉得,这块陨石值多少钱?"

马陆想了想道:"不好说,我觉得是无价之宝。"

"这世上为钱杀人的,尚且大有人在,何况是具有神奇能量的陨石。你刚入行没多久,将来见多了,或许有一天也会不择手段的。"

"难道找到冷心石的猎人都不愿意交出去,所以对方只能杀人硬抢?"

"找石头的和收藏石头的都不怕死,所以,杀人是必然结果。"老刀轻描淡写,说了句十分残忍的话。

"那么,我们只有应战这一条路可走了?"

老刀却答非所问地道:"你知道'末世之钟'为什么被定义为S级

陨石？"

"因为它具有特殊属性？"

"这种陨石具有强烈的放射性，其放射量级是同体积铀矿石的数千万倍。"

"我的天，那沾着就得死。"

"错了，末世之钟的神奇处就在于，它产生的放射性可以覆盖岩石，却不会对人体造成影响，所以一直有说法说铀矿形成于末世之钟的撞击。"

"当然，我说这些是为了告诉你，S级陨石被称为规则制订者，是因为顶级陨石具有改变人类现有秩序的效能。所以，这哥们杀人抢陨石绝不是为了省钱，他的目的是警告这行里的玩家，别和他抢冷心石。"

马陆暗中叹了口气，颇感无奈。他之所以做了陨石猎人，最初是想背着包满世界寻找落在地球上的星星。虽苦，倒也有几分浪漫主义色彩，可听了老刀的分析，这行与别的行业似乎没有根本不同，都为了利益而不择手段。

"冷心石不过就是个结实点的铁疙瘩，凭啥改变现行秩序？"沉默片刻后，马陆问。

"谁知道呢，不过，想要我把石头交出去，门都没有。"老刀满不在乎道。

话音未落，就听有人敲门，马陆正要开门，老刀按住他道："我去吧。"

打开门，只见武明星和另一人抬着一个不断扭动的麻袋，走进院子。

将袋子丢在地下后，武明星拍了拍巴掌道："咋办？"

袋子里不断发出"呜呜"声响，老刀解开袋口，露出一人脑袋，三十出头年纪，白白胖胖，普通人的长相。

老刀拔了他嘴巴上的手巾，这人深吸一口气道："我的妈呀。"

"不错，你现在还有机会能喊一声妈。"老刀冷笑道。

"几位老大，我欠的账绝对还，保证一个字儿都不少。"胖子一看就是老油条，被人绑了票也不紧张。

"啪"，老刀一个大嘴巴抽在他脸上，胖子半张脸顿时肿了起来。

"为啥打我？"他懵了一会儿，语带哭腔地问。

"这才几天，就把我给忘了？"

胖子盯着老刀细看片刻，忽然像被人捅了一刀，脸色变得苍白："你，你是……大哥,那天我真是酒喝多了……"

"呵呵,我放弃追责,就是不想你被拘留。现在说话方便,你想怎么说就怎么说。"

带自己来这儿,不是为了旅游观光,马陆忽然觉得愤怒,插话道:"老刀叔,你这么做,对我二叔不够尊重。"

老刀笑了:"你以为老二没在这里审过人?他可比我狠多了。"

"你……"

在马陆的记忆中,二叔就是一个戴着眼镜、文质彬彬的学生,"心狠手辣"这四个字,能和这样的人扯上关系?这是他听过的最蹩脚的谎言。

"在你的印象里,老二就是个手无缚鸡之力的书生?"

"老刀叔,你做违法的事儿我不拦着,可没必要把我二叔拖下水,他人都死了,何必呢?"

"哈哈,你小子果然不信。没事儿,我会证明的,不过……"话音未落,他突然转身一脚,狠狠踢在胖子的脸上。老刀脚上穿的可是大兵鞋,又厚又重又结实,一脚就把胖子鼻梁踢歪了。

"我的妈哎,疼死我了。"他捂住鼻子,鲜血从指缝里涌出。

"到底是谁让你害我的?"

"真是冤枉死我了,酒喝多造孽。"

"打。"老刀下了指令。

站在武明星一侧的年轻人上前就对胖子拳打脚踢,看他出招架势,应该专门练过散打,打得胖子鬼哭狼嚎。

"再打就要出人命了。"

"这事儿你别管。"老刀拦住他。

"把人打死了,我也是共犯。"马陆急了。

"消停点,你让我把事儿做成,行吗?"

胖子看出马陆心软,像条蠕虫从麻袋里拱了出来,匍匐到马陆脚边道:"大哥,求你救救我,我是无辜的。"

打手上前正要继续施暴,却被马陆拦住道:"够了。"

"这小子是咱们一拨的?"年轻人转而问武明星。

"连血都不敢见,你吃不了这行饭。"武明星笑道。

"两码事儿,我是陨石猎人,不是黑社会。"

"让开。"年轻人皱着眉头道。

这人大约一米八的身高,身材彪悍,五官凶狠,看模样就是个狠角色。真动起手来,十个马陆也不是他的对手。但马陆没让,他性格偏北京、河北一带,意思是与众不同,是真的不怕人威胁,这点多少有点像他二叔。

"他妈的……"年轻人瞪着眼珠子就要动手。

"你干啥?"老刀上前一把推开他,又对武明星道,"你从哪找的人?"

"都是自己人,别争了。"武明星赶紧打圆场。

"武哥,我可是看你面子来的,现在都针对我了,算怎么回事?"

"兄弟,你先去车上等我,成吗?"武明星往外推他。

年轻人狠狠瞪了老刀一眼,转身出了小院。

"我这朋友脾气不好,别跟他一般见识。"

马陆倒是有几分欣慰,关键时刻,老刀还是挺自己的。

"你如果不想看,就进屋子,算是给我个面子。"

马陆犹豫片刻,不顾胖子苦苦哀求,进了里屋,阿蛮也跟了进去。随后胖子凄惨的叫声响起,马陆不忍听,又去了二楼。只见两间卧室打扫得干干净净,其中一间格局四方四正,里面摆着全套家具,应该是二叔的卧室。

进了卧室,屋子里最显眼的是靠东侧墙壁摆放的一套高级音响,香槟色的音响左侧,摆着一排木制碟架,四层木架上,摆满了碟片。碟片没有封面,都用记号笔做了标记,应该是刻录光盘。马陆闲着无聊,随手取出一张碟片,插入播放设备,打开电视。

"要是功夫片,就带回去给你慢慢看。"读出碟片,马陆按下播放键道,"阿蛮,甭管他们什么样,咱俩绝对不能为了点钱,就不择手段。"

阿蛮似懂非懂,点了点头。

"就知道你听不懂,赶紧学会说话吧,有事儿也好有个人商量……"

"说出来,我就饶了你。"电视里居然传出二叔的声音,马陆吃了一惊,朝屏幕望去。

光盘内容是用高清摄录机拍摄的,光线略暗,但画面十分清晰。只见堂屋里吊着一人,这人身着黑衣,满头鲜血,看不清五官长相。而他的二叔,手握着一根插满铁钉的木棍,虎视眈眈地站在伤者身前。对方虽然伤得

不轻，却并不认怂，"呸"地啐出一口血痰，气喘吁吁道："你他妈吓我，有种，你，你把我宰了，看你还能活多久。"

"行，硬气。"二叔忽然抡起木棍，对他腿部连续击打。这一棍子下去就是数个血洞，鲜血很快浸湿裤子，落在地面。

"我的天！可疼死我了。"黑衣人杀猪一样惨叫。

二叔反而哈哈大笑道："刚才不挺牛吗，现在怂了？"

马陆浑身发冷，他做梦也没想到，二叔居然真如老刀所说那样残忍狠辣。他实在看不下去，暂停了视频。

"我没骗你吧？"说话声中，老刀走了进来。

"我……这还是二叔吗？"马陆叹了口气。

视频里的人，残忍、狠毒，与马陆记忆中的二叔大相径庭。入行后，二叔虽然变得强壮刚毅，但和家人相处时，从没有露过一丝一毫的江湖气，说话也是慢条斯理，文质彬彬。怎么背着家人时，他会变成这副模样？

"需要我告诉你，他审的是什么人？"

"你得意什么？难道我二叔变成这样，我就一定和他一样？"马陆忽然爆发了，扯着嗓子对老刀吼。

"并不是每个人都会变得和你二叔一样坚强，这种风格你接受不了，那就按自己的心做事做人，我不强求。"

"这不叫坚强，这叫疯狂。"

"就这么说你二叔？"

"我不该说他，可他也不应该变成这样，不就是为了钱吗？"

老刀脸上笑容渐渐凝固，长叹一口气道："马陆，你还是经历的太少，所以觉得钱特别了不起，为了得到它，人人都能不择手段。"

"不是钱就是权，还能有什么？"

"能把一个人变成魔鬼的，必然是理想。"

"理想。"马陆讥嘲地笑了。

"你可以不相信，但记住这句话，过些年回头再看我说得对不对。"说罢，老刀离开了。

马陆盯着电视屏幕，呆看良久。忽然他起身把木架子推倒在地，又将碟片一张张掰碎。他不想再看到碟片里那些残忍的画面，也不希望这些罪证被人发现。

二叔，你究竟经历了什么，才会变成这副样子？

屋外，胖子的惨叫声接二连三传来，马陆堵住耳朵，却堵不住声音。

"咱们走吧。"

马陆和阿蛮走到楼下，只见胖子已是遍体鳞伤，奄奄一息。年轻人假装没看见马陆，狠狠几脚踩在胖子左臂。

"救命，救，救我……"他只能发出微弱的呻吟。

出了院子，马陆没有上车，而是徒步往回走去，心头犹如压了一块石头，十分沉重。也不知过了多久，身后车喇叭不断响起，阿蛮正要转身回看，马陆道："别理他。"

"咋了？"阿蛮不能理解马陆心情。

"没什么，我晕车，想走回去。"话音未落，车子开到两人身边，老刀隔着车窗道，"上车吧，走回去还不得半夜三更了？"

"不用，我想静静。"

"成，那你们走着吧。"说罢，老刀一加油门走了。

车子开出去没多远，倒车灯亮了，大猛禽在土路上摇摇晃晃倒回二人身边。

"上车吧，算我输了，行吗？"老刀无奈。

"老刀叔，我不是置气，只想一个人静静。"

"你不想知道，他是怎么说的？"

"他招了？"

"都说了。"老刀点了支雪茄，表情略显疲惫。

马陆犹豫几秒钟，上了车："谁派他来的？"

"这么复杂的连环杀人案，不可能从胖子一个人嘴里就知道全部真相，从胖子嘴里只能问明白一件事。"

"什么事儿？"

"确实有人想要杀死我们。"

"你说的是我们？"

"雇主给了他三张照片，就是咱们三个，让他从中挑一个，他挑的是我。"

马陆心里咯噔一下道:"这么说,另有两名杀手,已经在路上了?"

"以这个人惯常做法,杀手都是被他攥着辫子的普通人,就像胖子,赌钱欠了一屁股债,为还债被迫接的活儿。如果我被撞死,他最多酒驾判个两年。"

"如果不把幕后黑手找出来,我们永无宁日了?"

"唉,所以杨月钟葭这丫头确实不厚道,用尽手段将冷心石交到咱们手上,就为了把咱们拖下水。"

"老刀叔,咱们同意钟葭进来也是为了得到杨教授的图册,想要拿人东西,就别怕出成本。"

老刀呵呵笑道:"你说得有道理,令我豁然开朗。"

"猛禽"在特定时间段无法进入市区,老刀将车子停在停车场里,正打算拦一辆的士,马陆的手机忽然响了是杨月钟葭打来的,马陆走开几米,接通电话道:"有事儿吗?"

"晚上有空吗,咱们聚个餐。"

"嗯……"马陆有点犹豫。

"老刀叔叔还在生我的气?我能理解,不过这顿饭你们必须来,和咱们的项目有关。"

"我劝你别在他面前提冷心石,他正一肚子火气没处发呢。"

"我知道,来吧,不会让你们失望的。"

三人上了出租车,老刀正要说地名,马陆道:"南市街海亮海鲜排档。"

"咋儿,想吃海鲜了?"

"赚钱了,不吃干啥呢。"

由于正处下班高峰,路上堵得水泄不通,到达饭店,已是七点之后。

"我以为你们不来了。"杨月钟葭从大厅一侧的休闲区走了过来。

"不是你请?"老刀语气略显不快。

"老刀叔叔,来都来了,给个面子吧。"杨月钟葭笑道。

"行啊,吃你多少顿我都不亏心。"老刀昂首挺胸往前走。

杨月钟葭暗中对马陆吐了吐舌头,模样俏皮又可爱。

进包厢坐定,老刀也不客气,拿起筷子就吃,也没人说话,气氛颇有些尴尬。

"你找我们来,有什么事儿?"老刀忽然问了一句。

"我……老刀叔叔,我刚刚听说了一个项目,不知道你是否感兴趣。"

老刀不置可否地点点头道:"说来听听。"

"苍龙山坝头岭发现了一处陨石撞击坑,消息明天中午发出,所以我们还有大概十几个小时的准备时间。"

"你哪儿来的消息?"

"老刀叔叔,这行里的规矩你是知道的,我的线人……"

"你的话必须说清楚了,否则,另请高明。"

杨月钟葭叹口气道:"好吧,我的线人您也认识,就是武明星。"

"什么,怎么可能是他?"老刀酒没端稳,洒了一手。

"是啊,武明星下午还和咱们在一起。"马陆话刚出口,就被老刀踹了一脚。

马陆明白他的意思,也没细说其中缘由。

"他和我一直有联系,本来就是消息提供方之一。"

"嗯。"

"老刀叔叔,您千万不要怪他。"

老刀笑了道:"毕竟都要赚钱养家,我不会断朋友财路的。"

"那就好,咱们吃饱喝足准备出发吧。"

寻找陨石,把握先机是很重要的。饱餐一顿后,探星小队再度踏上征途。三人装备就放在猛禽皮卡上,一旦有任务可以立即出发。

苍龙山位于西京、马良、巫溪三市交界处,有人说此山是三地龙脉聚气处,因此虎踞龙盘,山中始终弥漫着一股白色的雾气。坝头岭在苍龙山东部,一处类似于水坝形状的山峰,地形并不复杂,山势也不险峻,由山体东区进入,用不了半天就能到达撞击区。

赶到苍龙山,已是深夜三点。月色下,整座苍龙山雾气霭霭,犹如仙境。

"这个时候登山,可视范围太差,有风险。"老刀望着前方道。

"这地儿连河都没有,哪来这么大的雾气?"

"我托朋友在苍龙山找了四名向导,他们能够带领我们进山。"杨月钟葭取出手机。

"这种天气有向导也没用。"

杨月钟段没理会马陆的质疑,打了一个电话,过了十米分钟,远处林中传出窸窸窣窣的声音。

"人来了?"老刀点亮车大灯,朝前方林中照去。

只见四个高矮胖瘦不一的中年男子从树林深处走来。他们穿着相同,一身褴褛的矿工服,戴着一项斗笠。

"这一身,也太前卫了。"马陆忍不住笑出声。

四人走到车前,一人道:"我们是夜龙,入山费用,一人三百。"

"夜龙,啥意思?"

说话那人摘下斗笠,只见一对眼珠没有瞳仁,只有眼白。

猴 子

夜色中,四人犹如鬼魅,十分恐怖。或许是感受到了气氛异样,其中一人道:"大家别怕,我们兄弟几个眼睛受过伤,功能退化了,并不是天生怪眼。"

"你们几位是向导?"老刀道。

"是的,山里白雾太重,伸手不见五指,有眼珠的还不如没眼珠的好使。"他呵呵笑道。

"有道理,问题是怎么跟呢?"

"我的腰上拴了一条牛皮绳,你套手上就成。"

众人不再耽误,立刻行动。老刀四人把绳子套上手后,一众人朝林深处走去。夜龙虽然是瞎子,在林中却如履平地。很快,他们来到了一处土坡前。

"往上就是坝头岭,上山的路不算好走,如果有人觉得累一定要说,在这种地方,勉强爬山是非常危险的。"

踏上山路,往上爬了没多远,马陆觉得气温骤降,一股股潮湿的凉风扑面而过,很快衣服就变得湿湿的,一行人也走入浓浓白雾中。

苍龙山的雾气,犹如白色的棉絮,进入之后,人眼中只有白茫茫一片,啥也看不清楚,只能听到人的喘息声。

马陆心里阵阵发虚,道:"是不是走慢点?这里的能见度太差了。"

"对你来说是问题,对我们夜龙来说,这可不是问题。"

"你们凭记忆走山路?"

"说了你们未必相信,夜龙凭感觉就能察觉到身前障碍。"

"眼睛不方便的人,听力、触觉都要超过常人,正常。"老刀道。

"也是山路平坦,没有险地,否则我们也不敢随便乱走。"

话音刚落,牵着马陆的夜龙,停住脚步。

"咱们算算上山的价格。"他笑道。

"不是说好了,一人三百吗?"

"那是进山的价格,上山得另算。"说话声中都透出他那副奸猾模样。

"之前说好了的,而且也是熟人介绍,咱得讲诚信吧?"杨月钟葭道。

"我没糊弄你们,之前说的是进山,现在谈的是上山,两回事儿。"

"这钱我认了,赶紧走吧。"

"进山三百,上山三千,当场给现金,恕不拖欠。"

此地上不着村、下不挨店,瞎子摆明了坑人,可四人也没办法,老刀道:"给现金,你能看清楚?"

"除了这条路,我就认识钱了。"说罢,四人同时大笑。

马陆强忍心中怒火道:"赚这种缺德钱,你也发不了财。"

"嗨,我们都这样了,还发什么财,能赚一点是一点。"

陨石猎人常年在野外行走,身上必带现金,但一万多块钱,还是需要凑的,四人几乎掏空了口袋,才凑足了向导费,瞎子们这才继续往山上爬去。

"你们也别觉得亏,这笔钱花得还是非常值得的。"

"难道这是打折后的价格?"马陆语带讥讽道。

"前些天,天上落下东西,我虽然看不见,可声音听得清清楚楚。我儿子在天林气象观测站上班,说有块陨石砸进苍龙山了,你们来这儿无非就是为了找宝贝,把我们四个瞎子全雇了,谁还能上得来。"

老刀哈哈笑道:"你不去做生意,可惜了这个脑子。"

"你们几位爷吃肉,我们几个跑腿的喝点汤,不过分吧?"

又走了一会儿,老刀道:"我累了,歇歇吧。"

马陆觉得奇怪,探星小队中,除了阿蛮,就属老刀耐力最强,自己还

没觉得累,他却不行了?马陆取出水壶面包,正打算补充点能量,就觉得脖子被人拍了一巴掌,他下意识用拿着面包的手挠了挠后颈道:"没事儿别招我。"

话音未落,手一松,面包被人夺走了。开这种无聊玩笑的,只能是瞎子,马陆恼火地道:"烦不烦啊,谁有心思跟你们开玩笑。"

话音未落,脑袋又被拍了一巴掌。这次马陆觉得不对,这巴掌特别小,比人手要小得多。浓雾之中,目不见物,他吓出一身鸡皮疙瘩,道:"谁?"

"别大惊小怪,一只猴子罢了。"瞎子懒懒道。

"吱吱"尖叫声骤然响起,马陆吓了一跳,身后劲风飘荡,应该是猴子跑了。

"这里的雾气跟戴上个眼罩差不多,猴子能看清吗?"

"它们在这种环境里长大,用鼻子闻也不会走错路的。当心啊,猴群是有猴王的,万一得罪了猴王,这种地方,人可不是猴儿的对手。"

"我没事儿干了,去招惹一群猴子?"

正说这话,就听身周窸窸窣窣声响起,声音似乎来自头顶的树枝摩擦。

"大家千万小心,猴群来了,你们带的食物贡献一点出来,否则这一路别想安生。"

"穷山恶水,连畜生都是坏的。"马陆小声嘟囔。

抱怨归抱怨,马陆还是从包里取出食物,摆在空地上,片刻就听到猴子靠近时发出的声响,闻到野生动物身体散发出的难闻气味。马陆心想:可惜看不见,否则倒也是蛮有趣的一幕。

猴子们拿到吃的东西便离开了,八人继续往山上爬去。四个瞎子虽然奸猾,不过业务能力确实很强,在一团雾气的山中如履平地,马陆跟着,连一根树枝都没踩到。也不知走了多久,天亮了,可阳光无法突破浓密雾团,马陆眼前白芒刺眼,睁眼都变得困难。

"人都说天高云雾长,好儿郎志在四方……"一名瞎子放声高歌,他嗓子不错,嘹亮的歌声响彻山中,惊起飞鸟一片。歌声未落,就听头顶响起猴子拍打树干的声音,居然与歌声十分合拍。

马陆好奇道:"这猴子真神了,难道懂音律节拍?"

"我们天天在这儿唱,猴子多聪明,听的时间长,也就学会了。"

猴子

随着歌声悠扬，猴子节拍打得更加起劲。

马陆忽然心念一动道："这些猴子总跟着我们，是不是在为我们带路呢？"

瞎子哈哈大笑道："我看你们四个人里就属你脑子最聪明。"

原来所谓的夜龙根本就是故弄玄虚，四人年轻时曾是耍猴的艺人，眼瞎之后便训练猴子带路，自此在乌烟瘴气的苍龙山里畅通无忌，干起了向导营生。

"原来你们没有特异功能。"

瞎子忍不住笑出了声道："人不过就是竖着走路的动物，哪来的特异功能。"

话音未落，猴子忽然发出一声刺耳尖叫，这一声与之前有所不同，似乎能听出不安情绪。

"慢着。"瞎子大喊一声，停下了脚步。

"怎么了？"马陆的心顿时悬了起来。

猴子叫声不停响起，越发频繁，老刀道："这钱你们既然收了，事儿就得办成，否则一个子儿也别想拿走。"

"遇到情况了想办法解决就是，你们别着急。"说罢，他又叮嘱同伴道，"把老四几个收回来，别出事儿了。"

话音未落，就听一人扯着嗓子吼道："妈的，老子和你们拼了。"

接着就听噼啪作响，几个瞎子被打得"嗷嗷"直叫。很快，马陆觉得劲风扑面，有人朝他冲来。

此地白雾遮眼，自己看不见，对方一定也看不见自己。马陆镇定地抱头蹲下，对方果然撞他身上，一声惊呼，失稳倒地。马陆摸瞎抱住对方双腿，然而对方力气也不小，左腿一蹬挣脱出来，又一下踹在马陆小腿上。马陆喊了声"痛"摔倒在地，接着，沉闷的击打声响起，对方发出杀猪般惨叫声。肯定是阿蛮出手了，虽然在这种地方，他同样目不视物，可毕竟在林区生活多年，一般人比不了他。

"别打了，再打就被你打死了。"对方吃不住痛，连声求饶。

"从哪冒出来的憨货，堵在这里祸害你爷爷，非弄死你。"瞎子刚才被打蒙了，回过神就要报复对方。

马陆感到瞎子靠近,赶紧拦住他道:"别急,先问问是怎么回事。"

"我管他什么事儿,这王八蛋一棍子夯我脑袋上,差点没打死我。"

"别吵了,先说怎么回事?"老刀厉声问道。

"你们以为绑了我,就能解决问题?痴心妄想吧。"他气喘吁吁地道。

"绑你,我们为什么要绑你?"老刀不露声色地问道。

"哼,说两句瞎话,我就能信了?做梦吧。"

"好,那我就再换个问题,你来这里为什么事儿?"

"你不会天真到认为我会把任务说出来吧?"

老刀冷笑一声道:"你不说,我也知道,不就是为了陨石吗?"

"陨石,什么陨石?"他有些愕然。

"装什么糊涂,不为陨石,谁会跑来这么个鬼地方?"

"我就不是,我是……少他妈套话,我没那么容易上当。"

"我们来这儿是有自己的事情,和你半毛钱不搭,咱们现在各走各路,这个要求不过分吧?"

"你们真不是为了抓我来这儿的?"那人语气犹豫了。

"我真闲得慌。"

老刀准备走,可瞎子们不干,他们四个都挨了棍子,嚷嚷着要让对方陪医药费,否则决不善罢甘休。老刀也没法子,只能任由四人撕扯对方,那人扛不住了,道:"我他妈认栽了,身上所有钱都给你们,行了吧?"

"别整得和百万富翁一样,你身上能有几个钱?"

"我身上多的就是钱,百万富翁咋了,算个蛋。"说罢就听"啪啪"声响,这人居然真的甩出了一沓沓的现钞。

"钱,真的是钱。"瞎子满心欢喜地道。

"废话,老子什么都缺,就是不缺钱,你们要钱就给你。"

马陆弯腰摸了两把,便捡着两沓钱,从体积厚度推测,妥妥两沓百元大钞。

"钱就是纸,你们想要,多少我这里都有。"那人咳嗽两声道,"怎么样,我能走了?"

"嗯……你恐怕,走不了了。"瞎子忽然阴恻恻地说了一句。

"你什么意思?"

猴子

"这么有钱的阔佬,咱们兄弟自然得好好招待,尽地主之谊了。"

"谁要你们招待,拿了钱,赶紧滚蛋。"那人虽然装得凶,可谁都能听出他怕了。

"我说几位,咱们还有任务,可别走偏了路。"老刀道。

"还任务。"瞎子讪笑道,"咱们这儿都十好几万在手了,谁还稀罕你们那两万块,钱我们不要了,你们要么跟我们下山,要么自己往上去吧。"

"别啊,总得讲点契约精神吧?"

瞎子笑道:"我连小学都没念完,和半文盲说精神,我看你疯了吧。"

"你们这帮刁民,知道老子是干啥的?小心死无葬身之地。"

"我们又穷又瞎,你能把我们宰了,算帮大忙了,别拿这个吓唬人。"说罢,四人围上去就动手。

一阵哭爹喊娘的叫喊声后,那人被彻底制服了。

"你们几个准备怎么办?"

"我们准备继续往山上走,就不一路了。"老刀回答得很干脆。

"行,饿死在山里,可没人给你们收尸。"说罢,四人押着那人扬长下山。

"老刀叔,咱们可没本事在这种地方找路。"马陆忧心忡忡。

"怕啥,走这种地方,唯一需要担心的是山路地形,用树棍子在前探路,小心点就没事儿了。"

"怎么辨认方向?"

"太简单了,可以用指南针,这里能见度虽差,但凑在眼前还是能看清的。另外我不止一次对你说过,树体长苔藓的是北面,虽然看不清,但用手总能摸出来吧?"

"早说啊,也没必要雇那四个瞎子了。"

"能走捷径,何必绕路,不过真要走,也不是没办法。"

老刀将人围拢一处,手牵着手,他开路,阿蛮断后,一行人小心翼翼地继续向前走去。

苍龙山山势并不险峻,山中也没有大型野兽出没,众人一路无惊无险地走到傍晚,终于走出浓雾区。

穿破雾气时,马陆只觉眼前一亮,似乎空气都变得清新,而众人距离坝头岭,不过一座小坡的距离。

老刀惬意地躺在草地上道:"咱们先准备晚饭,吃过之后好好休息一晚,明天登上坝头岭,找陨石。"

"行啊,我去找燃料。"

杨月钟葭正要行动,老刀道:"让他们两个男的去吧,你不是想学搭灶吗,我教你。"

野蛮之心

"唉,我们男的天生就是干糙活的命。"马陆笑着抱怨一句。

"废话,傻大笨粗的活儿,你糙老爷们不干,难道还让钟葭去吗?"说罢,老刀又对杨月钟葭道,"这地儿的林木比较茂盛,生火之前必须清理出两平方米的区域,把灌木拔干净,土表层刮平,避免引发火灾。"

马陆整理出砍柴、捆柴的器具,与背着弓箭的阿蛮朝林子深处走去。

杨月钟葭用工兵铲刮出一块空地,累得气喘吁吁道:"老刀叔叔,你看行不行?"

"挺好。"老刀连连点头道,"这里的地面比较潮湿,需要做一个底座。"

"怎么做呢?"

"很简单,找一些新鲜的木棒铺成一个圆形,再在木棒上垫一层土或石子,就成了。"

"好,我这就去找。"

杨月钟葭正要走,老刀忽然说了句:"他们都不在,你心里藏着的话可以说了。"

"老刀叔叔,您,什么意思?"

老刀缓缓站起身:"你以为我是傻子,由你胡扯,说什么我都会信?"

"既然不信,我说什么都枉然。"

"假话和真话不一样,就像一头狐狸披着人皮,看起来也不像人。"

杨月钟葭面色有点发白,道:"好,我退出。"

"现在想走,恐怕没那么容易了。"老刀朝她走去。

杨月钟葭心跳加速,步步后退道:"老刀叔叔,你想怎样?"

"我现在被你逼得根本没有活路了,所以,我会不择手段从你这儿挖掘真相。丫头,你别逼我。"

杨月钟葭转身想跑,就觉得头发一紧,被老刀攥了一把。

"疼。"

"喊得太早了。"老刀向后一拉,将杨月钟葭绊倒在地,又从腰间抽出匕首。

只见老刀眼珠子充满血丝,脖颈处青筋毕露,满脸凶相,他深吸一口气道:"丫头,如果你还不说清接触我的目的,别怪老刀叔叔手黑。"

"老刀叔叔,你要我说什么?总不能去编个莫须有的事情吧?"杨月钟葭吓得嘴皮子都在哆嗦。

"不需要,你只要老老实实说明白,为什么选我,就算两清了。"

"我说了,你是父亲的学生……"

"放屁,根本就是胡说八道。"老刀一把掐住杨月钟葭脖子,高高举起匕首道,"好话不说二遍,如果你就是不说,那就是逼我动手。"

匕首悬在杨月钟葭额头,稍微向下一点,就能刺入眼中,看老刀近乎扭曲的表情,他可不是吓唬人。

"就是不说,赌我不敢动手是吧?行,先割你一只耳朵,看你说不说。"

杨月钟葭用力捶打,奋力挣扎,可老刀的胳膊如铁柱子一般强壮,就凭杨月钟葭那对小粉拳,打在上面和挠痒差不多。

老刀狂性大发,就准备挺刀刺入,没承想一只尖利的猴爪忽然从后面伸出,在他脸上狠狠挠了一把。这一把抓得可不轻,顿时三道血淋淋的伤口横穿整个面部,鲜血横流而出,翻卷的肉屑顺着伤口挂在脸上。

老刀怒吼一声放了女孩,然而没等他反应过来,三四只猴子迅速爬上他的身体,分别咬住他的耳朵、脖子等多处部位。老刀惨叫连连,将两只猴子薅落地下,然而又有更多的猴子一拥而上,满满当当爬满老刀身前后背。

只见杨月钟葭满脸是泪,表情愤慨到极点,她蓦然张口,发出刺耳尖叫，猴群仿佛感受到了她的愤怒，更加迅速地攻击老刀，铁塔般强壮的汉子被挠得遍体鳞伤。

老刀心知理亏，也不求饶，咬牙硬和猴群搏斗。可几十只猴子，如潮水一般猛烈攻击，他两只手根本应接不暇。

"哗啦……"一阵木柴落地声响起，杨月钟葭身子轻轻一震，转而望去，只见马陆和阿蛮瞠目结舌地站在自己身后。凝立片刻，马陆抄起一根棍子就要冲上去，杨月钟葭喊道："不要。"

"他被咬成这样，我能不管？"

与此同时，阿蛮也抽出弓箭，对准猴群。尖利的口哨声响起，只见杨月钟葭脸上淌满了泪水，因为哭泣，口哨声几度中断，猴群却停止攻击，纷纷窜回林中，没了踪影。老刀衣物被撕扯破，血肉模糊一团，摇摇欲坠，却又勉强立住。

"这，这到底怎么回事？"马陆对女孩吼道。

"马陆……"老刀艰难地摆了摆手道，"不怪钟葭。"

"那该怪谁，你吗？"

老刀剧烈咳嗽几声，吐出一口血痰，他托着腰缓缓坐下，咧着嘴直抽气，似乎触到了伤口。

"是我逼问钟葭消息，下手太重，如果没有受到猴子攻击，我可能会误杀她，所以这伤受得不亏。"

"老刀叔叔，对不起。"杨月钟葭心里难受，哭出声来。

"傻丫头，你有什么好道歉的？"老刀勉强挤出一丝笑，片刻又问，"你用什么办法控制了猴子？"

"是父亲留给我的护身符。"她从脖领取出一条项链，一段拴着一条拇指大小的金刚橛，乍一看像是银质，可仔细看，能看到金刚橛表面有许多黑色斑点。

委顿不堪的老刀眼珠子里忽然精光熠熠，微微点头道："这是'野蛮之心'？"

"是的。"

马陆心里一动，下意识道："原来真有'野蛮之心'。"

"你也知道？"老刀笑问。

"二叔最早对我说过的陨石就是'野蛮之心',不过那个时候我当故事听,根本不信。"

关于这块陨石,马陆第一次听二叔说起时,不过刚上初三。那年春节,二叔回家探亲时,说了一个听起来特别假的故事。他告诉马陆,自己和朋友找到一块陨石,带回了租住的房子,那是当地城中村,不大的区域,房子恨不能贴在一起,其中的街道也是极其狭窄,犹如羊肠小道,九曲十八弯。

那天晚上,二人买了酒菜庆贺,关上门刚喝了几杯,一桩怪事就发生了。

根据二叔的说法,他首先听到的是一阵嘈杂喧嚣的叫喊声,这种声音在城中村经常听见,可能触发于各种原因,比如邻居的争吵、父母训斥不听话的孩子、赌徒间的矛盾……然而,在一片嘈杂声中,忽然响起一声刺耳惨叫,吓了二叔一跳。随后,惊恐的尖叫声此起彼伏响起,二叔和朋友出屋站在过道,朝下望去。只见狭长的街道中,一头身材威猛的雄狮正于其中狂奔。人见到这头猛兽,怎能不吓得魂飞魄散?万幸它倒也不伤人,即便从人身边挤过,也丝毫没有伤到人。

"哪儿来的狮子?"二叔吃了一惊。

"估计从动物园跑出来的,咱这儿离动物园很近。"朋友道。

两人常在野外走,胆子比一般人大得多,倒也没有大惊小怪。他们回到屋里,关好门窗后继续喝酒。然而过了没多一会儿,就听屋外的走廊传来一阵低沉的狮吼声。

"跑咱们这层来了?"二叔立刻放下酒杯,正要起身,就见凹凸不平的毛玻璃上,映出一颗模糊的狮子脑袋。

城中村的屋子,一层楼有六七户人家,中间户的门和窗户都靠着走廊,窗户外有一层并不结实的铁栅栏,屋门只是薄薄一层木板。透过木板门下方的门缝,可以看见黑影缓慢走过。

二叔朋友小声道:"不奇怪,它就这么胡乱跑,总会跑到某一家门口,概率而已。"话音未落,门缝下黑影晃动,狮子又走了回来。

这次它没有离开,停在门口。

"难道……"二叔指了指桌子上摆着的卤菜。两人蹑手蹑脚将袋口扎起,一袋袋丢了出去。"嘎吱",狮子并没有离开,而是用爪子挠动门板。这种木

陨石猎人 上

头门力气大的人一拳就能捶烂了,何况成年雄狮。两人知道必须把门口挡住,否则一旦狮子冲进来,二人逃无可逃,必死无疑。于是两人小心翼翼地将桌椅挡在门后,正准备再抬沙发,狮子忽然狂躁地怒吼起来,并不停拍击木门,两三爪子下去,木门已被拍烂,毛茸茸的巨狮爪伸进屋里,看得人汗毛直竖。二人顾不得许多,又将沙发推到门后,此时,狮爪已将木门拍烂了一大片,狮子尝试着将硕大的脑袋伸入屋里。

两人吓得魂飞魄散,好在二理智尚存,于是用个拖把硬是将狮子脑袋顶了出去,又被狮子咬住拖把布条。两方角力,人哪是狮子对手。很快,拖把被拽了出去。于是两人又用沙发垫子,堵住门上大洞,狮子用嘴啃,用爪子刨,被二人奋力挡住。幸运的是警方很快到场,用麻醉枪射翻了狮子,救下二人。

后来得知,狮子隶属于某民间马戏团,暂时寄存在动物园,由于饲养员粗心大意,不小心放跑了这头猛兽,而它仿佛受到了某种神奇的召唤,一路不打转地跑到二叔门前。包括二叔在内的所有人,都以为是巧合。运走了狮子后,两人买来一堆卤菜,这次喝得更厉害。很快,两人喝得酩酊大醉,人事不知。

二叔醒来后,发现朋友靠墙而坐,表情近乎痴呆。于是他揉着宿醉未醒的脑袋,勉强起身,接下来他看到让自己目瞪口呆的一幕,只见几十只老鼠入定一般,人立在床前的水泥地。床底下,摆着刚带回来的陨石,难道,狮子、耗子……都是被这块陨石吸引来的?

为什么?

驱走了耗子,门还没来得及关上,又来了一群猫,赶走猫,又来狗……把二人累得差点晕死过去,然而各种动物飞鸟犹如聚会一般,源源不断地赶往这间小小的民房。最后,二叔只能把门窗全部关闭,缝隙处用被单布条堵死,终于过了两天安生日子。

陨石鉴定后,得知这颗陨石除了具备一些金属元素,又发现了两种完全不在元素周期表内的全新元素,其中一种元素与血液有极高相似成分,因此这种新元素被命名为全血。之所以定名为"野蛮之心",一是指明陨石中存在类似血液的成分,二是说明陨石具有控制动物的特殊功能。

马陆第一次听二叔说起"野蛮之心",根本就不相信,他认为这是二叔编的故事，目的是为了神话陨石猎人的行业。没想到，"野蛮之心"真的存在。

不远处的山道有一处山泉，马陆扶着老刀去水源地清洗伤口。

"老刀叔，当时你真打算杀死钟葭？"两人默默走了一路，马陆还是忍不住问了。

"咳咳……"老刀深吸两口气道，"我没想过，不过起了争吵，有些失控。"

"我能理解。"

"其实我们已经被她拖下坑了，就算杀了她也于事无补。我只想问清楚她的目的，如果这点不搞清楚，后面我们会很被动。"

"嗯。"马陆点点头。

山泉位于一处耸起的山峰下，水源由山体缝隙处流出。老刀脱了上衣，只见皮肤上遍布抓痕。他咬着牙道："一群畜生。"

吃了两颗抗生素，他用纱布蘸水擦拭伤口，仔细将身上的血迹以及伤口清理干净。好在都是表面伤，处理完后，他换了一身衣物，坐在石头上抽闷烟。

马陆道："阿蛮在林子里设了陷阱，我去看看有没有套着兔子。"

"嗯。"

林子里有一处阿蛮布置的钉板陷阱，除了捕兔，也能捕捉山鸡。马陆远远看见陷阱上布置的机关纹丝不动，略觉失望，叹了口气转身准备回去，却发现入口处悄无声息地站着一个陌生男子。

这人约莫四十出头年纪，大光脑袋，身体异常强壮，眼中凶光熠熠。

只凭眼神，马陆就知道对方必然来者不善。马陆正要大声喊老刀，光头冷笑一声抽出一把厚柄短刀道："尽管叫人，正好一刀一个，省得走路了。"

他说得也有道理，马陆立刻往林子深处跑去。

马陆打算从树林绕回营地，和阿蛮联手对付陌生人。然而对方奔跑速度很快，马陆才跑出没多远，对方就已经有追上的趋势，两人距离越来越近，马陆是连气喘加心慌，一个趔趄，摔倒在地。

"小王八蛋，你再跑啊。"他狞笑着晃动短刀，朝马陆走来。

"哥们，你到底是谁？咱把话说清楚了。"

"你只需要知道,我来这儿就为了要你们几个命的,你先走一步,过不了多久,他们会一个个下来找你的。"

"你是冷心石的藏家,对吗?"

那人冷笑一声道:"我就是个拿钱杀人的杀手,你的问题问阎王爷吧。"话说到此,他忽然停住脚步,皱起了眉头。

马陆朝后望去,只见身后不远处的林地间,站着一个肥胖到难以置信的男子,他手里攥着一根竹子,正咬得咯咯作响。

胖子身材堪比日本相扑选手,衣服已经脏得看不出原来的颜色,露出的皮肤布满了肮脏的"泥壳"。

"你,你是什么人?"杀手问道。

胖子也不说话,默默地嚼着竹子,随后居然将嚼碎的竹子咽下了肚。

马陆以为他是熊猫成精了,杀手却对胖子晃了晃短刀道:"别妨碍我办事儿,赶紧滚蛋。"

胖子一声不吭,朝杀手走来,浑身肥肉就像水波,阵阵颤抖,模样十分滑稽,杀手也不知道他想干啥,举起短刀道:"最后一次警告你。"

待胖子却走到面前,杀手想也不想,挺刀刺入胖子肚腹。

"唉,何苦。"

杀手拔出刀,正要擦拭,却发现胖子连动都没动。再看,胖子面无表情望着他,一张皮鞋炸线般的大嘴,挂满了口水。

"你还真能扛。"说罢,杀手又连刺两刀。

伤口的鲜血,如拧开的水龙头,一股股往外涌,可胖子就是一动不动。他肥肉层太厚,短刀只能伤他表皮,伤不了内里。杀手想到了原因,正准备对心口补一刀,胖子一挥手中的竹子,打在杀手脸上,身材健硕的杀手,就像断了线的风筝,直飞出去。

马陆赶紧起身,对胖子道:"谢谢哥们了,你身上有伤,我带你去……"话音未落,胖子又是一巴掌扇在他的脸上,马陆顿时晕了过去。

恢复意识后,马陆发现自己被捆得如粽子一般,躺在草地上。胖子一巴掌,打得他耳鸣了。此刻马陆耳朵里嗡嗡作响,听不见别的声音,却看到杀手被倒吊在一棵树上。接着,马陆也被悬空倒吊在杀手身边。

将他吊起后,胖子转身离开。马陆四下看了看,只见这是一处山谷,原本有一片果园，然而几乎所有的果树都被烧焦甚至烧毁，草地和林区一片焦煳。

或许是被倒吊后，耳朵里淤血流出，马陆隐约能听到声响了。那是风声、鸟叫声，似乎还有同伴们呼喊自己的声音。马陆想要回应，可嘴巴只是轻轻一动，就觉腮帮一阵剧痛，根本张不开嘴。胖子这一巴掌，将他下巴打脱臼了，马陆根本喊不出声来。

同伴的喊声渐行渐远，如果联系不上，就再也没有机会了，唯一的希望就是身边昏迷不醒的杀手。马陆用力晃动身体，数次撞击后，终于把昏迷的凶手给摇醒了。

"怎，怎么回事？"杀手迷迷糊糊问。

马陆想要说清楚状况，奈何张不开嘴，把人叫醒了一样没用。

正着急时，忽然臭气扑鼻，胖子不知啥时走到两人身后，马陆冷不丁地看到那张肥到变形的大脸，吓得浑身一抖。

杀手喘着粗气道："你现在放我下来，咱们之间，不会有任何问题，我保证。"

等了一会儿，胖子没有任何反应，杀手道："你不知道我是谁，也不知道我身后那帮人究竟有多可怕，如果被我的人找到，死亡对于你将是世上快乐的事情，何必走到那一步？"

胖子依旧不动。

"你他妈的，装什么鬼，老子说话你有没有听见？"暴怒的杀手忽然张口啐了胖子。

胖子浑身一抖，猛然回过神，原来刚才他站着睡着了。醒了后，胖子张开嘴呼了口气，一股浓烈的死鱼虾腐臭味，差点没把马陆熏死。

"你不该这么对我，你会后悔……"

胖子忽然一把攥住他头发，接着咬住杀手鼻子。

"妈呀……"这一声惨叫，惊天动地，马陆听得后槽牙都发麻。

杀手满脸是血，牙花子都露了出来，他奋力挣扎，却只能像虫子那样蠕动。马陆吓得魂飞魄散，浑身发抖，胖子又在杀手脸上啃了一口，这次把腮帮子咬通了。在杀手脸上咬下两块肉，胖子转而靠着一棵果树，片刻后，鼾声四起。

"我，我不该来这里，对，对吗？"杀手被自己鲜血呛得几乎说不出话。

马陆也没法回答，只能长叹一声，杀手现在的惨状就是自己将要变成的模样。

"报应，真的是，是报应，这辈子，做了，做了太多坏事，逃不了的。"他苦笑一声，又放声大哭。

杀手哭喊片刻，把胖子吵醒了，胖子抹了抹嘴，起身又走到两人面前，这次目标是马陆。

上帝、佛祖、太上老君，我愿意用一切财富，换取片刻的皮肉麻木。马陆在暗中祈祷。

"妈的，吃我，有种你继续吃我。"杀手失心疯了一般，对着胖子大声怒吼，血水喷了胖子一脸。

他这么做的目的，只是为了保全马陆，人之将死其言也善，杀手并非毫无良知，临死之前，总算做了一件善事。可惜，胖子压根不理他，臭烘烘的大嘴对着马陆，眼看就要张开。

马陆万念俱灰，唯一能做的就是闭上眼睛。

然而，胖子忽然发出一声惊天动地的怒吼，吓得马陆又睁开眼睛，只见胖子的后脖颈上插了一支长箭。不远处，阿蛮弯弓搭箭，又一箭射出。

箭精准射中胖子的左肩，只是肥肉太多，无法伤到内里。不等胖子有所动作，老刀又从左侧冲出，狠狠撞在胖子腰间。老刀这一撞，足以撞断一株小树，但胖子却纹丝不动，反倒把老刀弹了出去，他这一身肥膘和气球一样充满弹力。

第三支箭插入他的前胸，剧痛之下，胖子恼羞成怒，迈开肥硕的腿朝阿蛮走去。灵活的人尚且碰不到阿蛮衣角，何况只能缓慢挪动的胖子。他走了没几步，已经累得气喘吁吁，只好弯着腰大口喘气。

阿蛮连连射箭，直到将箭支用完。胖子身上插了十几枝箭，如刺猬一般，但他愣是不倒，稳稳站着休息。回过这口气，他居然继续追赶阿蛮，不过从速度而言，就是蜗牛与羚羊比赛跑，阿蛮也不甩他太远，引着胖子越走越远，老刀乘机会把吊着的两人放下。

马陆除了下巴脱臼，没有别的伤，老刀架着杀手朝相反方向走，直到没影，阿蛮才不紧不慢离开。

确认安全后,老刀问:"哥们,你为什么来这儿?"

"他来这儿的目的,是要我们的命。"马陆替杀手做了回答。

"我可没心情开玩笑。"老刀道。

"我确实是拿了钱来的,给钱的人让我杀了你们四个。"杀手证明了马陆的话。

老刀面色顿时变得阴沉,道:"先回营地再说。"

回到营地,休整片刻,马陆问:"你们是怎么发现我的?"

"我们听到惨叫声,顺着声音找来,如果迟一步,你恐怕也是这副模样了。"

老刀取出缝针用的针线,在开水里煮过后,替杀手缝合伤口。

"你救我,很可能害死自己。"

"别太自信,暗中偷袭,你或许有几分得手的可能,面对面硬扛,我绝对打爆你。"

杀手哈哈大笑道:"你倒是一点不谦虚。"

"你有没有想过,这副模样回去,还能继续做杀手?"

"我们这种人,做不了好人的,当不成杀手也得做个罪犯。"

"别扯我,咱俩不是一路人。"

"你的眼神……"杀手指了指老刀眼睛道,"我能看出来,你不是普通人。"

"别人看相,你看眼神,都挺玄乎。"老刀语带讥讽。

林子里唰唰声响,阿蛮毫发无损地跑了出来。

替杀手缝合了伤口,老刀又清理了他脸上的血迹,递给他一杯水和两粒抗生素道:"说吧,谁让你来的?"

"你应该知道。"

"嗯,能不能把这哥们的姓名和住址告诉我?"

杀手笑了,虽然他脸上的伤口不适合做出任何表情。

"怎么?我说的难道是一句笑话?"

"我是杀手,是罪犯,可不是叛徒。"

"如果不说,我会把你脸上的线拆了。"

"随你怎么做,我不会说的。"

野蛮之心

老刀抽出匕首，一把拽住他的头发道："我可不是说着玩的，别逼我。"

"动手吧，看我会不会告诉你。"杀手眼睛一眨不眨望着老刀。

"叫板是吧，我他妈……"正要动手，就听树林中传出"唰唰"轻响。

"胖子又来了？"他警惕地转向林中。

马陆也是手心出汗，捡了几块石头，以备不时之需。

片刻，只见树林中一道人影绰绰，由模糊到清晰，不是胖子，是一名四十多岁，身着飞行服的中年男子。只见他跌跌撞撞地走着，浑身上下满是擦伤。

"真见鬼了，哪来这些莫名其妙的人。"老刀并没有放松警惕，问道，"你怎么回事？"

那人靠树喘息片刻道："我是飞行员，执行任务时遇到了空难，迫降在了山里。"

"还有这种事？"马陆惊讶地道。

"唉，倒了十八辈子的血霉，你们猜，造成空难的原因是什么？"

"鸟飞进引擎了？"杨月钟葭道。

马陆接道："你是被陨石砸下来的？"

飞行员大吃一惊道："这都能被你猜到，难道你看见了？"

"没有，不过我们得到消息，前些天，有一块陨石落在这片区域，所以我猜你是被陨石砸下来的。"

"这么大个地球，一块陨石偏偏就能撞上我的飞机，唉，真应该买彩票。"他苦笑一声。

"人还活着，就是万幸。"老刀收起匕首。

"这倒也是。"他一瘸一拐地走来。

杨月钟葭煮了一碗面条，他狼吞虎咽地吃完，道："整整饿了两天，差点都要吃耗子了。"随后，他大致介绍了本人情况。

飞行员名叫吴大成，任某空军基地飞行教练员一职，这次驾驶教练机前往另一处军事基地执行任务，飞到苍龙山时，被从天而降的陨石砸断了飞机尾翼，迫降苍龙山。幸运的是，坠机地点植被茂盛，否则命也不保了。

"你确实有点背。"

"这位兄弟伤得挺严重。"吴大成对杀手道。

"是啊,所以你比我幸运。"杀手不紧不慢地点了支烟。

"你联系救援了没有?"老刀问。

"没有,飞机上的仪器全部损坏,没法用。"

"我这有卫星电话,你联系试试。"

老刀取出电话,正要丢给他,吴大成笑道:"我可不能用你的卫星电话,毕竟事情没有紧急到那份上,而且坠机之前我也发回了消息,他们会来的。"

"那就休息,明天一早咱们各干各事儿。"

夜深时分,营地里鼾声四起,马陆望着蔚蓝星空道:"老刀叔,接下来咱们怎么办?"

"既然来了,就得把陨石带回去,否则跑这一趟,担惊受怕的,图啥?"

"可是,胖子或许拦着咱们路呢?"

"那就把他给抹了,这种人活着祸害别人、祸害自己,早死早超生。"

"杀人可是犯法的!"

"有些事儿,必须作出权衡,陨石重要,还是清白重要?"

"这……如果你让我选,我肯定……"

"先别急着给答案,该说的时候再说。"

两人正聊天,就听杀手说起了梦话,大呼小叫的,把别人都吵醒了。

"你们过来看,他脸上流脓了。"杨月钟葭惊呼一声。

第十六章

圣雄互助会

众人凑到杀手身边,只见缝合的伤口缓缓渗出黄色脓液,淌了满脸,隐约闻到一股难闻的气味。老刀摸摸他的额头道:"烧得厉害,伤口感染了。"

马陆想到胖子那一嘴几乎变成咖啡色的大牙,和布满青绿色舌苔的舌头……

"给他吃点抗生素,应该会有好转。"吴大成道。

"已经给他吃过药了,不过咬他的那张嘴,比科莫多龙的嘴都脏,肯定有耐药性强的超级细菌。"马陆道。

"水,给我一口水。"杀手虚弱地道。

喝了一口热水,又给喷了出来,杀手叹口气道:"我是不行了,麻烦你们一件事,成吗?"

"说吧。"老刀叹了口气。

"我妻子走得早,家里也没什么亲戚,我就怕自己出事儿,所以给女儿留了笔钱,本来想等她到十八岁再告诉她,来不及了。"

他从裤兜里掏出一部手机道:"开户行的账号、密码都在这里面,我这个爹实在不合格,这辈子为她做的,只是留了一笔钱。"

从他的语调里,能听出无限的悔恨,可是走到绝路的醒悟,毫无意义。

老刀拿过手机道:"你把一件非常重要的事儿托付给仇人,这么做明智吗?"

杀手惨笑一声道:"当然不明智,可我没办法。唉,到这份上只能是赌运气了。"

"你放心去吧,这笔钱一定交到你女儿手上,我虽然不是啥好人,但不拿丧良心的钱。"

杀手强撑着起身道:"你不打算问,派我来的人是谁?"

"你都这样了……"老刀眼神中,似有怜悯之色,却一闪而逝。

"到这份上,就是凭人性做事儿了,我不会逼你的,安心上路吧。"

"谢谢,请给我一支烟。"

杀手靠在石头上,抽着烟道:"我无数次想过死亡的场景,就是没想过死在目标身边。"

"这就叫计划赶不上变化。"

"是啊,造化弄人。"

渐渐地,杀手开始抽搐、失明,牙龈、鼻子不停渗出鲜血,意识模糊。第二天清晨,他停止了呼吸。老刀挖了个坑,正打算将死者放入坑内,吴大成道:"他衣服上全是血,把我的外套换给他,干干净净地走吧。"

"活人衣服给死人穿?不大吉利。"

吴大成笑了:"这世上你还见过有谁能比我倒霉的?我不信邪。"说罢,脱了外套。

"行啊,我听你的。"

老刀替死者脱了外套,正要换衣服,吴大成道:"慢。"

他走过去,抬起死尸左臂,只见肩头部位刻着一道类似箭头的文身,沿着箭头边缘,是数十个形同希腊文的图形。

吴大成皱了皱眉头道:"这不可能。"

"怎么回事?"老刀问。

"这是……"吴大成对文身看了很长时间,道,"从事飞行的人,大多比较相信命运。在这个行业里,有一个非常著名的联谊会,叫圣雄互助会,这个文身很像是圣雄互助会的图案。"

"他是杀手,不是飞行员。"

"所以有点奇怪。"

圣雄互助会

"圣雄互助会，有什么作用？"

"他们相信人类是有罪的，而审判人类的高等级生命，就在宇宙中的某一处秘密监视着人类，所以，飞行员、宇航员是最有希望揭露宇宙真相的一群人。"

"就因为这个，你们就是圣雄？"

"人类不可能与'圣'字有任何关联，圣雄就是神、上帝、佛祖，而人类只要能飞出地球，就有希望见到他们。"

马陆道："或许杀手在入行前也是飞行员呢？"

"飞行员做杀手，是不是有点暴殄天物？"

老刀一拍大腿根子道："我想到了，派他来的人会不会是圣雄会的？"

"别说，你这个推论还真有点创意。"马陆点头赞同。

话音未落，忽然一阵低沉的吼叫声传来，老刀表情顿时变了："妈的，胖子来了。"

此时天色已黑，山中光线黑暗，不点灯火的话伸手不见五指。

"先把尸体埋了。"

几个人同时动手，用最快速度将土推入土坑，可事儿没做完，就见树林中影影绰绰，胖子就像喝醉了酒，摇摇晃晃走出，边走边发出沉闷的吼叫，一声又一声。

五人躲入一片茂密的灌木丛后，大气都不敢喘，只见胖子时不时一拳或是一掌拍在树干上，碗口大小的树，被他拍得东折西歪。

走到一块石头边，他扶着石头呼呼喘气，口水一股股滴落，看样子，他似乎很难受。

"这是什么人？"吴大成问。

"你命太大了，在山里转了几天没让你遇到他，这胖子吃人的。"马陆道。

"都他妈小声点，别被胖子发现了。"

老刀话音未落，就见胖子咕咚一声，跪倒在地，接着连连作呕，一阵狂吐。胖子的胃，仿佛是一口装满了东西的蛇皮口袋，令人作呕的半凝固液体大股大股地从他嘴里涌出，噼里啪啦落在地面。虽然胖子距离众人藏身地有百米之远，然而一股刺鼻的臭气，却在树林中蔓延，所有人皆不能幸免。

杨月钟葭胃口浅，被熏着后，忍不住干呕几声。众人都很惶恐，生怕胖子听到声音，然而等了一会儿，发现胖子虽然停止呕吐却无法站立，似乎虚弱到极点，靠在石头上呼呼喘气。

老刀小声道："我先出去看看情况，你们等我指示。"说罢他拿着一根狼眼手电，从林子另一侧走了出去。

胖子看到老刀，挣扎几下，却连腿都动不了。老刀用手电照胖子脸，只见他面色苍白，两眼一片瘀黑，嘴皮子不断哆嗦，看模样似乎是病得不轻。

"胖子估计是不行了。"老刀对藏着的众人道。

其余四人依次走出，胖子两眼绝望地望着他们，呻吟几声，无力地闭上眼。

老刀挥了挥手道："胖子不成了，咱们继续找陨石。"

马陆却不无担心地道："万一他恢复了，怎么办？"

"要不然，把人宰了？"

"还是走吧，这里臭死了。"杨月钟葭皱眉道。

马陆暗中叹了口气道："走吧，看样子，他肯定不行了。"

于是一行五人穿过树林，朝坝头岭方向走去。

"还有找陨石的职业？我可头一次听说。"吴大成问。

"做这行的确实不多，行业风险太大，乱七八糟的状况不知有多少。"

"是啊，谁能想到还有像胖子那样的人。"

说着话，吴大成眉头皱了皱道："不对啊，顺着这条路走，就是我坠机的地点了。"

"你被陨石砸下来，坠机点就是陨石撞击区。"

忽然，阿蛮走到众人身前，示意停步。

"怎么了？"老刀警惕地问道。

黑夜之中，虽有照明工具，但可见度依旧很低。马陆四下望去，只能看到一地的枯枝败叶和四周耸起的石块。

阿蛮并没有取出武器，他放下背包，从中取出一把拼接的网兜，这套工具是用来捕捉蝴蝶的。没有进过原始丛林或蛮荒世界的人，根本无法想象蝴蝶之美，那翩翩起舞的精灵，是大自然赋予这世界的最美丽的色彩。当然，老刀在背包中放置捕蝴蝶的网兜，并不是为了留住美丽。事实上，他并不是一个懂得美丽的人。他的目的，只是为了找到珍稀的蝴蝶品种，卖个好价钱。马陆觉得，老刀虽然总爱标榜自己做事不为钱，只为理想，但他的很多行为，其实就是为了赚钱，只不过他看不上小钱而已。

阿蛮拼好网兜，将带有网的一头伸出去，踮着脚，悄无声息地走在山路上，其余四人原地不动，为他照亮前方道路。众人身前是一片茂密的竹林，林中有一处并不算小的石山，山中多有缝隙，从中流淌出涓涓泉水，使得石山周围泥地潮湿而黏烂。阿蛮小心翼翼地走到左侧山脚下，脱了外套挂在网兜上，随后敏捷地攀援而上，到了半山腰。他手举着木杆，将衣服悬在山脚一处枯叶堆之上。众人心知此地必有古怪，四盏手电灯光齐齐照向叶堆。果然，片刻后，枯黄的落叶无风自动，发出"沙沙"轻响。

"树叶底下有东西。"马陆话音未落，一条成人小腿粗细，满身银色鳞片的大蛇从落叶中一涌而出，身体笔直向上，撞入衣服中。

阿蛮松了手，被衣服罩住脑袋的蟒蛇失了方向，在山脚下来回扑腾，衣服和网兜越缠越紧，蟒蛇无法摆脱，直到用尽力气，瘫倒在地。

阿蛮招了招手，从石头一跃而下，落在蟒蛇身边。四人围拢过去，只见蟒蛇的银色鳞片在手电灯光下熠熠闪光，脊背处生长着一些鲜红色的斑纹，漂亮得像是一件工艺品。

阿蛮并没有解释如何发现这条隐藏在暗处的蟒蛇，只是快速刨开叶堆。只见一块形似秤砣的石头压在蟒蛇尾部靠上的位置，原来这条蛇并非盘踞在此，而是被石头压住身体，无法离开。石头有数百斤，却难不住阿蛮，他在石头一侧泥地掏了个洞，随后轻轻一推，便将石头从蟒蛇身上推开。只见被压住的部位一片血肉模糊，剧烈的疼痛使蟒蛇身体微微颤抖。

"伤口必须处理，否则这条蛇必死无疑。"马陆道。

"只怕它缓过劲来不认这份人情，到时候受伤的就是咱们了。"

老刀准备离开，阿蛮却一动不动，道："你们走，我不怕。"说罢他打开背包，取出急救箱。

马陆没有丝毫犹豫，拍了拍阿蛮肩膀道："我帮你。"

马陆和阿蛮先用双氧水为蛇清理伤口，这一过程，瘫软在地的蟒蛇又开始摇晃身体。阿蛮隔着衣物，轻轻抚摸蛇的头部，说也奇怪，躁动的蟒蛇很快变得平静，趴在阿蛮脚边一动不动。

马陆小声问杨月钟葭道:"'野蛮之心'的作用?"

"不是,'野蛮之心'无法影响冷血动物。"

"还有这种说法?"

"动物的第六感远比人类发达,这条蛇知道阿蛮没有威胁。"

"我就记得《农夫与蛇》的寓言,说真的,我对蛇一直有阴影。"

杨月钟葭笑道:"故事是人写的,想编派谁,就编派谁,反正谁都不是东西,只有人最好。"

包扎完伤口后,马陆擦了擦冒出的汗珠道:"好事做完了,走吗?"

阿蛮示意众人退开,随后,他轻轻揭开外衣,蟒蛇脑袋露了出来。只见银色蛇头,有一片类似牡丹花的鲜红斑纹,灯光下,两种颜色差异极大,却又相得益彰。

马陆不由自主赞叹道:"简直太美丽了。"

"造物主是伟大的,只有他才能创造出如此美丽的生命。"杨月钟葭道。

蟒蛇脱离桎梏,缓缓游动,钻入竹林后很快没了踪影。马陆想要离开,却在转身时发现老刀满脸凶狠地瞪着杨月钟葭,表情令人不寒而栗。老刀很快意识到众人的注意力"回来了",凶狠表情一闪即逝。

"继续赶路,争取在天亮之前到达撞击区。"老刀笑呵呵道。

"老刀叔叔,您……有伤在身,是不是歇歇?"杨月钟葭倒是很歉疚。

"嗨,这点小伤,没事儿。"老刀无所谓地摆了摆手。

马陆忽然觉得茫然,看似平静如水的表面下,其实暗流涌动,四人小队的决裂势在必行,甚至闹出人命都有可能。自己,究竟应该帮谁?

马陆正暗中合计,老刀喊了一嗓子道:"走吧,胜利就在眼前。"带头向前走去。

夜晚,山中浓雾渐起,好在还勉强能看清路。

"我什么都不担心,问题是下山的路怎么走?"马陆忽然问了一句。

"车到山前必有路,只要找到陨石,直接滚下山都值了。"老刀笑言。

话音未落,就听一阵螺旋桨的轰鸣声传来,不远处的树林上空,一架运输直升机悬空停住了。

机舱里丢出一条绳索,接着四名身着迷彩服的军人,顺着软锁滑向地面。

吴大成道："我的战友进场了。"

"咱们赶紧过去，别走差了。"

吴大成道："不用，我身上有定位设备，他们会找过来的。"和老刀握了握手，吴大成又道："能在这种地方遇到你们，也是缘分，一定找机会喝顿大酒。"

"必须的，到时候我请客。"老刀用力拍了拍吴大成肩膀。

与吴大成告别后，探星团队继续踏上征途。经过一番跋涉，马陆发现又走回那片焦煳之地。被胖子倒吊时无心风景，此刻四下眺望，马陆认出被烧煳的都是梨树。

"难道这些梨树都是胖子种的？"

"是也不奇怪，否则一个人独居山里，又能干什么？"

阿蛮身手矫健，纵身跃上一株梨树，站起后凭高眺望，随后指着西边一处道："那里。"

"撞击区就快到了。"老刀精神抖擞。

"飞机被陨石撞下来，这片果园也被烧成焦地，可飞机的残骸在哪儿？"马陆道。

"肯定在山区中的某一处，你就别管了，说不定是试飞阶段的试验机，真看到了反添许多麻烦。"

老刀捡起一根烧焦的树棍当做拐棍使用，继续向前，走了约莫一顿饭的工夫，空气中隐隐闻到一股刺鼻的焦煳气味。

"有人在烧轮胎？"马陆嗅着鼻子道。

"问题是哪来的人？"老刀小心翼翼四下打量。

可越往下走，气味越明显，杨月钟葭连连咳嗽道："我，我不行了，感觉喘不上气。"

"别说你，我都觉得难过。"马陆停下脚步用力咳嗽了几声。

"老刀叔，这种气味会不会有毒？"

"就是火烧橡皮的味道，闻的时间长了肯定会对身体有害，以咱们现在的吸入量，没什么大问题。"

话虽这么说，老刀气喘得也有些急促。

马陆见空中飘浮着些许灰烬，便捻了一片，搓了搓道："飘着灰烬，却

不见火光，有点古怪。"

"说明陨石可能就在附近，坚持住，胜利就在眼前。"老刀道。说罢，他取出几块纱布，用水浸湿后每人分了一块道："罩住口鼻，会好点。"

周围的温度越来越高，终于，前方不远处隐隐有些火光。之前之所以没有看到光源，是因为燃烧源在地底，表面被泥土掩盖，而火光由裂缝中透出，十分微弱。

老刀挥了挥手道："别闭着眼走路了，这地儿空心了，万一踩错掉下去，立马变成烤乳猪。"

老刀小心翼翼用树棍探地，一边敲打地面，一边往前走。距离火光越近，他走得越小心，忽然，他停住了脚步。

"同志们，成败在此一举。"说罢，他找了一块西瓜大小的石头，用力掷出。

石头被扔出七八米之远，落地后发出"噗"的一声闷响。

马陆怔怔看了片刻，道："什么意思？"

老刀并未解释，摇摇头道："还不够。"

他脱下外套，又找来一块更大的石头，费力搬起后放到衣服里。

"你俩过来搭把手。"老刀道，"我数到三，咱们同时发力，能用多大力气就用多大力气。"

等他数到"三"时，老刀、马陆和阿蛮同时用力，将兜着石头的衣服猛地拎起，借着惯性，将石头远远弹出。几十斤重的石头飞出足有十几米远，砸入地下犹如引爆了炸弹，泥屑飞溅。片刻后，砸入土中的石头开始缓缓下陷。

老刀连连挥手道："往后退。"

四人一路倒退，只见石头完全陷没土中，接着，土层隐隐震动，虽然幅度不大，但每个人都感受得清清楚楚。

"地震了？"马陆小声道。

"不是地震，等着看好戏吧。"

老刀话音未落，就听"啪啪"作响，石头周围土层开始一圈圈塌陷，很快形成一片圆锥形塌陷区。火光大盛，山中被照亮一片，与此同时，无数灰烬腾空而起，满空盘旋，就像下了一场黑色大雪，空气中刺鼻的气味越发浓郁。老刀却毫无畏惧，不顾漫天灰烬，大步走到塌陷区边缘。

"我就知道，果然在这里。"老刀语气中充满了惊喜。

马陆堵住口鼻，走到老刀身侧，只见大坑中斜插着一个破损的机身，足有七八米长，而底部是一条暗红色的岩浆。黏稠的岩浆温度极高，缓慢融化着机身，刺鼻气味是皮质座椅和轮胎焚烧时散发出的。

老刀指着岩浆道："你看中间区域，仔细看。"

马陆仔细凝视，直到眼前出现了绿光，终于看清岩浆中有一块石头冒出些许尖顶。这块石头与普通石头的不同处在于，石头和岩浆化为同一颜色，表面闪烁着暗红色的光芒。之前砸开地表的岩石落入岩浆后已在融化，岩石周围不断冒出白烟，然而这块变色石，却没有任何融化的迹象。

"难道，这就是我们要找的陨石？"

"一定是陨石，毫无疑问。"老刀取出一瓶矿泉水，用刀在瓶口戳了几个小洞，"我敢说，这水浇在石头上，不会化成水蒸气，信吗？"

"难道，这块陨石不传导温度？"

"试试就知道了。"老刀对着石头挤水。

几道水线洒入其中，不等落下就化为淡淡白烟，然而洒在陨石上的矿泉水，居然凝聚成拇指大小一团。

"我说得对吗？"老刀语气中，满满的自豪感。

马陆正要回话，忽然，出乎意料的一幕发生了，只见暗红色的石头表面，开始变化颜色，红颜色逐渐褪尽，石头逐渐变得透明。

"这块陨石受周围环境影响，表面会随之发生变化。"

老刀话没说完，石头顶部的积存水被蒸发，石头又恢复原来状态。

"可以，咱们这趟来得值当了。"马陆笑道。

"关键是如何把石头取出来，这里的温度不适合进入的。"杨月钟葭道。

"这块石头还真不好拿。"老刀皱了皱眉头。

"老刀叔，岩浆从哪儿来的？"马陆道。

"我还真没想到这点，按理说飞机坠落后发生自燃，就算铁块烧化了，铁水也不是岩浆。"

"咱们先退出去再想办法，我快被熏死了。"马陆抱怨。

不等四人转身，就听身后有人道："你们是什么人？为什么会在这种

地方?"

转身望去,只见七名军人,呈扇形队形,将四人退路切断,其中四名队员举枪瞄准,另外三人呈品字形,站在探星队员对面,为首一人四十左右年纪,表情严肃地望着四人。

"我们是科研单位的,进山寻找陨石。"老刀回道。

"我看你不大像是搞科研的。"军人目光凛冽,他的右手按在枪套上,似乎随时有拔枪的可能。老刀堆出一副笑脸道:"同志,咱可不能凭长相判断对方的职业。"

"少在那嬉皮笑脸的,认真回答我的问题,你们到底是做什么的?"军人语气陡然变得严厉。

不等老刀说话,杨月钟葭道:"您好,我是广济学院的硕士研究生,您可以直接联系我们学院的负责人,查询我的个人身份信息。"

军人对手下使了个眼色,通讯兵立刻安装设备,联系广济学院,杨月钟葭被带走协助调查。

"你们进山是不是寻找吴大成的?"老刀问。

"怎么,你见到他了?"军人的眉毛不由自主跳了几下。

"我们刚分开没多久,他说身上有定位设备,你们没有找到他?"

沉默片刻,军人道:"你们和他分开的位置大概在哪儿?"说罢,铺开一张地图。

老刀走上前,手指在地图上移动片刻后,指着其中一点道:"就是这里。"

军人严峻的表情略微缓和,对另一名手下做了个手势。士兵收起枪,将一卷毡布包裹的事物小心翼翼摆在老刀面前,随后一点点展开。一条苍白的断臂,出现在众人眼中。

"这,这是吴大成的胳膊?"老刀惊讶地问。

"我们就是在你指的区域发现了这条断臂,而吴大成佩戴的定位设备就在这条手臂上。"

"这……怎么可能?"老刀颇为吃惊。

军人示意收起断臂道:"吴大成是我们部队最优秀的试飞员,并且掌握着一些非常重要的数据,一旦落入敌方手中,后果不堪设想。"

话音未落，通讯兵带着杨月钟葭返回，他点了点头，示意没有任何问题。

"我们证明了自己是合法守法的公民，没事儿了？"杨月钟葭问道。

"当然，没事儿了。"士兵们收起枪，不再对准四人。

四人返回原地，老刀小声道："这哥们很明显想要咱们帮忙找人。"

"老刀叔叔，还是不要节外生枝了，我们的任务已经完成了。"

"这块石头，咱们可没办法捞出来。"

"您的意思，咱们帮忙找吴大成，他们帮忙捞陨石？"

"你还有更好的办法？"

杨月钟葭想了想道："我觉得挺好，不过你确定能找到人？"

"能不能找到人另说，先想办法把石头捞出来。"

"士兵又不是超人，谁敢在这种地方捞石头？"马陆道。

阿蛮忽然说了一句："能行。"

"什么能行，你敢下岩浆里捞陨石？这东西能融化钢铁，你当自己刀枪不入？"

阿蛮却自信地点了点头，道："我能。"

"几位，我们先走，打搅了。"军人喊了一嗓子。

"后会有期。"老刀敷衍了一句，又问阿蛮道，"你准备怎么做？"

"用粘杆子。"

老刀一拍巴掌道："没错，我怎么把这东西给忘了。"

粘杆子是一种用以捕猎的道具，容易制作，实用性强，是野外生存必备之物。

说干就干，探星小队暂时退出了塌陷区。马陆觉得空气顿时变得清新，淤塞的胸口也变得通畅，他用力吸了口气道："空气好，真是福气。"

"味儿是难闻了点，但对人体危害不大。"老刀似乎意犹未尽，又点了支雪茄。

阿蛮仔细地挑选树枝，由于多是枯枝，没有弹性，找了很久才算凑齐数量。每一根树枝约有小拇指粗细，极有韧性，用皮筋绑定，将几根树枝连成近两米的长杆，之后，又在树枝顶端栓了一根线绳。

"这就是粘杆子，在绳子上栓个钩子能捕鱼，栓块石头能砸人，只要有

准头，这玩意比枪都厉害。"老刀接过树干，轻轻一晃，树枝上端摆动剧烈，发出"嗖嗖"声响。

阿蛮从工具箱里取出一根钓鱼用的鱼钩，挂在绳子上。

"用钩子把石头钩出来？"老刀愕然。

阿蛮轻轻绕动树干，长线在空中急速打转，忽然，他对马陆甩动树干。"嗖"的一声，长线被抛出去。马陆根本没有反应过来，就觉得胸口微微一震，低头再看，鱼钩准确无误地扎在他冲锋衣的拉链绳上。阿蛮从不卖弄本领，这么做只是开个玩笑，却把马陆吓了一跳。

"这准头，神枪手也不过如此。"

"神枪手可没这速度，你想想，如果阿蛮的目标是你的眼珠子，会怎样？"老刀笑道。

"我服，不过钩得再准，也不可能把石头从熔浆里钩出来，阿蛮这招有点华而不实。"

"我，有……"

"你有办法了？"马陆赶紧补充。

"是。"阿蛮用力点头。

"那赶紧办正事儿。"

"别急，看阿蛮怎么做。"老刀叫停了着急忙慌的马陆。

只见阿蛮点燃一堆火，将枯枝落叶烧成灰烬，用水浸湿一团稀泥，再将灰烬撒入稀泥中，像揉面那样揉搓起来。

"草灰加稀泥，能让泥土上劲？"

阿蛮也不回应，低着头自顾揉泥，之后将湿泥捏出环形，埋入余火未熄的灰烬中。马陆懂了，阿蛮这是要造一个环扣。不过如何将环扣按在石头上？

众人烧火做饭，吃过早饭后，阿蛮拨开灰土，只见湿泥水分烘干，成了一块坚硬的土陶。

第十七章

神奇的陨石

"可是,这东西怎么才能固定在石头上?"

"黏土,快的话,可以。"阿蛮言简意赅地叙述了他准备做的事情。

一行四人再度返回火坑边,只见阿蛮将制成的道具挂在钩子上,又在底部抹上黏土。其余三人远远散开围观,阿蛮晃动枝干,荡起线绳,在头顶连转几圈后,双手轻轻一抖。

"嗖"的一声,长线甩出,无比精准地粘中火坑里的陨石,随后枝干向后一抖,拳头大小的陨石被提出火坑,落在地下。整个过程,快如闪电,不过眨眼工夫,足见阿蛮眼力之精准,情绪之冷静。

落地后,陨石表面赤红颜色顿时消退,变成和泥土一般颜色。老刀小心翼翼地测量了周围的辐射量,以及气体的组成成分,确认没有危险后,才走到黢黑一团的陨石边。他用手试了试温度,然后直接把石头拿了起来道:"不光颜色,温度也和周围平衡了。"

"温度都变了?"马陆好奇地接过石头,果然,整颗石头表面冰凉。

与此同时,空气中的温度也在逐渐降低,灼热的气流中,刺鼻的气味也渐渐散去。只见火坑里的熔岩开始凝固,颜色也变成灰白。

老刀忽然激动地连连点头道:"我知道怎么回事了!"

"想到什么了?"

"这颗石头不仅颜色可与周围环境融为一体,质量、能量上或许也是如此。"

"这是一款正处于研发阶段的军用机,机身肯定采用最先进的复合材料制成,一把火就能烧化?必然是陨石造成火势异常,而机壳融化后的金属熔浆在陨石催发下,变得更加炽热、持久,甚至融化了坑穴中的石头,这就是岩浆的成因。"

老刀为了证明所言,点燃一堆树枝,将陨石放入火点中。片刻,陨石表面呈现出和火焰相同的颜色,很快,又冒出火焰。再用树杈子将陨石拨出,火焰立刻消失,石头表面变成暗褐色,表面没有半点热度。

"这石头神了。"马陆激动得想要拍手。

老刀也很激动,甚至握着陨石的手都在微微颤抖。

"唉,不枉这趟辛苦,值了。"

"老刀叔,我感觉这块石头比冷心石有价值百倍,要是幕后凶手知道了,肯定不惜一切代价对付我们。"

"陨石种类千奇百怪,各不相同,没有谁比谁好,只有合不合适,这个人不惜杀人抢夺冷心石,肯定有大图谋。"

聊了没几句,泥坑里的熔岩几乎凝固,气温也恢复如常,可见回落之快。

"这块陨石,相当于催化剂。"马陆道。

"没错,这个比喻非常贴切。"

杨月钟葭道:"老刀叔叔,您为这块陨石定个名字吧?"

老刀眼珠子一转,想了想道:"不急,还没确定这是最新发现的种类,等科研所鉴定之后再说。"

说罢,他用特殊的帆布包好陨石,放入包里,四人心满意足地退出坝头岭。

看了看天上的太阳,老刀道:"一夜没合眼,歇歇吧,先做饭,填饱肚子,再休息一晚,明天赶路。"

"同意,我都快累死了。"马陆躺在地下用力伸了个懒腰。

"赶紧起来,不嫌脏啊?"杨月钟葭道。

四人在火坑边待了很长时间,每个人都熏得头脸黢黑,满身黑尘。马陆

"噗嗤"一声笑了出来道:"你以为不躺地下,就干净了?"

"咱们做的事儿,难免灰头土脸,但该讲究还是要讲究,毕竟是科研人员。"女孩一本正经道。

老刀拍手道:"钟葭说得没错,咱们不是杂牌军,应该尊重自己的职业。"

马陆叹了口气,坐了起来道:"我不过就是放松一下,至于上纲上线吗?"说罢,一骨碌起身道,"我去洗澡,行了吧。"

"都去洗个澡,精神点。"老刀挥了挥手道。

"钟葭看守装备?"

"凭什么你们洗澡,我不能去?"

马陆被她问得一惊道:"你想怎么着,和我们一起?"

杨月钟葭脸一下红了,道:"你胡说什么呢?"

"话是你说的,难道我理会错了?"

老刀打圆场道:"钟葭的意思,是我们互相为对方站岗,大家都能痛痛快快地洗把澡了。"

马陆赶紧道歉,随后四人转而往溪水去了。

山泉从石缝中流出,虽然涓涓不断,但流量并不大,一次洗一人都勉强。不过有了陨石,这个问题就解决了。老刀取出陨石,放在流出山泉的石缝上,很快石头变得透明流动,山泉水量骤然增加。

老刀脱了衣服,只见浑身上下伤痕累累,马陆借机探他口气道:"老刀叔,钟葭下手确实有点狠。"

"不能怪她,如果当时不采取措施,估计我就成杀人凶手了,这叫咎由自取。"老刀笑道。

"你真不怪她?"

"废话,都是一家人,有什么好计较的,咱们必须抱团,内斗只会消耗战斗力。"

"嗯,很对。"

嘴里虽这么说,马陆却在暗中叹了口气,他觉得老刀言不由衷之意太过明显。一场风暴,已在暗中积蓄力量,即将爆发。

洗干净后,三人退出,杨月钟葭进场,她对马陆道:"你可得尽心尽责地站好岗。"

"放心吧，我保证不会让任何一个喘气的男性闯入这片禁地。"

老刀支起锅，准备食物，马陆握着一根树棍，尽心尽责地守护女孩安全。

阿蛮坐在马陆身边，闲得没事儿，他还有一把弹弓，取出来用石子射高处的树叶。他的准头无与伦比，每一次出手，必有一片树叶落下，马陆看得手心痒痒道："给我玩儿两把。"

两人在准头上的差距，很快显现出来。马陆接连打出七八颗石子，无一得中，他正打算询问阿蛮射击技巧，杨月钟葭忽然传出一声惊叫。

"坏了。"马陆想也没想，抄起棍子冲入"禁地"。

山泉对面是一片并不茂密的树林，树林之后是断崖。正因为无路可走，视野开阔，所以杨月钟葭才敢放心大胆地洗澡，没想到还是出了意外。

马陆本以为是野兽，可转到石头背面，看到的居然是"死而复生"的胖子，只见他站在树林边缘，气喘吁吁地靠树而立。

杨月钟葭用衣服挡在身前，后背却是一览无余，马陆不敢直视，脱下外套，将她身后盖住。杨月钟葭吓得不知所以，一把紧紧搂住马陆脖颈。

马陆抱起她正打算跑，胖子再度张嘴大吐，大股胃液喷涌而出，洒落在地。胖子身上伤口已经结痂，却因为失血过多，浑身惨白，可即便伤成这样，还是挺了过来。吐过之后，胖子似乎疲惫到了极点，一屁股坐在地下，满脸黑气隐隐，沉重的喘息声震得树上枝叶瑟瑟抖动，脸上又一次露出痛苦表情。

杨月钟葭穿上衣服后，就像一头受惊的小鹿，轻轻颤抖着。

马陆捡起一根木棍，小心翼翼地朝胖子走去。靠近后，只见胖子虚弱无力望着他，眼神中贪婪之色不见半点。胖子对马陆缓缓抬起左手，似乎想要站起来。

"你……肚子难受？"马陆试图和他对话。

胖子似乎是听懂了，点点头，又抓起一把烂泥，塞入嘴里，吞下肚子。

"你这是……"

马陆不知胖子到底什么路数，就听老刀道："这个人是重度异食癖患者，他长了一个堪比鲨鱼的胃。"

"异食癖也不至于吃泥土吧?"

"我有个朋友有轻度异食癖,他喜欢吃玻璃,尤其是灯泡的玻璃,他说那玩意又香又脆,和炸蚕豆一样。他们有个圈子,里面都是有异食癖的人,其中有些极端的,什么东西都吃,还不得病,身体比一般人都好。"

"世上还真有这类人?"

"很奇怪吧,但真的有。胖子肯定是异食癖,估计吃得左邻右舍无法忍受,就把他送上山了。果林是胖子种的,平时充饥就靠果子,不过飞机被陨石砸下来后,他有可能食用了机身材料,导致消化不良,所以就这副模样了。"

"我还以为他变异了。"

"异食癖肯定不是正常行为,不过大多患者智商没问题,但胖子是个弱智。"说罢老刀拍了拍马陆肩膀道,"走吧,咱们帮不了他。"

马陆正要走,就听胖子惨叫连连,似乎是在哀求他施以援手。

见马陆停住脚步,老刀叹了口气道:"你帮人我不拦着,可这胖子咱们帮不了,你想,如果被他咬一口,会有什么后果?"

"嗯。"马陆点点头,想了想又问,"如果把他嘴堵住呢?"

"你……"老刀哭笑不得道,"你敢靠近他的嘴?我可不敢。"

如果被胖子抱住,必然给他啃得遍体鳞伤,想到这儿,马陆情不自禁打了个冷颤。药盒里有五片吗丁啉,马陆取出后丢给胖子,示意他吞下肚,胖子一把连泥带药地抓起,吞入肚里。

"能做的都做了,走吧。"

三人返回营地,也没心思做饭了,收拾完东西,正打算离开,又听胖子发出一声刺耳的咆哮。这一声,似乎用尽了胖子全身力气,土地都在颤抖,马陆暗道不好,正准备过去,却被老刀一把拉住道:"差不多得了。"

马陆一把挣脱,原路返回,只见胖子靠着树,犹如机器人一般,动作僵硬地晃动着。他想吐,然而无论嘴张得多大,也吐不出一点,只是口水横流。因为极度痛苦,胖子的脸已经扭曲得无法看出人样,脖子和太阳穴处鼓起的青筋,犹如一条条蜿蜒的蚯蚓,额头上的汗水,一滴滴落下。

胖子又发出一声吼叫,然后缓缓瘫坐在地。马陆正要上前救援,就见胖子肥硕的肚皮,忽然发出痉挛般的抖动。这不是颤抖,而是身体不受控制的表现。只见肚皮上的肥肉犹如海浪一般翻翻滚滚，互相撞击，并发出"啪啪"声响。接着，胖子连放几个又响又亮的臭屁，肚皮抖动更加剧烈，他除了大口喘气，已经无法动弹。

"这他娘的，到底是怎么了？"老刀走到马陆身边，小声嘀咕。

谁知话音刚落，那边"嘣"的一声脆响，胖子的大肚子居然炸开了。

突然发生的一幕，出乎所有人意料。鲜血、碎裂的脏器、黏兮兮的液体犹如爆开的血肉烟花，蹦向半空，胖子肚皮皮肉翻开，露出一个大窟窿，其中几乎空无一物，甚至看到了脊椎骨头。

马陆浑身发麻，脑子里一片空白，也不知过了多久，才在老刀的叫喊中恢复了意识。胖子终于死了，瘫倒在地没了动静，空气中弥漫着一股怪味，让每个身处其中的人，都觉得呼吸困难。

杨月钟葭心知不好，也不敢过来，隔着大石头问："怎么了？"

"千万别过来，你受不了。"老刀道。

"为什么，为什么会这样？"

"见鬼了。"老刀小心避让着洒满一地的人体器官，走到胖子尸体旁，仔细观察后道，"应该是肠胃发生的爆炸。"

"怎么看出的？"

"五脏六腑，除了肠胃碎裂，其余保存还算完整，真惨。"

胖子肠胃里有许多杂物，甚至还有一些铁器。老刀道："吃了那么多乱七八糟的东西，能活到今天，也算命大了。"

老刀转身退回，一路小心翼翼，然而走过一株树后，他停步片刻，又退了回去。

对着一片草丛观察片刻，老刀取出一块手帕，从中捡起一物道："我知道胖子肚皮爆炸的原因了。"

"怎么回事？"

走到马陆面前，老刀打开手帕，只见其中裹着一块鹌鹑蛋大小的石头，石头的颜色变得和手帕一模一样。

"是陨石的作用？"马陆道。

"是的，胖子吃了陨石，胃液大量分泌，这是他呕吐的原因。"

"那肚子爆炸呢，被胃液撑炸的？"

神奇的陨石

"是陨石放大了吗丁啉的效果,肠胃蠕动加快后产生的气体所致。"

"是我害死了他。"马陆心情骤然降到冰点。

"别主动往身上背罪孽,胖子的死和你没有任何关系。"

杨月钟葭也劝道:"老刀叔叔说得没错,死亡对他而言是解脱,胃液分泌过多也是非常痛苦的。"

"唉……"马陆长长叹了口气。

"好了,收拾东西走人,这次也算是满载而归,不虚此行了。"老刀情绪颇为高涨。

"下山的路没有瞎子做向导,我们根本无法通过。"

"放心吧,我已经想到办法了。"

"什么办法?"马陆好奇地问。

"其实特别简单。"老刀取出卫星电话,联系了武明星,通报方位后,等待对方联系运输直升机来此接人。

"确实省心省力,上山的时候为什么没用这招?"

"上山是为找陨石,必须一步一个脚印地走,这么简单的道理,还需要解释吗?"

做完饭,四人踏踏实实填饱肚子。没过多久,螺旋桨引擎的轰鸣声阵阵传来,一架民用运输直升机悬停在树林上空,丢下一条软锁。

"明星执行力真强,这么短的时间就能搞定一架直升机。"老刀赞了一句,随后四人背上装备,通过软锁,依次进入机舱内部。

除了两名飞行员外,机座区域另有一人,并不是武明星。戴上头盔,打开通信系统,老刀问:"明星呢?"

"哦,武老板有事走不开,托我们来接四位。"

老刀点点头道:"多谢哥们了,怎么称呼?"

"我叫赵卓然,几位就叫我小赵吧。"

互相客气了几句,直升机掉转方向,飞离了苍龙山。马陆透过机舱窗口,望着脚下雾气氤氲的苍龙山,心情颇为沉重。

老刀拍了拍他肩膀道:"别垂头丧气的,年轻人,拿出点精神头来。"

马陆勉强笑道:"回去喝顿大酒,啥事儿都没了。"

"那是必须的,这次不虚此行,必须喝痛快了。"

很快,直升机飞出山区,却并没有降落,而是继续飞行。

"小赵,咱们这是去哪儿?"

"哦,武老板说送几位去皇明大厦。"

"皇明大厦,什么地方?"

"三川市的六星级酒店,在整个华东区域,皇明大厦是最高档的酒店。"

"可我的车子还在苍龙山山脚,我得拿车去。"

"放心,您的物品由我们负责托运,保证不会少任何一样。"

"这也是武明星嘱咐你们的?"老刀皱了皱眉头。

"是的,武老板这次花了大钱。"赵卓然笑道。

老刀却冷笑一声道:"这小子可不是个大方人,这次中彩票了?"

"我们满足客户的一切需求,至于您的问题,见到武老板后可以当面问他。"

"小赵,别把人当傻瓜,你到底是什么人,为什么这么做?"

"我只是个打工仔,办好老板吩咐的事而已。"赵卓然从腰间抽出一把手枪,贴腿而放。

阿蛮刚要动手,却被老刀一把按道道:"冷静。"

"大家不用紧张,我保证大家都是安全的。"

"只要我的队员不受伤害,什么都好说。"

"不会有任何人受伤,枪,只为不时之需。"

"好,我们就踏实跟你吃这顿饭了。"

飞了十几分钟,城市群出现。三川市并不大,之所以建有六星级酒店,是因为丰富的旅游资源。整个皇明大厦,类似一个扭曲的椭圆形,上下形状相同,中间收窄,以两条盘龙雕像作为装饰。整座大楼一共七十八层,是三川市地标性建筑,顶台有三处供直升机停放的平台。探星小队乘坐的直升机降落后,赵卓然当先走下,协助众人出舱。

"枪我收了,几位不要让我为难,好吗?"

"放心吧,既来之则安之。"老刀笑道。

五人走进大厦,上了一座金光闪闪的电梯。门即将关上的一刹那,阿蛮忽然出手,掐住赵卓然的脖子,将他抵在电梯门上,另一只手朝他腰间的枪套伸去。

赵卓然受制于人并不慌乱，攥住阿蛮手腕往下一压，接着抬腿朝腰间拱去。阿蛮自小在山里长大，没有受过任何拳术、武术、散打训练，不过多年与山里的野兽近身肉搏，练就了他过人的身体素质与超级灵敏的反应。赵卓然抬腿时他就意识到对手接下来的动作，顺势松开手，抱住对方大腿，将人抱起后摔在地下。赵卓然差点吐了，呼吸都感到不畅。马陆乘机按住他一只手，左手摸到了枪把子上，忽然"叮咚"一声，电梯停住了。

两扇门快速对开，一间富丽堂皇的包房出现。

这是专用电梯，直接入户，电梯两边分别站着八名身材彪悍的男子，看模样就是专业的安保人员，其中一名欧洲人就像拎小鸡一般，将马陆拖了出去。他又去拖阿蛮，这小子身子一缩，就地一滚，从对方两腿间穿过，接着舒展身体，朝对方屁股猛踹一脚。阿蛮虽然身材瘦削，力气可不小，身材高大的保镖顿时失去平衡，踉跄冲进电梯，摔趴在地。他怒吼一声，爬起来就要动手。

就听一个声音不紧不慢道："远来是客，大家客气点。"

此人浑厚的语调中颇有威严，轻描淡写一句话，几乎发狂的保镖立刻安静下来，垂手立于一旁。

这是一间美式田园风格的总统套房，共有三层，色彩淡爽，风格活泼，站在大厅里看，犹如身在城堡中。

一名中年男子背对众人，站在巨大的落地窗前，他身着一件淡青色休闲西装，左手插在口袋，右手夹着一根古巴雪茄。

赵卓然揉着脖子，走到他身后道："欧阳主席，探星小队的人到了。"

老刀吃了一惊道："您是欧阳青石主席？"

听到这个名头，马陆也是暗暗吃惊。

欧阳青石在陨石行业可算鼎鼎大名，他任职于国际陨石贩子联盟，是中国区副主席，说是一人之下万人之上的大人物，毫不为过。

第十八章

撞击坑理论

国际陨石贩子联盟是陨石行业最大的贸易组织,全世界的陨石交易都在联盟内完成。

鉴于陨石的特殊属性以及罕见程度,这是一项交易金额极高的项目,因此联盟也是日进斗金的组织,每一地的掌控者,都是行业内的佼佼者。

欧阳青石是国内最早一批有规模、有计划寻找陨石的猎人,而使他蜚声国内外的,则是"撞击坑"理论。

当时的他名字还叫欧阳乾坤,刚从华北地质大学资源勘查专业毕业不久。在实习的过程中,他连续发现四处上古留存的陨石撞击坑,由此建立了以撞击点为圆周探寻陨石的理论。

天外来客降落在地球的遗迹,不就是确立陨石所在的最好证据?

正因为这项理论的确立,欧阳乾坤成为了陨石猎人中的佼佼者,并因此找到了大量的陨石,其中不乏神秘的上古陨石。

当"乾坤"变成"青石",曾经的少年也一跃成为行业内最顶尖的人物,最终成为国际陨石贩子联盟的中国区副主席。

"正是在下。"欧阳青石转过身来,只见他满头黑发,两鬓斑白,国字脸膛上剑眉鹰目、鼻挺口阔,一副标准硬汉模样。

在这样一位大人物面前,马陆身体有些发紧,老刀也变得安静,只有阿蛮依旧我行我素，四处观察他感兴趣的物品。

"几位，贸然相请，还请不要见怪。"

"您客气，这次请咱们来，您是……"

"大家一路风尘，先不说事儿，洗个澡，休息一下，晚上我给诸位接风。"欧阳青石话说得客气，表情却是不咸不淡，看不出喜怒哀乐。

包厢内设有四种风格的浴室，正好一人一间，马陆进的是"芬兰浴室"。一番蒸汽熏蒸后，他心满意足地冲洗干净，补充了一些水果点心，随后躺在宽大舒适的软床，似乎有了一点成功人士的感觉。

说也奇怪，这里的环境虽比野外舒服一百倍，马陆却睡不着了，心里总觉得不踏实，一直挨到傍晚，他翻身而起，穿着睡衣走出房间。

只见宽阔的大厅里，老刀和杨月钟葭已经和欧阳青石坐在沙发上，相聊甚欢了。

马陆走下楼梯道："你俩也没睡觉？"

"有机会和行业内最优秀的猎人交流经验，我肯定不会放过这个机会。"老刀道。

马陆有点不好意思道："就我心大，还好没睡着。"

"咱们先吃饭，边吃边聊。"

不等欧阳青石起身，老刀拦住他道："您别客气，有什么吩咐尽管说，能办，我绝不推辞，不能办，我想办法也得给您办了。"

欧阳青石的脸上露出一丝笑容，对于老刀的回复，他似乎很满意。他不紧不慢抽了一口雪茄道："还是边吃边聊吧。"

话音刚落，就见一道身影，从三楼护栏一翻而下。几次敏捷的攀援后，那人稳稳站在一楼大厅。

"不走好路走邪路"的当然是阿蛮，这么做是为了锻炼身体。对于一个自小在山林里长大的少年，他不可能在健身房上力量训练。

五人坐上圆桌，片刻，厨师推着两辆镀银餐车走进来，将罩着银色盖碗的碟子依次摆上桌，菜品不多，连凉带热一共九道，菜品以法式为主，什么红酒龙虾、奶油焗蜗牛……

虽然数量不多，但质量绝对杠杠的。

闻着酒菜香气，马陆顿时有了饥饿感，见欧阳青石挑了一块鹅肝，当下

顾不得许多,伸手抓来两个蜗牛,一口一个,满嘴留香。

杨月钟葭笑道:"马哥,吃法餐有很多规矩的,你也太豪放了。"

"挺好,年轻人吃相就要放得开。"

老刀并没有动筷,从烟盒里取出一根雪茄道:"欧阳主席,还是说事儿吧,否则这顿饭我吃不安生。"

"嗯。"欧阳青石拿起餐巾擦了擦手,慢条斯理地剪开一根雪茄烟嘴道,"对于陨石猎人这行而言,我自称一句老资格,不为过吧?"

"当然,您是老前辈,尤其撞击坑理论,促进了整个行业的发展。"

欧阳青石微微点头道:"撞击坑理论确实特别重要,不过,我从没对人说过发现这套理论的原因,外界所传,都是别人编的故事,今天就和大家说说这事儿。"

马陆顿时来了兴趣道:"太好了,洗耳恭听。"

"说起来得是四十五年前了,那时我刚入行,师父带着我,只在戈壁滩活动,因为沙漠地带视野开阔,颜色单调,所以陨石在其中会有颜色反差,可以看得更加清楚。不过我们在戈壁滩找到的陨石并不多,而且质量也很一般。好在那个年代找陨石的人不多,不然,师父的成绩更差。"

"我尝试着和师父沟通,换一种思路继续,他不听,我觉得跟着他不会有出路,开始单干。那个年代,找陨石的人大多往两个地儿跑,有钱的去南极,没钱的去沙漠,而我开始搜集国内外报道陨石撞击消息的报纸,用了两年时间,搜集了两百二十九处区域,之后用排除法,留下一半相对而言可靠的区域。之后,根据时间做了排序。"

"这一过程中,我发现陨石撞击其实也有规律可循。比如,石头落在南半球的概率比北半球高,落在复杂地形的概率比落在旷野的概率高,于是我反其道而行,不去视野开阔的平原、沙漠、雪地,而是专门往深山老林里走。"

"地形复杂的区域,比如说树林、山地,这种地方到处是石头,而且可见度差,寻找陨石十分困难,不过我找到了一个小窍门,就是测量某一地的磁场能量,因为根据我的统计,磁场能量越强的区域,受到陨石撞击的概率越高。"

马陆忍不住插嘴问:"可是磁场能量微乎其微,四十多年前就有测量地球磁场的仪器了？"

"没有可以动手做，特别简单，用一片树叶放在水里，将一口别针在头发上摩擦后，放在树叶上，之后树叶就会在水中打转，根据转速，可以判断出当地磁场强弱程度。"

"又学了一招。"马陆道。

"如果我还是一名陨石猎人，这门技术绝不会告诉你。"说罢，欧阳青石哈哈一笑，继续道："刚开始经验不足，走了不少错路，好在没放弃，继续坚持了一段时间，终于在重庆以西的大湾村附近发现了一处距今约有五百年的陨石撞击区。

"这片区域的发现其实有点侥幸，主要是当地磁场能量过强，甚至会对金属器械产生影响。一直以来当地村民以为是鬼怪作祟，其实是地层中撞入了一颗巨型铁陨石，天长日久，撞击坑被冲刷来的泥土填满，变成了农田。

"很多人寻寻觅觅一辈子，不过找到些煤渣子般的碎陨石，而我的第一颗陨石，就重达七百公斤。"说到这儿，欧阳青石露出一丝笑容，曾经的光辉岁月，并没有随岁月老去。

"初战告捷，证明了这套理论确实有用，于是我开始设计专用工具，继续寻找陨石。你们大概不知道，现代陨石归类中，我一人就占了总量的百分之七。"

陨石归类，就是给陨石起名字，比如"野蛮之心""绿色之星""冷心石"等等，而一人占有归类名称总量的百分之七，说明欧阳青石在职业生涯中多次找到新品。这是荣耀，也是能力的体现。

"您在这行就是传奇，不光咱中国人这么看，老外也是如此。"

欧阳青石摆了摆手道："告诉大家撞击坑理论的形成原因是以正视听，如果再有人当你们面胡说八道，一定替我证明。"

老刀忍不住笑道："我听过最扯的说法，是您得到了某种外星科技，所以才找到了许多陨石。"

"你们觉得是笑话，但有人愿意相信。"

"如果为了澄清谣言，登报宣传效果更好。"马陆道。

欧阳青石点着雪茄抽了一口，答非所问道："尼古丁真是个好东西，既能给人心理安慰，也不像毒品那样使人堕落。"

"我没事儿也抽雪茄,感觉人在烟雾里,心情都会舒畅。"老刀道。

烟雾袅袅中,欧阳青石的眼神似乎更加深邃,他进入了出神的状态,夹着雪茄久久不动。

探星小组四人也不知是怎么回事,过了一会儿,马陆忍不住问:"主席,您想到什么了?"

"哦。"欧阳青石一惊,回过神来,"不好意思,我……"话说一半,欲言又止,随后端起酒杯对马陆道:"小兄弟,咱俩喝一杯。"

马陆正打算起身,却被欧阳青石按住道:"这杯酒我敬你。"

"那怎么成,论身份您是会长、论年纪您是长辈……"

"我敬你酒,是请你做一件事,做成了,你就是整个行业的英雄。"

马陆愣住了,不知如何接话。

老刀觉得路子不对,干咳一声道:"孩子年纪太小,当不起重任,这杯酒我替他喝,您看成吗?"

"马陆,我在你这个年纪,已是最顶尖的猎人,你觉得自己小吗?"

马陆看看老刀,又看看欧阳青石,不知如何回答,屋里忽然陷入尴尬的沉寂。

"我会把撞击坑理论交给你们,有了这项技术,相信你们会在短时间内有长足进步。"

"那么,您究竟需要我们做什么?"

"不是你们,只是马陆。"

"主席,我刚入行没多久,也没啥本事,恐怕做不了太复杂的事儿。"

欧阳青石挥了挥手,保镖们退出餐厅将门关上。"这件事不光和我,跟你们也有关系。"又对杨月钟葭道:"杨教授找到的那颗'冷心石',放得稳吗?"

"啊……"女孩愣住了。

"我呢,其实无心出头,原本打算做一辈子陨石猎人,当这个主席,实属于无奈。"

"其实我早想问您,为什么在巅峰时期退出行业?"老刀问。

欧阳青石并没有回答问题,又对马陆道:"你说你小,今年多大了?"

"二十四岁。"

"我宣布退出时,只有二十八岁,比你现在大四岁。想象一下,如果我能做到今天,会获得怎样的成绩?是不是比这个狗屁主席更有意义?"

"难道,您的退出也和'冷心石'有关?"杨月钟葭问。

欧阳青石的表情渐变严峻,默默喝了一杯红酒,忽然抬起左脚,咣当一声,搁在桌上。没等众人发问,他卷起裤腿,只见露出的并非是小腿,而是一条复合材料制成的义肢。"这就是我退出的原因,膝盖以下,整条小腿全被锯了。"

说这句话时,欧阳青石显得非常痛苦,虽然已经过去二十多年,这段往事他并没有放下。

"一九八六年,我在南非找到一块'冷心石',带回国后没多久,就有买家找我,开出了在当时堪称天价的价位,但我没有答应。两年后,我在长白山旅游……"说到这儿,他用力咳嗽几声,喘息片刻才继续道,"遭到陌生人袭击,未婚妻当场死亡,她是,她是我这辈子最爱的女人……"

欧阳青石眼红了,人到中年,他早已学会克制情绪,虽然痛苦,却并不失态。又喝了一杯,他指着左腿道:"我是万幸,两颗子弹都从身体穿过,没有留在体内,否则必死无疑。我爬了足有四公里,遇到采参人才算得救,不过伤腿受损严重,只能截肢。我从不为自己感到难过,和小琴比,我算幸运了,其实该死的人是我,可老天偏偏带走了不该走的人。"

沉默良久,马陆道:"凶手在一九八六年,就开始搜集'冷心石'了?"

"我应该是第一位受害者,可惜当时并不知道,直到多年后多名拥有'冷心石'的人被害,我才明白当年遭遇并非意外。可惜啊,找我买陨石的人,外貌特征早忘了。"

"您找到的'冷心石',还在吗?"

"我早把石头捐给了科研机构,后来一夜无踪,也不知道是哪个环节出了问题。"

"您需要我做什么?"

"我暗中查了十年,总算有了一点头绪。马陆,我需要你帮助,揪出幕后真凶,为这些年被他害死的人,讨回公道。"

"我……为什么是我?"

"因为你活着。"欧阳青石的回答简单干脆。

"如果我不答应,会怎样?"

"选择权在你,我追查幕后真凶不是因为义务,是我个人的选择。"

"嗯……"

"马陆,我不是要你上刀山下火海,只要你参加一个聚会,如此而已。"欧阳青石亮了底牌。

"聚会?和谁聚会?"

"是一个名为圣雄互助会的兄弟会。"

马陆吃了一惊道:"您也知道?"

"当然,难道你们也知道?"欧阳青石略感意外。

老刀抢在马陆之前道:"朋友曾经提过,说得并不细,我也没往心里去,据说会员都是社会精英。"

"准确地说,都是从事航天航空的精英,以机长和退役航天员为主。"

"这些人和陨石行业八竿子挨不着,为什么要伤害我们?"马陆问。

"不能说凶手一定和圣雄互助会有关,不过出自其中是一定的,因为到今天为止,我至少确认了三名杀手,来自圣雄互助会。"

除了阿蛮,其余三人面面相觑,沉默片刻后马陆道:"我应该怎么做?"

"很简单,冒充会员,参加一次聚会,用最先进的间谍设备,拍下所有会员正面视频,只要得到这份资料,必然可以找到幕后黑手。"

"计划没什么问题,可我不是会员,怎么混进去?"

"世上没有不透风的墙,我花钱买了一个身份,本来这项任务由我执行最合适,可惜买来的身份是个年轻人,也不瘸。马陆,我们一桌五个人,看来看去只有你最合适。"

"唉,我找不到借口拒绝,只能答应了。"虽然没有拒绝,但马陆不太愿意。

欧阳青石起身,和他郑重握手道:"马陆,感谢你无畏的付出。"

"谈不上付出,也是为自己安全着想。"

之后的氛围变得融洽,吃吃喝喝中马陆酒精上头,有些微醺,就听欧阳青石道:"今晚在这里好好休息,东西我会让人安排好,明天一早开始制订计划。"

回到房间,马陆洗了个澡,正打算上床,就听屋门一声轻响,转身望去,杨月钟葭轻轻走进屋里。

"是,是你。"马陆忽然有些紧张,深更半夜,姑娘独自一人过来,为什么?

杨月钟葭双目突然红了,泪水夺眶而出。

"马陆,我替父亲谢谢你。"说罢,转身走出了屋子。

马陆满脸通红,有些失望,有些羞愧。很快,他一觉睡到天亮,洗漱之后吃了早饭,一名打扮古怪的男子敲门而入。只见男子瘦长身材,剃了个莫西干头,穿着牛仔背心,露出的胳膊、脖子布满了文身,鼻子和耳朵戴着数枚鼻钉和耳钉。

"谁叫马陆?"他嚼着口香糖问。

"有事吗?"马陆问。

"我是'纹情并茂'的首席技师,有人让我来这儿给你做个文身。"

圣雄互助会会员身上都有文身,这是潜伏计划的第一步。

马陆在沙发上躺好,文身师安装完工具,在他右臂上开始文身。

"我做这行也有十几年了,第一次见人把条形码纹在身上,挺有创意。"

"纹别的没意思,我就喜欢别出心裁。"

"你们有钱人,想怎么玩儿都行。"

"有钱?你怎么知道我有钱?"

文身师指了指总统套房道:"这种地方,一般人住得起?"

马陆笑了道:"好眼力。"

"眼力不好,可干不了这行。"文身师有点小得意。他的手艺确实不错,活儿也很细,条形码的粗细与照片上的不差分毫。

"如果用激光枪扫这码,一定能读出数来。"文身师自信满满道。

说者无心,听者有意,等人走了后,马陆指着胳膊上的条形码道:"这道文身,或许是圣雄会会员的身份辨认码。"

老刀道:"先不说这个,我刚想到凶手有我们的身份信息,你这么过去等于自投罗网。"

"怎么不早说?我这条形码纹得真冤枉。"马陆皱着眉头抱怨。

"为什么冤枉?"欧阳青石走进大厅。

"主席,昨天忘记说了……"

"你们说的我听见了,不过这个麻烦我已经解决了。"

"解决?您是怎么解决的?"

"还记得夜龙吗?"

"记得,您不说我都忘了,这四人绑了一票儿,我还打算出山以后报警呢。"

"这四人就是我安排保护你们的,他们绑架的人才是真正的杀手。"

"啊……"除了阿蛮,其余三人异口同声。

"没想到吧,所以说斗争的手段远比你们想象的复杂。"

"可是山里追杀我们的,又是谁?"

"杀手体内有定位芯片,所以得有人在山里移动。你们见到的杀手,是我请的演员。否则山里杀人,怎会用刀不用枪?"

"他临死都没有吐露实情,也太入戏了?"

"就算他说了,你们有谁会信?"

沉默片刻,马陆点点头道:"也是。"

"我从杀手那里了解到,对方确实得到了老刀和钟葭的个人信息,马陆和阿蛮的信息还在搜集中,所以你尽管放心大胆地去,不会有人看出破绽。当然,保险起见,我会请专业的化妆师再给你补个妆。"

水平高的化妆师画出妆容,确实有易容效果。首先将马陆的胡子用剃刀刮得干干净净,涂抹一层淡淡的增白乳后,原本皮肤略黑的人立马变白,模样就有了变化。

接着,又将他鼻子上的黑头处理掉,两条眉毛修得微微上翘,再将马陆梳了十几年的分头,改成"飞机头"。

一顿处理下来,马陆几乎是从头到尾换了一人,帅得连他自己都有些陶醉。

"你别说,还真有点做小白脸的潜质。"老刀笑道。

"我总算知道了,帅哥美女都是打扮出来的,顶个'屁股帘'在田里刨地,就算吴彦祖也没用。"马陆由衷地感叹。

"胡子得刮干净,增白乳每天早晚两次。"化妆师叮嘱道。

"马陆,这是我们最好的机会,决不能出岔子。"欧阳青石将一套微型监控设备递给马陆。

陨石猎人 上

这是一套纽扣摄像头，具有夜视、高清、实时传输等功能，最远拍摄距离达七十米。马陆只需要把这套设备带在身上，将所有会员正面全身像拍摄下来，仅此而已。以设备的先进和隐蔽性，这项任务没有难度。

马陆挑选了一套低调的黑色休闲西装，纽扣全部换成同一款式，穿上之后，对镜子左照右照，看不出丝毫破绽。

"和人握手的距离，就可以拍摄对方全身。"

"保证完成任务。"马陆自信满满道。

"这事儿没什么复杂，但你必须拍下所有参与者，遗漏一个人，都有可能导致大鱼漏网。"

欧阳青石拿出一幅图纸，展开后是一幅大宅照片和两幅屋内结构图，道："这间屋子是圣雄互助会聚会场地，称为圣屋，聚会区域在一楼、二楼，那里极有可能是真凶的生活区，估计相关资料都会在二楼区域，不过为了避免打草惊蛇，这次行动不涉及二楼。"

圣屋并没有特别之处，典型的美式田园风格，白墙红顶，三角屋顶两侧各竖一根烟囱，屋前土地种满了各式各样的蔬菜，有白菜、西红柿、黄瓜、茄子，等等。

"这屋子在哪儿？"老刀问。

"贵林省盘溪山，当地开发了一批别墅项目，圣屋持有者在半山建的屋子。"

"如果是幕后凶手买了这块地皮，信息不难吧？"

"购买这块地皮的，是一家名为'天独山'的当地企业，你们有没有听说过？"

"反正我不知道。"马陆道。

见没人搭茬，欧阳青石道："那么，'香美味'的肉制品，你们吃过吗？"

"这个知道，超市里都有卖的，怎么，二者有关联？"老刀问。

"'香美味'是天独山食品集团旗下品牌，主营肉制品加工，其中'香美味'肉丸系列，全国销量第一，这家企业和陨石行业没有半点关系，幕后真凶应该是通过代理人租用的地皮。"

"先上路吧，只要找到真凶，一切疑问都会有答案的。"马陆道。

"我安排了专机，随时可以起飞。"

214

专机在当时来说是可是稀罕物，马陆甚至没有听说过，没想到生平第一次坐飞机，便是最高规格待遇。偌大的机舱内，只有一名乘客，漂亮的空中小姐和帅气的机长，只为他一人服务。

原本，老刀想和他一起过去，马陆觉得人多反而会对自己造成压力，还是独自行动自由度更高。

在飞机上睡了一觉，落地后有专人接应，对方名叫阿美，是一个长相柔美、身材纤细的贵林妹子。她的任务是冒充马陆女友。

带女伴的好处有两点，一是缓解紧张情绪，二是可使对方放松警惕。除了以上两点，阿美还负责后勤保障工作。她替马陆弄到了假身份证，还负责监控小组的工作开展。

这位大眼睛、长睫毛、圆鼻头、小嘴巴的姑娘，性格之爽朗干脆，与外形截然不同。

圣雄互助会团聚日将在一天后举行，根据欧阳青石掌握的信息，参与者只需要身份对应，就可以进入。

确认"背叛者"身份信息没有任何问题，马陆开始调整状态，迎接人生中"大考"。圣雄会并没有特别的仪式，对马陆而言倒也方便，唯一可能使他身份暴露的，是"背叛者"的入会介绍人。想要加入圣雄会，唯一途径是由入会三年以上的老会员引荐，所以马陆不能和引荐人见面。好在"背叛者"提供了引荐人信息，阿美安排手下在半路堵截，一旦发现对方行踪，便会带去秘密地点关押，直到任务完成。

这是马陆进入圣雄会之前，必须扫清的最后一个障碍。

傍晚时分，负责执行任务的组员通报了消息，引荐人在前往圣雄会的途中被截，任务可以继续执行。

马陆并没有觉得轻松，反而更加紧张。女孩看出他的情绪变化，安慰道："马哥，就是进屋里坐坐，喝几杯红酒，抽一根雪茄而已，不用过于担心。"

说罢，她轻轻走来，直到超过男女交往礼仪中的"安全距离"。马陆不是木头，他心跳骤然加速，虽然尽力克制，可呼吸仍然显得急促。

"不用克制，该怎样就怎样。"女孩吹气如兰，身体柔软得就像一条水蛇，轻轻贴了上去。

马陆血涌上头,脑子一热,伸出双手……

然而,他把女孩轻轻推开了。

"怎么?"阿美有些诧异。

"我……"马陆挠了挠头,也不知该说些什么。

"不够吸引你?"

"别误会,只是……我明白你的意思,可咱俩是假冒情侣。"

"那么,把我当成真女友不就行了?"女孩露出一丝魅惑笑容,再次试图靠近。

"阿美,趁我还有点理智,赶紧停手吧,否则后悔就来不及了。"

阿美不再强人所难,转身走到镜子前道:"你是嫌我吧?"

"不是嫌弃,是尊重。"

"尊重……"阿美冷笑一声道,"从我出生就没见过这东西。"

"妹子,我确实比较紧张,让我一个人静静,成吗?"

阿美轻叹口气道:"如果需要,我随时过来。"

阿美走后,马陆打开电视,可眼睛虽然盯着屏幕,脑子里想的却是入行后发生的事情。虽然时间很短,还不到一年,却有几次出生入死的经历,这次更是要扳倒一位实力雄厚的凶手。这不是马陆想要的生活,他的理想是平平安安赚一笔钱去环游世界,可眼下过的日子,比混黑道还要惊心动魄。

马陆觉得应该退出,如果继续这么下去,说不定哪天就死了。可是他又想到了陨石,那些神秘莫测、具有特殊能量的石头,一旦拥有,必然令人振奋,那种感觉,就像统治了全世界。

万一将来真有机会弄到一枚具有超级能量的陨石,不就逆天改命、踏上通天之途了?

马陆顿时起了一身鸡皮疙瘩,打消了退出的念头。

圣 屋

那句话怎么说来着?

"欲戴其冠必承其重",成就一番事业,就是一场战到精髓骨折,再恢复伤情的过程。

想到这儿,马陆似乎没那么紧张了。

喝了两杯葡萄酒,酒劲上头,有了一点睡意,马陆这次躺在床上很快睡着了。

一直睡到日上三竿,马陆在温暖的阳光中慵懒地醒来,睁眼就看到阿美瞪着一双水汪汪大眼睛,望着自己。

"怎么回事?"马陆吓得一咕噜起身,跳下床。

"看你这副样子,还怕我占你的便宜?"

"我,我没对你做啥事吧?"昨天酒喝得有点多,马陆不免担心。

"做了怎样,没做又怎样?"

"阿美,咱们别拿这件事开玩笑,你说实话……"

"别在那儿叽叽歪歪了,我来是喊你起床,该走了。"

"什么?不是说晚上吗?"

"刚收到消息,因为事儿有变动,聚会的时间提前了。"

马陆忽然觉得浑身僵硬,脖子都转不动了,壮了的胆气,瞬间泄个

陨石猎人 上

精光。

阿美指着衣架上挂着的衬衫和中山装道:"这是定制款,参与圣雄会的人都穿这套。记住,所有扣子都要扣,尤其是有监控装备的第二颗扣子。"

阿美离开后,马陆抑制不住发抖,由里而外地冒凉气。

"我没那么怂。"他用力跺跺脚,然后倒了一大杯红酒,正要往嘴里倒,又觉得这一杯下去就算不醉也是浑身酒气,于是将酒杯放下。穿上衣服,马陆觉得口袋里似有硬物,伸手摸出一盒名片夹。

他走出卧室,只见客厅的桌上摆着几碟精致点心,阿美道:"补充点糖分,能缓解紧张的情绪。"

马陆假装无所谓,随便吃了两口道:"我觉得没必要多此一举,带这个东西。"说罢,将名片夹递给阿美。

拿到镀银的小方盒,阿美打开盒盖取出所有名片,最下面一张是镀银的,又薄又窄,她用两指夹住,对餐桌蜡烛猛地横划一下。

"嗖"的一声,烛台悄无声息断成两截。接着,阿美捏住盒子两边,轻轻一按。又是"嗖"的一声,盒子底部陡然射出一张镀银方片,射中墙壁,竟然没入一半。

"这不是名片盒子,而是携带刀刃和发射暗器的装置,能射七次,近距离使用,威力不比枪小,防身用的。"见马陆脸上忽然没了"人色",阿美安慰道,"铁片用的特殊涂料,可以屏蔽探测设备,不会被发现的。"

"唉,但愿吧,我可不想用这玩意杀人。"

"装备这种高科技的间谍设备,只是以防万一,这项任务不会有任何危险。否则,也不会找到你。"

马陆不想被女人小看,强装镇定,阿美看在眼里心里却暗暗好笑,上前挽着他胳膊道:"马大哥,等你凯旋归来,我给你庆功可好?"

两人如同情侣一般出门,上了一辆别克商务。车子穿过热闹拥堵的马路,四周农田渐多。贵林山多,一层层的梯田随处可见,约莫在路上走了两个小时,终于到了目的地盘溪山大溪别墅区。

风景秀丽的盘溪山下,竖立着一排排别墅。半山腰处,另有一座白色的美式田园风格别墅,与别墅区建筑风格不同。

"这片地皮曾经都是天独山所有,后来千禧公司买了百分之七十的面积,

开发了别墅区,保留下的部分,建造了独栋别墅。"

"如果天独山将圣屋租赁权收回,不就尴尬了?"

"谁知道呢,或许他有把握长租,或许他没有长期待一地的打算。"

山下有一条专用通道,直接通往圣屋,道路修得坚固狭窄,来去两条通行道,上山处设有一道通过闸,有专门的安保人员负责。这些人可不是保安,从体型动作就能看出,全是具有军事行动能力的特勤人员。

马陆的车子提前做了备号,对方检查了车子和人员信息后便放行了,阿美道:"你是新人,老会员会带你熟悉规矩,所以理论上你不会露出破绽,除非酒喝多了胡说。"

"你放心,我滴酒不沾,绝对管好自己的嘴。"

"总之,你明白咱俩的性命都在你手上,就行了。"

"你为什么替欧阳主席做事儿?"沉默片刻,马陆问。

"你知道大人物和老百姓最大的相同点是什么?最大的不同点又是什么?"

"相同的,两者都是人。不同的,前者想干啥就干啥,后者唯一能干的就是赚钱养家。"

阿美被逗笑了道:"这答案挺现实,却并不实际。"

"那么你说说实际的。"

"两者相同点在于都会有烦恼,不同在于大人物有钱请人摆平麻烦,老百姓只能自己解决。"

"所以,你是专门替大人物摆平麻烦的人?"

"算是吧。"

"虽说不该以貌取人,但看你的外形,真不像是这种人。"

"如果你的父母前后得了绝症,哥哥等着结婚,弟弟上学要学费……"阿美苦笑了一声,"你还有机会挑工作吗?"

"唉,你这个年纪,承担的事儿太多了。"

"没人能轻松地活着,相比正在承受病痛折磨的父母,这点压力算什么。"

圣屋前有一处"8"字形广场,车子开到两环交接处,有专人将车开去停车场,会员必须步行一段路,走到一段又高又陡的楼梯前。

圣屋

"这叫'入门梯',修成这样一是增加攀爬难度,暗喻登门不易。二是让人无路可逃。"阿美道。

虽然参与聚会,阿美穿的却是女士西装和平底皮鞋,就是为爬楼的。只见高处屋门打开,两名身着中山装的男子分立左右。再无退路,马陆深吸口气正打算上楼,胳膊又被阿美搂住:"别把你的女友忘了。"

两人小心翼翼走上台阶,足足走了四五分钟才到门口,两名男子伸手将他们拉进屋里。

入户间独立而建,看不清屋内状况。左边一人模样温文尔雅,不紧不慢地取出一根读码器道:"您好,请展示会员帖。"

"会员帖?"马陆愣住了。

"既然是圣雄一员,却不知道会员帖?"对方笑容渐渐凝固。

"我俩是新人,第一次参与盛会,他脑子没转过来。"阿美拍了马陆肩膀一下。

"我真是猪脑子。"马陆赶紧脱了衣服,露出肩膀文身。

"既为会员,是你的荣耀,要时时刻刻记在心上。"说罢,他用读码器扫了马陆肩膀上的条形码,确认数据无误,打开屋门道:"请进。"

终于要深入虎穴了,马陆心里七上八下,紧张到了极点。

"镇定,别被人看出破绽。"阿美小声道。

"你咋知道我有点怕?"

"你手心和冰块一样凉,肯定是吓得。别怕,有我呢。"说罢,阿美在他掌心轻轻挠了两下。

屋里只有一堵白墙,唯一能走的路就是通往地下的楼梯。楼梯是铁质的,表面刷了一层白漆,斑驳漆面部分脱落,露出乌黑精铁。

整栋屋子寂静无声,马陆以为没人,可进了地下室发现里面坐满了人,所有人身着同款中山装,坐在凳子上一动不动。屋里陈设简单,只有五排木质板凳,四面墙壁画满了宇宙星空的图案,没有点灯,光源来自摆在四边墙角的蜡烛。

马陆也不知道该做些什么,轻轻咳嗽一声,然而众人依旧不动。

"怎么办?"马陆小声问。

"站着吧,至少不会触犯禁忌。"

"吱呀"一声,靠近墙角的木头门打开,从中走出一名七十多岁、白发苍苍的老人。

老人身材消瘦,佝偻着腰,稀稀拉拉的长头发直到腰间,瞪着一双凶光熠熠的小眼,来回打量二人。

"老爷子,我叫……"

"跟我来。"老头慢悠悠走回屋里。

走到门口,马陆回身打算来一波拍摄,可面对人群才发现,这些人全是木头雕成,身体与真人无异,可脸上没有五官,烛火照耀下,坐满木头人的屋里顿显鬼气森森。

马陆打了个冷颤,走进另一间屋子。

然而这间屋子更加恐怖,只看了一眼,马陆便起了一身的鸡皮疙瘩。这间屋子肮脏到了极点,房间里污水遍地、垃圾满房,一侧的洗碗池里堆满了碗碟,天知道这些厨具究竟摆了多久,生了厚厚一层绿色的霉斑。整间屋子最脏的是另一侧的卫生间,只见马桶四周满是污水,堵塞的马桶里全是变色的粪水,陶瓷表面沾满了咖啡色的水渍和呕吐物残渣。

马陆嗓子眼一堵,差点吐了,阿美也恶心得不行,阵阵干呕。

老头冷笑一声道:"恶心吗?"

"老爷子,这儿……"

不等马陆把话说完,阿美暗中捏了他一把接话道:"圣屋如此,必有缘由,我们不便发表意见。"

老头面无表情,用手指着靠里的屋门道:"把鞋子脱了,赤脚走。"

"我……"马陆心知说也白说,无奈摇摇头,把鞋子脱了。

腐臭浓腥的液体浸透袜子,马陆感觉像是踩在糨糊里,每走一步,肚子里的隔夜饭就往上冒一截,走了没几步,实在忍不住,"哇"的一声,张嘴狂喷。

"实在受不了了。"吐完之后,马陆气喘吁吁道。

"坚持一会儿,屋子也没多长的路。"

"为什么让我们从这里走?有意思吗?"马陆小声抱怨。

"少说两句,没必要为这点小事得罪他们。"

"这是小事儿?简直……"马陆忽然觉得奇怪,转而问道,"你一个女孩子,怎么比我能扛?"

"你?"阿美语气隐隐透露着不屑道,"男人一定比女人强,但不代表你比我强。"

"这话有点伤人。"

"但是实话。"阿美实力硬怼。

终于走到门口,马陆迫不及待打开屋门,正要进入,却被一名男子拦住道:"且慢,您可以进来,小姐还请回去。"

"我只能陪他到这儿?"阿美皱眉问道。

男子没吭声,只做"请"的手势。

"别紧张,一定会成功的。"阿美拥抱了马陆。

没办法,只能一人走进房间,关上门后马陆打量四周,屋子里干干净净,只摆放了一口浴缸,三面墙壁以暗红色的天鹅绒窗帘遮挡,没有任何异常。

马陆忽然问了一句:"圣雄会没有女性,对吗?"

男子笑道:"为什么?"

"从名称上就能看出。"

"圣雄并非男性,而是一种力量,信仰的力量,女性当然可以参与。"

"可是我的女友,为什么不能继续前进?"

"因为……"男子递给他一瓶苏打水道,"经过肮脏人世,你吐出体内污垢,纯净了灵魂。赵华兄弟,你通过了受理的考验,你的女友却没有。"

"赵华"是"叛教者"姓名,听了对方的高论,马陆哭笑不得,道:"那间房子,是'肮脏的人世'?"

"房屋即人间。"男子按住马陆肩膀道,"刚入会的兄弟不懂规矩很正常,通过最终考验,你会有很多时间学习、实践的。"说罢,他将三面窗帘拉开。

正前方是门的位置,左右两侧墙壁分别摆着两座铜制雕像,左边是人,右边是羊。

"赵华兄弟,净化了灵魂之后再是身体,你用人的血液,还是牲畜血液?"

"当然是牲畜。"马陆心里一沉,确定这是邪教组织无疑。

男子取出一根铜制小棍,对着山羊铜像轻敲几下。铜像自动挪开了,露

出的墙面上有一个洞口,只听黑黝黝的洞里传出窸窸窣窣声响,三只山羊依次走了出来。

男子道:"请。"

"这……什么意思?"

"'受理'之后是'受戒',赵华兄弟,需要你用罪人血液,清理身体的污垢。"

"可它们不是人,是山羊。"

"若无罪,怎能为畜。"他微笑着回答。

"可我不会杀羊。"

"惩罚,而非屠宰,你的目标在于羊血。"

"这得给我一把刀,否则只能用嘴……"马陆忽然一激灵,不说话了。

男子面无表情点了点头道:"正义终将惩罚邪恶,赵华兄弟,请你证明净化世间的决心和勇气。"

马陆快疯了,以残忍的行为虐杀动物,居然美其名曰"净化世间"?如此可笑、荒唐、残忍的话,圣雄会的成员居然能够轻信?

"赵华兄弟,你随时可以退出,我们不会勉强。"

"我……"

马陆心里清楚,查出幕后真凶的机会仅此一次,如果放弃,未来必然还会遭到暗杀,己方在明、对方在暗,防不胜防。

他心有不甘问道:"选人呢?难道咬死活人?"

"如果选人,那就割开腕动脉,用血净身。"

"我情愿割脉。"马陆捋起衣袖。

"受戒不是游戏,说到就要做到。"

马陆怔怔望着三头山羊,几次想要动手,始终没能鼓起勇气,踌躇再三,叹了口气道:"我做不到。"

"就这么放弃了?"

"我非常希望加入圣雄会,成为其中一员,可我毕竟是人,咬死三只山羊,这不是人做的事儿!"

男子呵呵大笑着拍拍马陆肩膀道:"没错,咱们不是野兽,怎能去咬牲口。"

"你，你到底什么意思？"

"我的意思是，你通过了受戒。"说罢，他拧开水龙头道，"把身上的污秽洗净，就可以继续前进了。"

"我做了什么，你就让我通过？"马陆懵了。

"受戒的目的，在于心灵和肉体根本一致，我相信你能做到。"

"如果我咬死了山羊，又怎么算？"

"圣雄会成员是由飞行员和航天员组成，从事这类工作的人文化学历都不低，所承受的压力也远超普通人，时间长了，有些同志的精神难免出现问题。"

"所以受戒的根本，是甄别精神病？"

"我们认为精神出现问题，就是肉体与灵魂的不协调所致。"说罢，他关上水龙头，取出一套紫红色睡袍道，"洗完澡，就穿这身。"

男子离开后，马陆将身上脏水污垢清洗干净，换上睡袍后又推开另一间屋门走入其中。

屋里没有点灯，关上门黑得伸手不见五指，马陆顺着墙边摸索，试图找到开关。

"这间屋子里没有灯。"有人道。

"哦，您是……"

"感受你的脚下。"

马陆没有穿鞋，赤着脚在地下轻轻摩擦了几下，只觉地面又干又硬，起伏不平。

"我感觉……"马陆又用脚踩了两下道，"这里的地面不像人工做成，而是天然山地。"

"没错，这间房与山地相接，地板就是天然的山石。"

"挺有意思。"马陆敷衍着回了一句。

"我的兄弟，在这里你将感受到宇宙的奇迹。"对方的语调忽然拔高了几度。

马陆暗中觉得好笑，无非就是房子盖在石头上，虽不常见，也没什么神奇，居然将之上升为宇宙的奇迹，忽悠水平之低劣，生平罕见。一念至此，就见黑暗的空中亮起一团宝蓝色光晕。起初只有一拳大小，随着光圈不断膨

胀,屋子逐渐照亮,连人在内,一切看得清楚。

屋子里空空荡荡没有陈设,面前之人赤身裸体。此人身材很好,四肢修长有力,平整光滑的小腹,八块腹肌犹如雕刻一般完美,手中握着一根乌金手杖,杖头镶嵌着一块菱形透明的水晶石,蓝光正是石头发出。根据"同性相斥"原理,马陆不但觉得恶心,且产生了"防御机制"。

"脱下你的衣服。"对方以不容置疑的语气道。

"为什么?"马陆下意识用手挡在身前。

"你……"对方有些诧异道,"你胡思乱想什么呢?"

"没有,只是咱俩这样……"

"这叫坦诚相见,懂吗?"

马陆脑子一激灵,忽然想到监控设备不在身上,没法录像了。见他迟迟没有行动,对方叹了口气道:"人间有神力,只是愚民不知罢了。"

只见他举起手杖,另一只手托在石头下方。片刻,蓝色光源中产生了一股淡薄轻烟,烟云并不散开,围绕石头上下盘旋,静谧的房间呈现出一丝神秘气息。

"天父将证明他的存在。"在他朦胧恍惚的声音中,马陆感到崎岖不平的山体似乎正在发生变形。借着蓝光,马陆低头看路,只见山体起伏处正逐渐变得平整,随着那人手指动作,山体居然产生了涟漪效果,一道道圆形波纹在山石表面形成,扩散至边缘消失。

这并非对方具有神力,十之八九是陨石产生的特殊变化。

难道眼前此人就是幕后真凶?

马陆假装惊讶道:"您是如何做到的?"

男子倒是一副宠辱不惊模样,声音低沉道:"这并非我之力量,而是无所不能的天父,借我之手展示于你。"

马陆心知无法避免,一咬牙,脱了衣服。

对方表情并没有任何异常变化,他走到马陆面前道:"愿你感受天河之美。"

说罢,握住马陆手腕,将他的手贴在水晶石上道:"闭上眼睛,用心感受。"

马陆闭上双眼,不知过了多久,忽然身周似有细雨淋下,皮肤表面一片潮湿。片刻,凉意明显,"水势慢慢上涨",漫过脚面、小腿、腰部直到脖颈。

受到水压,马陆呼吸变得困难,正要查看情况,就听对方道:"凡人不可直视神迹,紧闭双眼。"

马陆不敢妄动,此时"水已漫过嘴巴",于是深吸一口气闭住呼吸。

没有任何意外,马陆"沉入水中"。当凉水涌入耳中,继而漫过头顶,马陆生平第一次有了溺水之感。

他很慌张,然而双手却被对方捧住,如此一来,情绪不再慌乱。

然而如何镇定,也无法让人身体产生氧气,承受着水压,马陆觉得胸闷得似要炸开,终于憋不住了。他开始"漏气",空气从鼻子呼出,产生的水泡发出"咕噜噜"声响。

几乎要被淹死,马陆再也忍受不住。睁开眼,却发现真的沉入一片碧绿的深水中。

他水性尚可,腿一蹬正打算向水面而去,却被对方一把勒住脖子,死死按在水中。

第二十章

真 凶

冰凉的水不断涌入马陆体内,他难受极了,不断咳嗽、呕吐,却吸入更多的水,坚持了没一会儿,他的意识逐渐迷糊,停止了挣扎。

马陆一声惊呼,坐了起来。

他所处之地是一间温暖、整洁的房间,屋里的陈设像是七八十年代的招待所。东侧两张铺着绿色布垫的单人木质沙发靠墙而立,西侧摆着一条木架,三层分别摆放铁壳水瓶、搪瓷面盆、毛巾。

屋子里干燥得没有一滴水,可马陆总觉得身周水波流动,他在胳膊上来回摩挲,时而觉得潮湿,时而觉得干燥,居然无法判断身体究竟是干是湿。

"这是创伤应激的表现。"一名男子声音传来。

"谁?你人在哪儿?"

屋子也就十来平方米,一目了然,除了他没有别人。

"我就在你床头。"

马陆循声望去,只见床头左侧一个身着白衣的侏儒盘膝坐在地下。

侏儒坐着没床高,衣服颜色和屋里色调相同,而马陆情绪过于紧张,没有发现床边坐着人。

"抱歉,我……"

"没必要道歉,我习惯了。"侏儒起身后比床也高不了一点,他蹒跚着走到暖水瓶前,费力地倒了一杯水,递给马陆道:"你昏迷了两天,补充点水分。"

"我这是在哪儿?通过考核了没有?"马陆边喝水边问。

侏儒笑道:"这不是考核,是对精神毅力的考验。很荣幸由我告知,你通过了'三受之考',从今天起就是圣雄会的一员了。"

"我听说聚会两天前举行,兄弟姐妹们还在吗?"

"聚会已经结束,都离开了,不过所有人都来看过你,并为你祈祷祝福。"

马陆眼前一黑,差点晕倒,豁出性命来这里,只得到一个入会资格,怎么跟人交代?

"你好像不太高兴?"

"没有,我很开心,只是不想表达。"

"经历过濒死状态,情绪会低落很长一段时间,但也会使人变得理智,这就是受洗的目的。"

"您是?"

"我……"侏儒呵呵一笑道,"我叫魏一鸣,是圣雄会第一位成员。"

马陆暗中大吃一惊,这真是踏破铁鞋无觅处,得来全不费工夫,遍寻不到的真凶,居然就在自己面前。

他恨不能用眼珠子拍下对方照片,或是干脆掐死侏儒得了。

可理智告诉他,"天父"绝不可能被轻易杀死。

马陆假笑一声道:"您就是我们的天父?"

"天父?"侏儒又笑了道,"我可不是天父,也不是天父之子,我是一名奴隶,就如千千万万人一样,我们都是天父的奴隶。"

"奴隶?"马陆愕然。

"我们只配做奴隶,而且是被遗弃的奴隶。"

"您……这番见解,挺独特的。"马陆也不知道该说些什么。

"人类之卑微,只有人类自己不知。我们自封为万灵之主,却亲手屠杀了无数生命。高贵的生命,不会如此残暴。"

"嗯……"

不等马陆发表意见,魏一鸣继续道:"所有伟大的文明,都是由奴隶创

造出来的。我们应当勇于承认自己的身份,赵华兄弟,你的看法如何?"

"您说的确实在理,不过将人类描述为'奴隶',会被大多数人否定。现代社会讲究文明和自由,奴隶是被禁锢的群体,难道圣雄会提倡奴役和控制?"

"只要存在社会和文明,就必须约束自由,因为自由的终点,必然是为所欲为。而人与神之间的关系,就是主人与奴隶,万物等级从宇宙形成时就存在。"

魏一鸣的观点并不完全是胡扯,马陆不愿辩论,转而问:"该如何称呼您?"

"'圣雄'二字代表的是精神、是毅力、是力量,这些都是人类赖以生存的品质,我们分享一切,自然以兄弟相称。"

"哦。"这类说辞马陆听得多了,内心毫无波澜。

魏一鸣笑道:"能走吗?我带你四处转转。"

"我的衣服,麻烦您问问,身份证啥的都在口袋里。"

魏一鸣亲自将马陆的衣服取来,摆在床上道:"快到中午饭时间了,今天轮我值班,搭把手如何?"

马陆穿上衣服道:"当然,为兄弟姐妹们效劳,是我的荣幸。"

"哈哈,说得好。"

马陆微微俯身,将魏一鸣全身拍下,随后跟在他身后出了屋子。

"我腿短,走路慢,没必要跟在我后面。"

"出于对于您的尊敬,我必须这么做。"

"你叫赵华,南海空降训练营的副机长对吗?"

"是的。"

走廊的墙壁上挂着一柄消防斧,魏一鸣停下脚步,摘下斧头。

斧柄漆面斑驳,斧头虽然经过打磨,却能看出被血迹污染,魏一鸣杵着斧头道:"赵华兄弟,为什么加入圣雄会?"

从他脸上看不出喜怒哀乐,这让马陆心生不安,难道被识破了?

见马陆不说话,魏一鸣晃了晃斧柄道:"别误会,这是用来劈骨头的。"

赵华的资料马陆背得滚瓜烂熟,申请入会的原因是母亲死亡时,两名加入"圣雄会"的同事对他多有照应,因此产生了归属感。

马陆正打算照本宣科,话到嘴边忽然心念一动,便把现成话咽回了肚子里。

"怎么?你亲笔写的入会原因还需要想吗?"

"原因我当然记得,不过经历'三受之戒'后,我有了新的想法。"

"哦,洗耳恭听。"魏一鸣饶有兴趣地道。

"濒临死亡时,我见到了二叔,他还是学生时模样,我不确定那是幻觉,还是二叔真的出现了。我想问他,可张开嘴说不出话,那是一种特别真实的感觉,你能明白吗?"马陆眼眶红了。

他没有瞎说,那一刻,真的见到了二叔。拥抱时,马陆清楚感受到二叔身体的温度,闻到二叔头发散发出的脑油味儿。

见魏一鸣张开双臂,马陆跪下与他拥抱,只听他轻声道:"无论我们的亲人去了哪里,总有一天会重新相聚的。"

"我知道……"马陆鼻子一酸,哭了。

等他哭痛快了,魏一鸣推开身前屋门,里面是一间厨房,没有现代化厨具,只有四口土灶。

"咱们这儿不通电吗?"

"圣屋里不允许出现任何现代装备,包括水电气,人类应当回归自然,那才是最好的生活状态。"

厨房里另有七人,马陆正在暗中拍摄,忽然被人按住肩膀,对方小声道:"我抓到你了。"

这句话把马陆吓得半死,腿软得差点没站住。

"别想偷我的牛肉,我眼睛贼着呢。"他发出咯咯怪笑,伸手拎起砧板上的生牛肉,放进嘴里咀嚼两下后吞了。

这人又高又胖,就像日本相扑手,旁边一个矮小的中年男子道:"老陆就喜欢吹他牛肉烧得好,其实他烧的牛肉没什么味道。"

岂止没有烧熟,根本就是生的,马陆想到苍龙山那位无所不吃的大胖子,胃部又有抽筋的感觉。

"咣当"一声大响,魏一鸣用斧子劈开一根粗壮的猪腿骨,道:"赵华兄弟,洗肉的任务就交给你了。"

马陆发现厨房里全是肉,没有蔬菜。

"全吃荤?"

"没错,我们只吃肉。"魏一鸣道。

做肉食的方法也很简单,猪、牛、羊三种肉一锅炖。片刻,厨房里肉香四溢。

"去食堂。"魏一鸣脱了围裙道。

食堂就是客厅,宽敞的屋子里,两张长桌从头摆到尾。奇怪的是门口跪着两人,二人身材瘦削,面有菜色。

魏一鸣从二人身边经过时恍若不见,马陆好奇地问:"魏大哥,他们做错什么了被罚跪?"

"偷吃青菜。"

"这……"马陆无语,因为吃青菜罚跪,这叫什么规矩?

"男人不吃菜、女人不吃肉,是我们这儿的规矩。"

"我冒昧地问一句,制订这种规矩,有什么道理?"

"男人吃肉越吃越香、女人吃菜越吃越香。"

这不着四六的回答,听得马陆一头雾水,估计魏一鸣脑子可能不太正常,也就不再问了。

食堂里很快坐满了人,有男有女分桌而坐,果然是男一桌摆肉、女一桌摆菜,两桌互不侵犯,一顿饭在悄无声息中吃完。

之后魏一鸣又带马陆从后门而出,只见山腰平地中开垦了大片田埂,种满各式蔬菜,饱餐一顿的男女回到田间继续耕作。马陆假装欣赏风景,暗中拍摄所有从身边经过的人。

"这里所有的人,都是圣雄会成员?"

"这些人是我请来的工人,一部分种菜,还有一些照顾我的生活起居,像我这样的残疾,需要别人照顾。"

"咱们都需要别人的照顾。"马陆又问,"买别墅的人,对咱们这儿的农田没意见?"

"我们种菜用的是有机肥,这些蔬菜都是纯天然的,大部分菜品以极低价格卖给别墅区的人,没人对我有意见。"

说话时,又有三男三女走到魏一鸣身边,六人身着麻布长褂,脚蹬草鞋,装束像极了旧社会的佃户。

"还有一项仪式，必须在六位兄弟姐妹的见证下完成。我腿太短，就不和你们一起了。"魏一鸣自嘲地道。

六人将马陆围在当间，顺着山路往前走去。

"咱们这是去哪儿？"马陆问。

"到了，你就知道。"走在头里的男子轻声道。

三名男子，分别是"受理""受戒""受洗"的执行者，也算是马陆的熟人了。

"我女友呢？现在哪里？"

"我告诉她，你在这里还要住些日子，人先回去了。"老人道。

得知阿美安然无恙，马陆也就放心了。

这一路风平浪静，却走了很长时间。出山之后，七人沿着小道继续向前，四周渐渐荒凉，除了黑灰色的碎石子，不见半点绿色。

与此同时，马陆看到远处出现了一座光秃秃的荒山。说是荒山，其实就是一块巨大的石头，黑灰色的山体整体一块，犹如生铁铸成。之前被树林遮挡，所以没能看到。七人走到黑山脚下停下脚步，头一排女子转过身来对马陆道："赵华兄弟，请你祭拜圣山。"

说罢，她取出一块锋利的骨制品，递给马陆。

骨头经过打磨，非常锋利，可以轻易割开皮肉，马陆知道祭祀规矩，于是捋起衣袖，朝大黑石走去，其余六人一字排开，站在他身后。

然而，意外状况突然出现。马陆听到胸前"噼啪"一声轻响，摄录装备毫无预兆地冒起一股青烟，接着火花闪烁几下，被烧毁了。

大量证据毁于一旦，为了掩饰冒起的青烟，只能将烟雾吸入体内，咳嗽时马陆趁机将烧毁的电子设备拽下，丢在乱石中。

纽扣摄录机是专业的间谍设备，不存在质量问题，自燃必有原因。

马陆本就心虚，越想越怕，一时愣住了。

"赵华兄弟，为什么犹豫？"交给他骨刀的女子，走到马陆身边。

马陆一惊，回过神来，只见她四十岁出头年纪，身材矮小，五官瘦削，干瘪犹如僵尸，一副重病缠身的模样。

她将骨刺摆在马陆另一只手腕上道："当心中充满美好，即便身入地狱，也是天堂。"

这一刀躲不了了，马陆一咬牙，将手腕割开，鲜血顿时涌出，六人围上来用手接住鲜血，抹在黑石上。

　　手腕虽有动脉，但割得不深，血液很快就会凝固，与此同时，抹在黑石的血迹也渐渐消失了。

　　血液风干会有血迹，然而黑石表面却连一点血渍也未留下，难道石头会吸血？

　　六人沉默不语，静谧的气氛让马陆感到压抑，他没话找话道："圣山确实不同寻常。"

　　"你衣服的扣子掉了。"对方并没有接茬，忽然指着马陆胸口道。

　　冷汗顿时冒了出来，马陆的心理素质和他这个年纪的人相差不大，遇到突发事件，根本难以冷静处理。

　　紧张的情绪和惶恐的表情毫无掩饰地出现在他面部，表情之明显，任谁都能一眼看出。

　　"你慌什么？"女子问了一声后，六人互相递了眼色，开始缓缓移动，准备将马陆围住。

真凶

第二十一章

屠 杀

"你加入圣雄会,到底有什么目的?"老头眯着眼问。

"我叫赵华,国际航空飞西亚线路的副机长,加入圣雄会……"

"你应该说真话。"

女子道:"没必要问他,身份不难查,只要找到引荐人就行。"

"兄弟们都走了,咱们也没手机电话,等把人联系上,黄花菜都凉了。"

"魏大哥也是,好歹留点备用的通信工具,谁能保证不出事。"

老头指着荒山道:"这是一块巨大的磁石,以圣屋所在位置,所有电子产品都无法使用,你又不是不知道。"

原来设备自燃是受磁石影响,而非对方"妖法"所为,马陆暗中松了口气,只要身份没有泄露,就有挽回余地。

"我可以自证清白。"

"如何证明?"六人异口同声问。

"我愿意接受'野犬'调查。"

"野犬"是圣雄会中的最为神秘的人物,即便会中成员也不知道"野犬"是谁,只知道有这么一个人存在,他的使命,就是找出背叛信仰之人。

"野犬"具有强大的人脉资源,他想查谁,谁就是透明的,毫无秘密可言,接受他的调查,就是证明自己清白的方式。

马陆清楚自己就是个浑身破绽的卧底，根本经不起调查。可眼下唯一脱身之计就是稳住六人，否则只会被当场拿下。

女子走到马陆面前，一声不吭地望着他。

"哦，正准备还你。"马陆会意，交出骨刺。

女子正要伸手，忽然咳嗽起来。她用手捂住嘴，鲜血从指缝中一点点溢出，面色变得越发蜡黄，摇晃几下之后，失去意识。

眼看人要摔倒，马陆眼疾手快一把将人抱住。

女子瘦得近乎皮包骨头，抱着她毫不费力。只见鲜血顺着嘴角往外淌，人的气息也变得微弱，然而其余五人却无动于衷，马陆道："几位，人都病成这样了，赶紧送医院吧？"

"放下她，还有更加重要的事情等待我们完成。"老头说话语气波澜不惊。

"有什么事儿比人命重要？"

"有天父的庇佑……"

"狗屁的天父，天父要能给你们治病，她就不会病成这样。"马陆急了。

然而这句话说出口，等同于认罪，五人立刻将他围住，老头道："有什么话，你自己去和魏大哥说，别逼我们动粗。"

"你们简直就是一群疯子，是邪教组织。"

话刚出口，马陆后脑勺遭到狠狠一击，眼前一黑，摔倒在地。

他被打懵了，但没有晕厥，只听一名男子在他耳边道："小子，如果再让我听到'邪教'二字，我就把你心掏出来，趁热吃了。"

随即，马陆被人拖了起来，站着时脑子阵阵发蒙，然而小腿肚子又挨了一棍，剧痛之下，发晕的脑子顿时清醒，连声喊痛。

"赶紧走路，否则只会越来越痛。"

马陆指着躺在地下毫无知觉的女子道："她怎么办？"

"不关你的事。"

"你的天父难道没有告诉你，做人必须善良吗？"

持木棍之人又要动手，老头道："行了，真把人打出事儿，谁去和魏大哥交代？"又对马陆道："小伙子，别自找麻烦了，老老实实跟我们回去，大家都体面。"

屠杀

235

马陆默不作声走到女子身边，将人抱起后扛在肩上，当先往回走。

女性在圣雄会的地位明显不如三名男子，另两位虽然对同伴的遭遇深表同情，也是敢怒不敢言。

"唉，如果有一部通信设备，消息早就传回去了，圣屋非得建在磁石附近吗？"

"你我都曾进入过神殿，你在神殿里见过冰箱、彩电？"

"咱们只不过是一群奴隶，没必要以神的标准要求自己。"

"你……简直混账。"老头大声呵斥对方。

那人也觉得说话欠妥，道："我也是为了任务考虑，不是为了自己方便。"

说着话众人走到树林边，正要进入林地，就听"咔哒"一声轻响传来。

"谁？"手持木棍之人立刻变得警惕。

只见林中人影晃动，阿美和四名男子从灌木和树丛后走出。

"你，你没走？"马陆惊讶道。

"如果我走了，只能眼睁睁看你搞砸这次任务。"阿美说话时眼睛却望着另外五人。

"什么意思？"

"让开。"阿美身后的男子上前，一把将马陆推开。

马陆正要说话，就见对方从腰后抽出一把装着消音器的手枪。

"我去。"马陆吓得一激灵。

另外三人也抽出手枪，四根黑洞洞的枪管对准五名圣雄会成员。

形势瞬间逆转，圣雄会成员沦为囚徒。

"我们只是当地的农民，与世无争。请问几位，为何刀枪相向？"老头一副人畜无害的模样问道。

阿美微微一笑道："抱歉了，我不可能留几位活口。"

"啊……咱可不开这种玩笑。"

"我没开玩笑。"阿美声音变得冷峻。

马陆也是大吃一惊道："阿美，你，是不是警告他们回去后别乱说话？"

阿美抽出一把手枪，她对准的是马陆。

"把嘴闭上，否则你下场和他们一样。"说罢，忽然掉转枪口，对老头开

了枪。

一声类似车胎爆裂的响声,老头两眼之间多了个洞,脑浆、鲜血洒得身后人满身满脸。

亲眼见到枪毙人,马陆才知电视电影里的剧情根本是编的。子弹打中身体,造成的伤口起码有瓶盖大小,可不是一个小洞。

老头顿时瘫倒在地,当场死亡。不等两名女子尖叫,沉闷的枪声接二连三响起。眨眼间,四人被打得如筛子一般。

空气中弥漫着浓烈的火药味,枪手没有立刻收起枪械,因为刚刚发射过的枪管温度极高,会烫烂皮肤。

愣了很久,马陆才回过神来。因为愤怒,他并不觉得害怕,吼道:"你是不是疯了,连杀五人?"

"哼!这些人死在你的手上,我只是执行任务而已。"阿美冷笑道。

"什么?你杀人,和我有什么关系?"

"如果不是你故意暴露身份,我又何必杀人灭口。马陆,你来这个地方,是为了当救世主吗?"阿美忽然情绪失控,对马陆尖叫道。

"我从没想过要当什么'主',我就是个普通人,不想被杀,也不想杀人。"

马陆并不觉得做错了什么,一句话怼了回去。

"如果你不想别人因你而死,下次说话前麻烦用脑子想想,什么话能说,什么话不能说。"

"你说得轻巧,这五个人死了,我也没法回去了。"

"你必须回去,我在这里的任务,就是确保你不会临阵脱逃。"

"见到魏一鸣我怎么说?就说你的人被我的同伙枪杀了?"

"只要你愿意,我无所谓。"阿美的表情并不像是开玩笑。

"我走了,你能把我怎样?"

"你试试,就知道了。"阿美声音冷到极点。

"或许你认为我不够老谋深算,不以大局为重,在我看来,拯救一条生命,肯定没错。"

"好吧,但愿拯救别人同时,你也能被拯救。"阿美对其中一名手下道,"跟着他,确保他返回圣屋。"

屠杀

马陆无路可退，只能原路返回，傍晚时再度进入圣屋。

越靠近屋子，心情越是紧张，却只能回到屋中，接受圣雄会的审判。

阿美明知这么做会使欧阳青石的计划暴露，却坚持如此。她是为了惩罚自己，公报私仇。

"安排一间屋子，她病得很重。"

马陆很清楚自己无路可走，拖一分钟算一分钟。他故意使语气急促，显得事态紧急，屋里的人也不知道怎么回事，情绪受到感染，跟着马陆后面乱作一团。

正当屋里越来越乱，有人大声道："镇定些，有什么可乱的。"

屋里顿时安静下来，魏一鸣从人群中走出。

"赵华兄弟，发生了什么事情？"

他语气如常，马陆却头皮发麻道："这位姐妹……"

"她叫魏多凤。"

"魏大姐在仪式将要完成时，忽然吐血不止，我只能把人先送回来。"

魏一鸣皱眉不语，片刻后道："安排房间。"

马陆和另外两人去了一间屋子，屋里干净整洁，弥漫着一股淡淡的薄荷清香。他将魏多凤轻轻平放在铺着白色床单的大床上，马陆道："这附近有医院吗，我去联系医生，看能不能上门……"

魏一鸣挥了挥手，对另二人道："你们下去吧。"

房门关闭后，魏一鸣走到魏多凤床边，握住她的手轻声道："她是我的大姐。"

"啊……"马陆吃了一惊。

"我是家族的诅咒，从小到大没有人愿意接纳我、对我好，唯有我的大姐。"魏一鸣眼神变得柔和，语速也变慢了。

"那赶紧送她去医院，否则……"

"他们五个人呢？在哪里？"魏一鸣扭头望向马陆。

"他，他们……"马陆脑子嗡的一下乱了，不知该如何回答，手指暗中按在发射器上，只等真相败露，立马发射暗器，拼个鱼死网破。

就在按下机关的瞬间，魏多凤忽然轻轻叹了口气道："那些人靠不住，见我病倒就全跑了。"

"大姐,你感觉怎么样?"魏一鸣神情关切地问道。

"没事儿,我习惯了。"魏多凤虚弱到了极点,勉强挤出一丝笑容,又对马陆道,"赵华兄弟,请帮我倒杯水。"

屋里并没有水瓶,马陆拿起杯子走到屋外,暗中琢磨是不是趁此机会逃跑,不知不觉朝门口走去。

"啪",一条粗壮的胳膊拦在门口,随后一个硕大强壮的身体绕到马陆身前。

"你准备去哪儿倒水?"吃生牛肉的老陆,瞪着一双牛眼道。

妈的,走不了了。马陆暗中嘀咕,只能倒了一杯水返回房间。

魏一鸣不在了,偌大的房间只有魏多凤呼吸时发出的"呼呼"声。

借着吸管喝了两口水,魏多凤轻声道:"谢谢。"

"应该的。"

马陆正要离开,就听魏多凤道:"你和女孩子说的话,我都听见了。不想被人知道,最好杀我灭口。"

"唉……如果我能下得了手,又何必把你带回来?"

"我活着,你就得死,值得吗?"

"身份暴露了,就算我能离开,迟早也会被你弟弟杀死。"

既然无路可退,马陆干脆实话实说了。

"你是为了'冷心石'来的?"

"我是陨石猎人,前些日子找到一颗'冷心石',没过多久便遭到追杀。魏大姐,我不想自找麻烦,如果你弟弟需要这颗石头,可以坐下来谈,何必一定要人命呢?"

魏多凤轻轻叹了口气道:"我这个弟弟,可以算是奇人,他的想法我理解不了。不过,只要你愿意待在这儿,我能保证你的安全。"

"终生软禁?那还不如死了痛快。"

"小伙子,千万不要和我弟弟为敌,这世上没人是他的对手。"

"您这话说的,也太大了点。"

"人们会因为他的外形,忽略他的可怕,我这位小弟弟……"魏多凤脸上忽然露出极度恐惧的神色,哆嗦着嘴皮子道,"请你杀死他,千万不要让他有半点翻身的机会。"

马陆吃了一惊道:"魏大姐,您,您到底是什么意思?"

魏多凤刚要继续说话,屋门一响,魏一鸣脚步匆匆走到姐姐床边,攥着她的手道:"我有点急事儿,要离开两天。"

"我没事儿,你不用惦记。"魏多凤面色如常,不见半点破绽。

"我和马姐说了,这些天由她来照顾你。"

说罢,魏一鸣又对马陆做了个手势道:"你跟我走。"

"啊。"

一条重要信息即将到手,这时候离开,马陆心有不甘。

"怎么?你不愿意?"魏一鸣道。

"赵华兄弟,和魏大哥同行是学习的好机会,千万不要错过。"魏多凤道。

"不是推辞,刚入会就得到大哥青睐,出乎我的意料。"

"嗯,走吧。"

两人前后出了圣屋,空地处站着数十名被雇佣的菜农,魏一鸣道:"麻烦诸位跟我走一趟,回来后每人一个大红包。"

马陆不免好奇,下山时悄声问道:"魏大哥,咱们这是去哪儿?"

"我有一处食品加工厂即将拆迁,得把机械设备运走。"

"您,您还做生意?"马陆愣住了。

"奇怪吗?不赚钱,拿什么维持圣雄会开销?"

马陆无意在这上多费口舌,附和着说了两句。随后,与众人上了一辆中巴车,穿过别墅区后,车子开上了高速公路。

菜农出来一趟不容易,所有人心情都很好,看着两边景色,有说有笑。

有人大声道:"魏总,等事情办完了,我给家里打个电话,行吗?"

魏一鸣笑道:"必须的。"

之后,陆续有人提了要求,他一一答应。看得出,被雇佣人与魏一鸣关系相处融洽。

"这些人和圣雄会有没有关系?"马陆问。

"虽然信仰是天父给予我们最美好的礼物,但并不是每个人都能得到。"魏一鸣轻声回复。

车子一直开到傍晚,终于到了目的地。这是一片工业园区,只见四周马

路宽阔，周围全是厂房。当马陆下车站在工厂入口处，他愣住了，直到有魏一鸣拍了拍他的膝盖，才从出神状态中恢复。

入口处的大理石分隔带上镌刻着"天独山股份有限公司圣创机械设备维修分公司"一行金光闪闪的大字。

"有没有吃过我的产品？"

"很喜欢，尤其是肉丸。"

马陆说的是假话，他并不喜欢吃经过加工的火腿肠、肉丸、水晶肴肉等肉类产品，他根本吃不出味道，所以天独山公司那款风靡全国的"极致紧密大肉丸"，他并没有吃过。

"做肉食品加工的企业多如牛毛，为什么一个侏儒的产品能卖到全国第一？你知道其中秘诀吗？"

"魏大哥不惜心血，逆水行舟，付出了比常人更多艰辛……"

"你说的是客套话。"魏一鸣笑了。

"我能成功的唯一原因就是傻，这行里的人大多以次充好、降低成本、赚取利润，我不懂这些。猪肉、调味品、制作肉丸的工艺，我没有一点马虎。在打口碑阶段，我亏了大钱，差点就破了产。万幸，当时买的一块地皮拆迁，靠着补偿金才渡过难关。"

"之后我的经营方式也没改变，结果一朝被市场认可，就造成了口碑效应，产品就爆了。"

"就这么简单？"

"其实不简单，因为有胆子一条道走到黑的人不多。"

"可是天独山的总裁名叫吴林，我看过他的专访。"

"社会，准确来说，是由正常人组成的圈子。某些时候，你们会选择同情弱者，但更多时候是下意识的歧视。残疾人生存之艰难是你无法想象的。所以，我只能躲藏在幕后。"

只见铝合金伸缩门两边打开，众人进入厂区后，一个戴着眼镜，文质彬彬的男子连连拍手道："兄弟姐妹们，来我这儿集合，咱们要运走的是一些关键设备零件。千万不要盲目搬动，要在技术员的指挥下完成，麻烦大家了。"

马陆暗中观察魏一鸣，进入厂区后，有四个身着黑衣、面相不善的男子来到他身边,五人低声商议着什么。其间,一个脖子挂着小拇指粗细金链子的男子,情绪颇为激动,几次涨红了脸和魏一鸣争执,都被劝开了。

进入厂区,偌大的厂房内弥漫着一股机油味,到处都是乌黑的机器设备,屋子中央摆放着一堆类似大喇叭和管道的设备,这些就是需要搬走的零件。

"这些零件分量不轻,大家千万不要将手伸入内部,汗液会腐蚀内部涂层,对零件造成损坏。"技术人员叮嘱道。

三四人一组合力搬动零件,一番辛劳,直到厂区内弥漫起一股浓郁的肉香味儿。

"辛苦大家了,先吃饭。"魏一鸣乐呵呵站在厂房门口道。

空地上摆着两口装满"无缝大肉丸"的保温桶,热气腾腾,另有一桶白米饭。

马陆早已是饥肠辘辘,领了一个搪瓷盆排队打饭。

每人一碗饭四颗肉丸,外加一勺拌饭浓汤,浓郁的肉香味中没有掺杂一丝香精味儿。马陆用勺子压住一颗肉丸,打算压碎了拌饭,没想到松开勺子后,肉丸不但完好无损,甚至弹了起来。

"这么有弹性。"马陆没吃丸子,却吃了一惊。这才明白"极致紧密大肉丸"的由来。

"你别说,他家的丸子我经常吃,确实好吃。"坐在他旁边的人小声道。

"知道为什么这么有弹性?"技术人员就在马陆身前,转过头问道。

"是不是加明胶了?"有人问。

"你这叫自作聪明,有嚼劲的肉丸子只能加明胶吗?咱们的大肉丸子,是用科学手段挤压碎肉间的缝隙,使得肉丸更加紧密结实。如果加了明胶,会产生一种嚼橡皮的口感。"技术人员解释道。

"做个肉丸子,还需要科学?吹牛吧。"

杠精哪里都有,此处也不例外。一个二十多岁、染着一脑袋黄毛的瘦子讪笑道。

"别小看这颗肉丸,为了把它做出来,我们花费了数千万元研制机械设备,其中原理……"他用勺子敲了敲搪瓷盆道,"假如这是生产设备,倒入碎肉后开始旋转,继而产生向心力,使碎肉往圆周中心堆积,随着旋转力的增强，碎肉越贴越紧，最大程度挤压存在的缝隙，最终形成一颗实球。"

说罢，从碗里拿起一颗肉丸砸向地面，"啪"一声，肉丸居然弹了起来。

"神了。"立刻就有人拍手。

马陆倒有几分佩服魏一鸣，此人虽然罪大恶极，却有一颗工匠之心，遇事百折不挠，决不言败。

可见优秀的品质，也会催生邪恶的行为。

此地四通八达，混出去并不难。倒是有一次传递消息的机会，马陆假装解手，转过厂房转角后立刻朝围墙跑去。只要能翻出去，马路上人多，随便借一部手机，就能通知欧阳青石。

眼看围墙就在前方，马陆正准备提速。忽然，墙角处飘出一股烟雾。

有人在这里抽烟，马陆赶紧躲入树影中。

人刚站稳，还没来得及喘气，就听一个沙哑的嗓音道："要我说，干脆把矮子干掉算了。"

一人道："你开玩笑吧，为这事儿杀人？"

"你怕啊？"

"我怕个屁，又不是没杀过人，但为这个事儿杀人不值得。"

"五百万，为这钱，我爹都能宰了，何况那个侏儒。"

"钱是不少，别有命挣没命花。"

"行了，说话声音小点。"

"没事儿，工人都在厂房里吃饭。"话是这么说，但人还是从黑暗中走了出来，四下望了望。

这人居然就是和魏一鸣争吵的"金链子"，只见他满眼凶光四下打量，几次望向马陆藏身的树影地，却没能看出破绽。

"没人，放心吧。"

三人依次从黑暗中走出，只见其中一名板寸头道："做了矮子不算啥，关键是怎样才能全身而退？"

金链子眯着眼道："我都想好了，咱们的人造成混乱，再瞅个机会把矮子捂死，这货不是有心脏病吗，别人肯定以为他是吓死的。"

一个刀疤脸笑道："老怪有长进，会玩阴招了。"

板寸头似乎是四人中的老大，他眉头略皱道："这种事准备得再周全都

屠杀

没用,一旦出了纰漏,脑袋就没了。"

"干脆,我来动手,但是钱要多分一份。"金链子不耐烦地道。

"事儿做得多,钱当然得多拿,要不然这样,五百万一分为二,你拿一半,我们三个人拿另一半,你说的这事儿,我们就当不知道。"板寸道。

"你们的意思,这事儿我一人扛呗?"

"老怪,咱们几个最着急赚钱的是你,兄弟不挡横财,但我们拖家带口的,不想赚这种钱。"板寸道。

"行啊,就这么定了。"金链子也没犹豫,一口答应了。

四人离开后,马陆从黑暗中走出,围墙就在不远处,随时可以翻出去,他却犹豫了。

事情发展到这一步,只要自己不管不问,魏一鸣大概率活不过今晚,这对所有人而言,都是一件好事。

可生死之事,谁都不会轻易对待。踌躇再三,马陆还是觉得必须亲眼看到魏一鸣的结局,否则就算离开,也不会心安。

再回到厂房时,饭已吃完,人们三三两两聚在一起吹牛、抽烟还有遛弯儿的,魏一鸣端着一口搪瓷盆走来道:"你的饭冷了,我给蒸热了。"

魏一鸣这一举动出乎马陆意料,接过热腾腾的饭菜,心中倒有几分感激,连声道谢。

"不用客气,咱们是兄弟,理应互相照顾。"

扒了几口,马陆道:"魏大哥,我能问你一个问题吗?"

"为什么创立圣雄会,对吗?"

马陆愣了一下,道:"没错,您真是……神了。"

"我说我进过神邸你信吗?"魏一鸣望着他道,脸上挂着一副似笑非笑的表情。

"嗯……"马陆的回复关乎这场谈话的走向,一旦说偏,就会彻底失去魏一鸣的信任。

但虚假的附和,只会适得其反。

沉思片刻,马陆道:"如果我不信,就不会加入圣雄会,不过还是会谨慎对待类似说法。"

"我完全理解。"魏一鸣若有所思点了点头道,"圣雄会成员有一个共同点，就是经历过濒死体验。溺水失去意识后，你看到了什么？"

"我？看到了二叔。"

"在你的记忆里，那不是幻觉，和梦境也不同，对吗？"

"没错，那天所见到的一切，太真实了。"

"我就是在濒死时，进入了一处神邸，有一位身着白衣的智者，告诫我一定要活下去，并指点我圣山祭祀。在那之后，我的人生确实有了巨大改变，这就是创建圣雄会的原因。"

"为什么只收空勤人员？"

"因为神是真实存在的，并非灵魂、精神那些虚无缥缈的元素。他们居住在地球以外的星系，拥有比人类更加发达的文明，那些从天落下的陨石，就是神赐予我们的神谕，所以最有可能寻找到神邸的，必是能飞上天，继而飞离地球的那类人。"

"您收藏陨石？"终于聊到关键节点了。

"陨石是宇宙给予人类最神秘、最关键的礼物。我相信只要破解了陨石中暗藏的玄机，就能找到神的线索。"

"目前有没有突破？"距离冷心石的真相越来越近，马陆紧张得冷汗直流。

"当然有，我研究的冷心……"然而刚说到此，就听屋外传来一阵嘈杂的人声。

这帮混蛋，早不来晚不来，偏偏这个时候跑来搅局。马陆气得恨不能当场宰了金链子。

魏一鸣并不觉得意外，笑道："这帮混蛋，还真敢胡来。"

五分钟前，魏一鸣死不足惜，现在情况又变了，马陆必须得到冷心石的信息，因为陨石猎人不可能放弃对于陨石的了解，这是本能。

"怎么回事？"马陆假装不知。

"咱们这地儿拆迁，本来我已经答应了，不过来的路上得到消息，有一处工厂因为和拆迁方发生冲突，导致一名工人被打身亡。我觉得杀人凶手没有归案前，谈拆迁为时过早，就拒绝了。"

"您为别人的事儿，自找麻烦？"

"是别人没错，但他也是人。换位思考，如果被打身亡的这位是你的家人，而周围的人只顾自身利益、不管不问，你会不会觉得孤独？"

"当然，可是这些人并不好惹。"

"为什么要害怕罪犯？这些人其实特别心虚。不退让，胜出的必然是你。"

说话间，一群面相凶恶的地痞流氓，手持凶器冲了进来，而天独山的人大多以菜农为主，还有一些技术人员，丝毫不具备战斗能力，一见这种阵势，都怂了。

魏一鸣则从容走到一群凶徒身前，站定后问道："谁是领头人？"

金链子从人群中走了出来，他是唯一一个空着手的，马陆知道他的腰间别着一把开了刃的匕首。魏一鸣自认能和他讲道理，却不知道此人过来的唯一目的，就是要他性命。

金链子这种人对马陆而言并不陌生，当年老家拆迁时，因为条件没谈妥，有人联络村民封堵对方进出水泥车的道路，结果被承包工程的老板雇凶打成了植物人。

这不是意外事故，而是早有预谋的凶案，因为雇凶者算过账，人打死赔钱，再搭上凶手性命，成本不过所赚利益的九牛一毛。

当年的遭遇，又要亲身经历。不过如今的马陆不是刚入行的"雏儿"，寻找陨石的经历，锻炼了马陆的见识、胆量，他早已不是那个"吴下阿蒙"了。

马陆暗中将两根筷子折断，又将搪瓷盆塞进袖口，两样吃饭的工具，能作为防御、攻击的武器。

一旦发生群殴，不能四处乱跑，那只会引起对方注意。马陆悄悄挪到一名大个子的身后。

"魏总，本来说好的事儿，你干吗反悔啊，兄弟们眼巴巴等着辛苦钱过日子呢。"金链子皮笑肉不笑道。

"我的要求并不复杂，交出凶手，给受害者一个公道。"

"这事儿和你有一毛钱关系吗？除了你，没人管这闲事，是不是天独山在这片做得最大，所以你就是领袖了？"

"我这种人，从出生那天起就注定被人鄙视，出风头、当老大和我无关，我这么做，只凭良心。"

"良心?值几个钱?你他妈搬走了,立马就有上千万的赔偿。"

魏一鸣笑出了声,似乎听了个笑话。

"钱对你们是个好东西,有了它,才能吃喝嫖赌,可对我来说,就是一堆草纸,擦屁股都嫌硬。"

"魏总,挡人财路如杀人父母,别把事儿做绝了。"金链子脸色变得铁青。

"你说的是道理,还是笑话?"在一群手持棍棒的凶徒面前坚守原则、坚持立场,并不是每个人都有如此勇气。

当然,他并不知道对方动了杀机,因此没有丝毫防备。

"给我打。"金链子做出了决定。

金链子如果知道魏一鸣的底细,借他十个胆子也不敢出此昏招。

可惜,凡事没有如果,稀里糊涂死了的牛逼人物,魏一鸣不是第一个。

工人们没有丝毫抵抗能力,棍棒加身,除了几个胆大的,其余无不哭爹喊娘,四处乱跑。

大个子没有辜负马陆期望,身强体壮的人,胆子也不会小,他是第一个站出来反抗流氓的人。

只见他抬脚踹飞一人,随后捡起对方落在地下的棒球棍,胡乱击打试图靠近攻击的流氓,一番交手,成功吸引数人主意,越来越多的人加入围攻他的战团。

枪打出头鸟,在哪儿都是颠扑不破的真理。

怒吼声、棍棒击打人体时发出的闷响声、惨叫声,此起彼伏。魏一鸣被金链子踹倒在地,他虽有胆量,但身体弱小,根本不是金链子对手,只能连滚带爬地躲避对方。

"刚才不是挺嚣张吗,现在怂了?"金链子说着话,从腰间抽出一根甩棍。暴躁的脾气,注定金链子不会按计划行事,他只想一棍子夯死对方,先解气,至于以后的事儿,以后再说。

厂房内也没什么地方可供藏身,只有两台没来得及搬走的机床,魏一鸣手脚并用,钻入机床底部。

"我看你还能往哪躲。"金链子咬牙切齿挺着甩棍,对着机床底部空间一阵乱捅。

屠杀

甩棍毕竟是铁制的，棍头虽钝，被捅在身上滋味也不好受，且底部空间狭窄，无法躲闪，魏一鸣被连捅数下，却咬紧牙关愣是一声不吭。

"我看你能挺多久。"金链子弯下腰，想把人拖出来，没想到被魏一鸣瞅准机会，对他脸上连踹两脚，其中一脚鞋跟正好踩在眼珠上，金链子只觉得左眼金星乱冒、又胀又痛，眼睛睁不开了。

"我他妈的，弄死你。"他彻底失去理智，抽出匕首又一阵无脑乱捅。

然而没等停手，忽然被人薅着后脖领拎了起来，只觉得脖子处一阵剧痛……

等金链子反应过来，鲜血犹如喷泉一般，从他脖子里喷出。

由于事发突然，他到死都没来得及喊一声疼，便瘫倒在地，痉挛片刻没了动静。

乱成一锅粥的厂房内忽然变得安静，施暴者与受害者的目光，全都集中在双手沾满鲜血、神情茫然无措的马陆身上。

我……这是怎么了？马陆转而望向他人，只见一帮子打手无不面有惧色，僵持片刻，靠近门口的人率先逃走，其余众人尾随其后，跑了个干净。

说也奇怪，马陆并不觉得害怕。他走到机床前，朝下望去，只见魏一鸣浑身是血，紧贴着墙壁，已经没了呼吸。

马陆想把人拖出来，然而内部空间狭窄，他钻不进去，只能勉强用一根手指勾住魏一鸣裤腿，往外拽。

然而几次用力，无法将人拖出，马陆有些气短，正打算喘口气，就听有人道："我来吧。"

循声望去，只见浑身是伤的大个子在他身后，其余众人也凑了过来，在他们脸上，马陆看到了感激、尊敬的神情，大家默不作声地围拢在他周围。

崇拜强者，是人的本性，更何况马陆在危难时刻出手，拯救了所有人免受暴徒伤害。

所以，也没人报警。

大个子很快将魏一鸣的尸体拖了出来，他全身都是刀伤，鲜血已经流干了。见到他的惨状，有人哭出声来。

无论他对陨石猎人的手段如何凶狠，但对于雇佣的工人而言，他是个厚道的雇主，所以有人为他流泪，有人为他惋惜。

不过一切都结束了!

马陆平静地问:"谁有手机?"

四部手机,几乎同时递到他面前。

"谢谢。"马陆接过其中一部,走出厂区,确认周围无人,拨通了欧阳青石的号码。

"马陆啊,事情进展如何?"欧阳青石沉稳的声音传来。

"幕后真凶,已经死了。"

"什么?你,你杀了他?"声音变得讶异。

"因为拆迁发生了意外。"马陆将整件事情的由来详细告诉了他。

"这么说魏一鸣既是天独山的实际拥有者,也是圣雄会的创立者?"

"是的,这些信息您应该可以查到。"

"当然,有了身份信息,一切就好办了。那么,你打算怎么办?"

"我杀了人,只能投案自首了。"

"嗯……放心,我会动用一切资源,打赢这场官司。"

马陆想了想道:"欧阳主席,想拜托你一件事。"

"你说?"

"请你帮忙给魏多凤联系一家医院,她需要接受治疗。"

说罢,马陆挂断电话,深吸口气,拨通了"110"……

三辆警车风驰电掣驶入现场,警员们以最快速度封锁了厂区。

马陆被铐在警车里,回想刚才发生的一切,感觉就像做了一场梦。

片刻,一名中年便衣坐进车里道:"在场的人都为你作证,说你是除暴安良的英雄。"

"我算正当防卫吗?"

警察并没有回答他的问题,反问道:"那根筷子,怎么来的?"

马陆话都到嘴边了,忽然心念一动道:"捡的。"

"你能捡到一根断了的筷子?是不是太巧了点?"

"估计是被人踩断的,当时太乱了,我也不知道在哪捡的。"

只见又有两辆救护车驶入现场,分别救助伤者,拉走尸体。

警察确认马陆无需治疗,道:"我只是简单了解一下情况,之后会给你做更详细的笔录。"

警车开走时，所有工人站在道路旁，默默地为马陆送行。

进入唐城市局看守所，当值刑警队副队长龙彪特意打了招呼，让他们安排一个单间给马陆。

"我呢，挺欣赏你关键时刻能站出来，但法律就是法律，这起案子一天没有定性，你就是杀人嫌疑犯。"龙彪道。

"明白，谢谢您。"

躺在床上，马陆很快睡着了。在梦中他看到浑身鲜血的金链子，面色狰狞地想要掐死自己。

马陆吓得魂飞魄散，一骨碌从床上坐起，只见头顶昏暗的灯光微微闪烁，两名警员在一旁的办公室里整理文件。

冷汗顺着额头往下滴，马陆这才明白，之前表现出的镇定，不是因为他胆大过人，而是被吓傻了。

顿时，肚子里翻江倒海，他冲到便池旁，胃里的东西喷涌而出。

从小到大，连打架的胆量都没有，居然就敢杀人，自己是不是被鬼附身了？

"也别胡思乱想，尽量不要去想那些事儿。"一名警员听到异响，走过来查看情况。

"我，我……"话没说完，马陆又是一阵狂吐，吐得胃里没了东西，还是阵阵干呕。

"虽然队长不让说，但以我的经验判断，这件案子，不会造成严重的法律后果。"警察安慰他。

"我不想再往回说了。"马陆瘫坐在地。

第二天一早律师到场，是个四十多岁的秃顶男子，名叫袁宗伟。

"我大致了解了案情，也问过几位当事人，你的行为是正当防卫无疑，我的工作就是促使警方尽快结案，把你放出去。"

"没那么简单吧，毕竟杀了人。"

"金链子名叫吴伟，绰号老怪，四进宫的老油条，涉嫌多起犯罪，所涉案件包括贩毒、强奸、杀人。"袁宗伟合上笔记本道，"这就是个人渣，而且在你动手之前，他已经捅死一人，没人会为了一个凶手判定英雄有罪。"

"英雄？谁是英雄？"

"当然是你。"袁宗伟拿出一份报纸铺在桌面上道,"这是本市销量最大的日报,刊登了你的事迹。"

标题是:"面对疯狂的罪犯 他挺身而出!"

文章绘声绘色描述了吴伟的凶恶和马陆的英勇,带有非常明显的舆论导向,看完后马陆道:"我差点信了。"

"说你是英雄不亏心,市局有了这个台阶,会加快速度了结案件的。"

"欧阳主席真是神速,昨晚得到的消息,今天就开始铺路了。"

"踏实待两天,很快就能出去了。"袁宗伟走到审讯室大门口,又停住脚步道,"主席让我告诉你,昨晚安排人去接魏多凤,但她死活不肯走。"

"那就不用勉强了。"马陆道。

事情发展确如袁宗伟预料,报道产生的效应,导致民间舆论完全偏向马陆。之后各种电台、电视台采访不断,办理案子的警员很快得到指示,责令在"查明案件前提下,尽快了结此案"。四天后,马陆因"防卫理由充分,事实俱在"被判无罪,当即释放,探星小组众人和欧阳青石同来给他接风。

酒过三巡后,欧阳青石道:"魏一鸣的身份我查清楚了,确实是天独山的实际持有人,也是圣雄会的创始人。"

老刀拍了马陆后背一记道:"你小子够可以的,刚入行就破了一桩天大的阴谋,是个狠角色。"

杨月钟葭举起酒杯道:"马哥,你为我挽回了十恶不赦之错,谢谢你。"说罢一饮而尽,又从桌下取出一口紫檀木雕的盒子,摆在桌上道:"这块冷心石,是你的了。"

"妹子,这礼太重,我不敢收。"

"你就拿着吧,要不然她天天念叨。"老刀道。

"你们有没有兴趣来我的吉星组?"欧阳青石忽然问了一句,包厢里顿时变得安静。

陨石猎人这行虽然没有门槛,但"头部效应"明显,大的项目组垄断了盛产陨石地区的行动路线,只有他们才能自由出入禁地。

而"吉星项目组"是其中规模最大的一支,这些年在世界各地发现并发掘了大量有价值的陨石,加入其中,好处不言而喻。

老刀没有急着表态,连抽几口雪茄道:"谢谢主席青睐,不过我们过得还行,虽然规模不大,但小有小的好处,暂时不想跳槽。"

马陆一听就急了,这么好的机会,说不要就不要,也不和队员们商议下,凭什么?

"没错,小有小的好,大有大的难。"欧阳青石也没再劝,举起酒杯道,"我提议,敬大功臣一杯。"

"主席言重,我不过是做了一件该做的事情。"马陆自谦道。

"说实话,我真没想到你能完成如此复杂凶险的任务,感谢你,为净化行业做出的贡献。"

喝干了酒,他放下酒杯道:"马陆,我们又有了一个新的设想,希望你能接管圣雄会。"

"啊……"

不光马陆,探星组的人都愣住了。

"这个组织还有很多秘密,比如说魏一鸣这些年寻找到的陨石藏在何处。"

马陆心中顿时了然,道:"我打个不恰当的比喻,如果说错了,您别往心里去。"

"尽管说。"

"您是打算鸠占鹊巢吗?"

第二七二章

死　星

"马陆,你胡说什么呢?"老刀脸色骤然就变了。

欧阳青石却哈哈大笑起来,连连摆手手道:"这个问题问得好。"随后点了支烟道:"在座的都是明白人,我就不揣着明白装糊涂了。魏一鸣的陨石必须强制收走,他是罪犯,当然……"他抽了口烟道:"收走的陨石并非我个人所有,而是整个联盟的财产。"

"可是我刚入圣雄会,何以服众?"

"你手刃伤害魏一鸣的凶手,这是无可比拟的资历。"

"我进这行的愿望,是做一名陨石猎人,而非卧底。主席,您体谅。"

"嗯。"欧阳青石不置可否点点头,脸色有些难看。

"不过我可以做做魏多凤工作,劝她交出陨石。"

"也行,就这么定了,明天我安排送你过去。"

之后众人意兴阑珊,一顿饭草草收场,回到酒店,老刀道:"你小子真够刚的,说话这么直呢?"

"我冒着生命危险除掉凶手,只为满足他的私欲?凭什么?"马陆愤怒地道。

"得了,说话声音小点,万一隔墙有耳。"

"他知道最好。"

"你不想做这件事儿,又答应他去找那个叫什么凤的,到底什么意思?"

"因为……"马陆沉吟片刻道,"有些话我必须问清楚,错过这次,就再没机会了。"

"对了,你为什么拒绝加入吉星项目组?这对我们而言是个好机会。"马陆反问。

"和大机构合作,确实能得到很多便利,但肯定会失去自由,得不偿失。"说罢,老刀拍了拍马陆肩膀道,"你能平安回来,再好不过了,早点休息。"

老刀走后,杨月钟葭挪到马陆面前,小声道:"马哥,感谢你为我做的一切,我会报答你的。"说罢,她脸红得犹如涂了胭脂,转身离开了。

只有阿蛮一副无所谓模样,径直从马陆身边走过,往房间走去。

"兄弟,哪怕装装样子慰问一句也好呀。"马陆哭笑不得。

阿蛮扭头挤出一丝假到不能再假的笑,走了。

"你……"

第二天,马陆乘车去了唐城市地标写字楼广场,到达顶层,只见停机坪停着一辆深蓝色的贝尔直升机,阿美居然坐在其中。

带上通信设备,马陆道:"你怎么在?"

"有什么奇怪?"阿美微微一笑,模样娇俏。

马陆对她心存畏惧,那副温柔可人的外表根本是装出来的,行事刚毅果决,手段狠毒,才是阿美本色。

马陆不想和她说话,扭头望向舱外,直升机缓缓升起后,飞驰而去。一路无语,到了目的地,马陆正要上车,阿美取出一把小型手枪递给他道:"带着防身。"

"不需要,我不会再杀人了。"

"话别说得太满,杀人是会上瘾的。"

马陆直接关上车门,对司机道:"走吧。"

山脚下的保安见是马陆,直接放行,一路畅行无阻进入圣屋。

再见到魏多凤,她的状态好了些,虽仍虚弱,行动却以无碍。

"辛苦了。"魏多凤道。

"对不起,事情发生得太过突然,没来得及救人。"

"他的离开,对所有人,包括他自己而言,都是一件好事儿。"魏多凤轻轻道。

"那天您对我说,说……"

"魏一鸣是我从小带大的。"魏多凤声如梦呓,"他天生畸形,但特别聪明,学业上本可以有大成就,但父母不愿意在他身上花钱,高中没毕业就辍学了。我知道他心里难过,也尽量去劝慰他,没想到……他一把火把家里房子给点了,父母死于那场大火。"

说到这儿,魏多凤浑身发抖,泪流满面。

"原来如此。"

"唉……"魏多凤轻叹口气,"你叫马陆,对吧?"

"是的。"魏多凤听到阿美和他的对话,所以知道马陆真名。

"我弟弟做的事情,我知道。你是什么人,为什么来,我也知道。"说到这儿,她起身道,"你跟我来。"

两人穿过长廊,进入一间屋子,只见墙角堆着四口标本箱,每口箱子都有两米长、一米高。

"箱子里全是陨石,我弟弟多年收藏,他死了,这些东西对我也没用,送给你了。"

马陆激动得心都要蹦出来:"这,这怎么行,太珍贵了。"

"我不知道这些东西有什么好,值得不择手段去抢。你是个善良的孩子,我相信你会好好保存这些石头。"

真是"踏破铁鞋无觅处,得来全不费工夫",马陆客气了几句,赶紧出了圣屋步行到山下,拨通老刀电话。

得到消息后,老刀连问几个"怎么可能……",确认消息无误,道:"我这就开车过来,这件事不要告诉欧阳青石,我们想办法把陨石运出去。"

放下电话,马陆就后悔了,明明是自己拼死拼活赚来的,为什么告诉老刀,让他坐享其成?可转念又想,没有老刀的帮助,也没法在阿美眼皮下运走这些陨石。

得了,人别太贪。

回到圣屋,魏多凤已经离开了。

从屋里的摆设,能看出这是魏一鸣的房间,墙上、柜上、桌子上都有他的照片。其中一些是和魏多凤的合影，照片里的魏多凤还没有病容，是个模样俊秀大气的时髦姑娘。

判若两人。马陆觉得病魔残忍，生生将一名如花似玉的美女，变成和干尸一样恐怖。

只见其中有一张照片是魏多凤与别人的合影，然而这个人被剪掉，只留下人形轮廓。从身高看，这人并不是魏一鸣。

或许是她讨厌的人。

马陆又从书架上抽了本书，是霍金的《时间简史》。科学类文章向来不是他的菜，于是又换了一本，书名是《黑洞与时间弯曲》……

一路翻看，书架里的书居然全是科学类读物，且多与时间、空间、维度有关。"啪"的一声，书里掉出一张皮壳。马陆捡起来正打算插回去，只见皮壳内又夹着一张深蓝色的图纸，图纸内容是一套结构复杂的图形，图纸下方写着两个拇指盖大小的红字——死星。

马陆凑巧知道死星来历，这是一种出自美国科幻电影《星球大战》中的武器，巨大的球状物，发射能量强大的激光束甚至可以摧毁一颗星球。

难道魏一鸣在设计死星？

马陆觉得魏一鸣精神没有问题，且具有正义感。虽然用"正义"形容一个罪犯，确实有点奇怪，但并不矛盾。他是为别人讨还公道而死的，其实魏一鸣大可不必管这趟闲事，安安稳稳拿属于自己的拆迁款。绝大部分人都会选择拿钱走人，包括马陆在内。正因为如此，他才知道魏一鸣的选择有多不容易。

无论他以前做过多少错事，这次一把还清了。

等到夜幕降临，有人在屋外问道："赵先生，有一位叫老刀的人找您，说是您的朋友。"

外人无法进入圣屋，除非得到魏多凤的同意，马陆找到她提交了申请。

"你让他来吧，哪有什么圣屋，不过就是一处破屋子而已。"魏多凤叹了口气。

"魏大姐，咱们这儿确实受到磁力的影响？"

"这栋房子就是磁力的分界，出了门不受影响，进了屋，就被无形磁力笼罩。"

"这对人身体会不会有副作用？"

"魏一鸣认为圣山的磁性，可以影响人体磁场，继而改变人的命运。确实有影响，但在他看来，这种影响是好的。"

"这……"马陆无语了。

"说出来没人信，不过在这件事上，他有可能是对的。"

"您相信人的命运，会被一块石头改变？"

"不知道，但搬到这里后，确实发生了两次变化。一是他鬼使神差地创立了天独山，并获得成功。二是我得的肺癌，病情得到了控制。你能相信吗？我是个晚期肺癌患者，活到今天已经是第十个年头了。"

"不可思议。"

马陆嘴上这么说，其实根本不信，人的命运如果可以被一块大号吸铁石改变，按理说种田的农民个个都要成富豪才对。

老刀和阿蛮到场后，马陆问："钟葭呢？"

"别提她了，想起来我就烦。"老刀皱眉道。

"还记着呢？"

"废话，这事儿能忘吗？"

"带你参观一下咱们的战利品，给你消消气。"

去魏一鸣房间，马陆打开其中一口箱子，只见里面整整齐齐摆满了陨石，有大有小，最难得的是，这些陨石并没有切片，保存完整。

"哪儿弄来这么些陨石？"老刀眼珠子都快瞪出来了。

"巧取豪夺呗，否则凭他的身体条件，跑一辈子，也不可能弄到这么多陨石。"合上盖子，马陆道，"老刀叔，如果不是钟葭，咱们不会介入此事，也就不可能歪打正着得到这些陨石。"

"也是。"老刀点点头道，"放心吧，这事儿过去了，我也不会再提。"

虽然得到了陨石，可如何在阿美监视下，运走这些石头？

两人商量了半天，不得其法。马陆取出一套黑色运动衫道："我先确定阿美的位置，再商量离开的路线。"

"也只能如此了，千万小心。"

马陆脱下外套正打算换上黑衣，揣在口袋的夹子掉落在地。

"什么东西？"老刀随手捡了起来，打开后只见里面插着死星的设计

死星

257

图纸。

盯着图纸片刻,老刀眉头渐渐皱紧。

"不会真是死星的设计图纸吧?"马陆道。

"怎么说呢,这个设计挺有创意,是你画的?"

"我哪懂这个,在魏一鸣书里发现的。"

"看图纸的设计,是一种圆形设备,内部设有轨道,利用向心力作用,使得内部物体在轨道内产生高速旋转,达到极致时,再通过变轨技术,将高速旋转的物体抛射出去。"

听到这儿,马陆了然道:"这是天独山制作肉丸的设备。"

"做个肉丸,要用结构如此复杂的设备?"

"要不然天独山的肉丸子全国销量第一呢!我吃过,口感确实好。对了,你能看懂设计图纸?"

"我跟杨教授学的就是机械工程,设计图纸是基本功。"老刀将图纸递给马陆道,"这东西没什么意思。"

"这设计图纸叫死星,我以为是什么有创意的新式武器。"马陆忍不住笑了。

穿上黑衣,马陆顺着后门悄悄出去。后山没有照明设备,伸手不见五指,对阿蛮却不成问题,他有一副能在黑暗中识别路径的本领,马陆跟在他身后小心翼翼穿梭于山林中。山势虽开阔,但并非无迹可寻。阿美既然在此监视,必然就在圣屋周围最隐秘处,阿蛮仔细寻找人留下的痕迹,很快就有了发现。一处灌木丛,底部枝叶有明显踩踏痕迹,踩伤的树叶中,流淌出的汁液尚且新鲜。

阿蛮抬手示意禁足,随后手足并用,悄无声息攀上一棵梧桐树,马陆跟着爬上,两人分左右各踏一根树枝,借着微弱的月光四下观望。

马陆虽不近视,视力也不算好,近处看着还行,远点就是模糊一团,正眯着眼努力观察,就觉阿蛮在肩头拍了一下。

"你看。"阿蛮朝北面指去。

起初看不真切,过了会儿,马陆发现远处黑黝黝的树影,似乎在不停移动。

"那里是不是有人?"

"五个。"阿蛮抬手对着脖子比画了一下道,"他们割人脖子。"

马陆大吃一惊,差点从树上栽下去道:"怎么回事?"

"杀人。"阿蛮言简意赅道。

阿美虽然模样温柔,其实性格特别残忍,动不动就杀人灭口。

马陆不想节外生枝,正要撤退,阿蛮却从树上一跃而下,朝对方冲去。

"你疯了?"马陆想要阻拦,已然不及。

"有人。"对方听到异响,两人从树影中走出,借着月光,马陆清楚看到二人手中握着沾满鲜血的匕首。

看见疾跑而来的阿蛮,二人挺刀迎上,将要近身时,挺刀就捅。

看得出二人练过,出手又快又狠,可惜,他们遇到的是阿蛮……

阿蛮身材决定了他不是一位力量型选手,虽然他的力气并不小。

阿蛮的优势在于速度,以及对所处环境的利用。

面对同时刺来的两柄匕首,他迅速伏地,侧身一滚,便到了二人身后。起身同时,手中两块石子前后掷出,一系列动作瞬间完成,两个凶徒没等转过身,被石块砸中后脑,晕倒在地。

只见人影晃动,又冲出两人。

阿蛮已知对方五人,击倒第一拨同时,已作好再战准备。他纵身而起,又是两颗石块出手。对方虽然人多,对敌经验却不如阿蛮,刚出来的二人便被石头砸中面部,顿时鲜血横飞,失去知觉。

五去四,剩下来那位只能是阿美了。

只见人影晃动,最后一人从树影中走出,然而此人并非阿美,居然是在天独山工厂带头抵抗的大个子。他光着膀子,露出的上半身肌肉虬结,溅满斑斑血点,月光下犹如凶神恶煞一般,满脸狰狞对着阿蛮。

大个子平时模样憨厚,像极了老实肯干的农民工。此刻犹如换了一人,所谓"相由心生",便是如此。

他手中没有武器,紧握双拳,一双饭钵大小的拳头青筋凸起,显得孔武有力。

阿蛮与他相距数米,忽然凌空跃起,就势掷出一块石头,"嗖"的一声,石块无比精准朝大个子面部飞去。"啪"的一声,他伸手将飞到面前的石块攥住。与此同时,阿蛮冲到他面前,一蹬树干,凌空而起,以胳膊肘拐他顶门心,大个子不闪不避,抬手掐住阿蛮脖子,他力气极大,拎着人将他抵在树干上。

阿蛮用力挣扎,双脚轮番踢在大个子胸口,犹如击打沙袋般闷响,他却恍若不觉,双手越掐越紧,眼看阿蛮一张脸变成酱紫色,舌头都伸了出来。

忽然,大个子发出一声怒吼,松了手。

他摸了一把后腰,缩回的手掌满是鲜血。回头望去,只见马陆双手握着匕首,一动不动地站着。

"你这个混蛋。"大个子瞪着一双充血的牛眼,转身掐住马陆脖子。

马陆毫不手软,连出七八刀,尽数捅在对方肚腹。大个子双腿一软跪倒在地,鲜血如瀑布一般从嘴里涌出。

阿蛮起身,捡起一根胳膊粗细的树枝,狠狠敲在大个子后脑上,一下砸得木屑横飞,大个子扑倒在地,死透了。

阿蛮丢了棍子,朝林中跑去。马陆紧跟其后,两人前后进入树林,隐隐闻到一股血腥气,只见不远处有一土堆,上面插着两把铁锹。

大个子不是阿美的手下,而是魏一鸣的人,他挖坑,要埋的是什么?

绕过土堆,只见土坑边并排躺着两男一女三具尸体,居然是阿美及其手下,三人被割喉而亡,两名男子伤口鲜血已经凝固,阿美伤口的鲜血还在渗出。月色下,她秀美的面容惨白如雪,眼睛并未闭上,脸上挂着一丝浅笑,诡异到了极点。马陆并不觉得害怕,他知道阿美真的活累了,死亡对她而言,就是解脱。

叹了口气,走到女孩身边,将她双眼轻轻合上。

"怎么办?"阿蛮道。

魏一鸣已经死亡,指使大个子杀人的只能是魏多凤,她这么做的目的,是为报复阿美。

想到这儿,马陆道:"先把四人控制住,再下山报警。"

然而走出树林,原本四人只剩三人,马陆心里一惊道:"坏事儿。"

话音刚落,就听"轰隆"一声,枪响了。

声音传来,正是圣屋方向,马陆心狂跳,估计老刀中了魏多凤毒手。二人解下身上所有能用的绳子,将三人捆牢后,朝圣屋跑去。

出了树林,原本漆黑一团的圣屋,所有窗口透出火光,门口人影绰绰,显然出了事儿。

马陆不敢靠近，兜了个圈子，绕到圣屋左侧一处玉米田里。

他躲在一堆玉米秸秆后，偷听工人对话，可工人也不知道发生了什么事，七嘴八舌说什么都有。

马陆担心老刀安危，正打算趁乱混进去，就听魏多凤有气无力道："大家不用慌，之前遭贼行凶，入侵者已被击毙，来几个人帮忙把尸体抬出去。"

凶手十有八九被灭了口，马陆对阿蛮道："我进屋，你等通知，如果我出了事儿，立刻下山报警。"

说罢，马陆从藏身处走出，低着头穿过土路，进入屋内。

火光昏暗没人注意到他，正准备上楼，就见三名工人，抬着一具胸口满是鲜血的男子尸体，走了下来。

男子胸口的枪伤是土制猎枪近距离射击造成，由于脸上沾满鲜血，无法分辨是否为林子里逃走的杀手。

等人下了楼梯，马陆一路而上走到魏一鸣房间门口，虚掩的房门透出些许火光，只听魏多凤道："不用担心，咱们共同面对。"

"何必把你拖下水？"

"对方侵入行凶，你击毙他符合法理。"

老刀没事，马陆松了口气，推门而入道："怎么了？"

老刀坐在床上抽着雪茄，表情凝重，屋子里洒满了鲜血，在他身体一侧搁着杆老式的五连发猎枪，屋子里尚能闻到淡淡的火药味。

见到马陆，老刀搁下手中雪茄道："半夜突然钻进来一人，拿着刀要杀我抢陨石，当时情况危急，我被逼无奈开了枪。"

马陆不动声色问道："枪又是从哪儿来的？"

"我早知道魏一鸣有把猎枪，只是从没见过，没想到他藏在床下。"魏多凤道。

"我也是没地儿躲了，就往床下钻……"老刀叹了口气道，"这小偷也是作死，跟着往床下钻，我正好摸到猎枪，就开枪了。"

"这是正当防卫，魏大姐说得没错，别担心。"马陆安慰他。

"深更半夜的，你去哪了？"魏多凤问道。

"打算找条路，把陨石运出去。"

死星

261

"哦。"魏多凤点点头道,"找到没有?"

"刚出门就听到枪响,赶紧回来了。"

"唉,麻烦事儿一件接着一件,也不知是怎么了。"魏多凤语气无奈道。

话音未落,她又连连咳嗽,鲜血顺着指缝往外淌。

"魏大姐,您的病……"

"十年前我从医院出来时,只剩下半条命,能活到今天,不是靠医疗技术。"魏多凤虚弱地说道。

"扶我一把,得回去休息了。"擦干净满是鲜血的手,她扶着马陆,走出魏一鸣的房间。

"你们拿着陨石赶紧走吧,否则警察来了,事儿又多。"

"我们走了,枪击案怎么办?"

"我会想办法解决的。"走到门口,魏多凤停下道,"谢谢你救了我的命,祝福你,未来的人生可以一顺百遂。"说罢,她用拇指在马陆额头轻轻按动数下,转身进屋。

马陆并未离去,隔着屋门听动静,确定魏多凤上了床,才返回房间对老刀道:"我怀疑这次袭击是魏多凤指使的,只是她没算到魏一鸣的猎枪。"

"她杀我?为什么?"

马陆将树林里发生的事件仔细说了道:"袭击你的凶手,就是逃走的那个人。"

老刀皱起眉头道:"阿美已经死了?"

"是的,所以现在走,没有任何阻碍。"

"嗯。"老刀点点头道,"如果杀手是魏多凤指使的,就这么走了,后患无穷。"

"那怎么办?总不能杀了她吧?"

老刀拍了他脑袋一记道:"你小子是不是疯了,动不动就想杀人?如果魏多凤真是幕后黑手,就该报警,可万一,她不是……"

老刀眉头略皱了皱道:"咱们就是自找麻烦,大概率会失去这些到手的陨石。"

"我也不想找麻烦,可万一是她呢?"

"先去林子,找那三个人问问,应该能问出一些信息。"

"天亮之前没有离开,魏多凤肯定会起疑心的。"

"那就尽快行动,别耽误时间了。"

老刀将猎枪装入包里,两人出了圣屋,与躲在暗处的阿蛮会合,再度返回林中,三个杀手都已醒来,正在奋力挣脱。

马陆抽出匕首,走到一人面前,居高临下望着他。对方不敢动了,蜷缩着身体,被堵的嘴里发出含糊不清的声音。

马陆将他嘴上的布条割断,对方哆哆嗦嗦道:"几位,误会,都是误会。"

"没工夫跟你扯淡,说,谁让你来的?"

"我不知道,刚到这儿就被你们打晕了。"

马陆抬起刀柄,对着他额头一阵敲,这人哭爹喊娘道:"饶命,饶命。"

"不想死,就说实话,"

"我,我他妈真是倒霉,说不清了,真是跟着朋友来这儿充人数,早知道会这样,打死我也不来了。"

他话音刚落,老刀走上前一把掐着他衣领,拖到挖开的土坑边,抬脚将他踹了进去。

接着,又将另二人丢入坑中。三人哭爹喊娘,连声求饶,之前那人道:"我说,我都说,千万别乱来。"

老刀根本不理,抓起铁锹就往坑里铲土。

马陆吓得心脏怦怦直跳,自卫杀人和故意杀人那可是两回事。老刀来这儿不为审问,是为灭口的。

很快,坑里填了厚厚一层土,将三人埋得严严实实,他舒展了筋骨,点上雪茄道:"歇会儿。"

"老刀叔,没必要上来就下狠手吧?"

"人类身体的极限,远超你想象。"老刀答非所问,只见他悠闲地抽着雪茄,燃完半根后,不紧不慢拿起铁锹挖土。

很快将三人的脑袋露了出来,一人大口吸气,另两人则双目紧闭,没了动静。

老刀将三人上半身泥土刨尽,对二人胸口各踹一脚。

"我的妈呀……"两人连连咳嗽,缓了过来。

"我只问一次,你们究竟受谁的指使?"

"说了,你,你能放过我们?"

老刀支起铲子,冷冷道:"你们有资格谈条件吗?"

"说吧,都这份上了,还能咋办?"另一人急了,呵斥同伴。

"唉,指使我们的人,是,是魏一鸣。"那人声音低沉道。

"你当我们是傻瓜?魏一鸣死了,是鬼魂指使你的?"马陆怒斥道。

"啊……他,他死了,这不可能?"

老刀提起铁锹就要挖土,那人杀猪般惨叫道:"我发誓,如果说假话,让我开的飞机撞在我家房子上。"

马陆心念一动道:"你是圣雄会的人?"

"我们都是圣雄会的成员,如果不是魏一鸣,何必大老远跑来这里杀死几个不相干的人呢?"

"什么时候接到的任务?"

"五天前,通过中间人给的口信。"

五天前魏一鸣没有出事儿,这人没瞎说。

老刀道:"连阿美这样的职业杀手都敢杀,万幸他被人宰了,否则我们迟早死在他手里。"说罢,就要铲土。

"该说的我都说了,你不能言而无信。"

"谁他妈跟你这种人言而有信,去死吧。"

马陆一把按在铲柄上,道:"老刀叔,几锹土埋上,咱们就是真正的杀人犯了。"

"你想过没有,放了他们迟早还是会有麻烦。"

"我没说放人,咱们应该报警。"

"报警?警察来了,我们得到陨石的消息势必泄露,你愿全部上贡给欧阳青石那老混蛋?"

马陆拉着老刀走开一截道:"你们带着陨石先走,我在这儿接受警方问询,我自卫伤了人,走不了的。"

"我他妈也是。"

"先把陨石送到安全的地方,再去当地警局自首,如何?"

"你说得简单,我怎么解释人不在案发现场?"

"老刀叔，想要保住这些陨石肯定不容易，就看咱们有没有这份决心了。"

老刀点点头道："行，你小子现在比我牛，就按你说的来。"

三人趁夜将四箱子陨石搬到大皮卡上，老刀带着阿蛮去最近的城市安排存放，等他们离开，马陆报了警。

很快警方与马陆接头，他带着六名便衣去了树林，见到一地死尸和三名俘虏，特别行动组组长陆伟道："哪个人是你捅死的？"

"警官，我没有捅死人，是正当防卫。"

"这四个字可不是随便用的，等调查清楚了再说吧。"

马陆指着躺在地下的大个子道："就是他。"

一名便衣走到大个子尸体边，用手指按住颈动脉。

"这人没死。"他手微微一抖道。

银行劫案

马陆吃了一惊,这人挨了七八刀,居然撑到现在,身体是什么做的?

"对你可是好消息。"陆伟道。

"他杀了三人,救回来也是死刑。"

"两回事儿,有罪没罪以证据为算,凭嘴说的那叫相声。"

很快,增援警力介入。陆伟交代完工作,带着马陆返回警局,路过圣屋时,工人都在,默然无声地目送马陆离去。

"把你身上的所有证件,以及个人物品装进袋子里。"

递交身份证时,陆伟伸手取过,做了身份信息的核实,随后道:"行啊,短短几天时间,连续自卫杀人?"

"我也不想,都是被逼的。"马陆无奈道。

"大多数罪犯,都觉得自己无辜,不奇怪。"陆伟冷笑一声。

正说着话,电话响了,接通后说了几句,陆伟表情逐渐变得严峻。挂了电话,他握紧拳头道:"妈的。"再望向马陆,一对眼睛凶光熠熠。

马陆不免恼火道:"陆队长,案子并没有进入调查阶段,你认准了我是凶手,这公平吗?"

"行,你小子。"陆伟忽然又笑了,用手指着马陆道,"我也算是见过几位牛人,和你比,都是小虾米。"

马陆被他说得一头雾水,道:"你什么意思?"

"别他妈装糊涂了,你被无罪释放,牛啊兄弟。"

他同事道:"你少说两句,让你放人就放了呗。"

"放心,我肯定会放人。"

陆伟一声不吭地办了手续,将马陆送出警局道:"我丑话说在前头,如果被你伤的人证实无罪,不管你有怎样的后台,我一定会亲手把你送进牢房。"

马陆有什么后台?父母是农民,一辈子经历过最牛的事儿就是拆迁,自己认识的人里,最有权势的……好像就是老刀。

难道,是欧阳青石?

马陆正在胡思乱想,一辆黑色林肯领航员停在他身边,车窗摇下,一名男子道:"请上车。"

"你是什么人?"马陆警惕地问。

"哦,我叫余承东,在首都某机关任职。"他笑了笑道,"有保密协议在身,恕我不能公开单位名称。"

"凭什么信你?"

"能把你从公安局里捞出来,不就是最好的证明?"

"原来是你。"马陆打量了他一番,只见余承东一张方脸,浓眉大眼,一副正气凛然的派头。

"没错,就是我,现在能上车了?"

马陆上了车子道:"您费一番力气把我捞出来,为什么?"

车子开动,余承东透过车窗望着黑黢黢的天空道:"你看这天,白天看平平无奇,可一旦到了晚上,就变得神秘,让人觉得幽暗深邃,似乎隐藏了无数的秘密。"

"余先生,我不喜欢绕圈子,有事儿您就直说。"

"在我看来,每个人都是一片夜空,都有不可告人的秘密,而我的工作……"余承东自嘲地一笑道,"就是专门挖掘别人的秘密。"

"我,没什么秘密是不可告人的。"

"别紧张,人不是随便找的,我没那么闲。"

"哦,您要找的,是我身边的人?"

余承东并没有说话，怔怔望着车外。

车子越开越快，直入一片荒凉地，只见空旷的原野亮着一点火光，就像漂浮黑夜中的火苗。

车子驶近，只见是一处荒废的窑洞，洞口站着两名黑衣人，其中一人手持狼眼手电。

二人身形彪悍，目光坚韧，见到余承东也不说话，将手电关闭。

进入窑洞，一股凉风透体而过。余承东点亮一盏β灯，窑洞内的路顿时变得清晰。β灯不用电源，能量来自放射性物质，使用年限可达八至十年，是野外生存的重要装备。借着清冷光源，众人顺着一条盘旋楼梯往窑洞下部走去，直到一间宽阔的地下室内。

"很抱歉在这种地方碰头，也是被逼无奈。"余承东将一罐"红牛"摆在马陆面前。

"别客气了，有事儿您尽管说。"

"说事儿之前，先签一份协议。"

余承东递来的是一份保密协议，规定了双方的义务和责任，一旦违反，造成的后果就是触犯刑法。

马陆仔细看过条款后签了字，余承东这才点头道："请你来，是因为一桩银行劫案。"

"什么？银行劫案和我有什么关系？"马陆惊诧地问。

"我先介绍一下情况。"他打开一台投影机，展现了一幅楼体坍塌的图片。

"这是帝国银行，名气不大，在业内非常著名，只服务于财阀家族或大型民营企业，不止现金业务，也保存管理一些重要的物资。被摧毁的这间位于瑞士境内，拥有世界最大、最先进的保险库系统，被业内称为超越军事堡垒的要塞。

"这间银行的混凝土层，是以抗核武击打为标准修建的，保险库正门是厚达三米的C形保险门，一枚战斧导弹，最多只能在门上留下一点糊斑。正面强攻，就算一支装备精锐的军队，也不可能强行攻入。但是一个月前，这处号称永不陷落的钢铁堡垒，却被人从外部攻破了。"

换了张幻灯片，是银行大楼透视效果图，只见一栋船型大楼下方，保险

库面积十分宽阔。余承东用手指画了一道斜线，指着铁门道："攻击是从对面一栋高楼上发动的，武器穿透地面后，将三米厚的装甲钢板击打碎裂，所造成的冲击力，又将整栋大楼摧毁。"

"三米厚的钢板被打碎，我没听错吧？"马陆不由自主地张了张嘴。

"没错，根据保险库设计制作方提供的数据测算，即便是目前最先进的电磁炮，以最大功率轰击，也不可能造成这种攻击效果。将这样一扇门击碎的能量释放，足以摧毁银行所在的整个小镇，而这种武器，只是将地面撞出碗大的一个小孔。"

"难道这是某种新型武器？"

"马陆，你得明白，这是一起非常严重的事件，问题不仅在攻击银行造成的伤亡损失，而是这种武器，将会对整个人类社会造成巨大威胁。截至目前，有能力自主研发超级武器的国家，都已书面形式递交声明，否认拥有相关武器，而国际调查组织在调查帝国银行周围监控录像时，经过分析对比，将一人列为高度怀疑对象……"

幻灯片又做了切换，出现的居然是魏一鸣的照片。

他正从帝国银行门前路过，行为表情没有丝毫异常。

"连续三天，他在帝国银行周围出没，所有路人里只有他重复出现次数最多。"余承东意味深长看了马陆一眼道，"就在我们发现这一线索后不久，魏一鸣被杀身亡。"

"难道是杀人灭口？"

余承东微微摇头道："我们仔细研究了案卷卷宗，并没有漏洞。案件的起因、经过、结果合乎情理，凶手身份背景没有参与高级别犯罪组织的可能，魏一鸣似乎是死于激情谋杀，不过这起案子非同小可，必须彻查清楚。"

"魏一鸣的案子，我所知道的都告诉警方了，没有任何隐瞒。"

"找你的目的不是为了纠错、质疑，我需要你还原一个最真实的魏一鸣。"

"我并不了解魏一鸣，就知道他是个邪教组织头头，蛊惑人心有一套，不过说他研发、掌握了超级武器……"说到这儿，马陆忽然心念一动，改口道，"等等，还真有可能。"

余承东精神一振道："你说。"

银行劫案

马陆取出死星设计图纸，递给他道："这张图纸设计的是一种制作肉丸的设备，不过，为啥起名叫死星？我觉得名称和功用不太搭。"

"你，立刻联系机械设备方面的专家，分析图纸内容，要特别详细，每一个按钮的功能我都要知道。"余承东吩咐手下，之后点了支烟道，"这条信息非常重要，或许是决定性的。"

"你知道魏一鸣的死因吗？"马陆问。

"知道。"

"我觉得魏一鸣并不坏，甚至有强烈的正义感，否则也不会死。"

"我曾经接触过一名罪犯，强奸了七个人，其中四名被害人未成年。但就是这么一个外人眼里卑鄙龌龊的下三滥，却顶着巨大压力在数万亩黄沙地上种下绿植，改善了数百万人的生活环境，你说他是好是坏？"

"他们为什么要这样？就不能一直好下去？"

余承东忍不住笑道："人之所以成不了神，就是因为过于复杂。有些优秀的人，却坏得更加彻底，所以，盲目崇拜要不得。"

他的手下返回道："初步鉴定结果，这是一种利用力学原理，制作而成的设备，具有抛射功能。"

"所以，完全有可能借用这种装置，将武器抛射出去，达到攻击效果。"余承东问道。

"只存在理论上的可能，如果要将三米厚的装甲钢板撞碎，需要将一颗百吨铁球加速至每秒上万公里转速才有可能，这需要消耗巨大的能源，相当于两座秦山核电站的能耗。"

"这不可能，银行附近没有发现任何异常的设施装备，对方攻击的武器，必然是随身携带的。"

"所以死星只能制作肉丸。"

屋里陷入沉默，良久，余承东道："都别丧气，也算有了新的切入点。咱们分一条线，顺着天独山设备着手，继续深入调查。"

"那我呢？"马陆问道。

"你看有没有可能弄到圣雄会成员的资料，这些人也是重要……"

一声巨响骤然响起，马陆耳朵失聪，整个人犹如腾云驾雾一般飞起，只见下方浓厚的烟尘滚滚而起，碎裂的石子、钢筋、砖块就像暴雨一般，从他

周围飞过。

随即,马陆失去知觉。

再醒来,他发现自己躺在医院的病床上,浑身裹满纱布,接着,他看到了杨月钟葭。

满脸倦容的女孩挤出一丝欣慰的笑:"你终于醒了。"

"终于?我,怎么了?"

"你受了比较严重的外伤,左小腿骨折,身体多处擦伤,还有脑震荡。"

"余承东和他的人呢?"

"那天晚上和你在一起的人,除了一个人,其余都没了。你命真大,当时站在桌子后面,前面的区域都被炸碎了。"

马陆只觉黯然,闭眼平静片刻后问:"凶手呢?"

"还在调查。"

"魏一鸣……阴魂不散。"马陆轻声道。

"马哥,咱们安心休养,先把身体养好再说。"

"唉,你们也要小心。"

"放心吧,老刀叔叔已经找到安全屋,等你伤好之后,就搬过去。"

"这种武器,连三米厚的装甲钢板都能打碎,还有哪里是安全的?"马陆苦笑一声。

马陆其实不在医院,只是房间里安装了医疗设备,而这间屋子是秦山市马亮乡派出所提供的。警方担心歹徒使用秘密武器攻击医院,只能在地处荒僻的郊区派出所布置了病房,为马陆治疗伤势。

"抓坏人的事儿,就交给警察叔叔吧。"杨月钟葭尽量显得轻松,笑容却有些勉强。

说不怕那是假的,但她必须陪在马陆身边。

派出所后院的停车场,停着一辆黑色依维柯。外表看没有异样,内部却装满了电子设备,其中两个电脑屏幕同步播放马陆病房内的情景,他和杨月钟葭的对话,一字不差做了录音。

车内四名工作人员有条不紊地忙碌着,其中一人的工作,是将得到的信息第一时间传送至远在上千公里之外的上京。

上京三环某管制区内,有一处不起眼的三层小楼,其中数十名工作人员同样紧张地工作着,将马陆所说的每一句话都做了细致的分析,包括声道测序、表情测谎、读唇、体征分析……

同时,又有信息传送员将马陆的视频资料分别传送给美、英、法、日、俄五国,做特别分析研究。

马陆做梦也不想到,他所说的每一个字,都牵动着整个世界的神经。

"魏一鸣必然做了详细的布置,所以他死后,计划还在有条不紊地进行。"马陆道。

两天后,他的痛感减轻,精神也好了些。

"老刀叔叔让我不要和你讨论这些,怕影响你伤势恢复。"

话音未落,房门打开,两名年轻男子走了进来。

"马先生,我们接到上级命令,负责送你去指定地点。"

"总是换地方,治标不治本,不如拿我当诱饵,引蛇出洞。"

"对不起,我们只是执行命令,请配合。"

一番准备,马陆坐上轮椅正要出屋,想了想又问:"能联系你们上级吗?我想和大个子聊聊,他是魏一鸣身边最近的人,值得挖掘。"

从杨月钟葭那里,马陆得知了大个子已经抢救回来,羁押于一处秘密地点。

不等两人开口,一名戴眼镜的中年男子出现在门口,这人虽然面相斯文,但看表情气度,就知道他久经风霜。

"马陆,你的任何一次转移,都是重大行动项目,容不得半点差错,希望你能明白自己的重要性。"

"我知道,我也不想死,不过和他见面是有必要的,值得冒一次险。"

"好。"中年男子点点头,转身离开。

约莫二十分钟后,一名年轻人进入病房道:"走吧。"

马陆道:"我穿件外套就走。"

"不用,我们把岳峰接来了。"

"你们真牛。"马陆心服口服。

年轻人推着轮椅去了另一处房间,大个子的伤势远比马陆要重,仍躺在病床上一动不动,身上插满了各种细管。

"我就在门外。"说罢,年轻人转身离开。

大个子头不能动,只能转动眼珠,勉强看了马陆一眼道:"他们说你要见我?"

"那天晚上如果不是你,我不会有反抗的勇气。"沉默许久,马陆幽幽道。

"你有杀人的胆量,只是自己不知道而已。"

"魏一鸣已经死了,为什么还要替他杀人?"

岳峰冷笑一声道:"警察审讯时我一个字没说,凭什么告诉你?"

"魏一鸣要的不仅是陨石,岳大哥,你不能帮一个疯子毁灭世界。"

"我们只是遵循神的旨意,如果神需要这个世界毁灭,那就毁灭它。"

"你的家人呢,难道他们可以逃离地球?"

"人不过是神的奴隶,包括我的家人在内,如果神要毁灭他们,他们无处可逃。"

"你……"

马陆叹了口气道:"你说得没错,和你的神相比,一切都不重要。"

他摇动轮椅,正准备出房间,岳峰忽然道:"我见过他。"

"谁?"

"神。"

"哦。"马陆苦笑一声。

"不相信,是因为你们没有经历。"

马陆想了想,又摇着轮椅回到岳峰床边:"能和我说说,你和神是如何交流的?"

"神在圣屋中显灵,他指引着我们一路向前,去往极乐的彼岸。"岳峰的声音都变得空灵。"只有神轻抚过的额头,才能成为他的奴隶。"说完这句话,原本无法动弹的岳峰,脑袋居然昂了起来,接着,他移动身体坐直了。

三名便衣着急忙慌推门而入,岳峰冷笑着道:"我都这样了,有什么可紧张的?"

马陆道:"他不会伤害我的,请你们离开。"

犹豫片刻,三人还是离开了,岳峰道:"我受的伤你最清楚,如果不是奇迹,能恢复如此之快?因为我的身体接触过神,受到了赐福,否则我早就死透了。"

岳峰并非信口开河,以马陆刀刺部位,他内脏必然受到严重伤害,而且是在受伤很久之后才得到医治的,换成任何一人,能活下来就是奇迹,怎能恢复得如此迅速?

思忖良久,马陆道:"被神轻抚额头,是怎样一种感觉?"

"想要知道,就过来,我能在你额头上还原整个过程。"

马陆迟疑片刻,决定尝试一下,摇着轮椅来到病床边。与此同时,房门再度打开一条缝,岳峰看得清楚,也没说话,露出一丝鄙夷的笑。

"我们不会亵渎神灵,模仿他的动作,我们心怀虔诚,怎会以此为借口,伤害一条生命。"他喃喃自语。

"我相信你。"马陆抬起头,闭上眼。

岳峰的手指,轻灵地在他额头点过,速度很快,动作很轻,犹如时间般一闪即逝。

如此轻灵举动,没有丝毫异样,然而马陆眉头却忽然收紧,满是不可思议的神情。

"怎么?"岳峰倒有些愕然。

"我,我……先告辞。"马陆说了句没头没脑的话,推着轮椅急匆匆离开了。

出了门,他立刻对守卫道:"我要见你们上级,最高级别的那位。"

三人不敢怠慢,立刻推着轮椅,去了另一处房间。在一间简陋的办公室里,马陆又见到了戴眼镜的中年人。

"我叫余震,是这次行动的总指挥,也是此地职务最高的人。"

"送我回圣屋,我要见魏多凤,立刻。"马陆没有半句废话。

"这……不是一件容易的事。"

"魏多凤才是真凶,那件超级武器,极有可能在她掌控中。"

"凭什么这么认为?"

"说出来你们肯定不信。"

"任何行动,都需要理由。"

"魏多凤这个人,确实邪门。她得了晚期肺癌,却十年不死。岳峰是他的手下,被伤成这样,恢复速度却远超常人。我怀疑她掌握了某种异常的能量。"

"我认定是她的理由也很充分,岳峰受到神的抚摸,我也受到过,是魏多凤感谢后的下意识行为,她一定是习惯了这么做。"

余震不再犹豫,立刻下令行动。

一行人通行无阻进入当地一处废弃的学校,操场上停着两架备用直升机。

马陆和七名特战队员上了其中一架,引擎轰鸣声中,直升机盘旋升空,朝盘溪山方向驶去。

两地距离不远,到达目标后,在一处空旷平原降落。队员们立刻搭建临时营房,等增援进场。两个特战小队立刻展开行动,突击圣屋,抓捕魏多凤。

由于当地磁场异常,通信设备无法正常使用,行动前余震提了要求:"无论采取何种手段,必须保证魏多凤生命安全。"

特战小队离开不久,便安然无恙返回营地。他们带回一个消息,魏多凤失踪至少已有三天。

第二七四章
冷心石的秘密

"果然是她,我们所有人都被骗了。"马陆垂头丧气道。

"咱们的天网系统,是世界上规模最大、最发达的,所以只要知道这人是谁,她无路可逃。"

说罢,余震立刻下命,责成手下以最快速度协调有关单位,启用天网系统,寻找魏多凤行踪。

控制圣屋,马陆再一次回到屋里,只见里面摆设有条不紊,尤其魏多凤的房间,收拾得整整齐齐。

"她走得从容,可见心理素质非常过硬。"余震道。

"不奇怪。"

"以你对她的了解,这人属于什么性格?"

"她创建了圣雄会,肯定有极强的信仰或使命感。她得了重病,活不了多久,所以没什么可失去的。"

"最怕就是这种人犯罪。"余震紧皱眉头道,"可是她犯罪的目的,到现在没有定论。"

"既然攻击了银行,她的目的无非为钱。"

"如果她是个贪财的人,不可能闹出这么大的动静,而且一个将死之人,钱对她还有什么意义?"

两人正说着话,一名队员赶来报告情况,在地下室一间满是假人的屋子里,发现了非同寻常的线索。

马陆坚持要一同前往,余震命令手下背着他,一同前往圣屋的地下空间。

装满假人的屋子,也是圣屋入口所在。进入其中,只见端坐板凳的假人倒了一排,脑袋滚得满地都是,有两颗表面材料被摔破,露出内部金光闪闪的物体。

"证物搜集组的同事执行任务时,不小心碰倒了假人。掉了的脑袋里,就装着这么个东西,像是块铁疙瘩。"

由于存在磁力,假人脑袋落地后齐齐对准磁山方向。一名队员将木壳打开,露出其中精钢铸成的铁球。他想试试铁球分量,可球体光滑至极,一用力,两手居然滑脱了。

"这不大像是金属制成的,金属球可没这么滑溜。"

"是你力气不够使,找什么借口。"另一名队员说罢,脱了手套,用手滚了滚铁球,接着两手抱住铁球,用力一提。"啪"的一声脆响,两只手掌拍在一处,也没能将铁球抱起来。

"让你吹牛。"同伴讪笑。

"我就不信了。"他戴上手套,搓了搓再上手。依旧双手打滑,铁球半寸不起。

马陆道:"这不是铁球,而是陨石。"

屋子里顿时安静了,所有人的目光集中在他身上。

马陆解释道:"这是一种名为冷心石的陨石。多年来,魏多凤在世界各地暗杀得到冷心石的陨石猎人,屋子里这些,就是她用人命换来的陨石。"

余震命令手下道:"联系陨石方面专家,我要最详细的冷心石资料。"

他走到一块冷心石前,仔细观察后道:"这些,或许就是她的弹药。"

"必然是,我虽然不是研究陨石的科研人员,也知道冷心石密度高于地球金属,硬度超强……"说到这儿,他用力拍了下脑袋道,"我早该想到,砸碎保险库大门的只能是冷心石。"

很快,联络专家的队员回来,根据他带回的消息,冷心石确实是一种富含金属元素的太空陨石,但是本身密度极高,所以比地球已知所有物体都要坚固，即使使用聚合钻石纳米棒，也无法将之打磨成型，所以这种表面抛光的金属圆球，肯定不是冷心石。

"你相信我还是专家？"马陆问。

"如果是你，你会选择信谁？"

"专家。"马陆无奈摇头。

余震既没有否认，也没有承认道："是不是冷心石，已经不重要。只要找到攻击银行的武器，任务就算圆满完成。"

"怎么才能知道这就是攻击帝国银行所使用的武器？"

"两处遭受攻击的现场，勘察资料已经做了汇总，并由专门团队负责数据处理，细节我不知道。但是，团队的技术人员就在这里。"

很快，两名技术人员进入现场。他们穿着衣服相同，都是橘红色，类似于冲锋衣的材质，手上戴着厚厚的橡胶手套，也是橘红色。

"请你们离开。"其中一人道。

一名队员正打算背起马陆，那名技术人员又道："他留下。"

等其余人离开，技术人员道："我是赵成宗，含氧科学负责陨石项目的技术员。"

"含氧科技"在诸多科学实验室中名气一般，但在陨石猎人圈子里却是大名鼎鼎。他们主要以研究分析陨石成分为主，积累了大量有关陨石的资料。任何一枚不为人知的陨石，只要交给他们，十之八九都能得到一个令人信服的答案。

赵成宗取出一枚巴掌大小的U型吸铁石，对准一颗铁球。"咔哒"一声，吸铁石牢牢吸附其上，一颗滑不溜丢圆球被拎了起来。

"这就是冷心石。"他摸了摸铁球表面道。

"专家否定了，说冷心石不可能被打磨。"

"无知不是罪，否则这些专家早该判刑了。"赵成宗脱了手套，从工具箱中取出一根金属细棒道，"你对冷心石了解多少？"

马陆将他所知道的一切信息叙述一遍，赵成宗道："你说的都是表面现象，冷心石还有许多不为人知的秘密，比如……"他用细棒在圆球表面轻轻一敲。"嘟……"清脆悦耳的声音响起，奇怪的是铁棒产生了迅速且持久的震颤，不停敲击冷心石，造成一连串鸣响。

"冷心石有弹性？"

"这只是其中之一，再看球体，是不是有变化？"

悬在半空的球体，似乎长了些，变成了椭圆形。

"磁性可以改变冷心石的形状，磁力越强，影响程度越大。"

马陆立刻联想到了磁山，道："难怪她要住在这里。"

"有什么说法？"

"圣屋东面有一块巨大的磁石，魏多凤肯定是用磁石改变了冷心石的形状。"

"如果磁力足够强，冷心石还会有别的变化，最不可思议的是会出现星系图谱。"赵成宗拍了拍球体道，"或许这是某种外星文明储存信息的载体，也有可能。"

"这冷心石，居然，居然……"

"没人会为廉价货杀人放火。"说罢，他盘膝坐在地下道，"把你手里的冷心石拿出来吧，我们买了。"

"我手里没有冷心石。"马陆撒了谎。

赵成宗笑道："没有冷心石，你怎么掺和进来的？"

"这……好吧，就算我有，可我不想卖。"

"冷心石还有很多秘密需要挖掘，相信我，把这东西留在身边，未必是好事。"

马陆觉得他说的也有道理，既然无法保住陨石，那就保住价值，于是问道："冷心石的市场价值非常高，你确定要买？"

"我们成天和陨石打交道，当然知道价格，钱的事儿，不用你操心。"

两方聊了半天，约定交易，马陆暗中松了口气，终于送走了"煞星"。

再回到营地已是深夜，只见警戒线内搭建了六座军用帐篷，老刀三人在一座帐篷前烤地瓜。

"你们怎么来了？"马陆颇感意外。

"我们为啥不能来？"老刀乐呵呵起身，看样子就知道陨石已被藏好。

马陆坐下，老刀递给他一个烤熟的地瓜，香气扑鼻。

"陨石，都放好了？"

"放心，存在一处安全区域，咱们发了。"老刀笑道。

"魏多凤还没归案,这事儿存在变数。"

老刀满不在乎道:"将死之人,还能怎样?"

"对了,你们来这儿是因为什么?"

"担心我们受到不法分子伤害,说是这里比较安全。"

"咱们待遇上去了,钟葭,你说是吗?"马陆笑道。

女孩只是挤出一丝勉强的笑容,没说话。

她和老刀关系并不融洽,懒于交流也不奇怪。

吃了几口地瓜,马陆觉得尿急,起身离开,走到树林边缘,正打算解了内急,就听最近的一处帐篷里传出余震的声音。

"这是过河拆桥,除了混蛋,没人会这么干。"

"那就当个混蛋,老余啊,咱们的任务是化解危机,你也是老队员了,还需要我把工作手册上的内容背一遍吗?"

"如果没有他的帮助,这起案子根本毫无头绪,这个时候把人交出去,你们就是过河拆桥。"

马陆心里咯噔一下,难道余震说的"他",就是自己?

"我也不想这样,可对方提出必须用他交换魏多凤,我有选择的机会吗?"

"我真不敢相信,你们居然答应了。"

"老余,你冷静点,我和马陆没有私怨,更加没有私利,咱们一起共事二十年,你知道我的为人。"

马陆顿时起了一身的鸡皮疙瘩,合着自己九死一生,协助他们完成任务,非但没有任何奖励,反而被人给出卖了。

这都是什么人性?

马陆深吸一口气,平静心绪后没有丝毫犹豫,逃走了。

他尽量使脚步平稳,就像散步,营地里来来往往的特勤人员,没人注意到他。

马陆有惊无险地逃出了军事封锁区,趁夜色快步下山,想要找一处可供藏身之处。

借着月光,他小心翼翼走着,任何风吹草动,都像是追兵将至,走了片刻不由得心里发慌,脚下拌蒜,一跤摔倒后,身不由己朝山下滚去。

一路滚到底，虽然没有撞到硬石块，骨头架子也几乎被摔散了。止住堕势后，他四仰八叉躺着，一动都动不了。

"妈的，我还活着呢？"不知过了多久，马陆终于恢复意识。

山脚下并不安全，对方随时会来。马陆强忍疼痛起身，正打算找根树枝当拐棍，无意中发现有两条人影，悄无声息站在他身后。

他头皮一阵发麻，下意识想跑，然而踉跄走了几步，再次摔倒。

"你是走不了了。"一张英俊的脸出现在马陆眼中。

"我倒是不介意宰了你，可惜，有人非要活捉你，估计嫌一刀宰了太便宜。"说话之人满脸络腮胡，像是阿拉伯人。

"你们，是，什么人？"马陆艰难地问。

"反正不是你爹妈。"帅哥满脸的油滑气。

说罢，两人将马陆架了起来，他疼得放声大叫，络腮胡皱眉道："这就受不了了，后面还不得疼死？"

"大哥，咱们往日无怨近日无仇，高抬贵手，放我一马。"

"他妈的，现在知道怕了，之前对付我们的时候，你可撒欢呢。"

"对付你们？"

"让你死个明白，我们是圣雄会的左右护法。"

马陆顿如霜打的茄子，蔫了。

没想到兜兜转转一圈，最终还是落入魏多凤的掌控，这下是真的不得好死了。

两人架着他，走到一处灌木丛前，络腮胡伸手将灌木丛拽落，露出一辆三菱越野来，二人再用扎带捆住马陆手脚，也不管他身体有伤，抬起丢入后备厢，疼的马陆差点没死过去。

车子行驶在颠簸的山路，就像一条风暴中的小船，时不时"上蹿下跳"一下，就在马陆觉得要被颠死时，车子终于停住了。

胃里如翻江倒海一般，他张嘴就吐了。

车厢盖打开，帅哥立刻捂着鼻子道："这王八蛋吐了。"

"他没拉屎，就算能扛了。"

"妈的，不把这些脏东西舔干净，我要你的命。"

"嗨，到时候砍他一条腿，不就抵债了。"

马陆一听这话，忍不住又吐了。

"没完没了了，赶紧把他弄下来。"

被粗暴地拖出车厢后，马陆被人拽着两条腿往前走，直至拖入一处山洞中。

天空在马陆眼中缩小成一个圆圈，他仿佛坠入一口深井，随着步步深入，圆形的天空越收越紧，直至全无。

只见狭长的山洞隧道两边装有矿灯，显然是人工开凿的，直到洞内一处开阔区域，两人撒了手，从洞顶拉下一根铁钩，将马陆挂在钩子上。扎带死死嵌入手腕，马陆痛得浑身颤抖，却无力挣扎。

"让你弄脏我的车子……"帅哥边嘟囔边用脚踢打马陆，与此同时，山洞深处人影绰绰，走出数十人来。

"住手。"微弱的声音响起，面色蜡黄的魏多凤，从人群中走出。

魏多凤显得非常虚弱，整个人瘦得皮包骨一般。

"魏大姐，让我们一人一口肉，分了这小子。"络腮胡凶巴巴道。

"马陆，你大概没想到今天吧？"魏多凤问。

"魏大姐，我没有恶意，只是为了保护自己。"

"你毁了我们的家园，任何理由都说不过去。"

"我这么做也是受人胁迫，别人枪管子架在我脑袋上，没得选择。"

"马陆，你说胡话真是张口就来。"说罢，她使了个眼色。

只见一名十六七岁，身着白衣的少女，从人群中走出，手里握着一柄匕首。

"喂，别乱来，我身上装有追踪器，军方迟早会……"话音未落，少女走到他面前，在他手腕上割了一刀。

"我的天。"一阵剧痛，顿时传遍马陆全身，鲜血犹如喷泉一般涌出，染红他半边身体。

马陆感到体温在流逝，他觉得寒冷，不由自主颤抖起来。

"太便宜他了。"络腮胡愤怒地道。

"罪人应该为他的行为付出代价，而我们，无需成为罪人。"魏多凤按住他的肩膀道。

原本以为一场大戏，没想到高调开场后却又戛然而止。圣雄会众人大多觉得无趣，一哄而散。

当所有人离开，一名黑衣人从山洞一侧悄无声息地走了出来，他戴着鸭舌帽，帽檐压得极低，无法看清长相。

走到魏多凤身后，他伸手从后面轻轻抱住近乎竹竿一般的细腰道："这么多年，辛苦你了。"

魏多凤闭上眼，蜡黄的脸上露出一丝幸福的笑容道："有你陪我十年，这辈子没白活。"

"希望你知道，这十年中，我对你的爱从未减少过一分一毫。"

"我知道。"魏多凤拍了拍他的手背道，"我是真恨自己，为什么要得病……"

"当我们登上天堂，一切都会变得美好。"

"就像十年前，我戴着花环，站在柳树下等你那样？"

之后两人久久不语，黑衣人的眼泪，一滴滴落在魏多凤的肩膀。

"完成你的使命，我在天堂等你。"说罢，从口袋里取出一张年代久远的照片，照片里与她合影的人只剩一道轮廓。

然而黑衣人却从皮夹里取出残缺的照片，严丝合缝贴在轮廓中。

郑重收起照片，黑衣人轻轻吻了她的面颊道："我爱你。"

说罢，割断扎带，扛着马陆走出山洞，上了一辆牧马人后，驱车朝相反方向驶去。

开出十来分钟，黑衣人停了车后又用手机拨出一串数字，点下连通键后，一声沉闷爆炸声响起。

"怎么……"马陆一声惊呼，醒了。

"你是……"

他正要问，黑衣人摘下鸭舌帽，露出脸来。

"老刀叔？"马陆大吃一惊，失声喊道。

只见老刀脸上无悲无喜，怔怔地坐着，也不回应。

"我，我还能活着？"马陆摸了摸身上的鲜血，只觉得不可思议，难道是陨石功效？

"手腕只是开了个小口，鲜血是通过血袋流出的，失血感觉由致幻剂造成。"老刀解释道。

"你……怎么知道的?"马陆一激灵。

"因为这是我安排的。"说罢,他按动仪表盘上一枚红色按钮。

车顶盖两边打开,冷风瞬间涌入,汽车缓缓升高。

下了车子,只见四个车轮内侧,各有一根液压柱将车身顶起。老刀打开车后门,将座椅扯下,下方露出一个并不算大的圆盘。圆盘直径约有一米,深蓝色,乍看像个大飞盘,以钛合金材料的支架固定。"噼啪"一声,车头处火花四溅,冒出一股青烟,圆盘内则发出轻微声响。

"离车远点。"说罢,带着马陆走出数米开外。

"老刀叔,这一切究竟是怎么回事?"

"圣雄会里有一头独狼,那头狼独来独往,在暗中发掘一切秘密,我就是那头独狼。"

"明白了,原来你是圣雄会的人。"马陆苦笑一声道,"所以魏多凤才会对我、对阿美的行踪了如指掌,所以你才能轻易地带走那四箱陨石,这一切,其实早有谋划。"

"你卧底圣雄会漏洞百出,如果不知你底细,早死几回了。"老刀取出一根雪茄,点燃后叼在嘴上。

"为什么要看我演戏?一刀宰了我,不是省了很多麻烦?"

"见人就杀的是疯子,况且你是欧阳青石派去的,有些事儿不好做得太明显。"

"可你们留着我,消息迟早会被欧阳青石知道。"

"我从不为还没发生的事情担忧,而且我对你有信心。"

"对我有信心?为什么?"

"因为……你二叔。"

"我二叔?他,他和这事儿有什么关系?"马陆的心顿时悬到了嗓子眼。

"你二叔……是我的生死兄弟,你是他的亲人,就是我的亲人。不管你怎么看我。"说话时,老刀喷出的雪茄烟雾,居然凝聚空中,不散了。

烟雾犹如丝线,根根清晰,向前飘去。

马陆顺势望去,却看到一幕不可思议的场景。

只见无数草木腾空而起,围着汽车旋转,虽然速度极快,却不发出半点声响。

"这,是陨石的作用?"马陆惊讶地问。

"造成这种景象,陨石只是其中一环。"老刀从兜里取出手机,向来稳定的手,微微颤抖起来,他喃喃自语道,"你先走一步,我随后就来。"说罢,手指轻轻一点。

"砰"的一声脆响,车尾处闪出一道银光,朝林子深处激射而去,悬于空中草木,就像抽了根基的砖墙,瞬间坍塌一地。

"怎么回事?"马陆起身,朝林子深处望去,然而林木轻摇、草叶微动,不见任何异常。

"该来的总会来,不需要刻意等待。"话音刚落,就听"轰隆"一声巨响,继而地动山摇起来。剧烈的晃动,甚至让马陆站立不稳,一跤摔倒。

"地震了?"

"哪来的地震。"老刀丢了雪茄,起身道,"这是一次神迹的展示。"

"隆隆"声响阵阵传来,伴随声音而来的,是一股铺天盖地的黄色沙尘暴。

林木茂盛的区域,不可能发生沙尘暴,这是爆炸产生的冲击波。

马陆疾呼道:"赶紧躲,否则没命了。"

老刀却恍若未闻,面对汹涌而来的冲击波,任凭马陆拖拽,一动不动。劲风呼啸而至,透体而过,犹如利刀一般,吹得人面皮生疼,连眼都睁不开。形势紧急,无法可想,马陆只能躲到一株梧桐树后,双手抱头蜷缩在地。只听一阵树枝折断、碎石撞击的杂音密集响起,能量强大的冲击波瞬间冲过,马陆耳朵鼻子顿时灌满沙尘。万幸,梧桐树生长多年,地下根系异常牢固,替马陆挡住所有伤害。

抖落满身灰尘,马陆爬了起来,只见茂密的树林像被巨型坦克碾过一般,七零八落、一片凋零。

老刀满身的灰土,犹如雕塑一般站立着。

他在冲击波与漫天呼啸的硬物双重夹击下,居然没有受到丁点伤害。

老刀拍了拍满身灰尘,对马陆道:"麻烦你,把死星取来。"

马陆走到车前,搬起圆盘,只觉入手很轻。

"这是你的设计?"

"我可没这个本事,是我老师,杨教授毕生心血。"

"这是杨教授设计的?"马陆愕然。

"不仅如此,圣雄会也是教授创立的。如果他能活到今天,将是一切的主宰。我和多凤,只是计划的执行者而已。"

"幕后黑手,居然是,是……"马路震惊得说不出话了。

"钟葭并不知道教授所为,希望你能守住这个秘密。"

"如果一切都是杨教授策划的,他为什么要杀死自己?"

"教授的死是一场意外,无关阴谋,或许……"老刀叹了口气道,"他感受到了神的召唤。"

马陆叹了口气道:"我脑子乱了。"

"不奇怪,毕竟你只是刚刚参与进来,迟早会明白一切的。"

"参与?老刀叔,我不信鬼神,所以,不想参与你们的信仰。恕我直言,你们是一群杀人犯,圣雄会是一个犯罪组织。"

老刀微微一笑道:"相信或质疑,是你的权利。你将要参与的,与圣雄会无关,而是人类历史上最伟大的变革。"

"与圣雄会无关?"马陆并不相信。

"圣雄会所有成员,都在之前爆炸中尸骨无存了,这个组织不复存在。"

"什么……"马陆大吃一惊,片刻之后才回过神来道,"难道死星是武器发射装置?"

马陆亲眼见到死星放出一道银光,随后发生了势能巨大的爆炸,不过能造成这种爆炸等级的武器装置,大多体型庞大、操作复杂,死星直径不过一米,轻薄无量,如果真能发射能量巨大的炸药,必然是世上最先进的武器了。

武器研发是尖端科学,是一个团队几年甚至几十年的研究成果。杨教授凭一己之力,若能开发出如此先进的武器,那真是天神下凡了。

老刀道:"想知道答案,就跟我走。"

事到如今,不弄清楚老刀真正的图谋,马陆只怕会郁闷而死,所以只犹豫几秒钟,便跟了过去。

"老刀叔,你会杀我灭口吗?"

"灭你的口?为什么?"老刀忍不住笑了。

"不知道,就是问问。"

"我就是把自己宰了,也不会伤害你,这是我对你二叔的承诺。"

走出山中,皮卡就停在山脚下,上了车,老刀换了一身干净衣服。

"刚才被冲击波带来的铺天盖地的石子,居然没有一颗打中你?"看着老刀虽脏,却完好无损的衣服,马陆道。

"封建迷信的话咱就不说了,算我运气好吧。"

车子缓缓启动,开上国道,望着两边种满防风林的水泥路,马陆道:"咱们这是去哪?"

"你记住,咱们踏上的,是一条伟大的征途。而你,必定创造历史。"

"我对创造没啥兴趣,我只想把日子过安稳了。"

老刀笑了。

"有什么可笑的?"

"可能你对自己的了解不够透彻,或者说,你不愿意承认自己的本来状态。"

"什么意思?"

"马陆,你有杀人的胆量,所以你不是一个普通人。"

"我是被逼无奈的反击。"

"并不是每个被逼无奈的人,都敢杀人的。"

马陆扭头望向窗外,不吭声了。

过了一会儿,他又道:"用未知武器,杀了几十口子人,余震能放过你?"

"无所谓,到这份上,一切都成定局,无法改变。而且,余震算个什么东西。"老刀不屑道。

这一路之长,出乎马陆意料,每天几乎跑满十二小时。七天之后,进入极西之地,那恐怖的盘山公路,只在山脚下仰望,就让马陆觉得心惊胆战。

更要命的是,行至山腰,山中却起了一层薄雾,继而下起砂砾般的小雪。

随着攀爬距离提升,由车内往外看,犹如身处悬崖口,尤其是两辆车贴身而行时,似乎随时都会翻车掉落。好在马陆没有恐高症,否则没摔死也被吓死了。

一路有惊无险地走完盘山路,天色已黑,只见不断有牧民赶着牛羊群在公路上来回穿梭,对过往的车辆,视而不见。

"老乡，卖一只羊给我，价格好说。"老刀向牧民喊道。

最终以两千元的价格买了一头成年的公山羊，老刀将羊放入车后座道："齐了。"

马陆莫名其妙道："老刀叔，你买只羊，是为吃羊肉？"

"很快，你就知道了。"

找了一家小旅馆住下，休整一晚。第二天上路，车厢里弥漫着一股难闻的气味，马陆皱眉道："真要吐了。"

"忍着吧，这头羊的作用，比你我都重要。"

话是这么说，但老刀并不喂食。进入无人区后，即便有大片茂盛的草场，老刀也没有停车，哪怕让山羊吃一口草。

山羊饿得直叫唤，并不停舔人脑袋。

"赶路再急，好歹让它吃点东西。"

"一点不能吃，否则会坏事的。"

无人区景色壮丽旖旎，四处高山满是青翠，一条长河秀丽清澈。

马陆看了地图道："这是世界上最大的峡谷带，再往前就是中印边界了。"

永不陷落的峡谷

"没错,这就是我们要去的地方。"

车子沿着江水,走出一条明显的"U"形,来到一段河滩处,老刀停了车子。

河滩两边,是两座巨大的峡谷,峡谷底部光线昏暗,十分潮湿。石壁和树干上长满了各种各样的菌类,最大的竟有半人多高。

"两座峡谷,两个世界。"老刀点了支雪茄道。

"老刀叔,你打算做的事情,能交底了?"

"当然,这里是一切秘密的源头。"说罢,他牵着山羊,朝峡谷深处走去。

"你知道,我为什么彻底毁了圣雄会?"

"我一直想问你,又觉得太残酷,怕你不好回答。"

"答案确实残酷,但没什么不能说的,我是为你杀的人。"

"为了我?这人情我可不敢受。"

"马陆,你将继承我所拥有的一切,而这些东西,也是圣雄会所有人觊觎的,他们不死,你迟早要死。"

"老刀叔,你给我东西,也得问问我愿不愿意要吧?"

"不需要,你一定会要的。"

峡谷深处,荆棘密布、藤蔓丛生,越走越艰难。人虽然勉强可走,羊受不了了,时不时驻足站立,不再往前。

老刀干脆将它扛在肩膀,继续大步向前,很快身上被割得鲜血淋漓,他却恍若不觉。

经过一段穿行,草堆越发茂盛,长得比人都高,马陆道:"老刀叔,你走慢点。"

"别担心走丢,一直向前,很快就到了。"

果然,两人很快走出草堆,面前是一处下陷山谷,山路地势平缓,山谷深处薄雾弥漫,看不清底部区域。

"看见山坡上那块大黑石吗,那就是你登上巅峰的起点。"

距离二人不远处的斜坡上,横着一块大黑石,看样子并没有任何特异之处。

"老刀叔,咱们现在做的事儿,距离陨石行业越来越远了,如果我二叔还在,他能接受吗?"

"我们现在做的,一定和陨石有关,寻找陨石只是这一行最初级的目标。如何使用陨石,才是终极目标。"

走到黑石北侧,老刀用手刨地,没多会儿刨开表面浮土,露出一块铁板。

"来,帮把手。"

两人合力推开铁板,露出一个洞口。

洞口很深,黑黝黝的看不见底,老刀将山羊扛在肩上,用一只手小心顺着铁梯爬下。

马陆跟着入洞,也不知道爬了多久,直到入口处的圆洞小的如针眼一般,才算站在地下。

老刀点燃火把道:"我管这里叫福地洞天,只有福缘广厚之人,才能发现此地。"

借着火光,马陆看清这是一处天然溶洞,四周满是奇形怪状的钟乳石、石柱、石笋,一条暗河在不远处缓缓流动,发出轻微的流水声。

"离水远点,据说这条河里有一种白色的无鳞蟒蛇,只要被它裹住,大罗金仙也救不了。"

马陆心中一虚,紧贴石壁走。

两人一羊在山洞里行走良久,空间越发宽阔,到后来火光已无法照到洞顶,而任何一点声音,都会造成一连串的回响。

与此同时,马陆身周发出"噼里啪啦"的响声,鼻子里隐约闻到一股焦煳味。

"忘记说了,这里磁场强烈,会造成电子器件自燃。"

"与圣屋的环境相同?"

"修建圣屋,就是为了模仿这里的环境,毕竟我们不可能长时间生活在山洞里。"

说话间,火光中出现了一根巨大的石柱,石柱底部延伸出一条蜿蜒宽阔的石道。

老刀将火把插在石柱上,又点燃两根,火光大涨,照亮更多区域。只见石道蜿蜒盘旋,顺着山体一圈一圈螺旋向上,就像缩小的盘山公路。

奇怪的是石道内部银光闪闪,居然铺设了一层平整光滑的金属轨道。

"这就是人类历史上第一台永动设备,也是真正的死星。"老刀指着"盘山公路"道。

"永动设备?"马陆不甚了解。

"是一种不需要输入能源、能量,便能永久做功的设备。"说罢,老刀拆解了小型死星,里面的圈道,与山体轨道如出一辙。

"单靠磁铁,不能使金属物体保持自由稳定的悬浮状态,但是,冷心石却能在六个自由度保持平稳。"说罢他从口袋里取出一颗拇指大小的圆球,轻轻放在圈道底部,只见圆球几乎与圈道贴合,但细看,二者之间隔着一条细若发丝的距离。

"悬浮空隙,使冷心石不与轨道接触,避免产生摩擦,所以滚动产生的力,不会因摩擦系数而减小。"

"所以,球体就会一直不停旋转?"

"除非外力干预,否则不会停止,而且越来越快。当转速达到音速,而金属本身足够坚硬时,就会产生巨大的撞击力。帝国银行保险库大门、你藏身的地堡,还有圣雄会所在的山洞,都是被冷心石砸破的。"顿了顿,老刀又道,"攻击地堡是圣雄会内部成员所为,他们知道我的打算,想要除掉你。"

"所以,我差点成为权力斗争的牺牲品?"

"这不是权力斗争,而是为了争夺继承权不择手段。"老刀叹了口气道,"如果不是他们过分,我又何必把事做绝,毕竟几十年的兄弟姐妹,说没感情那是假的。"

只见磁力圈道内的冷心石越转越快,马陆道:"杨教授对于冷心石的研究和使用,确实达到了极致。"

"作为一名陨石猎人,如果只知道找陨石,和那些最底层的劳动力有什么区别?只有真正了解并学会使用陨石,才能破解神的谕旨。"

"可是,我并不需要死星。"

"那是因为,你对于这处峡谷并不了解。"

说罢,老刀用石子在地下画了两个三角形道:"假设这是两处峡谷,我们的位置,大概是在这里。"说罢,他在左边三角的中间位置画了个点,又画了条直线,点在另一边三角形的中心。

"这个地方,民间称为天河谷,但在保障工程行业,称此处为永不陷落的峡谷。"

"这牛吹的……"

"还真没有吹牛,峡谷的山体岩石达到摩氏硬度的最高等级,内部又用合金材料做了内壳,而峡谷中的天然强磁场,会对外部电子设备造成影响,所以依靠电子设备控制的武器,在这里无法使用。"老刀越说越亢奋,比画着双手道,"这处峡谷几乎是无法攻陷的。"

看他手舞足蹈的样子,马陆愕然道:"谁吃饱了撑的,跑来这里攻击峡谷?"

"当然是我们,你和我。"

马陆懵了好一会儿,才问:"这里有我什么事儿?"

山洞里只有他们两人,老刀却一脸神秘地凑到马陆耳边,小声道:"对面峡谷中,存放着一颗震荡石,是一种构成特殊的岩石,保有量不超过七十公斤。"

"震荡石中含一种震荡分子,每震荡九百二十七万次恰好是一秒钟,所以是目前最为精准的计时器,也是时间的基座。而时间是维度中最高一级,失去时间，我们所在的空间就会从高维降到低维。"

老刀一脸炫耀地望着马陆，然而马陆根本无法理解："然后呢？"

"我们的使命，就是摧毁时间。当时间消失，世间一切都将变得无序，人类重归原始，这就是新历史的开端，而你我，将是这一切的缔造者。哈哈哈！"老刀不受控制地狂笑起来。

马陆瞠目结舌道："老刀叔，你、你觉得时间可以被攻击？"

"当然，这就是圣雄会存在的根本。我们不惜一切代价创造这些，目的就是为了消灭时间。"

"你没事儿吧？"马陆听了他莫名其妙的言论，简直无言以对。

老刀一迭声地狂笑后，大声道："吾乃楚狂人，不与众人同。马陆，别和那帮俗人一样。"

两人说话时，冷心石已加速至音速，飞速旋转的球体，带起一片灰尘，死星周围灰蒙蒙一片，就见灰尘中忽然发出电火花般亮光。随即，古怪的一幕突然发生，只见周围大片区域出现了扭曲状态。

这其中，也包括老刀。

只见老刀从胸口以下偏出一截，整个人仿佛拼接出了差错，接着所有扭曲物体开始闪烁，继而变得透明。

然而这古怪一幕来得突然，去得更快。一眨眼，所有一切恢复原状。

"就算时间可以被摧毁，这么做的意义呢？"马陆问道。

他觉得物体扭曲可能是火光导致的视觉偏差，也没多想。

"意义？"老刀脸上近乎癫狂的笑容消失了，转而用严肃的语气道，"满心黑暗的人引领我们寻找光明，被禁锢的灵魂为我们创造自由，自私的混蛋教导我们放弃欲望。这就是人，看似拥有智慧，却在无尽的索求中一步步走向地狱。所以，科技发展越快，人类社会愈加脆弱，而摧毁时间，就是摧毁科技根本，只有这样，人类才能永生。"

"好吧，可存放震荡石的区域比堡垒还要坚固，如何攻击？"

老刀取出一把发令枪，对着洞顶打出一枚照明弹。

一枚绿色火球直冲入空，将偌大山洞照得一片油绿。距离两人不远处，有一根天然形成的石柱，石柱顶端托着一颗巨大的圆石，圆石直径数米，重量少说几十吨。

这颗巨大的冷心石，得伤多少人命，才能凑齐？

马陆暗中不寒而栗。

"以这颗死星的重量，只要达到音速，所产生的撞击力可以轻易突破岩石和钢层，并不受磁力影响。咋样，点子绝不？"

马陆倒抽一口冷气道："这种地方必然重兵把守，攻击之后，肯定会暴露我们的位置，到时候往哪跑？"

"马陆，我们必将留名青史，何必在意退路。"说罢，老刀取出一罐煤油，朝山羊走去。

"我对青史留名不感兴趣，我只想踏踏实实找陨石。"马陆拦在老刀身前。

"让开。"老刀顿时沉了脸。

"现在回头，还来得……"

"去你妈的。"老刀忽然出拳，打在马陆下巴上。

马陆顿觉天旋地转，腿一软，瘫坐在地。

"为了你，我灭了一手创建的圣雄会，可是你居然如此懦弱，太让我失望了。"老刀来回踱着步，大声嚷嚷。

"老刀叔，你疯了。"

"我是疯了，我被你气疯了，现在一切真的令你满意？为了那点可怜的钱，你愿意放弃理想？别那么怂包！"老刀眼珠布满血丝，因为用力过度，说话时喷溅出大量唾沫，脖子上的青筋根根毕现，犹如蚯蚓一般。

"为什么要用你的理想，绑架我的人生？"

"因为，我他妈的就是为了兑现对你二叔的承诺。我说过要照顾你，要让你成为最优秀的猎人，否则，你根本没有资格站在这里。"一通吼叫，老刀满脸泪水，他激动到无法控制情绪。

马陆不敢对着干了，以老刀目前的精神状态，杀了他也不是没有可能。

见马陆终于服软，老刀冷哼一声，走到山羊身后，将煤油洒在尾部，用火点燃。

山羊遭受火烧，疼痛难忍，蹦蹦跳跳窜上石柱，向高处而去。越向上越狭窄，而火焰越烧越旺，山羊痛得发了疯，快到顶部时几乎无处下蹄，它一跃而起，狠狠撞在圆球上。圆球虽重，但石柱顶部狭窄，受到外力撞击，重力倾斜,又受到磁场牵引,便朝轨道倾斜滚落。

"最终,所有时间基座将在死星攻击中灰飞烟灭。基础时间的消失,意味着一切时间都变得不再准确。空间站、卫星、一切航天器的发射,都将在细微的时间偏差中毁于一旦,人类将失去所有尖端科学。"

老刀癫狂的哈哈大笑声中,巨大的圆球落入轨道,沿着轨道旋转。由于受到磁力悬浮,石球虽然分量极重,转动时却不发出半点声音。

"老刀叔,冷心石旋转造成的引力,对我们是致命的。"

老刀指着石柱下部一处缝隙道:"躲在这里就没事了,我要亲眼看着一切发生,我要亲手搬动变轨装置。"

石球转动速度越来越快,山洞内气流回旋激荡,马陆感受到有一只无形的手,正在拖拽自己的身体。他连滚带爬钻进石柱缝隙中,引力顿时减轻。很快老刀也跟了进来,然而没等站稳,峡谷里忽然发出一声雷鸣般的炸响,接着山洞剧烈震动起来。

"完了,洞要塌。"

马陆吓得不知如何是好,就见缝隙深处忽然亮起一道光,接着喇叭声响,开出一辆七八十年代的伏尔加,司机穿着中山装,梳着三七分,造型和这个年代格格不入。

由于人车距离很近,马陆无法避让,眼睁睁看着车子撞过身体,径直开走了。

与此同时,又有各式各样穿着打扮的人,从缝隙深处走出,从马陆身体穿过。

"来了,终于来了,看到没有,这就是神迹。"老刀兴奋到了极点,指着鬼魂一般的人影,咧嘴大笑。

"这究竟是怎么回事?"马陆惊讶地问。

"神的力量,我们凡人怎会知道,你能看到就是福气。"说罢他将脚伸出缝隙,只见裤腿犹如飓风吹拂,剧烈摇摆。

"变轨后,石球会被抛射而出,惯性造成的冲击力,足以撞毁两处石壁。马陆,还记得天独山那套做肉丸子的设备吗?就是对应此处设计的试验产品,一番心血,值了。"

"老刀叔,现在出去,太危险了。"

"相比于得到的,值得冒险。"说罢,他毫不犹豫钻了出去。

马陆不敢乱动,蜷缩着坐在地下,暗中祈祷老刀顺利发射石球,否则这辈子也不可能从山洞里出去了。

正自胡思乱想,忽然耳边响起电流涌动的"滋滋"声。

只在瞬间,马陆眼中顿时一片绿,只见外部山洞,不知从哪冒出了一片形状奇怪的茎类植物。

植物约有一米长,没有叶子,根茎粗大,乍看有点像是绿色的甘蔗。

植物出现后,引力却消失了。马陆小心翼翼试探片刻,确定安全,从缝隙中走出,才发现整个山洞里长满了这种植物。

"老刀叔……"孤独的声音回响在山洞,然而无论马陆如何呼叫,老刀没有丝毫回应,十有八九他已被石球碾为肉泥了。

马陆不敢在山洞里多做停留,穿行在茂密的植物中,走到后来,浑身剧痛,意识也逐渐模糊,眼看洞口就在身前不远处,却浑身一软,晕了过去。

再醒来,马陆躺在一张柔软的床上,小屋里灯光柔和,装修温馨,以粉色调为主,弥漫着一股淡淡幽香。正打算起身查探究竟,屋门开了,一位七十多岁身着白衣的老人走了进来。

老人满头灰发,鼻高目深,并不是典型的汉人长相,他微笑着点点头道:"你氧气中毒,万幸发现得早,否则会有生命危险。"

"我怎么会氧气中毒?"

"山洞里氧气浓度含量极高,人在里面待长了,当然会氧中毒。"

"这是什么地方?"

"天河谷。"

马陆立刻猜到身处何地,赶紧解释道:"我来之前,并不知道他是为了攻击震荡石。"

"震荡石?"老人一脸诧异。

马陆详细地叙述了缘由,听罢,老人更加觉得惊讶:"这是我听过的最无知的话。你的同伴,精神有问题。"

"他,有没有得手?"

"这里是世界上最尖端的时钟研究实验室,我们研究确立世界最准确的

时钟系统,确保时间无限度地接近准确,确实运用到了原子震荡技术,不过震荡石是什么东西,我就不知道了。"

"什么,您,您不知道震荡石?"

老人摇摇头道:"而且原子震荡技术,早已数字模拟化,就算你们摧毁了实验室,也能根据备份资料,在短时间内重新建立一模一样的实验场地。所以,你这位同伴处心积虑,步步为营,只为做一件莫名其妙的事情?"

"我,我不知道,具体情况可以问他。"

"我们对山谷内部细搜索了几遍,可以确定,洞里只有你一人。"

"我发誓没有骗你,我的同伴名叫老刀,我们一起进的山洞。"

"我相信,因为山洞里确实有另外一套装备,我们在其中找到了另一人的身份信息。"

"他就算死在山洞里,总得留下点蛛丝马迹吧?"

"老刀既没有离开山洞,也不存在于山洞,他失踪了,或者说……"老头扶了一下镜框道,"他消失了。"

"消失了?这不可能,会不会被吸入冷心石的旋转轨道,压碎了?"

"山洞里没有冷心石,也没有旋转轨道,甚至山体原本的构造都改变了,比如说里面氧气浓度极高,所以长满了一种灭绝三亿年名叫裸蕨的植物。"

"那些绿色甘蔗?"

"是的。"

"我去……可是,为什么会这样?"

"恐怕没人能够告诉你标准答案,只能大致推测。因为强磁场的叠加效应,使山洞里的空间发生了扭曲。所以,一些外空间物体,出现在我们的世界里,而老刀……有可能去了另外的空间。"

"这……我不太明白,您能直白地解释一下吗?"

"在强磁场环境中,极重物体发生自旋时,有可能使空间扭曲打开虫洞……简单地说,就是老刀在无意中,打开了一扇星际之门。"说罢,老人轻轻叹了口气道,"老刀正经想干成的事儿,根本就是扯淡。不过,却在无意中造成了一起超乎寻常的科研事故,就像一九四三年的费城实验,也是因为人力改变磁场,造成了不可思议的事故。"

"可冷心石是沿轨道转动,不是自旋?"

"如果六个自由度，同时存在等级相同的磁力，金属物体会悬于半空，并在惯性作用下发生自旋。"

马陆沉默良久，道："所以……他没能摧毁时间，而是打开了存在于时间中的门？"

"是的，或许他已成为时间旅行者，穿梭于曾经或未来的某一时段，不过……再也不可能回到眼前的世界了。"

"我怎么觉得跟梦一样？"马陆揉了揉太阳穴。

"因为一切推论都只是推论，不是真正的答案。"

"好吧……接下来，我该做什么？"

"即使是犯罪，你们确实创造了历史。马陆，总有一天，现今世界的明星、伟人会被世界所遗忘，而你和老刀，将被永远记录史册。"

说罢，老人留下夹板，离开了。

夹板内，是一份保密协议，作了详细约定，天河谷里发生的所有事情，马陆一个字也不能说，否则将触犯刑法，受到严厉的惩罚。

军方将马陆秘密转移到附近城市，杨月钟葭、阿蛮与他碰头后，三人返回西京市，路上杨月钟葭道："老刀的去向，你一定不会说了？"

马陆反问："你想知道吗？"

"不想，这个人心里的事儿太多，看样子挺爷们，其实蛮阴暗的。"

"无所谓了，这辈子你都不会再见到他。"

"这么肯定？难道……"

"别套话，打死我也不会说的。"

话音未落，马陆手机响了。

"谁啊？"

"另一位满心阴暗的人。"

马陆将手机摆在驾驶台上，屏幕上显示着"欧阳青石"四字……

陨石猎人

⟨下⟩

易飞扬 著

文汇出版社

CONTENTS

目 录

- 第一章 巨人神庙 001
- 第二章 紧急状况 020
- 第三章 三大谜案 040
- 第四章 消失的大亨 061
- 第五章 裂变元素 083
- 第六章 沙尘遇怪 102
- 第七章 沙漠追逐 121
- 第八章 畸形人 146
- 第九章 死亡钟 166
- 第十章 黑暗者 182

- 第十一章 杀人潭 204
- 第十二章 藏石之处 219
- 第十三章 阿蛮的发现 235
- 第十四章 冒充畸形人 254
- 第十五章 虚幻空间 276
- 第十六章 圣器搜寻者 295
- 第十七章 重力锁眼 321

巨人神庙

"需要我,亲吻你的身体吗?"

在王闯面前,女舞者乖巧得就像一只小猫。

晦暗的粉红色灯光,缓慢骚柔的音乐,屋子里弥漫着浓郁的情欲气息。

这是一处高端私人会所的隐秘角落,能进入者,都是这家会所的 VIP 白金会员,除了观赏舞蹈,你能提出一切所需,而会所方也会尽力满足贵宾的需求。

无非是钱,只要价格够高,总有人能豁得出去。

王闯今年五十出头,但看着好像只有三十出头,他身材结实匀称,头发乌黑茂密,五官精致、气质儒雅,像极了做学问的人。

此刻,他面无表情地望着面前性感的女子,从心理到生理皆是无动于衷。

他的情绪正处于崩溃边缘,唯一的渴望,便是寻求"死亡"。

他患有严重的心理障碍,确诊后就产生了强烈的厌世情绪,甚至拒绝吃药和心理干预。

如今,即便在白天,他所看到的一切都是晦暗的,就像戴了墨镜。

如何死亡?这个念头不停地在他脑中盘旋,来到这里,就像是濒死的溺水者,会奋力抓住每一根稻草,尝试最后一次自救。

最终,他失败了。

取出皮夹,摆在桌上,王闯语调平静地道:"里面所有的现金都给你,卡和身份证麻烦你按地址寄过去。"

不等舞女弄明白怎么回事,他起身出了会所,走入电梯,按了顶层键。

临死之前,他要和一位朋友道别。

对于这位朋友,王闯只知道他是训练信鸽的,在酒店楼顶的天台养了许多鸽子。

全世界只有他,没有劝王闯痛苦而努力地活着,三天前的夜晚,王闯想要跳楼,无意间遇到此人,两人抽了半包香烟,聊了一晚,他告诉王闯:"死没什么,不过应该给自己最后一次机会,待冲动平息,如果还是不愿意活着,那就死而无憾了。"

王闯觉得很有道理,于是多活了三天。

走到天台,凉风习习,驯鸽人半倚在躺椅上,悠闲地喝着啤酒,看到王闯,他道:"想明白了?"

"是。"

想到终于要从这里跳下去,告别这恶心的人世,王闯淤塞的心境忽然顺畅了。

驯鸽人坐了起来,怔怔地望着深蓝色的夜空道:"如果我有勇气,尝试一次飞翔的感觉,该有多好。"

"这就是我将要做的。"王闯点了支烟道。

"老哥哥,还是你想得通透。"

"我的人生,应该由我自己做主。"

"没错,活得精彩,死得漂亮。"他给了王闯一个有力的拥抱。

"兄弟,扶我站上去。"

待王闯站上石墙护栏,驯鸽人道:"老哥哥,你稍等片刻,咱俩再喝一个。"说罢,转身去拿酒水。

站在高处的王闯发现,虽然脚下一片辉煌,头顶却是无限黑暗,灯光无法照到楼顶高处,这里的夜空,远比站在街上仰望时更加黑暗。

或许,地狱在天上,而非地下。

一念至此,忽然,王闯隐约听见一阵细碎声响,从黑暗的天空中传来。

声音越发清晰，似乎是无数双翅膀扇动时发出的响动，接着，黑暗中似乎有一团乌云，向他铺天盖地席卷而来。

王闯取出打火机，对着"乌云"按下按钮。

"啪嗒"一声轻响，黑暗的半空中多出一点黄豆大小的火光，然而这就像在狂风中放出的屁，即便再臭也不可能被别人发觉。

火苗晃动两下便熄灭了，"乌云"瞬间将王闯裹入其中，继而又变成一股黑色的龙卷风，绕着他身体盘旋转动。

驯鸽人拿着两瓶啤酒回来时，恰好看到这恐怖的一幕，顿时吓得魂飞魄散，他丢了手里的啤酒瓶，转身就往大楼里跑，边跑边道："鸽子吃人了，鸽子吃人了……"

"黑龙卷"，由鸟群组成，只见无数飞鸟围着王闯你一口、它一口地猛啄，眨眼间，整个人变成了一团模糊的血肉，他颤抖着要栽落下去，却被鸟群撞回了露台，所有飞鸟一拥而上……

偌大的露台，被黑压压的鸟群覆盖，犹如铺上一层黑色地毯。

当鸟群再度飞起，消失在黑暗的云层中，只余下满地鲜血，和一具白森森的人骨。

警方到场后，通过调看楼顶监控，确认失控鸟群已经飞走，这才通知酒店打开楼顶通道处的铁门。

勘察现场后，负责现场记录的警员询问刑侦支队副队长杨福道："队长，这起案子，如何定性？"

"目击者、监控录像都在，王闯死于意外，这点没有争议。"

说罢杨福点了支烟道："听说死者患有严重的抑郁症，上天台就是为了自杀的？"

鸽笼中的信鸽或许受到鸟群袭扰，此刻在笼子里躁动不安，"咕咕"直叫。

"是的。"警员翻查记录后道。

"这些吃人的鸟，又是从哪冒出来的？"

望着头顶上暗黑的夜空，杨福轻声自语。

"见惯了出乎意料的死亡现场，但这次，还是超出了我的认知底线。"

听声音，杨福便知是队长龙兴到了，转身面对他道："食人鸟出现得古怪,不过案子本身并不复杂。"

"鸟,不会主动攻击人,更不会吃人,别急着下结论,这案子存在反转的可能。"

龙兴拍了拍兄弟的肩膀道:"将拷贝的视频资料送去信息部,逐帧分析,鑫隆酒店比较特殊,必须尽快消除影响。"

鑫隆酒店在阳川市的确是独一无二的存在,因为它是立东集团春秋两季拍卖会的指定酒店。

酒店的重要性不在于直接产生的收益,而在于其所经营的拍卖会,对全国富豪群体的吸引。

再过一天,就是"立东秋拍陨石专场"的启动仪式,王闯则是此次专场的鉴定委员会的委员之一,没想到在这关键时刻,居然发生如此恐怖的惨案。

回市局的路上,龙兴默默地抽着烟,静静地思考,然而这次他敏锐的直觉消失了,他无法从王闯诡异的死亡方式中,理出丝毫头绪。

正冥思苦想时,手机忽然响了,接通后就听杨福道:"你得回来,案子有突破。"

龙兴并没有追问,挂了电话,调转方向,返回鑫隆酒店。

鑫隆酒店是一座拜占庭风格的建筑,每一间客房都有阳台,事发时,杨月钟葭正在酒店的阳台上欣赏夜景,她亲眼目睹了龙卷风般的鸟群涌入楼顶,随后又听说王闯因此而死。

在酒店的会议室里见到杨月钟葭时,龙兴直截了当地问道:"死者为什么会遭到鸟群袭击?"

"鸟群被人控制,王委员死于他杀。"杨月钟葭道。

杨福将龙兴拉到一边道:"这小姑娘信口开河,控制鸟杀人,这不是信口胡说吗?"

"别急着下结论,聊聊再说。"

他转而走到杨月钟葭面前道:"我相信你的推论,不过,你得证明这一推论是严谨有效的。"

"当然,我证明给你看。"

三人回到凶案现场,走到鸽子笼前,杨月钟葭道:"信鸽虽然受过训练,

但不受陌生人控制,对吧?"

"嗯。"龙兴点点头。

打开鸽笼,抱出一只鸽子,杨月钟葭道:"二位,看好了。"

她松开手,鸽子展开翅膀飞入空中,然而随着杨月钟葭竖起拇指,缓缓转动,一路向前的鸽子居然在空中绕起圈来。

龙兴微微笑道:"我恰巧养过几年鸽子,鸽子是靠地球磁场和太阳光的偏振角度确定方向,所以飞起转圈是因为本能,这和……"

不等他把话说完,杨月钟葭拇指又改为前后晃动,空中的鸽子立刻停止转圈,先是向前,接着掉转身体往回飞,如此来回,犹如踱步一般。

"这不是本能,对吗?"

"这在技术上是怎么做到的?"龙兴惊讶地问。

"借助陨石特殊的能量,我可以控制一只鸽子的行动,或促使一群鸽子做出单一整齐的行为。"

"什么?陨石可以控制鸟的行为?"杨福惊讶到了极点。

"只要是动物,都会受到影响,别问我原理,这事儿无解。"

"难怪这帮有钱人,会对石头感兴趣。"

"别跑题了。"龙兴又对杨月钟葭道,"你的意思,是有这种陨石的人,蓄意谋杀了王闯?"

"一定是的,凶手百分百就住在这间酒店里。"

沉吟片刻,龙兴道:"感谢你提供的线索,非常有用。"

"这是我应该做的。"

杨月钟葭之所以主动找到警方提供线索,是因为王闯和她父亲私交良好,她很早就认识这位爱玩石头的"王叔叔"。她这次能够参与陨石专场的拍卖会,也与王闯的支持有关。

还有一个重要缘由,王闯的死亡方式,在外行人看来虽然不可思议,但行业内的人必然知道原因,而杨教授当年找到"野兽之心"的消息尽人皆知,所以协助抓捕凶手,也为自证清白。

一夜忙碌,回到房间后毫无睡意,捱到清晨,杨月钟葭去了酒店大堂的自助餐厅,也没什么胃口,只取了一些蔬菜沙拉。

"相信我,这家酒店的意大利提拉米苏非常正宗,是适合女孩的一款

陨石猎人 下

早餐。"

杨月钟葭循声望去,只见一名身材瘦长的中年男子,彬彬有礼地指了指她身前摆放的蛋糕塔。

他身材瘦长、五官精致、气质儒雅,颇有学者风范。杨月钟葭不失礼貌地笑笑道:"谢谢。"却并没有取糕点,转身走到一张桌子前,正要坐下,就见男子如影随形,坐在桌子左侧。

杨月钟葭觉得厌烦,正要走开,男子道:"请坐,我不是你想的那种人。"

"我想的?你知道我在想什么?"

"一个无聊的中年男子,与妻子早就是左手与右手一般,每次出差总想着找点刺激,回去后好跟一帮酒肉朋友吹牛嘚瑟……"男子忍不住笑道,"我说得对吗?"

"差不多。"杨月钟葭并未否认。

男子不置可否地点点头,轻声道:"其实,是你在找我。"

杨月钟葭面色顿时变了。

"别紧张,我不会伤害你的。"男子将一份装有提拉米苏的盘子推到她面前道,"边吃边聊,如何?"

清晨的餐厅虽然人不多,却也有人,杨月钟葭尽量不显慌乱,缓缓坐下。

男子则埋头吃喝起来,边吃边道:"做这件事儿之前,我就知道跑不了,那些星椋鸟,咱们这儿根本没有,所以无论你怎么做,警方迟早都会找到我。"

"那……你为什么还要做?"杨月钟葭低着头,小声问道。

"你了解王闯这个人吗?"

"不是很了解,不过有听说他蛮讲义气的,在陨石猎人这行里,也做出了相当成绩。"

"是,成功人士嘛,总是赞誉在身,不过,你有兴趣了解真实的王闯是怎样一个人吗?"

"这些信息你应该告诉警方,而不是我。"

男子笑道:"看来你不是个喜欢八卦的女孩,不过你应该知道,王闯是

个极其卑鄙的小人。七年前，他在喜马拉雅山上寻找陨石时，意外摔断了腿，算他命大，遇到了我的师父……"

男子叹了口气道："后来的事儿你大概也能猜到，现实版'农夫与蛇'的故事。"

"所以，你是为师父报仇来的？"

男子吃完了盘子里的炒面，擦干净嘴，左手伸进口袋。

"你要干吗？"杨月钟葭顿时紧张起来。

然而男子再伸出手，握着的并非凶器，而是一个黑色的木盒，将木盒摆在桌上道："这里面是杨教授的东西，今天物归原主了。"说罢，他礼节性地点点头，起身离开。

睡梦中的马陆，被一阵手机铃声吵醒，迷迷糊糊接通电话，杨月钟葭的声音传来："你猜我遇到谁了？"

"这里人来人往的，你能遇到的人多了，我上哪猜去。"马陆说着话，几乎就要睡着。

"我遇到了密宗喇嘛的徒弟。"

半梦半醒的马陆忽然清醒过来，他猛一下坐起道："就是杨教授用半块'野蛮之心'，换来拓片的那位？"

"是的，他把那半块石头又送回来了。"杨月钟葭望着盒子里的半块陨石道。

马陆以最快速度赶到餐厅，见到杨月钟葭，他问："人呢？"

"已经走了。"

马陆并不知道昨晚发生的凶杀案，于是杨月钟葭先说了这起案子，随后将半块"野蛮之心"推到马陆面前："你说，他什么意思？"

"你糊涂了？杀人犯能有什么好心，这是作案凶器，他交给你，摆明了是栽赃陷害。"

"不可能，餐厅里有监控，在这里交给我，等于自认罪责。"

"倒也是，不过就算他亡命天涯，也没必要把陨石交给你。"

杨月钟葭压低嗓音道："这事儿不重要，重要的是通过这半块陨石，能确定'死亡钟'消息是真的。"

马陆顿时明白过来,敲了一记脑袋道:"没错,还是你聪明。"

马陆接管探星小组之后,对杨教授遗留的资料做了详细归类,而记录死亡钟资料的并不是记录本或电子文档,而是一份拓片。

根据杨教授的工作笔记,这份拓片是早年间他用半块"野蛮之心"和西藏一位密宗法师交换得来,而拓片上神秘的符号,记录的则是一种名为死亡钟的超级陨石。据说敲响石头,便会发出类似钟声的鸣响,与此同时,世间便会出现螺旋形状的洞口,直通往地狱。

两人都认为这段描述过于虚幻,更不相信以杨教授的见多识广,居然会用半块价值连城的"野蛮之心",去换一份来源莫名的拓片。所以,拓片上记录的内容,必然就是一段神话史诗,如此而已。

然而,密宗法师的徒弟,却送来了另外半块陨石,由此证明杨教授当年确有陨石换拓片的交易。

"要论智商、情商、见识,你爸应该比我高出几倍吧?"

杨月钟葭白了他一眼:"和你有什么可比的,我爸自从收藏陨石起,就没打过眼,这块拓片……"

"我相信教授的眼光,不过,拓片上记载的内容真心有点扯。"

"嗯……或许我们理解有误,不该从字面意思理解。"

"你觉得拓片内容是一种隐喻,或者,是一种类似谜语的描述方式?"

"是的,我相信老爸不比你傻,你都不会上的当,他更不可能。"

"你还真是小看我……"说话间,阿蛮健步如飞地从入口走来,他每天清晨都会长跑十公里,下午再做两个小时的器械运动,这段时间整个人看起来越发精壮了。

"起码我比阿蛮聪明。"马陆小声道。

杨月钟葭面色立刻就变了:"别欺负老实人,我特别反感你开阿蛮的玩笑。"

马陆没想到她的反应如此激烈,多少有点尴尬,阿蛮坐下后他没话找话道:"累吗?"

"没啥感觉。"

几年过去,阿蛮普通话说得越发顺溜,与人交流不存在任何问题。

今天拍卖专场正式启动,探星小组有两块橄榄陨石上拍卖场,两块石头

约有拳头大小,总重量十五点三七五四千克。

马陆本意,是想送一块使物体悬浮的特殊陨石参加拍卖会,可欧阳青石阻止了他,原因只有一个,普通陨石可以交易,特殊陨石只能在内部秘密消化,否则一旦消息泄露出去,拥有这类陨石的人,很可能会惹上无尽的麻烦事儿。

马陆三人在诸多藏家中名不见经传,这次来不为赚钱,是为拓展人脉关系,所以过程远比结果重要。

"如果拓片信息确实可靠,我们应该下功夫挖掘。"杨月钟葭道。

沉吟片刻,马陆却皱起了眉头。

"你有什么想法?"

"嗯……"想了一会儿,马陆道,"这块陨石不好找。"

"顶级的陨石,必然在最危险之地,想要找到它,当然不容易。"

当晚拍卖会上,人头攒动,各路买家豪气干云,其中有一块罕见的火星陨石,拍出了五十万美元的天价,相当于七千美元一克。

马陆带来的两块橄榄陨石,却无人问津,原因是过于"常见"。

拍卖会结束后举行的酒会,马陆本不想参加,没想到警方传来消息,杀害王闯的凶手归案,而杨月钟葭提供的线索,起到了"重要作用",因此得到了市局的通报嘉奖,而酒店方承诺悬赏抓捕凶手的奖金,便顺理成章颁给了她。当晚,杨月钟葭反倒成了"全场明星"。

她被簇拥着上了主席台,说了一番套话,正要下台时,只见一名身着深蓝色西装的胖子,大声道:"诸位,王闯也算是咱们的老朋友了,这次遭人毒手,丢了性命,唉……我感到非常痛心。幸运的是,杨小姐及时发现凶手,并协助警方破案,这是咱们行业内相互协助的典范,感谢杨小姐所做的一切。"

一阵掌声后,有人大声道:"范酒王,赶紧亮出你的看家宝贝,给大家助兴。"

"当然,我既然说话了,就是为了造酒,诸位,都围过来。"

"范酒王"大名范长胜,在陨石猎人行业内名头极大,倒不是因为他有多大成就,而是他找到了一块极其讨喜的陨石。

范长胜在其职业生涯中,找到的陨石屈指可数,然而却在刚出道不久,

陨石猎人 下

便在西非一处古迹遗址中,发现了一块精美的黑色石头。

当时他以为这是一块宝石,便想尽办法将其带回国内,却在清理石头时,无意中发现黑宝石具有将水化为酒的特殊效果。

经鉴定,这是一块铁镍橄榄陨,其中含有锶、富硒。当然,这些元素并没有水化酒的作用,所以,全世界只有范长胜手中这块铁镍橄榄陨能将水变成酒。巧合的是,陨石化成的酒水自带一股浓郁酱香,与陈年茅台气味相似,喝入口中更是口感厚重,绵长醇厚。

这块陨石,没有改变规则的能量,却有让人快乐的资本,因此"见见范酒王,喝喝水茅台"便成为整个行业的谈资,范长胜由此名满天下。

只见他小心翼翼地从怀中取出一个有机玻璃瓶,其中盛着一块小拇指粗细的圆柱形陨石。

"大家都把鼻孔张开,尤其是后排的。"

一句话,逗得所有人哈哈大笑。

服务员端上一个装满清水的海碗,范长胜举起手中的陨石道:"这块石头虽能把水变成酒,但也和水量的多少有关,水多酒味淡,所以,一个汤碗的量正好。"

说罢,拧开木塞取出陨石,只见陨石一端打了圆孔,穿着一根黑绳,范长胜提溜着绳子,将陨石缓缓沉入水中,过了数十秒钟,一股浓郁的酒香味,在大厅中缓缓地蔓延开来。

马陆用力吸了口气,顿觉酒香入肺,一股微醺之意,在体内迅速弥漫。

这确是纯正酒气,马陆暗中惊讶,小声道:"他会不会用了魔术手法,在水里兑了酒?"

"如果是兑水的酒,味道能有如此纯正?"杨月钟葭反问道。

"倒也是。"

范长胜用勺子将大碗里的"酒"倒入小杯中,在场众人每人分到一杯,马陆抿了一小口,一股酒香浓郁的高度白酒,顿时刺激得舌蕾辛辣不已,却又有一丝奇妙的甜味,犹如细线,顺着酒水流动由舌根滑入胃里。

大厅里顿时响起一阵惊叹声,每个人都惊讶水化为酒后,那无与伦比的真实感受。

"别人喝茅台都得花大价钱买,老范弄块石头泡泡就有了,真是人比人气死人。"

"是啊,老范,咱们商量下,你把石头卖给我,咋样?"

众人你一句我一句越说越热闹,范长胜满脸通红,也不知道是喝酒上脸,还是心情激动所致,他连连挥手道:"别的都好说,这块石头就是我的命根子,死都不会给人。"

马陆略带不屑道:"这石头确实挺有意思,但对我的吸引力不强。"

"这对范长胜而言不只是陨石,也是荣誉,他说是他的命根子,真不是开玩笑。"

马陆将装着剩酒的杯子放在桌上道:"走吧,这趟旅程对咱们而言,已经提前结束了。"

带来的陨石未出一块,贴路费、时间、精力,马陆觉得无聊,可杨月钟葭却觉得这次参与是有必要的。

"你不能总是接任务、完成任务,总有一天我们需要更进一步,或许就能用到这些关系。"

"别天真了,那些老家伙根本不把我们放在眼里,一个个自觉是老前辈、老江湖,根本懒得搭理我们。"

"所以说你们男人的自尊心,总是突然大爆发,咱们本来就是新人,你指望那些素不相识的人,个个把你当领导一样供起来?"

"不说了,反正我也说不过你。"

在火车的卧铺上,两人通过手机短信"吵"得不亦乐乎,回到西川市,三人去了杨月钟葭的别墅,在那里,他们仔细翻看杨教授留下的资料,确定了接下来要做的任务。

为了避免争论,挑选任务由杨月钟葭做主,毕竟这是她父亲留下的资料。

这次杨月钟葭挑选的任务大家都感兴趣,是位于西北无人区一处不为人知的神庙。根据资料中的内容,这是一处远古巨人修建的神庙,用以祭祀"骑着大蛇飞翔天际"的勇士。

看似有点天方夜谭,可"巨人之说"绝非空穴来风,事实上早有研究证明,在远古时期,太阳系曾经爆炸了一颗名为"提亚马特"的行星,该行星上可能有水和生命存在,且重力较大,所以那里生物的身材可能比地球生物要高大许多。

即便在现代，亲眼目击巨人的资料并不少见，比如一八八三年，在加利福尼亚波隆坟场，有人挖出了一具高达十二英尺的男性巨人骸骨。

一八七二年，在俄亥俄州发现的土丘中，挖出三具身高达八英尺的巨人骸骨，与普通人不同的是，其上下颚都长有双排牙齿。

此外，在一些出土的矮猛犸尸骨上，发现了被火焚烧，并且骨头上有被双排牙齿生物啃食过的痕迹。

因为这些资料，杨月钟葭认为巨人神庙极大可能是存在的，而探星小组的目标，就是其中供奉巨人王皇冠上的"独眼石"。

这是一块使物体发生透明的宝石，并不是隐形，而是类似于X射线，使物体内部结构显现出来。

杨教授认为，这是一块带有放射能量的陨石，当人持有时，皮肉组织会变得透明，体内经络血管、骨节脏器会清楚显现，一旦身体出现病变，病灶所在将无处遁形。

虽然陨石具有一定的放射性，但风险总体可以管控，其所含有的能量，却能给医疗器械行业带来巨大提升，其中带来的好处可想而知。

每次出发前，三人都会在外聚餐。当晚虽然下了一场暴雨，三人照例外出聚餐，吃的是烤羊排，结账时杨月钟葭将所有羊骨都打了包。

"准备喂那些流浪狗？"马陆笑道。

"是啊，它们挺可怜的。"

"这件事你一做就是三四年，真有恒心。"

"当你发自内心地热爱它们，就会坚持下去。"

"我是没这份决心了，本来就不喜欢狗，何况还是流浪狗。"

"狗的智商和三岁孩子相当，是人类的朋友……"

"别给我洗脑，无论如何，我也不会对狗产生好感。"

"狗对人类是最忠诚的，无论你贫穷、富有或是疾病缠身，它都不会抛弃你，夫妻之间都未必能有这份感情。"

"或许你说得对，但我不需要用狗来弥补情感。"

杨月钟葭笑了笑，没有继续辩论，晚上三人收拾装备，休整一夜后，第二天驱车前往目的地：穆伦河。

穆伦河虽然有一个河字,却是全中国最干旱的区域之一,位于大西北边际的无人区,一片广阔的山地沙漠。

老刀并无子嗣,消失之后,他所有遗留的物品自然都到了马陆手上,包括那辆耐操皮实的大猛禽。

第二天一早,马陆驾驶着车辆驶向目的地,经过四天的跋涉,车子进入无人区边界,他们找了一家修车铺,对车辆做了整体调试后,三人连夜驶入穆伦河。

他们很赶时间,因为他们在前一天得到消息,五天之内,穆伦河内将有一场流星雨降落,这势必会引来大量陨石猎人前来寻找陨石,所以必须尽快找到巨人神庙。

沿着一条几乎延展到天际的双车道公路,大皮卡畅通无阻地行驶着,只见道路两边分布着星罗棋布的贫瘠山脉,山与山之间被平坦、干燥的盆地分隔。

虽说此地是沙漠,但盆地中却有一些形状不规则的河流,虽有水,四周却不见半点植物生长。

这是因为雨水引发的山洪,流淌入盆地后积郁在此,这类临时形成的河流湖泊含盐量极高,人和植物无法利用,所以干旱的沙漠无人区并非没有水,只是无法饮用罢了。

只见黑暗的天幕中,时不时亮起一道紫红色闪电,这种云层中大规模的放电现象,并不是下雨前兆,而是大规模陨石到来前夕,电荷异常的状态。

当晚,沙漠气候非常好,打开车窗,干燥的空气涌入,很快,裸露在外的皮肤就会产生紧绷感。

杨月钟葭抹了一层特制润滑油,减缓皮肤水分流失,马陆道:"你们女孩麻烦事儿真多。"

"告诉你个秘密,女孩都是爱美的。"杨月钟葭大声道。

"真操心。"阿蛮言简意赅地总结。

"随口一句话而已,就被群起而攻之了。"

"男人要有风度,看见女孩化妆时不该讥讽,而是赞美,这点道理都不懂吗?"

"我倒是想赞美,只是看着你往脸上抹猪油,违心话实在说不出口。"

"你这个人,真挺令人讨厌的。"

话音未落,车子猛然颠簸一下,随即看到车头正前方站着一名男子。

"打方向,快打方向。"杨月钟葭下意识地握紧把手,喊道。

马陆的驾驶技术,比完全不会的略强,遇到突发紧急状况,猛打方向同时,并没有松开油门,就听刺耳的胎皮摩擦声中,大皮卡就像失去平衡的陀螺,冲下公路,歪斜着滑出一截后,又连转数圈,车身倾斜,眼看就要翻倒。

万幸,皮卡车身重,底盘稳,倾斜的车身最终落回地面。

饶是如此,车里的三人也被撞得不轻,尤其是马陆,他没有系安全带的习惯,不但扭了腰,胸口也被方向盘撞得疼痛欲裂。

三人惊魂未定,就见一道人影出现在马陆的驾驶窗旁,他嘴里叼着一根类似雪茄的香烟,味道和烧焦的麦秸秆差不多。

"喂,你差点撞死老子……"他语言粗俗地骂道。

马陆尚且没有回过神来,脑子一阵阵发蒙。

"老子说话,你娃听到没有?"

马陆觉得太阳穴被坚硬的物体连戳了几下,他晃了晃脑袋道:"怎么回事?"

扭头朝车窗外望去,只见一名身着脏兮兮迷彩服的秃头男子,手里握着一杆五连发,粗大的枪管正对准他的脑袋。

"我告诉你怎么回事。"说罢,他掉转枪托,对着马陆的腮帮子就是一下。

"我的下巴。"

马陆惨叫一声,只觉得嘴巴一片咸腥,接着车门被对方拉开,他被拖出驾驶室,摔倒在地后,一只穿着烂球鞋的臭脚,接二连三狠踢他的肚子。

连续几下,马陆只觉得肚子里一阵翻江倒海,张嘴便吐了起来。

"脏气。"他骂了一句,一脚狠狠踢在马陆脸上。

马陆清晰地听到骨头断裂的声音,鼻梁处剧烈的酸痛感瞬间弥漫全身,眼泪、鼻血、口水齐齐涌出。

"别打了,再这么打下去,人就被打死了。"杨月钟葭语带哭腔道。

"哟嘿,还有个水灵灵的小妹。"秃头男子浪笑着道。

"啪",一只肮脏的手扒在杨月钟葭所在的车窗上,吓得她一声尖叫。

又有两名衣衫褴褛、肤色黝黑丑陋的男子走了过来,一人手中握着把发令枪改造的手枪,另一人手中攥着把铁锤。

马陆强撑着起身,靠车而坐,他抹了把嘴气喘吁吁道:"你们是沙民?"

秃头男"嘿"了一声,道:"倒也不是个雏儿,既然知道爷爷们是干啥的,那就自觉点,把该拿的东西都拿出来吧。"

"沙民"不是土匪,而是生活在环境极端恶劣的沙漠中的人。当人长期与绝境为伴,人性会退化,兽性会复苏,他们杀人甚至吃人并非是因为残忍,只是为了生存。老刀曾对马陆说过,沙漠里最危险的不是沙暴、毒虫、极端的高温,而是沙民,这些人专门打劫进入沙漠中的探险者,而且手段极其残忍。

马陆心知他们遇到麻烦了,尤其是三人中还有一个外形靓丽的杨月钟葭。

"我们有钱,也有装备,所有的一切都给你们,别伤人。"

"钱呢,在哪儿?"

马陆取出皮夹,将里面装着的所有现金取出来,递给秃头。

接过钱,他发出一阵粗鄙的笑声,道:"钱不可能只在你一人身上。"说罢,对其余二人道,"搜搜那个小娘们。"

"好的,我都等不及了。"淫笑声中,两人就要动手。

"说好的拿钱走人,别找麻烦成吗?"马陆愤怒地吼道。

"什么时候轮到你说话了,你再喊一声,老子一枪轰了你的狗头。"秃头将枪管抵在马陆额头上。

"开枪,有种你就开枪。"马陆并不退缩,梗着脖子吼道。

"马陆,你冷静点,别和他们吵了。"杨月钟葭焦急地道。

"我们都是科研公司的人,带着任务来的,打死我,警察必定会对这片区域全力搜查,到时候你们一个也跑不了。"

"臭小子,你真是活腻歪了?"秃头并没有被马陆的话吓倒,扣着扳机的手指越发用力。

"别乱来,你说什么我都答应。"杨月钟葭语带哭腔尖叫道。

"你……的。"马陆就像失心疯一样,破口大骂。

陨石猎人 下

"轰降"一声,五连发猎枪特有的响声,炸响在静谧空旷的沙漠中,包括马陆在内,几乎所有人都目瞪口呆地站着,由于近距离轰击,强烈的音波使马陆耳膜发胀、头脑发晕,短暂地失智了。

这一枪并没有轰烂他的脑袋,而是枪管发生自爆,只见钢制的枪管被炸开,铁皮四处翘起,浑浊的黑烟由枪膛内冒出,马陆和秃头被熏得满脸黢黑,脸上满是铁砂。

幸运的是火药自枪膛崩出后威力减弱许多,否则马陆必然满脸开花。

虽然如此,也是痛彻心扉,再看秃头,由于枪械炸膛对持枪者伤害最大,秃子一张脸血肉模糊,就像烤焦的牛排。他蓦地发出一声凄厉的惨叫,捂着脸朝沙漠深处狂奔而去。

"你个……"

拿手枪的人,对马陆举起枪,正要扣动扳机,一颗铁蛋子斜射而来,精准射入他的眼眶,直没入脑,那人连惨叫都不及发出,便摔倒在地。

拿锤子的见势不妙,转身就跑,阿蛮稳稳下车,举起弹弓又发出一颗铁蛋子,目标是对方右腿。

"我的妈呀!"那人腿窝中招,惨叫一声摔倒在地。

阿蛮从车里取出一柄铁铲,不紧不慢地走到沙民身前冷冷道:"你们有多少人,大概在什么位置?"

那人抱着腿,疼得满头大汗,道:"有种你宰了我。"

阿蛮也不说话,举起铁铲对着他的伤腿就是一阵拍,打得他鬼哭狼嚎。

"我只问一遍,想好了再说,回答不好我切断你一条腿。"

寒光闪闪的工兵铲铲头悬于沙民腿上,只要一铲子下去,腿必然断裂无疑。

沙民抹了一把冷汗,哆嗦着道:"哥们,乱说话的是那俩,从头到尾我可没说一个字。"

"别废话,回答我的问题。"

"我发誓,就我们三个人,没别人。"

阿蛮捡起落在沙地中的铁锤道:"最好是真的,否则,我总能找到你。"

返回车里,只见杨月钟葭正用镊子将马陆脸上的铁砂一颗颗钳出来。

"我要是变成大花脸,找不到媳妇可咋办?"马陆虽然疼得龇牙咧嘴,还

是不忘开玩笑。

"那就打一辈子光棍，这世上又不是没有光棍。"

"钟葭，你心也太狠了，忍心这么对我？"

"奇怪了，你打光棍和我有什么关系？"杨月钟葭忍住笑道。

"都是朋友，我过得不好，你看着不难受？"

"别为我的感受操心，解释下枪为啥炸膛吧？肯定不是巧合。"

"当然不是。"马陆略显得意地抬起手，晃了晃戴着戒箍的手指道，"记得这枚戒指吗？"

"这是你用陨石打磨的磁力戒指，用来检测陨石磁性的，怎么了？"

"我被他用枪指着时，灵机一动，想到了用陨石堵枪眼的奇招，于是暗中把戒箍松开，趁给钱的时候，将这块陨石塞入枪管。"

"陨石有磁力，会紧紧吸附在枪管中，就像用塞子塞住枪管？"

"当然，这么做确实有点冒险，如果陨石被冲膛的子弹顶开，我就死翘翘了，所以算是豪赌了一把。"

杨月钟葭的笑容逐渐收敛，片刻后她轻声道："谢谢你。"

"谢我啥，这事儿也不光是为你。"

杨月钟葭没再说话，动作更加轻柔仔细。

忙了大半宿，终于把马陆脸上的铁砂清理干净，抹了药膏后，马陆躺在后座看似睡着了。

阿蛮坐在副驾驶，警惕地望着车外的状况，月光下的沙漠平静安宁，死亡的沙民平躺在沙堆上，或许用不了多久，他就会被流沙掩盖，彻底消失。

"应该报警，等警方处理了事故之后，再继续完成任务。"杨月钟葭轻声道。

"可以。"阿蛮言简意赅。

杨月钟葭的手指在卫星电话按钮上来回摩挲，表情有些犹豫不决。

"如果警方介入，案件调查就需要很长时间，再加上审理的时间，别说这次任务，今年都别干事儿了。"

马陆并没有睡着，一骨碌坐起身来道："只要咱们不说，没人知道，何况死的是个坏人，何必自找麻烦？"

"如果不通知警方，在未来的任务中，这种行为或许就会成为常态，我们不是执法机构,以暴制暴是触犯法律的,马陆、阿蛮,我不希望你们变成沙民那种人。"

"非得报警?"马陆轻叹口气。

"虽然在荒野中生存,可我们不是野兽。"

"好吧,我同意。"

于是杨月钟葭报了警,由于此地距离当地县公安局并不远,不到一个小时,一辆警用面包车由远及近,停在公路上,三名民警下车走到他们车旁。

"怎么回事?"一名肤色黝黑、满脸沧桑的中年警察问道。

马陆将刚才发生的事情详细说了一遍,勘察现场后,一名中年警察道:"跑了两个,死了一个,对吗?"

"是的。"

"既然两人被制服了,为什么放人走?"

"这……"马陆被问住,迟疑片刻后道,"我们只是探险,或许潜意识里不想自找麻烦吧。"

"探险……"警察不置可否地点了点头,道,"你们出手又狠又准,不像是普通的探险者。"

只要有一点突破口,就会被无限撕裂,这是警察特有的审讯技巧。

马陆被问得一脑袋冷汗,那模样要说不心虚,他自己都不信。

"下车。"警察一只手按在腰间的枪套上。

"警察同志……"

"我让你下车。"警察语气陡然严峻。

马陆无奈,正打算下车,检查尸体的警察声若洪钟,撇着嘴道:"老钟,死了的人是马昊。"

守着马陆的警察眉头一皱道:"没看错?"

"这小子,抠了我眼珠子,也能一眼看出来。"因为激动,他声音越说越响。

老钟对马陆道:"你跟我走。"

两人一前一后走到尸体旁,老钟看了一眼尸体的脸,轻声道:"真是他。"

第三名警员年纪最轻,二十岁出头,一对大眼睛在马昊尸体上转溜了几

下,忽然抽出警棍就往前走。

老钟见势不妙,赶紧拦住他道:"阳子,别乱来,咱们可不能给这种人垫背。"

"放开我。"年轻警员的眼珠子都红了,咧嘴咆哮。

"怪我,就不该提到他。"大嗓门的警察急得直挠头。

这下也没人管马陆了,三人争执了半天,二人终于阻住阳子,没让他毁坏尸体。

阳子满脸泪水靠在车轮胎上,默然无语地抽着烟,老钟轻轻叹了口气道:"他爸是我的老上级,在抓捕马昊的行动中,遇害身亡的。"

紧急状况

"天大的悲剧。"

马陆知道失去亲人的痛苦,当初得知二叔的死讯后,他难过了很久,何况阳子失去的是父亲。

"我们抓捕这三人很久了,没想到他们还在这里。"老钟愤怒到了极点,原本低沉的声音,忽然拔得很高。

"我建议你们立刻搜捕,其余两名罪犯一人受了重伤,一人腿部受伤,应该都没走远。"马陆道。

老钟精神一振道:"你确定?"

阿蛮道:"腿伤那个我可以追踪。"

"我兄弟曾经是猎人,追踪猎物的本领天下无双,追捕任务可以放心地交给我们,咱们分头追捕。"

老钟毫不迟疑道:"那就这么定了,抓到人,咱们就在这里会合。另外……发现踪迹后不要贸然行动,通知我们就行了。"

带上必要的装备,锁好车门,马陆三人顺着脚印往沙漠深处进发,只见阿蛮越跑越快,很快就消失在黑暗的夜色中。

"这小子,速度真快。"

马陆话音未落,就听到"哎呀"一声。

"这就把人抓住了。"马陆松了口气。

"听声音,像是阿蛮的。"杨月钟葭皱了皱眉头。

"不可能,你听错了。"

就听阿蛮喊:"赶紧来,我被蜇了。"

"我去,还真是他。"马陆顿觉浑身绷紧,撒腿向阿蛮跑过去,由于过度慌张,还摔了一跤。

"冷静点,你可不能再出事了。"钟葭道。

一路跌跌撞撞,终于找到了靠坐在石头上的阿蛮,只见他撩起裤脚,摆出高难度动作,正在小腿伤口处吸毒血。

"咱们只有抗生素,处理了伤口必须去医院。"马陆道。

"我也不知道是啥玩意儿,肯定不是毒蛇,可能是蝎子、蜈蚣这类的毒虫。"

"甭管是啥,解了毒……"话音未落,就见一团黑影骤然而至,狠狠砸在他的额头上。

一阵剧痛,马陆头晕目眩瘫倒在地,鲜血顺着额头淌了满脸。

一道人影从藏身的沙丘后走出来,一瘸一拐朝他们走来。

阿蛮中毒后,动作慢了几拍,取出弹弓时对方已走到他面前,一棍砸中他的手腕,阿蛮吃痛不住松了手。

"你现在不能了?躺地下装死了?"

说罢,他举起甩棍,对着阿蛮脸上狠砸几下,打得阿蛮皮开肉绽,鲜血横流。

"住手。"也不知哪来的勇气,杨月钟葭上前抱住他,想把他甩开。

"作死吧,臭娘们。"他反手一肘,将女孩摔倒在地。

阿蛮发出愤怒的狂叫,勉强起身朝凶手冲去,却被对方一棍抽倒在地。

"我要你的命。"他坐在阿蛮的胸口上,用甩棍一下下狠打他的头部。

眼见阿蛮口吐白沫,就要失去神志时,空中忽然发出"滋滋"的轻响,凶手高举起的甩棍顶端,骤然喷出一溜火花,犹如一枚烟花。

没等反应过来究竟怎么回事,凶手面色剧变,瘫倒在地上抽搐起来……

马陆悠悠醒转时,发现杨月钟葭和阿蛮晕倒在地,凶手四肢紧缩,满脸灼烧痕迹,头发蓬松,能闻到明显的焦煳气味。

看样子，他似乎是被电死的，只是这里绝没有漏电的可能。

难道，是陨石？

可自己携带的陨石饰品，并没有放电功能。

来不及多想，马陆叫醒杨月钟葭，艰难地搀扶着阿蛮返回集合地，幸运的是三名警察已经抓获了其中一名在逃嫌犯，在约定位置等着他们。

"怎么伤成这样？"老钟惊讶地道。

"先不说了，能送我朋友去医院吗？"马陆费力地道。

"凶手呢？"

"已经死了，没力气把人拖过来。"

老钟对另外两名警员道："你们先去守着尸体，我把人送去医院就来。"

在地图上标明凶手死亡的地点后，一行人上了警车，老钟打开警报器风驰电掣地朝县医院驶去。

当地医院条件十分落后，没有透析设备，只能处理了伤口后再转送市医院。

一路折腾，阿蛮始终昏迷，马陆担心不已，然而经过检查，医生告诉他们，阿蛮相比于血液内的毒液成分，他头部受到的重击才是主伤，鉴定为中度脑震荡，并不危及生命。

马陆暗中松了口气，一直守着阿蛮。直到清晨，他才醒来。

需要治疗伤势，还需要配合警方调查，阿蛮坚持让他们继续行动，马陆拗不过他，雇请了一位看护后，继续他们的任务。

为了赶时间，两人包了一辆出租车，以最快的速度赶到穆伦河。

联系了修车公司，检修了皮卡车的毛病，终于再度上路。

"出师不利。"马陆道。

"干咱们这行，遇到麻烦是常态，别往运气上靠。"

"钟葭，这次可就剩下咱俩了。"

"是啊，怎么了？"

"没什么，我就提醒你一下。"

"我又不傻，还能不知道车里几个人？"

"我不是这个意思。"

"那你什么意思？"

"我的意思是……"马陆故作神秘状,压低嗓音道,"如果你想对我表白,这些天可有的是机会。"

"去你的,我就是当尼姑,也不会对你表白的。"杨月钟葭没想到他如此这般的没皮没脸,羞得满脸通红。

"我可不要你当我姑,我要你当啥,你心里清楚。"马陆越发得意。

"什么你姑我姑的,我说的是尼姑。"

"是啊,你说的是'你姑',咱俩可没这辈分。"

"坏蛋。"杨月钟葭假装生气,望向车外,忽然她指着前方道,"你看,那是什么?"

"我的眼里只有你……"

"我和你说正经的,快看。"

马陆顺着钟葭手指的方向望去,只见位于东北的方向,停着一辆紫色的牧马人,虽然距离比较远,但能看到车窗上挂着一个人。

"难道是受害者?"马陆惊疑地道。

"别猜了,赶紧过去看看情况,说不定人还有救。"

在沙漠中眼睛看到的距离,与实际距离约有三倍的差距,所以看似不远,车子却行驶了近二十分钟才到那辆车跟前。

他们两人小心翼翼地靠近那辆牧马人,只见车子完好无损,车内有两个人,一个人趴在方向盘上生死不知,另一个人上半身挂在车窗上,看样子已经没有了生命特征。

"真是怪了,车里没有血迹,两人身上也没有伤口。"马陆绕着车转了一圈。

"他们死了没?"

"嗯……可以确定,死透了。"

两个人的身体毫无起伏,没有呼吸状态。

"挂在车窗上那人,是不是想逃出来没来得及?"

"不会吧,开车门可比爬车窗要快。"

"这辆车停稳后采取了制动措施,说明停得很从容,没有遇到紧急状况,所以两人死得非常奇怪。"

"我说,咱又不是搞刑侦的,你管这些干啥,报个警咱就走吧。"

马陆正打算离开，就听杨月钟葭道："我不是多管闲事，而是担心咱们也会有此遭遇。"

"每天横死的人多了，担心这个有必要吗？"

杨月钟葭眉头紧皱，过了很久才道："或许是我多心了。"

再回到车上，马陆的脚已经放在油门上了，想了想又松开，道："我觉得不大对劲。"

"怎么？"

"那两人的发型你有没有注意，是一样的。"

"我真没注意，就算发型一样，能说明什么问题？"

"两具尸体背部朝上，后脑发型都是蓬松一团，就像烫过一样，有谁会理这种发型？"

"咱们再回去看看，确认一下。"

于是两人再度返回车旁，果然，两具尸体的头发确如马陆形容的那样，这次看得更加仔细，在脖子上又发现了糊斑。

"能把驾驶室的那位扶正吗？"钟葭问。

"我倒不是怕，可碰尸体触霉头。"

"那我来。"杨月钟葭说着就要动手。

"哎，我来吧，真服了你。"

马陆抱怨着脱了外套，裹住手后，将趴在方向盘上的尸体顶起。

两人死亡不久，存在尸僵，两只手贴在额头并不掉落，表皮布满糊斑，状态与夜晚死亡的凶手完全相同。

"又是两个被电死的。"马陆惊讶地道。

"又是？除了他俩还有谁？"

"那个凶手的死状也是这样，他们都是被电死的。"

"啊……那个凶手不是被你们打死的？"杨月钟葭很惊讶。

"是被电死的，我以为是陨石释放能量造成的，现在看不可能了。"

"可这里是沙漠，哪来的电？"

"走，这里不安全。"马陆警惕地往后退了几步。

上车时，两人的脸色都有些发白，沉默片刻，马陆道："如果继续往里走，我们可能会遭遇同样的危险。"

"就这么退出?我不甘心,再说,我父亲曾经进入过这片沙漠,找巨人神庙,他可没被电死。"

"此一时,彼一时,过去这么多年,或许当地有了改变,我……"过了好一会儿,马陆道,"我无所谓,只是不希望你有危险。"

杨月钟葭心里一阵感动,道:"你想清楚,咱们就走。"

马陆一把方向盘掉转车头,道:"走吧,咱们这行买卖东方不亮西方亮,总有能找的地儿。"

返程的路上马陆心情放松,一路哼着小曲,往回走了没多远,就见一辆三菱越野车从对面而来,两车交错而过时,只见车里坐着四个人,看衣着模样,就是陨石猎人。

"这帮不要命的,真不怕死。"马陆望着倒车镜道。

没走多远,又是一辆车一闪而过,这次对方司机喊了一声:"哥们,找到没有?"

"找没找到,我和你们比都是赢家。"马陆小声嘀咕。

杨月钟葭笑道:"心态好点,这些人可没招惹你。"

"任务都结束了,我心态很轻松。"马陆吹起口哨,表情虚假而做作。

一路驶到出口,只见一辆广本SUV停在路边,阵阵白烟从车头冒出。

马陆停车后探出车窗问道:"哥们,怎么了?"

车里坐着两个人,二十多岁,穿一身运动装,看五官,像是同胞兄弟。

"唉,车子抛锚了。"驾驶位上的人唉声叹气。

马陆下车,走到车窗前笑道:"你们刚入行吧?"

"什么意思?"驾驶位上的人警惕地问。

"别误会,我看你们开这车,就知道是刚入行的。"

"问了别人,那哥们说话不清楚,应该是越野车,他说成SUV了,幸亏是在进去的路上坏了,万一在穆伦河深处……"

"里面人多,不用担心安全问题。"

"这些人都在往里走,你怎么出来了?找到陨石了?"

"那倒没有,家里有事儿,没法继续了。"

"啊……"驾驶位上的人大惊小怪地叫了一声,"陨石雨就快来了,这个时候走?"

"嗯……我劝你也别进去了。"

"为啥,就因为我的车不行?"

"越往里走风险越大。"

"能说得具体点吗?"

"会死人的。"

车里的两人都笑了。

"就因为这个,你要走?"

"你们不信?"

"我信,陨石行业本就是高危行业,每天都在死人,我爸就是在找陨石的路上发生的意外。"说到这儿,他话锋一转,"如果你要退出,干脆把车子租给我们,我们开高价?"

"租我的车子,那我怎么回去?"

"广本修好了,你们开,回去的路开SUV足够了,猛禽这性能是用来越野的。"

"不是,你说这话什么意思?"马陆也不知从哪冒出一股邪火,大声质问起他们来。

"没什么意思,就是想租你的车。"

"我凭啥要租给你?"

"你这人真是莫名其妙,不租就不租呗,干吗骂人?"

"骂你都算客气的,我还想揍你呢。"马陆说着话就上了手,把杨月钟葭吓得正要上前去拉住他拉架,这时兄弟两人已经下了车,三个人便拉拉扯扯动起手来……

这些年马陆身体精壮了不少,可好手不敌双拳,还是被他们兄弟两人打了个鼻青脸肿。

冷静下来后他们都自觉理亏,也没人提出索赔,各自上路,马陆两个鼻孔各塞一个棉球,两眼直勾勾地盯着方向盘。

过了一会儿,杨月钟葭轻轻地拍着他的肩膀道:"算了,咱们还是回去吧。"

"回去?你不怕被电死?"本已蔫了的人,忽然来了精神头。

"那是小概率事件,就这么回去,大概率会后悔的。"

"要不然这样，咱们花点钱，用轮胎皮把车子内部包裹住，再买一身绝缘服，不就安全了？"马陆两眼熠熠放光，大声说道。

说干就干，马陆半路"劫了"赶往穆伦河入口的修车人，拿到修车铺的地址后便驱车前往。

修车铺的老板听说马陆颇有创意的要求，表现得无法理解，但拿到辛苦费后，便麻溜地指挥徒弟们，将废轮胎切割成条状，接着开始铺垫车内空间，将所有金属部位用橡皮包裹严实。

然而绝缘服并不好买，也没法让修车的用轮胎皮做身衣服，好在关键时刻马陆灵感大爆发，买了两身连体的橡胶雨衣，终于解决了绝缘的问题。

再度开往穆伦河时，马陆道："钟葭，谢谢你，真心的。"

这次他很严肃，没有嬉皮笑脸。

"谢我干什么？"

"因为你最懂我。"马陆哈哈一笑。

杨月钟葭作势白了他一眼，脸上却挂着一丝淡淡的笑。

进入沙漠区后，偶尔也能看到车辆，却再也没有见到死尸，而沙漠中的那辆牧马人，依旧停在原地，两具尸体没有搬动分毫。

"居然没人管。"杨月钟葭道。

"直接打电话给老钟吧，我有他的电话。"

马陆找出老钟的名片递给钟葭，她攥在手里并没有拨打电话。

"怎么？怕麻烦？"

"那倒不是。"沉思片刻，杨月钟葭道，"我刚想到，凶手死时好像坐在阿蛮身上，如果他是被电死的，阿蛮怎么会没事儿？"

"是啊，我咋没有想到呢？"马陆恍然大悟。

两人正聊天，就见远处升起一枚绿色的信号弹，虽是白天，却依旧刺眼。

"出事儿了。"马陆紧张地坐直身体。

信号弹是陨石猎人传递紧急消息最有效的手段，一般团队行动的猎人都会有这种装备。

"难道，又有人被电了？"

"如果真是，无论如何都得退出。"说罢，马陆踩住油门，加速朝发射信号弹的方向驶去，距离那辆装着尸体的牧马人越来越远。

一路，能看到团队或个人坐在公路两旁的沙地上休息调整，并没有人遭遇电击。

马陆将穆伦河存在电流异常的状况告诉每一个能搭上话的猎人，有人笑，有人嘲，就是没人信。

"这年头，人与人之间的互信是个大问题。"

"正常，别人凭什么相信你说的话？"

忽然，马陆警惕地望向前方道："前方有车子停留，是不是出事了？"

只见前方约莫两公里处，四五辆车横七竖八地停在路上，看样子并非正常停泊，似乎遇到了紧急状况。

"我们不会这么背吧？"马陆恼火地道。

小心翼翼地开到现场，并没有受害者，而是有数十人，在远处的沙地上，围着一座黑黢黢的小山正在凿山。

"他们不会把这座山当成陨石吧？"马陆惊讶地道。

"如果这是陨石，必然会造成巨大的撞击坑，这么简单的道理，猎人们不可能不懂。"

"所以他们不是猎人，而是一群愚公？"

"过去看看就知道了。"

马陆驾车上了沙路，一路开到小山前。

"哥们，怎么刨起山来了？"马陆问道。

"发现了新物件，那帮人非说是他们的东西。"

人群分为两拨，一拨挖山，还有一拨则是被迫看热闹的观众。两拨人中挖山的人数虽然略少，但装备更好，也更强悍。

马陆下车后走进人群，只见山脚下已被挖开一片，从露出的部分来看，似乎是一栋建筑墙壁，近似贝壳色的墙面上遍布坑穴，不知是腐蚀痕迹，还是被开凿工具砸出来的。

"你们这么做不合规矩。"马陆喊了一嗓子。

"规矩，什么规矩，你定的还是谁定的？"一名四十多岁矮胖敦实的"黑皮"转身道。

"黑皮"脑袋精光，满脸横肉，五官凶狠，满脸地痞无赖相，最显眼处，就是脖子上戴着一串小拇指粗细的金项链。

只见两名身强力壮的男子走到他身后，凶巴巴地瞪着马陆，两人腰间各插着一把宽厚的匕首。

"山里掩藏的，很有可能是古迹，贸然挖掘，就要承担损毁古迹的法律责任，我可不是吓唬你们，这里这么多人，到时候相关机构介入调查，你敢保证没人能说清楚你的模样？到时候你跑得了吗？"

"我说，这里什么时候轮到你装蒜了？"

壮汉说着话就要动手，"黑皮"却皱着眉头道："得了，少说话。"

"大哥……"

"走开。""黑皮"不耐烦地挥了挥手。

随后他拉着马陆上了一辆车头撞得稀烂的三菱越野车，关上车门后道："我叫王大兴，哥们是哪座山头的？"

"王大兴？"马陆觉得这名字有些耳熟，想了想道，"我肯定在哪儿听过这个名字。"

"嗯，我这人，算是'臭名远扬'吧，你如果是职业猎人，应该听过我。"

"想起来了，你是复兴团队的，前年找到一块半吨重的无球粒陨石，因为和别的团队发生争执，导致一人死亡，多人受伤。"

"内部通报过我，不过说起来可能没人信，那次斗殴并不是我的原因，对方买凶杀人，我被迫自卫，导致一名杀手死亡。"

"过去的案子现在说没有意义，就说山里的状况吧，你是怎么发现的？"

"歪打正着，我进穆伦河是为了找陨石，车子开到这里突然爆了胎，我开得又快，一路转着圈撞到山上，本来以为死定了，没想到山体裂开，居然藏了座建筑。"

"所以，你们就开挖了？"

"我觉得里面的东西肯定有价值，否则不可能人为造一座假山来掩盖，不过你说得有道理，破坏古迹这事儿我们猎人可担不起。"

"你就不该发信号弹，这么做等于是昭告天下了，现在所有的眼睛都盯着，你独吞不了。"

马陆很清楚这座山里藏着的秘密，必然是巨人神庙，否则，绝不可能耗费如此巨大代价,创造一座假山来掩盖真相。

"那么你说怎么办才能利益最大化?"

马陆笑道:"我凭什么帮你出点子?"

"因为,你能得到共同开采权。"王大兴点了支烟,慢悠悠地道。

马陆笑了,而且故意笑出声来。

"王哥,这里的东西,可不是你的私产。"

"混咱们这行你应该知道,比的就是拳头大小,何况这地儿又是我先找到的,不是我的,又是谁的?"

王大兴的名头马陆很清楚,是行业中公认的土匪,正面硬来,就算阿蛮在也不是他的对手。

"我不会和你抢,来这儿无非是为捡几块石头,咱们各走各的路。"

说罢,马陆正要下车,王大兴道:"有便宜不占,你傻啊?"

"就算我帮你忽悠这些人,也堵不住他们的嘴,肯定有人把事儿捅出去,所以这不是便宜,而是浑水。"

马陆回到车里,对方朝方向盘用力地拍了一掌,骂了几句脏话。

杨月钟葭道:"受什么刺激了?"

"这个王八蛋……"

得知整件事的来龙去脉后,杨月钟葭道:"如果山里藏的真是巨人神庙,那独眼石和咱们没有半点关系了。"

"这里许多双眼睛盯着,就算没有王大兴这一出,我们也很难拿到这块石头。"

两人一动不动地盯着小山,眉毛几乎同步拧成一团。

王大兴是"王八吃秤砣——铁了心",压根没有罢手的打算,指挥众兄弟更加卖力地开凿山体。

渐渐阳光西沉,夜晚到了,王大兴点了两盏射灯,挑灯夜战。

"天气该坏的时候不坏,这时候,来场沙尘暴多好。"马陆望着满天星光的夜空,嘀咕道。

"别做梦了,认输吧。"

其余陨石猎人并不是为了古迹来的,他们三三两两分为数群人,有的支起帐篷,有的点起篝火,耐心地等待那场即将落下的陨石雨。

他们两人也不敢夜宿车外,草草吃了点压缩饼干,放平座椅睡觉,不知过了多久,一阵响亮的崩塌声,将马陆吵醒。

只见假山处沙尘漫天,犹如一处拆迁现场。

"这帮浑蛋,就快把山给……"

杨月钟葭忽然发出一声刺耳的尖叫,把毫无提防的马陆吓了一跳。

"怎么了?"

"蝎子、蝎子……"

只见一只拇指大小的褐色蝎子,从杨月钟葭盖着的毛毯上快速爬过,由车门缝隙钻了出去。

"咱们常年野外工作的,还怕虫子?"

"我不怕虫子,可爬到身上又不一样。"杨月钟葭一脸的惊魂未定。

睡觉前,两人将各自一边的车门开了条缝,用以换气,蝎子就是通过车门缝隙进入车内的。正准备继续睡觉,马陆听到一阵细微的"沙沙"声响传入车内,似乎有人钻到汽车底部。他点亮手电,正准备下车查看究竟,赫然发现四五条手臂粗细的蛇,从车底爬了出来,又向前爬去。

"昆虫大迁徙吗?"马陆这才发现,沙层上不仅有蛇和蝎子,还有各种各样不知名的虫子,无数昆虫大军,浩浩荡荡地朝人类相反的方向爬行。

马陆头皮阵阵发麻,赶紧关上车门道:"不大对劲。"

"虫子的第六感特别灵敏,或许它们感受到了即将而来的陨石雨。"

说话间,卫星电话响了,马陆嘀咕道:"大半夜的,谁呢?"

接通后,老钟的声音传来:"小马,你朋友在医院里待不住了,非得让我送他过去,你们人在哪儿?给我个大概的位置。"

告知位置,挂了电话,马陆笑道:"阿蛮等不及,让老钟送他过来。"

"他正在恢复期,尽量少参与任务。"

"这小子,壮得跟头牛一样,醒了等于好了。"

很快,老钟将阿蛮送到他们这里,他问道:"石峡段那辆车和死人怎么回事?"

"我对天发誓,准备给你打电话的,不知道怎么给忘了。"马陆连声道歉。

"没什么可道歉的,你们千万注意安全,别再出事儿了。"

陨石猎人 下

老钟叮嘱两句便离开了,阿蛮坐进车后座,默然片刻,将脑袋上的纱布给解了。

"你伤口还没好,再绑两天纱布。"

"走吧,这里不安全。"阿蛮将纱布丢出车外道。

"你着急忙慌地回来,就是为了劝我们走的?"马陆笑道。

"好笑吗?"阿蛮眉头皱起。

"别误会,我觉得好笑,是因为你说得太过于一本正经。"说罢,他指着遍布车内的橡胶皮道,"看见没有,我做了万全准备,咱这辆车,防漏电功能杠杠的。"

阿蛮叹了口气,表情颇为凝重道:"我不知道怎么说,反正应该走,而且是越快越好。"

"兄弟,我知道你担心什么,放心吧,不会有任何问题。"

话音刚落,就听到外面又是一阵刺耳的崩塌声,整座小山塌了个七零八落,其中大部分建筑露了出来。这是一座方形神庙,由飞檐、墙壁、石柱三部分组成,建筑表面布满了各式各样的浮雕。由于距离太远,马陆看得并不清楚。

在周围扎营的猎人们,都从帐篷里钻了出来,在神庙周围聚集,王大兴很是紧张,召集队员堵在入口处。

马陆正准备下车,却被阿蛮一把按住。

"如果你就是不听劝,我不勉强,别出车子就行。"

"我要是非得出去呢?"

"那我只能被迫将你击晕。"

"你是不是……"

眼看两人就要吵起来,杨月钟葭赶紧劝道:"你下车也进不了庙里,何必非要和阿蛮杠呢?"

"你看他那个样子,比算命的都能。"

马陆兀自气愤难平,在他看来,阿蛮就是自己的小兄弟,没想到这个小兄弟居然出言威胁自己。

虽然叫得响,马陆并没有下车,他蜷缩在驾驶室,看着庙里庙外来回跑的王大兴道:"这浑蛋,迟早有一天遭雷劈。"

"心态放平和些,看样子,独眼石并不在庙里。"

到了后半夜,马陆迷迷糊糊地正要睡着,忽然听见有人扯着嗓子喊:"陨石雨来了,陨石雨来了……"

他吃了一惊,触电般坐直身体,睁开眼睛就看到墨蓝色的天空,无数个火球拖着浓烟滚滚的尾巴,从半空落下。

"难怪虫子们逃走了,原来真有流星雨。"

马陆激动万分,正打算出车门,猛然就觉得后脑勺一阵剧痛,晕了过去。

不等杨月钟葭质问,阿蛮一把将马陆拖到车后座,坐上驾驶室,发动汽车就往后倒。

别人纷纷进场,己方却加速离场,杨月钟葭语气严肃地道:"阿蛮,你最好有个合理的解释。"

阿蛮一言不发,表情专注地望着倒车镜,紧踩油门不放松。

"我说话你听见没有?"

"别废话了,我们会死在这里的。"阿蛮突然大吼一声,吓得杨月钟葭猛一激灵。

阿蛮虽然能力强悍,脾气却非常好,似这般愤怒,是破天荒头一遭。

"阿蛮,你吓到我了,到底怎么了?"

阿蛮呼呼喘气道:"来不及解释,逃命要紧。"

话音未落,就见仪表盘忽然冒出一股轻烟,"嗞嗞"声响中,车子熄火了。

阿蛮数次试图打着火,然而马达却纹丝不动了,几番尝试后他放弃了,双手把着方向盘道:"我们死定了。"

"你究竟得到了什么消息?"

"没有消息,我只是觉得咱们要死了。"

"你是不是疯了?"杨月钟葭愕然。

"但愿是我疯了。"

天上无数的火流星,将黑夜照得犹如白昼,空气中弥漫着奇怪的焦煳气味,包括守着神庙入口的所有猎人,全部寻找掩体躲藏,被陨石砸着,或是被陨石冲击波伤着,那可不是玩的。

这辉煌的一幕，看得杨月钟葭目瞪口呆，她暂时忘记了与阿蛮的不快，一动不动地望着从天而降的流星雨。

"并不是所有人都有机会亲历流星雨的，很多猎人终其一生，也没有过类似经历，我们太幸运了。"杨月钟葭道。

在她梦呓般的语调中，数十枚火流星最先着地。然而奇怪的是，流星表面燃烧的火焰并未熄灭，反而化作一团更大的火焰，在沙地中剧烈燃烧。可火光耀眼，却不见半点烟雾，再细看，原来火团并非火焰，而是一团团近乎圆形的光团，金黄色的光晕表面，不时有细小的电流闪烁。

"这不像火陨石。"杨月钟葭隐约觉得不妙。

"或许，这就是我担心的。"

随着金黄色的球状物越落越多，空旷的沙漠中不断响起清脆刺耳的电流声。

"这不是陨石，这是球状闪电。"杨月钟葭声音里忽然充满了恐惧。

"球状闪电？是什么？"

"是自然界一种特殊的放电现象，这种闪电是球状体，出现后并不会立刻消失，而且有的球形闪电会移动，虽然只是小小一团，但蕴含巨大能量，一旦与物体碰撞，就会发生爆炸。"

果不其然，满地的球状闪电开始移动，就像地老鼠一般迅速，方向并无规律可循，有些人虽然躲在小山或石头下方，却与球状闪电正面相对，诡异的金黄色电球，似乎能感知到人类的存在，贴近之后纵身跃起，与人接触后顿时爆发出一股耀眼的火花……

待火花熄灭后，整个人凭空消失，连灰渣都没留下一个。

眨眼间，数十名猎人死于非命，这恐怖的一幕，引起了大部分人的恐慌，许多人从藏身处跑了出来，朝相反方向逃跑，然而球状闪电移动速度比人快出数倍，一时间，满地金球迅速游走，只要与人接触，一条生命便在瞬间化为乌有。到后来，即便躲在山石背面或神庙中的人也无法幸免，这些闪电就像追命无常，迅猛而有效地捕捉一切活物。

幸好阿蛮把车子倒出一段距离，远离中心点，没有遭到大规模的攻击，饶是如此，也有数枚球状闪电，"蹦蹦跳跳"向着他们而来，距离皮卡车越来越近。

"这东西蕴含巨大能量,能在瞬间将车子焚毁。"

杨月钟葭正打算下车,却被阿蛮一把攥住道:"别乱来,下车死得更快。再说,还有马陆。"

"可是,我们不应该这样坐以待毙。"

"没有更好的选择了。"

杨月钟葭取出两件"绝缘服"道:"不知道你会来,所以只买了两件。"

"你和马陆穿上,我不用。"

杨月钟葭将两件连体胶衣贴上车窗,她眼角有泪水流出,双手抖得厉害。

"别怕,我们福大命大,不会死的。"

阿蛮话音未落,仪表盘指示灯忽然亮了,指针在瞬间摆动数次,又发出"噼里啪啦"的电流声,缝隙处不断有闪电状电火花迸射,杨月钟葭吓得紧闭双眼,死死地捂着耳朵。

整辆车就是一处能量巨大的导电体,无数电流从金属部位通过,如果没有橡胶轮胎隔绝,他们三人早已成了"电烤鸡",如果没有阿蛮鬼使神差般地将车退后一截,皮卡将在众多球状闪电的围攻中付之一炬。

也不知过了多久,放电现象终于消失,车外明明灭灭的金光也不再闪烁,阿蛮揭开胶衣一角,只见沙漠中浓烟滚滚,仿佛刚经历一场火灾,而猎人和球状闪电皆消失无踪,就像从未存在过。

原本人声鼎沸的沙漠,此刻寂静无声,犹如地狱般死气沉沉。

阿蛮尝试着打着车子,马达终于可以转动,却无法正常运作,在嗡嗡声中,车子还是无法启动。

卫星电话倒是可以使用,杨月钟葭联系修车人后,又联系老钟。

随后,两人小心翼翼地下车,走进巨人神庙中,不知存在了多少年的远古建筑,却干净得没有一丝灰尘,墙面是以人体骨骼与黏土混合搭建而成,骨头摆放齐整,犹如浮雕效果。

只是神庙中空空如也,没有任何物品,杨教授记录的独眼石更是不见踪迹。

杨月钟葭不甘心,取出磁性探测设备,顺着墙面由里到外走了一圈,却没有任何收获。

陨石猎人 下

陨石,并非都有磁性,所以想要彻底检查,拆了神庙是唯一选择。

以神庙的建筑材料,拆了它并不困难,只需要一把铲子即可,然而杨月钟葭犹豫再三,最终放弃了。

这座上古建筑,不是她家的私产,而是人类文明进程的重要见证,无论隐藏了多少宝藏于其中,也不能因为一己之私,损毁这座保存完整的古建筑。

老钟很快到了现场,得知所有猎人都被诡异的球状闪电弄蒸发了,他震惊到无以复加,连抽了两支香烟,才算镇定下来。

"这么大的事儿,你们不说清楚,我就一个人来的。"老钟道。

"如果我在电话里说,你能信吗?"杨月钟葭反问。

迟疑片刻,老钟叹了口气道:"这事儿可太大了,你们确定没有看错?"

"周围停着多辆汽车,车里的人去哪儿了?"

"我是说这么多人,就……实在难以接受。"

"这就是事实。"

说话间,马陆摇摇晃晃着从车里下来,他恼火地道:"阿蛮,你个臭小子,居然把我打晕了。"

"你少说两句吧,不是阿蛮,你早没影了。"

看见老钟,马陆道:"你还没走?"

"我是去而复返,这里发生了大规模人口失踪事件……"

"那些猎人不是失踪,而是消失了。"杨月钟葭道。

"假设你说的是真的……"

"不存在假设,我说的就是真实状况。"

老钟无奈地摇摇头道:"好吧,这里交给我处理,你们配合调查,案子查清楚前,所有人不能离开。"

"为啥?"马陆愕然。

"这么多人失踪,你当开玩笑?"说罢,老钟不再理他,打电话给局里申请支援。

杨月钟葭利用这段空当时间,将之前发生的状况细说了一遍。

"什么?降下的不是陨石,而是球状闪电?"马陆听到后差点没蹦起来。

冷静后,他道:"难怪此地电流异常,原来是球状闪电爆发前的征兆,可老七对流星雨的预告，怎会错得如此离谱？"

老七是所在城市气象局减灾部的二把手，主要负责对灾害性天气的提前预告，他和马陆所属的科研机构有业务往来，两人因此相识。

"陨石雨的日期是两天后，球状闪电爆发大概是意外事件。"

又有陨石猎人进场，这些人进入穆伦河不久，便看到球状闪电从天而降，误以为是流星雨，所以着急忙慌地赶到现场。

正是这些猎人的出现，证明了杨月钟葭说的话，起码有一部分是真的，而在球状闪电大规模爆发后，这些人虽然距离很远，但车子和随身携带的电子设备，同样受到了强烈干扰，甚至导致损毁。

在众人对杨月钟葭七嘴八舌的询问中，老钟终于相信她的话所言不假，将情况上报给了更高一级的部门。之后，为了安全起见，他劝离了现场所有人，并封锁了整条公路。

"那块独眼石，也没消息了？"在县政府招待所简陋的房间里，马陆正给自己的上级，科研机构负责对外关系的某位总监打电话。听声音，总监有点急。

也不知对方说了些什么，马陆忽然对听筒吼道："你就知道问，能问出个什么来，消息是靠打探出来的。"说罢，愤而挂断电话。

"至于吗，气成这样？"杨月钟葭道。

"我们拼死拼活地在这儿干，这些人，没半点用。"

"问出来又能怎样，就算独眼石被找着了，难道我们去抢吗？"马陆叹了口气，半躺在床上道，"有时候，我真觉得累。"

"那就别做了，也没人逼你。"

"我说真的，如果有一天我不干了，你愿不愿意跟我隐退？"

"你《神雕侠侣》看多了？还隐退，世俗社会，不管你去哪儿，都会被一帮俗人环绕，山野江湖，只存在于书里。"

"唉。"马陆长叹了一口气，半倚在床上。

"我觉得，阿蛮有点不太对劲。"杨月钟葭忽然道。

"这小子脾气不小，居然把我打晕了，你敢相信？"

"我感觉……"杨月钟葭眉头微皱道，"他有点神神道道的，是不是头部有隐伤？"

陨石猎人 下

"没错,这小子性格确实有变化,以前他可没这么暴的脾气。"马陆皱眉沉思片刻道,"得带他去做详细的脑部检查,小地方的医疗条件毕竟简陋。"

此时的阿蛮,躺在床上呼呼大睡,对于两人的谈论他丝毫不知。嗜睡也是新状况,以前阿蛮和猫头鹰一样,睡着了都会睁一只眼,稍有响动便会惊醒,哪像现在,熟睡得就像一头冬眠的熊。

种种异常表明,在头部受到击打后,他的行为举止确实发生了变化。

之后几天,两人暗中观察阿蛮的一举一动,没有发现特别明显的异常,但情绪确实比以前急躁了许多,而且每天总有几次,阿蛮会突然放下手头的事儿,望着天空发呆。

一天,三个人去早点摊吃早饭,谁知走到门口他死活不愿进去,马陆和杨月钟葭以为是他脑子突然"短路",正打算离开,就听老板在门口小声念叨:"人都死三天了,穷讲究啥?"

细问下他们才知道,三天前一名老顾客吃早饭时心脏病突发,死在店里,老板以为阿蛮忌讳,心怀不满,所以出声抱怨。

"你是怎么知道的?"走远后,马陆问阿蛮。

"知道什么?"

"早点摊里死过人?"

"我……"阿蛮觉得诧异,"我只是不想进去,死人什么的,我不清楚。"

"你相信他的话?"马陆私底下问杨月钟葭。

"阿蛮确实有变化,但他从没说过谎。"

马陆叹了口气道:"千万别伤了脑神经。"

几天后,穆伦河案子终于有了定论,而万众瞩目的流星雨并没有落下,据说是数据运算有偏差,陨石偏离地球轨道近三万公里。

返回西京后,马陆和钟葭马不停蹄地带着阿蛮去了市里最大的医院,以高价买了排在第一位的预约号,当天就做了脑部核磁共振。

结果一切正常,阿蛮的头部并不存在任何隐伤。

马陆将阿蛮这些天的反常行为告知主治医生,请他无论如何想办法给阿蛮再做一次检查。

"要这么说……"姓戴的主任医师摘下眼镜,表情严肃地道,"你朋友的额头,有一道裂缝,但不是伤,而是天生就有的骨质状态。"他边说边从抽

屉里翻出一沓积满灰尘的资料。翻开其中一份,他道,"你说的状况并非个例,我遇到过几次,应该是人类自身的返祖现象。"

紧急状况

三大谜案

见马陆一脸蒙的样子,戴主任解释道:"我们人类相比动物昆虫,大脑发达千万倍不止,不过在提前预判危险的能力上,人类比动物虫类又差了十万八千里。比如,气候灾害将要发生的前几天,大部分动物都会有异常的行为,昆虫也是如此,因为它们体内具有第六感知系统,其实人类处在原始时期,也有预知危险的能力,只是随着智力和科技的进步,这一能力也随之消失了。不过有研究表明,人体在胚胎发育时拥有这一能力,称之为'第三只眼',就在这个部位。"说罢,他用手指着额头中间位置,"正常的发育过程,第三只眼会随着身体成长而逐渐消失,但也有人成长后这一部位并未退化,就是返祖现象,而有这类现象的人,大多和你的朋友一样,具有预知危险的能力。"

"只要不是脑子出问题就好。"马陆悬着的心终于放下了。

戴主任笑道:"这是难得的能力,对于一些从事高危行业的人而言,能认识你这个朋友,等于多得了一条生路。"

回去的路上,马陆手机响了,是他爸打来的,接通后闲聊了几句,老头道:"大石头找你有事,等下。"

"大石头"大名马忠,是马陆从小一起长大的玩伴儿,中学没毕业他就外出打工,十来年的时间,两人没怎么见过面。

"喂,陆子是你吗?"大石头生硬的普通话传来。

"是我,你咋想起来给我打电话了?"

时间冲淡了友情,马陆本想表达得惊喜一些,可情绪上毫无波澜。

"真好,终于和你说上话了,听柱子他们说,你还是接了二叔的活儿,现在跑得不错?"

"混口饭吃呗,比上班的强点儿,你现在干啥呢?"

"唉……"大石头重重叹了口气,声音颇为无奈,"我结婚了,生了俩娃,这事儿你知道吧?"

"废话,份子钱我都给了,当然知道了。"

大石头二十岁刚出头,就和外省的打工妹生了一对双胞胎儿子,是他们这帮兄弟里最早结婚生子的,马陆得到消息,托家人出了五百块钱份子钱。

"就是这事儿麻烦,两个男娃,压力太大了,房子起码得准备两套,还有结婚的费用,想想我就脑壳疼。"

"有你脑壳疼的时间,想想怎么赚钱是正事。"

大石头这些年的情况,马陆多少也有所耳闻,在外打工多年,钱没赚着,却染上了赌博的恶习,家里拆迁的房子,至少被他输掉了两套,因此他提钱,马陆毫不客气地怼了他一句。

"我早就想办法赚钱了,可你也知道,我爹妈就是个普通农民,我这种人想赚钱太难了。"

"和我说这些干吗?我可没钱借你糟蹋。"

"我的兄弟,你误会了,我求大伯给你打电话肯定不是为了借钱,我想跟你一起工作,成吗?"

"你?肯定不行。"马陆毫不犹豫地回绝了。

"陆子,这些年我当过建筑工人,下井挖过矿,苦活累活我都能干,看在你两个侄儿的份上,拉我一把成吗?"

这时他老爸又接过电话道:"大石头托我打电话,我就告诉他一定得学好,否则谁都帮不了他。人嘛,谁能不犯点错误,改了就是好同志,你就帮帮他,真不合适,开除他不就行了。"

"唉,你让他来试试吧,不过我丑话说在前头……"

"啥都别说了,你爹啥时办过没谱的事儿?"

陨石猎人 下

马陆没辙,只能答应,挂了电话杨月钟葭问明情况,立刻否定道:"这不行,绝对不行,咱们这行最讲究团队合作,一个人掉了链子,有可能害死所有人,我不同意和赌棍合作。"

"他已经戒了。"

"你怎么知道他戒了?毒和赌是世上最难戒掉的瘾头,马陆,这种人靠不住的。"

"雇他不过是当个苦力,别把这人看得太重要了。"

杨月钟葭叹了口气道:"你非要用他,我也拦不住,不过一旦他有出格行为……"

"如果你发现问题,马上开除他,我举双手双脚赞成。"

好不容易达成协议,马陆担心夜长梦多,让马忠第一时间赶来报到。

本来入职流程比较烦琐,但老刀消失后团队少了一个人,所以马忠入职报告递上去后一路绿灯,很快就签了一份为期半年的试用工合同。双方约定,只要半年内不出事故,就会补签一份三年的用工合同。

"兄弟,真是太感谢了。"马忠对马陆感恩戴德道。

"先别谢,你得踏踏实实干活儿,只要有一点纰漏,你就会出局的。"

陨石猎人的工资虽然不高,但补助很高,出一次任务能拿相当于几个月薪水的补助,平均每月收入过万没有问题,而且一旦发现有价值的陨石,还能得到高额奖励金。这对于多年来一直打零工的马忠而言,是绝对的高薪职业。入职第一天,他忙前忙后地干,把探星小队的工作室打扫得一尘不染。

"我这个朋友虽然不聪明,但眼里还算有活儿。"马陆故意在杨月钟葭面前邀功。

"希望他能坚持住。"

杨月钟葭取出拓片的资料道:"别说人了,咱们聊聊死亡钟吧。"

"洗耳恭听。"

"这两天我仔细查阅了我父亲留下来的资料,拓片内容并不复杂,所描述的死亡钟,是一把通往地狱的钥匙,它能在人世间打开一座螺旋状直通地狱的阶梯。"

等了一会儿,马陆问:"没了?"

"就这么多。"

"这也叫资料？这是三流的神话传说吧？"马陆哑然失笑。

"这是我父亲用生命换来的资料，希望你能严肃对待。"

"对不起，我说话随意了，不过拓片上这句话，实在让人无法接受，而且有任何线索能证明死亡钟确实出现过吗？"

"薪火流星雨集体失踪之谜，南欧铜矿之谜，雪山女尸复活之谜，是陨石行业内的三大谜案，你听说过没有？"

"啥三大谜案，说来听听。"马陆顿时来了兴趣。

"薪火是一种陨石名称，一次大规模流星雨后，猎人进驻区域，却发现一块陨石也没留下，全部消失，这些年不断有人进入降落区寻找薪火陨石，却连残片也没发现一块。南欧铜矿，是一组登山队员在某国雪山中发现了一处废弃铜矿。铜矿入口以铜门封闭，打开后，在铜矿深处，发现了一块悬空飘浮的淡绿色陨石。考古学家进入后不久，有人触发了手杖咒语，陨石释放出异常能量，召唤出不属于这个世界的黑暗生物，杀死了铜矿里的所有人。后来军队封锁了铜矿，并将此地划分为核废料隔离区，永久禁止出入。雪山女尸是某国攀登队在登山过程中发现的，是一位被冻死的女登山队员，发现尸体后不久，一块陨石坠落在山体中，音爆没有导致雪崩，却让参与救援的队员全部晕厥。醒来后，他们发现女尸失踪了，现场只留下一排小号登山靴的印记。"说到这儿，杨月钟葭戛然而止。

马陆道："或许那女的没死，只是冻僵了而已。"

杨月钟葭没有理他，继续道："三个案子中，'薪火失踪'记录在案，真实性不容怀疑，其余两个都是传说，虽然真假不好判断，但据说铜矿里的陨石就是死亡钟，召唤出的黑暗生物，是从地狱而来。"

马陆忍不住笑了，这次没有发表意见。

"我知道你不信，说实话我也不信，可我父亲绝不可能用半块'野蛮之心'去换一块毫无价值的拓片。"

"我说句大不敬的话，也许杨教授被骗了，知识分子……"

"如果对方是骗子，为什么在多年后送还了'野蛮之心'？图什么？"

"唉，我这个小脑袋瓜处理不了太复杂的信息，你愿意相信我没意见，但我保留个人意见。"

之后两人没再讨论此事，马陆定了个酒店包厢，给马忠接风。酒席上马忠很是谦虚，表态道："我一定努力工作，死而后已。"

"事先声明，我不信任他，而且是永远不会信任，你别做我工作，没用。"马陆送杨月钟葭回去的路上，她坚持自己的看法。

马陆知道这事儿根本说不明白，就避而不谈了，一夜休息不提。第二天一早马忠买来所有人的早点，整齐放好，马陆坐下正要吃时，电话响了。打来电话的是欧阳青石，他告诉马陆一个重要信息，某处陨石坠落区即将公开招标，不过探星小组的等级不足以参加，必须得到科研机构的支持，本来马陆的上级单位可以为他们背书，不过两者之间曾经因为一个项目产生过矛盾，所以必须换一家机构。

马陆皱眉道："我是想，可没这方面的渠道。"

"我可以帮忙，不过这事儿可没白干的。"

"欧阳主席放心，事成之后一定少不了您的。"

欧阳青石哈哈大笑道："我还不至于公然索贿，你得给机构好处，否则人家凭什么帮你？"

马陆这才反应过来，赶紧道歉："我年轻不懂事，您别见怪，机构那边我想办法搞定。"

"价格对方是开了，只要你答应就成。"

"哦，您说。"马陆生怕忘记条款，拿起笔准备记录。

"他们对阿蛮的头部结构比较感兴趣，如果他能做个全身扫描，就能获得通行证。"

马陆一听，这么容易便解决了，反而有点疑惑，问道："这个扫描，会不会对身体有什么危险？"

"类似于做一次核磁共振，他们需要留存一些数据，仅此而已。"

随后，马陆和小组其余成员商议此事时，阿蛮便一口答应了，无非是一次全身扫描，没什么好矫情的。之后联系机构，一切按计划有条不紊地进行，事成之后马陆拿到了一张通行证。

猎人团队的资格无法凭空提升，所以这次探星小队是以加盟身份顶替机构所控的另一支猎人队伍，冒名进入任务区。

任务所在区域名为葭霞山谷，位于西南某省的一处国家级自然保护区内。而探星小队到达现场后，与当地人细聊之后才知道，葭霞山谷在当地另有一个名称，便是阴阳谷。因为地势关系，整座山谷以中间区域分为光照区和黑暗区，光照区一天光照时间能达到十个小时，黑暗区一年四季不见半点阳光，特殊的地理特点，导致一处山谷却有两种完全不同的生态。

"这次行动，汇集了全国顶尖的猎人团队，排名前三位的队伍都在。"马陆在车上看了欧阳青石传真过来的资料后道。

"能够参与就是一次提升，我们一定把握住这次机会。"杨月钟葭显得很有信心。

"不过……"马陆将资料夹递给杨月钟葭道，"这里面并没有写明陨石种类或名称，更像是一次随机行动。"

需要资格准入的陨石撞击区，所有陨石种类多是已探明或部分探明，之所以没有寻找，大多数情况在于撞击区多是被保护区域，所以需要有资质的团队才能进入寻找。而葭霞山谷的陨石在资料中只字不提，这种疏漏是不该发生的。

"这不写了吗？葭霞山谷中存在一处规模宏大的陨石撞击坑，其中可能藏有数量众多的陨石。"

"这话等于没说。"

"既来之则安之，进去之后就知道了。"杨月钟葭将资料交给马忠，他在队伍中主要负责后勤，也就是背行李，作用和《西游记》中的沙僧类似。

"阿蛮，你有没有预感危险的发生。"在葭霞山谷的入口，马陆问道。

阿蛮摇头道："我心里非常平静，这里没有突发性的危险。"

到达山谷之前，需要穿过一条长约两公里由玄武岩组成的峡谷，当地高峰对立，最深处足有两三百米，沟内水流湍急，烟雾缭绕，密布暗河，一旦跌入峡谷中，天知道会被暗流带入何地。

当地老族长告诉探星小组众人："说葭霞美，葭霞巧，可入口之险，又有谁知道？"

当天同时进入峡谷的并非探星一队，另有两组队伍，其中名为"中华狮"的团队，在业内颇有影响力。"中华狮"一共来了三个人，领队王星是个三十多岁的汉子，虎背熊腰，满脸沧桑，一脸花白的山羊胡子，看起来就像五十多岁的中老年人。王星的双眼无时无刻不透露着坚韧、强悍的目光，说起话来也是干脆果断。

"看你们年纪,刚入行不久吧?"他问马陆。

"是,跟老刀叔的,您多照应。"

"老刀啊,其实他可以领导更高等级的团队,总的来说讲义气,有能力,就是不求上进。"

马陆暗中叹了口气,王星太过于自信,对老刀半点不了解,却妄下结论。

"现在探星你说了算?"

"我们小队不设队长,有事儿大家商量着来。"

王星点点头道:"相信我,猎人团队里,领头人是最重要的,不能缺失,死亡绝境里刨食的活儿,讲民主等于自杀。"

马陆不以为然,嘴上敷衍道:"您是经验之谈,这事儿我们会仔细商议的。"

他们一路小心翼翼地穿过峡谷,在入口处三支队伍依规矩分前后进入阴阳谷。

陨石猎人做的就是"你有我无"的买卖,从天而降的陨石没有产权归属,谁先拿到就是谁的,为了避免开战,不同的队伍避免同时行动,避免同一条路线行走,这是行规。

马陆等人首先进入光照区,以山谷中央为坐标,是山谷西边。只见远处山脊耸起一片天然形成,犹如巨型屏风的扁长型山峰,更远的山边,也有一处类似的扁平山峰,正是这两处山峰遮蔽,使得另一边山谷终日不见阳光。山中虽然阳光普照,然而森林密布,光线并不清晰,林间溪涧幽深,山雾千姿百态,一股股清幽气息钻入鼻中,使人胸中的沉闷一扫而空,顿觉神清气爽。

在悦耳鸟叫声中,各种彩蝶翩翩飞于花丛中,马忠取出自制的粘杆子,道:"儿子要蝴蝶标本,我抓几只。"

"野生蝴蝶可能会遇到珍稀品种,咱们别自找麻烦成吗?"杨月钟葭冷冰冰地道。

马忠暗中叹了口气,将取出的网兜又装了回去。

马陆小声道:"女孩子最喜欢小动物,别当她面犯忌讳。"

"这事儿怪我,不懂规矩。"马忠赶紧检讨。

阴阳谷山势平缓，风景优美，他们四人边走边欣赏风景，并没有一味追求速度。

也不知走了多久，只听一阵人声隐隐传来，吆五喝六地似乎在吵架。

穿过一片茂密的杜鹃花丛，一处层层叠叠的浅溪由远处直到马陆脚下。

他没有想到的是，就在小溪一侧，数十名男子或三五一群抽烟打牌，或独自身处帐篷中休息，其中就有中华狮的三名成员。

王星正和其余三人赌博，估计是在玩"炸金花"，其中一个人身前堆了一堆百元大钞，王星叼着烟眉头紧皱望着手中的扑克。

"上次输给你们几个，这次扳点回来，看你们那副模样，能有点出息吗？"赢家讪笑着道。

"你娃就这不好，赢就赢了，满嘴胡话，烦吗？"坐上家之人回骂道。

有人见到马陆一行，闹哄哄的场子顿时安静，所有人的目光都集中在杨月钟葭身上。

"跟老刀的。"王星言简意赅道。

"老刀？失踪那个？"赢家问。

"废话，猎人行里有几个老刀？"

"喂，过来玩两把呗，你们队长当年可赢了我不少钱。"赢钱那位对马陆喊道。

"不了，我们准备再往前赶赶。"

在场的众人顿时笑声一片，也不知道是谁，粗鄙地说道："……介小孩儿就是个雏儿。"

"人小孩儿刚进这行没多久，你们别把人带坏了。"王星头也不抬道。

"队伍里咋还有个女娃娃？"

"你啥都不看，专门看人性别，不服气你也带个来？"

这些人说话越来越难听，马陆眉头略皱，加速通过此地。只见小溪边的两株河柳上挂着一张吊床，躺着一名戴眼镜的年轻人，他举着一本关于经济学方面的著作，仔细地看着。

"您好。"马陆看他面相不似粗人，主动上前打招呼。

他将书平放在胸口上，打量了马陆一眼道："刚从休息地过来？"

"我看大家挺闲的，不大像是来这儿寻找陨石的。"

"你管他们,做好自己的事儿不就得了?"

"都是同行,我不想特立独行。"

"成,你心挺细。""眼镜"起身下地道,"第一次进入撞击区执行任务吧?"

"是的。"

"眼镜"笑道:"已经确认的撞击区,内部环境资料我们早拿到手了,是否具有寻找价值,在出发前就评估清楚。当然,这份评估报告上家机构并不知道,是猎人私下里做的事儿。"

"你的意思,此地的陨石不好找?"

"是根本无法寻找,很简单,此地除了地形复杂,还有巨型鱼怪存在。侵入它们的世界,只为寻找理论上存在的陨石,除非发了疯,正常人谁会把这事儿当真?"

"巨型鱼怪?这……你也相信?"

"当然相信了,咱们这行的人东奔西跑,稀奇古怪的事情见的本就比普通人多。这些消息,可不是聊天聊出来的。"

"如果大家相信有鱼怪,何必来呢?"

"带薪休假玩几天,不挺好吗?""眼镜"哈哈一笑,拍了拍马陆的肩膀道,"别绷得太紧,干咱们这行本来压力就大,能躺着就别站着。"

聊到这份上,马陆终于明白这些人来此根本就是"出工不出力",白混工资的。

"我不明白,中华狮这种规模的团队,怎会贪这点小便宜?"继续踏上征途,马陆语带鄙夷道。

"正常,人都有自己的活法,这种闲事咱们还是少议论得好。"杨月钟葭道。

"不会真有鱼怪这种事儿吧?"马忠不无担心地道。

"大千世界,无奇不有。"说罢,马陆看了一眼身侧的小溪。

"那得离水远点。"马忠面露恐惧。

杨月钟葭没说什么,却露出一丝冷冷的讪笑。

一直走到太阳西沉,四人停步休整,准备晚饭。分配给马忠的任务是捡干枝做柴火,阿蛮用斧子劈下一根树枝,去了枝叶又将一端削尖,接着脱了鞋，站上了溪水中的一块圆石。

"喂，你不要命了，这水里可能有鱼怪。"抱着一捆树枝返回营地的马忠，对阿蛮高声叫道。

"够了，你是不是弱智？这么浅的溪水里能有什么鱼怪？是你心里作怪。"杨月钟葭终于爆发了，指着马忠骂道。

马忠的脸一阵青一阵白，强忍怒火。

马陆叹了口气道："马忠，同伴执行任务时，你这一嗓子可能会对他造成危险，别大惊小怪的，只要天没塌下来，别的事儿尽量小声说。"说话时，马陆冲他连使眼色，意思是：我只能说你，总不能去说她。

然而马忠并不领情，道："就算我是个废物，你们开除不就行了，屡次侮辱我，有意思吗？"

杨月钟葭气得"花容失色"，眼看就要爆发，马陆赶紧劝道："钟葭，你别和他一般见识，这小子被吓傻了，看我怎么收拾他。"

话音未落，"啪嗒"一声，一条约一尺长的大青鱼落在他们之间的空地上，虽然鱼的身体被戳了个窟窿，内脏流了出来，却还在地上奋力蹦跶。

"生火烤鱼吧。"阿蛮道。

"我不饿，不吃了。"杨月钟葭转身走到小溪边坐下。

马陆示意马忠生火，接着走到杨月钟葭身后道："看我面子，别气了。"

"你有多大面子，凭什么不生气？"

"那还能咋办，就是开除这小子，也得回去再说了。"

"你是不是觉得我蛮不讲理，针对你的朋友？"

"实话实说，还真有这种感觉。"马陆并没有否认。

"马陆，你应该知道猎人这行里的忌讳，就凭他刚才的表现，犯了多少错？"

每一行都有禁忌和忌讳，陨石猎人也是如此，马忠触犯的便是"大声喧哗、危言耸听"两条。猎人执行任务多在野外，充满了未知的风险，"大声喧哗"一是分散同伴注意力，二是可能招来潜伏的大型猛兽。而"危言耸听"在猎人中被视为欺骗，猎人行业信息最重要，陨石所在往往只凭一句话，有名望的猎人说出的信息一字千金，而满嘴胡话、危言耸听的猎人会被整个行业摒弃。

马陆颇感无奈道:"这次回去设一个后勤职务,让他负责一些采买,外出任务就不带他了。"

"工资大幅降低,他能同意?"

"由不得他,不服从安排就走人呗。"马陆点了支雪茄道,"我不想再为这些小事耗费精力,能放我一马吗?"

杨月钟葭口气也软下来道:"别说得可怜兮兮的,我做的一切,都是为了团队考虑。"

阿蛮用石头垒了一个火灶,支上烤架后炙烤青鱼。片刻,一股诱人的香味弥漫开来。马忠咽了口口水,从兜里取出一袋用密封袋封着的细盐道:"我特意带了点盐,调调味儿。"

吃鱼肉时,马忠撒了两次盐,道:"我口味重,吃东西偏咸点。"

"外出执行任务时,水是非常宝贵的资源,盐分摄入过量,会导致人体水分流失加速,不但增加水源消耗,甚至会对你的身体造成伤害。"马陆没好气地道。

"啊,外面吃个饭还有这么多的讲究?"马忠很吃惊。

马陆一把拖着他走入林中道:"什么叫外面吃个饭?咱们是在执行任务,你心里有数吗?"

"难道我又错了?"马忠满脸无辜。

"你当然错了,猎人执行的都是高危任务,任何一点细节都不容有失。兄弟,就算你刚入行没法表现专业,起码少说点废话,行吗?"

"我……对不起,我又错了。"

"别总是道歉,解决不了任何问题,表现得稳重点,哪怕装模作样也好。"

马忠垂头丧气地返回营地,也没心思再吃喝,呆呆地靠树而坐。

他们没有搭建帐篷,到了休息时间各铺了一条毡毯休息,马忠要求守夜,可马陆不放心,和阿蛮轮流值夜。

时间很快过去,天色微亮,马陆睁开惺忪睡眼,只见林间的雾气居然透着淡淡的粉紫色,鸟语花香,相映成趣。

"这里真是太美了,不知道另一边山谷是否有这样的风光?"

"不但没有,还有鱼怪呢。"杨月钟葭没好气道。

话音未落,就听有人道:"难得,还会有队伍继续深入。"只见两名猎人从林子深处走出来,一人二十岁出头年纪,身材细长,五官清秀。另一人三十多岁模样,身材矮胖敦实,满脸沧桑。

见到同行,两拨人互相打了个招呼,一问对方来头,居然是大名鼎鼎的天锈小队。

天锈小队与绝大多数猎人团队不同,他们并不隶属于科研机构,而是与一家基金会展开合作,这些年接连发现数枚能量特异的陨石,因此在行业内名气十分响亮。

年轻者名叫杨舒,年长者名叫庹龙,并不知名,由此可知,天锈小队对于找到陨石的期待值并不高。

"来这儿的猎人大多不为找陨石,您二位愿意继续深入?"马陆问。

庹龙笑道:"再大的队伍里都有新人,我们想要发展的机会,只能碰碰运气了。"说罢,他看了一眼火堆道,"正好,我们打算埋锅造饭,也省了一道工序。"

他取出罐头和一些真空包装的菌菇道:"相见是缘分,咱们聚个餐。"

马陆见包装里的菌菇形状怪异,一个个犹如鸡冠,呈淡黄色,便问道:"庹大哥,这菌菇没毒吧?"

"放心,进了这行如果连毒蘑菇都无法分辨,还能活到今天?这叫鸡冠菇,是外国品种的食用菌菇,味道特别鲜美,我特意带着路上吃的。"

说话间,杨舒已用煮汤容器打来溪水,将菌菇放入水中,只见清澈的溪水顿时变得金黄,犹如鸡汤一般。

"还没煮,水的颜色就变了?"马陆凑上前闻了闻,一股菌菇特有的气味直冲入鼻。

"放心,这不是色素,而是菌菇孢子融入水中的状态。"

"挺漂亮,一看就有食欲。"

"煮熟后味道更好。"

铁锅摆在架子上,火焰舔舐着锅底,没一会儿水烧开了,一股浓郁的鲜香味在林中弥漫开来。

"难得美味。"庹龙略带炫耀道。

"庹大哥,你有没有听说过阴阳谷的鱼怪?"马陆问道。

"这不是传说,而是真有。"

"啊,这世上还真有鱼怪?"马忠用高八度的嗓门叫道。

"让杨舒说罢,他哥亲眼见过。"

所有目光集中到了杨舒身上,年轻人脸有些红道:"我哥曾经来阴阳谷搜寻过陨石,他说另一处山谷就像地狱,不光死气沉沉,气味也很难闻,在山谷深处有一处面积宽阔的水潭,生长着一条巨大的老鱼怪,大概有……一艘潜水艇那么大。"

"那得有几十米长了?"马忠再次大惊小怪地喊道。

"当时我哥只看到鱼怪露出水面的背脊,就有几十米。"

马陆不置可否地点点头道:"如果是真的,那这条鱼大过蓝鲸了?"

"绝对比蓝鲸大,水潭里的鱼,可能是世界上最大的水生物,没有之一。"

马陆问庹龙道:"既然知道山谷中存在巨大的鱼怪,您二位还敢进去?"

"没办法,我是为了家人不得不冒险。"

原来庹龙的弟弟生了一种怪病,皮肤萎缩,由于没有特效药,需要国外医疗机构定向研制治疗所用的药品,费用巨大。庹龙这些年虽然赚了不少钱,但全搭进了弟弟的"药罐"里。

"为了家人,没有退路,你们呢,纯粹只是为了寻找陨石来的?"

马陆道:"我们得到一次机会不容易,虽然不为家人,但也要尽力把事儿做成。"

庹龙揭开锅盖道:"已经好了,大家都来尝尝。"

马陆盛好汤喝了一口,觉得味道奇鲜无比,胃口开了饥饿感更加强烈。他泡了一碗面道:"能吃到这碗汤,也算没白来了。"

"喜欢就好。"庹龙并没有动碗,起身道,"那就这样,我们先走一步。"

送走他们,杨月钟葭道,"他们说的消息,你怎么看?"

马陆冷笑一声道:"当我是傻瓜,就凭他一句废话,我就放弃任务?真是笑话。"

"嗯,和我想的一样。"

"踏踏实实把早饭吃了,然后继续。"

众人有条不紊地执行任务,一番收拾停当后继续朝山谷的另一边走去。

足足走了大半天，傍晚时终于走到了雄伟的屏风之下，只见壁立千仞的山峰沿着山脊形成，如血一般的夕阳照射在山峰上，呈现出橘红色。岩石缝隙中生长着一些青草、矮松。沿着山脚下走，有一处类似拱形的洞门，这是人力开凿出来的，也是进入另一边山谷唯一的通道。他们四人鱼贯而入，很快通过山洞，进入另一处山谷。

说是"无光区"，并非毫无阳光，只是常年背阴，光线差了也不是一星半点，仅仅一处山峰阻隔，这里就像入夜般黑暗。由于常年缺少阳光，山谷里的植物品种不多，入口处生长着一片茂密的天麻，再往前则是一人多高的龙血树林，花草看不见半株。这里片草不生，阴暗潮湿，泥巴黏软，每走一步都不容易，阿蛮割下数片龙血树的宽叶，将鞋子裹住，解决了行走困难的问题。死气沉沉的山谷中弥漫着一股腐泥的腥臭味，待了没一会儿就让人觉得心浮气躁。

虽然气味难闻，但山谷中有鸟叫虫鸣，可知并非毒气，他们互相扶持，一路朝山谷深处走去。

"满地的臭泥巴，没法扎营了。"马忠皱着眉头道。

"野外执行任务，你当在家过日子？甭管环境有多恶劣，该睡觉还是得睡。"马陆道。

"干咱们这行真心不容易，怪不得工资给得高，物有所值。"

"唉……"杨月钟蔻叹了口气。

夜晚降临，山谷里黑得伸手不见五指，他们点了三盏手电，一个火把，在漆黑的山路中穿行，忽然，阿蛮晃了晃手中的火把道："有情况。"

"怎么了？"马忠顿时紧张地四下张望。

阿蛮指着前方区域道："你们看那里。"

不远处一株粗大的龙血树下，隐隐透着一层绿光，由于光线微弱，不细看无法看清。

"这是磷火。"马陆轻声道。

有磷火处必有骸骨，他们四人小心翼翼地靠近龙血树，果然，树下整齐地摆放着一具牛骨头。

牛骨从头到尾保存完整，在火光照耀下白得刺眼，与此同时，一股臭味扑鼻而来，气味之重，马陆喘气都变得异常困难。

杨月钟葭道："我的天，这里究竟是怎么回事？"

只见距离牛骨不远处的树林里，堆了一堆腐烂不堪的死鱼，这些鱼有的是整条丢弃，有的则是消化半边的残躯，更多的是脓水流淌的腐烂状态，鱼堆上蚊蝇丛生，遍布蛆虫，恶心到了极点。

"这、这算是怎么回事？"马陆惊讶地道。

"会不会是鱼怪作的妖？"马忠满脸惊恐。

"这附近可没有水潭，鱼怪总不能蹦到岸上来吃牛吧？"

"这树上、树上还有人头骨。"

只见东北方向一株龙血树上，挂着两三个白惨惨的骷髅头，树下则是一堆散乱的人骨、衣服、背包，就像尸体挂在树上，自然腐烂后的状态。

马陆用脚搓着湿漉漉的泥巴，片刻后道："或许这里就是水潭的一部分。"

"水呢？去哪里了？"杨月钟葭问。

"山谷的地形，一定会产生淤积，一旦暴雨引发山洪，潭水就会猛涨，严重时会淹没山谷中大部分区域。"

"你的意思，洪水泛滥时，鱼怪游到这里捕食的？"

"否则没有更好的解释了，我估计，水潭距离此地不远了。"

话音未落，静谧的山谷中忽然响起一阵刺耳的羊叫声，接着，一股浓烈的腥味儿弥漫开来，甚至掩盖了刺鼻的腐臭味。

"陆子，那两人说的话，每一个字都能对上，他们没骗人。"马忠在说话的同时，已经做好转身离开的准备了。

"那又怎样？"

"这说明山谷里确实存在鱼怪，就这么进去，跟送死一样。"

"你要么就走，要么就把嘴闭上。"杨月钟葭爆发了，尖叫着呵斥马忠。

"无论有没有鱼怪，我们都不会放弃任务，明白吗？"马陆虎着脸道。

"我、我……"当马忠意识到他第N次犯错时，没人愿意搭理他，马陆迈步朝羊叫声传来的方向走去。

"听声音很近了，阿蛮，你有没有……"

"肯定没有。"阿蛮道。

"那就继续。"说罢，马陆首先钻入茂密的龙血树林中，一路向前没走多远，羊叫声逐渐变得微弱。

"小心点，脚下的路看仔细了。"

"脚下的路没问题，问题在前面。"阿蛮手中的手电向前照去，只见茂密的龙血树林中，隐约露出一堵白色墙面。

这里居然有一栋建筑。

一时间光点晃动，所有手电都对准前方的建筑照射，众人想要看清建筑的全貌。

就听一人道："谁啊？乱照个什么玩意儿？"

不等马陆这边回答，就听庹龙道："肯定是探星小队到了，这时候只能是他们。"

"哦，那就来吧。"最先说话的人招呼道。

他们四人进了一栋二层小楼，只见屋子的墙角堆了四块长方形的储电电池，维持着两盏台灯和一部电脑设备，除了庹龙和杨舒，还有一位白白胖胖、戴着眼镜的中年男子。

经庹龙介绍，得知男子名叫王光远，是当地环境检测部门的工作人员。

"我们和王哥聊到现在，可以确定此地确实存在一条巨大的鱼。"庹龙开门见山道。

原来王光远从事的环境监测，并非当地林业部门直属，而是隶属于某天文科研单位。

"这处山谷是由陨石撞击形成，陨石撞击坑并不少见，但长期影响当地环境的陨石撞击坑却并不多见。"王光远扶了扶眼镜，笑眯眯道。

"陨石还能影响一地的自然环境？"马陆略感惊诧。

"虽然没有定论，但当地物种的异常，很难解释清楚，比如说水镜湖里的那条鱼怪，有明显异常的状态存在。"

"您是科研工作者，用鱼怪称呼一条鱼，是不是有点不妥？"杨月钟葭道。

"确实是条鱼怪，用词是准准确的，首先这条鱼的生长远超同类体型的极限值，其次这条鱼具有某种无法言说的神秘力量，比如它能影响周围生物的思想，就像一道生物陷阱，使活体生物自投罗网一般往它肚子里钻。"

"所以，它捕食时只需要张开嘴就行？"想象着那幅怪异的场景，马陆头皮阵阵发麻。

"无论生物智力高低，都会受到这条鱼的影响，所以说它是怪，并不夸张。"

马陆沉默片刻，转而问庾龙道："你怎么看？"

"王工对山谷研究多年，他的话，无须置疑。"

看庾龙的表情，就知他打了退堂鼓，马陆也有些犹豫了。

"阴阳谷之所以被划为禁区，就是因为鱼怪对人的威胁，而令猎人绝望的是，无论采取何种手段寻找陨石，都不得伤害水镜湖中的水生物，否则就要承担法律责任，这点你们进入时应该有过专门培训。"

马陆点点头道："之所以需要资质，就是这个原因？"

"没错，所以我再次告诫诸位，如果你们不愿放弃任务，就要承受被鱼怪伤害的风险。"

"我退出，这活儿根本无解，怪不得那帮人都在山口处逍遥快活，原来早有内信。"庾龙语气愤懑地抱怨道。

出了科研站，庾龙对马陆道："那头山羊是我放的，听叫声就知道被鱼怪吞了，这地儿……"他叹了口气道，"还是算了吧。"说罢他没有丝毫迟疑，带着杨舒往山谷出口方向走去。

待两人走得踪影全无，马陆无精打采道："别犹豫了，咱们也走吧。"

"不走。"阿蛮语气坚定地道。

"阿蛮，这事儿并非空穴来风，我宁愿……"

"我不信他们说的。"

杨月钟葭道："我也不会凭人一句话就放弃任务。"

"万一鱼怪真的存在，造成伤亡怎么办？"

"我走第一位，要吃，第一个吃我。"说罢阿蛮不再停留，转身朝水镜湖方向走去。

"陆子，小心驶得万年船，还是闪人吧。"

马忠害怕到了极点，说话时脸色苍白，一头冷汗。

望着阿蛮即将消失的背影，马陆叹口气道："你就别去了，在科研站等我们。"

追着阿蛮进入山谷，很快就觉察到异常的气息，先是空气中的腥味越发浓重，接着就是龙血树骤然变大，一株株顶天立地足有数丈高。

"我怎么觉得自己缩小了？"马陆道。

"不是咱们缩小，而是树木变大了。"

"树长成这样，按理说进山谷时就应该看见。"

"可能是光线不好，远距离的事物看不清楚。"

杨月钟葭的解释并不能打消马陆的疑虑，他走到巨树前，用手摸了摸树干，并无异常。

"走了这么远还没见到阿蛮，我们是不是走岔了？"

"阿蛮的速度多快，凭咱俩不可能追上。"杨月钟葭的气息有些散乱。

"你怕吗？"

"有点，不过……你不会让我遇险的，对吗？"

马陆脑子一热道："那绝对，就是把这里掀个底朝天，我也要保证你的安全。"

走了没多远，天空中下起细雨，渐渐地雨越下越大，泥泞湿地使人寸步难行。

"阿蛮，你在哪儿呢？"马陆放声大叫。

"别喊了，你听……"杨月钟葭压低嗓门道。

侧耳倾听，一阵水流声隐约传来。

水镜湖到了，马陆的心顿时提到嗓子眼儿里。

说不怕那是假的，马陆尤其害怕水中莫名存在的"水怪"，何况鱼怪是经过多方渠道证实，确实存在的巨型水生物。

水流声由小变大，宽阔的水镜湖出现在马陆视线之内，夜色中水面波光点点，若无雨水轻洒其上，平静得就像一面巨大的圆镜。

水镜湖并非"湖"，而是个面积较大的水潭，陨石撞击地面，地下水渗出后形成，由于水质稳定，毫无污染，多年来水镜湖一直清澈透明，犹如镜子一般。可十二年前，潭水逐渐变得浑浊，气味也越发难闻。

由这条信息，大致可以推测出，鱼怪应是在十二年前，因为某种原因进入了水镜湖，所谓"水至清而无鱼"，水潭中出现了大型水生物，水质自然也会受到影响。

雨夜中的潭水依旧平静，丝毫不见有水怪出没的痕迹。

马陆担心的是，湖边不见阿蛮的身影，难道他被鱼怪吞吃了？

顾不得危险，马陆放声大喊，却依旧不得阿蛮的回应。

"麻烦大了。"马陆抹了一把脸，皱眉道。

"咱们别乱了阵脚，或许阿蛮不在这儿。"

马陆呼呼喘了会儿气道："我上树顶看看。"

"这些树靠近水边，万一鱼怪潜伏在水下……"

"我小心点，没事儿的。"马陆担心阿蛮，不顾杨月钟葭的劝阻，朝一株最大的龙血树走去。

走到树下，他卸下双肩包，弯腰揭开裹住鞋子的龙血树叶片，然而没等叶子清理干净，就听"哗啦"一声轻响。

马陆暗道："不好。"朝水面望去，只见湖水中悄无声息地浮起一个宽阔的青色脊背。

这肯定是鱼怪的背脊，体积之大几乎占据了半个水潭，接着，一条粗如拇指、长如马鞭的青色长须自水下浮起，弯弯扭扭延伸至岸边。

马陆顿时寒毛直竖，魂飞魄散，他想跑，怎奈鞋子上的树叶并未处理干净，脚底绊蒜，结结实实摔了个"扑地趴"。

这臭烘烘、黏兮兮的泥巴地，就像无数双手死死地拽住马陆，让他难以动弹。

杨月钟葭满脸惊恐地朝他赶来，想帮马陆逃离岸边，然而根本来不及，只听水镜湖面"轰隆"一声，犹如炸了一颗水雷，大股水花喷射而起。接着，一条堪比棕熊、硕大无比的鲶鱼脑袋从水中窜出，张开的鱼口之大，堪比瓦缸，铺天盖地朝躺在地上的马陆袭来。

一旦咬住，以鱼口之大，足以吞噬马陆，原本黑暗之地，随着鱼口落下变得更加黑暗。

想到被鱼怪活吞入肚的痛苦，马陆恨不能一刀宰了自己。

在这千钧一发之际，一道黑影凌空闪现，自鱼怪身体上方跃过，接着一道银光在黑暗的空中爆闪而起，自鱼怪粗壮庞大的身躯中划过。

冰冷膻腥的血液洒了马陆满脸，犹如鱼雷般硕大的鱼头与身体断开，落在马陆身体左侧，鱼身落地后滑入水潭。

惊魂未定的马陆，看到阿蛮伸过来一只手道："起来吧。"

与此同时，潭中水花翻涌，无数鱼尾自水下而出，奋力扑腾。奇怪的是，马陆起身后，巨大的物体忽然间"缩小了"。

此刻，"鱼怪"看来也有近两米的长度，可比起刚才堪比潜水艇般大小的体型小了太多。

不光是鱼，龙血树、水镜湖也在眨眼间缩小了一圈。

"这、这究竟是怎么回事？"马陆惊讶地道。

"你说树变大时，我看是正常的。"阿蛮言简意赅道。

"既然你早知道有问题，为什么不早点告诉我？"

"我不知道是你错，还是我错。"阿蛮耸了耸肩膀。

他手中握着一把开路用的"帕兰砍刀"，刀身沾满鱼血，砍落的鱼头约有半米大小，鱼嘴依旧奋力闭合，似乎还在吸入空气。所谓的"鱼怪"其实是一条湄公河鲶鱼，这种鲶鱼一般能长到三米左右，在淡水鱼类中算得上是巨大的，而湄公河鲶鱼确实会对靠近水边的活物发动攻击，甚至食人，但这是它的捕食天性，和"鱼怪"没有半点关系。

这些年马陆全国各地奔走，也见过几次湄公河鲶鱼，与别处同类相比，水镜湖里的鲶鱼甚至算不上大。

马陆转而问道："你的视力恢复没有？"

杨月钟葭也是面露不解道："刚才看起来巨大的事物，现在都正常了，难道，我们被人下药了？"

"没错，你们确实被人下药了。"只见王光远从黑暗中走出来，身后跟着庹龙、杨舒，两人手中各拎着一支五连发猎枪。

"别人听说鱼怪就打道回府了，你们是不是吃饱了撑的，居然找到了这里？"王光远两道眼镜片反射着手电光，看不出表情，语气却很严厉。

"你是打算杀了我们灭口？这里也没什么不能见光的，除了你们三个骗子。"马陆冷冷道。

"你大爷……"

杨舒抬起五连发作势开枪，王光远按住枪口道："别乱来。"又对马陆道，"给你点甜头。"说罢，将一个密封袋丢到马陆脚下，里面装着一块黑黝黝的陨石。

"啥意思？打发要饭的？"马陆看了一眼问道。

陨石猎人 下

"这是一块香石,只要周围温度超过30度,就会散发出浓郁的檀香味,是我在南极永冻冰窟里找到的球粒陨石,这其中的价值,想必你应该知道。"

"永冻冰窟",在猎人行当里是大名鼎鼎的存在。

九十年代中期,两名遭遇风暴的科研人员挖掘冰层,企图藏身时,无意中挖掘出该区域,虽然名为"冰库",其实是一片面积广阔的撞击区,经过多年沉积,陨石多已封入地下冰层。当年很多陨石猎人,只凭简陋的挖掘工具,在永冻冰窟中找到了价值不菲的陨石,自此改变人生,过上了富足生活。

"我来这儿,不是为了要别人的施舍。"

马陆话音刚落,阿蛮便猫腰而动,泥泞的湿地并不能拖慢他的动作,阿蛮就像一只灵猫,迅速朝对方靠近,庾龙和杨舒抬起猎枪连开几枪,却连他的衣角都无法触到。

眼看着人靠近,庾龙他们由镇定自若变得慌张起来。

"快,用枪打他。"王光远指着阿蛮道。

"……卡壳了。"庾龙说罢就打算用枪把子砸人。

那边杨舒稀里糊涂地瞄准,接着扣动扳机。

"轰"的一声,猎枪无法控制的后坐力狠狠作用在他的脸上,没打中阿蛮,反把自己给撞晕了。

第四章

消失的大亨

　　与此同时,阿蛮已侵入庹龙身前,庹龙无计可施,用枪托狠狠砸下去,这种程度的反抗毫无用处,阿蛮轻易闪过,一脚将他踹倒在地,血淋淋的砍刀架在王光远的脖子上。

　　没料到阿蛮居然能有如此身手,受制后王光远目瞪口呆,片刻后才道:"别乱来,有话好说。"

　　马陆捡起陨石,不紧不慢地走到他面前道:"拿着枪的时候,你怎么不想着低调些?"

　　"真要想对付你们,就不会是他们三个人了。"

　　一道陌生的声音,从他们身后传来。

　　马陆以为对方的援军到了,循声望去,只见一名男子坐在岸边,他似乎并不担心巨鲶鱼的袭击,跷着二郎腿,一副悠然自得的模样。

　　由于是背影,看不清长相,只能看清他穿着一身连体胶衣,身材偏瘦。

　　"你怎么进来的?"马陆惊诧地问。

　　"我一直都在,只是你们的注意力在鱼身上,忽视了我而已。"

　　他语气轻松,并无恶意,说罢,转身而起。

　　男子三十来岁,面相清秀,皮肤白皙,戴着一副金丝边眼镜,虽年轻,一头浓密长发却已花白。

马陆觉得男子的模样有些面熟，似乎在哪里见过。

"你是谁？"

男子嘿嘿一笑道："我叫林无畏。"

马陆心中顿时了然，点点头道："难怪看你眼熟。"

林无畏是大地产商林观海的小儿子，毕业于著名的美国学府，回国后便参与公司项目设计开发，取得骄人成绩。

互联网的世界，像他这样"有能有颜又多金"的富家公子不缺曝光度，当年的林无畏也算是"大众情人、钻石王老五"，可真正让他"名满天下"的原因是"突然失踪"。

当时他风头正劲，林观海甚至当众说出"提前交接"的话，然而林无畏突然消失，从此再没有露过面，因此给各种以八卦生存的小报、网站提供了大量的造谣空间。

"马队长，这些年我吓跑了所有来此的猎人，其中不乏老牌队伍，却没能挡住你，为什么？"林无畏饶有兴趣地问道。

"我们视力的问题，怎么解释？"马陆反问道。

"简单，你们喝的菌菇汤来自非洲，会使人出现巨大幻视症。当然，是暂时的。"

"这就是你们吓唬人的手段？"

林无畏笑道："这一招屡试不爽，直到你们三位出现。"

"我们团队一共四个人，有一个被你唬住了，至于我们……"马陆道，"其实我差点就走了，可我兄弟非要来，没办法，只能陪着。"

"你陪别人来的？"林无畏有些错愕。

"你在这儿装神弄鬼多少年了？总有被人识破的时候，不是我，也会是别人。"

"马队长，我这么做绝无私心，只希望大家不要白费力气。"说罢，他指着身后的山谷道，"你得到的资料并不全面，起码没有说明葭霞山谷的实际所有人，对吗？"

"这和我的任务有什么关系？"

"当然有关系，如果这是公共区域，任何人都有权利出入，可这片山谷是林家的产业，既然是私人产业，我可以让你进，也可以不让你进。"

"这座山谷是你家的？"马陆忍不住笑着道，"做房地产的是有钱，但是不至于买下一座山吧？从法律……"

"葭霞山谷曾有四家化工企业入驻，对山体造成了巨大破坏，法律禁止的是破坏，而我们买下经营权后，对山谷内环境的改造，是显而易见的。"

"你这么做，是为了山里的陨石？"

"我们做房地产的，切入点不会过于偏离主业，事实上当初决定改造山谷，原因在于先人骸骨埋葬于此，破了坟，就是破了家族气脉，至于陨石……"他笑道，"不是你们来来往往，我根本不会在意。"

"既然咱们风雨不同路，为什么要阻拦我们？"

"如果这片区域是你家私产，你愿意整日看到有陌生人在这进进出出？"

"既然是私产……"

"此处私产的定义是，我有经营权，没有拥有权，所以，我不能封闭葭霞山谷。"

话说到此，马陆终于明白林无畏这么做的原因，道："你的做法我能理解，但，没必要舞刀弄枪吧？"

"长期在山里生活，难免会遇到猛兽，准备猎枪主要是为了驱赶野兽，我没想到他俩真敢开枪，现在员工不好带啊。"说罢，林无畏叹了口气，语气中满是无奈。

马陆冷笑一声道："没错，人心隔肚皮，管人是最难的。"

说话时，沸腾的潭水逐渐平息，用手电照射水潭，只见幽绿的水面下，数十条巨鲶鱼悄无声息地潜伏着。

"我没猜错的话，这片水潭就是撞击坑所在了？"

林无畏蹲在岸边，伸手在水面轻抚一下，只见巨鲶鱼纷纷而动，转向他站立的方向，平静地游动而去。

"也不知道谁说的，说鱼类只有七秒记忆，这些鱼是我看着长大的，每一条都认识我，乖得和小猫一样，它们也都认识我。"

说罢，他起身道："阻止你们没有别的原因，就是避免大家耽误工夫，虽然我无权拒绝你们进山，但我有权禁止你们下水。"

马陆叹了口气道："没错，我们是在白白浪费时间。"

"所以，拿着我送你的陨石离开，也是个不错的选择，毕竟，香石也有

陨石猎人 下

一定的收藏价值。"

马陆捡起石头道："林总，谢谢你的招待，将来有机会去西京市，一定联系我。"

"好的。"林无畏点点头。

马陆他们按原路返回，杨月钟葭道："我是真不甘心。"

"水潭下面，肯定是一片陨石坟场，林家这么做是为了将所有陨石据为己有，不过就算识破了他的诡计，又能怎么办？"马陆无奈地道。

马忠见到他们三人，似乎有些吃惊："你们都没事儿？"

"怎么？你希望我们有事？"马陆没好气地道。

"看你说的，没事儿就好，接下来我们该怎么办？"

"当然是回去了，唉，瞎忙一场，无奈。"

"好歹得了一块陨石。"

马陆接过陨石道："我真不太放心，回去做个'酸腐维斯台登结构'的测试。"

所谓"酸腐维斯台登结构"，是行星冷却时形成的特殊结构，即八面体晶型结构。这也是鉴定铁陨石最有效的手段，将一块铁陨石切片表面抛光，之后用硝酸溶液滴在抛光的陨石表面，经过酸蚀后，铁陨石表面就会出现维斯台登结构。

回到西京市，马陆先去复命，由于寻找陨石属于极不确定的任务，偶尔一次空手，也没人追究什么。第二天马忠的媳妇带着两个儿子来看他，见到马陆说了一堆感谢的话。

"说真的，有时候我特别讨厌马忠，简直不能忍受了，可今天看到他两个孩子，还是觉得帮他一把是对的。"

按照惯例，任务结束后第一天马陆请队员吃饭，订饭店的路上，他和杨月钟葭说道。

"你别做我思想工作，我是根本不看好马忠这个人，还是那句话，赌棍一定靠不住，即便能忍一时，绝对忍不了一世。"

"我不和你抬杠，不过这次任务结束了，你觉得应该怎么处理？开除他还是留下来？"

迟疑良久，杨月钟葭叹口气道："他唯一的优势，就是两个孩子。"

"要不怎么说女孩心软呢,烦他成这样,见到孩子也能忍了。"

话音未落,马陆的手机响了,接通后,阿蛮道:"回来,出事了。"

挂断电话,马陆叹口气道:"马忠又不知道出了什么幺蛾子,阿蛮让我回去。"

杨月钟葭冷笑一声,没接话茬。

然而事情的严重性,远远超过两人的想象,回到总部只见马忠颓然瘫坐在地上,其余人都不见了。

"阿蛮呢?"马陆问道。

然而,马忠就像丢了魂儿一样,痴呆呆地坐着,任由口水一股股落下。

"这到底怎么回事,你说句话好吗?"马陆急了。

杨月钟葭暗暗指了指监控设备,马陆反应过来,调开当日监控,查看自己走后的时段记录。

很快,他知道发生了什么事。

两人走后不到五分钟,马忠开始着手准备"酸腐维斯台登结构",前期的切割、抛光工艺没有任何问题,然而兑制"酸腐"液体时,他出了大纰漏。

酸腐液是以百分之十五硝酸和百分之八十五酒精兑制而成,制作过程必须将硝酸缓慢加入酒精中,如果速度过快,或是顺序出了差错,就会发生爆炸。

在称量了液体重量后,马忠接了个电话,看表情他很欢悦,马陆放大录像的声音,只听马忠道:"你们这帮人还想着我呢,不过我现在收手了,赌钱肯定不干。"

说着话,他拿起盛酒精的烧瓶,往硝酸瓶里倒,与此同时,他五岁的大儿子,拿着气球蹦蹦跳跳从桌子旁边走过时,烧瓶里忽然浓雾滚滚,他的反应倒是快,丢了手机就往后跑,孩子却不明白,笑着靠近桌旁……

爆炸产生的化学气体,会对人体呼吸系统造成巨大伤害,孩子当时就瘫倒在地,疼得缩成一团,却连一声都发不出来。

马忠吓得当场瘫倒在地,救护车还是阿蛮打电话通知的,而他就一直瘫坐在地上,连姿势都没变。

"你、你简直……"马陆一口气堵在胸口,话都说不出来。

"行了，别说废话了，赶紧去医院看看孩子的情况。"说罢，她又在马陆耳边小声道，"孩子是在总部出事的，你我都脱不了关系，怎么和上面交代？"

"我……"马陆叹了口气道，"你说得没错，我就不该招他，一个滥赌鬼绝不值得信任。"

"现在不是说这些的时候，我们赶紧去医院。"

马陆最终没有见到孩子，因为第二天离开医院时，孩子仍在抢救中。

马忠也没有出现，回到探星总部时，他人已离开，孤零零的屋子里，被酸腐蚀的桌面异常刺眼，马陆的情绪低落到了极点，站在桌子前默然无语。

"这是意外，别太往心里去。"

"我早就应该听你的，不该让他进来，害了你们，害了孩子。"

"咱们谁都不是预言家，我不让他进队伍，纯粹是讨厌这个人。他是你的朋友，帮他没有错。"

"我真糊涂，怎么就看不破。"

"丢了桌子。"阿蛮道。

桌子表面沾满了酸性液体，马陆通知上级机构安排专业人员来处理，相关调查人员也询问了整件事的由来，并提取了监控录像。

"我们会跟进处理，你们不要私下联系对方，以免造成不必要的麻烦。"说罢，他离开了。

马陆走到窗口，取出一支雪茄……

"啪嗒"一声脆响，面前出现了一只握着打火机的手。

这只手戴着一枚祖母绿的戒指，不用看，马陆就知道吕宁来了。吕宁是科研机构与探星小队的联络专员，所有指示通过吕宁告知。

"又有活儿了？我们刚回来。"马陆收起雪茄。

灭了火，吕宁缩回手道："连续两次任务颗粒无收，不该如此。"

"我也不想，但这行就是靠天收，这段时间运势低。"

"那就继续，这次必然触底反弹。"说罢，他拍了拍马陆的肩膀道，"这些天还是出去走走吧，留在这里肯定不好过。"

马陆默然无语，甚至不知道吕宁何时离开。

"别多想了，得准备接下来的任务。"

"说真的,你心里一点都不怪我?"

想了想,杨月钟葭道:"招他进来时,我确实怪你,否则也不会有那么多次争执,不过最坏的事儿已经发生了,除了面对,没有别的办法。"

马陆鼻子一酸,差点要哭,赶紧转过头道:"我去拿包。"

由于需要补充装备,三人又回了马陆家一趟,拿到吕宁传真来的资料,马陆草草一瞥道:"这次牛大发了,你们猜要去哪儿?"

"别卖关子了,直说吧。"

"苏白山。"

杨月钟葭一对大眼顿时睁得滴溜滚圆,惊讶地道:"真的?"

"你自己看,这三个字我应该不会认错。"

地名一栏确实写着"苏白山"三个字,杨月钟葭之所以感到惊讶,是因为苏白山内,存在一处外星人基地。

而且这不是小道消息或民间传说,而是经过多方媒体报道,确实存在的区域。

二〇〇二年,一本著名的德国周刊,发表了一篇关于我国苏白山的文章。文章中明确写道:"位于中国西部某省的苏白山内,发现了疑似工业制品的物体,约有七十米高度,直到今天也不能确定该物体是山、是建筑,抑或是别的什么。"物体内存在着一套年代未知、来历未知的管道系统,由物体形状、结构推测,该物体似乎是一座超级飞船的发射台。

苏白山在陨石猎人行内大名鼎鼎,因为无人区域总是猎人们最热衷去的地方,那里极其荒凉,一旦有陨石落在地表,更加显眼。进入苏白山的猎人大多亲眼目睹了发射台的存在,所以消息来源绝非空穴来风。天长日久,各种消息越来越多,最终那里成了尽人皆知的外星人基地。

所以,想要进入苏白山寻找陨石,必须具有准入资格,这对探星小队而言已不是问题,获得过一次资格证,第二次申请就是水到渠成。当天下午吕宁便将相关证件送了过来。

"我们明天一早出发。"

"别,连夜走,否则明天你们未必走得了。"

"出什么事儿了?"

"马忠的儿子转去了 ICU,他明天肯定会来找你。"

"看孩子一眼，不会耽误……"

"你以为这么简单？马忠媳妇已经找了律师，准备起诉你和探星小队，索要天价赔偿，马忠今天写报案材料时，被我的人看到了。"

"他怎么能这样？"马陆顿时急了。

"你希望他怎么做？放弃索赔，还是主动承认错误？抓紧时间上路吧，这里的事儿交给我们处理。"

马陆只能无奈地第一时间离开，车子上了高速公路，他道："如果不是在这行里，也没那么多麻烦。"

"你脑子坏掉了？马忠孩子受伤和你有什么关系？"

"如果我在一个普通的行业，做着一份普通的工作，马忠也找不到我，孩子也不会遭这份罪，错的人的确是他，但起因是我。"

"唉，你真是个勇于揽错的好人，不做这行了，你一没文凭，二没技术，三没资源的，能干啥？"

"我不是一个有野心的人，入这行纯属意外，如果有一天能退出……"马陆沉吟片刻道，"我不会犹豫的。"

"一个大男人，毫无上进心。"杨月钟葭白了他一眼。

"或许吧。"

过了一会儿，马陆道："我以为自己像二叔，其实性格根本不同，他为了理想敢于冒险，而我有时候……唉，或许就像你说的，没啥出息。"

"任务当前，你别在那儿多愁善感了，这次和之前一样，也有队伍和我们竞争。"

"什么？又有队伍竞争？换而言之，又是一趟公费旅游了？"

杨月钟葭叹了口气道："没拿到资格证，一心想的就是这个，真拿到了才发现，所谓的大圈子就是人浮于事，没意思。"

说罢，杨月钟葭翻开资料，看了一会儿道："这次要寻找的陨石代号为D05，没有明确的名称，是一颗并未探明能量的陨石，难怪老吕让我带上盖革计数器。"

盖革计数器是一种简易的探测辐射量数值的工具，由于陨石是天外来物，理论上存在放射性元素的可能，所以未探明能量的陨石，必须用盖革计数器探查辐射值。

"装样子罢了。"马陆道。

车子一路行驶,五天后进入了苏白山地界,这里海拔超过两千米,空气稀薄,探星小队准备了足够多的氧气设备,以备不时之需。

说是山,看景象更像是一处蛮荒的沙漠腹地,到处都是黄澄澄的沙砾与风化的山体。四周布满了大大小小的湖泊,有淡水湖,也有咸水湖。

巧合的是,探星小队遇到了唯一的竞争对手,来自大西北某城的宫龙小队。

宫龙在陨石猎人中是顶级的存在,其名的真实含义为"公龙",队长李元庆天生残手,一只左手黢黑干瘪,犹如鸡爪一般,所以人称"鬼手队长"。李元庆最著名的言论便是:我的队员,要像西方神话中的龙那样凶狠,而且要做就要做一条没有情感的公龙。凭这一理念,宫龙团队经营至今,即便不是最强,也是最令人头疼的猎人队伍。

他们开着一辆经过改装的大切诺奇,从车上下来的四个人,除了一个瘦弱矮小,其余个个身高体壮,模样凶狠。身材矮小的人五官猥琐丑陋,嘴角一撇八字胡,怎么看怎么像是一只成了精的大耗子。他径直走到马陆面前,晃了晃戴着牛皮手套的左手道:"马队长,久仰,久仰。"说话客气,却并没有和马陆握手,只是皮笑肉不笑地望着他。

"李队长,您是前辈,应该说久仰的人是我。"

"咱就别客套了,看这片地儿不小,人却只有我们七个,怎么分配,是个技术活儿。"

李元庆的声音尖利,说话的腔调像个太监,或许这也是他刻意强调"公"的原因。

马陆暗自胡思乱想,心里明白这个对手绝对不容小觑,无论软硬,己方都不是对手,所以适当放低姿态,是目前最合适的选择。

"您先挑,我们走哪儿都无所谓,反正都是输。"

李元庆哈哈大笑道:"马队长说话有意思,也懂规矩,我呢,也别不识抬举了,这地儿干脆就分左右,咱们掷硬币分路线吧。"

话说到此,可以确定李元庆不是来"度假"的,倒有些出乎马陆意料,由此可知 D05 陨石能不能找到,就看谁的运气好了。

掷硬币后,探星小队分到了右边区,两支队伍就地分开,各自前往所属区域,马陆并没有立刻进入任务状态,而是前往外星人基地遗址。

这并不是一处隐秘地,就在苏白山脚下。

只见山脚下依次分布着三处岩洞,洞口呈三角形,左右两处较小的洞口已经坍塌,只剩下中间的大洞可以进入。

洞穴是由砂岩构成,深度和高度大约六米,进入洞穴就看到一根直径约四十厘米的大铁管从山顶直插入洞内。

山洞地面另有一根管口通往地下,直径与山洞顶部管口相同,黑黝黝的深不见底。

马陆找了一块海碗大小的岩石,丢进管口,只听石头撞击管壁的声音不断响起,过了很久,声音才逐渐消失。

阿蛮用耳朵贴着管口,片刻后起身道:"没声了。"

"一分多钟的时间都没探底,这管道究竟有多深?"马陆惊讶地道。

杨月钟葭摩挲着管道表面道:"材料也不太像是铁,虽然表面覆盖有疑似铁锈的物质。"

除了顶上和地下两处管道,另有二三十根或粗或细的管道遍布山体,管壁与山体完全吻合,就像从中生长出来的。

"这些管子和发射基地有什么关联?"马陆不解地道。

"谁知道呢,但将管子镶嵌入石壁的技术确实高明,真正的无缝焊接。"杨月钟葭观察着细节,小声道。

话音未落,就听到一阵"嘶嘶"声传来,马陆以为是蛇,扭头一看,一条身形庞大的乌黑色巨蜥堵在洞口,它宽阔厚实的下颚淌满了黏兮兮的口水,一股令人作呕的腥臭味,随着微风冲击着他们的味蕾。

巨蜥不停地吞吐着舌头,脑袋晃来晃去,粗大的尾巴摆动时抽击在碎石上,轰轰作响。

"这、这是从哪来的?"

枯燥的沙漠无人区,确有蜥蜴生存,但这种体型的巨型蜥蜴并不多见,看模样似乎久未进食,面对马陆他们时口水一股股涌出。蜥蜴不同于蛇,它有四肢,所以行动更加迅速,而且背部皮肤布满鳞片,坚硬厚实,犹如背着一面皮革盾牌。

"别动,千万别乱动。"马陆腿都软了,却故作镇定。

阿蛮将背包轻轻放下，拉开拉链，里面装着弓箭和砍刀。

然而蜥蜴并不打算给他准备的时间，忽然迈动四爪朝他们冲过来。阿蛮用脚铲起一团沙子，正中蜥蜴头部，烟尘炸开，蜥蜴不由自主地退了一步，阿蛮想要取出弓箭，谁知长弓被袋口挂住，急切间抽不出来。巨蜥再度逼近，阿蛮只能将背包当"流星锤"用，攥着背带由下往上抡起，砸中蜥蜴的下巴。

阿蛮强于速度和野外生存技能，力量并不强。这一下只把蜥蜴砸得一顿，根本无法伤到它。巨蜥人立而起，居高临下向阿蛮压来，阿蛮退无可退，只能将背包挡在胸前，被巨蜥双爪按住，压倒在地。巨蜥硕大的脑袋对阿蛮接连咬下，阿蛮用尽全力扭动上半身，勉强躲开攻击。

见状，马陆吓得魂飞魄散，着急忙慌地捡起一块石头，狠狠地砸在巨蜥的脑袋上。

这里属于砂岩地带，石头中空隙极大，石质松软，石头砸中巨蜥，顿时碎成无数块，然而巨蜥却毫无感觉，一口咬住阿蛮的背包，撕扯两下，头一甩，背包被远远丢开。

眼看阿蛮暴露在蜥蜴巨口之下，他无处躲藏，下意识地用手拦在面前。

忽然，一阵哨声响起，蜥蜴脑袋随即昂起，摇晃了几下后，扑腾四爪，掉转身朝洞外而去。

马陆立刻跟了出去，只见黑色的大切诺基停在洞口不远处，李元庆站在沙地上吹着一个白色口哨，待巨蜥跑到身边，他放下哨子笑道："乖宝贝，上车。"打开后备厢后，巨蜥一跃而入。

李元庆没说别的，面带讥笑地指了指进入苏白山的方向，那意思"哪来，哪去"。

面对对手赤裸裸的威胁，马陆肺都气炸了，却又无可奈何。

李元庆不紧不慢地上了车，扬长而去，不知是谁的手伸出车窗，对马陆竖起中指。

"别和他们一般见识，这就是浑蛋。"杨月钟葭道，她也被吓得不轻。

"阿蛮呢，没受伤吧？"

"我没事儿。"阿蛮拍打着身上的灰土道。

包裹拉链被扯坏了，装备散落一地，除了弓、砍刀、匕首、弹弓这些冷兵器，其中一个密封袋里装满了针线。

阿蛮将弓箭背上身，砍刀和匕首插在腰间，密封袋交给了马陆。

"针线搁车上吧，这地儿也没鱼可钓。"马陆道。

"带着。"阿蛮坚持。

"成，您说了算。"马陆将背包整理了一下，勉强塞入针线包。

上了车，马陆道："李元庆不可能和咱们平分这地儿，宫龙团队就是一群土匪，而且带着一条能吃人的蜥蜴，咱们是继续还是退出？"

"继续。"阿蛮干脆地道。

"不是我胆小怕事，论打咱们绝对不是对手，万一再碰上，就那条蜥蜴……"

"刚才措手不及，若有准备，那蜥蜴死定了。"阿蛮咬着牙道。

"成，阿蛮连成语都用上了，看来真是气得不轻。"马陆笑道。

"别逗他了，阿蛮是真生气了。"杨月钟葭拍了拍阿蛮的后背。

"那就不退了，和他们拼一把，都是陨石猎人，我不信他们真敢杀人。"

马陆说这话纯粹给自己鼓气，他知道李元庆这种人是真敢杀人的，而且他养的那条蜥蜴，十有八九是处理尸体的工具。阿蛮无需自己保护，可如何保证自己和杨月钟葭的安全，这是个问题。踏入这行也有几年了，却是第一次直面同行的威胁。

过去，马陆认为陨石猎人都有合法身份，无论多凶狠，和真正的犯罪分子相比还是有底线的。

可李元庆并没有底线，他就像沙民，在无人区待的时间太长，人性消弭，兽性复苏了。对付野兽，只能用野兽的办法，可己方三个人无一具备这种狠劲。

虽然没有退出，马陆却暗自担忧，所以上路后一直盘算如何对付宫龙团队。

"车到山前必有路，别过于担心了，咱们来这儿的任务，还是为了陨石。"杨月钟葭安慰道。

"我是不想打仗，但必须做足准备，我不会再被这帮浑蛋偷袭的。"

"别逞强，他们肯定有枪，应当避免正面开战。"

"他们没枪。"阿蛮道。

"兄弟,有枪没枪这事儿都能预感了?"

"动物受不了火药气味,蜥蜴身边藏不了枪。"阿蛮道。

"你们看,前面的是啥?"马陆指着前方道。

只见沙尘遍地的蛮荒之地,一队被铁链锁着、赤身裸体的人缓慢穿行其间。

"这是怎么回事?"马陆惊讶地道。

杨月钟葭忙不迭地捂住眼睛道:"这些人是不是神经病?光天化日的,不穿衣服。"

"我得上去问问,别又出什么幺蛾子。"

马陆将车子开到众人一侧,这下看清楚了,拴在铁链上的共有十二个人,大多三十岁左右。众人身上全是泥污,脸脏得根本看不清长相,马陆道:"老乡们,你们怎么了?"

众人停下脚步,对着他叽里呱啦一通说,可语言不通,马陆根本听不懂。

两拨人"鸡同鸭讲"片刻,马陆意识到这些人很可能是苦行的僧人。佛教有苦行僧,僧人在苦行阶段无片瓦遮身,喝山泉、吃野果,以此苦练意志,寻求佛法真谛。地藏王菩萨在九华山苦修时,只吃一种名为黄精的植物,马陆去九华山时曾尝过此物,营养虽好,却极其难吃,只吃了一块便受不了了。僧人意志,普通人难以理解,马陆佩服他们的行为,便从车上搬了一箱矿泉水,给了每人一瓶。僧人们纷纷施礼道谢,领头的那位从舌头根下面取出一颗类似于枣核的东西,递给马陆。

望着上面沾满的口水,马陆难免犹豫,又担心对方难堪,便勉为其难接过,随后僧人继续低吟,向前走去。

"真是受不了他们,给我个枣核干啥?"上了车,马陆赶紧用水洗手。

"别用世俗眼光看它,这可是僧人含在嘴里的佛教法器。"

"可也得讲卫生。"

"别在那穷讲究了,在修行者眼里,这东西肯定特别了不起。"说罢,杨月钟葭用水冲洗"枣核"。

"有点怪。"杨月钟葭用两指捻着枣核,对准阳光仔细观察。

"咋了?"

"你还记得,咱们在苍龙山遇到的那个胖子吗?"

"就是什么都吃,后来吃了陨石,胃液暴增被撑死的那个?"

"我感觉这枣核很可能是块陨石,且功能与苍龙山中的陨石相同。"说罢,她将"枣核"放进矿泉水瓶中,只见枣核表面不断冒出细泡,"水位"似乎有一定的增长,但并不确定。

"产生液体?也有可能,和尚们将它含在嘴里,加速口水分泌,就不用喝水了。"

马陆忽然一脚踩住刹车道:"如果这确是一块陨石,和尚们又是从哪儿得到的?"

"是啊,你的问题很有技术含量。"杨月钟葭道。

"不行,我得把话问清楚,说不定D05陨石就在他们手上。"

"可是语言不通,怎么交流?"

马陆想了想道:"不管了,先说上话再想办法。"

掉转方向,开回一众僧人旁侧,马陆道:"诸位,问个事儿。"

他一手指着枣核,一手比画着道:"这东西,您几位从哪儿得到的?"

僧人们依旧是七嘴八舌,每个人语速都很快,马陆耳朵里是一团糨糊,他赶紧做了个暂停的手势道:"师傅们,得想个合理的沟通方式。"

这时,一名又瘦又矮的僧人走到他面前,憋了一会儿道:"我、知不道、你、思想。"

虽然说得磕磕巴巴,勉强倒也能听得明白,马陆指着枣核一字字道:"这是在哪儿找到的?"

"哦……"僧人连连点头道,"三、树……"

"三树?"

见马陆一副蒙样,他蹲在地下画了三根直线,又指着西北方向道:"树、树……"

"明白了,感谢,非常感谢。"马陆连连作揖。

再度分别,马陆驱车往西北方向驶去,他笑道:"这就叫踏破铁鞋无觅处,得来全不费工夫,让李元庆那王八蛋慢慢兜圈子去吧。"

"陨石和树有什么关系?"杨月钟葭晃荡着瓶子里的枣核道。瓶内的气体依旧在冒,越发密集。

"找到地方就知道了。"

然而一路向西绕过苏白山后,三个人不免得有些茫然,身前是一片砂石盆地,似乎延展到天边一般广阔,沙地中寸草不生,零星几处荒寂的山丘,对视线没有任何阻碍。

马陆停车道:"这里不可能生长植物,而且视野如此开阔,也没看见树?"

"沟通就有问题,或许和尚们说的不是树。"

"你和阿蛮都听见了,我肯定没听叉。"

"他确实发了'shu'音,但未必就是指'树'。"

"嗯,很有可能。"马陆赞同地点点头道,"那么,究竟是什么'shu'?"

"答案肯定就在这里,但是需要寻找。"

将车子停在一处沙丘后,他们下车,马陆道:"这次行动大家千万小心,一旦遇到李元庆,我们要避其锋芒。但一旦找到击溃他们的办法,就毫不犹豫出手,千万不要心软。"

"我们来这儿不是为了战争,他们狠,咱们让路就是了。"

"你们女人就是胆子小,有些事儿躲不了的。"

"这和胆子没关系,我不想你们受到伤害,懂吗?"

"我们不会受伤,会赢的。"阿蛮道。

马陆拍了拍阿蛮的肩膀道:"阿蛮一个人能抵十个,再算上我,还不是稳赢。"

"你就吹牛吧。"

三个人说说笑笑,行走在空旷的砂石路上,天色渐渐暗了下来,月亮升起后,犹如一面巨大的银盘,挂在他们的头顶,似乎伸手就能够到。

扎营时,两人准备晚饭,阿蛮从一件冲锋衣上剪下五块圆布,在圆布中包入石子,又将一卷克勒绳截断为半米一根,共五根,再用绳子捆住圆布,最后用一根短绳将五根捆着石袋的绳子拴在一起。

"这就是你用来对付他们的新式武器了,怎么用的?"

马陆正要伸手去拿,却被阿蛮一把攥住手腕:"这不是玩具。"说罢将东西塞入背包。

"呜……"一声狼嚎响彻在他们身侧。

阿蛮反应奇快,一把摘下弓箭,对准悄然出现的野狼。

这是一头体毛棕黄色的山狼,体型又长又瘦,浑身毛发晦暗无光,像极了流浪的野狗。

它眼中并无凶光,应是一只被赶出狼群的孤狼。

自从与雪山王打过交道,马陆再不怕狼,他按下阿蛮的箭头,从包里取出一块风干的马肉丢给它。

清冷的月光,使这片空旷区域没有死角,所有一切都看得清清楚楚,甚至不需要火光照亮。

野狼吃完马肉,匍匐在营地一侧,与三人相距不到十米,一夜无语。第二天清早,马陆又丢了一块马肉给狼,杨月钟葭道:"多少留点吧。"

"放心,给的是我那份。"

"我们吃东西能让你干看着?最后不还是拿出来分。"

"你不当会计可惜了。"

两人正在说笑,野狼呜咽一声,起身朝他们走来。

它走的每一步都很小心,似乎是在试探他们的态度,见无人排斥,一直走到马陆身边。

"这不太像是狼,有点像是狼狗。"

或许是夜晚光线弱,或是狼狗毛发乱,距离远时看不清楚,靠近了看确是一条狗,而非狼。荒原中的狼狗,多是牧羊犬,因为某些原因与主人走失,自此在原野中流浪,经过旷野的历练,这种狼狗虽然看似狼狈,其实生存能力远在家养犬之上。

"看样子,这是要跟咱们一起走了。"杨月钟葭道。

"带着吧,又多了个帮手。"

狼狗虽然遍体杂毛,其实并不瘦弱,行动也颇为敏捷,随众人上路后,不停地跑来跑去,十分开心。

然而走得越深,马陆心中越是没底,因为始终没有见到"三棵树"存在的迹象。

"这里遍地砂岩,空得和秃子脑袋一样,连草都不长,哪来的树?"马陆摇摇头道,"得换个思路。"

"比如呢?"

"能和荒野之地扯上关系的'shu',究竟有哪些?咱们做个排除法。"

两人想了半天,却毫无头绪。

"唉,如果没线索,走就走了,可现在这样,真叫人不甘心。"马陆用力踢了一脚沙子。

远处有条小湖,波光粼粼,走到近处只见湖中游动着许多不知名的鱼类。

"这是条淡水湖,给馒头洗个澡吧,跟着咱们混,可不能太邋遢了。"

"馒头"是给狼狗临时起的名字,方便称呼。狼狗也特别适应这个通俗好记的名字,一喊就来。

在湖岸边,舀了一碗水,并在其中加入碘酒用来消毒,沿着馒头身体浇了一遍,马陆用手撸毛,让消毒液完全渗入狼狗毛发内。

然而揉到身体左侧,毛发中挂着一枚硬物,掏出来一看,居然是块"枣核"残片。

残片虽然形状极不规整,但能看出和"枣核"成分完全相同,杨月钟葭将残片丢入水中,果不其然,表面立刻冒起一股细密的水泡。

与此同时,杨月钟葭的背包里发出"噼啪"轻响,马陆头皮一紧道:"是盖革计数器的声音。"

"坏了。"

两人着急忙慌地取出盖革计数器,然而数值并没有变化,只是发出声响。

"奇怪,这是怎么回事?"

杨月钟葭将枣核放在盖革计数器旁,声音变得更响。

"这东西肯定没有辐射,否则馒头、和尚早就死了。"

"可是盖革计数器为什么报警?"

马陆忽然一把抢过装着枣核的水罐,取出枣核后搁在馒头鼻下道:"哥们,就拜托你了。"

果然,馒头用鼻子嗅了嗅,立刻朝西北方向跑去,马陆道:"赶紧跟上。"紧随而去。

在空旷的盆地上连走带跑足有大半天,马陆累得都快翻白眼了,馒头终于在一座光秃秃的小山丘前停下脚步。

"实在不行了。"马陆直接躺在地上。

"你还不如我呢。"杨月钟葭也是累得够呛,但还能站立。

"我说,你是不是天天背着我们练健美呢,这么能跑?"

"做这行,对自己的身体绝不能放松要求,你就这点能耐?"

"别激我,激我也起不来了。"

杨月钟葭解下背包,绕着沙丘转了一圈道:"原来,和尚说的是'竖'。"

"什么竖?"马陆费力地坐起身。

"就是这座沙丘,你看,它在阳光下的投影。"

阳光下,沙丘投射的斜影就像一个大大的"1",是很明显的一竖。

"和尚还说了一个'三',又是什么意思?"

"站起来,你就能看到了。"

马陆起身,走到杨月钟葭身边,只见另有两处沙丘,与身前这座平行而生,阳光下的斜影是平齐的三条竖线。

"原来是这个意思。"

很快,马陆又发现了不同寻常的一点,位于中间的沙丘,顶部遭过撞击,山头有一处明显的贯穿洞。顺着撞击口往前看,第三座山丘中部区域,另有一处明显的撞击坑,坑口边缘布满碎石,每一块碎石都像"枣核"。

马陆顿时激动异常,连连喊道:"找到了,真的找到了。"

这下也不觉累了,他一路冲到山腰上的撞击口,扒开碎石,用手电朝里照射。

只见撞击洞约有一米深度,其中嵌着一块和足球大小相当的暗褐色圆形石头,表面熔壳异常明显。

"就是它了。"马陆取出挖掘工具,一柄工兵铲和两把鹤嘴锄,他和阿蛮用鹤嘴锄掘开砂岩,杨月钟葭铲走碎石。

砂岩石质疏松,容易开凿,很快洞口便被掘开,夜幕降临,他们点亮照明设备,继续挖掘,一米左右的浅坑,经过数小时努力,终于挖到了陨石所在的位置。

他们合力用撬棒撬出陨石,此时,盖革计数器又发出轻微响动。

这次有了数值,但辐射计量不大,对人体并无危害,出于安全考虑,还是将陨石装入专业容器,马陆坐下后敲着膝盖道:"浑身散架了。"

"我也够呛。"杨月钟葭摘下手套道。

马陆取出水壶道:"碰个杯吧,这次任务总的来说还算顺利。"

喝了水,休息片刻后他起身道:"走,回车上。"

"歇歇吧,都快累死了。"杨月钟葭道。

"别忘了宫龙团队,这帮浑蛋说不定就在暗中盯着咱们,远没到放松的时候。"

"这些恶人,你不怕他咱就赢了。"

"妹子,别用精神胜利法成吗,论武力值我们和他们根本不是一个级别的,在这种地方,拳头硬是根本道理。"

"要走你们走,我实在走不动了。"说罢,杨月钟葭居然闭上了眼睛。

阿蛮精力无限,一路小跑着上了山丘顶上,盘膝而坐。

"行啊,有点江湖女侠的气魄。"马陆笑着躺在她身侧。

"男女有别,能保持点距离吗?"

"没贴着你,我刻意留出了'绅士线',你看。"

"讨不讨厌。"

"你看这天上的星星,似乎伸手就能摘下一颗。"马陆斜倚在山坡上,跷着二郎腿道。

"我姨给我介绍对象了。"杨月钟葭忽然说了一句让马陆目瞪口呆的话。

良久,他叹了口气道:"对方一定特别优秀,对吗?"

"悦福超市听说过吧?"

"听说过,悦府地产老总的儿子独自创业的项目,垄断了西京市的超市行业。唉,这人确实没得说,有能力,长得也帅。"

杨月钟葭笑道:"我怎么闻到一股特别明显的醋味?"

"我没有吃醋的资格,哥们有自知之明。"马陆装作无所谓,心里却很难过。

沉默片刻,杨月钟葭轻轻叹了口气道:"你是个懦夫。"

"什么意思?"

"我的意思是,你除了油嘴滑舌,还会什么?"

"我……"话未出口,马陆忽然看到远处亮起一盏车灯,朝他们所在飞驰而来。

与此同时,阿蛮也发出警告道:"他们来了。"

这荒野无人的山地中,驾车来此的只能是宫龙团队。

马陆立刻收拾装备道:"赶紧走。"

这片区域过于开阔空旷,只要发出一点光亮,在很远的地方都能看见。

"他们不可能知道我们找到了陨石,来这儿是找麻烦的。"马陆皱眉道。

阿蛮将武器全部取出,做好准备,馒头似乎也预感到危险逼近,喉头不时地发出低沉的咆哮声。马陆很清楚,夜色是他们返回车上的唯一希望,一旦天亮,在这片空旷的平地上,他们将无处遁形。

"包裹就别拿了,背这么重的行李,根本跑不动。"马陆倒出包内所有物品,只装了陨石。

然而忙碌了大半夜,消耗了大部分体能,跑了没一会儿,就连阿蛮气喘都变得急促。

"如果一直这么跑,我们半路上就累死了。"

"那怎么办?"

"先把陨石藏起来,再作打算。"

这个办法非常冒险,可走到这一步,留给他们的选择不多。

将陨石藏在一处光秃秃的荒山脚下,用GPS定位后,马陆将数值写在一双干净的棉袜内侧,之后继续逃跑,很快,汽车的引擎声传来,强烈的灯光在他们身前晃荡,粗鄙放肆的笑声阵阵传来。

车子超过三人后,围着他们转圈,烟尘犹如一条土黄色的巨蟒,将三人裹在当中。

马陆停下脚步,挡在杨月钟葭身前,然而杨月钟葭却执意站在他身侧。

"我不需要你保护,这种时候每个人都应该为同伴拼搏。"

马陆心中感动,悄声对阿蛮道:"首先保护钟葭。"

"嗯。"

车子停住,李元庆推门而下道:"哥们,不仗义啊,话都说到这份上了,何苦非要对着干呢?"

"我来这儿是为了任务,不是和你作对。"

"可你留下来,就是和我作对了,之前的话说得很清楚对吗?"

马陆叹了口气道:"好吧,我这就带人离开,保证你不会看到我们。"

"呵呵……"李元庆干笑两声道,"走可以,把陨石交出来。"

"陨石?我们没有找到陨石。"马陆假装糊涂。

"装什么糊涂,山丘上的洞是怎么回事?"

马陆头皮一阵发麻,这是一个没法圆的话,因为撞击坑是一目了然的,对于撞击坑的挖掘,只能是为了寻找陨石。

"深度、广度,结合另一处山顶遭受冲击形成的撞击通道,我用数学公式都能计算出,这就是陨石撞击造成的。"

见无法抵赖,马陆叹了口气道:"可陨石是我们找到的。"

"按约定,你们早该回家了。所以,这块陨石是你们偷的。"

"你……"

其余的三个人从车上走下来,一个人牵着体型巨大的蜥蜴,馒头立刻发出吠叫,巨蜥却十分淡定,趴伏在地一动不动。

一旦打起来,再凶狠的狼狗也不可能是一条巨型蜥蜴的对手,马陆搂住馒头的脖子,轻声道:"乖,别乱动。"

馒头似乎能听懂他的话,立即安静下来。

"弄条癞皮狗壮胆吗?"李元庆讥讽道。

马陆取出两片"枣核"道:"陨石有两块,一人一块,你们拿大的如何?"

"废什么话,能让你活着回去,就是我能开出最好的价码了。"

李元庆使了个眼色,一名大汉走到马陆面前,接过"枣核"道:"别再耍滑头,我可不想杀人。"

"这块陨石含在舌头下面,会产生大量的口水,一试便知。"

"你当我们是雏儿?"

"别急,如果担心下毒,放进水里也能看出不同。"

壮汉斜了他一眼,转身而回,将陨石交给李元庆,用水测试后,李元庆阴沉的面目松弛了几分,冷冷道:"小子,算你识相。"

马陆强忍着不让自己笑出声,装出一副愁眉苦脸的样子道:"李队长,报销个油钱吧,这一路油费也不算少。"

"哈哈,这个傻子。"李元庆从兜里取出皮夹,掏出所有的现金丢在地上,随即上车离开。

陨石猎人 下

排气管喷出的气流,将纸钞吹得四下飘飞,马陆假装拾了几张,待车子走远,他丢了钱,"呸"地啐了一口。

他们挖出陨石后,一路急行回到车上。"也算是有惊无险,满载而归了。"马陆笑着发动汽车,一脚油门上路。

一路上他心情极好,打开音响,吼着汪峰的歌。

然而走了没多远,只见后方烟尘滚滚,那辆黑色的大切诺基又跟上来了。

"真是阴魂不散。"

只见对方连打车灯,不停鸣笛,示意他们停车。

"停也不是,不停也不是,怎么办?"马陆皱眉。

"绝对不能停车。"杨月钟葭道。

"看车速,他迟早会追上来。"

"不可能,他绝对追不上我们。"

话音未落,大切诺基车头忽然一震,在砂石路面上扭扭曲曲开出一截后,不受控制地歪倒,翻滚数圈,车玻璃碎裂一地,远远看见有两人被抛出车外,头破血流地躺在地上。

裂变元素

马陆一脚刹车踩住,透过倒车镜观察对方动向。

大切诺基车头引擎盖被震开,水箱破裂,流出的水被发动机灼热的管壁蒸发,冒出阵阵浓烟。片刻,满嘴是血的蜥蜴从车窗里爬了出来。只见它缓慢地爬到躺在地上的人一侧,细长的舌头吞吐两下,张口便从对方肩膀上扯下一块肉……

"野兽之心?"马陆恍然大悟。

"走吧,我不想和这些垃圾多相处,哪怕一分钟,还有,什么都别问,我不想回答。"杨月钟葭面无表情道。

这一路再无变故,风平浪静回到西京,由于陨石带有辐射,马陆不敢私留,第一时间联系了吕宁。

交接陨石后,马陆问:"马忠儿子情况如何?"

"已经脱离危险,不过声带和呼吸道受了不可逆的伤害,肯定残疾了。"

马陆心中黯然道:"我们之间的官司,如何算?"

"你就甭操心了,相信我们会办好的。"他拍了拍马陆的肩膀道,"这次任务辛苦了,好好休息一下,再迎接新挑战。"

或许是凑巧受了风寒,或许是受到了惊吓,当天晚上马陆发起了高烧。以他的身体素质,以往头疼脑热的小毛病,喝点热水发发汗就过去了,

陨石猎人 下

可这次他却扛不住了,到了半夜,体温直上40度,只能由阿蛮陪着去了医院。

医生问诊后,开了消炎水。

"你先回去吧,吊个水也不用人陪。"

"我在车里等你,万一有事呢。"

看着消炎水一滴滴进入身体,马陆似乎感受到丝丝清凉在体内蔓延,沉重的脑袋逐渐恢复正常。

"唉……"马陆轻轻舒了口气,半躺在椅子上,闭上双眼。

"我和你吻别,在无人的街……"一阵清晰的音乐声传来,马陆浑身一激灵,睁开双眼。

只见吕宁坐在身边的椅子上,笑眯眯地望着自己。

"你是真困了,喊了半天都没反应,医院也不敢大声嚷嚷,只能用音乐唤醒大法。"吕宁攥着一根耳机线道。

"你……深更半夜地找我,有什么急事儿?"

"不急,等你水吊完了,有个事儿告诉你。"

"说吧,否则我心神不宁。"

"你还真是个急性子,也没啥急事儿,咱们单位有不少捐款人,其中一位实力雄厚的金主想要见你一面,托我安排呢。"

"人家是大老板,为什么要见我?"

"见着面,不就知道了。"

"大半夜地急着见我?这还不叫急事儿?"说罢,马陆拔了针管。

"你确定……"

"别废话了,走吧。"

马陆心里清楚,必然是陨石查出了问题,而且是大问题。

拨通杨月钟葭的电话,要求她一起过去。

"这是大事儿,咱们都得在场。"

"行,你来接我。"

探星小队三个人齐聚后,吕宁介绍了对方的身份,对方名叫冬军,是奇点基金会的主席。

奇点基金是一家大名鼎鼎专门对科研机构捐款的民间基金会,迄今为止

投入的善款总额已经超过三十亿元,是数一数二的慈善基金组织。"

马陆直咂舌道:"捐款三十亿元?靠什么收益?机构研究的专利项目?"

"你这叫外行话,捐款又不是投资,研究的专利和他没有关系,这一基金会的宗旨就是支持科研事业。当然,主要是以太空探索为主的项目。"

"钱多了烧的。"

"奇点是我们机构最大的善款来源,冬军的地位仅次于机构领导,所以,对人客气点。"

探星工作已有五年时间,却是第一次来到小队隶属的科研机构,这是一家研究航空材料为主的科研单位,单位楼十分低调,在民居林立街巷中一栋毫不起眼的二层小楼里,去了二楼的会议室,他们三人见到了冬军。

与想象中的亿万富翁不同,冬军像极了科研人员,穿一身白大褂,戴着眼镜,他们进屋时他正坐在电脑前查看资料。

"冬博士,这三位是探星的队员。"

"哦,幸会。"冬军起身走到他们面前,一一握手。

"早听说杨教授生了一位漂亮女儿,今日一见,果然如此。"冬军微笑着拍了拍杨月钟霞的额头。

"您认识我的父亲?"

"当然,如果没有杨教授的提携,我不过就是一个忙着赚钱的商人,是他改变了我的一生。"

四人分别坐定,吕宁识相地在外将门关上。

"这块陨石,除了具有辐射性,还有什么别的功能?"马陆好奇地问。

"陨石检测,是一项漫长而仔细的工作,多亏有你们提供的线索,这边做了针对性的测试,所以,很快得到了需要的信息。"

冬军从文件夹中取出一张资料条道:"最终的测试结果表明,D05陨石中存在氙129元素。"说罢,他摘下眼镜,揉了揉眼睛。

见杨月钟霞他们不明所以的样子,冬军笑道:"不好意思,忘记解释了。"

"氙129元素,是一种核聚变的副产品,换而言之,只有发生了极其强烈的核爆炸,才会产生这种元素。"

"核爆炸?您的意思是,这块陨石是被核弹炸入太空的?"马陆惊讶地道。"

"很像科幻故事对吗？但这是真的，所以D05陨石证明了，宇宙深处的某颗星球，曾经发生过核武器爆炸事件，或者说，经历过一场规模庞大的核战争。"

马陆的汗都出来了，他道："按您的说法，外星人确定存在了？"

"通过放射性物质半衰期计算，早在二十亿年前，也就是前寒武纪时期，加蓬的奥克洛区域就有核电站运转迹象，距离奥克洛约三十公里处的班歌贝地区，人们发现了大量的核反应堆化石。"

"这说明在远古时期，地球曾出现过掌握了核技术的文明，或许这一文明离开地球时，带走了核武技术，并应用于别的星球上，而你找到的这块陨石，就是我们老祖宗所留下的痕迹。"

冬军笑了，可杨月钟葭他们无论如何也笑不出来，马陆隐约觉得，冬军和老刀是一类人，都是得了严重妄想症的实干家。

"你们可能以为我疯了，但我是根据现有资料说的明白话，所以，如果有疑问，尽管提。"

他们三个人你望望我，我望望你，马陆干咳了一声道："我们相信您说的，可是这和咱们有什么关系？"

"关系大了。"冬军呵呵笑道，"在你们找到的陨石中，发现了超级文明存在的线索，你们就要出名了。"

"所以呢？"

"傻小子，人一旦有了名气，利益会接踵而至，这样的生活，难道你不期待？"

"我当然期待，可这种事儿，不至于着急到半夜三更告诉我们吧？"

"当然，请你们来，是为了收购一块属于钟葭的物品，或者说，用一块陨石做交换。"说罢，冬军从文件柜里取出一个木匣子，打开后推到杨月钟葭面前。

匣子里用一层天蓝色的天鹅绒做衬，柔软的布匹上摆放着一块形似钻石的六面晶体形状的紫红色宝石。灯光下，紫宝石表面闪烁着耀眼的光芒，简直漂亮到了极点。

除了色泽诱人，宝石也非常巨大，几乎有成人半只手掌大小，如果是真品，价值不可估量。

马陆只觉得满眼都是光彩，倒吸一口冷气道："钟葭，你存了什么值钱的私货，让冬博士以这种价值的宝石交换。"

"这可不是宝石，而是一块美人石，从价值而言，这种体积的美人石，远比同体积的宝石要高得多。"杨月钟葭倒是很淡定，平静地解释。

"有眼力。"冬军竖了个大拇指，盖上匣子道，"用这样东西做交换，足见我的诚意。"

马陆当然知道"美人石"，这是一种极其罕见的橄榄陨石，本身是黑色，但打磨后，在光照作用下，会发出水晶般透彻的紫光。更为神奇的是，当女子佩戴美人石后，五官线条会在夜晚时发生特别明显的变化，说不好究竟是实体变化还是某种幻境，取下石头，便会恢复原样。

美人石在市场上的价值是最高的一类，通常都在上万美金一克，像这种大体积、高等级的"货儿"，价值难以估算。

"据我所知，父亲珍藏的陨石中，没有价值高过这块美人石的。"

"我要的不是陨石。"冬军又取出一张照片，所照是一块石质拓片，他将照片摆在杨月钟葭面前道，"这块拓片对你们而言毫无价值，换一块美人石不亏吧？"

看得出，杨月钟葭惊呆了，这也出乎马陆的意料。

他从不觉得拓片具有价值，其中记载的死亡钟资料和无聊的故事没有区别。

然而，除了杨教授愿以野兽之心这种高价值的陨石交换，这次又遇到了"大户"。

这两位在陨石收藏界堪称大腕儿的玩家，为什么会对一块看来平平无奇的拓片感兴趣，甚至不惜代价也要拿到？

冬军不露声色地一笑道："钟葭，你别担心吃亏，拓片确实有价值，但看持有者是谁，而美人石在谁的手里都很值钱。"

"能解释一下，为什么拓片在您手里比在我手里值钱？"

"首先我是一个极其成功且富有的商人，所有人都知道我手上拥有巨量资金，并且早在多年前，我就开始陨石收藏，在这行里我是绝对的头号玩家。更重要的是，我所带领的团队，积累了研究宇宙战争背景的资料，在业内具有极高声望,这块拓片给我,就是英雄的宝剑、美人的妆镜。"说罢,他露出一丝得意的笑容。

"宇宙战争?什么意思?"马陆越听越觉得邪乎。

"宇宙战争就是发生在宇宙星系中的战争行为,有可能是低文明的种族战争,也有可能是高文明的星际战争。"

"比如说星球大战?"马陆实在忍不住,反讽一句。

冬军并不生气,反而点点头道:"差不多是那个意思。"

"冬博士,我是个大老粗,您说的这种高精尖项目,我无法理解。"

"不奇怪,正常人听到这个项目都会觉得不靠谱,这本来就不是一个面对大众的项目,我们的目的只是搜集这些消息,再出售给需要的人。"

"这种消息,还有人买?"马陆忍不住笑道。

"你相信远古时期地球存在的科技远超如今人类的文明吗?"

"嗯……"马陆忽然想到苏白山中那套网络极其复杂的管道系统,即便以如今的科技水平,也不可能将管道如此贴合地嵌入山体中。

"我信。"

"你相信上古时期的大洪水是由高等文明操纵发生的吗?"

"这……我不信。"

"你相信地球曾有巨人存在吗?"

"我亲眼见过一座用巨人骸骨制成的神庙。"

"你相信天空深处的星体,曾被观察到被标量武器、等离子武器等概念武器攻击的痕迹吗?"

"这……宇宙中,一切假设都是成立的,因为我们并不了解……"

"你说错了,人类并非不了解宇宙,上古时期留存的文明遗迹,或多或少涉及了星际战争的内容,你们无法理解这项学科的研究意义,但它的存在,对于人类探索科学理论提供了必要的依据,而这块拓片记录的信息,与我们多项研究结论相符合。所以,对我们整个项目而言非常重要,我们绝不怀疑它是假的,因为不承认这块拓片,就是否认大部分的科学研究。"

"所以这是一项科学研究项目?"

"没错,极其严谨的科研项目。"

马陆点点头道:"冬博士,给我们一点时间商量。"

"不着急，你们有足够的时间考虑。"

出了科研所，他们走在清冷的街道上，马陆道："怎么办？"

"什么怎么办？"

"装什么糊涂，到底换还是不换？"

"我……"杨月钟葭顿了顿道，"我也不知道。"

"美人石的价值……"

"野兽之心价值连城，可我爸却用它换了拓片。"

"这倒也是，难道拓片藏有什么特别值钱的信息，所以大人物们都想得到？"

回到杨月钟葭的别墅里，他们从保险箱中取出拓片，经过一番仔细对比研究，没有任何新发现。

"或许，我们并没有掌握拓片的全部消息？"马陆说道。

"我们的消息来源，是父亲留下的资料笔记，如果他不知道拓片的作用，怎会用野兽之心去交换？"

"资料中为什么没有相关记录？"

杨月钟葭皱眉道："我不是神仙，怎么知道？"

商量来商量去不知缘由，天亮后，马陆道："这是你的私产，决定只有你自己能做。"

"怎么，解决办法没想到，你就打算一走了之？"

"这是一宗价值连城的交易，我能说什么？"

"他是有钱，可我也不差，能别老是钱钱钱的吗？烦人！"杨月钟葭忽然急了。

气氛一时有些尴尬，片刻，马陆倒了一杯果汁，摆在她面前道："都快上午了，要不然我先弄些早饭吃？"

"你这是什么路数？说得好好的又要吃早饭。"

"我知道你心里烦。"马陆道，"不光是因为价值，美人石，顾名思义女孩都想要，可是你又担心辜负了父亲对你的期望，对吗？"

杨月钟葭有些吃惊地望向马陆："你怎么知道的？"

"钟葭，没必要为这事儿焦虑，我们虽然入了这行，但没人能够拥有所有陨石，退一步天高云淡，何必总想着下一块呢？"

杨月钟葭被他逗笑了，道："行啊，平时觉得你除了油嘴滑舌，也不懂什么道理，关键时刻还能为我排忧解难。"

"过去没有竞争对手，我就随性了点，现在是时候展露我的内涵了。"

三个人嘻嘻哈哈笑成一团，焦虑的情绪一扫而空后，杨月钟葭道："要不然，干脆换了得了。"

"我支持你的一切决定。"

杨月钟葭将拓片锁回保险箱后，道："做成了一笔大买卖，我请客，这顿早餐千万别替我省钱。"

"你可真会请，一顿早饭能吃多少？"

"别看不起早餐，你知道天府早茶馆吗？"

"知道，吹得神乎其神，说是什么两百年宫廷手艺传承的老店，里面的东西除了贵就是贵，宰冤大头的买卖。"

"咱们今天就做一回冤大头，去吃一顿。"

三个人高高兴兴出门上车，一路到了天府早茶馆。

这是一处古色古香的四合小院，位于市中心，隔着一条街就是西京市最繁华的步行街，周围都是人流涌动的门店，或是各大银行企业建设的摩天大楼。只有一层高的四合院，与周遭环境相比，显得那么格格不入。

"这种寸土寸金的地儿，开一家饭馆，卖得贵点也是应该的。"马陆推开院门。

天井收拾得整齐干净，没有特别的装饰摆设，就是居家的状态，堂屋正对门口，摆着一对古色古香的梨花木椅，墙上挂着一副对联：佛法无边，静里常观自在；慈云广济，空中密见如来。

一位穿着雪白干净厨师服的中年男子迎入三人，只见不大的堂屋里只有四张桌子，其中三张桌子都有人，大多是上了年纪的老人，看穿着打扮也不像是有钱人。

"三位，需要点什么？"中年男子笑眯眯地道。

这里的早点与别处并无不同，就是包子、饺子一类常见食物，价格确实比别处的贵些，却并没有传说中那么夸张。

杨月钟葭点了蒸饺、小笼包、稀饭，过不多时食物上桌，马陆夹起一个小笼包子送入嘴里，只觉得皮甜肉香，但也谈不上多美味。

"没啥了不起,吹牛罢了。"马陆笑道。

"小伙子,包子无非就是揉面的时候下点力气,让面团有劲道,馅料用新鲜猪肉,又不是龙肝凤髓,你想吃出啥味来?"邻桌的一位老人,笑呵呵道。

马陆脸上一红,道:"我没别的意思,外面把这里吹得神乎其神,所以……"

"你知道西京人吹这里的道理吗?"

"难道,这里的食物凭良心?"

"只是一方面,最重要的是,当年这里拆迁,老板拒绝了非常丰厚的拆迁条件,坚守在此。外面的人不知道,以为有什么原因道理,这些年说什么的都有,就歪了。"

"这里的地方不算大,东西价格也不高,赚不了什么钱,为什么守着不走呢?"马陆好奇地问道。

"这门手艺是我们老马家安身立命之本,同意了拆迁条件,确实能拿一大笔钱,还有房子和商铺,可我以后怎么办?做了一辈子包子,闲不下来的。"

原来老头就是老板,马陆赶紧道歉道:"我刚才说的话太过分了,您别见怪。"

"来这儿的年轻人,多是来看热闹的,不奇怪。"老头笑呵呵道。

"您有了钱和房产,享享清福多好?"

"年轻人肯定理解不了,其实也没啥别的道理,就是觉得不干活难受。而且,当年答应了我老爹,要把手艺传承下去,日子富裕了,后人谁还愿意做包子。"

"老马啊,就是现在你孙子也不愿意干了,你这房子迟早还是得交出去。"另一位老人道。

"唉,我两眼一闭,随他们怎么办,眼不见心不烦了,只要我对得起老爹,就行了。"老头笑容有些勉强,看得出他有些失落。

"儿孙自有儿孙福,咱们这些老不死的,还是管好自己的身体吧。"

吃过早饭,出了店门,马陆伸了个懒腰道:"咱们去步行街逛逛,消消食。"

"我想清楚了,拓片不换。"

马陆身体僵了一下,道:"咋了,想学老马头?"

"老爷子话说得朴素,道理是真的,我也答应过老爸,把他的宝贝传承下去,说到就得做到。"

"你……你也不是拿出去糟践,无非是以物易物……"

"你别说了,这就是我的决定。"说罢杨月钟葭掏出手机,打给了冬军。

"钟葭啊,你再想想,如果觉得吃亏了,价格可以商议。"冬军道。

"冬博士,我不是为了钱,拓片是我父亲用命换来的,我不能随随便便地交出去。"

电话那头沉默了片刻,挂断了。

"估计,冬军肺都气炸了。"

"不关我事。"杨月钟葭风轻云淡道。

"唉,好好休息吧,这次决定做得不容易。"

之后两天,马陆都在家睡觉,偶尔也会想到李元庆,不知道这货究竟是死是活,如果死了,自己是否要承担法律责任,如果活着,他会不会来找麻烦?

越想越不放心,决定找武明星打探一下消息,正准备联系对方,吕宁找上门来。

"什么事需要你亲自登门?"马陆知他必是受冬军所托。

吕宁表情略显严峻,两方坐下后他道:"说了,你别着急。"

"马忠又闹事了?"

"和他没关系。"沉默片刻,吕宁叹了口气道,"你们在苏白山里找到的陨石,被定为'普通危险级',决定没收处理。所以,这次行动也就赚点辛苦费了。"

"这怎么可能是普通级别的陨石?明明在其中检测出核裂变元素,这是一个巨大的发现。"马陆顿时怒了。

"我知道,不过做决定的人不是我,所以凭你怎么说都没用。"

"是不是冬军?"

"有疑问可以提供一份书面报告,我替你交上去。"

马陆恼火不已道:"告诉冬军,别胡说八道……"

"兄弟,狠话就别说了,我不过就是个跑腿的,何必为难我呢。"

"唉。"马陆无可奈何,只能重重地叹了口气。

吕宁走后,马陆犹豫再三,还是拨通了杨月钟葭的电话,说明情况,她颇为无奈道:"对不起,我把你拖下水了。"

"咱俩还有必要说这个吗,只是这块陨石他连样本都不给,摆明了坑我,这口气我咽不下。"

"算了,多一事不如少一事,你的损失我来补偿。"

隔天上午,杨月钟葭来到马陆的公寓,她将一沓复印资料摆在桌上道:"从今天起我们很有可能得不到任何消息来源,做事儿只能靠自己了。"

"我就不信给他玩死了,偏要让他看到离了这机构,我们活得更好。"

"话好说,事儿不好做,我把老爸留下的所有资料都拿过来,咱们筛选一下,看看有没有适合我们的项目。"

两人一天啥事没干,就认真地查阅资料了。然而绝大部分资料记载的区域都在外国,虽然对陨石猎人而言,国界并非执行任务的障碍,可他们并没有跨区域作战的把握。

夜幕降临,马陆揉了揉眼酸痛的双眼道:"我感觉,大多没戏。"

"找陨石本来就是小概率事件,别着急,咱们沉下心仔细找,必定会有突破。"

这一天,没有发现任何具有搜寻价值的项目,两人头昏脑涨地罢了手。

第二天,马陆试探性地给吕宁打去电话,询问下一步工作安排,吕宁支支吾吾半天,也没能说出个所以然。

"直说吧,我是不是被封杀了?"

"对于科研机构而言,这两字用得不太贴切,但是他们确实不打算再指派任务了,也就是咱俩这关系,我担着责任和你说一句,找下家吧。"

虽然结果是明摆的,可马陆还是觉得愤怒。

"还是留些力气给自己吧,没什么计较的。"杨月钟葭反倒是很淡定。

"真以为离了他就不活了,搞笑。"

这些年马陆也积攒了一些人脉关系,他用了一上午的时间与这些人联系,可对方要么推辞、要么含糊,没有一个人愿意明确表态与他确立合作关系。

"难不成这行里冬军还真只手遮天了？"

"他是个超级富豪，又是陨石行里的顶级玩家，在这行混的人，谁敢得罪他，我们不只是被一个单位封杀，而是被全行业封杀了。"

"我偏不信这个邪。"随后马陆拨通了武明星的电话，求他帮忙介绍合作方，事成之后有重谢。

"不过是动动嘴的事儿，钱是不用了，不过冬军确实厉害，控制着大把资源，只能从他的对头寻找突破口了。"

"实力如此强悍的人，还能有对头？"

"甭管你多牛，总有不服气的，就看能不能找到。"

武明星"消息之王"的外号可不是随便取的，当天晚上，便给了回复。

"我给你们联系了一个大咖，对方是东方科技的外围事业部总监，这家公司一直想要介入陨石行业，但是找了几批猎人团队，结果都不太理想，所以在托人打听。探星团队在业内是具有一定知名度的，所以我报了名字，对方很感兴趣，立刻要求见面。"

马陆顿时有点飘飘然道："既然对方诚心合作，那就尽快安排见面。"

"明天上午，对方来西京市，你定个聊事情的地儿。"

挂断电话，马陆心情极佳，甚至影响了睡觉，一直捱到大半夜还在和阿蛮絮絮叨叨地聊天。

"你烦不烦。"阿蛮受不了了。

"眼看小人阴谋被我粉碎，心中的骄傲只有与你共享了。"

"不需共享，我要睡觉。"

"阿蛮，你要敢睡觉，我就敢扣光你这月奖金。"

"工资都给你，行吧。"阿蛮用枕头盖住耳朵。

嘻嘻哈哈闹了半天，马陆在蒙眬中睡去，第二天起床就去茶楼定了个包厢，将地址发给武明星后不久，对方回复：人已在路上。

一个多小时，对方到场，是个四十多岁文质彬彬的中年人，穿着一身得体的休闲西装，互相做了介绍，两人坐下各点了一杯茶水正要说事儿，就听有人敲门道："马陆先生，您的朋友送来了礼物。"

"这可不是我安排的，估计是武明星。"马陆对来人道。

打开门，只见对方是一名身着蓝色西装的侏儒，模样颇有些怪异，他将

一个造型精美的檀木盒子摆在桌上道:"告辞。"

"你说我的朋友,是谁?"

"我只是个跑腿的,他不说,我就没问了。"说罢,侏儒离开了包厢。

只见木盒上贴着张封条,写着"马陆亲启"。

"还挺像那么回事。"马陆笑着揭开封条,打开盒盖。

"我天!"他浑身一激灵,将木盒丢了出去。

盒子里装的居然是一对人手,其中一只形状怪异,正是李元庆的"鬼手"。

伤口处的血肉尚且饱满,撒满了白色的石灰粉,让人触目惊心。

来人脸色顿时就变了,他干咳一声道:"这可有些过了。"

也不知过了多久,马陆才从极度震惊中回过神来,他深吸一口气道:"不好意思,没想到会出这事儿。"

对方并不慌乱,稳稳端起茶杯,喝了一口茶水道:"马队长,看来目前并不是最好的合作时机,再联系。"说罢,他起身告辞离开。

马陆想报警,可静心一想,冬军既然敢做这事儿,肯定做了万全准备,贸然报警解决不了问题。

于是他又联系了武明星,告知突发状况。

"你们这次是招惹了大麻烦,准备怎么办?认怂吗?"

"死都不认怂。"马陆啐了一口。

"兄弟,听我一句劝,你和他斗就是以卵击石。"

"我不想,是他挑起来的。"

"以你们身份地位的悬殊差距,你觉得这是战争?错了,一旦动手,等待你的结果就是被屠杀。"

"那怎么办?我不可能交出拓片!"

"我不该介入你们的纠纷,对我来说这是件毫无性价比的事儿。"

"理解,就当我没打电话……"

"让我把话说完,毕竟和你们团队合作已有八年了,也赚了不少钱,总不能有便宜就上,有麻烦就跑,这不符合我的价值观。"说到这儿,武明星笑道,"硬碰硬只能是死路一条,你应该寻求李元庆的帮助。"

"什么?就是我干,他能同意吗?"

"他的损失可比你大得多,冬军为了警告你,去砍了他的手,你觉得他能忍吗?"

沉默片刻,马陆道:"也有道理,不过他愿意见我吗?"

"我替你探探口风,不过这事儿我不会深入参与,最多也就到这步了。"

马陆道了谢,返回公寓,让阿蛮做好应对准备。

阿蛮开始"准备",他关闭了窗户,用绳线在窗户把手上栓了一道"蝴蝶结",这是触发机关的扳机,一旦有人在外面将窗户打开,便会通过绳线,发射对角的水果刀。所有进入房间的入口处,都布设了类似机关,床下也埋有"飞桩",这是由两根擀面杖、一根磨刀的档棒、一张木头菜板做成的机关,用脚踩住暗线,四样硬物便会自床下飞出。

"有胆子进来的人肯定是出不去了。"马陆看着满屋的"陷阱机关"道。

布置好一切,他给杨月钟葭去了电话道:"我过去接你。"

"去哪儿?"

"来我家?"

"什么意思?"

"又不是第一次来我家了,问那么清楚干吗?"

"你这半夜三更的,突然来这么一出,谁都要问。"

"想你了,成吗?"马陆忍不住笑出声。

"神经病,我睡觉了。"

"别,和你说正事儿,在你家待着不安全,带着拓片来我家吧。"

"冬军又找你了?"

"我这就过来,咱们见面聊。"

两人小心翼翼地出门上车,去杨月钟葭居住的别墅区里碰了头,她已经换好了衣服。

"其余的陨石怎么办?"

"重要的陨石都存在银行保险箱里,这拓片我一直觉得不重要,所以留在了家里。"杨月钟葭无奈地将塑料袋推到马陆面前。

"你就用这东西装拓片?"

"拓片在我看来,就是个毫无价值的古董。"

"别耽误了,赶紧回咱们的钢铁堡垒。"

上了车，马陆道："我在想，是不是联系欧阳青山聊聊？"

"这个人……反正我对他的感觉不太好，还是别招惹了。"

进入马陆的屋子，只见里面机关重重，杨月钟葭笑道："行啊，还真是钢铁堡垒。"

"不夸张地说，如果有人想硬闯，就是死路一条。"

聊了一会儿闲话，杨月钟葭道："这事儿究竟怎么了结，你想过没有？"

"武明星说联系李元庆，双方联手对付冬军。"

"这个办法绝对不靠谱，李元庆对我们毫无善意，如果他把手被砍这笔账算在咱们头上，你去见他就是羊入虎口。"

"那怎么办？总不能等死吧？"

杨月钟葭盯着袋子看了良久，道："要不然还是交出去吧。"

"绝对不行，到这份上了，就是拼死干一场我也不会交出拓片。"马陆毫不犹豫道。

"冬军就是个罪犯，我不想你们因为这件事受到伤害。"

"拒绝他时，我就做了最坏的打算，今天的遭遇也在意料中。"说到这儿，马陆叹了口气道，"如果没有这些年的历练，或许我会投降，但现在我绝不会轻易改变选择，无论有多难。"

"……马陆，谢谢你。"杨月钟葭暗自感动。

杨月钟葭的猜测得到了证实，武明星通过关系联系上李元庆后，对方情绪十分激动，所以，并不是见面聊合作的时机。

"只能孤军作战了，我都想好了，实在不行咱们就躲，大不了离开这里。"

"无论你做怎样的决定，我都支持，如果你打算离开，我、我就和你一起走。"说出这句话，杨月钟葭双颊现出一抹红晕。

马陆顿时起了一身鸡皮疙瘩，开心地连连搓手道："能听你说出这句话来，我就是马上死也能闭眼了。"

"好好的说什么生死，把这句话啐出去。"

马陆装模作样地啐了两口，却幸福感爆棚，想要将杨月钟葭一把搂进怀里，奈何身边有阿蛮这么个"大号灯泡"，只能作罢。

过了两天，马陆等人"弹尽粮绝"，必须出门购买食物。为安全起见，

陨石猎人 下

他三个人特意挑早班高峰出门，买完东西往回走时，只见街上人来人往，到处是急匆匆赶着上班的男女。

走回小区，马陆道："在家里待着虽然安全，可终究不是常事儿，得想个突破的办法。"

他们一路商议着走进入口，刚进入电梯间就见人影晃动，三名身着西装的侏儒从安全通道走了出来。

"这，你们什么意思？"

话音未落，又有三名侏儒，堵在入口处。

"这里可有监控录像。"马陆强作镇定道。

"那又怎样，残疾人杀人不判死刑的。"其中一名侏儒说着话，从口袋里取出一把弹簧刀来。

侏儒身材矮小，面相怪异滑稽，威胁人的口吻听来更像是在开玩笑，毫无紧张压迫感。

如果不是手里攥着明晃晃的尖刀，就像是一幕滑稽戏。

"是冬军派你们来的？"杨月钟葭问道。

"这种弱智的问题，我拒绝回答。"侏儒讥笑道。

"警告你们，这里是有监控录像的。"马陆道。

"早就做了安排，还有电梯我们也做了手脚，暂停三分钟，所以时间急迫，得赶紧做事儿了。"

说罢，他使了个眼色，其余五名侏儒各自抽出凶器。

阿蛮忽然一个转身，将手里所有物品扔了出去，三名侏儒身材矮小，被撒得满头，他一脚踹倒两个，攥着另一个侏儒的脖子，直接拎起丢向身后，大喊一声："跑。"

然而他们刚出楼梯口，就见一群侏儒，分别骑着四五辆儿童版的山地车，堵在入口处。

"喊吧，打吧，这里所有人都会以为你们欺负残疾人。"领头的侏儒从楼梯间走出来，脸上挂着狡黠的微笑。

其余侏儒从山地车上下来，就要一拥而上，趁乱刺杀。

危急关头杨月钟葭道："你们要拓片，我交出来就是了。"

侏儒三角眼一睐笑道："杨小姐，可别耍花样。"

"我这就带你们去藏拓片的地方,不过冬军之前兑现的价格……"

"现在最重要的是保命,否则给你啥也没用了。"

杨月钟莨无奈叹口气道:"算我倒霉。"不情不愿地往前走去。

她并没有回家,而是朝小区存放垃圾箱的区域走去,一行人浩浩荡荡,引起不少居民围观。

"真臭。"侏儒道,"你们把拓片藏在垃圾堆了?"

"拓片不是人,再臭也不会抱怨。"

只见两三条脏兮兮的流浪犬,从密密匝匝的垃圾桶缝隙中钻了出来,尾巴直摇。

马陆浑身一激灵,明白了杨月钟莨来这儿的用意。

杨月钟莨忽然转身对侏儒道:"你们现在走还来得及。"

"走?东西没拿到,我们往哪走?"侏儒脸色微变,他抽出匕首道,"现在可不是反悔的时候。"

"我做事,从不反悔。"说罢,杨月钟莨吹了一声口哨。

垃圾场中忽然响起密集的狗吠猫叫声,接着垃圾箱被撞得"砰砰"作响,几十只野狗野猫从各种肮脏的角落钻了出来,在他们身边一字排开。

马陆第一次觉得,这些浑身散发着恶臭、肮脏不堪的动物是那么可爱。

流浪狗中不乏大型犬,甚至比侏儒还要高出一些,对于正常人而言,或许还有应对之法,对于侏儒,这些流浪狗就是野兽。

果然,眼看狗群聚集,侏儒们退缩了,只有领头那位昂首挺胸站着不动。

"你是武松吗?"马陆问道。

"当然不是。"侏儒表情淡定,仿佛认定狗群不会发动攻击。

与此同时,流浪狗接二连三地吠叫起来,有的低声咆哮,情绪愈发躁动。

"我走,不过……"侏儒慢条斯理收起匕首道,"你们总不能靠这些流浪狗,保一辈子平安吧?"

"这就不劳您操心了。"杨月钟莨不客气地回道。

侏儒不再废话,招呼同伴离开,待他们走得没了影,马陆才松了口气道:"多亏了'野兽之心'。"

"这和我长时间投食也有关系,它们熟悉了我的气味,更容易召唤了。"

"冬军这个浑蛋,不择手段了。"

"说明拓片非常重要,没有贸然交换是对的。"

他们返回楼里,将丢了满地的瓜果蔬菜装回袋子,马陆道:"干脆,咱们出发找陨石得了。"

"我父亲留下的资料,咱们也都细看过,并没有特别适合的项目。"

"我想了一下,漠北还是值得一去的。"

"漠北?蝴蝶石吗?你不是说资料记载像小说吗?"

"管它小说还是真事儿,对咱们来说,无非就是离开西京的借口。"

杨月钟葭沉思片刻道:"定了就尽快走,免得夜长梦多。"

陨石猎人即便在生活中,也保持着随时行动的状态,拿起早已准备好的包裹,带上馒头,三人一狗踏上了征途。

所谓的"漠北",就是大戈壁区域,由内蒙古直到俄罗斯间的一处巨大荒漠,属于砾石沙漠,地貌上与苏白山极其相似,只是范围要广阔得多。

从西京市到达戈壁也有不短的路要走,猛禽皮卡要保养,也来不及了,上车后马陆连开四百公里,直到夜幕降临,才找了一处修车作坊,做了一次"小保养"。

休息一夜,第二天继续上路狂奔,吃饭时车都没停。一路风尘,只用了三天时间就横跨近三千公里路程,到达戈壁边界。

"安全了。"车子停在荒无人烟的公路上,马陆松了口气道。

"别过于乐观,难说冬军的人没有跟来。"

"这地儿荒凉到极点,一眼能看到十公里以外,除了咱们,没别人了。"

杨月钟葭上了车顶,用望远镜观望一圈,确定没有其他人员车辆,才道:"休整一晚,明天再行动。"

"是啊,这一路差点累死我。"

夜晚降临,三人头顶的星空灿烂壮观,偶尔能看到一枚流星托着长长的尾巴划过天际,一望无际的荒漠中,亮着一点火光,是马陆他们点的火堆。

在进入沙漠前,他们买了一些可供烧烤的食物,当晚,他们围着火堆吃烧烤。

"说真的,我宁可就在这里不回去了。"马陆喝着啤酒道。

"一时的安宁抚慰人心,长久的安宁,就是死气沉沉了。"杨月钟葭道。

"所以说,人真的很难满足。"

忽然,火焰晃动明显变得剧烈。

"这是要变天了?"马陆紧张地道。

这可不是大惊小怪,沙漠昼夜气温变化极大,一旦发生沙暴,对身处其中的人,会造成巨大威胁。

很快风势增大,气温骤降,马陆他们躲进皮卡车中,火堆在越来越强的狂风中,被吹散为星星点点的火光,飞入混沌的沙暴中,无数细沙打在车身上,噼啪作响。

"刚进来就遇到沙暴,有点背。"马陆抱怨着。

"那也比在西京市,被人追杀……"

话音未落,就听"咕咚"一声,一道黑影撞在车身上,沉重的皮卡车居然被撞得左右晃动,随即黑影发出刺人耳膜的尖啸声。

沙尘遇怪

在狂风漫天的沙漠中,必须喊出极为响亮的声音,才能让车里人听见,马陆猝不及防,吓得汗毛直竖,下意识地将车门锁住。

然而一团黑黝黝类似拳头的物体,狠砸在车窗玻璃上,车窗随即碎裂,无数细沙被狂风卷裹着涌入车厢内,随即一只黢黑如铁铸的手,攥住马陆的衣领。

与其说是手,不如说是爪子,这只手乌漆墨黑,干瘪得犹如鸡爪,掌上只有四根手指,虽然风量疾速,却仍能闻到一股刺鼻的腥臭。

"咔"的一声,阿蛮抄起一把铁扳手,狠狠地砸在鬼爪手臂上。

"嗷",在一声刺耳的狂叫声中,鬼爪缩了回去,马陆惊魂未定,目瞪口呆得不知该做什么,就听阿蛮大喊一声:"走啊。"

马陆这才反应过来,哆哆嗦嗦地打着车子,正要开动,鬼手再度伸入车窗,这次抓住的是马陆的头发。

"去你大爷。"马陆虽然疼得龇牙咧嘴,也不敢停,一脚踩下油门车子开动,然而这只鬼爪子抓得很牢,马陆疼得头皮都木了,却咬紧牙关不放油门,车子越开越快。

车子晃动得厉害,阿蛮无法再度攻击,迟疑片刻,忽然打开车窗,用扳手对风暴中的黑影猛砸几下。

这下果然见效，对方狂叫几声，终于松了手。

"奶奶的，疼死老子了，什么个鬼东西。"马陆揉着脑袋道。

一张嘴便涌进满嘴的沙子，此时漫天狂风呼号，车里车外都是一片烟尘滚滚，别说道路，连自己双手都无法看清。

阿蛮脱下冲锋衣，和马陆两人手忙脚乱地封住车窗，马陆也不敢继续开车，熄了火。

"刚才是怎么回事，吓死我了。"

"我哪知道，现在脑袋还是又晕又疼的，好像是遇到鬼了。"马陆惊魂未定。

"停在这里安全吗？"

"看不清路，而且沙尘暴天气开车伤害巨大，再走一段发动机就毁了。"

说罢，马陆又对阿蛮道："那东西靠近后肯定会有响动，你仔细听听。"

"风声这么大，哪能听见别的动静。"阿蛮皱眉道。

不光是风大，气温也在迅速下降，他们取出保暖衣物穿上，马陆道："没人能在沙尘暴中自如走动，咱们遇到的，可能是什么未知怪物。"

"这世上除了人就是野兽，怪物都是传说而已。"

"那条胳膊和手，我看得清清楚楚，肯定不是人该有的。阿蛮，你也看见了？"

"嗯，那不是人。"阿蛮道。

杨月钟葭毕竟是个女孩子，在这沙尘漫天的天气里，遇到了人不人鬼不鬼的东西，脸色都有些发青道："如果真是怪物，该怎么办？"

"那能怎么办，干他。"马陆从包里取出一把伞兵匕首道，"这次我可是做足了准备，甭管……"

话音未落，就听"咚"的一声，车尾被什么东西撞击，车子再度摇晃起来。

马陆浑身一激灵，松脱了手，匕首落在驾驶台下。

"真是阴魂不散了。"马陆哆嗦着再度点火，然而这次引擎"嗡嗡"作响，打不着了。

"开玩笑吧，这个时候点不着火了。"

马陆瞬间出了一身冷汗，用力锤了方向盘几下。

陨石猎人 下

撞击越发剧烈,怪物似乎用尽全力想要将车子撞翻,万幸皮卡车有个大拖斗,否则车尾早被撞烂了。他们三个人坐在车里,清楚地感受着对方的每一下撞击,过了一会儿,马陆情绪逐渐平静道:"这怪物的力气很大,身体很结实,如果正面对抗,我们绝不是对手。"

"那怎么办,迟早它会转过来?"

"除了靠自己,没别的办法,如果必须面对,那就干掉它。"马陆斩钉截铁道。

这次离开西京市,为了对付可能存在的威胁,他们做了充分准备,阿蛮带的包裹里装满了武器。

他取出帕兰砍刀,这是用来开路的工具,刀身磨得异常锋利,一刀能将手臂粗细的树枝砍断,也是杀伤力极大的武器。

他将砍刀递给马陆,又取出一把弹弓。

这把弹弓不但有皮筋,还用了弹簧,射击力度极强,而发射之物则是拇指大小的铁蛋子,打出一颗的威力,比开枪小不了多少。

阿蛮对准车窗,摆出射击姿势,一旦怪物靠近就用弹弓射击。

终于,怪物对车子的撞击停止了,与此同时沙尘暴也减弱了几分,迷茫一片的天地逐渐变得模糊,周围环境时明时暗,多少能看清一些。

马陆通过后车窗的玻璃镜,并没有发现车尾怪物,它也没有从两侧发动攻击,忽然平静下来,马陆却觉得背后发毛,他将砍刀架在车窗上,一有动静就捅出去。然而等了很久,也不见有任何动静。

"是不是走了?"杨月钟葭压低嗓门道。

"也有可能。"马陆仔细观察四周,确定没有发现怪物行踪。

"外面风沙小了,要不然出去看看?"

"别,万一它还在,想走都来不及。"

阿蛮忽然指了指车头道:"或许它就在那儿。"

"不可能,车头位置一目了然。"

"要不然点灯试试?"杨月钟葭紧紧攥起白嫩嫩的粉拳道。

马陆暗中咽了口口水,深吸一口气道:"那就开灯试试。"

手指握在钥匙把上,他暗中连连祈祷,一咬牙,车灯点亮了。

猛然就见一个浑身披着黄色麻布,约有两米高的人形怪兽,一动不动地

站在车头前。

有了光,便能够清楚地看清它的模样,只见冬瓜一样大的光瓢脑袋漆黑如墨,五官一团模糊,或许是看不清,或许是压根儿就没长。而怪物感受到了光亮,再度暴怒,举起两根黑如长碳的手臂,狠狠地砸在引擎盖上。

车子再度摇晃起来,怪物连砸了七八下,左侧车灯灭了一盏,引擎盖也变得凹凸不平。

正当马陆不知如何是好之时,就见怪物高大的身躯忽然向后仰去,过了一会儿才算稳住没有摔倒。

原来是阿蛮由车窗探出,对它发了一弹。

这下怪物由暴怒变狂怒,居然两手把住车头,要把车子掀翻。

这怪物力大无穷,居然把皮卡车头抬离地面。

然而车子毕竟太重,勉强抬起,坚持不了半分钟,又松了手。

"压死你个狗日的。"马陆大声喝骂,想把怪物引到车窗旁,用刀突袭。

然而怪物并没有被他的喝骂声吸引,它似乎更愿意毁了车子。

既然抬不动,它就生锤,也不知对车头下了多少拳,甚至把引擎盖锤得弹了起来。

"怪物的视线被挡住了,趁这个时候出去干他。"

"不行,这太危险了。"

"还有什么好办法?坐在这里就是等死。"

阿蛮道:"哥说得对,不能再等了。"

沙尘暴势头持续减弱,能见度也提升了许多,只是气温依旧极低,温度计显示车外温度低到零下十五度。

"那你们千万小心,别蛮干。"

马陆对阿蛮道:"你从左侧假装发动攻击,我从右侧主攻。"说罢,晃了晃手中的帕兰砍刀。

两人悄悄打开车门,猫着腰下车,走到既定区域,阿蛮一跃而出,对着怪物脑袋就是一枚铁蛋。

大家伙看似傻大笨粗,反应居然奇快,空中银光一闪,它立刻伸手抓住射来的铁蛋子。

马陆愣住了,随即被怪物发现,它大吼一声,将引擎盖扯断,朝着马陆的头砸了下来。

"我的天。"马陆惊呼一声转身就跑。

与此同时狗叫声起,杨月钟葭放出了馒头,这条狩猎经验丰富的猎犬,潜伏到怪物身边,突然发动袭击。它一口咬住怪物的小腿肚,用力撕扯,怪物转过身想要驱赶猎狗,可个头太高,反而成了劣势,接连捞了几把,却连狗毛也没拽着一根。

马陆瞅准机会冲了过去,正准备对怪物腰部来一刀,它却失去平衡,连退两步一屁股坐在了地上。

这可是好机会,能直接砍断脖子,马陆正打算出刀,就见怪物扭过头正对着他。

沙尘暴已经平息,重新露出的月亮星空,让荒漠有了亮光,借着清冷夜光,马陆看清了怪物的长相,他黢黑的脸上清清楚楚地生长着人的五官。

之前或许是视线太差的缘故,怪物脑袋就像个肉球,此刻看来确是人无疑,虽然皮肤黑了点,但他肯定是人,而非怪物。

马陆这一刀砍不下去了,悬在空中。

"呵呵。"怪人忽然一拳砸在馒头脑袋上,他力气巨大,馒头惨叫一声翻倒在地,不知死活。

阿蛮跃上车顶,拉满弹弓皮绳正要发射。

"住手,这是人。"马陆赶紧阻止。

然而慢了半拍,又一颗铁蛋子出手了。

这次阿蛮用尽全力,铁蛋入空发出尖厉啸叫,怪人不知深浅,在用手抓……

一股血花溅射,怪人的左手掌被铁胆射穿了。这下剧痛难忍,怪人大声嘶吼着抓起馒头,朝阿蛮砸去。谁能想到他会用狗当武器,阿蛮被砸中后,跌落下了车子。

"阿蛮。"马陆大叫一声,阿蛮并没有回应。

怪人喘着粗气起身,摇摇晃晃朝车子另一边走去。

"坏了。"马陆心里一急,挺着砍刀朝怪人冲去。

他忘了怪人虽怪,反应可不慢,忽然一个转身,伸出长臂攥住马陆的脖子。

怪人的五指如铁箍一般扣紧，马陆被掐得气喘不出，舌头都伸了出来，他艰难地挥动砍刀，却被怪人一把攥住刀刃，他的手确如鬼爪一般只有四指，且生得形状怪异。

猛一下，刀被夺去丢出老远，马陆只剩用手砸了，只是对方干瘪的手臂比钢铁都硬，根本动弹不得。

很快，马陆意识模糊，不再挣扎，甚至翻了白眼。

在这千钧一发之际，就听"呼"的一声，刺眼的火光点亮黑暗戈壁，怪人的脑袋顿时被火焰笼罩。

他脑袋上套着麻布长巾，瞬间被火点燃，怪人发出惊恐的吼叫，掐着马陆脖子的手松开了。

"我、我……"马陆张大嘴拼命地呼吸，只觉得脑袋几乎要炸裂开来。

一股清凉液体涌入几乎干裂的口中，马陆贪婪地吸吮着，难受至极的身体，终于恢复了正常，睁开眼，看到杨月钟葭焦急的面容。

"你真美。"他笑道。

"都什么时候了，还有心思说这些。"

"在这种地方，不说这些，难道看有线电视吗？"

马陆强撑着坐起身道："阿蛮呢？"

"他和馒头没事儿，都醒了。"

"怪人怎么突然走了，难道是良心发现？"

"发现什么，是我用煤油烧了他的脑袋。"

原来杨月钟葭趁两人打斗时爬上车顶，瞅准机会将煤油洒在怪人脑袋上并点燃，救了所有人的性命。

马陆松了口气道："幸亏你机智。"

"咱们得赶快走，怪人迟早会回来。"

"或许被烧死了。"

"怪人跑了没多远，火焰就消失了，他没被烧死，会回来的。"

马陆无奈地道："哪来这么个活宝，水火不侵，刀枪不入。"

话音未落，就听到瘆人惨叫声在夜幕中响起，怪人吃了亏，但生命无虞。

"这王八蛋活得比我好，赶紧走。"

车子被毁，他们收拾好装备后趁着夜色上路，馒头"一狗当先"跑在最前面。

夜晚的沙漠虽然彻骨奇寒，却天气晴朗，北斗星看得清清楚楚，辨认方向不是问题。

根据资料，蝴蝶石在沙漠北边区域，他们一路向北急行军，直走到天色发亮，能看到不远处两座矮小的沙山分别而立，正适合扎营休整。

沙漠昼夜温差极大，马陆感觉直接从冬天进入了夏天，没有过渡。

沙漠并不适合狗生存，因为砂砾温度比空气至少高出十度，清晨时，温度计显示的温度已接近四十度，砂砾会在很短时间内达到五十度的高温，于是三人一狗躲在沙山阴影下休息。

马陆取出护目镜、手套、围巾道："千万捂严实了，这可是真正的沙漠，小心阳光中毒。"

"我在想那怪物被火烧伤，又处在高温天气，很可能活不过今天。"

马陆摆摆手道："小心谨慎，别大意。"

话音未落，馒头忽然狂叫起来。

透过山脚望去，只见远处一道黑点缓慢移动，正是怪人追踪而来。

"怪人是冬军派来的。"马陆道。

"你怎么知道？"

"看他样子傻乎乎的，但目标很明确，就是为了追杀我们。"

"没道理啊，上哪去找这样一位，比'立地太岁'更像鬼的人？"

"这种人神通广大，弄点出其不意的东西，有什么好奇怪的。"

"咱们怎么应对，是等在这里以逸待劳对付他，还是走人？"

马陆挠了挠头道："正面硬杠，我们肯定不是对手，可逃走，迟早会被怪人追上。"

"跑也不是，留也不是，还能怎么办？"

马陆眼珠子一转道："还有第三种选择。"

杨月钟葭和阿蛮异口同声道："什么？"

"咱们兵分两路，怪人只能追踪其一，起码另一路人是安全的。"

"不行，我们绝不分开。"

"如果耗在一起，除了逃命，什么事儿也做不成，分开行动，起码还有

找到陨石的机会。"

"哥说的是,我来。"说罢,阿蛮将弓箭背上身,准备行动。

马陆拦住他道:"必须是我,你得保护钟葭安全。"

"马陆,我绝不同意你以身犯险,没了阿蛮的帮助,一旦被怪人追上,你会被杀死的。"杨月钟葭急了。

"别担心我,保护好你自己就行。"马陆假装轻松。

说不怕是假的,可马陆心里清楚,除了这招别无他法。

收拾好装备,马陆道:"咱们用卫星电话联络,我把他往戈壁外引,运气好,说不定能遇到执行任务的警察。"

话音刚落,杨月钟葭忽然一把紧紧搂住他,马陆吓了一跳道:"这怎么回事?"

"抱紧我,抱紧我……"杨月钟葭犹如梦呓,眼中泪光闪现。

马陆故作镇定,轻轻拍了拍杨月钟葭的背脊道:"别担心,我福大命大,不会有事儿的,咱们戈壁外碰头。"

"如果,我是说如果,这次能活着离开,你做我的男朋友吧。"

马陆露出一丝坏笑道:"那超市王子怎么办?就这么放弃他,是不是太草率了?"

"你讨厌,人家和你说正经的,你却笑话我。"

"我不想乘人之危,等这事儿了了,咱们回去以后,挑个黄道吉日再说。"

杨月钟葭将脑袋紧贴着马陆的胸膛,清楚地感受着他急促有力的心跳。

马陆用尽全力控制住自己,只在杨月钟葭的额头上轻轻一吻,转身离开了。

所以能"豁出去",是因为爱,他爱杨月钟葭,不想杨月钟葭受到任何伤害,而非他英勇过人,愿为他人牺牲。

"要是能带枪,早崩了这怪人,唉!"跑出沙山,马陆自言自语。

怪人看到他,蓦然发出一声怒吼。

沙漠空旷,声音传得很远,听得清清楚楚,他对怪人吼喊道:"你个没有人样的怪物,爹妈怎么同意你出来丢人现眼的?"

或许被这句话激怒,怪人接二连三地发出吼叫,似乎愤怒到了极点。

陨石猎人 下

马陆带着馒头冲出沙山,朝相反的方向跑去,怪人并不"挑人",尾随而来。

平坦的沙漠,犹如巨大的沙滩,根本无处藏身,马陆取出卫星电话,恨恨地道:"让你追我。"说罢拨通了武明星的号码。

他要寻求外援的帮助,解决麻烦。

然而按了半天,手机毫无反应,反而缝隙处有细沙流出。

卫星电话居然被一场沙尘暴毁了,马陆心里骂翻了天,却也无法可想,只能认栽,万幸 GPS 导航仪没有损毁,不用担心迷路。

太阳越升越高,沙地逐渐有了起伏,矮处区域笼罩于阴影中,马陆带着馒头在阴影中行走。不过看馒头的状态,应该支持不了多久,给馒头喂了些水,马陆道:"不应该带你来。"

馒头似乎听懂了他的话,虽然伸着舌头,呼吸急促,却掉头向前走去。

沿着导航仪指引,马陆快速前行,只有尽快走出戈壁,馒头才有存活的机会。

实际进入区域并不深,马陆估计以目前的速度,傍晚应该可以到达入口,再往前五公里就是村落。

暗中松了口气,这次行动也算有惊无险,钟葭、阿蛮平安无事找到陨石所在区域,自己和馒头安全脱身。

做好一切打算,马陆甚至觉得温度都变得适宜,而怪人并不刻意避开阳光,沿着既定线路行动,走哪算哪。

马陆逐渐想明白了怪人身体特质,与普通人不同的是,他除了肤色、肢体不同,一些根本构造和普通人也有不同,区别在于皮更厚实、骨头更粗、肌肉组织或许低于人体平均水平。

换而言之,他就像是一具风干的尸体,即便暴露在阳光下,体液消耗也比常人要低。

难道,怪人就是传说中的僵尸?

这个念头让马陆毛骨悚然,于是用望远镜仔细观察怪人,见他行动自如,并不僵硬,这才稍觉安心。

一直走到傍晚时分,天空中挂着大团火烧云,然而边界线却并未如期出现。

"怎么回事?"他舔了舔发干的嘴唇,自问。

此时,怪人距离他越来越近,按这速度,过不了多久便会被追上,而且看馒头的状态,离瘫倒也就是几公里的距离。

马陆心急如焚,脚下的路更加难以辨认。

难道,导航仪出了问题?

可数值显示并无异常,导航方向也很稳定。

马陆取出指南针,这东西虽古老,却比电子仪器靠谱,不会发生"崩坏"的事故。

终于,马陆发现了问题,指南针居然偏了半个角度。也就是说,指向了南北方向。

这下可把他惊出一身冷汗,在沙漠中迷路,危险性不比落在怪人手里差多少。

至于导航仪、指南针发生角度偏差,十之八九与昨晚的沙尘暴有关,沙尘暴除了会对电子讯号产生影响,另有碎沙可能含有磁性,对电子元器件会造成毁灭性损害。

刚有此念,就见前方不远处出现了一团移动黑影,只能是人了。

这下前有追兵,后有堵截,马陆叹了口气,没想到这片沙漠就是自己的葬身地。

他取出食物和水,喂了馒头,自己也填饱肚子,又取出帕兰砍刀,迎着来人走去。

马陆心知绝非怪人对手,所以他选择了新出现的对手,吃饱喝足精神一振,他大声咒骂着给自己壮胆,时不时挥动两下砍刀活动筋骨。

距离越来越近,马陆既兴奋又紧张,起了一身鸡皮疙瘩。这对他而言是好事,保持勇气尚且还有一战可能,怂了就是死路一条。然而随着来人越走越近,马陆逐渐发现来人的身形、走路姿态和阿蛮如出一辙。直到看清来人模样,就是阿蛮,马陆浑身绷着的紧张气息顿时松懈了,差点没晕过去。

补充了一点糖分,他加快脚步迎上前去。

"你怎么在这里?钟葭呢?"

"姐安全了,让我来找你。"

"安全了,凭啥这么自信?"

沙尘遇怪

"跟我来。"

出乎马陆意料的是,阿蛮居然还弄到了一辆四轮的山地摩托车。

"离得远,看不清你,所以我把摩托藏起来了。"

转到一座沙丘背面,只见阴影中停着一辆红色的山地摩托车,马陆笑道:"这下借他两条腿也追不上了,你们在哪发现摩托车的?"

"去了,你就知道。"

两人一狗上了摩托车,发动后阿蛮正要走,马陆道:"油够吗?"

"那里有好多的油,我把油箱装满出来的,有的跑。"

"去,咱们绕着怪物转两圈,气死狗日的。"

阿蛮一听,也觉得好玩儿,于是迎着怪人而去,快要接触时,方向一转,开始绕着怪人转圈。

"来呀,来抓我呀,可想死你了。"马陆哈哈大笑道。

"停下,等他一会儿,对、等着、等着,走啊……"

两人玩得嗨,怪人则愤怒到了极点,不断发出瘆人的吼叫,只是两条腿永远不可能跟上四个轮子的速度。

"没意思了,走吧。"阿蛮调转方向,向前行驶。

"别急,让我射两把。"

马陆从阿蛮腰间抽出弹弓,装上一粒铁弹,瞄准远远追来的怪人。

"走你。"

铁弹呼啸而出,击中怪人左肩。

他身子一歪,踉跄几步,摔倒在地。

然而,随后射出的铁弹都落空了,阿蛮道:"留点,别浪费了。"

"算你走运。"马陆对怪人竖起中指。

怪人挣扎着起身,试图继续追击,然而阿蛮稍加油门,山地摩托车便一溜烟向前驶去,很快,怪人便被甩得踪影全无。

"这就叫天不亡我。"马陆稳稳坐下道,"我的电子仪器都坏了,你们呢?"

"也坏了,所以骑车出来找你。"

一路向着沙漠腹地驶去,不知过了多久,一片闪烁着奇异色彩的丘陵,出现在马陆眼前。

"海市蜃楼。"马陆揉了揉双眼,再看,景象没有丝毫变化。

只见连绵的丘陵在火热的阳光下,呈现出七彩颜色,有深红、黄、绿、灰白……各种色彩交相辉映,简直就像一幅色彩丰富的油画。除了色彩美丽,丘陵形态也多姿多彩,高低起伏不平,有的如亭台楼阁、有的似云中之城,美丽到不真实的程度。

"这不是海市蜃楼,是真的存在。"阿蛮道。

"什么,这是真的?"马陆吃了一惊。

很快摩托车驶入五彩丘陵区域,只见四面八方都是强烈的色彩,仿佛用油彩涂抹出来,置身其中,让人有目眩神迷之感。其中一处形似金字塔的巨大丘陵下,散落着一些工程用具,而山脚下,有一处天然形成的洞窟,洞里有人为建设的痕迹。杨月钟葭坐在洞口,看到马陆,她激动地一跃而起大声道:"你个傻瓜,还真有傻福气。"

然而馒头却有些有气无力,趴在车上口吐白沫,虽然给它喂了水,擦拭了身体,但它的身体状况却急速恶化,很快没了呼吸。

在这种地方,一条生命的失去再正常不过,杨月钟葭虽然难过,却也无计可施,只能将馒头包裹起来,埋入沙堆里。

"你们是怎么找到这里的?"马陆问。

"导航设备发生了偏差,我们跟着错误信息,误打误撞发现的。"

"这里像是一处工程现场,有没有什么发现?"

"应该是石油公司在这里做过勘探,走的时候留下了一些物资,正好派上用场。"

遗留的物资中,有很多都能用上,比如说密封良好的矿泉水、一些罐头食品、两大桶汽油、三辆山地摩托车,甚至还有一卷雷管和引爆装置。

"这东西太重要了,就算怪人是钢铁铸成,也架不住雷管的轰炸。"

"我们没有使用雷管的经验,安全起见,还是别用好。"

"怪人迟早会追上来,不想办法对付,难道等死吗?"

"这里有三辆摩托车,无论如何他也不可能伤害到我们,何必去招惹他呢。"

"得,刚回来就谁也不服谁了。"马陆恼火地踹了石壁一脚。

"冷静点,我不是抬杠,而是不想你们受到伤害。马陆,你别看这里的东西一大堆,能用来对付怪人的,就只有这三辆摩托车。"

"算了,先填饱肚子再说。"

怪人被甩开老远,以他的速度,即便不受伤,起码也得明天才能赶到,做好晚饭,三个人饱餐一顿,马陆拍着肚皮道:"但愿怪人死在沙漠里。"

没多久,沙漠气温骤降,继而,新一轮沙尘暴漫天而起。

山洞里有工棚,他们三人进屋生火,暖洋洋的好不惬意。

"你以后可别乱说话,也太准了。"杨月钟葭笑道。

"是,我也没料到自己有这个本领,不过昨晚那场沙尘暴可没能杀死他。"

话音未落,阿蛮忽然坐直了身体,满脸的不安。

"怎么,预感到危险了?"马陆顿时紧张起来。

"我……"阿蛮敲了敲脑袋道,"就是觉得紧张。"

竖着耳朵,只能听到刺耳的风声,用柜子抵住屋门,以防怪人破门而入。

"除非他也能弄到车子,否则不可能这么快赶来。"马陆道。

"或许不是他呢?"

"能让阿蛮有如此强烈感应的,除了怪人还能有谁?"

"沙尘暴本身也很危险。"

"昨晚也有沙尘暴,阿蛮可没有感觉。"

只见冷汗一股股从阿蛮额头滚落,他情绪越发急躁,两只手在裤管上不停地摩挲。

忽然,铁皮工棚的顶部不断发出"砰砰"声响,不断有灰尘被震落下来。

"是他,一定是他。"杨月钟葭吓得不知该如何是好。

"他没那么高。"阿蛮虽然情绪焦躁,却并不慌乱。

"没错,工棚有三米多高,怪人够不着。"马陆望着天花板道。

声音并不算响,不是锤击时发出,倒像是撞击声。

"镇定,我估计是风把石头卷进来,撞击工棚发出的声音。"马陆道。

果然,撞击声消失后再没响起,阿蛮的情绪也逐渐稳定。

"别疑神疑鬼了,休息吧,明天早上去给怪人收尸。"

屋子里多的是床,这是他们三人头一次在野外执行任务时睡床上,这一夜马陆睡得很安详,醒来后铺天盖地的沙尘暴结束了,戈壁沙漠安静如水一般。

他不想睡,拿着一个手电筒,走出山洞。

蔚蓝的天空,星星如萤火虫般不停闪烁,他顺着石壁向上爬了一截,居高临下查看情况,并没有发现怪人的踪迹。

"和我比命硬,耗死你。"马陆恨恨道。

不过马陆心里清楚,麻烦远没有结束,冬军才是必须解决的问题,否则治标不治本。

坐了一会儿,越来越冷,他从石壁上一跃而下,走回洞里,忽然,脚下一软。缩回脚,用手电照去,只见地上居然躺着一只死蝙蝠。

蝙蝠约有手掌大小,雨衣般的翅膀紧紧裹住身体,血是从嘴和耳朵里渗出来的。

"原来如此。"马陆明白了,蝙蝠依靠声呐系统辨别方向,必然在沙尘暴中迷失方向,撞上了工棚。异响就是这样发生的。

回到屋里关上门,就听杨月钟葭小声道:"睡不着了?"

"嗯,可能是睡得太舒服,所以睡醒就不困了。"

"心里有事儿吧?别担心怪人了,我觉得他未必能活下来。"

"别太乐观了,这怪物从昨天夜里到今天下午滴水未沾,并且在太阳直射下连续行走了近十个小时,搁一般人早死了,他活得挺好。"

"你说他是怎么做到的?"

"估计他的身体和普通人不太一样,有储存食物和水分的能力。"

"这么说,咱们遇到了超级战士?就像美国队长那样,被改造了基因。"杨月钟葭忍不住笑了。

"不是没有可能,冬军本来就是科研机构的金主,又痴迷于前沿科技,说不定在这方面有了突破,而且,希特勒可是企图利用陨石能量,打造僵尸部队的,说不定这怪人就是其中一个呢。"

"说着说着就不像话了,得了,好好睡觉吧。"

"你们睡吧,虽然安全,也需要放哨的。"

片刻,杨月钟葭发出细微的鼾声,马陆笑道:"真是个贪睡的小熊。"说罢,翻身坐起,准备做早饭。

渐渐星光褪去,蔚蓝的天空变为浅蓝,一抹红晕出现在天的东边。

"起来吃饭喽。"马陆用勺子敲锅边道。

两人这才睡眼蒙眬地醒转,看见酒精炉上架着热气腾腾的方便面,杨月钟葭莞尔一笑道:"真是辛苦你了。"

"还不是应该的。"马陆放下锅勺道,"你们先吃,我出去看看情况。"

出工棚后,他又爬上沙丘举目眺望,清晨的沙漠视线极好,他又用了望远镜,确定数平方公里范围内,都没有看到怪人的身影,看来昨晚那场沙尘暴,已将他的尸体掩埋了。

"跟我斗,死有余辜。"

马陆得意洋洋跳下,走回洞里,正要进工棚,忽然觉得不大对头。

抽出手电,朝山洞深处照去,只见布满黄沙的石道上落满蝙蝠的尸体。

"从哪来的?"马陆暗中觉得奇怪,却又发现昨晚摆在废弃铁柜上的雷管不见了。

"坏了。"他立刻抽出匕首,对着黑黢黢的空间。

然而用手电照了一圈,并未发现异常状况。

"怎么了?"杨月钟葭走出工棚问道。

"雷管不见了。"

"不会吧,这里除了我们没有……"

话音未落,她也看到了满地的蝙蝠尸体。

"这是怎么回事?"

"不知道,但肯定不正常。"马陆小心翼翼地朝洞穴深处走去。

只见洞内碎石堆砌越来越多,看石材质料,与山丘材质完全相同,

"工程队应该在这里开了山。"

接着,一股腐臭气味隐隐传来,杨月钟葭嗅了嗅鼻子道:"闻到没,真恶心。"

"千万小心,越来越不对劲。"

话音未落,就见一道黑影从山洞一侧冲出,继而拦在自己身前。

"你是……"手电光照在对方脸上,居然是阿蛮。

"别再往里走,我觉得不对劲。"阿蛮满脸焦急地道。

"怎么，你又有预感了？"马陆紧张地问。

"是的，而且和之前的感觉一样，这里非常危险。"马陆的脸涨得通红。

"可是，除了一地死蝙蝠，没见别的东西。"

"阿蛮既然有感觉，还是别在这儿待了，万一冷不丁钻出个什么东西。"杨月钟莨不无担心道。

正打算折回，就听从洞口传来"嗷"的一声长吼。

马陆暗道："不好。"立刻关了手电。

三人没入黑暗，借着洞外的光亮，只见身材高大的怪人，晃晃悠悠地走了进来。

"我的天，这怪物从哪儿冒出来的？"马陆压低嗓门道。

"你一直在观察，难道没看见？"

"我发誓，看得非常仔细，而且沙漠的视野开阔，没有遮挡，可就是没看见。"

"别说废话了，赶紧想办法脱身。"阿蛮道。

"你预感的危险，是不是怪人？"

"我……"阿蛮并不能确定。

"别纠结阿蛮的预感了，得想办法逃出去。"杨月钟莨道。

只见怪人浑身沾满泥沙血污，裹在身上的长巾烂如碎布条一般，也不知他是如何活下来的。

犹如涂了墨汁一般的脸上，表情愤怒到了极点，对着铁皮工棚连锤带踹，看来体能并不差。

"这浑蛋，吃了多少亏，还是这么生龙活虎的。"马陆皱眉道。

"冬军从哪弄来这么一个大宝贝？"杨月钟莨语调无奈。

"我有办法了。"马陆指了指停在前方不远处的三辆山地摩托车。

"咱们骑摩托车撞他，我就不信，撞不死他。"

"别蛮干，山地摩托车是我们重要的交通工具，还得靠它出沙漠。"

"那怎么办？他一路进来，我们迟早会碰面的。"

只见怪人冲进工棚，一阵打砸声在耳边响起，他状若疯癫地敲打工棚里的一切，铁床与铁皮相撞，发出震耳欲聋的撞击声。

"走，看洞里有没有地方可供藏身。"

他们小心翼翼往洞里退去，臭味越发浓郁，只见地下石头此起彼伏的凸起，岩层结构已经有了变化。退到山洞最深处，石壁上又出现了两口洞，一个洞约一人高，另一个洞小点，直径不到半米。

　　小洞底部，不断有腥臭黏液渗出，顺着石壁往外淌，臭味令人作呕。

　　"这两个洞出现的正是时候，怪人只有一个，所以只能进一处洞穴。"马陆小声道。

　　"问题是，万一咱们正好进了同一处洞穴，怎么办？"

　　"可能性不大，因为我要进小洞，这里又脏又臭，还很矮，怪人不会选的。"

　　"万一他要是选了呢？"

　　"你还有更好的办法吗？"马陆无奈地问。

　　"贸然进入野外洞穴，说不定死得更惨。"

　　话音未落，一只冒着荧光的蝴蝶，从小洞中翩翩飞出。

　　蝴蝶约有巴掌大小，通体黑黄相交，身体边缘弥漫着一层淡淡荧光。

　　马陆伸手想要碰触它，蝴蝶似乎感受到他的动作，振翅而起越飞越高，只见黑暗的区域一点荧光闪闪，随即消失无踪了。

　　"蝴蝶石、蝴蝶石就在洞里。"马陆激动得满脸通红。

　　"就这么进去，还是太危险。"杨月钟葭道。

　　话音未落，就听"轰隆"一声巨响，铁床撞碎玻璃窗，落在地下。接着，怪人从破裂的窗户中探出半截身体，气喘吁吁地呆立着，不一会儿，身体晃荡几下，忽然从工棚里翻了出来，摔倒在地。

　　"晕了，这怪物终于晕了。"马陆迈步跑去。

　　"小心有诈。"

　　"这怪人根本毫无智商，哪懂使诈。"马陆笑道。

　　话是这么说，马陆还是停在怪人身前数十米处，先用石子砸了两下，确定没有动静，这才小心翼翼靠近。

　　怪人全貌终于看得清楚，看外形，他确实更像僵尸而非人类。他的皮肤紧包着骨头，毫无血肉之感，皮肤干瘪得犹如硝制过的牛皮，最可怕的就是肤色，犹如墨染一般。双手双脚各生四指，虽失去意识，指头却在轻轻抖动，似乎随时都会醒来。

马陆取出伞兵刀,对着他的喉咙比画了几下。

"你要干吗?"杨月钟葭警惕地问道。

"当然是宰了他,难不成等他醒过来宰咱们?"

"你疯了,他是凶手所以杀人,而我们不是。"

"这都什么时候了,你还有心思扮圣母呢?"马陆急了。

"和圣母没关系,我只是不想你成为罪人。"

"这件事里唯一的罪人就是冬军,正因为他的追杀,我们才会如此狼狈,杀了这个怪物,最不济也是正当防卫。"

"你冷静点,如果他在行凶,反击自保没问题,可他连意识都没有,你杀了他就是杀人。"

"那你说该怎么办?"

"我们有三辆山地摩托车,离开是最稳妥的选择。"

"你疯了,蝴蝶石就在眼前,你要我放弃?"马陆急了。

"陨石是找不完的,没了这块还有下块,何必为一块石头沾上人命呢。"

马陆并非不懂道理,可蝴蝶石造成的神奇幻象极具吸引力,无法断了他的念想。

迟疑片刻,马陆忽然抽出匕首,奔着怪人而去。

"马陆,你冷静点,千万不要犯罪。"杨月钟葭顾不得许多,拦腰抱住他苦苦劝导。

然而马陆失心疯了一般,全力挣脱,两人正僵持不下,忽然一巴掌从天而降,狠狠地抽在他的脸上。

"别发疯了,赶紧走。"阿蛮用左肩头一顶,马陆踉踉跄跄跌出洞外。

站在阳光下,马陆忽然觉得头脑一阵清明,冷静下来。

"我刚才可不是故意发疯的,我也不知道为什么会那样。"

马陆试图解释,杨月钟葭走到他面前道:"不用解释,你有这种反应很正常,陨石确实会对人产生某种特殊的吸引力,就像男人见到性感的陌生女子一样。"

"难道,刚才我被一块石头勾引了?"

"这种情况经常发生,没什么奇怪的。"

马陆想了想道:"走吧,别再耽误了。"

他不敢再进洞，杨月钟葭和阿蛮开出两辆山地摩托车，装了一些必需品后离开了。

虽然定位设备损坏，但天上太阳高挂，东南西北分得清清楚楚，沿着既定方向走了大半天，远处的天际线已能看到村庄的轮廓。

"我们是一群无家可归的人，就算这次化险为夷，后面的路也不好走。"马陆道。

"装备都折在山洞里了，买齐也不容易，下次任务不知道何时开启。"

只见远处沙漠出现三条弯弯曲曲的"沙线"，这是车子开动时卷起的灰尘，从灰尘扬起的高度看，车速应该很快。

"又是进去找陨石的，得提醒他们一句，别遇着怪物了。"

他们迎着车子而去，越来越近，很快就碰面了。

没等马陆这边发出信号，对方主动停车，三辆车里下来七八个人，看模样都是陨石猎人。

"朋友，哪个队的？"对方喊了一嗓子。

"西京市探星小队的。"

"哦，有什么发现？"

"该找的东西没找到，却遇到一个怪人，劝你们别进去了，太危险。"

"什么怪人？"

"一个浑身黢黑，像僵尸一样的人。"

对方人群中，一名穿着脏兮兮牛仔裤的人，挥了挥手道："带他出来。"

打开其中一辆三菱越野车的后备厢，浑身漆黑的怪人从后走了出来。

马陆暗道："不好。"发动摩托车就想跑，两辆越野车同时启动，两边而上，切断了他们退路。

"就凭你们开的摩托车，可跑不了。"牛仔裤笑道。

"是冬军让你们来的？"

"这可不是我能回答的，也不是你该问的。"

"想要拓片是吗？有本事就上来抢。"

"你们看看这小子，有几分骨气，和他死鬼二叔真挺像。"

马陆大吃一惊道："为什么说到我二叔？"

第七章

沙漠追逐

"因为你们是只吃罚酒、不吃敬酒的傻子。"

"你到底什么意思?"马陆浑身都绷紧了。

"交出拓片吧,否则你们三人的下场,就会和你二叔一样。"

"我……"马陆怒吼一声,跳下摩托车朝对手冲去,却被阿蛮一把抱摔在地。

"冷静,过去就是送死。"阿蛮在他耳边小声道。

马陆发热的头脑稍微冷静了几分,他喘着粗气道:"为什么害死我二叔?"

"你二叔的死,纯粹是因为不懂分享,干咱们这行,只会吃白食的人,大多活不长。"

"所以,他是死于冬军手里的?"

"别给我下套,首先,我不知道冬军是谁,其次,你二叔的死因与我们没有关系。"

牛仔裤正洋洋得意地说着,阿蛮忽然纵身而起,举起弹弓射出一弹。

这可是铁做的弹子,怪人能受,牛仔裤可受不了,顿时头破血流摔倒在地。

阿蛮并没停手,转而对准车上两名驾驶员各射出一枚铁蛋,其中一人中弹。

由于车窗玻璃的阻隔,车内的人受伤不重,但也捂着脑袋疼得抬不起头。

趁对方乱成一团,阿蛮道:"抢车。"顺手从腰间解下自制的连环石子袋,举过头顶,用力甩动。

马陆打开车门,揪着受伤司机的衣领将他拖出驾驶室,正要上车,却被对方死死地抱住左腿,可巧驾驶室下有一根扳螺丝的套筒,马陆抓在手上毫不犹豫敲在对方脑袋上,司机闷哼一声晕了过去。

牛仔裤不顾"身负重伤",指使手下阻拦他们逃走,阿蛮手一松,极速旋转的石子袋脱手而出,直上半空。

他跟杨月钟葭打了个手势,猫腰跑到车旁,"呲溜"一下蹿上副驾驶。

杨月钟葭心领神会,掉转车把朝相反方向跑去,对方正要追赶,然而在惯性的作用下,尖利石子划破袋口,犹如铁砂冲出枪膛,瞬间弥漫在空中四下溅射。

众人哪见过如此奇特的"武器",猝不及防间纷纷"中弹",虽不至于受到重创,却也被尖利石子划得皮开肉绽。

车里的驾驶员没有受伤,发动汽车,正要追击杨月钟葭,猛然一辆越野车从斜刺里冲过来,撞在车身上。

驾驶员撞击车门,肋骨顿时断了几根,他疼得闷哼一声,差点没晕过去。

撞车后,马陆驾驶越野车退开,追着杨月钟葭而去,到了钟葭的摩托车一侧,他大喊道:"上车。"

阿蛮推开后车门,杨月钟葭小心翼翼在山地摩托车上站起身,借着阿蛮的搀扶,跳进车里。

马陆擦了一把脑门上的汗水道:"怎么办,咱们去哪儿?"

"他们还有两辆车子,迟早会追上来,咱们先去山洞里取回装备,再找工程队,在这种地方,只有工程队能保护我们。"

"非亲非故的,他们凭什么保护我们?"

"用蝴蝶石交换,他们一定愿意。"

马陆一合计,也只能如此,于是加着油门朝山洞方向驶去。

重新返回山洞,他们拿到了装备,又给车子加了油和水,一番补给之后,在高处警戒的阿蛮喊道:"快,他们来了。"

马陆立刻发动汽车,沿着五彩山脉路线,朝沙漠深处驶去。

他们之所以选择"蝴蝶石"项目,是因为地理标识区域就在戈壁沙漠的边缘地带,如果深入沙漠腹地,他们一定不会选择,因为沙漠中危机重重,过于深入,即便准备再充分,也有可能遭遇致命险情。

然而被人用刀逼着逃命,只能是哪儿有路往哪儿走了。

车子一路驶向莽莽黄沙之地,很快,另两辆车子也追了上来,沙漠中灰尘扬起,无法逃脱追踪,这时候只能比谁的车子性能更好了。

"如果找不到工程队,我们就死定了。"

"别想太多了,能走多远就走多远。"杨月钟葭安慰道。

"阿蛮,还有没有秘密武器?"

"没有了,再见面,就是血拼。"

"若能活着出去,一定去找武明星买把枪。"

说罢,马陆一把掉转方向,车子转向驶入一座沙丘之后。

连绵起伏的沙丘,犹如一道屏障,暂时遮挡了对方的视线,也遮住了强烈的阳光。

阿蛮打开天窗探出身,用望远镜察看一番道:"没有发现工程队的踪迹。"

"咱们现在做的事儿,和买彩票中五百万没区别。"

"我们无路可退,就算没希望,也只能如此了。"杨月钟葭道。

话音未落,车身忽然发出剧烈的震颤,犹如失控的野马,在沙地上歪歪扭扭地滑行起来。

"怎么回事?"马陆大喊,只觉得车身一歪,陷入沙地。

下车一看,四个轮胎全部漏气了,且破口极大,犹如被撕裂开来一般。

"真倒霉,扎破车胎了。"他用力踹了车轱辘一脚。

只见不远处烟尘滚滚,对方的车辆离他们越来越近。

"唉,最终还是走到了绝路上。"马陆叹了口气。

阿蛮取出弓箭道:"躲进车里,这里地形开阔,他们敢过来,一箭一个射死他们。"

沙漠追逐

马陆捡了两个铁扳手,道:"拼吧,死也得拖几个垫背的。"

只见车子离他们越来越近,忽然,两辆车前后发生故障,和他们一样轮胎破裂,在沙地中滑行一截,才将车子停住。

一帮饱受皮肉伤的人下得车来,既狼狈又气愤,尤其是牛仔裤,虽然用纱布裹了头,鲜血还是浸透了纱布,顺着脸不停地往下淌。

"你们要是能好死,算我祖宗八辈没积德。"他暴跳如雷,正要指挥手下的人"冲锋"。

"啪",一声清脆的枪声响起。

循声望去,只见沙丘上,人影绰绰,六七名荷枪实弹的男子出现在他们眼前。

这些人手里拿着的可是真枪实弹,而且并非老掉牙的"五连发",全是"九五式"。其中一个人还背着把迷彩绿的雷明顿狙击步枪。

"你们是什么人?"背着狙击步枪的男子大声问道。

这人身材高大,穿一身迷彩服,脑袋剃得溜光,五官颇为凶狠。

背着枪的肯定不是善茬,牛仔裤口气软了,道:"朋友,咱们河水不犯井水,来这儿,是为了抓他们三个人。"说罢,指向马陆。

"我管你们抓谁,赶紧走。"光头恼火地道。

"是,我们这就走。"

牛仔裤对手下使了个眼色,众人呈扇形散开,对马陆他们三人形成合围态势。

"我看你们谁敢上来。"阿蛮用弓箭对准众人。

"哼,看你们这次往哪飞。"

牛仔裤一瘸一拐,从后备厢里取出几把短管猎枪,又将一把发令枪改造的手枪交给手下。

"你们是自己投降,还是我们帮忙?"他躲在车后大声道。

"投降,做梦吧。"阿蛮以极快速度连射两箭,两名持枪人还没反应过来,大腿便被箭射穿了。

两名持枪人疼得摔倒在地,哇哇大叫。

手持发令枪的人,趁机对准阿蛮开了一枪,枪声如炸膛一般响彻沙漠,子弹却不知飞去了哪里。

阿蛮反手一箭,精准地射穿了那人的左肩,又是一人负伤倒地。

精准无比的三箭,让所有人见识到了阿蛮的厉害,这下没人敢乱动了。

"站着干啥,看戏呢?一块儿上。"牛仔褂着急地吼道。

"你抽什么疯,小瘦子眼力手头,比郭靖射得都准,让你手下送死吗?"光头嘲笑道。

牛仔褂充耳不闻,继续指使手下抓捕阿蛮。

"我说你没听见?聋了吗?"光头说罢摘下狙击枪,交给手下后,直接从山丘上跳了下来。

"朋友,咱们各走各的路,你拦着我,不合规矩。"牛仔褂说话时,手下聚拢到他身后,虎视眈眈地望着光头。

"头一次听说,在这种地方还有规矩。"他咧嘴笑道。随即手按在腰间的枪套上,那里插着一把银光闪闪的"沙鹰"。

这可不是必须贴着人才能打中的改造枪,"沙鹰"精度无法和自动步枪相比,可这种距离内,只要不是"棒槌",随便乱开,总能打中几个人。

牛仔褂和手下顿时怂了,然而光头摘下枪套,丢在沙地上道:"我呢,也不欺负你们,挑个最厉害的和我打,输了立马滚蛋,赢了,随你们做啥。"

马陆顿时急了,道:"大哥,千万别托大,他们当中有变异的怪物。"

牛仔褂忍不住笑着道:"说的话随口就变,玩不起就别玩。"

光头无所谓道:"行啊,就让你们的怪物出来,我倒要看看……"

话音未落,怪人下了车。

看见怪人的那副鬼样子,光头面色一变道:"还真不是人。"

"反正你们枪多,就算是变卦了,我们也只能听着。"

"谁变卦了,来吧。"光头脱了上衣,露出的上半身肌肉虬结,胸口文着一条彩色的蝎子,看着强壮又凶狠。

他的手下有鼓掌的,有吹口哨的,纷纷为老大鼓劲,只有马陆心知光头必败,对阿蛮道:"找机会用箭射怪人,光头是我们唯一保命的机会。"

光头正在活动筋骨,只见他肩头肌肉耸起,骨节咔咔作响,怪人无须准备,大步上前,一拳打了出去。

光头身子一矮,躲过拳击后,一记勾拳正打在怪人腰间,就听"噗"的一声,他手震得生疼,怪人却一动不动。

"去。"骏黑的大脚掌，一脚踹在光头胸口，将人给踹飞了。

落地后，光头一个鲤鱼打挺，翻身而起。

他眼中怒火喷射，大吼一声冲了过去，两人靠近，光头忽然停住脚步，踢起一堆黄沙，扑了怪人满脸。

怪人发出牛哞般的叫声，用手去揉了揉双眼，光头趁机跃起，一肘顶在怪人喉咙处，两人同时摔倒，光头两只手左右开弓，连续捶打怪人的脖子。

以怪人的身体结构，若是击打头部或捶断了双手未必能伤到他，然而脖子毕竟是人体最脆弱的部位，一旦遭受攻击，不死也得重伤。

光头心知怪人厉害，并没有给他再站起来的机会，居然硬生生地将他的脖子捶断了。

马陆暗中咂舌道："早知道我也这么干了。"

"别吹牛，光头可以把怪人打翻在地，你有那么大力气？"杨月钟葭道。

光头喘着粗气起身，这下，牛仔裤一拨人没了声音，就像霜打的茄子，蔫了。

"还有谁？"光头扭动双臂，又是一阵咔咔作响。

"大哥，这三个人和你没有关系，为什么要替他们出头。"

光头笑了，随即吐了口痰道："你管这些事有意思吗？"

牛仔裤不敢再说什么，指使手下从车上取了装备，步行离开。

马陆暗自松了口气道："多谢大哥仗义援手……"

"别急着谢我，这个忙可不白帮。"光头捡起衣物，抖落黄沙套上身。

马陆三人互相对视一眼，杨月钟葭道："你需要我们做什么？"

"尽管放心，我们都是正路来的人，不会让你们做违法犯罪的事儿。"说罢光头取出一个红本子，递给杨月钟葭。

这是一张官方机构颁发的狩猎证，也就是说这些人都是持证上岗的猎人。

"猎人还需要持证上岗？"马陆好奇地问。

"我们这门职业，知道的人不多，主要是为一些野外作业的机构执行清理工作，大多数情况下，是先期进入，驱赶或猎捕大型野兽，也有一些特殊情况，会在工程开展后进入，比如说这次。"

"这次聘请我们的公司，是做深层钻井的，他们在这片区域打洞的过程中,无意中打通了一个洞穴,是一处蝙蝠巢穴,起初没在意,可随后发现这些蝙蝠捕食人类,其中有一只体型巨大的蝠王,极其狡猾,蝙蝠群在它的指挥下神出鬼没发动攻击,让这家公司吃了大亏。"

"所以,请你们来剿灭蝙蝠?"

"蝙蝠成千上万只,杀不完的,我们的目的是杀掉蝠王,本来这不是个问题,但是蝠王身上挂了一卷雷管,如果引爆了雷管,以洞穴的石质,极有可能引发坍塌。所以,一个靠谱的神箭手,可比神枪手值钱多了。"

说罢,他望向阿蛮。

马陆他们立马明白了他的心思,马陆道:"这活儿有没有危险?"

"路早就探明了,蝙蝠群什么时候捕食,什么时候休息,我们都清清楚楚,只要在蝠王休息的时候暗中偷袭,准保一箭射它个透心凉。"

见他们犹豫着不说话,光头拍着马陆的肩膀道:"我亲自带你们下去,风险一起承担,行吗?"

"杀死蝠王后,接下来怎么办?"

"我负责送你们到家。"

马陆望向同伴,见钟葭和阿蛮都是微微点头,便道:"好,就这么办。"

于是两支队伍协同作战,前往目的地。

"蝙蝠所在的洞穴,暂且代号为'彩色洞穴',位置很深,我下去过两次,蝠王大约半米高,双翼展开应该超过两米。"

"刚才你说蝠王身上挂了雷管,怎么回事?"

"我上哪知道,或许是工程队用来开山的雷管,保存不当,被它无意带走了。"

"昨天,我在一处山洞里发现一卷插在袋子里的雷管,一夜沙尘暴后雷管不见了,估计蝠王身上的雷管,是从山洞里得的。"

光头道:"有可能,昨天晚上我第一次进入彩色洞穴。"

"工程队对于工具的保管意识也太差了,雷管随便丢,万一出事了怎么办?"

"这种工程多是外包的,有的企业不够严谨。"

光头团队一共七个人,乘坐两辆丰田普拉多,现在挤进去三个人,虽然略拥挤但也能坐下。

马陆道:"彩色洞穴不在这里?"

"应该还有二十分钟路程。"

"那你们为什么来这儿?"

"我们觉得任务不可能完成,就准备走了,没想到发现你们两帮人。"

"所以设了埋伏,等我们中招?"

"那三辆车,我们在进入沙漠时就遇到了,以为是同行抢生意,所以想给他们个下马威,没想到歪打正着,帮了你们一把。"

车子朝北方驶去,开出一截路,只见地势逐渐向下,一处隐藏在凹地的工业小镇出现了。这是一片新建成不久的区域,四座面积宽阔的平顶工房整齐排列,高地建了两处小型的风力发电机,工房顶部布满了避雷与信号接收装置。

工房四周,修建了两条十字形的板路,主要是方便大型工具的调配运输,在工房四周的空地上,停着数十辆大型挖掘、运输车辆,也不知在这儿搁了多久,车身遍布细密黄沙。

车子穿过工房区域,静悄悄的没有半点声音,似乎整个地球的人类都消失了,只剩下这两辆车里的十个人。

"一切都准备好了,就是没法开工,你知道停一天损失多大?"光头道。

"所以,对方肯定给了你丰厚的报酬。"

光头愣了一会儿,随后笑道:"放心吧,这活儿搞定了,大家都有好处。"

"我不是找你要钱,只要保证大家安全就行了。"

穿过人工区,天色已近黄昏,车子开到一处沙丘后停住,光头看了看手表道:"应该快了,你们有机会能亲眼目睹一幕壮观景象。"

随后,他带着马陆他们攀上沙丘,指着不远处一座状如烟囱的小山道:"彩色洞穴就在那座小山下面,每到傍晚,蝙蝠就会离开洞穴捕食。"

"我们在这里,会不会成为它们目标?"

"放心吧,离着还远呢。"

众人静静趴伏,看着天色逐渐变暗,无边无际的天空中,繁星渐多。

忽然,远处传来嘈杂声响,小山背面一条"黑线"腾空而起,由细变粗,正是无数只蝙蝠从洞穴中飞出的景象。

这一幕就像火山喷发，场面无比震撼。

只见无数蝙蝠飞入夜空，铺天盖地朝北面飞去，很快，融入茫茫夜色。

"我们大约有二十分钟的时间，立刻行动。"

众人上了车，驶向对面的小山。

"我们乘滑轮下去，射杀蝠王后立刻离开，整个过程你们一定要紧跟着我，千万不要独自行动。"光头叮嘱道。

"万一遇到蝙蝠群飞回来怎么办？"

"动物体内的生物钟比人类严谨得多，觅食时间不会有大的改变，只要在二十分钟内撤出山洞，就不会有危险。"

光头利用秒表开始十五分钟倒计时，下了车后，他换上冲锋衣，当先站上滑轮。

所谓"滑轮"，是一种简易搭建的"电梯"，黑煤矿的专用下井工具，马陆往上一站，这东西像秋千一样晃动起来，吓得他紧紧握住木质护栏，一动也不敢动。

通过马达控制绳索收放，四人一路沉入洞中，光线越来越暗，光头打开冷光灯，只见洞壁上遍布螺旋纹路，这是钻头勘探时留下的。

"这座山洞将近一百八十米的深度，洞内面积开阔，我提前给你们打个招呼，洞里的景色非常漂亮，但是，千万别把自己当游客。"

话音未落，滑轮降入山洞中，面积骤然变得开阔，冷光灯只能照亮一小片区域，然而已能看到周围的钟乳石顺势垂下，在冷光灯的照耀下，五颜六色，美丽到了极点。

这些年马陆去过不少地方，也下过一些洞窟，却远不及这里美丽。

终于降到洞底，只见洞壁原始的岩画线条简单粗糙，马陆身边，一根天然形成的巨大石柱耸然而起，然而就在这片黑暗静谧的地下世界中，却能看到星星点点的光亮，有的甚至明明灭灭，就像隐匿于黑暗中的动物在眨眼一般。

马陆觉得汗毛凛凛，小声道："这里除了蝙蝠，还有什么？"

"不知道，但这么大的洞穴肯定有未知生物存在，和咱们没关系，办完事立刻就走。"

很快，干燥的地面出现了湿软的泥巴，一脚踩上去，滋滋作响，气味也变得难闻起来。

"这是蝙蝠粪,离蝠王越来越近了。"

满地的粪便掩盖了脚步声,四人悄无声息地靠近目标。

走到一处椭圆形的钟乳石前,其上有红笔做的标记,光头取出一盏冷光手电,点亮后移动光锥,只见不远处的洞壁上,一只体型巨大的青灰色蝙蝠倒吊在洞壁上,双翅裹住身体,正在熟睡中。

它的双翅上挂着一个长方形布袋,里面插满了雷管,就是马陆在山洞里发现的雷管,估计沙暴天蝠王误入后,将雷管包挂在身上带走的。

这种包的带子固定性极强,一旦缠上身不费一番工夫是取不下来的,何况还是一只蝙蝠。

光头做了个手势,示意时间不多了。

阿蛮四下看了看,道:"我得再靠近些。"

洞内光线昏暗,视线并不算好,为了保证射击的精准度,阿蛮必须再往前走,四下观察,寻找攀登区域。

"要是在这里引爆了雷管,后果不堪设想。"马陆道。

"是啊,钟乳石就能把人砸死,再引起大规模山体坍塌,那我们就死无葬身之地。"

阿蛮敏捷如猿猴一般,顺着凸起的石块一步步攀高,距离蝠王越来越近。

阿蛮站在一块黄色的钟乳石上,距离地面有十来米。他轻轻摘下复合弓,搭上箭,正要瞄准蝙蝠,就听"哗啦"一声轻响,脚下踩着的石头断裂开来。阿蛮翻身掉落,万幸他身手远比常人敏捷,落下的过程中反手扒住一块凸起的石头,悬空挂住。然而石头碎裂的响声,惊动了沉睡的蝠王,它张开翅膀,露出满是青毛的身体,张开满是獠牙的尖嘴,发出一声尖叫,朝阿蛮俯冲过来。

蝙蝠的翅膀巨大,横空展开犹如上古翼龙,挥动时发出"呼呼"的风响,不过蝙蝠体型大,必然会影响速度,蝠王飞行略显缓慢,这让马陆有足够的时间取出狼眼手电,用力掷出。

阿蛮虽然止住了下跌之势,可距离地面还有五六米的高度,底下乱石遍布,万一踩错地方,不死也残,所以阻止蝠王只能依靠其余的三个人。

狼眼手电在空中翻翻转转，正中蝠王翅膀，却无法造成任何伤害，蝠王依旧朝阿蛮飞来。

蝙蝠是肉食动物，小型蝙蝠以动物血、昆虫为食，像蝠王如此巨大的体型，吃人并不为怪。

眼见尖利的牙齿临身，阿蛮无路可退，丢了弓箭，腿在石壁上一蹬，整个人腾空跃起，落在蝠王背上。

虽然蝠王体型算得上巨大，毕竟力量有限，骤然承受百多斤的分量，先是向下一沉，接着失去平衡，尖叫声中，往下摔落。

如果就这样摔落，蝠王必成待宰猎物，然而眼看就要落地，一对肉翅用力挥动，居然又勉强飞了起来。

阿蛮则瞅准机会，翻身滚落，两三米的高度，虽然摔得够呛，但不至于受伤。

得脱束缚，蝠王再度飞起，在空中掉转方向，朝众人扑来。

它却不知这么做正中阿蛮下怀，这位依靠土制弓箭在原始丛林中捕猎数十年的"神箭手"，再度用弓箭瞄准猎物，相距不到四五米的距离，长箭如流星飞出，准确无误地插入了蝠王的脑袋。

巨大的蝙蝠还未落地就已死亡，旋转着从半空坠落，撞入一堆钟乳石中，只见数块细长的钟乳石被撞断，掉落在地。

确定蝠王死透，四人正打算原路返回，隐隐听见一阵嘈杂的"尖叫"声传来，山洞里的气流流动明显。

光头道："坏了，蝙蝠回来了。"

"不是说有二十分钟间隔吗？"

"我们观察了几天，没有异常，今天肯定是出了什么问题。"

光头也不慌张，领着他们躲进石缝中，用冷光手电朝洞顶照去。

片刻，只见无数蝙蝠从洞口涌入，犹如乌云般在山洞内弥漫。各种杂响震耳欲聋，他们只能捂住耳朵，不知过了多久，刺耳的嘈杂声终于消失，蝙蝠各寻悬挂，稳稳倒吊在山洞顶部。

光头将声音压到最低，道："它们很快就会发现蝠王消失，到时候会有混乱，我们只要躲在这里保持不动，就不会有危险。"

"然后呢，怎么出去？"马陆问。

"它们闹腾够了，就会休息，或者保险点，等蝙蝠下一次觅食咱们再走。"

杨月钟葭道："你有没有搞清楚蝙蝠的行为特征？这些东西可不是靠眼分辨猎物的，而是利用超声波，它们能轻易找到我们。"

"就是死，我也不愿意被几千只蝙蝠撕碎。"说罢，马陆不由自主打了个激灵。

光头摇摇头道："我还真没想过这些。"

"你不是开玩笑吧？"马陆汗毛都竖了起来。

"我以为干掉了大蝙蝠就行，谁想到被这么些蝙蝠堵在洞里了？"

话音未落，就听一声极其刺耳的尖叫声响了起来。

在这之前，马陆从未听过蝙蝠尖叫，他只知道蝙蝠会发出轻微的"吱吱"声，今天终于知道，蝙蝠的尖叫声之响亮，即便是海豚也要甘拜下风。要命的是，一只蝙蝠尖叫，其余蝙蝠跟着发声，尤其密闭的山洞又有放大声音的作用，马陆只觉得耳膜胀痛得几乎要炸裂，即便用手堵住耳朵也没用。

在这响声异常的山洞里，无法与同伴沟通，才是最致命的，马陆扯着嗓子喊，却没人听清他说什么。

马陆心知这些蝙蝠迟早会发现他们，就准备去抢雷管，宁可被炸成碎片，也不愿承受千百张利口撕扯身体之苦。

忽然，一片黑暗的山洞中，弥漫起一股怪异的淡绿色的荧光，就像点亮的灯带。

继而山洞内的每一块石头都透出各种不同的荧光，比如黄色的钟乳石便是黄色荧光。片刻，一只只颜色、大小不同，形状完全相同的荧光蝴蝶，从石头散发的荧光中分离出来，于空中翩翩起舞，有的"钻入"蝙蝠体内，便消失不见了。

可即便瞬间消失了数千只荧光蝴蝶，山洞内还是有无数只蝴蝶飞舞，黑暗的山洞顿时变得明亮。

奇怪的是，当荧光蝴蝶钻入蝙蝠体内，躁动不安的蝙蝠顿时变得安静，一动不动地悬挂着，似乎睡着了一般。

山洞内重回寂静，光头目瞪口呆地望着这奇异的一幕道："这是闹什么妖精了？"

马陆正要解释,杨月钟葭却暗中掐了他一下,马陆顿时会意,悄悄捡起一块钟乳石,装进袋子里。

此次行动的目标,终于找到了。

"趁这个机会赶紧走。"

光头正要走出去,杨月钟葭一把拉住他道:"还是要小心,被这些妖精钻入身体,会睡着的,得避开它们。"

"真是邪了门。"光头道。

终于返回到了地面,双脚站在沙地上,马陆正要松口气,就听光头道:"这、这是怎么了?"

他的手下,居然全部死在车里了。

马陆的第一反应,这些人是遭受了蝙蝠的攻击惨死的,不过尸体伤口并没有扯咬的痕迹。

也不像是被人偷袭,毕竟六个人全部持枪,且都是经验丰富的猎人,一枪不开就被人端了锅,没人能做到。

光头打开驾驶室的门,将司机拖了下来,他的喉管被割开了一条又长又宽的切口,脑袋几乎凹陷了一半,结合他之前的坐姿,应该是后座人所为。

再看看后座的人,他垂下的左手紧握着一把鲜血淋漓的匕首,手掌和袖口溅满了鲜血,司机十之八九是被他割喉而死。

而此人也是死于割喉,手法几乎相同,都是喉咙处被割出极深伤口。

光头双手抑制不住地发抖,满脸惨白。

"大哥,这到底是怎么回事?"马陆问道。

"我上哪知道去,这些人跟我七八年了,好使得很,个人之间相处得也不错,怎么突然互相残杀起来了。"

光头在车子前来来回回绕圈,忽然他停下脚步道:"是不是你们设的局?"

"你疯了?我们陪着你,差点死在洞里,有这么设计人的吗?"

光头用力抹了一把脑袋道:"我头都快炸了,你们别怪我。"

杨月钟葭道:"你的心情我们能理解,不过越是这个时候,越不能自乱阵脚,先冷静下来,商量下该怎么办?"

"还有两个是我发小,回去怎么跟他俩媳妇交代。"光头满脸是水,也不知是汗还是眼泪。

阿蛮忽然跳上车顶，踢下来一块黑黝黝的石头道："这是什么？"

只看石头表面熔壳，马陆就知道是陨石，可车顶上怎么会出现一块陨石？

光头伸手去拿石头，马陆阻拦道："别碰石头。"

"咋了？"说话间，光头已把石头拿了起来，凑到眼前看了看。

"没什么特殊的，就是块黑色的鹅卵石。"

马陆警惕地望着他道："你有没有感觉哪儿不对头？"

"没什么不对头的，就是感觉有气没处发，心里憋屈。"

说罢，光头点了支烟，默默抽起。

马陆小声对杨月钟葭道："我二叔留下一块陨石，能使小动物自相残杀，或是自杀，会不会这块陨石也有相同功效？"

"就算有，是谁放在车顶的？"

"那还用问，肯定是冬军的人。"

"你俩背着我说啥呢？"光头忽然起身，凶巴巴地问道。

"讨论案情。"

"讨论个屁，就凭你们几个，懂啥啊？"

"我们只想尽早找到死亡原因，何必说这么难听的话。"

马陆一边回应，一边暗中观察他的表情，看是否会有情绪失控的征兆。

光头丢了烟蒂，起身道："还是报警吧，凭咱们几个，就是头脑想烂了，也不会有结果。"

然而取出卫星电话后，光头再度暴跳如雷。

不知什么原因，电话居然坏了。

"进这地儿就处处不顺，兄弟全死了，电话还他妈坏了，肯定是洞里妖精害的。"他边说边朝洞口走去。

"你干吗，又要回洞里？"马陆问。

"我把洞给炸了，毁了那些害人的妖精。"

马陆吓了一跳，赶紧拦住他道："大哥，你冷静点，可不能蛮干。"

"我这叫报仇雪恨，这地儿鬼都不见一个，能同时杀死六个经验丰富的猎人，就不可能是人干的。"

光头虽然愤怒,情绪并无失控迹象,马陆想了想道:"黑色的是陨石,不可能无缘无故出现在车顶。我猜,害死你兄弟的,十有八九是把陨石放在车顶上的人。"

"就算这陨石是人放的,也得靠近……"

"如果一个人装作问路,或是别的什么行为,然后偷偷将陨石放在车顶上……"

"你的意思是,陨石导致他们六个人自相残杀?瞎说什么呢?"光头怒了。

"我可没拿你当傻瓜,陨石确有可能对人造成影响,比如……"

话音未落,光头忽然一把拽过杨月钟葭,将她拉到身前,掏出手枪抵在钟葭的太阳穴上。

突然变故,出乎所有人意料,过了一会儿马陆才回过神来道:"你怎么回事?说翻脸就翻脸?"

"你们俩,给我下洞去引爆雷管。"光头虎着脸道。

"什么?让我们去引爆雷管?你疯了?"

"我数到三,要是还没下去,别怪我手黑。"说罢,将枪口移到杨月钟葭的腮帮子上,意思是如果不听,一枪打穿杨月钟葭的嘴巴。

杨月钟葭面色苍白道:"马陆,你别听他的,只要下洞,咱们都得死在这里。"

"那又怎样?你们的命本来就是我救的,还给我天经地义。"光头说得理直气壮,就像小学生讨还橡皮擦一样。

马陆见他扣着扳机的手指微微颤抖,赶紧道:"别激动,有事儿好商量。"

"一……"光头扯着嗓子喊。

"大哥,你听我解释……"

"二……"

杨月钟葭在瑟瑟发抖中,闭上了眼睛。

"我们这就下去,立刻。"马陆不敢刺激他,和阿蛮前后朝洞口走去。

"马陆,你不能下去。"杨月钟葭急了。

"老实点,轮不到你说话。"

马陆气得肺都要炸了,小声对阿蛮道:"该怎么办?"

阿蛮看了一眼越来越黑的天空道:"只等天黑,就有机会。"

"可我们要下洞了,能怎么办?"

"有办法。"

两人站上滑轮护栏,扳动按钮,朝山洞下方滑去,阿蛮从腰间抽出一把匕首,一刀插入石壁缝隙中道:"攥紧我的手。"

"咱俩在这吊着,算怎么回事?"

很快,两人只靠一把匕首悬在半空,马陆心里发虚,毕竟山洞足有百米深,一个不小心掉下去,必然摔得粉身碎骨。

"试试能不能找到支撑点,我坚持不了多久。"

石壁上多是起伏不平的纹路,很快马陆用脚尖抠住一块凸起的石阶,阿蛮也如法炮制,两人勉强挂住。

过了一会儿,等滑轮触底,传送绳不动了,阿蛮道:"看我的,靠着绳子站住。"

阿蛮一只手攥紧绳子,一只脚在绳子上绕了一圈,试过松紧后踩住,终于站稳了。阿蛮腾出手,又从裤兜里取出弹弓和铁蛋子,扣在皮带上对准洞口。

马陆明白阿蛮的打算,他这么做就是守株待兔,静等猎物入局。

如此站姿非常消耗体能,很快马陆就感到疲惫,但也只能咬牙坚持。

不久杨月钟葭的声音传来:"这样会让他们死得毫无意义。"

"他们的死活关我什么事。"

"只有我们能证明你的清白,如果我们死在沙漠里,你就是杀害六名同伴的凶手。"

"所以留着你呢。"说罢,光头忽然怪笑两声。

马陆道:"这光头要使坏。"

只听杨月钟葭警惕地道:"你想干吗?"

"这夜黑风高的地儿,又没什么人,你说我要干吗……"

扭打声向马陆他们传来,杨月钟葭大声尖叫,光头狞笑道:"喊破喉咙也没人来,配合我,起码不用吃苦头。"

"赶紧上去……"马陆眼珠子都快出血了。

阿蛮道:"沉住气,一脚踩空,就摔成肉酱了。"

话是这么说,但他行动奇快,抽出绳圈中的脚,两腿分开,踩住石壁两边,手脚并用向上爬去。

马陆可没他的身手,只能拉住绳子,双脚踩住石壁,一点点"往上走"。

然而没等他出洞,喊叫声忽然消失了。

马陆以为杨月钟葭受到了伤害,心脏顿时狂跳不止,很快,杨月钟葭的啜泣声传来,听声音似乎没什么大碍。

马陆双臂用力,加速攀爬,累得满头大汗,终于出得洞来。

只见阿蛮已经到了杨月钟葭身边,杨月钟葭搂着他的肩膀放声痛哭。光头躺在车辕辘边,另有一名身材高大、面目英俊、披肩长发的帅哥,站在光头身侧。

这人身穿一套运动服,一双护目镜卡在额头,脸上虽然铺满了黄沙,立体深邃的五官依旧看得清楚。

不用问,必然是这位帅哥救了杨月钟葭,马陆松了口气,赶紧走到杨月钟葭身边道:"没事儿吧?"

"差点见不到你们了。"杨月钟葭哭着问,"你们怎么出来的?"

"多亏了阿蛮,我们根本就没下去,吊在洞口边呢。"说罢,马陆对帅哥道,"哥们,太谢谢你了,怎么称呼?"

"连力如。"他笑着伸过右手。

连丽如?这名字也太娘了。马陆心中暗道,和他握了手道:"你怎么会在这种地方?"

"我来这儿找陨石,没想到遇到这么龌龊的男人,一时火起,就把他给打晕了,怎么处理他,大家商量个办法。"

"还有六具尸体,你应该看到了。"

"当然,就在车里。"

"必须报警,只是我们带来的所有电子设备都坏了。"

马陆暗中观察他的表情,连力如丝毫不知,眉头略微皱了皱道:"我带来的电子设备也坏了,估计和沙尘暴有关。"

正说话间,光头哼了一声,悠悠醒转,马陆气不打一处来,冲过去对着他的脑袋就是两脚,这人虽然无耻,倒也有几分骨气,愣是咬着牙一声不吭。

"你就是这么对盟友的？还有人性吗？"马陆愤怒地指责他。

"人性……"光头冷笑两声，吐了口血道，"没人的地方，说什么人性。"

"枉我拿你当朋友，你居然、居然……能干出这么龌龊的事情来。"

马陆越说越气愤，忍不住又要踢他，被杨月钟葭拉开道："就是打死他也不解恨，可是，不能真这么做。"

"有什么不行的，在这种地方，就算宰了他也没人知道。"马陆瞪着一双通红的眼珠子吼道。他可不是说着玩的，而是真想宰了光头，居然欺负自己的女人，这事儿不算个清楚，还有脸做男人吗？

见马陆气成这样，杨月钟葭着急又感动，道："别为这种人触犯法律，不值当。"

光头又发出一迭声怪笑道："你们最好把我给宰了，否则，就算交给警察，能判我什么罪？到时只能放了我，小子，我要不把你那条腿给卸了……"

马陆不顾杨月钟葭的阻拦，又是一脚踢在光头脸上，这次正中鼻梁，顿时鼻血横流。

连力如道："他说得没错，其实没有违法行为，真要是把人打出个好歹来，你反而触犯了法律。"

"大侠"说话，面子总要给，马陆喘着粗气直起腰道："那怎么办？"

"最好是交给警察处理。"

光头冲他咆哮道："王八蛋，让你装好汉，出去我指定弄死你。"

连力如倒是很有涵养，笑道："行啊，我等着你。"

杨月钟葭忽然指着马陆的背包道："快看。"

放下背包，只见黑色帆布包上显出一只巴掌大小的荧光蝴蝶，就像用光打上去的，片刻，蝴蝶振翅而动，飞入空中，越飞越高，直到成为一点亮光。

"这是什么？"连力如好奇地道。

"本来打死也不会说的，不过你救了钟葭，我不能骗你。"

"要是不方便说就算了，我能理解。"

马陆拉着他远远走开，小声道："这地儿还真有陨石，刚才你看到的蝴蝶就是了。"

"什么？居然是陨石造成的？那挺有意思。"连力如道。

"蝴蝶陨石的存量巨大，这地下全是的。"马陆用脚踩了踩沙地道，"不过这种陨石卖相极好，推到市场上肯定值钱，可如果发现存量巨大，对我们而言，就毫无意义了。"

连力如笑道："明白你的意思，放心，我只拿应该拿取的那份，谢谢你了。"

"不用谢，你救了我女朋友，这条信息算还你人情。"

任何一个人，陷入爱情后情绪上难免敏感，连力如外形突出，气质过人，这让马陆产生了强烈的危机感，所以他宁可冒着利益损失的危险，也要告知对方蝴蝶石的信息。

连力如独自下井取陨石，马陆他们守在洞口边，阿蛮忽然问道："是不是他，杀了猎人？"

"不可能，他的出现非常突然，并不是蓄谋的。"

"你凭什么这么认为？"马陆立刻反问。

"就是一种感觉吧，而且他浑身都是灰尘，不像是潜伏在暗处的状态。"

"我告诉你们吧，他肯定不是好人，我从他眼神里就能看出，现在是我倒霉，迟早会轮到你们。"光头冷笑道。

"就别操我们的心了，还是想办法给你兄弟报仇吧。"马陆语带讥讽道。

一句话戳到了光头的心窝上，他眼神变得黯淡，沮丧地躺在沙地上。

十分钟后，连力如乘坐设备返回地面，拿着一块类似钟乳石的石头道："看样子不像是陨石。"

"这确实不是一般意义上的陨石，我估计，应该是一块大型陨石撞击地表后形成的洞穴，在演化过程中，不知什么原因，导致周围石块都具备了与之相同的功能。"

"那么，我该如何召唤出蝴蝶？"

"对着石头狂叫。"马陆有心出他洋相，说话时忍不住露出一丝怪笑。

谁知杨月钟莨拿过石头道："我嗓门尖，让我来。"

说罢，对着石头发出一声刺耳的尖叫。

"看来美丽的女孩嗓子都细，发出的声音都好听。"连力如笑道。

话音未落,石头忽然整体发出光亮,就像夜光石一般,接着一只荧光蝴蝶振翅而起,飞入空中。

"这蝴蝶还有温度,不信你摸摸。"马陆道。

连力如哪知道马陆坑他,立刻伸手按在蝴蝶身上,杨月钟葭想阻止都来不及。

随即,连力如摔倒在地,没了意识。

"哈哈哈,这个傻子。"马陆大笑。

"马陆,你是不是太过分了,怎能这么坑人?"

"好玩呗,也没有副作用。"

"你必须给他道歉。"

"凭什么?"

"就凭他救了我。"

"没他,我和阿蛮也出来了,这小子纯粹没事找事。"

把杨月钟葭给气得,一口气堵在心口,上不去下不来,她拍着前胸道:"你太小心眼儿了。"

"我是小心眼儿,怎么了,他看你的眼神,我就是觉得猥琐。"马陆理直气壮地道。

杨月钟葭怎能不懂,这傻小子没事找事,其实是醋意滔天,可她不想纵容对方,然而试图"以理服人",一番交涉后才知道根本没有可能,于是抱膝而坐,不吭声了。

马陆也知道自己理亏,过得片刻道:"别生气了,是我不对。"

"马陆,毕竟是他救了我,也只能做到态度上对人好点,你吃醋要吃在点子上。"

"我……"

连力如忽然坐了起来,他用力吸了口气,连声道:"见鬼了,真是见鬼了……"

"怎么了?"杨月钟葭问。

"我刚才是不是失去意识了?"

"是的,你晕倒了。"杨月钟葭狠狠地瞪了马陆一眼。

连力如不知道是被人暗算,继续道:"我晕倒之后,做了一个非常奇怪

的梦,就好像身临其境一处远古空间,能看到史前的植物和动物。"

"你神经没出问题吧?"马陆摸了摸他的额头,确定没发烧。

"不信的话,你试试。"他将石头递给马陆。

"我才不干,当我傻呢。"

"我没骗你,不试怎么知道。"看连力如的表情,他很着急。

"我来。"杨月钟葭接过石头。

"别,与其你来,不如我来了。"马陆取出包里的蝴蝶石,对着石头大吼一声。

石头一阵发光,蝴蝶翩翩飞出,马陆毫不犹豫地伸手拢住,只觉得一阵清凉传遍全身……

忽然他眼前一阵变化,竟然看到了奇异的一幕,只见荒寂的沙漠中,一条极长的驼队从他身边经过,从所有人的衣饰穿着,以及他们所带的装盛物品的工具来看,竟然是古代人。

难道自己穿越了?

马陆吓出了一身冷汗,放声大叫:"钟葭、阿蛮。"

然而根本没有人回应他,宽阔的天地,只有悠扬的驼铃声和此起彼伏的说话声。

马陆就这么站在原地、一动不动,没办法,只能数人头来缓解无聊情绪,数了没一会儿,眼皮子渐渐发沉,他正打算睡上一觉,却忽然醒了。

马陆再睁开眼,又回到了现实世界,而杨月钟葭正试图唤醒他。

马陆揉了揉眼道:"刚才我怎么了?"

"在外人看,你失去了意识,而你,应该是看到了一幕过去的景象,就像穿越了一样。"连力如道。

"没错,你说得对。"

连力如笑道:"终于不是我一个人的遭遇了。"

"为什么会这样?荧光蝴蝶是石头的记忆?进入物体,就将记忆传输进物体内?这也太扯了吧?"杨月钟葭道。

"我觉得不扯,你还记得回声峡谷吗?我们特意去旅游过一次。"马陆问。

去年,他们三人去美国科罗拉多来了一次自由行,租了一辆雪佛兰横跨了整个科罗拉多,其中就去过回声峡谷。此地位于科罗拉多大峡谷中部区域,是一处 U 形峡谷,既无人烟也无景致,然而每年都能吸引大量游客前来,最主要的原因在于一旦发生雷暴天气,峡谷内就会传出千军万马战斗的声音,因此也被称为"古战场峡谷"。

关于这奇异的现象,科学界早已破解,是因为当地磁力异常,又有磁铁矿大量分布,因此形成了类似于磁带录音的原理,将当年一场大战的所有过程详细记录下来,一旦遭遇雷暴天气,就相当于按下播放钮。

"难道这些石头并非陨石,而是磁矿石?"

"倒也未必,陨石的功能神鬼难测,一旦有巨大的陨石落在地球,天知道它会对当地造成怎样的影响。"

"如果每块石头都是一个记录仪,那六个人的死亡过程,会不会被记录下来?"杨月钟葭道。

"你这个提议很有想象力。"

马陆走回车子所在处,在最近的山丘旁摩挲片刻,扯着脖子一声大喊。

等了一会儿,毫无异象。

马陆喊得都快缺氧了,杨月钟葭也加入"飚高音"的队列,然而无论如何,石头也不见冒光。

"不行了,赶紧歇歇喘口气。"马陆一屁股坐在地上。

光头哈哈大笑起来道:"真没见过你俩这样的,车子不是有喇叭吗,干吗不用?"

"你个浑蛋,怎么早不说。"马陆都快气吐了。

"看你俩出洋相,挺有意思的。"

"我要不是头晕,非……"

杨月钟葭一把将他拖向汽车道:"和这种人有什么好废话的,赶紧办正事儿。"

然而如何上车,是个问题,两辆车里全是鲜血尸体,看着都瘆人,别说坐进去了。

马陆踌躇半晌道:"还是报警吧,让警察来查案子。"

"我来。"光头起身道。

"也合理,这些都是你的人。"马陆从车门旁走开。

发动汽车，调整车头对准山体，按响喇叭。

足足过了一两分钟，石头毫无反应，光头松了手道："没戏。"

马陆道："是不是喇叭声没有作用。"

他将手上的蝴蝶石放在车头，这次喇叭响起后，蝴蝶很快出现。

"这就是普通的石头。"马陆颇感失望。

光头叹了口气道："报警吧，这案子指望咱们是没戏了。"

到这份上，他人也平静了，满车子的枪械，他并没有持枪寻仇。

"你开一辆车，我们几个开一辆车。"马陆道。

"我兄弟的尸体怎么办？"

"装你车上带出去啊，这还用教吗？"

马陆捡出车里的枪械，光头道："你有杀人的胆子？"

"我可不想脏了自己的手，这些枪我扔进洞里，大家都省事。"

"不留个一两把？万一遇到追杀你的人呢？"

"他们肯定离开了，否则躲在哪里？沙堆下面？"

光头忽然脸色一变，似乎想到了什么，手指在方向盘上来回敲击。

"怎么，又琢磨什么害人的点子？"

"你说，这车子下面的石头会不会有记忆？"

这句话提醒了马陆，他连连点头道："还真有可能。"

拿出工兵铲，在车子停泊的原址上挖沙，沙尘并不厚，否则也停不了车子，很快挖出了山体。

沙层下的山体极有可能与山洞山体是同一整体，马陆砸下两块石头，摆在引擎盖上，随着喇叭响起，果然石头发出荧光，几只蝴蝶翩翩飞起。

"有了，有了。"马陆激动地喊出声来，毫不犹豫伸出手，攥住其中一只蝴蝶。没等他准备好，一阵骇人的咆哮声传入耳中，虽在梦里，还是被震得头晕目眩。以马陆所在的位置，他只能隐约看到一条粗如儿臂的灰色长尾，微微晃动着向前移动，很快便从视野中消失了。

他醒过来时，光头还倒在地上，连力如道："有没有什么发现？"

"这里曾经生活着一头巨大的野兽，估计咱俩看了部上下集。"

话音未落，光头大喊一声坐了起来。

"说吧，你看到什么怪兽了？"

陨石猎人 下

几块石头是从同一处山体上敲下来的，光头见到的内容和自己所见肯定是一样的。

"这六个人，我知道是怎么死的了。"

"什么，你在梦境里见到了？"马陆惊讶地道。

"我在梦境里见到的是一头史前巨兽，你应该和我一样，对吗？"

"是，我看到了一条尾巴。"

"我看到了全身，是一条巨鬣狗。"

"可是，这和凶杀案有什么关系？"

"我在车里发现了一枚巨兽的牙齿，当时没明白怎么回事。现在分析，这里曾经是一处巨鬣狗的栖息地，这些巨兽死后的尸骸留在当地，反正不知道什么原因，被我这几个兄弟发现了，估计就是为了这枚牙齿，闹到了绝路上。"

马陆惊讶道："你开玩笑吧，为一颗牙齿，六个人打了个同归于尽？这怎么可能？"

光头狠狠砸了车门一拳道："妈的，是我大意了，就不该招他们来。"

"到底怎么回事，你能说清楚吗？"

"接这次任务，我收到消息，有盗窃团伙在这一带出没，这些大型工程队的小偷可不是一般的贼，都是拿命换钱的亡命徒，我担心出事儿，就多带了些人进来，这六个人，也是分两拨的，平时关系也不咋地，唉……还有就是这颗牙齿，在猎人行里，能得一颗猛兽牙齿，是荣誉的象征，何况是史前巨兽的牙齿。可惜，只找到一颗，这就是催命符。"

马陆摇头道："你也没说清楚，为啥会为了一颗牙齿，拼出六条人命？"

"我说得已经很清楚了，两拨各自不服气的人，勉强凑合在一起，原本应该相安无事，没想到意外挖出了一枚巨兽的牙齿，两拨人都想要……"

说到这儿，光头叹了口气道："兽牙只是个幌子，就是新仇旧恨埋在心里，到了这种没人的地儿，放纵了杀戮，可能他们觉得，在这里杀人也没人知道。"

"按你的说法，凶手应该还活着？"

"还有蝙蝠呢，有几具尸体血肉模糊，并没有刀伤，肯定是遭到了蝙蝠的攻击，真是'天作孽犹可违，自作孽不可活'了。"

光头的分析不无道理，虽然只是猜测，不过一桩无头公案，只能在猜测中了结，不可能有完全准确的结果。

只是这里的石头，不仅有"蝴蝶之效"，还有录影之功能，这可是意外收获。

"只剩下一个线索未了，车顶的陨石怎么来的？"杨月钟葭问道。

光头皱眉道："我也不是福尔摩斯，不可能推论出所有细节。"

"我大概知道陨石来源。"连力如揉了揉鼻子道，"往这边来的时候，我遇到了两个鬼鬼祟祟的人，而且两人都背着猎枪，我不知道两人什么路数，就躲进了沙子里。他们走过我身边时，我断断续续听了他们说的几句话，那意思是肯定闹了鬼，否则不可能人全死光了，这两人担心恶鬼跟来，就在现场摆了一块辟邪的黑曜石，现在看，他们说的就是这里发生的事儿。"

光头点点头道："这帮浑蛋走了之后不死心，又安排杀手来伏击我们。"

所有线索串了起来，一场血腥的死亡案件终于有了头尾，马陆看了看手中拎着的枪械，揣了两把手枪。

"马陆，你干什么？"杨月钟葭立刻问道。

"你没听连力如说嘛，那些人很可能就潜伏在周围，我拿枪是为了自保。"

"可是你会用枪吗，别操作不当走了火。"

"咱们分开来走并不安全，还是一起吧，有个照应。"光头道。

"我没意见，不过就一条，你可别使坏。"

"放心吧，枪由你们保管，出了情况再给我，不就行了。"

畸形人

"成,就这么定了。"

将六具尸体装入一辆车里,停在山脚下的阴影中,他们五个人坐另一辆车,由光头驾驶,朝戈壁外而去。

"到现在还不知道你名字,怎么称呼?"

"李大海。"

大伙分别作了自我介绍,李大海又对杨月钟葭道:"大姑娘,我也是鬼迷了心窍,这辈子,我最讨厌的就是欺负女孩的浑蛋,没想到……唉。"

"过去的事儿,不说了。"杨月钟葭淡淡道。

"对了,那些石头,你们打算怎么处理?"

沉默半晌,马陆道:"你们说呢?"

"我没意见,听大家的。"连力如道。

"这事儿瞒不住的。"杨月钟葭道。

"是啊,不死人还行,一旦警察进入现场,问我们推断依据,只能实事求是交代。"马陆道。

"这么说,石头毫无价值可言了?"连力如道。

要说马陆"全公心、无私心"那是不可能的,眼看利益到手,最终却是一场空,他心里也难过,可联合其余几个人欺瞒警方,他也没这个胆子。

返程的途中也没有遇到危险，追杀他的人，极有可能躲进工程队建造的生活区，一路上，除了他们五个人，没见到半个人影。

饱餐一顿后，马陆拨打"110"报案，很快当地派出所民警赶到现场，做了相关笔录后不久，市局负责侦破大案要案的干警到场，领队的是副局长马万成。

得知李大海奇特的推断法后，马万成要求展示蝴蝶石功能，亲眼见到这神奇的一幕，他感叹道："我做刑警快四十年了，啥怪事没见过，但这种石头还真是头一次见。"

"我们找陨石也有些年头了，这种记录了远古影像的石头，也是头次见，虽然对破案没什么作用，但对于科研，这可了不得。"马陆道。

"没错，这件事很重要，我得报告上级，询问他们的意见。"

当晚，在派出所食堂吃了工作餐，睡前四个男人分了一间休息室，当晚天气舒朗、凉爽无风，四个人男人在屋里天南海北的胡侃，聊着聊着，话题就转向马陆为什么被追杀，于是他把来龙去脉说了一遍，李大海道："冬军这人，真把自己当南霸天了？还没王法了？"

"可惜没有抓住一个，否则交给当地警方，肯定把他供出来。"

连力如道："你既然认识欧阳青石，干吗不让他帮忙呢？"

马陆一拍脑袋道："是啊，他还欠我一个天大的人情呢。"

于是他谎称给家人报平安，找警察借了部手机，打给了欧阳青石。得知马陆近些天的遭遇，欧阳青石颇感震惊道："冬军我认识，人不错，资产也很雄厚，居然会做这些违法的事儿？"

"欧阳主席，我是走投无路了才来麻烦您的。"

"放心，我会帮你的，不过这事儿得讲究策略，不能蛮干。"

"您有什么办法？"

欧阳青石想了很久才道："我找关系查查他有没有什么违法行为，只要能揪住他一条小辫儿，就能逼他坐下来谈判。"

"那就拜托您了。"

挂了电话，马陆道："咱们什么时候能走？"

"短时间离开的可能性不大，目前咱们都是警方的怀疑对象。"李大海小声道。

"唉，人生啊，到处都是坑，无论如何小心，还是免不了掉个一两回的。"马陆感慨了一句。

当天晚上这一觉，是出事以来，马陆睡得最踏实的一次，还有比公安局更让人放心的地儿吗？

第二天，警方并没有提及案情，五个人闲着没事儿，打牌消磨时间，到了傍晚，警察在屋外喊道："马陆，有朋友来看你。"

"谁跑到这里看我？"

马陆觉得奇怪，出屋一看，居然是欧阳青石。

"您日理万机的，怎么有空来这里？"

"有些话，还是当面说的好。"

马陆心领神会，跟着欧阳青石出了市局，上了一辆停在街边的路虎越野车。

"资料我都带来了，你自己看。"说罢，欧阳青石将一个文件袋递给他。

袋子沉甸甸的，里面装了不少A4纸，取出来后一张张看完，马陆惊讶地道："这也太扯了吧？"

欧阳青石微微一笑道："人的隐私，真想要挖掘，没你想得那么复杂，只要找对人，总能查出蛛丝马迹。"

马陆将资料装好，只留下一张照片，还给欧阳青石道："我在市局里，带着这东西不方便，反正关键信息都记住了。"

"怎么办，你自己斟酌，不过千万别蛮干，冬军有钱有势，硬碰硬等于自杀。"

回到休息室，其余几个人围上来问他，马陆假装什么事儿没有，等到晚上休息时，他去了杨月钟葭房间。

"你知道这是公安局，我让你进来……"

"没那么多讲究了，我有重要的事情。"

门开了，杨月钟葭道："这么说，欧阳青石找你确实有事？"

"当然，他查到了一条关于冬军的重要信息，他是个畸形人。"

"畸形人？什么意思？"

"欧阳青石从我提供的信息里发现了一个关键点，就是两次对我们的追杀，都有畸形人在其中，所以通过这点暗中调查了基金会的资金来源和走向，查到了冬军的基金会，资助了两个重要的项目，一个是陨石研究，另一个就是畸形人救助。"

"畸形人救助……难道不能算是慈善项目？"

"当然是慈善项目，不过根据基金会留下的线索，查到了冬军曾经是畸形人，并因此受到迫害的过往历史。"

"他哪里畸形了，完全看不出来？"

"他有三只手，第三只手长在后肩膀，有钱之后做手术把多余的手给拿掉了，你看，照片有存档。"

说罢，马陆拿出照片递给杨月钟葭，只见那时的冬军也就二十岁出头，面相略显稚嫩，左肩上有一只极其明显的畸形手臂，和正常手臂相比，这只手臂发育不良，短小粗大，手掌如婴儿一般大小。

"还真是，不过这对咱们有什么用？"

"冬军可是在上层社会混的，这消息传出去，他的名声会受到极大损害。"

没有名誉的人，很难想象这玩意儿对于人的影响究竟有多大。欧阳青石是个有名誉的人，所以他懂得名誉就是一种武器，而且杀伤力巨大。

"这办法可行吗？"杨月钟葭不免担心。

"现在谁知道，不过值得冒险。"

回到休息室，连力如道："你怎么半天才回来？"

"心里闷，出去转转。"

"我们得商量下，明天是不是找警察聊聊，总这么被扣着也不是事儿。"李大海道。

"就像你说的，我们嫌疑没洗清，哪那么容易走？"马陆躺在铁床上，铁床"嘎嘎"作响。

话音未落，有人在门外道："几位，睡了吗？"

马陆赶紧起身开门道："刚刚还在聊案情。"

来者是市局刑侦队长罗开山，他拎着两袋子啤酒烤串道："咱们喝点。"

赶紧腾地方，几个人分别坐定，倒满酒吃上烤串，马陆开门见山道："罗队长，该说的线索咱们都说了，似乎是有那么一点不可置信，不过我们说的都是实话。"

畸形人

"哦,放心吧,我们可没有怀疑哥几个,如果真把你们列为嫌疑人,你们也不会在这儿坐着了。"

他们四个人互相对望一眼,李大海道:"既然咱们不是嫌疑人,还留着在这儿干啥呢?"

"这就是我今晚找你们的原因。"罗开山放下烤串,擦了擦手道,"你们是不是认识一个叫王强的人?"

四个人再度对望一眼后,不约而同地摇起头。

"再仔细想想。"

"您就说吧,这王强是怎么回事?"李大海问。

"如果你们都不认识他,那就奇怪了,王强可是一口咬定,他认识你们,尤其马陆,说你是他表弟。"

"我是他表弟?"

马陆正要否认,李大海用脚轻轻踢了他一下道:"罗队说的王强,是不是整天穿件脏兮兮牛仔裤,模样有点不太像好人的那位?"

"我不是很清楚,就看你们怎么说了。"罗队微微一笑。

显然他们并非没有嫌疑,罗开山这么说,只是为了让他们放松警惕。

马陆倒也没犹豫道:"要这么说,我确实认识他,但我不知道他的名字,更不是他的表弟。"

"那他急着和你攀亲戚,为什么?"

"这个人和我是一个公司的,您也知道我是个找陨石的,这行呢,长期在外,不太容易管理,所以公司设立了一个纠察部,专门暗访监督陨石猎人在工作中是否有违法行为。"

马陆瞎话张口就来,因为他知道王强必然不敢说真话。

"哦,看来你们和王强的关系并不好?"

"确实不好,他们的工作性质,注定就是一群告密者。"

"我们在沙漠的工程区发现了这群人,刚开始,怀疑他们是沙漠犯罪团伙。在审讯过程中,王强说你们可以帮他证明清白,我就过来查查情况。"

"虽然关系不好,也不能栽赃陷害他们,而且这些人一直暗中跟踪我们,六个人互相残杀的过程,很可能被他们看到了。"

罗开山道:"这条线索很重要,我再去找王强问问情况,这件案子如果

能有目击者，那就太好了。"

警察走后，李大海道："他嘴上没说，但就是把我们当嫌疑人，现在这种状态叫软禁。"

"无可厚非，谁是警察，都会这么做的。"连力如道。

这一夜过得波澜不惊，第二天一早，罗开山又找到马陆，道："王强想见你。"

"行啊，您带路。"

"别急，他有个条件。"

"这个浑蛋，是他帮我呢还是我帮他？"

罗开山笑道："他让你交代李大海的罪行，否则免谈。"

马陆当然明白对方的用意，毕竟李大海是自己这一方里势力最大的，把他弄进牢里，出了公安局，己方就失了依靠，到时候还不任由他摆弄。

如果不按他说的做，王强不为己方作证，就出不了公安局，虽然案子肯定水落石出，可到底拖多久，说不清楚。

权衡一番后，马陆倒也干脆，对罗开山道："李大海强奸未遂，这事儿阿蛮和连力如都能作证。"

"强奸未遂？受害者，难道是那个小姑娘？"

"对，这算是罪行了吧？"

罗开山点点头道："行了，走吧。"

两人去了另一间休息室，只见"牛仔裤"神情略显委顿。显然，在沙漠工厂区里，这些人过得并不如意。

罗开山坐在一侧道："聊吧。"

"我想知道，关于李大海的罪行……"

"他已经告诉我了，等你们这里的事情了结，我立刻拘捕他。"

"好。"王强满意地点点头，对马陆道，"六个人互相残杀时，我们确实看到了，本来想过去阻止，没想到蝙蝠回巢，那些活着的，都被蝙蝠咬死了。"

"嗯。"罗开山点点头道，"尸检结果，确实查到了蝙蝠的血液，这话比较可信。"

"应该把'比较'二字去了，如果不是我亲眼所见，绝对想不到蝙蝠会攻击活人。"

说罢,他又对马陆道:"还有一点,可以证明我说的话,六个人自相残杀的起因,是为了一颗兽牙,有两人要求平分,另外四人不同意,排挤两人。后来也不知道那两人怎么商量的,突然出手杀人了。"

马陆道:"六个人分为两拨,平时关系就很紧张,如果三对三或许还能心平气和地分配利益,可惜四对二。"

罗开山起身道:"你提供的线索很有价值,我汇报后,告诉你们结果。"

说罢,他当先离开,也不管他们两人了。

"你这么做肯定不是为了帮我,对吗?"马陆道。

"别那么小气,能在这种地方活下去,都不容易,就当我示好吧。"

两人都知道,这间屋子里肯定装有监听设备,说话的时候心照不宣。

"出去了怎么算?"

王强哈哈一笑道:"我回家种田,你继续发财,咱们各走各的道。"

"就这么简单?"

"当然,不管公司怎么做,接下来配合你工作的人,肯定不是我了。"

王强等于是告诉马陆,冬军再派来杀手与他无关,从警局离开后,他也不会继续执行追杀马陆的任务。

当然,这话马陆不信,王强这种人为了离开警局,什么瞎话说不出来?

回到休息室,马陆将情况说了一遍,又道:"估计很快就能走人,不过出去后我们得想办法保护自己的安全。"

说罢他又对连力如道:"你就别跟着我们了,免得被拖累。"

"没事儿,在沙漠里相遇也是缘分,我可不怕那些人。"

马陆心想:你说的缘分,怕是只和钟葭有关。嘴里却道:"你的好意我心领,不过这事儿还是让我来扛。"

"嗨,别见外了,都是朋友,能帮忙的我肯定不会推托。"

杨月钟葭岂能不知马陆的"小心思",拿出手机给他发了条微信。

"这时候多个帮手,也是好的。"

"我绝对不接受情敌的帮助。"马陆回复。

杨月钟葭又好气又觉得几分甜蜜,嘴角上扬,露出一丝笑。

"相信我,绝对不会在关键时刻掉链子。"

"虽然我被你揍过,不过我同意你的加入。"李大海道。

出了沙漠,他仿佛换了个人,堪称和蔼可亲。所以,在极端环境下,人的性格确实会变得偏激。

马陆道:"老李,有句话我得和你说清楚,为了和王强达成交易,只能让你在这里继续待些日子。"

屋里顿时安静了。

"你什么意思?"沉默片刻,李大海问道。

"就是必须把你做的错事儿告诉罗开山,王强才会帮我作证。"

李大海目瞪口呆半晌,道:"你就这么把我卖了?"

"我也不想,可是,他要求必须这么做。"

"你大爷的。"李大海愤怒到了极点,就要冲过去揍人。

连力如赶紧拦腰抱住他道:"别乱来,这里是公安局。"

"我管他什么地方,这人太坏了。"

"行啊,你挺狂。"

屋门推开,罗开山带着两名干警走了进来。

李大海用力挣脱了一下道:"放开。"

连力如放了手,罗开山道:"老老实实跟我们走,这里可不是你犯浑的地儿。"

"马陆,等我出去了,咱们再聊。"李大海恶狠狠地撂了句话,跟警察走了。

屋里也没人说话,三个人直勾勾地瞪着马陆。

"我也是没办法,只能这么做。"

杨月钟葭叹了口气道:"说不上你错,也说不出你对来,这种感觉,特别奇怪。"

马陆正要回应,罗开山再一次进屋道:"你们几个把手续办一办,挑个时候走吧。"

终于能走了,办完手续,趁王强等人还没出来,四个人打车去了最近的长途汽车站,随便上了一辆车,在一个名为左番的地儿下了车。

这是一个黄沙漫漫的小镇,破旧得几乎和非洲差不多,却有一溜排的修车铺,车老板和伙计们个个脏得跟煤猴子一样。一打听才知道,左番是一处

陨石猎人 下

边境小镇，往前两百公里是一处大煤矿，因此来往运煤的大型货车特别多。

四个人站在漫天黄沙中，杨月钟葭取出一条毛巾堵住口鼻道："咱们找个地儿成吗，快呛死我了。"

只见破败的街道前方，有一栋更加破败的旅馆，总共四层，竖在屋顶的招牌沾满了黄沙，已经看不出字样，马陆四人推门而入，一股呛人的怪味扑鼻而来，大堂里摆了几张破烂的木头桌子，一个满头头发犹如糊了胶水的中年妇女，跷着二郎腿，正抠脚丫子。

"我们要四间房。"

"只有两间。"

"你这地方还能房源紧张？"

"咋了，这地儿你看着破，旅馆就这一家，住不住？"妇女态度极其恶劣，压根没拿顾客当上帝的意思。

"住，必须的。"马陆无奈地苦笑。

中年妇女用抠脚的手拿了两把钥匙丢在桌面："二〇三、二〇四，一晚上一百六十元，住一天结算一天。"

付了房钱，四个人走上"吱吱"作响的木楼梯，马陆道："我们三个人挤一挤，钟葭住总统套房。"

然而打开二〇三房，只见屋子又小又破，一个人都难有下脚地儿，更别说挤三个人了。

"没你的地方了。"阿蛮干脆利落将马陆推出屋子。

"这……"马陆有点脸红，偷眼打量着杨月钟葭。

"别婆婆妈妈了，进屋吧。"杨月钟葭比他干脆。

马陆扭扭捏捏走进屋里，一声不吭地坐在板凳上，把行李包摆在胸前。

"干吗，怕我非礼你呢，看你的样子。"杨月钟葭白了他一眼。

"我这不是不好意思嘛。"

"你平时乱七八糟的话可没少说。"

"说的也是，可我现在……"

话音未落，就听"哗啦"一声大响，阿蛮和连力如纠缠着撞破了木板漆成的墙壁，撞进屋里，正好摔倒在马陆脚旁。

连力如握着一把匕首，看样子是要致阿蛮于死地。

154

马陆想都没想，狠狠几脚踹在他的脸上。

在沙漠里行走的人，穿的可都是行军鞋，鞋底子比硬牛皮还要结实，连力如顿时皮开肉绽，满脸都是鲜血。

被合力攻击，他终于松了手，匕首掉落，马陆立刻抄在手中，对着他的眼睛道："住手。"

就听有人"咚咚咚"的敲门，妇女道："你们是咋回事，楼板子都要戳通了。"

"你别管了，我们赔钱。"马陆道。

"开门，我看看到底是咋回事。"

马陆从门缝下塞出几张百元大钞。

一阵脚步声，渐行渐远。

阿蛮将蒙了的连力如困在木椅上，马陆兜头浇了一瓶矿泉水。他猛吸一口气，清醒了。

"说吧，你到底是哪路神仙？"马陆晃着匕首问。

"误会，我是整理行李，阿蛮兄弟误会我要袭击他，莫名其妙地动手。"

"少在那装，你要不说实话，可别怪哥们手黑。"

连力如忽然笑了，一口血痰吐在他脚旁。

"你有没有伤过人？我指的是确实故意地伤人？"

"干吗？你以为我不敢？"

"你就是不敢，从你的眼神，我就能看得出来。"

"你……信不信我割了你耳朵。"马陆举起匕首就往他耳朵上凑。

"马陆，你疯了。"杨月钟葭一把抱住他的胳膊。

"为什么拦我？这浑蛋打算害死阿蛮！"马陆急眼了。

"咱们不能动私刑，那只会把自己折进去。"

"你看他那死样，就是算准了咱们没胆子。"

"逞强，就是上了他的当。"

连力如笑道："钟葭，我可是救了你的恩人，放了我，咱们好好谈。"

"别叫我的小名，你不配。"杨月钟葭愤怒地说道。

"好吧，放了我，咱们两不相欠。"

"想走，你就说清楚到底怎么回事，否则我立刻报警。"杨月钟葭拿出手机，拨通了"110"。

"你最多只有五秒钟考虑时间。"

"好吧，挂了电话，我都告诉你们。"

挂断电话，连力如道："其实也没什么新鲜的，王强任务失败后，我是替补项。既然硬的不行，那就来软的，找机会接近你们，然后一个个定点清除。"

"所以，你先对阿蛮下手？"

"是，他是最强的，把他办了，你们两个好对付。"

"下流无耻的东西。"马陆恨恨道。

"其实……"

"有话就说，吞吞吐吐的干啥呢？"

"你们掌握冬军是畸形人的事实，我已经告诉他了，他对这事儿很敏感。"连力如道。

马陆眉头略皱道："你……你这是在透露信息，教我们怎么应对？"

连力如笑道："出卖雇主已经是最大的忌讳，再跟你们同流合污对付雇主，我就没得混了。"

阿蛮忽然道："如果你真要杀人，可以等晚上我睡着了再动手。"

连力如笑容变得有些勉强，道："别在那胡猜，不为杀人，我来这儿干吗？"

马陆拉着杨月钟葭出了房间，在她耳边轻声道："可以肯定，姓连的看上你了。"

杨月钟葭脸一红道："别那么无聊，成吗？"

马陆却叹了口气道："我是非常严肃说这话的，为你宁可坏了规矩，不容易。"

"容易也好，困难也罢，我没有要求他这么做，你就别自作聪明了。"说罢，杨月钟葭进了屋里。

"我们要给冬军打电话，你有他的号码吗？"

"当然，我们有应急联系机制，在我背包隔层里，有一部黑色一次性手机，直接按拨键就成。"

找到电话联通号码，马陆按了免提后摆在桌上。

响了两声，电话接通了。

"最好是好消息。"冬军冷漠的声音传来。

"恐怕，你要失望了。"

沉默片刻，冬军道："行啊，四拨人都没做成事，算你们有本事。"

"打电话给你可不是为了闲聊的，你知道为什么。"马陆冷哼一声。

"怎么，你真以为，能用那些无聊的八卦消息对付我？太天真了。"

"要不然咱们试试，我找一家报社，把你的身份背景以及你曾经的过往发过去，看他们报不报。对了，还有网络推手呢，他们一定爱死这种消息了，亿万富翁曾经是个三只手的畸形人，凭借努力一步步攀上人生巅峰，多么励志的故事。"

"马陆，你最好想清楚了再说。"冬军声调陡然提高。

"想个屁的，都被追杀四次了，我怕你个姥姥。"马陆扯着脖子吼道。

冬军语调波澜不惊道："首先，在没有任何证据的前提下这么说是诽谤，其次你说我要杀你，动机呢？"

"装糊涂有意思吗？我打电话给你可不是摆事实讲道理的，我是通知你，你原来是个三只手的怪胎，别把这茬儿给忘了。"

"马陆……"冬军嗓门骤然提高，"别欺人太甚。"

"你可以找社会上的好心人哭诉，说不定他们会同情你是三只手，反过来谴责我，这主意咋样？"

冬军久久没有说话，电话那头传来粗重的喘气声，片刻，电话挂断了。

"如果我放了你，有没有危险？"

不等连力如说话，阿蛮道："不会有事的，如果他真的想杀我，我已经死了。"

"好，既然有阿蛮作保，我就信你一次。"

割断了捆扎带，马陆指着连力如的额头道："实在对不住，出手太重了。"

"生死之间，谁能想到细节，不过你们得到了消息，我也没有违背行规。"

"连大哥，真的非常感谢你。"杨月钟葭道。

"见外的话就不说了，至少咱们现在还是朋友，对吗？"

马陆适时插话道:"你们以后也只能是朋友。"

连力如哈哈大笑道:"你说得没错,放心吧,我很清楚自己是什么人,接下来该怎么做。"

"唉……"马陆叹了口气道,"这房子就算是毁了,不知道要敲我们多少竹杠。"

"这你就甭担心了,不管多少钱,由我来付。"

"不用,我比你有钱。"

"都别争了,钱我来给。"说罢,杨月钟葭开门出屋。

一行人走到楼下,就听那中年妇女乐呵呵地笑着,就跟傻了一样,她身边站着一名面相儒雅、头发花白的年轻男子。

"林总?"

没想到在这样一座边境小城,居然见到了故人。

"马陆你好,还有你们几位好。"林无畏笑着打招呼。

"好巧碰到你,为生意来的?"

"还真不是,我是替你们几位赔偿打坏了的房子。"

一句话出口,所有人脸色都变了,林无畏却依旧笑得跟没事人一样道:"价格已经谈妥了,杨老板给了一个优惠价。"说罢,掏出一沓钱递给那位中年妇女。

"林老板真是公道,价格给的没话说,这两间屋子你们随便住吧,拆了都没意见。"中年妇女一张脏兮兮的胖脸,笑得都快要开花了。

林无畏转身出了旅馆,四个人只能跟着出去。

"林老板,你是怎么知道我们所在的?"

"愿意花钱,哪有找不到的人,咱们一起转转?"他身侧停着一辆路虎揽胜。

"你找我们,到底有什么事儿?"

"就是一起聊聊天,吃顿饭,然后我带你们去一个地方。"

"如果我们不答应呢?"

"那可是你们的损失。"林无畏笑了,"铁弓山你们应该知道吧?"

"知道,那是所有陨石猎人都想去的地儿。"

"我要带你们去的地方,就是铁弓山。"

158

三个人互相对视一眼，马陆道："你和冬军到底什么关系？"

"我也不瞒你，我是冬军的合作伙伴，当然，他对你们做的事儿，我也是刚刚才知道。"

"我要信，那真是傻了。"

"冬军呢……"林无畏想了一会儿道，"他从小受了不少委屈，所以性格有些古怪，行为极端，这是他的问题，我找你们，就是为了化解两方矛盾。"

"怎么化解？停止追杀？他听你的吗？"

"我和冬军是多年的合作关系，他的项目，我会提供资金。所以，对他是有一定影响的。"

"你为什么投资他的项目？"

"我们是在一处特殊空间成长起来的，两人是室友。"

"什么？那你也是……"

"没错，我也是畸形人。"说罢，林无畏脱了左脚鞋袜，只见整只左脚齐整一团，居然看不到脚趾。

"你……"马陆暗中吃了一惊。

"畸形人成长时所要面对的一切，是你们无法想象的，所以内心极其敏感，一旦受到挫折，就容易极端，我不敢请求你们原谅冬军，可三位既然没有报警，事情还有挽回的余地，做不了朋友，也不要做敌人。"

至今没有报警的原因，除了没有掌握确凿的证据证实冬军买凶杀人，还有一个重要的原因，就是不想交出拓片。

当一个大人物不惜为了拓片杀人，这里面肯定有不为人知的内情，而一旦报警，警方立案后，必然需要拓片作为证据。

拓片，肯定留在自己手里最安全。

马陆冷笑一声道："你们这是硬的不成，又来软的？"

"马陆，没必要变成一只刺猬，继续对抗下去，只会两败俱伤。我来，就是为了解决矛盾的。"

"林老板说得有理，问题是你该如何解决我们的矛盾？"杨月钟葭问。

"我刚才说了，消除对抗，双方合作。"

"合作？凭什么？"

"你们有拓片，我们有技术资金，这是合作的基础。拿着一块拓片，却永远不知其中隐藏的秘密,有什么意思?"

三个人互相看了一眼,确定无人反对,马陆道:"如果是诚心实意的合作,我们没意见,但是你们如何表明诚意?还有,合作双方如何共享信息、利益,这些必须写到合同里。"

"当然,这是必须的。至于诚意,我请你们去铁弓山,就是诚意。"

铁弓山是陨石猎人行里人人都想去的地方,却只有极少数顶级团队可以"进入一游"。马陆早就知道这处区域,也曾托关系想要进去转转,却无人接他这茬。

据说这座山就是一块超大陨石,秘密提供着周边县市近半数的电量供应。

是的,这就是一块天然释放电能的超级陨石。

任何人乍听此事,都会觉得难以置信,然而铁弓山从不对人开放,又平添了几分神秘色彩,而且,据说一到阴天打雷,山谷内就会发出金光,很远人都能看到。

只有科研人员和隶属于大型科研机构的陨石猎人,才有进入的资格。

能有这么一次机会,马陆他们动心了,于是上了林无畏的车。

"林总,您别说得客气,其实把我们往沟里带。"

"人数上我们有明显差距,而且,还有阿蛮这样的武林高手在侧,我都不怕,你们怕什么?"

随后,一众人上了车,驱车上路后林无畏道:"距离目的地还有一段距离,要不先睡一会儿?"

"林总,铁弓山的传说是真的吗?"

"进去后,不就知道了。"

"你能随意进入?"

"我与主管铁弓山的单位,达成了一项协议,一旦项目突破,就会有直接的经济收益。"

"你在研究这座山?"

"而且是独家研究。"林无畏的表情略显得意。

"这可不容易做到。"

"当然,除了要做通主管部门的工作,还必须和科研机构协调沟通,让他们放弃竞争,而我从别的项目中给他们补偿。"

"那挺好,相当于去一处专属的度假区了。"

"铁弓山可不是度假区,你们要有足够的心理准备。否则,指定半路放弃。"

"你这么说,还真引起我的好奇了,我倒要看看,是怎么个情况。"

距离左番越远,空气越好,马陆打开车窗静静地望着车外。

"想什么心事?"杨月钟葭轻声问。

"以前做任务时,特别期待任务完成后那几天假期,可现在,我真有种当难民的感觉。"

林无畏道:"你感觉得没错,其实我们每个人都是难民,只是受难的形式不同。"

"你虽然身体有问题,可生于大富之家。是无法想象我们这种人到底活得有多累。"

"你们这种人……"林无畏笑道,"我因为畸形,三岁就被送去了特殊幼童教育机构,只有一年回家一次的时候,才能见到父母家人。十八岁的时候,父亲公司濒临破产,我整整两个月没睡一晚囫囵觉,设计图纸,寻求贷款,最终使公司业务起死回生。"

"可即便我十八岁就表现出足够的勤奋和经商天赋,家族企业还是与我无关,我爸宁可交给那个吃喝嫖赌占全的老大,也不给我。"说话时,林无畏一直在笑,声音里,却充满苦涩。

"说我不懂你们的生活,谁又知道我是怎么过来的?"

"只能说家家有本难念的经,人都会遇到挫折,关键在于如何应对。"

"我从不抱怨生活,没用。除非去死,否则再难也得活着。"

众人一路聊着天,也不寂寞,夜幕降临,众人在一片星空下,到达了铁弓山脚下。

这是一处类似于"弓"的大山,山体黢黑,生满了花草树木。

契合传说之处在于,山脚四周拉满电网,密密麻麻的网线,延伸向前,无穷无尽。

山脚下布了一圈铁丝网,每一道入口,都有保安把守,醒目的区域,插着告示牌,上书"山中危险,请勿踏入"。

"我得提醒几位,这座山里危机重重,一不小心,就会倒大霉,现在退出还来得及。"

"都带我们来了,还吓唬我们干啥?"马陆略感不快。

林无畏一笑,并没有解释。

上山并不是通过山路,在铁弓山山脚下,有一部专人看管的工程电梯,进入后,由专人控制,直上山顶。到达山顶后,顺着轨道移动,很快,透过玻璃窗看到前方不远处,有一座米黄色的小屋。

小屋形状很有特点,像极了一个大面包,顶部和中间位置装有玻璃,塑料感十足。

"这房子有科幻风。"

"挺有意思吧?"林无畏笑道。

工程电梯一路移动到黄屋边缘,连接后两边各开一道方形出入口,林无畏当先进入。

屋子里的摆设和正常居家没什么不同,沙发、酒吧、空调、电视都有,林无畏拿出一瓶红酒道:"喝点?"

马陆看酒标,居然是一瓶木桐,笑道:"行啊,出手真大方。"

"既然是贵客,当然要用好酒招待。"

林无畏打开软塞,将酒倒入醒酒器中,道:"这一路颠簸,也辛苦你们了。"

"咱们就别说废话了吧,带我们来这儿,究竟为什么?"

"这铁弓山的传说,你们也听了不少,究竟是真是假,也没几个人知道,今天就让你们开开眼。"

说罢,他搬动墙壁上的一处电闸,屋顶亮起一圈射灯,将屋子周围照得透亮。

铁弓山山势并不复杂,上山后就是一处宽阔的山谷地,四周生长着茂密的合欢树,微风中,细长的树枝微微晃动,偶尔可见一两片落叶落在地上。

阿蛮忽然眉头一皱道:"你们听见没有?"

"听见什么?"林无畏饶有兴趣地问。

"树叶飘落地面的声音?"

马陆笑着道:"看来内功修炼已有一定境界,连风吹草动的声音……"

话音未落,他忽然也是眉头一皱道:"见鬼了,还真听见叶子落地的声音。"

林无畏一拍手道:"这就对了,外置监听设备,捕捉周围环境每一丝细微变化,再由最专业的ATC监听音箱传输进入这间屋子,你们听到的,就是落叶和风的声音。"

马陆愕然道:"你请我们来这里,就是为了听自然之声的?"

林无畏不紧不慢地倒了五杯红酒,拿起其中一杯递给马陆道:"难道你不觉得奇怪,连落叶声都能捕捉到的顶级监听设备,居然没有一点活物行动的声音?"

马陆竖起耳朵仔细听了一会儿,确实没有虫鸣鼠咬的动静,如果不是音响放大了细微的声音,这里真如死一般寂静。

"究竟怎么回事?"

"别急,马上你就知道了。"

说罢,林无畏优雅地端起酒杯,凑到鼻子前闻了闻,浅酌一口。

只见工程电梯再度返回,这次并未与小屋连接,而是停在数米开外,只见入口打开,两头绵羊、一条狗走了出来。

三只家畜悠闲地顺着山路走动,绵羊吃草,狗则东闻闻西嗅嗅,时不时撒一泡尿。

忽然,一阵刺耳的噪音响起,就像铁刮子在玻璃上摩擦发出的声响。

家畜受到惊吓,立刻奔跑起来,林无畏道:"几位,瞪大你们的眼睛,别错过一丝细节。"

"看啥,动物马拉松吗?"

话音未落,就听林子里刷刷响动,随即,数十团犹如黑色气球的物体,从植物缝隙中滚了出来。

"黑色气球"有形而无实,可以穿透一切物体,球体内部,能看到细密的电流不停闪烁。

"这是黑色的球状闪电?"杨月钟莨惊讶地道。

这些颜色诡异的球状闪电,仿佛正在捕猎的野兽,尾随家畜而去。靠近之后,数团黑色球体,忽然接二连三跳跃起来,落在绵羊和狗的脊背,直将三头家畜笼罩其中。

绵羊和狗甚至来不及发出惨叫，就见球状闪电内，忽然喷射出大量金色电火花，犹如释放了一场烟火。

然而家畜却在美丽的烟火中迅速萎缩，变为粉末。

随后，球状闪电停留在原地一动不动，过了足有十来分钟，颜色逐渐变得黯淡，直到消失。

地上原封不动地留着三团粉末状骨灰，在微风中飘散开来。

"这……"

马陆忽然想到在巨人神庙遭遇的球状闪电，也是在瞬间，将人烧成灰烬。

"你们应该知道球状闪电？"

"不但知道，而且亲身体会过。"

"体会过？还能活下来？"

"我们也是鬼使神差，用橡皮轮胎包了车子，否则早就不知去哪了。"

"哦，如果是这里的黑色闪电，根本没用，它可以穿过细微的缝隙，把一切有体温、会移动的生命体烧成灰烬。"

"所以，铁弓山中没有虫子和动物？"

"任何踏足这里的活物，都会在瞬间死亡，没有痛苦，不留痕迹。"

连力如终于开口问了一句："为什么？"

"你们已经知道'星际战争'项目了，这就是该项目的研究基地。"

"这和'星际战争'有什么关系？"马陆道。

"如果你研究过世界各国的神话传说，就会发现很多故事的内容是极其相近的。比如说各种足以毁灭世界的灾害，什么洪水、天火、地震、飓风等等，在文化、信仰不相同的种族中编纂的神话体系，却会有程度如此高的相像。"

"没什么可质疑的，无非是人类对于灾难的恐惧所致，这些灾难现象，都是实际存在的。"杨月钟葭道。

"你说得没错，不过近些年，世界各地有越来越多的线索被发掘，甚至传出发现了诺亚方舟的消息。"

马陆忍不住笑着道："这种无良媒体炒作的假新闻，有必要当真吗？"

"不相信，是因为你知道的真相太少，就像此地黑色的球状闪电，如果

你没有亲眼看见，只凭我的嘴说，你会相信吗？"

"当然，球状闪电是科学证明存在的放电现象。"

"科学证明了很多事物，但它无法证明的事物更多，就像那些神话传说中所描述的状况，极有可能就是曾经高等级的外星生命，利用超级武器，对地球发动攻击所致。"

死亡钟

"我要是有口酒,指定喷出来了。"马陆哈哈大笑道。

林无畏也跟着笑了起来:"你开心就好。"

杨月钟葭却扯了扯马陆的衣角:"先别急着否定,问问林总,那几团黑色闪电究竟是如何形成的?"

"球状闪电的成因至今无解,难道你忘了巨人神庙任务之后,我们查阅了大量关于球状闪电的资料?"

"铁弓山的球状闪电,可不是突发的,只要有活物出现,它就会出现。"

马陆道:"是什么原因导致球状闪电的形成?"

"当然是陨石。"林无畏转而对马陆道,"火星表面有巨大的被电流灼烧的痕迹,太阳周围曾发现巨大的外星飞船……"

他边说边取出三张照片,摆在茶几上说道:"你们看,这三张照片,有没有什么不同?"

照片是黑白的,表面略显模糊,每张照片都是一个坑洞,坑洞口非常圆,洞壁几乎与洞底部垂直,洞底平整,而坑洞由边缘直到底部,形成一圈圈的螺纹,整个坑洞就像用一根巨大的螺丝钻出来的。

马陆来回看了一遍道:"不都一样吗,没看出什么不同。"

"三张照片不同处在于拍摄地点,左边的是在铁弓山用无人机拍摄的,中间和右边的分别是在月球和火星拍摄到的。"

"你是说，这三张照片，分别来自三颗不同的星球？"

"这可不是作假，铁弓山的照片，我有确切位置信息，月球和火星的照片，在NASA官网上可以查到。"

"那又怎样？行星表面有陨石撞击坑，这不算稀奇吧？"

"如果是陨石撞击或炸弹轰击形成的洞穴，都呈碗状，只有遭受电弧击打时，才会出现这种形状的坑洞，因为电弧一定是垂直击打，而释放出的电流会随着电弧旋转运动，所以这是坑洞内部螺旋纹形成的原因。"

说到这儿，林无畏顿了顿，望向杨月钟葭道："如果我没有记错，杨教授曾经明确说过，拓片记载的是死亡钟所在，而敲响了死亡钟……"

杨月钟葭下意识地接过话茬儿："世间会出现一道深不见底的螺旋状阶梯，一直通到地狱。"

"如果更加严谨地表达这句话，就是当电弧强度达到一定程度，理论上存在将地球击穿的可能。而这，就是标量武器的威力。"

马陆没话说了，缓缓坐下，端起酒杯，一饮而尽。

"马陆，不是我危言耸听，拓片是个大宝贝，凭你们三个，根本藏不住。"

马陆朝杨月钟葭望去，恰好，女孩也望着他。两眼对视，心中所想都在双眼之中。

"林总，这是件大事儿，你得容我们再想想。"

"当然，我不可能仅凭一番谈话就让你们交出拓片，这样，我再带几位去一个地方。"

"哪里？"

"我私人的实验室，专门研究陨石能量的。"

马陆清楚，这次才是见真章的时候，欣然同意。

返回山脚下，连力如道："既然诸位已经达成相同意见，我在这里也没有任何意义，那就告辞了。"

杨月钟葭走到他面前，踌躇片刻道："不管你接近我们的目的是什么，都要谢谢你。"

"别，我也是净帮倒忙了。"他哈哈一笑，转身走了。

马陆问林无畏道："这个杀手你认识吗？"

"马陆，你是不是有病？"杨月钟葭怒了。

"怕什么，林总又不是警察。"

林无畏呵呵笑道："我从不用极端手法，任何事情都能够商量解决，无非多让些利益罢了。"

"您的实验室离这儿多远？"杨月钟葭岔开话题。

"就在距离铁弓山处不远的东槐市，开车的话，三十分钟左右。"

再次上车，前往相邻的城市。

东槐市是边陲小城市，甚至地图上都没有明确标识，谈不上荒凉，却也是要啥没啥，尤其到了秋冬两季，动不动就是一场沙尘暴的洗礼，而且极其缺乏水资源。

这种环境，适合陨石的储藏，林无畏将实验室建在这里，应该是有所考量的。

车子开到一处名为"禾子电能实验室"的小院入口前，只见外围是一圈简易的护栏，围着一座两层小楼的灰砖房。

"这就是我的实验室，从外面看破破烂烂，不吹牛地说，在业界，这间实验室名气可不算小。"

进入正门，林无畏转向左手边的甬道："进这间实验室，得换上绝缘服。"

进入换衣间，靠墙摆放着一排铁柜，打开后，柜子里挂满了连体橡皮胶衣。

"穿之前仔细检查，有裂缝可是致命的。"林无畏道。

"这要是有点细缝啥的，谁能看出来？"马陆低声道。

"别当儿戏，你真得仔细检查。"杨月钟葭叮嘱道。

确认没有裂缝，各自穿上绝缘服，又戴上玻璃头盔，就像太空人一样进入试验区。只见宽阔的一楼屋子中央，有一处细密金属网构成的圆形铁笼。

"这是法拉第笼，在这里面，可以清楚地感受到电流的释放感，几位，咱们进去玩玩。"

林无畏当先走进法拉第笼，脱了绝缘服。

既来之则安之，三人跟着进入后，林无畏关闭笼门道："开始吧。"

只见屋里所有灯打开,不知从哪伸出一条机械手臂,如钳子一般的机械手,捏着一块黑色犹如鸡蛋大小的陨石。

机械手臂将陨石摆在高处一个透明的承托台上,缩了回去,随后,屋子里的灯光明显晃动了几下,一道小型闪电,忽然在高处形成,劈中了陨石,继而,陨石表面光华璀璨,变得五颜六色,又是一道强烈的电流喷涌而出,垂直击中法拉第笼。

一瞬间,笼子里布满了耀眼的紫色闪电,闪电不断"击中"他们四人的身体,然而却无丝毫不适,更神奇的是,笼子里形成了一股清凉的风,干燥轻柔,吹在人身上觉得十分舒适。

"这是电子风,大规模的放电现象被金属笼阻断,导入地下,所以对人体没有丝毫伤害。"

"法拉第笼我听说过,这不算多稀奇吧?"马陆质疑道。

"法拉第笼确实没啥稀奇的,可能放出如此强大电流的陨石,这就不常见了。"

陨石足足释放了数十分钟电能,电流才逐渐熄灭。

"只需要用电流触发,这块陨石就能释放大量电能,而它的重量不超过五百克,如果将铁弓山中所有陨石找出,我估计会是一个天量数值,再以电能催动,想象一下,会造成怎样的破坏力?"

马陆倒吸一口冷气道:"要这么说,击穿地球,真的不是梦想。"

"所以,拓片上记载的死亡钟,极有可能存在于铁弓山中。"

沉默片刻,杨月钟葭问:"林总,就算死亡钟真的存在于世,你寻找它的目的是什么?"

她父亲曾经对她说过,世界上最有价值的陨石,一定是具有科研性,而非能量性的。具有强大能量的陨石,一是难以掌控,在研究过程中容易发生意外。而且,以人类现有的知识结构、科研设备,也很难彻底分析出这类陨石的结构以及构成元素。

林无畏看了手表,道:"这个问题问得好,接下来就是答案,不过,并非由我回答。"说罢,他穿上绝缘服,走出法拉第笼。

"带你们去参加一个聚会。"

"什么意思?"

"你们要的答案,就在这次聚会中。"

"林总,您不是组团忽悠吧?"

"是真是假,一试便知。"

三个人出了实验室,又上了车。

"这是什么性质的聚会?冬军在吗?"杨月钟葭警惕地问。

"与他无关,参加这次聚会的人比较特殊,等你们见着,就知道了。"

车开到市区中心,刚过晚上八点,在别的城市,正是华灯初上、人头攒动的出行高峰,然而在这座边陲小镇,却已是人迹罕至,满大街只有孤零零的路灯,竖立在街道两旁。

车子行驶在空荡荡的马路上,四周虽是林立的居民区,然而亮着灯的屋子却稀稀拉拉,屈指可数。

"林总,你是搞房地产的,像这种小地方,明知道盖了房子没人买,为啥还会有人来盖?"

"房地产商赚钱的手段,可不只是卖房子,有很多乱七八糟的招数。"

"比如呢?"

"我对这些不感兴趣,从没问过。"

说着话,车子停在一处陈旧的建筑前。这是一栋带有圆形拱门的红砖建筑,总共三层楼高,很像是六七十年代的电影院建筑风格。这栋楼不知被荒弃了多少年,破败不堪,然而今晚,里面却隐隐透出灯光。

"这就是聚会的地儿了。"

林无畏从包里取出四张请帖,一人给了一张道:"凭这个进入。"

推门而入,还真是一处荒废的电影院,只见影院中的椅子早已破败不堪,巨大的银幕犹如纸片,被撕得七零八落,在舞台正中央,摆着一圈座椅,其上坐了六七个人,有男有女。

此刻,一个四十多岁的中年妇女,声音低沉地道:"当时,我以为一切都结束了,谁知道,那只豹子又从树林中蹿了出来,我老公见无处可逃,就让我先跑,他留下来和豹子搏斗……"

说到这儿,妇女已是泪流满面。

四个人轻手轻脚走到人群中,各寻座椅坐下。

这里,应该是一处类似于"倾诉会"的小圈子,大家互相倾诉心中的痛苦,然后接受别人的安慰,可是,林无畏带自己来这种地方干啥?马陆觉得有些莫名其妙。

"凌大姐的痛苦,我感同身受,因为我也曾经历过亲人的离世。"一名四十多岁的中年男子说道。

男子很瘦,穿着讲究,说话细声细气,有几分女气。

"我叫李友……"

马陆心中暗想:这名字听着,怎么这么耳熟?

李友继续道:"好朋友爱开玩笑,给我起了个'八臂神魔'的外号,后来也不知道怎么回事,这外号闹得天下皆知了。"

马陆心头一震,暗想:他居然是"八臂神魔",难怪名字如此耳熟,原来是猎人里的大神。

每个行业,都有顶级的从业者,陨石行业如何界定从业者身份等级?与找到的陨石数量无关,与难度无关,甚至与价值无关。只在找到陨石的稀缺性,越是罕见、奇特的陨石,越能提升个人或团队的影响力。

"八臂神魔"当然不是开玩笑起的,李友曾是小提琴演奏家,在维也纳金色大厅举办过专场音乐会,这一职业赋予他浪漫的艺术气息与足够的经济收入。

于是常年出国表演的李友,在挪威某地买了一处度假别墅,偶尔会去等候罕见的"极光夜景"。然而极光没来,陨石却不期而至。一块拳头大小的陨石,毁了别墅,使李友身负重伤。万幸,抢救了十天,总算把人救了回来。李友没了一条胳膊,可仅剩下的一条,却获得了难以置信的速度,根据电脑计算出的精确数值,他手臂的移动速度,是"专业小偷"手速的八倍以上。这便是"八臂神魔"的由来,而李友无法拉小提琴后,便加入了陨石猎人行业,这些年也算是战绩彪炳。

"你们也知道,我手的速度特别快,一般人甚至无法看清我手移动的轨迹,很多人羡慕我的技能,却没几个人知道这项技能附带来的痛苦。我的手速确实有了不可思议的提升,可是我的肌肉、血液、经络、骨骼却并没有变得强健,依然还和曾经的一样。所以,我每一次使用'超能力',随之而来的就是刀切斧凿般的剧痛。说真的,我宁可没有任何变化发生,还是曾经那样,为爱好古典音乐的朋友演奏世界名曲,可如今……千刀万剐并不可怕,

死亡钟

陨石猎人 下

魏忠贤被剐了三千刀,三天之内行刑完毕,而我,却是不死不休,有时候恨不能把这条胳膊给砍了,可,总不能双手全断。"

马陆终于明白,这是一个陨石猎人内部交流的圈子,参与其中的,都是因为陨石受到伤害的人。

李友说完后,林无畏道:"马蒙,这三位是探星小队的。"

"哦,老刀团队的?"坐在正中间的一名男子,打量着马陆道。

"您就是马蒙?"马陆顿时激动起来。

"'真神之鞭'到底是真的,还是杜撰的?"

此刻的马陆,就像是个见到偶像的小粉丝,有些失态。

这并不是他见识短,而是马蒙在猎人这个圈子里,确实是神一般的存在。

因为他发现了迄今为止陨石圈子里最为顶级、代号"真神之鞭"的超级陨石。

总有一些陨石,具备非同寻常的能量,然而很难在其中界定出个高低强弱,所以对陨石的界定,大多是以普通陨石、特殊陨石两类来划分。而"真神之鞭"又是一种特殊的存在,它被定义为"命运陨石"。

之所以命名为"真神之鞭",因为这块陨石在一座疑似匈奴王阿亚拉的墓穴中被发现,陨石被镶嵌在一根金制手杖顶端。

据说真神之鞭具有超强能量,可使"地裂天崩"。

马蒙毫无得意神色道:"在外人面前得装,在这里大家都是内行。我实话实说,猎人行业最牛的不是本领大,而是运气好,否则同样在外风吹雨淋地吃苦,凭啥那玩意儿就落你袋里了,是不?找到那块石头,确实厉害我承认,不过……"

他苦笑一声道:"正好,有兄弟打听这事儿,我就搁今天聊聊。"

说罢,他从随身携带的塑料袋里取出一份"煎饼卷大葱"道:"对不住各位,我情绪一紧张就容易低血糖,先吃两口垫垫。"

静谧的空间,只有吃东西的响声和刺鼻的大葱味。吃了小一半,马蒙收起剩下的饼子道:"这块陨石吧,看着非常漂亮,拿到手上,我可喜欢了,这一路就拿在手上玩。"

"沙漠里的天气大家都知道,白天温度特别高,就在我们几个往车上走

的过程中,我无意中发现身前的沙子在流动,并且形成了某种奇特的形状,我估计和陨石有关系,就和他们几个一起研究,然而光照的时间越久,流沙形成的形状越清晰。"

"我那群人里,有个叫李栋梁的特别聪明,就是他发现热量会对陨石造成影响,所以气温越高,造成的形状改变就越清晰。"

"我们也是吃饱了撑的,点了一把火,将整根金手杖丢入火堆里。过了没一会儿,沙地开始喷出沙尘,就像喷泉一样,而我们不停地添加燃火材料,催动火势,眼看着沙尘越喷越高,足有十来米,而扬起的沙尘逐渐往四面八方飘散,很快形成了一片灰蒙蒙的沙尘区。"

"我们丝毫没有察觉到危险已经潜伏在身侧,玩得那叫一个开心,就在沙尘越来越浓密时,我听到了野兽的吼叫声。"

"声音不响,就像野兽发动攻击前,从嗓子眼儿里发出的闷吼声。"

"我以为自己听错了,也没作过多的询问,过了会儿,又是一声吼,这下声音都震耳朵,这会儿就有人问,是不是来了野兽?结果,他话音未落,就是一声惨叫。"

即便已经过去了很久,马蒙叙述这段往事时,依旧表露出强烈的恐惧情绪。

"沙尘滚滚,啥玩意儿也看不见,光听人惨叫和野兽嘶吼了,把我吓得屁滚尿流,连滚带爬往外跑,一直跑出老远,总算是保了条小命,可我那几个哥们,全死了。"

"当然,当时我并不确定他们几人到底是生是死,就躲了起来,一直等到漫天灰尘散去,就看到焚烧权杖的区域,全是……"说到这儿马蒙住了口,他摆摆手道,"抱歉,我说不下去了。"

林无畏就坐在他右手边,伸手按住他的肩膀,用力晃了晃。

"这么说,'真神之鞭'确实存在了?"马陆低声自语。

没想到这句话引来了别人的不满,一名四十来岁、打扮时髦、五官凌厉的女子道:"小伙子,咱们陨落互助会,目的在于互相倾诉、互相帮助,协助受到伤害的同行,尽快从悲伤的情绪中走出来,可不是没事组局聊闲天的。"

"对不起,我第一次参加这种聚会,坏了规矩,是我的错。"

林无畏圆场道:"怪我,一开始没说清楚,他们三位也都是苦大仇深,小姑娘有着岁数没多大,是杨教授的女儿。"

"啊,杨教授的闺女?"人群中响起一阵嘈杂声。

"所以,来的都是苦大仇深,没谁是来寻开心的。"

马陆脑子何其灵光,立刻跟着林无畏道:"我的二叔,在一次寻找陨石任务中,掉入了冰峰,到今天也没能找到尸体,我和他感情一直很好,每次想到他,心里就难受。"

"你二叔是不是绰号'二愣子',一直跟着老刀的?"马蒙问。

"他的外号我不知道,不过生前确实是探星小队的。"

"哦。"马蒙点点头道,"你二叔我认识,合作过几次任务,如果他还在,探星早就升了,老刀能力也不差,可过于异想天开。"

"别歪楼了,咱们继续啊,还有些朋友没说事儿呢。"有人出言纠正。

之后,聊天的主题又回归正题,一直聊到半夜,散场之后,林无畏请马蒙吃宵夜,他们去了一家海鲜粥馆。

"这家海鲜全是冷冻的,不过小地方,能有就不错了,大家凑合吃点。"

马陆问道:"马哥、林总,你们两位都是行业大咖了,跑到这么一个偏远小城来,不可能只为了聊天吧?"

"这座城市虽然不大,但在陨石行业可算是大名鼎鼎,一年一度的陨石交易大会在这里举行,我们也是因为参加大会,顺道在一起聊聊天。"马蒙道。

杨月钟葭顿时来了兴趣,道:"早就知道陨石交易大会,却从没机会参加,太好了。"

林无畏笑道:"去实验室、参加陨落互助会,是为了让你们知道,我们尽自己所能,收集那些具有黑暗能量的陨石,将它们封存起来,不让这些石头落到坏人手中。"

"林总,你们可真伟大。"马陆不阴不阳地说了一句。

"我知道你们不会相信的,可看看那些受到伤害的人,就比如马蒙,如果'真神之鞭'被一个疯子抢去,会造成怎样的后果?"

"这倒也是,毕竟触发能量的手段特别简单,是个人都能做到。"马陆道。

"我希望这个世界依靠人正常运转,不会受到几块突然入局的石头影响。"

"那么,冬军研究的'星际战争'项目呢?又算什么?"

"这个项目一旦成功,可以反向证明陨石能量的可怕。否则,就算我说冬军想要颠覆世界,你们信吗?"

"倒也是。"

"杨教授得到的拓片,隐藏着关于死亡钟的秘密,而死亡钟一旦被发现,预示着标量武器不只存在于神话传说中,现实世界中就有,这对于人类的警示,是立体而直观的。换而言之,这种能量巨大的陨石,即便真的被我们找到,也没有交易的市场。谁敢买?我们只是尽一切可能,预知风险并控制风险的发生。"

马蒙道:"我给林总做个证明,这些年他一直为此事奔忙,我们看在眼里,心里是非常佩服的。"

马陆道:"马哥,我问您一句……"

不等他把话说出口,马蒙笑道:"你想知道'真神之鞭'我是如何处理的,对吗?"

"是的。"

"我给林总了,换来一块有价值的火星陨石,拍卖之后,在上海买了一套滨江豪宅。"他得意地笑道。

马陆拉着杨月钟葭走到一边道:"你信林无畏吗?"

"不知道。"

"我也不知道。"

"不过,我打算把拓片交给他。"

"为什么?"

"起码他说得有道理,如果拓片真的落到疯子手里,我会成为罪人,老杨家承担不起这份责任。"

"可万一他就是那个坏人呢?"

"你觉得他像吗?"

马陆下意识朝林无畏望去,只见他一脸凝重地望着窗外,一副心事重重的样子。

马陆还是不放心，给欧阳青石打去了电话。

"主席，跟您打听个人？"

"谁？"

"林无畏，您听说过吗？"

"当然，这位可是陨石行里的大玩家。"

"您和他打过交道吗？"

"为什么这么问？"

"有个项目合作，我想了解下他的为人。"

"嗯……"电话里沉默半晌，欧阳青石道，"我劝你最好别跟他合作，如果需要帮助，你可以找我。"

"明白了，谢谢您。"

挂了电话，马陆道："交拓片吧。"

"欧阳主席说了什么？"

"他诋毁林无畏，想给自己找便宜，当我是傻子。"

两人小声嘀咕着，返回座位。

"商量得如何？"林无畏笑道。

"之前，我们和冬军的协议还有效吗？"马陆问。

"当然，只要你们点头，美人石随时送到大美女的手上。"

杨月钟葭脸上一红，笑道："我们同意了。"

"好，能为人类谋福祉，三位功德无量。"

当晚，各自休息不提。第二天一早，林无畏带着律师和美人石，与杨月钟葭签订了交换合同。交出拓片之后，杨月钟葭收获了一块堪称价值连城的超级陨石。

"恭喜你们。"林无畏与三人一一握手。

"上午九点十八分，交易场开张，三位跟我一起去转转，说不定能捡到大漏。"

"太好了，谢谢林总。"杨月钟葭笑道。

"谢什么，咱们现在是一家人了，以后，有任何需要帮忙的，只管开口。"

早餐在林无畏的宾馆套房里吃，十分丰盛，是他的私厨做的，有稀饭、

小笼包、咸蛋、腐乳等。

"这顿饭有点腐败。"马陆笑道。

"其实并不奢侈,都是常见的食物,只不过,我这位大厨本领没得说,就说这小笼包的皮子,和面的时候加多少盐、多少糖,揉多长时间、擀几下都有讲究,还有猪皮冻怎么熬,加什么料,肉馅打多久,都是学问。所以,天下美食千千万,我最爱的还是这一口。"说罢,林无畏小心翼翼夹了个小笼包,轻轻咬开一点皮,吸了口汤汁儿,表情十分销魂。

只看他吃相,马陆就饿了,暗中咽了口口水道:"我也试试。"

谁知这一口吃得急了点,包子皮咬开一点,滚烫的汁水顿时流入口中,把马陆舌头尖都烫麻了,他就像泄气的皮球,"嗤嗤"吹气,将小笼包吐了出来。

三人见他这副狼狈模样,同时笑出了声,而且就属阿蛮笑得声音最响。

马陆口齿不清道:"得了,牺牲我一人,娱乐千万家,祝你们开心。"

"谁让你这么猴急的,活该。"

"我去含口凉水。"

马陆用手扇着舌头,走到卫生间,推开门正要进去,就见冬军正在刮胡子。

他可不是用电动工具,而是理发师傅用的专业刀具,一刀刀仔细地刮着。

"你相信吗,我曾经最大的理想,就是做个剃头匠,为此,我有空就练刀工。"

"你怎么在这儿?"马陆不仅有些浮想联翩。

"这房子是我租的,林总只是借用。"

"既然谈成合作了,为什么不露个面、吃顿饭呢?"

他呵呵一笑,放下刮胡刀道:"我从来不和歧视我的人同坐一桌,而你,是我见过的最恶劣的歧视者。"

"你这倒打一耙的功夫绝对是宗师级的,合着我活该被你杀死,不该有任何反抗?"

冬军用毛巾擦了擦嘴,道:"这笔账,我会找个合适的机会,和你细细算的。"说罢,他并没有去吃早饭,直接离开了。

死亡钟

177

回到客厅,虽然并没有提这事儿,但是林无畏察觉到了马陆情绪的异常,便问:"怎么了?"

"林总,这屋子是不是您借用的?"

"你碰到冬军了?"林无畏搁下了筷子。

"既然是他的屋子,碰到不奇怪吧?"

"哦,他肯定说了什么刺激你的话。"林无畏笑了。

"这事儿好笑吗?"

气氛顿时变得对立,另两人也搁下了手里的筷子。

"冬军的性格我很清楚,不过,我一定会遵守承诺,请三位相信我。"

"林总,话不好听,可我得说在前面,如果冬军用下三滥的手段,我可要真急眼了。"

"放心吧,我替他担保,绝对不会发生这种事情。"

一顿丰盛早餐,在并不愉快的气氛中结束,四个人结伴上车,前往陨石交易场。

"为什么在这座偏远小城做大买卖?"

"很多藏家都把陨石藏在这里,因为气候好,适合陨石保存,所以交易场就设在这里。不过,每年到这时候贼也多,可得小心了。"

"还有贼偷陨石?"

"陨石实际价值远高于宝石,贼当然上心了,而且我说的贼,都是具有国际背景的专业大盗,盯上你,绝对让人防不胜防。"

"那,我们的陨石安全吗?"

"以你们目前的名气,不会引起这些人的注意,不过,要是让人知道你们手里有美人石,绝对会招惹麻烦。"

"林总,你们的人能保守秘密吗?尤其是冬军。"

"冬军脾气是不太好,但他肯定不是卑鄙小人,不会为了报复你们,泄露陨石信息的。"

不知道是不是心理作用,得知这一消息后,马陆再回到房间里,总觉得有被人翻过的痕迹。思来想去马陆难以心安,和杨月钟荺商量,是否把美人石带在身上。

"带着有可能更不安全。"

"大户们不带陨石,因为他们在这儿有更加安全的存放地,但我们没有。就宾馆这门,连打扫卫生的都能随意出入,何况那些业务水准极高的贼呢。"

"还是带着放心,我就不信,有人能在我眼皮子底下偷走陨石。"

美人石体积并不大,方便携带,杨月莜装进袋子里,贴身收藏。

到了九点,四人准时出门,这次两辆车同行,另一辆切诺基里的三人是负责安全的安保人员。

"交易场里比较乱,千万注意安全。"

"在哪?"

"很快就到了。"

车子行驶到火车站,只见人流密集的区域,居然有一座占地面积不小的烂尾楼。

"这种黄金位置居然能有烂尾楼?"马陆惊讶地道。

烂尾的楼盘,形状别致,是圆柱形的,使用的玻璃外墙,也不知建成多少年了,玻璃碎了个七零八落,整个楼体肮脏不堪,墙体到处是水渍侵染的痕迹。

"当初的承建商打算建造服装批发市场,后来资金链断裂,这楼就烂尾了,什么要饭的、流浪的、吸毒的……各种盲流入住,这地儿就变得破败不堪,后来几次公开招标,没人愿意接受,就荒废了。"

"交易场的位置在哪儿?"

"就在火车站里。"说罢,林无畏带人进了车站区。

火车站工作人员有所准备,检测了众人的身份信息后,有专人带领去了货运区。只见早已荒弃的铁路上停着两列锈迹斑驳的绿皮火车,每一辆连头带尾各十节车厢。

"陨石贩子联盟租用了废弃的车站,利用废弃的列车作为展示区,这就是行业内大名鼎鼎的陨石交易场。"

"真没想到,居然是在火车站里。"马陆道。

"好处有两点,第一,小城市不通飞机,来这儿做买卖的十有八九坐火车,下车直接进场,省去路上颠簸,保证安全;第二,这地儿看似开阔,其实进出都是一条道,外人想进来不容易,逃走更不容易,等于是借用了火车站的安保措施。"

死亡钟

林无畏边说边上了其中一辆车的车尾，只见门口站着一名身着黑色西装的男子，再度核查所有人的身份信息，相比火车站工作人员，这里更加仔细严格。

"你们三位，是在三天前报备的，必须说明原因。"黑衣男子拦住马陆他们。

"小钟，他们都是我的朋友，也是科研所报备的资料，这都不行？"

"林总，您也知道这里的规矩，如果我贸然放人进去，倒霉的是我。"

林无畏有些无奈道："没辙，下去写申请吧。"

所有参与交易场的人员名单，必须提前一个月报备，如需临时加入，就要申报表格，包括详细的公民信息以及加入的原因。

这可不是随便写写、敷衍了事的，每一个问题必须详细回答，有一个填写不到位，都会被打回重写。要命的是，还必须本人填写，不许代填。

所以阿蛮就没法进去了，他只认识一些简单的汉字，没法写申请。

马陆和杨月钟蕗历经"千辛万苦"将单子填好，时间已经快到中午，阿蛮进入无望，去了休息室，两人递交了材料，经过审核终于进了交易场。

只见车厢里所有座位都被卸走，沿着车厢两边一字摆开长条凳，凳子上摆满了各式各样的陨石，贩卖者行动不一，有的主动吆喝，有的只顾聊天，有的盯着手机。

林无畏道："这里和拍卖场不同，来这儿的都是圈里人，比的是眼力和耐心，看上一块石头，千万别急着问价，否则肯定被坑得血本无归。"

"我的美人石在这儿能卖吗？"

"不行，因为获取营业摊位，必须在筹备之初提出申请，但是你可以和人以物易物。"

"我可舍不得，毕竟这石头能让我变成大美女。"

林无畏被逗得哈哈大笑道："没有石头，你也是个大美女。"

忽然，他收了笑声走到左手一处摊点前道："哥们，你这块石头有点意思。"

在这里销售的陨石，都有鉴定结果，马陆拿起搁一旁的说明，特征一栏写道："样品与磁铁相吸，程度中等。"结论一栏写道：顽火辉石球粒陨石，确定是陨石。"此外还有自然光照片和正交偏光显微照片。所有资料都是正

规科研所开具,真实性不容怀疑。

只是这块石头怎么看,就是一块普普通通的石铁陨石,克价最多不过百元,以林无畏的身份,怎么会对这种"小玩意"感兴趣?

卖家是个四十来岁的中年人,陨石猎人大多体格强壮、肤色黝黑,一副饱经风霜的模样,此人也是如此。

他左手搓着一串金刚菩提,嘿嘿笑道:"这块石头,只有在林总手中才有它应有的价值。"

"这话我爱听,哥们开价多少?"

"三千元一克,不议价。"

马陆暗中吃了一惊,心想:这人心够黑的。

然而林无畏都没想道:"这价格公道,石头我要了。"

"李增开货一块。"立刻就有人高声报价。

一名身穿黑西装的工作人员上前将陨石收进木盒中,又贴上封条,林无畏签过字,打了个响指道:"齐活。"

黑暗者

马陆无法理解,问道:"我们算不上有眼力,可这块石头确实看不出任何值得三千元克价的,您有什么打算?"

"林总的打算,你们当然无法理解,这就叫'大佬意识'。"说话间,欧阳青石走到了众人面前。

"欧阳主席,幸会。"林无畏伸出右手。

"哪里,是我的荣幸,这些年林总身体力行,为陨石行业做的贡献有目共睹,我是非常佩服的。"

"都是应该的,没人想让这个行业成为众矢之的,我不做,也会有人去做。"

"总之,有任何需求,你尽管提,联盟一定尽全力配合。"

说罢,欧阳青石和马、杨二人招呼了两句后,离开了。

从两人说话时的表情状态,马陆感觉他们之间的关系似乎并不融洽。

"欧阳主席只说了半句话,听得我们莫名其妙。"马陆追问。

"他那是抬举我,不过买这块陨石确实有打算,石头本身价值并不高,但并不代表石头不值钱。"

"您这话太高深了。"

"不难理解,以人举例,如果是老百姓参加一场酒席,没人给你钱,但是明星就不一样了，从十八线到一线都有明确的出场价，为什么？因为社会赋予了他们不一样的头衔。所以，肉体本身没有价值，可一旦挂上注解，价值就起来了。再说这回我买的陨石，纯粹以成分定义，这就是一块普通的石铁陨石，但是这块陨石从天而降之前，有两个村子的村民，正因为水源问题，差点展开一场大规模械斗，就在针锋相对之时，这块石头从天而降，砸穿地表，砸出了一股地下水源。所以，这就是'天赐灵石'。"

原来在陕北一地，有两个相邻村庄共享一条山泉，由于地势关系，山泉在其中一处村庄管辖区内。今年年中，由于遭遇了百年一遇的旱灾，水资源极度紧张，于是对山泉有管辖权的村子，挖了一条河道，截断了整条山泉。由此"夺水之战"拉开帷幕，两个村子的青壮年约在一处山谷内，准备械斗解决纷争，一场流血冲突眼看就要发生时，一颗火流星从天而降，撞击地面时发生了爆燃，众人被震个七零八落，然而没等起身，地下水从被砸的洞口涌出……

在挖井口时，村民们又挖出了陨石，于是供奉在村子的祠堂中。恰好有一名记者回乡探亲，得知了整件事的来龙去脉后，便添油加醋发了一篇文章，两个村子获得了足够关注的同时，这块陨石也被有心人盯上，于是有猎人以"协助打井"为借口，没花钱便拿回了石头。

"陨石没什么准谱儿，到底是什么玩意儿，值多少钱，全靠人嘴说，真正有巨大价值的陨石，是不可能拿到市面上交易的。"

"所以我们来这儿，是发掘陨石界的娱乐明星？"

林无畏哈哈笑道："你这个比喻非常恰当，大致就是这么回事。"

林无畏在交易场可算是"焦点人物"，一路上遇到无数人和他打招呼，可他再没出手，直走到火车车头，只见通道口挂满了照片。

马陆惊讶地发现，在这些照片中，居然有一张老刀和二叔的合影。

"交易场为什么挂我二叔的照片？"

"这可是咱们行业里莫大的荣耀，照片挂上墙的猎人，都是有巨大贡献的猎人。"

"我二叔有什么贡献？"

"他俩最大的贡献，就是在加勒比地区发现了一块名为'黑暗者'的陨石。"

"'黑暗者'？这陨石有什么特点？"

"最初发现是吸光，肉眼无法直接看到陨石，可过了没多久，又发现这块陨石可使人身体迅速衰弱，如果发现不及时，会造成不可逆的损伤，比如血管萎缩、贫血等症状。"

"那要是用这种陨石杀人，绝对的杀人不见血。"

"所以黑暗者拥有极其负面且可怕的能量，你二叔和老刀的这次发现，功德无量。"

照片里的二叔，已显沧桑，头发胡子一片灰白，看着就像五十来岁年纪的中老年人，而当时他的年纪不过三十出头。

"可惜，我的家人并不知道二叔取得的成就，到现在也没能原谅他。"

"这不奇怪，我们不是个体，都会承载家人的期望，有些孩子听话，愿意按父母的意愿发展，有些孩子性格独立，不愿意接受别人的意见，只要不后悔，那就没错。"

"他就是后悔，我们也不可能知道了。"马陆轻轻叹了口气。

"哎哟，这不是我的林总嘛，您可是贵客，请进，请进。"车厢里走出一个四十来岁的胖子，他身着质料高档的西服，右手无名指戴着一枚老大的方戒，一副八十年代"成功人士"的造型。

"您客气，我就是来转转，别耽误你们做生意。"

"您就是我们最大的生意，赶紧来看看，有没有宝贝能入您法眼。"

林无畏介绍马、杨二人道："这两位是我公司最好的陨石猎人。"

"这么年轻，了不得。"胖子满脸堆笑，恭维二人。

马陆当然知道他的目的，可很难讨厌这种深谙世故的老男人。

车头车厢中，不用条形板凳摆放陨石，里面摆着三个展示柜，每个柜子分四层，每一层摆着三块陨石。相比于外面的"杂货"，这里的陨石或精美或奇特，大多具有宝石形态，一看就是收藏级别的陨石。

"听说您刚收了一块克价三千元的，不愧是大手笔，我这里带了不少好货。您上眼，如果有看上的，价格咱们好说。"

林无畏不露声色地一笑道："这些石头都是好东西，但也就是面对一般藏家的品相，我对这些不感兴趣。"

"就知道您眼光高，我这里确实有高货，不过假如您看上了，可别怪我漫天要价。"

"只要是我看上的,甭管多少钱,我认。"

"果然霸气。"

胖子使了个眼色,一名瘦高个的年轻人取来一个盒子。

从盒子的材质看,似乎是用铅制成的。

林无畏眉头略皱道:"庞总,有放射性的陨石,再牛,我也不要。"

"嗨,我就是想赚钱,也不能卖命啊,您放心,这石头绝对安全。"说罢,他打开盒子,为了证明陨石不具有辐射性,他特意将盒子靠在心口位置。盒子里装的,是一块类似于鹅卵石的淡黄色石头,直观看,没有熔壳、气印这类陨石特有的外观特征。

"这不像陨石。"马陆道。

"是块好石头不就得了,谁说玩陨石的不能收藏别的种类石头。"

"别卖关子,这石头有什么不同?"林无畏道。

"几位,您可上眼了。"

他将盒子小心翼翼地放在桌上,接着拿出一块染成蓝色的小石子,轻轻丢在淡黄色的石头上。"啪"的一声轻响,一块完全相同的石子,凭空出现在盒子前的木桌上,之前那块蓝色石子,消失无踪了。

"看明白了没有?"庞总笑问。

"你这个是魔术?"马陆道。

"这是一块真正意义上的奇石,它的功能就是复制石头,再将被复制的石头化为空气。"

"能有这种操作?"林无畏顿时来了兴趣。

"刚才发生的一幕,是清清楚楚的,并且我录了像,如果不相信……"

"可是蓝色石子的形状我记不太清了,即便通过视频,也需要专业软件的比对,肉眼看不作数。"林无畏道。

马陆拿起被复制而出的石子,只觉得石子表面很热,就像在火中烤过。

"也就是说,这块石子是蓝色石子的复制品?"他问道。

"没错,而且只能复制石头。"庞总补充解释。

"如果您不介意,我想再试试。"

"当然,你们随意。"

陨石猎人 下

马陆走出车厢,捡了一块拇指甲盖大小的扁平石子,返回车厢,他将石子摆在纸上,沿边缘画出形状。

随后,将石子放在淡黄色石头上。"啪"的一声,石子消失,却又出现在木桌上。马陆用手试了试温度,很烫,于是浇了点凉水降温,拿起,摆在纸面。对应刚才画成的形状,完全契合。

"这石头有点意思。"林无畏终于露出一丝笑容。

"您喜欢就好。"

"喜欢,确实喜欢,庞总,开个价吧。"

"我还真不着急赚快钱。"庞总露出一丝老谋深算的笑。

"你想要什么?"

"合作,咱们之间的合作。"

"怎么合作?"

"这块石头名叫凤凰蛋,是在距离此地不远的甘芍湖发现的。我买到这块石头时,卖家说当地应该有两块更大的凤凰石,消息已经在小范围内传播开了。林老板,您既然有陨石猎人的资源,干吗不联系几队人马,找到这两块凤凰石呢?"

"消息出来多久了?"

"您放心,抓紧时间行动还来得及,就算找不到,也不耽误什么,可万一找到了呢?"

林无畏道:"就说你手上这块石头,开价多少?"

"这块石头只是借花献佛,我真正想卖的是信息,咱俩联手找到其余两块凤凰石,才是赚大钱的办法。"

林无畏笑道:"如果我能找到凤凰石,为什么要和你分享?"

"因为,我知道凤凰石所在区域,可以缩小搜寻面积。"

沉思片刻,林无畏道:"你确定消息是准确的?"

"如果不准确,又有什么损失,无非一点车马费而已。"

"我考虑一下,尽快答复你。"

"林总,您得快点,时不我待啊。"

三人出了车厢,林无畏道:"这次交易场没什么好东西,不看了。"

"还有另一辆车没去呢。"

"那边有我的人,消息是实时传送的。"

想买好东西,必须有速度优势,林无畏专门安排了专业人士上了两辆火车。如果有上眼的好东西,他就会在第一时间得到消息。马陆等人去了休息室,叫上阿蛮,点了几份简餐。吃了没几口,林无畏放下筷子,打了个电话。

"你联系一队猎人,靠谱的,有经验的……对,尽量快……"

马陆朝杨月钟葭望去,正好钟葭也望着他。

等林无畏挂断电话,马陆道:"林总,您何必舍近求远,陨石猎人团队,眼前就有啊。"

"咋了,你们想上?"

"这些年我们也证明了自己的能力,比如说最近寻找蝴蝶石的项目,这可不是一件容易做成的事儿,但我们做成了。"

"嗯。"林无畏点点头道,"凤凰蛋这个项目,肯定没有蝴蝶石那么复杂,以你们的能力,确实绰绰有余。"他端起茶杯喝了口水道,"可是你们刚回来不久,我建议你们休整一段时间……"

"林总,如果您不愿意把活儿交给我们,那就不说了,否则,我们可以立刻出发。"马陆斩钉截铁道。

"凤凰蛋"是一块很有意思的石头,虽然目前难以衡量其价值,可其中蕴含的利益显而易见。

"成啊,谁做都是做,探星也算是我的资产,交给你们我也放心。"

马陆暗中松了口气道:"我们不会让您失望的。"

"你们从来没让我失望过,行了,事儿谈成,继续吃饭。"

"阿蛮,你在休息室里看的什么电影?看你满脸春色的,没看好片吧?"重新谈成合作,生活再上正轨,马陆心里高兴,开起了阿蛮的玩笑。

"你别瞎说,我看的是一部越狱电影。"阿蛮满脸通红。

"你少在那儿说阿蛮,他可比你老实一百倍。"杨月钟葭忍住笑道。

只见一名安保人员急匆匆走过来,在林无畏耳边悄声说了几句,他面色微变道:"你们继续点餐,账由我付,另外这次行动费用由机构负责,把你们需要的物品列一份清单,之前和谁联系的,还找他。"

说罢,林无畏急匆匆走了。

"人世啊，就是一场玩笑，刚才还刀枪剑戟，现在就吟诗作赋了。"马陆伸了个懒腰道。

"这次任务也是你争取来的，就别感慨了。"

"凤凰蛋确实挺有意思，如果真能找到，我可不会交给林无畏。"

"你准备坑他？"

"这石头有两块，所以，能复制出一模一样的第三块来。"马陆压低嗓门道。

"行啊，有点老奸巨猾。"杨月钟葭撇嘴笑道。

"跟这些人一起，你还真拿他当朋友，谁知道暗中做的什么打算，该是我的，就是我的。"

"你觉得，凤凰蛋复制出的石头具有原石的功能吗？"

"在陨石的世界里，一切假设都是成立的。"

回到宾馆，马陆写了一张便条，列出所有需要物品清单，传真给了吕宁。

"我当咱们再没机会合作了，没想到峰回路转。"吕宁笑道。

之前马忠的事儿，多亏了吕宁帮忙，马陆一直觉得欠他人情，便道："这次任务结束，我回来请你吃饭。"

"甭客气，只要大家能平安相处，我就阿弥陀佛了。"

正要挂电话，吕宁又道："负责后勤的领导特意叮嘱，说给你们买一辆车，五十万元的预算，想好了告诉我。"

"冬军真是有一出没一出的，刚威胁我，又要给我们买车，你说他玩的是什么套路？"

"这次我们是替林无畏找石头，大哥的面子总得给。"

"讨论一下，选什么车子。"

"你做决定吧，我也不懂车。"

马陆问阿蛮道："你有什么意见？"

"都行。"

"要都听我的，那还是猛禽吧，皮实到令人发指的程度。"

"别买同样的车了，换辆新的吧，再说皮卡有很多限制，也不算方便。"

"行，买什么车你不知道，不买什么车你倒是清楚。"

三个人正聊着天，就听有人敲门。

"谁？"

"马先生，我是庞庄。"

马陆不免觉得奇怪，小声道："这个时候，他来干啥？"

"聊聊，不就知道了。"

杨月钟葭打开门道："庞总您好。"

"好，好，大家都好。"胖子客气地笑道。

他朝屋里看了一眼道："几位不忙吧？"

"有事儿吗？"马陆堵在门口，不想让他进来。

"是这样，我刚听说这次任务是您几位接下了，所以……"他挠挠头道，"咱们是不是谈谈合作，毕竟也有我一份。"

"哦，请进。"马陆让开路。

庞庄进屋后，轻轻关上屋门道："打搅了，我是觉得这事儿必须双方配合，才能有好的结果。"

"庞总，刚才我就想问你，既然已经掌握了凤凰蛋的具体方位，为什么还要跟外人合作？"

"我进这行也就是近几年的事儿，有点钱，可左右不了石头的价格，凤凰蛋这种类型的石头，最多算有点意思，想要提高估值，得靠林总操盘了。"

"明白了。"马陆点头。

庞总道："这次是咱们第一次合作，我希望能有个好的开头，刚听林老板说三位执行任务时，弄坏了车子，所以特意买了一辆新的。这车不是以公司名义购买的，是我送给三位的一点小心意。"

他将车钥匙摆在桌上道："车子停在越野者4S店里，随时可以提取。"说罢，告辞离开了。

"这哥们要给咱们个惊喜，也不说什么车子。"马陆笑道。

"但愿别是猛禽。"阿蛮道。

"不会这么巧吧，真要是猛禽，我肯定退货，让他重新换一台。"

三个人嘻嘻哈哈走出宾馆，叫了一辆出租车，前往4S店。

从店名就知道，这是一家专卖越野车的店铺，小城地靠边境，和沙漠接壤，还是越野车实在。

陨石猎人 下

"是庞庄让我们来提车的。"马陆将取车单递给一名身材纤细、容貌姣好的销售。

"几位请跟我来。"

她领着三人去了停车区,径直走到一辆银灰色的"牧马人"前,道:"这是庞老板订的车,您几位核实下,如果没有问题,就做交单手续。"

马陆一拍手道:"这车越野性能强悍,车型也好看,我怎么就没想到。"

杨月钟葭也喜欢这辆车,转了一圈道:"总算有人替你做了正确的选择。"

马陆走马观花地检查了一遍,驱车上路。

"都挺好,就是车漆有点招摇。"马陆道。

"免费送的车子,不错了。"阿蛮道。

"话是这么说,可低调驶得万年船。"

"银色车漆也有好处,容易引起别人的注意,增加我们的安全系数。"

回到宾馆,三人准备进电梯,正好遇到林无畏从电梯里走出来。

"刚回来?"他随口招呼。

"林总,庞总送了我们一辆车。"

"哦,那车的费用,直接算进你们的报酬,我可不能比一个外人小气。"

"您太客气了。"

"没事儿,大家开心就好。"他拍了拍马陆的肩膀,行色匆匆地朝外走去。

"难以想象,就在上个月,咱们三个还被人追杀,这下不但转危为安,还赚了大钱,运气这东西,真是触底反弹。"马陆颇为感慨。

"别高兴得太早,我总觉得幸福来得太突然。"杨月钟葭道。

"不算突然,是你交出了拓片,否则林无畏不可能对咱们这么客气。"

"但愿是吧。"

两天之后,马陆要的装备悉数到货,三人收拾了装备,跟着"向导"上路。

新加入的人名叫王立旺,很有个性的名字,马陆每次喊他,总觉得是在学狗叫。

王立旺三十岁不到,个子不高,却长了一个又圆又大的脑袋,外形很有

喜感。

"庞总挺大方，出手就送了一辆车。"

"是，他有钱，送辆车不算啥，等事情办成了，还有重谢。"

"你估计他会谢咱们什么？"杨月钟葭问。

王立旺的身体顿时有些僵硬，口齿也略显结巴道："大、大概，还是钱、钱吧。"

他这个年纪的人，和女人一说话就浑身不自在，也是奇葩。

马陆暗中觉得好笑道："庞总主业是做什么的？"

"软件系统，算是IT行业里的老兵。"

"为什么会对陨石感兴趣？纯粹是为了收藏吗？"

"也不全是，我们公司在互联网泡沫那年差点死掉，后来有个做陨石交易的大户投了一笔钱，才算活了下来，庞总进这行，是他的关系。"

"难怪。"

"其实这行里的利润远比做企业要高得多，庞总现在的身家，主要靠陨石。"

陨石有多暴利，马陆当然知道，这是一门无本万利的买卖。当然，前提是你有能力和运气找到一块具有价值的陨石。

"凤凰蛋确实挺有意思，可距离顶级陨石有差距，除非炒作，否则难赚大钱。"马陆道。

说这句话的目的在于"打手"，陨石猎人行里常见的招式，就是贬低陨石，降低找寻者的预期，如此一来，就不会对陨石心心念念，注意力也会降低，方便己方"暗中出手"。

王立旺并未发觉马陆用意，顺着他的话往下说道："庞总手上的陨石，全是买来的，虽然确实有赚头，不过相比于直接找，利润还是低了不少，所以这次行动带有一定的实验性质，如果成功，我们想组建一支专门寻找陨石的猎人小队。"

顿了顿，他又补充道："庞总给的报酬，肯定是行业内最高的。"

这句话的用意，不言自明，马陆嘿嘿一笑道："这次任务完成后，一定和庞总好好聊聊。"

"庞总绝不会亏待大家的。"

陨石猎人 下

甘芳湖距离此地不远,上午出发,下午到达。

这是一处沙漠湖,再往深处就是无边无际的戈壁沙漠,车子停在满是沙砾的河岸边,左侧就是一座漏斗状的死火山。湖水呈条带状,说大不大,说小不小,碧绿如玉,像是某种化学液体。然而湖水周边的生态极好,水草茂盛,飞禽走兽不时出现在水岸周围饮用湖水。

"这湖里的水含有碱,去污效果好。"王立旺在湖边洗了把脸。

"湖水是真漂亮。"马陆站在岸边感叹。

"是啊,很难想象,沙漠边缘会有这样一处碱水湖,真的很神奇。"

见新车表面满是灰尘,马陆道:"这湖水既然去污能力强,咱们把车洗干净吧,毕竟新车。"

王立旺抢着道:"您几位别累着,这事儿我承包了。"

"别,打扫卫生,人人有责。"

"真不用,庞总交代得很清楚,我的作用一是指明搜索区域,二是搞好后勤服务工作,洗刷车子的事儿,必须由我来做。"

王立旺可不是客气,装了一桶水就开始擦车,卖力又认真。

三人没事儿,便沿着湖岸悠闲地走着。

"这哥们人还行,而且,能找个后台,比只跟着林无畏强。"

"想在这个行业里长久做下去,最好还是多找几条头绪,互相间有制衡,也多几条退路。"杨月钟莨话音未落,就见一辆黑色越野车从远处驶来。

"但愿别是来找凤凰蛋的。"马陆皱了皱眉头。

很快,车子开到三人身侧,布满灰尘的车窗打开,马蒙伸出脑袋道:"真是天涯何处不逢君。"

"马哥,你怎么来了?"马陆略感意外。

"本来就是猎人,有陨石的地方,我当然要来。"

"您别误会,我的意思您都这咖位了,还亲自执行任务?"

"一个猎人,能有什么咖位?咱们都一样,区别就在于我年纪大点。"

打开车门,走下来三个人,另外两人五大三粗,身着迷彩服,看着有点特种兵的范儿。

"摆桌子,咱们喝一杯。"

两人将简易餐桌摆好,马蒙拿出一瓶白兰地和一些卤菜道:"都别拘

束，坐。"

几口酒下肚，马陆有些微醺，借着酒劲问道："马哥，你来这儿，是不是为了凤凰蛋？"

"当然，和你们一样。"

"哦，那咱俩可是竞争关系了。"马陆半开玩笑半认真地道。

"嗨，这可不是事儿，就算没有我，肯定还有别人。这行里永远存在竞争对手，根本比的是运气，我从不强求，更不会用强。"

"是，谁先找到纯粹就是运气，有马哥这句话，我放心了。"

"我亲身经历过死亡，兄弟们就死在我面前，相比他们，我已经非常幸运了，有必要为一块石头，争个你死我活吗？"

"就凭这句话，我敬您一杯。"

干了一杯，马蒙忽然问道："兄弟，你相信报应吗？"

"我信，刚入行参与的第一次任务，我一个特别要好的哥们做了错事儿，结果死得很惨。"话说到此，马陆有些黯然。

"我也信，所以报应临身是迟早的事儿。"说到这儿，马蒙苦笑一声道，"这行里鱼龙混杂，大部分人身上江湖气、戾气都很重，你可千万别像他们一样。"

马陆不免有些糊涂道："您说这些，为什么？"

"唉，没什么，有感而发罢了。"

马蒙酒量惊人，自斟自饮，很快将一瓶酒喝得底朝天，却毫无醉意。

上了车，马蒙又伸出头对马陆道："来的路上，至少遇到两队人，十之八九也是为了凤凰蛋，做好应对，这些人都不是善茬。"说罢，车子启动，朝沙漠方向驶去。

"你确定，方向不会错吧？"马陆问道。

王立旺道："这块石头的交易是我促成的，大致方位肯定没错。"

"既然别人能找到石头，为什么不一锅端了？"

"因为他得了癌症，没法再回沙漠找石头，所以把石头和线索卖给了几家。"

"来的这些人，掌握的信息和你相同？"

"理论上是这样。"

王立旺真是好性格,话说到此一点不着急,笑眯眯地望着马陆。

"赶紧走吧,别磨蹭了。"

上车后,马陆着急忙慌地一脚油门,差点冲进湖里。杨月钟葭道:"再急也不急这几分钟,镇定些。"

王立旺不紧不慢地取出地图道:"我看看怎么走。"

"你标记一下,范围多大?"

他用红笔在地图上画了个圈道:"大致就在这片区域,按照老孙跟我说的位置,应该是在东临石窟的附近。"

"东临石窟?"

"是当地搞的沙漠旅游项目,本来是打算复制一部分龙门石窟的景物,可当石洞掘好、材料到位后,两个主要赞助商不知道什么原因撤了资,所以至今没有动工。"

"如果凤凰蛋在这种地方,早就被人拿了,还能轮到我们?"

"给我消息的人,就是东临石窟的投资人之一,他说的话应该不假。"

"这人真没节操,你们也能接受?"马陆觉得不可思议。

"以马蒙的身份,他都接受了,何况庞总。"

杨月钟葭道:"庞总的选择也不奇怪,既然想要进入这个圈子,利益考量肯定是往后放了。"

"所以我们来,就是为了打酱油的?"马陆有些恼火。

"您别着急,我认为呢,庞总没有必须赚钱的渴望,对咱们跑腿的来说肯定不是坏事儿。其次,竞争的人多了,未必没有机会,凡事都有商量的余地。"

"你说得好像没错,不过商量的前提在于我们手上有足够的筹码,否则谁理你?"

"一定会有的,虽然大家手上都有消息,可我的准确度是最高的。"

"凭什么这么自信?"

"因为庞总买了唯一一块小的凤凰蛋,而且是高价,这些花费都是有代价的,谁也不是傻瓜。"

正说着话,就见身后灰尘滚滚,一辆改造的道奇公羊,犹如推土机一般轰轰赶上,虽是追车,却没有避让的意思,顶着头往马陆的牧马人屁股上撞来。

由于车速没那车快,马陆只能打方向避让。

"是不是有病啊,赶着投胎呢?"马陆打开车窗,大声骂道。

道奇车里伸出一只竖着中指的手,几个年轻人的笑骂声清晰传来,驾着车扬长而去。

马陆气得浑身发抖道:"这帮王八蛋,我惹他们什么了,上来就撞车?"

"总有这样的人,别说你不知道,他们自己都不知道为什么要做这种事儿,就是有妈生没妈养的浑蛋。"王立旺也气得不轻。

眼看天色不早,马陆停了车,在一座土丘后搭建了简易营地,当晚吃的是烤馍,王立旺下厨,平平无奇的干馍烤得外焦里嫩,刷上一层油盐,简直比饼干还好吃。

马陆一口气吃了六个,没过多会儿嘴巴就干了,抱着水壶一通牛饮。他很快便"尿意盎然",当着杨月钟葭面,又不好太频繁,憋得难受,觉就睡不好了,一直到小半夜也没睡踏实。

马陆干脆翻身而起,打算替换王立旺守夜,可睁开眼发现守夜的位置上没人了。正要喊人,忽然,隐隐听到一阵低沉的声音传来:"都在路上了,肯定一个不漏。"

不知对方说了什么,王立旺又道:"这事儿我可没法打包票,只能说尽量带他们往套里钻。"

……

"我知道,肯定不会露馅的,就是几个小孩,没事儿。"

马陆听他往回走,赶紧躺倒装睡,心里翻来覆去想他说的这几句话。

说也奇怪,心里不装事,就觉得膀胱里装满了尿,心里一旦有了合计,又不觉得肚子胀了。

身体舒坦,便稀里糊涂睡着了。

也不知做的什么梦,总之云里雾里时,马陆听到王立旺喊自己名字,迷迷糊糊答应了,就听他道:"轮到你值夜了,能顶不?顶不了我继续。"

"哦,没、没事儿。"马陆揉了揉双眼,头昏脑涨地起身。

他总共也没睡几十分钟,困是必然,可守夜不是儿戏,马陆在脑袋上点了一圈风油精,强撑着不让自己睡着。

片刻,王立旺鼾声大作,马陆悄悄走到他身边,轻声道:"哥们,睡着了没有?"

确定人已睡着,马陆翻找卫星电话,然而包里包外搜了个遍,也没能找到。

难道他揣着电话睡觉?

刚有此念,就听杨月钟葭小声道:"你在干吗?"

"鬼鬼祟祟的,差点给你吓死。"

"咱俩谁不像好人?你干吗翻人的东西?"

马陆拉着钟葭远远走开道:"他以为咱们睡着了,偷打了一个电话,我大致听到一些,感觉这事儿里有埋伏。"

"埋伏?什么埋伏?"

马陆皱眉道:"估计庞总不想让出利益,暗中想缺德主意对付我们。"

"那就……凡事小心点,提前做好准备,别被人当冤大头。"

"唉,这行里处处是坑,稍不小心,就会上当。"

"别抱怨了,我们没法改变别人,只能接受这个现实,至少知道了对方的打算,可以提前应对。"

马陆看了一眼王立旺道:"早知道就不该蹚这浑水。"

"现在知道,也不算迟。"

第二天一早,王立旺睡眼惺忪地起身,早饭已经摆在面前。

"罪过、罪过,这怎么好意思?"

"做饭的事儿,本就应该轮流来。"马陆笑道。

"唉,如果庞总知道了,肯定要扣我工资的。"

"他怎么会知道沙漠里发生的事儿。"马陆一语双关。

"那就恭敬不如从命了。"

"就是一包方便面,至于这么客气吗。"

"我是看人脸色、服侍人习惯了,突然有人为我做饭,确实觉得意外。"

马陆若有所思,片刻后道:"其实咱们都一样,我也是伺候人习惯了,却不习惯被人伺候。"

阿蛮找来一堆藤条,编了起来,王立旺奇怪地道:"阿蛮兄弟还有做手工活的雅兴？"

"他需要的工具都是手工做成的，我这兄弟可不是一般的心灵手巧。"

"做的是什么？"

"抓鬼的东西。"阿蛮言简意赅。

"哈哈，阿蛮兄弟说话有意思。"王立旺笑道。

吃完早饭，将明火埋入土中，上车后王立旺取出地图道："距离东临石窟不远了，按昨天的速度，最迟下午进场。"

"那些人呢？会不会也在？"

"那是必然的，不过东临石窟总共修建了十七处洞窟，我知道凤凰蛋具体所在。"

"那等于是被我们拿到了？"

"也不是，凤凰蛋最大的特点就是不易被发现，就算明知在身边，也需要专业的寻找技巧。"

"只要地方没错，找石头的事儿……"

话音未落，马陆忽然惊叹一声："什么情况？"

只见远处沙丘旁，那辆招摇的道奇公羊侧翻在地，沙地上散落着不少物件。

"这些人开车，不出事才怪。"杨月钟葭道。

"报应来得太快。"

说罢，马陆正打算走，就见一个人爬上道奇公羊，卖力挥动着一条长长的白布。

"这算什么？举手投降吗？"

"就是一群没用的痞子。"王立旺嗤之以鼻。

马陆暗中觉得好笑，停下车道："你们不是挺厉害吗？一路上横冲直撞，恨不能把所有车子都给怼了，按理说，不该翻车啊？"

对方二十出头年纪，剃着个板寸头，戴着耳环、鼻钉，看模样就是个惹是生非的主儿。

不过现在怂了，他跪在车顶上，一把鼻涕一把泪地哀号："大哥，我对不住你们，不该惹是生非，可我朋友是无辜的，他们需要帮助。"

马陆下车后绕到道奇车一侧，只见两名年轻人姿势各异地躺在沙地上，

197

身体流出的鲜血浸染黄沙，已经没了意识。

道奇军身有明显的撞击痕迹，看样子应该是被人给撞了。

"打电话报警啊，还等什么？"

"电话找不到了，我的脑子都乱了。"年轻人浑身发抖。

在野外待了这些年，马陆掌握了一定的医学常识，像这种摔伤的人，没确定伤口位置，绝不能轻易搬动，否则会对伤者造成更加严重的伤害。

他拿出卫星电话，正要联络警方，王立旺小声在他耳边道："还是别找麻烦得好，东临石窟属于国家资产，外人不能随意进入的。"

"人命关天，就算凤凰蛋拿不到，也不能见死不救。"

"可是，这两个人已经死了，何必为死人断自己的财路呢？"

躺在地下的伤者，肚腹还有轻微起伏，气息很弱，但没死。

"为什么非要阻拦我救人？"马陆转而问他。

"这些人可不是来找陨石的，他们是毒贩。"

经王立旺提醒，马陆发现其中一个被扯开的包裹，露出几个密封袋，里面装着白粉状物体，而地下的散落物中，有针管和扎带。

"我们不是毒贩，是熟人托我们送一趟货，谁知道里面有白粉。"

"你看他们模样，要说这几个是好人，那真是见鬼了。而且一旦警方介入，肯定需要我们协同调查，这个还好说，万一让这小子背后的势力知道是我们报的警，还能有好日子过吗？"

王立旺阻拦报警，必然是有别的原因，但他说的理由并非没有道理，马陆沉默了。

"别犹豫了，报警。"杨月钟葭干脆地道。

"毒贩也是人，处置他们是警察的工作，而不是我们。"

马陆正要拨号，王立旺居然从腰间抽出一把手枪对准他道："把电话给我。"

"你怎么会有枪的？"

"别废话，把电话给我。"

"和蔼可亲"的王立旺，顿时变得面容狰狞，一副要吃人的模样。

"别激动，千万别激动。"马陆将电话递给他。

"好好的买卖不做，非得见义勇为，你们脑子是不是有病？"

"大叔,我们真不是坏人,求你……"

不等这小子把话说完,王立旺忽然调转枪口,一枪打穿了他的脑袋。

挨枪子儿的人顿时摔倒在地,死透了。

这一枪,绝对的专业水准,马陆呆了半天,才道:"你是不是疯了?"

"我也不想杀人,是这帮小毒贩没事儿找事。"说罢他走到另外两人身边,对着脑瓜子一人补了一枪。

杨月钟葭吓得手脚僵硬,路都不会走了,这可是当着面杀人,女孩子怎能不怕。

"我也是为了大家好,否则一旦报警,真会惹来无穷无尽的麻烦。"

"可是,杀人就没麻烦了?"

"这种地方,人命就和沙子一样,不值半毛钱,而且只要大家不说,有谁知道?"说罢,他转而望向马陆他们。

"出来找陨石,当然是和气生财,咱们可千万别为外人闹矛盾。"说罢,马陆指着死去的三人道,"何况还是讨厌的毒贩子。"

"这才是聪明人,不过,你说的是心里话?"

"王大哥,我还想跟庞总继续合作呢,为这种人得罪你们,我是不是脑子坏了?"

王立旺终于露出一丝笑容道:"我实话实说,这块陨石我们庞总势在必得。一旦找到,你们私底下让给庞总,至少给你们这个数的报酬。"说罢,他伸出一只手。

"五十万?"马陆道。

王立旺很自信地笑道:"是五百万。"

马陆吃了一惊道:"这么多钱?"

"庞总并不缺钱,他缺的是能为他找陨石的团队。"

"可是放林总的鸽子,只怕不好收手。"

"林总早已是大户中的大户,这块石头对他而言没有太大意义,何况庞总也不是强抢,我们相信林总最终会理解的。"

"嗯……"马陆点点头道,"我没意见,就这么定了。"

"马队长,说话可得算话。"

"当然,有钱我还能不赚吗?"

陨石猎人 下

"达成一致,"王立旺收起枪道,"如果大家能配合我,这事儿做成,最人的受益力肯定是你们。同理,如果没有做成,损失最大的,肯定也是你们。"

"放心,我们心里有数。"

王立旺满意地点点头,随后从车里取出一柄工兵铲道:"把尸体埋了,不能让人曝尸荒野。"他留了后手,埋尸体时将毒品拍照留证。打死毒贩,非但无罪,反而有功。

"毒贩都是在无人区交接货品吗?"

"根据所在区域决定的,靠近沙漠,肯定就在沙漠里完成了。"

马陆踢了一脚道奇公羊道:"是谁把他们车子顶翻的?"

"敢进无人区的,脾气都不会好,谁知道是哪个暴脾气干的。"

众人上了车,一路向西,过了没多会儿,只见不远处一座表面略微发红的荒山出现了。

荒山很有特点,沿四边层峦叠嶂而起,顶部山体是一块巨大的平地,从远处看,像极了一栋造型别致、面积巨大的房屋。

正对西边的山体,有一处天然形成的洞穴,隐约能看到山洞里堆满了东西。

"这就是东临石窟了?"马陆道。

"是的,不出意外,凤凰蛋就在这座山体内部。"

"我不是打击你的信心,要在这么大的山体内寻找两块石头和大海捞针没区别。"马陆道。

"就是因为难,所以我们才有机会。"

"想想这哥们也真够缺德的,摆明了货卖三家,还只能接受他的提议。"

"坑人坑在明处不叫坏,真正坏的,是暗中阴你。"

听王立旺这么说,马陆差点笑出声,心想:真是贼喊捉贼。但他表面却毫无异样,赞同对方的说法。

忽然,马陆停下车道:"我看看四周情况。"说罢,拿着望远镜爬上车顶,四下看了一圈。

"周围数十平方公里,不见车子。"返回驾驶室,他对王立旺道。

"这就是我们的优势,信息确实比别人更全面。"王立旺有些得意。

他向上指了指道:"天色也不早了,干脆安营扎寨,好好休息一天,明早,正式开进石窟。"

"也好,晚上可以研究一下石窟的内部结构。"

当地处于戈壁沙漠边缘地区,气候条件并不恶劣,到了晚上,天高气爽,蔚蓝的星空不见一丝云彩,月亮近得仿佛唾手可得。

吃过晚饭,众人围坐在火堆旁,马陆握着一瓶罐装啤酒,边喝边道:"明天一早我们进洞,阿蛮负责安全,我和钟葭负责陨石搜寻,由于凤凰蛋的内部结构我们并不知道,所以最常用的探磁法未必有效。"

"岂止探磁法无效,凤凰蛋都不一定是陨石,所以没有撞击坑,通过地形寻找也不可能。"杨月钟葭补充道。

"所以,想尽快找到陨石,就得使用新装备。"

"哦,有什么办法?"王立旺饶有兴趣地问。

马陆从车子后备厢中取出一个四四方方的硬纸盒子,打开后只见是一辆三十厘米长的"遥控越野车"。

"怎么?闲得没事儿玩这个?"

"这可不是普通的遥控汽车,而是一台机器人。"

"机器人?"

"是的,这辆遥控汽车里,配备了先进的监控雷达设备,并有电磁感应装置,通过遥控器上的中控台,可以清楚地观察周围环境,以及设备接收的数值。"

"什么意思?"

"意思就是足不出户,可观天下。"马陆笑道。

王立旺道:"你的意思是,让我操控这台机器人?"

"没错,这是最先进的德国警用设备,明天我们搜寻山洞的西区,你控制机器人搜索东区,这样,时间上能缩短一半。"

"办法确实不错,可我怎么知道凤凰蛋什么样呢?"

"见到奇形怪状的石头,截图传送,我的装备可以实时接收图片。"马陆晃了晃手中类似"掌中电视"的设备。

王立旺哈哈笑道:"这东西真心不错,起码我也能派上用场了。"

"目的就是人尽其用,早把事情办完,落袋为安。"

只见阿蛮取出一副手铐，用别针戳来戳去。

"你干吗？"马陆问道。

"开铐子。"

"开铐子干吗？"

"你这几天太专注做事儿了，没发现阿蛮一直练习开铐子呢？"

"学这个干啥？为犯罪做准备？"

"犯什么罪？阿蛮是看电影，迷上了开铐子、开锁的技术。"

"行啊，有做小偷的潜质。"马陆开玩笑道。

"我只是……觉得特别好玩。"阿蛮挠着头道。

"这位小兄弟，手特别巧，这可是很特别的天赋，将来会有用武之地。"王立旺笑道。

对他说的话，阿蛮仿佛压根就没听见。

夜色渐深，沙漠的温度不冷不热，十分舒适，王立旺值夜，其余三人"沉沉睡去"。

静谧无声的夜里，王立旺轻轻咳嗽了一声道："马陆，我刚想到一事儿，你睡着了没有？"

连问两声，见无人回答，他取出卫星电话，远远走开……

马陆左眼微微睁开一条缝，观察着王立旺的一举一动。

只是此地地势开阔，无处藏身，也没办法靠近对方，只能隐隐听到说话声，却不知他说些什么。

"这人，不知道憋着什么坏点子。"马陆嘴巴尽量不动，咬着牙说话。

"无非是想独吞凤凰蛋，关键是用什么办法、什么手段。"杨月钟葭道。

"我使那招，你明白我的意思吧？"

"当然，让他在外控制机器人搜寻，就是和咱们隔绝。不过我奇怪一点，他怎么就这么爽快地答应了？"

"我也觉得奇怪，按理说他应该一刻不离地盯着咱们。"

两人正暗中商量，见王立旺打完电话走了回来，他们赶紧装睡着。

一夜无语，马陆再睁开眼，天已经亮了。

他起身道："你怎么不喊我换班？"

王立旺笑道："你们白天还有事儿要忙，休息好，才有精神头。"

只见远处烟尘滚滚，两辆越野车分别从不同方位驶来。

"倒霉，被瞎猫给撞了。"马陆恼火地道。

很快，两辆车开到了眼前，其中一辆居然是马蒙的车子。

"怎么，还没进去呢？"他笑着从车里出来。

王立旺倒是非常客气，笑眯眯地上前打招呼道："马大哥，我说的话不假吧？"

"不错，你也算说到做到了。"

马蒙使了个眼色，一个人从车里取出鼓囊囊的信封递给王立旺，他笑得嘴都合不拢道："谢谢马哥。"

"这是订金，剩下的钱，找到石头回去给你。"

另一辆车里也是三个人，为首的三十岁出头，又瘦又矮，满脸的猴精样，同样拿了一包钱给王立旺。

"王大哥，合着你背着庞总，又把消息卖了几回？"马陆道。

"你说得一点没错，这年头，谁都不是傻子，得为自己活着。"他得意扬扬。

"可你这么做，出去之后怎么向庞总交代？"

"交代不着，老子替他鞍前马后地办了那么多年事儿，买个房子还得贷款，我去他大爷的。"

马蒙走到马陆身边道："兄弟，你别纠结这事儿对与错了，总之咱们现在就是对手，谁先找到凤凰蛋，这石头就归谁，我可没空在这儿废话。"说罢，他上了车。

"行，走来走去，确实走到了坑里。"马陆叹了口气，无奈地挥了挥手道，"赶紧上车，我可不愿意丢了到手的石头。"

杀人潭

到这份上,马陆争的就是一口气,钱、陨石并非行动的根本动力。

王立旺笑眯眯地对他道:"其实我希望你们最后胜出,不过从现在开始,同样一条信息,有两拨人共同分享了,所以你们获胜的难度不小。"

马陆甚至不想看他一眼,驱车就走。

"这人真是个浑蛋。"马陆愤愤不平地骂道。

"唉,有几个人能抵挡住钱的诱惑的,他这么做也不奇怪,只能说庞总太小气。"

"庞总人还行,主要是王立旺要求太高。"

"这就是为什么他宁可杀人,也要让任务继续下去,里面有他的利益。"

"最怕和'小人'共事,可这个世界上的'小人'防不胜防。"马陆抱怨。

"别废话了,提速吧,他们更快。"阿蛮道。

马陆一脚油门到底,只是这车越野性能虽强,速度并非强项,被其余两辆车甩得越来越远,眼看着他们到达洞口,下车进入。

"早知道昨晚就行动了。"

"哪来的早知道,现在来看,只能调整策略,硬杠正面了。"

马陆笑道:"钟葭,经过这段时间的锻炼,你越来越强势了。"

"天天在外跑,和野人没区别,不强势怎么行?"

空旷平原,一旦起风,风势强劲,尤其靠近洞口,一股股强烈的冷风,自山洞中盘旋而出,呜呜作响,就像有人在吹哨子一般,所以也称为"哨子风"。

沙漠里的强风可不是开玩笑的,他们三人戴上风帽、风镜、口罩,这才下车。虽然保护措施已经做到了极致,然而劲风卷裹着沙子扑面而来,打在眼镜衣物上"噗噗"作响,裸露在外的皮肤被沙子撞得生疼。

"这股风真是作妖,早不来晚不来,非等咱们进洞的时候来。"

他们互相搀扶着,朝洞窟内部走去。

说洞窟,其实并不准确,因为土山高耸,垂直高度至少有六七十米,内部被自然形成的石墙隔成一处处大小不同的空间,说是天然形成的"房间",倒是更加贴切。

这里保持着最原始的地貌,风化的岩石犹如斧凿刀刻一般奇形怪状,凸显着大自然的鬼斧神工。

出乎马陆他们意料,山洞内部其实做了相当细致的规划洞顶布设了相当数量的射灯,内部也分成了若干区域。入口处的洞窟被命名为"石化区"。因为山洞内部有一大片形态奇异的岩石群,这些石头形状细长,细观之下,有点近似于人形。

在石群一侧,还有文字说明,说的是明朝时期,边陲沙匪出没,有一家人途经此地,要去内地定居,却在当地遇到了一批沙匪,为了保护家族财产和女眷清誉,这家人便躲入山洞中。最终,全家人饿死在洞里,最终化为一群石柱,生生世世守护在一起。

"有点意思。"马陆道。

"说起来,还是文明社会好,像这种悲剧,在今天是绝不可能发生的。"

"要是把王立旺和沙匪相比,他就是三好学生。"

"你们还有心思在这瞎聊呢,找石头吧。"王立旺的声音,通过报话机传送过来。

"这浑蛋是怎么听到的?"马陆吃了一惊。

沉吟片刻,杨月钟葭指着不远处的车道:"车里,装了窃听器。"

"这人,怪不得那么积极打扫卫生,原来是怕我们发现窃听器。"

王立旺刺耳的笑声传来,道:"说得没错,不过监控器已经没用了,如果觉得时间宽裕,你们可以找到它。"

马陆气得正打算砸了对讲机,杨月钟葭拦住他道:"我们和王大哥并没有深仇大恨,没必要把简单的事情复杂化。"

杨月钟葭边说边使眼色,马陆叹了口气道:"事儿不恶劣,但是气人。"

"哈哈,恶心人的事儿多了,连这个都气不过,只能说明你经历的事情太少。"

"王大哥,虽然我们没钱给你,但你说话要算话,如果有新线索,得告诉我们。"

"尽管放心,我说过的话绝无更改,这点和他们两家说得也很清楚。"

马陆他们继续朝山洞深处走去,一阵流水声隐隐传来。

"这洞里居然有暗河?"

他们加快脚步,很快,周遭空气湿度有了明显提升,洞壁上也可见到厚实的绿色青苔。在一处名为"老龟取水"的石洞中,有一汪碧绿的潭水,流水声来自潭底水流的声音,椭圆形的潭口处,竖立着一块土褐色的圆形巨石,有棱有角,像极了一只趴在水潭边喝水的乌龟。

"别说,还真像乌龟。"马陆当先走上水潭边,一眼就看到水潭底部堆满了死人骸骨,数十枚骷髅头,在水流冲击下,翻来覆去地转动着,由于水质清澈,白森森的骸骨极其刺眼。

"这是鬼屋吗?"马陆惊讶地道。

"这不是鬼屋,而是'溶尸潭'。"杨月钟葭站在一处石壁前,用手电照着洞壁上一排雕刻的小字道。

这处水潭会不定时发生喷射,喷射时水温会高达上百度,如果有人在水潭处被烫死,掉入潭中,用不了多久,身体血肉就会被热水煮化,剩下一堆人骨。

"真是开玩笑,人都死在这儿了,不能帮人收个尸吗,炖排骨汤呢?"马陆恼恨得破口大骂。

"死在这里的十有八九是建筑队的工人,承包人是不愿自找麻烦的。"

"这帮良心让狗吃了的东西。"

说话间,马陆赶紧往后退了几步,毕竟潭水足以将人烫死,万一突然爆

发，那死得太冤枉了。

"我们也算命大，万一刚才热水喷发，咱们三个一锅端。"马陆心有余悸道。

他们正打算换条路走，没想到遇到了另一拨人。

满脸猴精的男子，阴沉沉一笑道："还没找到呢？"

"怎么？你们发现了？"马陆道。

"没错。"

"吹牛吧你。"

他做了个手势，只见身旁男子打开硬皮革制成的圆拱形提包，里面果然有两块鹅蛋大小的卵形石头，随着一块石子轻触其上，就有一块完全相同的石子，从包口前落下。

马陆傻眼了，愣愣地望着石头。

"不好意思，运气比较好。"

"你是在哪找到的？"

"里面有一处石笋区，在第二排第七根石笋旁找到的，真是走了狗屎运，我用脚铲起几块石子，没想到正好落在凤凰蛋上，你说是不是太巧合了？"

说话时，瘦子笑得合不拢嘴，声音都有些含糊不清。

除了"羡慕嫉妒恨"，马陆还能做什么？他懊悔地叹了口气，问杨月钟葭道："怎么办？"

"认输呗，都到这份上了，还能怎么办？"杨月钟葭也显得很失落。

"行啊，恭喜你。"

到这份上，马陆还是表现出应有的风度，向对方道贺。

"谢谢，咱们这行，也不是一两次的买卖，这次的损失，下次肯定能找回来。"他安慰马陆。

马陆他们就像泄了气的皮球，耷拉着肩膀，慢慢走出山洞，驱车返回营地，只见王立旺和马蒙正坐在帐篷里喝茶。

"输了阵的，都悠闲。"马陆自嘲一句。

"输？怎么叫输？"王立旺笑道。

"别人先找到凤凰蛋了，还要怎么输？"马陆没好气地道。

马蒙放下茶杯道："咱们就是大傻和二傻，没一个聪明的。"

"什么意思？"马陆看他一副恨不能杀人的模样，有些不解。

"你想啊，凤凰蛋如果真那么好找，还能轮到咱们三个？最先找到残石的那位，还不一把拿下？"

"难道，瘦子唬我们？"马陆顿时反应过来。

"如果确实找到了石头，他必然会走，等等不就知道了？"王立旺道。

"那就等等。"

见马陆虎着个脸，王立旺笑道："还在生我的气？"

"无非就是为了赚钱，你做得没错，有什么气好生的。"

话虽这么说，不过对王立旺毫无信任可言，马陆三人远远地走开，另寻地方歇脚。

一直等到日上三竿，仍旧不见对方动静，马蒙主动来找马陆道："看样子，咱们十有八九是被人坑了。"

"是的，接下来怎么办？"

"我这个人做事，向来不达目的不罢休。我提议，这次咱们联手做买卖，找到凤凰蛋后利益共享，如何？"

"咱们有合作的基础，可陨石这行最讲究吃独食，恐怕不太好分账吧？"

马陆也是被坑怕了，并不想跟人合作。

"简单，找到两块石头，咱们一人一块，如果石头不能分，咱们就地划价，用钱折算。"

见马陆还在犹豫，他指着远处的山洞入口道："钱都是小事儿，可这口气不能忍，如果就这么回去，别人不指着我们后脊梁骂'傻子'才怪。"

这句话说动了马陆，他点头道："就这么回去，确实丢人。"

"老林这个人，我还是比较了解的，在行业里混到今天，凭的就是小聪明，业务能力一塌糊涂，击败他并不难。"

"那就……"马陆顿了顿道，"干他一次。"

话好说，可事儿不好做。老林名叫林怀亿，九星小队副队长，在行业内虽谈不上有多大成就，却有着"沙漠之狐"的称号。除了善于在沙漠中寻找陨石，他头脑灵活，诡计多端，这也是尽人皆知的。

"我们之间关系其实还好，没想到他居然连我都阴。"马蒙愤怒到了极点。

"这年头,坑的就是朋友。"马陆故意火上浇油。

马蒙看了他一眼道:"我不管了,这就回去,就算抢,我也要把石头抢到手。"

以他的身份,圈子里的人遇到,多少都得给几分面子,没想到这次居然当了"傻子",被人骗得彻彻底底,而且还是在马陆这样的后辈面前。

像他这种人,钱可以不赚,但面子绝不能丢。

马蒙气势汹汹地回去开车,马陆则有几分得意道:"咱们就跟着马蒙后面,混个旱涝保收。"

两辆车子,前后返回,再进入东临石窟,马蒙大声喊道:"老林、老林,你人在哪儿?"

山洞面积虽大,可传音效果远好于洞外,过不多时,老林带着两名手下急匆匆地走出来,看得出他神情略显紧张道:"你们怎么又回来了?"

"你既然找到凤凰蛋了,为什么不走?"马蒙直奔主题。

"这……我,在这儿转转,不犯法吧?"

"你觉得到这份上我还能相信你说的鬼话吗?"马蒙铁青着脸道。

"马大哥,您是不是误会我了?到底为什么?"

见林怀亿还在装傻,马蒙几步走到拎包之人面前道:"把包给我。"

那人不敢拒绝也不敢照办,用眼睛两边打量。

马蒙两名身强力壮的手下,几乎同时跟去,站在那人面前,掀开衣摆,露出腰间插着的匕首。

"嗨,多大点事儿,值得动刀动枪了。"林怀亿赔着笑脸道。

"老林,算我再给你一次面子,你自己说,到底怎么回事?"

林怀亿心知抵赖不过,长长叹了口气道:"我认栽了,这次行动之前,我找人做了一件魔术道具,用来骗你们的,按理说这东西做得也不算假,谁知道被你们瞧出破绽了。马大哥,我这个人就是好耍点小聪明。是,确实想坑你们一把,对不住几位,我浑蛋。"

话挑明了说,马蒙反而不知该如何应对,沉吟片刻道:"老林,我马蒙混了这些年,可从没给人耍过,你这次,算把我的脸给丢尽了。"

"那我退出,行吧?"

"别,你可不能退出,谁知道真石头有没有被你找到。"

"您高看我,总共不到一天的时间,我连一半的洞窟都没走到,上哪去找凤凰蛋呢?"

马蒙也不理他,对马陆道:"我有个提议,大家讨论下。"

说罢,他指着洞口道:"王立旺肯定不是个东西,挑唆着咱们互相咬。如果始终处于竞争状态,最终吃亏的只会是我们。不如这样,咱三方一起找凤凰蛋,找到之后利益均摊,也不用给那个王八蛋好处费了。"

"提议是不错,可我跟林总怎么交代?"马陆问。

"怕他个屁,老子手上有他的小辫,敢对付你,我让他吃不了兜着走。"

这句话引起了马陆的好奇,道:"我倒是也有他的小辫,不知道咱俩说的是不是一回事?"

没等马蒙说话,林怀亿也道:"巧了,我也知道林总一些破事儿。"

"有意思,那咱们都说说掌握的情况。"马蒙道。

"谁先说?"马陆道。

三个人你看我,我看你,都没表态。

马陆道:"连这点互信都没有,还一起做事儿,这不是自己骗自己吗?"

"那就你先来,我保证第二个说。"林怀亿道。

"又不是啥机密要事,我说就我说。"马陆暗中打了个"腹稿"道,"我所掌握,已经得到确认的消息,林总是畸形人,并且是畸形人基金会最大的善款捐赠者。"

马蒙有些诧异道:"这也算小辫儿?"

"是啊,头一次听说,身体残疾也算罪。"林怀亿道。

"这当然是小辫,如果我把这事儿给捅出去,他就会受到排挤,这对于混上流社会的人而言,特别致命。"

"这是对残疾人的歧视,并不是林无畏的错,如果你用这种事儿要挟他,只会给人以口实,说你道德败坏。"

"我可不是要挟,而是受到威胁的自保手段。"

"这事儿和我掌握的消息比,根本不值一提。"马蒙情不自禁冷笑一声。

"估计,咱俩掌握的情况是一样的。"说罢,林怀亿兑现了他的诺言,继续说他所掌握的"小辫"。

"其实这事儿打死不该说的,不过你们的意思我明白,用这事儿做投名状，表明决心。"

"行，不愧是'沙漠之狐'，脑子够用。"马蒙笑道。

林怀亿也笑着道："合着我们做事，林无畏却倒了霉，这不是伤及无辜吗？"

"老林，别打哈哈了，赶紧说吧。"

"我所得到的消息，林无畏极有可能私藏了黑暗陨石，其能量大到足以对大量人群产生影响的程度。"林怀亿故作神秘，压低嗓门道。

"嗯……"马蒙点点头道，"咱俩的消息是一样的。"

"什么意思？"马陆好奇地问。

"你是不是不懂啥叫'黑暗陨石'？"

"我当然知道，拥有强大而不可控能量的陨石，就是黑暗陨石。据我所知，林总这些年一直非常积极地参与销毁、封存黑暗陨石的活动，并且至少参与封存了五块黑暗陨石，他可是抵制'黑暗陨石'的排头兵。"

"你说得没错，但恰恰就是这位排头兵，极有可能嘴里一套、背地里一套地做事儿，私藏黑暗陨石，也不是没有可能。"林怀亿道。

"说人好无需理，说人坏得有据，如果林总确实收藏了黑暗陨石，是哪一块，又具有怎样的能量？"马陆道。

"早在六七年前，我刚入行不久，有幸和一位前辈共同执行了一次任务，在一艘沉船里，搜寻撞沉船的陨石，这个项目还有早期的探星团队参与。"

马陆吃了一惊道："我二叔和老刀也在里面？"

"是的，你二叔和老刀配合时期的探星是风头最劲的猎人团队，如果能延续到今天，那绝对是数一数二的存在。"见马陆表情有些凝重，马蒙赶紧解释道，"你别误会，我绝没有贬低你们的意思。"

"没必要解释，我能力远不及二叔，更别提老刀了。"马陆道。

"你错了，探星团队最强的并不是老刀，而是你二叔……或者说，在整个猎人行当里，你二叔也是数一数二的狠角色，正因为他的加入，探星才有机会找到那些让他们名噪一时的超级陨石，其中就包括'黑暗者'。"

"之所以叫'黑暗者'，是因为这块陨石会在黑暗中制造幻象，使人看到一些不可思议的情景，而情景大多是黑暗压抑的。随着身入其中的时间越长，人的精神状态会受到影响，严重的甚至有可能导致自杀。

"而这仅仅只是其中一面，'黑暗者'的厉害之处在于，如果将它放在功率足够强的发射器中，它的影响面可以无限扩大，你明白这意思吗？"

"也就是说，这东西或许会对全世界造成影响？"

"没错，所以这才是它被定义为'黑暗陨石'的原因，而我们在沉船中，就遭遇到了险境，我看到的是一个浑身惨白的人，在一间满是鲜血脏器的屋子里，用刀劈砍我的父母。"说到这儿，马蒙咽了口口水道："'黑暗者'造成的幻象，可怕之处在于，你身入其中时，并不知道这是幻象，你会认为眼中见到的一切都是真的。所以，当时我以为爹娘真被人给剁了，心里难过到了极点，如果不是你二叔出手相救，我就死在沉船里了。"

"为什么我二叔没受影响？"

"你二叔和别的猎人相比，他能提前一步预见危险，反正我也不知道他是如何看出'黑暗者'的特殊能量的，为了避免陷入幻境，他提前咬破舌头，利用剧痛，顶住了幻象的侵袭。"

马蒙也接着道："你二叔在辨别陨石能量这块，确实天赋异禀，是我见过最强的猎人。"

"可惜，我没能继承他的本领。"

"这是天赋，没法继承。你继续说，后来怎么了？"

"后来我们找到了'黑暗者'，但是，都知道这块陨石危险，所以交给了林无畏，由他负责处理封存。你二叔和老刀上了英雄榜，就是因为这块陨石的缘故。不过几年后我无意中见到'黑暗者'的照片，石头明显少了一部分。"

马蒙道："'黑暗者'这块石头，我和你二叔聊过，他认为这块石头具有科研价值，原本想要交给科研机构，可是老刀不同意，非得交由林无畏封存。这事情之后不久，你二叔就因为意外去世了。"

"你这是暗示我了？"马陆大吃一惊。

"我是提醒你，对于一些莫名其妙接近你的人，一定要小心提防。"说罢，马蒙继续道，"不光是'黑暗者'，我交出的'真神之鞭'，同样缺了一块，我心里特别清楚是怎么回事，只是没到说破脸的时候。"

马陆心里乱成了一锅粥。

进行里也有五六年了，却刚刚知道，敬爱有加的二叔，竟有可能是被人

害死的。

只是探星最早的一批队员，死的死、失踪的失踪，二叔就算真被林无畏害死，除非他亲口承认，否则绝无可能查明真相了。

"不能说林无畏一定是杀死你二叔的凶手，可他确实有嫌疑，而且你二叔对老刀的队长之位构成重大威胁，如果不死，探星迟早是你二叔的队伍。所以，老刀也有杀他的动机。"马蒙道。

"你突然告诉我这事儿，到底有什么目的？"

"其实早想说，可一直没能下定决心。"马蒙叹了口气道，"你二叔，是我最好的朋友。虽然我们不是一个队的，可多次互相帮助，如果没有他，也没有我的今天。"

沉默片刻，马陆道："先办眼前的事儿吧。"

经过商议，三方将山洞分为三处区域，每个队伍负责一区，为了避免"出老千"，三支队伍分别出一人加入另一支队伍，互相监督，避免产生纠纷。

马陆三人经过商议，由阿蛮加入林怀亿队，而马蒙团队中的王兴海加入探星。

王兴海进入陨石猎人行业前，是一名打自由搏击的拳手，其身材魁梧，脑袋很大，脖子几乎和头一样粗，典型的抗击打型身材，一双手的关节上全是又厚又粗的老茧。

杨月钟葭对于这种外形粗犷的男人，天生就有畏惧心理，小声对马陆道："咱们能换个人吗？"

马陆忍不住笑着道："什么理由？总不能说嫌别人丑吧？"

钟葭被他逗得"扑哧"一声，笑了出来。

"两位不用担心，我的作用就是保证你们的安全。马哥说了，绝不能让你们受到一点伤害。"

"不会的，毕竟山洞里都是咱们的人，能出啥事？"

"马哥是这么吩咐的，我就得做到，没事当然最好，有事儿咱也不怕。"王兴海倒是自信满满。

他们三人负责东南区域，由于之前走过，穿越"杀人潭"时马陆叮嘱王兴海千万小心，他们以最快速度穿越潭水区，进入一处新区域。

这片区域名为"将军肚",就是一处D形山洞,洞内天然形成的岩石洞壁光滑整洁,犹如水泥抹过一般。

王兴海看着光秃秃的山洞,道:"这处洞口一目了然,肯定藏不了石头。"

"别小看任意一处细节,万一错过,可就彻底错过了。"

马陆打开手电,仔细寻找一番,确定没有异常石块,这才离开。

紧挨着"将军肚"的洞窟名为"美人腿",洞内分为两处区域,圆柱形的洞窟又长又直,马陆笑道:"这低俗的命名风格,难不成是煤老板投资的?"

"美人腿"中堆满了类似"石头花"的石墩子,也不知是做什么用的。

洞里有了石头,寻找起来就不容易,他们瞪大眼睛仔细寻找,生怕错过一丝细节。

"一定要仔细,我怀疑安排这么些石墩子就是为了打掩护的。说不定,凤凰蛋就在这里。"马陆道。

"我觉得可能性不大,这里石头虽多,可造型单一,如果有凤凰石,一眼就看到了。"

"找陨石就是麻烦,还是原来的老本行痛快,上台就靠拳头找结果,时间再长,也就十来分钟一局,哪像找陨石,一出门就十天半个月。"

"我也好奇,搞搏击挺来钱的,何必进猎人行风吹雨淋的?"

"搞搏击水太深,尤其是打假拳,我辛苦学艺十几年,吃尽了苦头,难道就是为了站在擂台上,当一名永远被人操控的小丑?"

"每一行都不容易,我在猎人行里这几年,也是活得各种累,什么样人都有。"

"做事儿不能太较真,我那些个师兄弟,愿意配合打假拳的,早就发财了,大房子、好车子,就我还跟孙子一样,跟着人后面跑腿。"

"这就是坚持理想的代价,你不愿意同流合污,只能独守清贫了。"

"这浑蛋的世界,凭啥总是我这样的人吃亏,那些浑蛋们却没一个遭报应的,老子迟早干死他们。"

从王兴海的话语间,大致可知此人性格粗鄙、思想混乱、性格暴虐。和这种人,少说道理为好,万一说岔了,说不定一拳头就过来了,以他的身

手,自己还不得被活活打死。

王兴海正在骂骂咧咧,忽然,杨月钟葭一声尖叫,马陆浑身一紧道:"怎么了?"

"蛇、蛇……"杨月钟葭指着身前一处区域道。

只见一条黑乎乎的长形物体,在石块缝隙中缓慢蠕动,用手电光照射,看清这东西并非蛇,而是一条体型巨大的蚯蚓。

这蚯蚓,足有大黄鳝一般粗细,在石头缝隙中缓慢爬出,看着也有几分瘆人。

"奇怪,这里也没土层,哪来的蚯蚓?"马陆道。

他话音未落,王兴海一脚踩在蚯蚓头部,道:"让你吓唬人,老子弄死你。"

他用脚来回搓了几下,这才松开。

蚯蚓脑袋被踩得扁扁的,甚至黏在了石头上。然而,大蚯蚓并未死,它艰难地蠕动身体,奋力将变形的身体挣脱石头,接着晃悠悠地往石缝中缩回。

王兴海哈哈大笑道:"有点意思,都这样了还不死,我要是有这本事,泰森也能给他干翻了。"

说罢他又要去踩,马陆道:"王哥,蚯蚓能长到这份上,也不容易,饶它一条命吧。"

"行啊,你说了算。"他改用脚尖挑了几下蚯蚓的身体道,"有人给你求情,算你运气好。"

"我们这行,在野外见到老物,哪怕就是一间破烂屋子,都得拜拜,尤其是这种寿命、体型明显长于同类的动物,更是绕着道走,王大哥也是行里的人,难道不知忌讳?"不顾马陆连使眼色,杨月钟葭表达了心中不满。

"嗨,闲着没事儿,玩呗。"

"这有什么可玩的?即使你不相信禁忌,可咱们应该尊重自然界的每条生命。"

"行了妹妹,我知道错了,保证不会再犯,行了吧?"

杨月钟葭压低嗓门道:"讨厌,谁是你妹妹。"

在"美人腿"一番寻找,没有任何发现,他们继续前往下一个洞口,走了没多远,王兴海忽然道:"你们有没有听见人说话的声音?"

两人侧耳细听,果然,能听见一阵细微的沙沙声,似乎是人小声说话的声音。

"估计,别的队伍靠近了。"马陆说着话,走进下一处洞口。

山洞的别称,雕刻在洞顶入口,居然名曰"水帘洞"。

相比其余山洞,"水帘洞"面积较大,且洞内连环相扣,由三四个洞口组成,不知什么原因,洞内湿气较重,岩石上长满了细密的青苔,犹如铺了一层淡绿色的地毯。

"没水也敢自称'水帘洞',真够胡扯的。"马陆道。

"洞里青苔遍布,是否需要清理?"杨月钟葭道。

"吃饱了撑的,清理山洞干啥?"

"万一凤凰蛋埋在青苔下呢?"

"薄薄的一层青苔,能埋住石头?你是不是傻了?"

"万一它嵌在坑穴里,怎么办?"

杨月钟葭说的也不是没有道理,可真要把洞里的青苔清理一遍,别说石壁和洞顶,单就地面一层,也够摆弄了。

"还是算了,如果一圈下来没找到石头,再考虑清理青苔,否则实在耽误工夫。"

"走路千万小心,这地儿可滑。"

王兴海为了舒服,穿着一双类似布鞋的单鞋,而非野战靴,在这遍布苔藓的洞里,一走一滑,跟溜冰差不多。

马陆道:"解决这种麻烦,我手到擒来。"说罢,从包里取出纱布,在王兴海的鞋子上缠了几道。果然,纱布增加了摩擦力,走路稳了许多。

"别说,办法不复杂,效果却真好。"王兴海赞道。

"野外生存也得凭技巧,否则分分钟……"话音未落,马陆忽然一个趔趄,歪歪扭扭走了几步,然而最终未能"扭转战局",摔倒在地。

万幸青苔厚重,倒也没摔疼他。

"得意莫昂头,失意莫低首,老话说的还是有道理的。"杨月钟葭笑道。

"我可没得意,这一跤纯粹是无妄灾。"马陆愁眉苦脸地爬起来。

"不应该,凭我这鞋子,绝不可能滑到这种程度。"

只见苔藓被"蹭"出一条近两米的痕迹,露出的部分,隐隐看到一块黑色金属状物体。

"怎么样,我就说这地儿肯定有问题。"马陆赶紧用脚刨地。片刻,露出一块铁板。

铁板并非方正,而是依据岩石地形铸造,掩盖其上,形状类似于脚掌。

由于铁板与岩石之间十分契合,连刀尖都无法刺入,所以也没办法掀开。

三人忙活了一阵,马陆甩了甩酸胀的双手道:"得招呼那几位过来帮忙,否则没法打开这玩意儿。"

"这里面,肯定藏着凤凰蛋。"因为兴奋,王兴海满脸通红,不停地搓着手。

马陆道:"这辈子摔了不少跤,这次最值得。"说罢,用对讲机联系了另两拨人。

得到消息后,其余六个人以最快的速度赶到,马蒙围着铁板转了一圈道:"我感觉,这有点像排教里的镇邪图。"

"什么排教?"林怀亿问。

"云贵一地至今保持着半原始生活状态的原住民,排教是他们的信仰,其实就是拜蛊神的信徒,咱们这儿把蛊当故事说,对他们而言就是庇护之神。排教相信不同的图形,会对蛊产生不同的影响,就像道教驱邪祈福的符箓。如果我记得没错,这种图形,应该是镇压尸变的。"

"尸变,难道这底下镇压着一具僵尸?"马陆道。

"封建迷信的说法当然不可信,不过仅从图形来看,应该是的。"

"这也太扯了。"林怀亿道。

"说实话,我也不信。"

"那就动手啊。"

"是啊,别光看着了。"

话是这么说,可没人动手,倒是王兴海急了,道:"我去拿工兵铲来撬。"

马蒙按住他道:"先别急。"又对众人道,"封建迷信的话,说了没意思,洞下面不可能是僵尸。不过,有可能埋了危险的东西。"

陨石猎人 下

"万一，下面藏的就是凤凰蛋呢？"林怀亿揉着鼻子道。

话音未落，就听到马达声响，那辆"水陆两栖"的汽车机器人已经靠近"水帘洞"。马陆压低嗓门道："赶紧散开，别让那个浑蛋发现我们抱团了。"

众人散开后，马陆三人假装休息，背靠背坐在铁板上。片刻，机器人慢悠悠地开了进来，摄像头正对着马陆，它并没有离开，而是绕着三人转圈，可移动摄像头，示威似的上下摆动。马陆怒从心头起，一把攥住摆杆，来回摆弄几下，折断了摄像头。

"看你大爷的。"马陆对机器大声喝骂，一把推倒在地。

由于设备具有音频实时传送功能，众人不敢出声，合力抬起设备，远远丢了出去。

机器人摔落在地，散落一团，马陆笑道："这下又聋又瞎了？"

马蒙道："说不定，王立旺会跟来这里，暗中监听我们的行动，必须安排一个人在洞口守着。另外，得抓紧时间了，拖得越久，麻烦越多。"

"这铁板到底怎么办？"王兴海念念不忘。

众人你看我、我看你，林怀亿一拍大腿道："我就不信这里面能有什么乱七八糟的东西，百分百是凤凰蛋。"

"那就动手？"

说罢，马蒙对王兴海道："去把车里所有的工兵铲拿来。"

"好嘞。"

马蒙接着又对另一名手下道："你去洞口找个隐蔽的地儿藏着，监视王立旺，有消息立刻通知我。"

随后众人草草吃了点压缩饼干，休息片刻，王兴海背着一个装满工具的旅行包进来了。

"东西都带来了？"

"万一铲子不好使呢，干脆一次性带齐。"王兴海斗志昂扬。

"那就开干。"

说罢，打开袋子，取出工具，众人七手八脚围成一圈，齐心协力，撬起铁板。

忽然，一股奇臭无比的气味，瞬间弥漫山洞，熏得众人皱眉不已，杨月钟葭更是捂着嘴远远躲开，看样子几乎就要吐了。

藏石之处

"这个臭气,是真有僵尸了。"马蒙咳嗽了几声,皱着眉头抱怨。

然而等了一会儿,并没有"僵尸"从洞里跳出来,众人忍受着臭味,靠近洞口,王兴海用铲子将铁板顶开。

山洞里,堆满了腐败的尸体残肢。

杨月葭再也忍不住,张嘴吐了出来,其余人等,即便常年混迹于危险区域的老猎人也扛不住了,四下躲开,个个恶心得不行。

"这里出大事儿了。"

马陆干呕着,酸水直冒。

"我就说这底下肯定有事儿,果然没错。"说罢,马蒙取出一包烟道,"去去邪气儿。"

一群人抽烟,很快"水帘洞"内烟雾缭绕,尸体的腐臭气味被压了下去。

"怎么办?"林怀亿率先发问。

"这些人,百分之百是施工过程中意外死亡的,和咱们没什么关系。"马蒙道。

"还是把铁盖子放回去,咱们就当都没看见。"林怀亿道。

"凤凰蛋……有没有可能,埋在尸体下面?"王兴海道。

"你……脑子坏了？"马蒙呵斥道。

"万一在呢？"

"就算在，谁去搬洞里的尸体？"

"我去。"王兴海毫不犹豫。

尸坑里的情景，用"稀糊状"形容毫不为过，既恐怖到了极点，也恶心到了极点，王兴海居然主动要求对这种地方"下铲子"，马陆怀疑他是不是有心理问题。

"这位兄弟一个月拿多少钱？我怎么就找不到这样的员工？"林怀亿笑道。

"大海，你可想清楚了，这种事儿触霉头。"

"如果凤凰蛋真在这里面，给我发个红包就行。"

王兴海点了支烟，叼在嘴上，拎起铁铲朝尸坑走去。

"赶紧走，这味道，想想我就恶心。"马陆小声道。

一行人穿过"水帘洞"，又进入一处洞窟，只见这里充满了"现代气息"，装修成了一处带小食的酒吧。

这一洞窟是供游客休息调整的区域，山洞顶部用玻璃、射灯打造成一片星空状，看着有几分意思。

"看得出，做这项工程的资方还是下了功夫的，钱也没少投，可惜，烂尾了。"马陆道。

"世事难预料，我估计这项工程之所以下马，还是因为杀人潭的缘故，有这么个定时炸弹存在，这里不可能建成景区。"马蒙道。

"这里面有酒，喝点。"林怀亿从酒吧柜台取出一瓶封装完整的洋酒。

马陆接过酒瓶，若有所思，片刻后道："按理说他们连酒都运来了，离开业就是一步之遥，我有两点想不明白，其一，杀人潭从一开始就存在，他们不可能最后才发现；其二，如果这洞里真有凤凰蛋，应该不止一人发现，为什么会把石头留在洞里？"

林怀亿恍若未闻，摆了一排杯子道："管那么多，先喝几杯再说。"

"老林，咱们还得办事儿，酒等等再喝，马陆说的两点都在理，得仔细论一论。"

"还讨论啥啊，话都说到这份上，道理明摆着，凤凰蛋就在杀人潭

里呗。"

马陆一拍大腿道:"老林说得对,凤凰蛋百分之百在杀人潭里,施工方必然是发现了凤凰蛋异常的功能,刚开始想围绕其开发一处景点,却无法解决杀人潭,最终损兵折将,只能放弃了整个项目。"

"我始终想不明白,卖家明明掌握了凤凰蛋的信息,为什么不来取走,而是卖给我们,从利益最大化考虑,这么做简直就是白痴。"林怀亿道。

"这些人肯定不是白痴,不拿凤凰蛋。我猜,有两方面原因……"

"说来听听。"马蒙饶有兴趣。

"首先,凤凰蛋是在施工的过程中被发现的,所以没法独享消息。既然是非独家,作为其中一位知情人,凤凰蛋的消息自然是能卖多少算多少,能卖几个算几个。取走凤凰蛋必然不易,所以这两块石头才能留在洞里,等我们开掘。"说罢,马陆拍了拍石壁道,"总而言之,这是一次卖命赚钱的过程。"

林、马二人眉头顿时拧了起来,不说话了。毕竟他二人得到消息的途径和马陆不同,是花了大钱的,如果因为困难而必须放弃,会造成损失。

"兄弟,你说得有道理,可就这么放弃,我心有不甘。"沉默良久,马蒙若有所思道。

"我的推测,只是个人看法,未必准确。"

"你的分析有道理,我佩服。"马蒙道,"可我们来这儿,就是为了找到凤凰蛋,贼不走空,我们猎人也是一样,这点决心都没有,也不用混这行了。"

马陆当然明白马蒙的心思,以他的江湖地位,若是担心危险,退出明确知道结果的任务,消息一旦传出去,会成为整个行业内的笑柄。

在陨石行业,名声不仅仅代表等级、地位,更是进入特殊区域的通行证,一旦名誉受损,将会造成巨大的经济利益损失。

这也是冬军、林无畏害怕身体畸形消息泄露的原因。

任何行业,都会对特殊人士给予表面上的支持,只有陨石猎人行业,弱者会被强者丝毫不加掩饰地歧视、排挤,甚至高强度打压。这并非残忍,而是这行里充满了原始的气息,所有参与者,都以兽性相搏,一切全凭自然法则,完美诠释了"死生有命,富贵在天"的道理。

林怀亿自然也知道马蒙退不得，道："有钱赚钱也不亏心，就算冒点风险，也是值得的。"

"二位的心情我能理解，可到底是面子重要，还是性命重要，咱们得想明白了。"

"我相信你的推论，但我也相信凡事必有解决之道，杀人潭又不是火焰山，巴掌大的地方，我就不信还能是龙潭虎穴不成？"

话音未落，就听一阵脚步声，浑身臭气的王兴海，满脸喜气洋洋地走进来道："找到了。"

他捧着一块沾满黏液的椭圆形石头，石头表面呈鹅黄色，像极了一块鹅卵石，从外形和颜色看，和庞总收藏的残石完全相同。

"这帮孙子，还真把凤凰蛋埋在尸坑里了。"马蒙捂着口鼻道。

"那么恶心的石头，你也敢拿在手上？"杨月钟蓂恨不能直接退出去。

"这有啥恶心的，都是人的一部分。"说罢，王兴海甩了甩手上沾着的黏液。

杨月钟蓂干呕两声，转过身，不愿再看他一眼。

连马蒙都嫌他，摇了摇头道："你确定这是凤凰石？"

"我试过，绝对没错。"他放下凤凰蛋，取出一块碎石，丢在其上。

"啪"的一声脆响，碎石消失，继而，一块与之相同的小石块出现在凤凰蛋之上。

"还真是。"林怀亿也顾不得气味了，走到凤凰蛋前，弯下腰仔细观察一番后道，"凤凰蛋有两块，还有一块在哪？"

"我不知道，洞里只有一块。"

"我得到的消息，明明有两块，结果你只找到一块？"林怀亿脸色顿时就变了。

"老林，你说这话什么意思？难道我还会指使手下偷石头？"

"我可没说你，我怀疑的是他。"林怀亿指着王兴海。

"你怀疑我的手下，就是怀疑我。"

"马队，你这叫吃饱了撑的，非得把事儿揽上身吗？难道我就不能质疑我怀疑的人？"

说罢，林怀亿又对马陆道："别光站着，难道你不怀疑？"

"你俩的矛盾，可别把我拉进来。"

"什么叫'你俩的矛盾'？石头少了一块，咱们都有损失。"

"够了，凭什么说我偷了石头？难道我主动做事儿，还做错了？"王兴海既愤怒又委屈。

"如果另一块石头找不到，你就是嫌疑人，说什么都没用，除非你能证明自己。"

"证明个屁，你算老几？"

林怀亿两名手下走到他身后，虎视眈眈地望着王兴海。

"怎么，以为就你们人多？"王兴海冷笑一声。

然而马蒙并没有行动，他迟疑着站在原地，一声不吭。

见状，王兴海叹了口气道："老大，如果你不信我，那我无话可说。"

"我信你，可是，我没法和别人交代。"

"你要交代什么？你们怕脏，怕触霉头，没人愿意翻尸坑，如果不是我，这块凤凰蛋永远不会被发现，结果，把事儿干成了，我反而成了罪人？可笑，真是可笑。"

"说这些没用，你最好把石头交出来，否则别怪我们不客气。"

"就算我藏了一块，有本事你来抢。"王兴海冷笑道。

"我就说吧，石头肯定被他藏了一块。"

"兄弟，这可不是赌气的事儿？"马蒙道。

"呸！"王兴海啐了一口道，"谁是你兄弟。"

"你……"

眼看众人就要吵成一锅粥，马陆道："几位大哥，这事儿目前还没有定论，何必闹成这样？伤了朋友间的和气。"

"你觉得我们是朋友？"林怀亿不屑地撇了撇嘴道，"不亏心吗？"

"肯定算不上好朋友，可毕竟为了同一件事相遇，说是朋友也不为过，何况马哥跟我二叔还有交情。"

马蒙轻轻叹口气道："老林，这洞里也没地儿藏一块脏兮兮的石头，冷静下来，才能做出正确判断。"

林怀亿冷哼一声道："怎么，你以为抓着马陆，就能两拨人合伙欺负我了？"又对马陆道，"兄弟，你别上当，就算马蒙和你二叔是朋友，朋友怎么了，这年头坑的就是朋友，何况你还是朋友的侄儿。"

"我没想过跟谁合伙，只是就事论事，没证据怀疑别人，只能造成一场无解的局，这对我们而言，是非常不利的。"

"老林，没人想坑你，我们只想完成任务，这块陨石先封存起来别动，然后继续寻找，如果找到另一块凤凰蛋，所有问题不就迎刃而解了？"

"你当我傻瓜？剩下那块石头绝不可能找到，到时候又怎么说？难道我认了？"林怀忆又对马陆道，"不管你怎么想，我绝对不信马蒙。"

或许是受林怀忆的影响，马陆心中也产生了几分怀疑，马蒙看在眼里道："既然说了没人信，干脆由你们提解决方案，我照办。"

"想拿这个将我，门也没有，你们必须……"

话刚说到这里，就听"噗"的一声闷响。

林怀忆的后脑，一股鲜血喷洒而出，溅了王兴海满脸。

"扑通"一声，尸体倒地，后脑被砸出一个拳头大小的窟窿，鲜血混合着脑浆、碎骨不断从创口涌出。

杨月钟葭吓得尖声尖叫，马陆也被惊得目瞪口呆。

林怀忆两名手下虽然看似气势汹汹，可见老大被砸死，却各自退开，连屁都不敢放。

"大海、你、你……"马蒙也是瞠目结舌。

满脸鲜血的王兴海，面色狰狞，状若恶鬼，呼呼喘着粗气道："老子费尽全力，总算找到一块石头，他却连句谢都没有，还冤枉我。"

"大海，我知道你生气，可他已经死了，别跟这种人……"

"你也不是好人，如果不是他连着你一起拉下水，你早就跟他并膀子站一起了。"

"我……"马蒙无言以对，在这事儿上，他确实亏心。

"你们这群浑蛋，平时没事，整天兄弟哥们挂嘴上，根本就是一帮狗屁。"说罢他晃了晃凤凰蛋道，"这块石头，是我找到的，谁都别想从中分走一毛钱。"

他正要走，就听马蒙道："大海，你手里可有一条人命。"

"怎么，你打算举报我？"王兴海眼中凶光直冒。

"这事儿没人能替你圆，把石头给我，官司我替你打，起码保你不死。"

"我信你,还不如信鬼。"说罢,王兴海朝山洞里走去。

马蒙使了个眼色,然而,另一名手下却勉为其难地摇了摇头。

三人既是同一团队,他当然知道王兴海的厉害。

"你……"马蒙没想到自己的手下如此"不顶用",勃然大怒,却也没有办法。

"马陆,可不能眼睁睁地看着他带走凤凰蛋。"马蒙又去唆使马陆。

"还能咋办?王兴海已经疯了。"

马陆就是再傻,也不可能在这个时候招惹王兴海。

"咱们得想个办法,把石头夺过来,否则这趟就白来了。"

"白忙一趟也没啥,难免会有一两次的空手任务。"

马陆不想和王兴海发生正面冲突,虽然己方有阿蛮"压阵",可王兴海毕竟是正儿八经练过拳的人,正面硬杠,阿蛮绝对不是他的对手。至于自己,根本不够他揍一拳。

"这事儿我没说过……"马蒙太阳穴起伏不定,似乎正在合计着什么,片刻后他道,"王兴海有严重的精神疾病,按理这种人不应该执行任务。"

"马哥,你说这个,和他拿走凤凰蛋没一毛钱关系,法律没规定疯子不许接触石头。"说罢,马陆做了个手势道,"对不住,我不想参与这场纠纷,先告辞了。"

"马陆,你不想赚钱了?"

"赚钱当然愿意,可抢钱就不干了,何况也抢不过王兴海,被他打死我白死,打死了他我得赔命,这买卖怎么做都不划算。马哥,多谢你关照,我退出。"

马蒙也没办法,只能眼睁睁地看着他们三人离开。

返回"水帘洞",一股臭气迎面扑来,杨月钟葭皱着眉头道:"非得从这里走吗?"马陆确定没人跟在后面,小声道:"王兴海只找到一块石头,还有一块石头在洞里。"

"你相信王兴海?"

"如果不是气到极点,又何必杀人,疯子才不会骗人。"

杨月钟葭皱了皱眉道:"按理说马蒙应该清楚这里还有一块凤凰蛋,为什么非得去抢王兴海的石头?"

藏石之处

"因为愤怒,因为贪婪,反正最简单的那步棋他没想到。"

"所以,你根本就没打算走人?"

"你傻了,明明还有一块石头,为什么不找?便宜为什么给别人赚?"

"成啊,既然你有决心,咱们就跟着你干呗。"说罢,杨月钟葭又叹了口气道,"马蒙应该照顾他的兄弟,装得跟大哥一样,完全经不起半点考验。"

"千万别相信大哥,这年头最靠不住的就是大哥。"

阿蛮忽然问了一句:"你可靠吗?"

"废话,我这种大哥和别人可不一样,没事儿别在那儿瞎怀疑。"

杨月钟葭被逗乐了,道:"言多必失,你少说两句吧,别把自己绕进去了。"

话音未落,就听有人压低着嗓门,愤愤不平道:"打死林队,就这么算了?想想我都觉得窝囊。"

"还能怎么办?王兴海是个神经病,杀人不算的,咱们只能认栽了。"

说着话,两人进了"水帘洞",正是林怀忆的两名手下。

见到马陆三人,一名又黑又瘦的男子道:"你们不是走了吗?"

"你们呢,也要走了?"马陆问。

"是啊,也没别的办法了,本来就是拿工资的,赚多赚少,跟我们也没什么关系,犯不上拼命。"

"还是打工的省心,自己赚自己吃的,这种时候大可一走了之。"

"是啊,我们是说走就走了,出去报警完事。"

"成,你们先走,过些日子,找机会聚聚。"

看着他们两人离开,马陆道:"我还是之前的观点,另一块凤凰蛋很有可能就在杀人潭里。"

"就算在又怎样?难道真冒着被潭水烫死的危险,下去寻找一块石头?我们没那么渴望赚钱。"

"当然不是蛮干,我的意思是找到杀人潭爆发的规律,再去找凤凰蛋。"

"说得简单,我们不过是三个凡人,怎么去摸清大自然的规律?"

"你……"马陆有些心浮气躁,用手抵着额头连转了几圈道,"我没说一定要研究透杀人潭,不找到凤凰蛋决不罢休。而是在保证安全的前提下尽量去找。如果实在不行,咱们就撤呗,也没谁用枪顶着咱们脑袋,非找到凤凰

蛋不可。"

"明白你的意思了,那就试试,但是千万不要勉强,一旦觉得有风险,立刻退出。"

"对啊,我就是这个意思。"

"觉得能退出的,大多退不出去。"阿蛮言简意赅地做了"补充说明"。

"你就别在那儿杞人忧天了,谁都不是敢死队的,一旦觉得势头不好,还不掉头就跑?"马陆没好气地道。

阿蛮没说什么,只是轻轻地叹了口气。

很快,三人回到杀人潭所在洞窟,马陆躲在一块凸起的岩石后,仔细观察潭水。

杨月钟葭则摩挲着岩石表面道:"这是火成岩吗?"

马陆仔细观察片刻道:"是也不奇怪,附近是有火山口的。"

"我的意思是,这处杀人潭平时水温极低,却在突然之间爆发高温,会不会地下存在火山活动?"

"如果确有火山活动,地震什么的少不了,可咱们拿到的地质信息,当地地震发生的频率并不高。"

杨月钟葭捡起一块石头,丢入潭水,一声轻响,石头笔直沉入潭底。

"我记得潭水是有暗流的。"她望着水底一动不动的石头道。

"没错,水潭里的暗流确实消失了,为什么?"马陆皱起眉头,喃喃自问。

阿蛮如猿猴一般,顺着凸起的石块爬上石洞高处,四下看了一圈道:"如果凤凰蛋确实在这里,只能是藏在水坑里了。"

石洞由岩石构成,洞里并没有土层覆盖,看得清清楚楚、一目了然,并没有特殊而独立的大块岩石,只有一些碎小石块散落在地。

"阿蛮说得有道理,这里藏不下一块凤凰蛋。"

"别说,我觉得'老乌龟'就很可疑。"马陆指着水潭边,那块形如乌龟的土黄色圆石。

"试试不就知道了。"

杨月钟葭捡起一块拳头大小的石块,丢在圆石上,"哗啦"一声,石块弹起后落入水潭。

马陆揉了揉眼睛道:"是复制出来的?"

"肯定不是,我看得很清楚。"说罢,她又捡起一块石头丢过去。

这次看得清清楚楚,圆石并没有复制石块的功能。

"唉,'老乌龟'不是凤凰蛋。"马陆略觉失望。

阿蛮由高而下,道:"我去潭水里找找。"

"你疯了,以为自己钢筋铁骨呢?"

"那谁去?"

"找不到就不要了,多大点事。"

杨月钟葭笑道:"关键时刻能收手,不错。"

"否则呢,你以为我会拿阿蛮的性命冒险吗?我没那么财迷。"

"得了,咱们不懂地质学,对岩石分类只是略懂皮毛,这块凤凰蛋注定和探星无关了。"杨月钟葭笑道。

马陆轻叹口气,靠着石头坐下道:"也不急了,抽支烟歇歇脚。"

"没必要在这里,万一潭水爆发,死得多冤。"

"没事儿,我们躲在石头后面,怕啥?"

马陆其实心有不死,要走,也得等到最后一刻。

他点燃一支雪茄,抽了起来,阿蛮和杨月钟葭坐在石地上,玩起了"翻牌接龙"。

正当三人状态放松时,王兴海声音隐隐传来道:"想算计老子,门也没有……"

一句话,他翻来覆去念叨,语气也是神经兮兮的,他确实犯病了。

"他可是个武疯子,咱们都小心点。"马陆压低嗓门道。

三人蜷缩进岩石之后,片刻,王兴海大步从山洞另一端走了进来,只见他毫不犹豫地将石头摆在一边,伸手进潭水里来回洗了几下,甚至舀水喝了几口。

他魂不守舍地离开,却忘了那块凤凰蛋。

马陆蹭地一下,从石头后面蹦了出来道:"真是踏破铁鞋无觅处,得来全不费工夫。"

"这么做,好吗?"杨月钟葭有些犹豫。

"又不是抢来的,真卖出去,拿一部分钱给王兴海就是了,也不亏心。"

"恐怕你的运气并没那么好。"说话声中，马蒙出现在洞口。

两人几乎同时冲到凤凰蛋旁。

"最好别抢，我不想和你发生正面冲突。"马蒙道。

"马哥，亏你还办了个'受害者联盟'，王兴海就是被你逼疯的。"

"你别胡说，坑他的人是林怀忆和他自己，跟我可没有关系。"两人争吵起来。

"石头是我先发现的。"马陆道。

"我最先进洞，是不是整个山洞都算我的？"

"都别吵了，别忘了这是什么地方。"杨月钟葭道。

两人几乎同时看了潭水一眼，心中都有些不以为然，王兴海刚刚洗了脸、喝了水，也没见他受伤，紧张什么。

"马陆，真要和我比人多，你铁定输。"

"你别忘了，这块石头我是替林无畏找的，你人再多，还能多过他吗？"

"你……"马蒙气得满脸通红，脖子上青筋暴起。

"马大哥，这事儿必须商量才能了结，比谁嗓门大没意义。"杨月钟葭及时劝道。

马蒙长长吁了口气道："你们说怎么办？"

"咱们找个安全的地方商量，如何？"

迟疑片刻，马蒙道："这块石头谁带着？"

杨月钟葭看了一眼沾满尸液的凤凰蛋，皱了皱眉道："你愿意拿就由你来，真够恶心的。"

马蒙道："我来就我来。"

说罢，他取出水壶，冲洗凤凰蛋，水用光后，他又装了一壶潭水，继续冲洗石头。

然而，当潭水倾倒其上，就听"哧啦"声响，清水瞬间泛起细密泡沫，石头表面居然扬起一股拇指粗细的水柱，喷得马蒙满头满脸。

灼热高温顿时弥漫洞窟，马蒙倒地，整个头部扬起一股白色蒸气，眼看着凤凰蛋摔落在地，朝水潭缓缓滚去，杨月钟葭大喊一声："快跑。"

所有人拔腿就跑，马陆下意识攥住杨月钟葭的手腕，将人推到身前，眼看洞窟出口就在眼前，身后传来"轰"的一声。

水花高高扬起,射在洞窟顶部四散开来。

马陆不及多想,一把将杨月钟葭推倒,紧接着扑在她背上,用手护住她的头部。

灼热水花,溅射在石头上,发出"哧哧"声响,比滚油都烫,杨月钟葭感到马陆微微颤抖,不免担心道:"马陆,你没事儿吧?"

然而,马陆没有回应。

杨月钟葭的心一下提到了嗓子眼儿里,焦急地道:"你到底有事儿没事儿,没事儿就回应我一声。"话未说完,眼泪就出来了。

接着,她听到马陆的笑声。

"你怎么能这样?"杨月钟葭急了。

"我怎么了?非得被烫死,才能合你心意?"

"你胡说什么,我以为你出事了,差点把我吓死,这种过分的玩笑是随便开的吗?"

"还真急了,我错了,对不起成吗?"

"那你还不下来。"

"真皮沙发,躺着软乎。"马陆笑道。

"你……去你的,怎么没皮没脸呢,赶紧下去。"杨月钟葭一个用力,将马陆掀了下去,她捋了一把头发,翻身而起。

却见马陆仰天躺着,身下淌出大片殷红鲜血,虽然满脸笑容,脸色却苍白得可怕。

"马、马陆,你这、这是……阿蛮,快、快来,马陆出事儿了。"杨月钟葭慌得手足无措,蹲在马陆身边,急得大哭出声。

"唉,没来得及娶你过门,就出这档子事,你说亏不亏?"

"你别瞎说,不会有事儿的,等你伤好了之后,我指定嫁给你。"

"哈哈,你可不能反悔,咱们拉、拉钩。"

杨月钟葭勾着马陆的小拇指,觉得他的手越来越沉,"扑通"一声,马陆的手摔在石地上,人也晕了过去。

"阿蛮,求你,救救他。"

阿蛮虽比杨月钟葭镇定些,心里也是紧张到了极点,他翻过马陆的身子,只见腰椎位置,不知被什么东西割开了一道又深又长的口子,骨头都能看见。

或许是掩护杨月钟葭时,意外受到的伤害,除了这道伤口,腿部还有一些严重的烫伤。

阿蛮剪开伤口处的衣物,做了一些简单的处理,用纱布牢牢裹住伤口,接着又用帐篷杆和帆布做了一副简易担架,两人抬着马陆快速走出东临石窟。

随即联系了林无畏,通报了马陆的伤情。

万幸,当地距离市区并不远,林无畏租用了一架直升机,很快赶到现场,由于飞机空间不大,杨月钟葭跟着飞机离开,阿蛮则驾车返回。

测量了血压、呼吸、心跳指标后,医护人员道:"主要是缺血,危及生命的可能性不大。"

还没等杨月钟葭松口气,他又道:"不过根据伤者伤口的位置看,存在瘫痪的可能,你要有心理准备,另外手术时必须有家属在场签字,你是伤者的爱人吗?"

杨月钟葭没犹豫,道:"是的,字我签,求你们尽快救人。"

到这份上,杨月钟葭反而冷静了,起码能够留下一条性命,也算是不幸中的万幸。

小城市的医院,没有地方可以停降直升机,飞机降落在市政府广场,由救护车转送进了医院。

林无畏也跟着来到了医院,见到杨月钟葭道:"别担心,我会找到最好的医生救马陆的。"

"我们在这儿人生地不熟,拜托林总了。"杨月钟葭终于哭了出来。

"这是我的责任。"

大夫验完伤后,对二人道:"伤者情况不容乐观,尤其是腰部的伤口,需要复杂精密的手术修补,我们这儿不具备手术条件。"

"可以实施手术最近的医院在哪儿?"

"我建议,如果条件允许,最好送去北京。这种手术,万一出了事情,就会造成严重后果。"

"一路颠簸,会不会造成二次伤害?"

"乘坐医用直升机,短时间内问题不大,但是你们必须尽快作出决定。"

"就按最佳治疗方案办。"林无畏道。

处理了伤口,一行人再度登上直升机。起飞前,杨月钟葭给阿蛮打了电话,让他直接返回西京市,然而电话信号并不好,加之飞机引擎一开,噪音巨大,杨月钟葭只能挂断电话。

戴上耳机,林无畏道:"这是一架执行特殊任务的医用直升机,所以申请飞行任务的时间很短,但也需要走流程,所以做好准备,等待任务通过。"

杨月钟葭忧心忡忡地望着马陆,根本没听见林无畏说什么。

过了一会儿,飞机终于升空,驶向北京方向,林无畏道:"你现在感觉如何?"

"我的感觉不重要,重要的是马陆的伤势。"

"如果可以,咱们聊聊马陆受伤的过程。"

杨月钟葭擦了擦双眼道:"他是为了救我,受的伤。"之后,将事发前后说了一遍。

"马蒙死了?"林无畏吃了一惊。

"那口杀人潭的潭水,把他整张脸都烫烂了。"

"唉……"林无畏叹了口气道,"林怀亿呢,是怎么死的?"

"被马蒙手下砸死的,那人有精神病,估计还在山洞里转悠。"

"这就是命,马蒙是我见过的运气最好的陨石猎人。没想到,最终还是死在了石头上。"

"如果不是过于贪心,他不会死,马陆也不会受伤。"

"世上哪有'如果',事情既然发生了,就得认,做好善后吧。"

忽然,马陆发出一声轻响,杨月钟葭顿时紧张起来道:"坏事儿,麻药的药效退了。"

"小地方的医生,真不靠谱。"林无畏皱眉道。

随行的医护人员检查后,道:"不是药效的问题,伤者可能受潜意识控制而做出的反应。"

"你确定?这个时候醒过来,不得疼死。"

"您放心,伤者不会醒来的。"

"都是因为我,是我拖累了他。"

"猎人这行,没有谁拖累谁,他是队长,必须有奉献精神。"

"林总,如果是你,你会怎么做?我指的是,假如……马陆真的瘫痪了。"

"如果马陆真的失去了行动能力,那就算他病退,公司会负责到底。"

"我的意思是……如果你是我,会怎么选择?"

林无畏这才明白杨月钟葭问的问题,沉思良久道:"作为马陆的朋友,我当然希望你能留在他的身边,照顾他,给予他希望和信心,如果是你的家人朋友,还是要劝你,别自找麻烦。"

杨月钟葭没说话,扭头望向舱外。

北方小城,距离北京两三百公里,直升机一个多小时飞到,林无畏联系的专家团队早已等候在医院大厅,到场后,立刻将马陆送进手术室。

"我还有事儿,先走一步,有需要随时联系我。"

林无畏走后,杨月钟葭坐立不安,在手术室门前转来转去,然而这次手术时间之久,超乎她的想象,直到阿蛮赶来,还是没有结束。

"我真的很害怕,不知该怎么办。"杨月钟葭低声啜泣。

"一起面对吧,我不相信大哥会……"

话音未落,就见手术室门的红灯灭了,杨月钟葭站在门前,由于紧张,嘴唇都有些发白。

身着手术服的骨科专家走了出来,表情颇为严肃。

"伤者的受伤部位神经受损严重,可能会有暂时性的大小便失禁现象,骨头做了修补,是否会影响正常行动,还要观察一段时间才能知道。"

"等于是没一点好消息了?"杨月钟葭腿一软,差点没摔倒。

"他的伤势不算特别严重,主要看恢复过程,算不上好消息,但也不是那么糟糕。"说罢,专家返回了手术室。

始终悬着的心,终于因为一条"不那么糟糕"的消息而放下,杨月钟葭心情依旧沉重到了极点。她坐在凳子上,无声地哭泣着,阿蛮默然无语,蹲在她身边。

"病人还没度过危险期,需要在ICU观察两天,探视时间就贴在病房入口处的门上。"

两名护士将马陆推了出来,他面朝下固定着,嘴里插着导管,病床上挂着盐水袋,由于麻药未退,他依旧处于昏迷状态。

跟着走到 ICU 病房门口，隔着玻璃窗，杨月钟葭呆呆地望着病房里的马陆，喃喃自语道："我就是个扫把星，不害己，专害人。"

"姐，有个事儿，没来得及和你说，我从洞窟离开时……"

"随他去吧，这些破事儿我不想再管了。"

"可是……"

"阿蛮，如果不是这次任务，马陆也不会受伤，我现在没有任何期待，只希望马陆能平安养好身体，一切的阴谋诡计，都与我无关。"

"唉……"阿蛮叹了口气，皱起眉头。

杨月钟葭坐在 ICU 对面的椅子上，似乎入定了，一动不动，阿蛮买来晚饭她也不吃，就这么坐了整整一夜。

"姐，这么下去，你撑不了几天。"

"撑不住好，能倒在他前面，是我的运气。"

"你们都倒了，我怎么办？"

"阿蛮，你的本事超过许多人，他们都能活着，你有什么可担心的。"

"可这件事没有完，就算我们想退，王立旺也不会同意的。"

阿蛮的发现

"我不管王立旺、庞总他们会怎样,这次任务对我而言彻底结束了。"杨月钟葭想了想,她又补充道,"不光是这次,从此以后,我不会再做陨石猎人的工作,就算你大哥完全恢复也是如此。"

"我知道,我不是劝你去找凤凰蛋,而是……"

阿蛮使用语言的能力,虽比以前有提升,可一旦着急,还是说不出话来,犹如一口馒头被噎在嗓子眼儿里,涨得面红脖子粗。

"别急,先静静心再说事儿。"

阿蛮深吸了几口气,又喝了口水,这才缓过来道:"王立旺不是好人,他把我们带去山洞,是有目的的。"

"什么意思?"杨月钟葭顿时皱起了眉头。

随后,阿蛮结结巴巴将他得知的消息说了出来。

原来,就在他们乘坐直升机离场后,阿蛮打算离开时,忽然想到疯疯癫癫的王兴海,为了避免枉死一人,打算找到他一起离开,寻找的过程中,阿蛮走入一处名为"羊肠"的山洞里,山洞由许多狭长的小洞构成,就像蚁穴,继续往前,必须爬行穿过小洞才行。

那里没有岔路,王兴海只能通过"羊肠",阿蛮也钻了进去,可爬到一半,就听到王兴海哭哭笑笑的声音传来,翻来覆去地说:"两块石头大欢喜,

陨石猎人 下

一块石头要人命……"

阿蛮对他存有戒心，躲在"羊肠"里招呼他离开，起初王兴海没有注意，阿蛮扯着嗓子吼了几声，他忽然哭得更加厉害，边哭边道："我就知道会害死人，不该这样……"

阿蛮觉得奇怪，就问他："会害死谁？难道你知道马蒙会死？"王兴海回道："跟我没关系，是王立旺说的，他说'两块石头大欢喜，一块石头要人命'。"

说到这儿，阿蛮挠了挠头道："王兴海都疯了，为什么会记着王立旺说的这句话？"

"嗯，有道理，而且……"杨月钟葭摆了摆手道，"这句话，有点总结的意思，如果在事发之后说不奇怪，可是在事发之前说，有点超前了。"

"就是这样。"阿蛮用力点头。

"所以，你认为山洞里发生的一切，并不是偶发，而是被人布了局？"

"对。"

杨月钟葭微微点头道："明白你的意思了，那王兴海有没有跟你离开？"

"我觉得他有问题，就没再问了，正准备离开，王立旺找来了。他在洞里喊了几声'大海'，让王兴海出来跟他一起离开，但是王兴海脑子不清楚，就僵住了。后来王立旺不知道从哪儿找来了两个帮手，把王兴海麻醉带走了。"

"王兴海是马蒙的人，王立旺为什么如此关心？"

"所以，我就觉得奇怪。"

"那么你呢，王立旺应该知道你留在现场，没有防着你？"

"他以为我们一起离开了。"

"车子上有窃听器，你开车回来，他是知道的。"

"没有，我找到窃听器，卸了之后开过来的。"

杨月钟葭的眉毛几乎拧到了一起，从阿蛮所说种种，王立旺和王兴海显然早已认识，那么后者跟着马蒙，到底是巧合，还是另有原因？

还有"一块石头要人命"这句话，到底是王兴海疯了之后的无心之语，还是王立旺确有所指？

这些看似不起眼的小事儿，连在一起，不免让人疑心。

236

庞总、王立旺,甚至林无畏,这些人究竟要做什么?

"阿蛮,你是怎么想的?"

"这次去东临石窟,是他们要求的,在山洞里遇到的这些事情,也是他们筹划的,为什么?我想不通。如果真有阴谋,他们不会放过我们的。"

在杨月钟葭看来,阿蛮就是个单纯至极的孩子,虽然单兵作战能力很强,情商却近乎零,然而这次却"分析得出"一条重要信息。

这些年,阿蛮心智逐渐成熟,自己却完全忽略,每次外出执行任务,他的主要作用就是安保而已,其实,他早就应该担负起更加重要的责任。

杨月钟葭轻声道:"对不起。"

"对不起?什么对不起?"阿蛮没懂她的意思。

"没什么,我只是……"杨月钟葭也不知道说什么,迟疑片刻道,"你是不是觉得,马蒙的死不是意外?"

"是的,我觉得他想害死我们,但是我想不明白,他为什么要这么做。"

杨月钟葭的心沉了下去,或许林怀忆和马蒙的死都是别人计划中的结果,而自己的三个人活着,却是意外事件。想到这儿她暗想:不好。立刻冲到ICU病房门口,强烈要求进入病房探视。

"您的心情我可以理解,可病人需要休息,请相信我们的医生都是专业的,所制定的规则,都是为了病人能够更好地康复。"护士长得到消息后,第一时间赶到现场解释。

然而杨月钟葭根本不听,甚至要强闯,护士长被逼无奈,只能报警。

两名派出所民警到场,其中有一个人是女的,了解过情况后,男警员道:"你现在的行为,我们可以把人带走,不过伤者也需要家属在场照顾,所以我们网开一面,只要你不闹了……"

"警察同志,我不是闹事,我只想看马陆一眼,就一眼,我什么话都不说,只要确认他还活着,就好。"

"您没必要担心,如果伤者发生意外状况,我们肯定会及时通知二位的。"护士长道。

"我知道,我不是不相信你们,我只是、只是……我必须现在见到他。"

女警员笑道:"你怕不是怀疑院方要害人吧?"

男警员立刻瞪了她一眼,女警员意识到说错话了,脸一红,低下头。

"我确实这么觉得。"杨月钟葭没有否认。

护士长第一次遇到这样"蛮不讲理"的年轻姑娘,被气得说不出话来。

"为什么会有这种想法?"男警员拿出记录本,表情严肃起来。

"因为我们曾经协助警方破获了一起大案,我们担心有人打击报复。"说罢,杨月钟葭拿出身份证交给男警员道,"你可以通过我的身份信息查询,就知道我绝不是无理取闹了。"

男警员接过身份证,通过身份核查,确定前些日子,杨月钟葭确实协助警方,破获了一起致死六人的大案,得知结果后他对护士长道:"能不能网开一面,让她进去看一眼?"

"我是想,可这么做确实违反了院方规定,要不我先上报?"

"真搞不懂,无非就是看一眼的事儿,也用不了两分钟,何必搞得这么复杂。"杨月钟葭恼火地道。

"各家有各家的规定,我们只不过是其中一员,都得遵守规则。"男警员安慰道。

"我是愿意,可人命关天。"

"要不然这样,我代表你进去录个视频,行吗?"

杨月钟葭闹成这样,并不只是为了看马陆一眼。毕竟,对马陆的安全没有实际作用,这么做就是为了引入警方,让可能潜伏在暗中的"杀手"知难而退。

一番折腾后,男警员拿着手机递给杨月钟葭。视频中,马陆呼吸均匀,状态平稳,没有大碍。

"不能掉以轻心,也不用杞人忧天,总之有任何需要就打我手机,24小时开机。"

警方离开后,杨月钟葭默默倚墙而立,表情颇为疲倦。

"姐,别担心,大哥不会有事儿的。"

杨月钟葭轻轻叹了口气道:"人活在世上,真心不容易。"

"我们该咋办?总不能干坐着等他们找上门来吧?"

"经历过冬军那事儿,我知道和这种人没有道理可讲,你越退他越进,你越怕他越欺负你。"

"所以……"

"所以,马陆不在,咱们也不能退,必须和他们正面硬到底。"

"凭咱们两个人,胜出概率不高,姐有没有什么计划?"

"嗯……"杨月钟葭显出迟疑神色。

"都这时候了,有什么办法,都使出来。"

杨月钟葭从包里翻出一张便签道:"连力如走的时候留了一个号码给我,说有事儿就让我找他。"

"如果找他的消息,被大哥知道怎么办?"

"你……"杨月钟葭顿觉好气又好笑道,"原来你是个小间谍。"

阿蛮赶紧解释:"我不是间谍,只是,大哥确实有点烦这个人。"

"有点烦也是正常的,不过现在是非常时期,你大哥或许要靠他救命呢。"

"那就请他来吧,多一个帮手总是好的。"

"我知道,但有些情况你必须了解,连力如虽然和咱们关系不错,但毕竟不是正路人。我需要你保证不会和他发生冲突。"

"我干吗要和他发生冲突?"

"我不知道,总之很多状况都有可能产生不必要的矛盾,我不想你受到伤害。"

"我保证不会主动找他的麻烦。"

杨月钟葭这才放心地拨通了连力如的号码,接通后,却是一名女子的声音:"你找谁?"

"我找连力如。"杨月钟葭愣了下。

"打错电话了。"

"真怪了。"挂断电话后,杨月钟葭查了几遍号码,确认没错道,"要么是他粗心,要么就是耍我。"

"也有可能是他出事儿了。"

正说着,杨月钟葭的手机响了,屏幕上没有号码。

"这是谁?"

接通电话,就听连力如的声音传来道:"怎么,找我有事儿?"

"行啊,你这保密工作做得确实可以。"

"我们这种人,哪敢马虎,一个不小心,脑袋就没了。"

"我能理解,感谢你对我的信任。"

"找我有什么事儿?"连力如笑问。

"想请你保护我们,成吗?"

"哦,发生什么事儿了?"

"我觉得林无畏并不是一个信守诺言的人,他还是想要对付我们。"

"这……应该不会,我确实接到了冬军取消任务的消息,这么做不是自己抽自己嘴巴吗?"

杨月钟葭将寻找"凤凰蛋"的前因后果细说了一遍,接着道:"王兴海虽然疯了,可说的话明显是有所指的,我怀疑他在执行林无畏的任务。"

"嗯,也不能说你的怀疑没道理,不过有一个问题我没想明白,如果林无畏确实利用'杀人潭'除掉你们,他为什么要这么做?你们之间唯一的矛盾是那块拓片,既然已经交给他们了,这事儿就了了。"

"如果我知道内情,就报警了,没必要麻烦你。"

"为你们提供支援,这没问题,但我的身份比较特殊,不方便抛头露面,只能在暗中做事儿了。"

"连哥,非常感谢你,至于报酬……"

"又不是杀人,钱的事儿就不提了。"

杨月钟葭并不傻,她当然知道连力如愿意帮她的原因。可事到如今,只能接受他的帮助了。

挂了电话,杨月钟葭松口气道:"有他在,你大哥的安全算是有保障了。"

"可是,欠了这份人情,怎么还?"

"到时候我再想办法,先把眼前的难关过了再说。"

说杨月钟葭不怕那是假的,可事情真到这份上,也没了退路,只能硬扛到底。

这边刚刚做好准备,林无畏的电话又打来了,杨月钟葭深吸一口气道:"怎么办?"

"电话必须接,否则会打草惊蛇的。"

"我知道,可是该怎么说呢?"

"随机应变,遇到回不了的话,就说信号不好。"

杨月钟葭不免有些诧异道："你这都是跟谁学的？"

"电影。"

得了"锦囊妙计"，杨月钟葭接通电话，林无畏道："马陆的情况怎么样？"

"您不用担心，已经处在观察期了。"

"关键是要让人站起来，保住命只是其中一个前提。"

"院方没有给肯定答复，只说观察后才能做出判断。"

"我刚给马陆的主治医生打电话了解了情况，他说马陆站起来的机会还是有的。不过，可能需要你的鼓励和照顾。"

"林总放心，无论如何我不会离开的，肯定守着他，直到马陆痊愈。"

"有你这句话我就放心了，治疗费用这块不用担心，由我个人负责，毕竟是执行任务出的事儿。"

"谢谢林总。"

"对了，我听说你担心马陆遇害，为什么会有这种念头？"

"我……我就是担心冬军小心眼。"

林无畏哈哈大笑道："你放一万个心，冬军绝对不敢违背我的意思。"

"林总在这行里是举足轻重的大人物，您说的话，我信。"

"感谢信任，我绝不会辜负这份信任。"

就在杨月钟葭准备挂电话时，林无畏道："想邀请二位参加一场活动，可以吗？"

"活动？"

杨月钟葭立刻想到，他这么做的目的，就是想调走自己和阿蛮，借机伤害马陆。

正要拒绝，林无畏又道："这是一场比较重要的活动，我希望二位作为探星队员参与进来。"

"可是，马陆这边……"

"马陆你尽管放心，我会安排专人保证他不受伤害，出了任何问题，我承担全责。"

话说到这份上，杨月钟葭也不好推辞，挂了电话问阿蛮道："他非得让我们去，没有推辞的理由，怎么办？"

阿蛮的发现

241

"要不然你去,反正有连力如暗中保护,你是安全的,我在这里守着大哥。"

杨月钟葭在阿蛮的语气中听出了明显的"异声",有些无奈道:"阿蛮,请你相信我,可以吗?"

"我当然相信姐。"说罢,人却掉头走开。

杨月钟葭心里烦躁到了极点,却又无从爆发,只能按着太阳穴,无奈地坐回椅子上。

"怎么了?"

杨月钟葭抬头望去,不知林无畏从哪儿冒了出来,站在她面前。

"林总,您……来得这么快?"

"打电话时我已经到了地下停车场,事情比较着急,所以一路紧赶慢赶的。"

"我能问问,是什么活动吗?"

"这次陨石交易大会是第十届,主办方想借此推广一下,提高影响力,所以办了一场宴会,我们唯一的合作团队是探星,马陆去不了,所以需要你们二位捧个场。"

"您看,我去成吗?"

林无畏的脸色顿显不快道:"阿蛮呢?他有什么事儿?"

"您也知道他和马陆的关系,所以……"

"我已经承诺保证马陆的安全,难道在你们眼里,我就是个……"

"他俩是兄弟,阿蛮担心也不为怪,别让他去了,这孩子性格特别直,非要强拧着他做事,肯定出意外。"

林无畏叹了口气道:"那就你吧,咱们现在就走。"

杨月钟葭给阿蛮发了条短信,让他尽快回来,两人乘电梯去停车场,上车之后,林无畏对司机道:"先去宾馆。"

"不是着急吗?还去宾馆?"

"妹子,你这一身都快比男生彪悍了,毕竟是要发新闻通稿的活动,得打扮整齐些。"

职业会对人的性格产生潜移默化的影响,当陨石猎人前,杨月钟葭是个极其爱美的姑娘,热衷于各种时尚信息,购买各类服装、化妆品。自从当了陨石猎人,整日雨里来风里去的,皮肤变得黝黑粗糙不说,人也壮了一圈。

她几次想要退出,好好保养一番,再度恢复"巅峰容颜",却又一次次否定了这个念头。

说不好是为什么,或许是爱上了千变万化、大气磅礴的自然风光。

又或许……是爱上了那个平凡又有些愣头青的傻小子。

到了宾馆,在套房房间里,林无畏指着衣架上挂的一套白衬衫、黑西裤道:"实在抱歉,小城市没有像样的女装店,只能挑选这种普通的款式了。"

杨月钟葭嘴里道:"没事儿。"心里却嘀咕:穿上身可不是一般的丑了。

去试衣间换衣服时,见镜子里的自己披头散发,有些狼狈,进卫生间打算洗个澡,发现洗漱台上放着一整套韩国某品牌化妆品。

化妆品是全新的,没有拆封,她有些好奇地问道:"林总,您带了女伴?"

"哦,这是给你准备的,女孩子都是爱美的,这套化妆品我是托女秘书买的,不知道合不合你心意?"

"您想得太周到了。"

经历了这两件小事,杨月钟葭对他的印象有所改观,觉得此人虽捉摸不定,心还是蛮细的。而且,由细节大致能判断出,他对己方的仇视情绪并不强。或许是自己想得太多了。

杨月钟葭梳洗之后,又"薄施淡妆",镜子里的姑娘脱胎换骨一般,精致得自己都有些不习惯了。

穿上新衣,杨月钟葭惊讶地发现尺寸极其贴合,自己亲自去试穿购买,也无非如此。

走出卫生间,只见林无畏背对她,站在窗口。

"林总,能走了。"

林无畏转过身来,忽然,眼神一定,呆住了。

杨月钟葭被他看得不好意思,低声道:"林总,走吗?"

"哦,走,走。"林无畏干笑两声,有些尴尬。

由于当地没有五星级酒店,这场行业内的高级聚会只能在一家饭店里举行,陨石贩子联盟包下整间饭店,布置了会场。

参与其中的绝大部分是陨石猎人和一些高段位的藏家,绝大多数人言谈举止粗鲁,不知道的还以为是黑社会大聚会。

"林总,这小姐可俊。"一名光头佬,操着生硬的普通话打招呼,他脖子上挂的金项链有小拇指粗细,说话时一对三角眼在杨月钟葭身上来回移动。

"这位是增城地产的马军马董事长,大名鼎鼎的土狼小队就是马董亲手组建的。"林无畏介绍道。

"土狼小队"名字不咋地,在行业内却是顶级的存在,四名队员个个充满传奇色彩。

马军呵呵笑道:"整个行业都是机构养猎人,只有我们,是猎人养机构。我开发几个项目的资金,都是靠拍卖陨石得来的。"

"确实厉害,我对土狼小队也是十分佩服的,希望有机会能得到几位大哥哥的指教。"

马军顿时乐开了花,道:"这小妮子嘴可真甜,林总会用人啊。"

他的表情越来越不正经,林无畏笑道:"我们只是合作关系,并非上下级。"

正不堪其扰,就听一道熟悉的声音传来:"林总和杨小姐都在呢。"满面红光的庞总带着王立旺向他们走来。

杨月钟葭心头一震,表面上却装得无所谓道:"庞总,真不好意思,您交代的事儿没办成。"

"别这么说,唉,没想到出了这些事情。"

王立旺就像没事儿人一样,笑眯眯地道:"这次和几位合作非常愉快,希望还有继续合作的机会。"

"我们都是新手,一路上没少拖累王哥。"

"嗨,跟你们比,我才是新人,这一路多亏三位照顾,否则我得死在半道上。"

说罢,他从随身携带的包里取出三部最新款的苹果手机,道:"小地方也没什么好买的,一点小意思,妹子可一定要收下。"

杨月钟葭心想也没什么好客气的。道了声谢,接过手机。

"王哥,我们走了以后,王兴海怎么样了?"

"王兴海是谁?"王立旺面露不解。

"你没见过他?"

"当然,我只认识你们。"

见他装糊涂,杨月钟葭笑了笑,没有继续深究。

两人走开后,林无畏道:"庞总给了你们一笔辛苦费,之后我让会计转给你们。"

"林总,王立旺在寻找陨石的过程中,杀了一名毒贩,这事儿你知道吗?"

"什么?他疯了?"林无畏显得震惊。

"您觉得,我该怎么做?"

林无畏想了想道:"给我点时间,让我想想应该怎么做。"

杨月钟葭正要继续往下说,就见一名身着西装、气质儒雅的中年男子走过来,道:"林总,恭喜你这次终于心想事成了。"

"您客气,没有大家的抬举,这事儿指定轮不到我,说来说去还是咱们这个圈子团结,没让别人看笑话。"

两人聊了几句后,男子又和杨月钟葭打招呼道:"您是……"

"杨小姐是我的好友。"

"哦。"男子连连点头,一副恍然大悟的模样。

以林无畏的见识,他不可能不懂这句模棱两可的话,会造成别人的误会,可是他并没有解释的打算,杨月钟葭暗中恼火,却又不好发作。

随后,他对所有人都这么介绍自己,很快,当晚参加聚会的人,都知道林无畏有了女朋友。杨月钟葭在卫生间时,甚至听到了两个女人八卦此事。

她觉得不能忍,找了个机会问:"杨总,您这么介绍我的身份,合适吗?"

"怎么,杨小姐觉得我是故意占便宜?"林无畏笑了,一点都不亏心。

"我知道您是亿万富豪,很多条件比我好的女孩子,倒追您都没有机会。可是,我和她们的追求不一样,您太优秀了,我不敢高攀。"

林无畏哈哈笑道:"杨小姐误会了。"他故作神秘顿了顿道,"我可是为你挡灾呢。"

"为我挡灾?什么意思?"

"你知道巴东的吴惠良吗?"

"当然,据说她为了陨石,做了不少伤天害理的事儿,是个极其狠毒的女人。"

"社会上对她的评价,是否公平,没什么好说的,在我看来这个人的能力特别强,想要的东西,最终都能得到。"

"和我有什么关系?"

"她的儿子想追你。"林无畏指了指远处一个矮胖并近乎光头的女子道,"你大概不想这种人,做你的婆婆吧?"

"什么?我和这个人根本就不认识,怎么想起……"杨月钟葭呆住了。

"很多年前,你们就见过面,只不过那时候你还太小。吴惠良和我说,小时候的你,特别漂亮乖巧,她当时就认定你是她的儿媳妇。"

杨月钟葭又好气又好笑道:"她认定,也得我同意。"

"吴惠良的性格,比男人还要粗野,跟她说道理根本没用,我是为了避免你的麻烦,所以自作主张演了这场戏给她看。"

得知林无畏的用意,杨月钟葭道:"明白了,我得谢谢您。"

"别客气,咱们是整体,我也不想你被这些破事儿缠上。"

说罢,他堂而皇之地拉起杨月钟葭的手,走到吴惠良面前道:"吴大姐,你今晚也抽空来了。"

吴惠良穿着一身男款的黑色夹克、西裤,脖子上戴着一条金光闪闪的大金链,一副社会大哥的做派。

"好不容易同行聚个会,再忙也得来啊,咋地,这小姑娘……"

"哦,我女朋友。"

吴惠良嘿嘿一笑道:"可以啊,小伙儿挺会挑人。"说罢,她从手指上拿下一个足有二两重的大方戒递给杨月钟葭道,"头次见面没啥准备,给老妹儿一个金箍子戴着玩儿。"

杨月钟葭哭笑不得,赶紧推辞道:"第一次见面,不敢收这么贵重的礼物。"

"甭客气,一点金货,算个啥啊,给你就拿着。"说罢,吴惠良直接将大方戒塞进杨月钟葭的手里。

"吴大姐给的东西,你就收着,吃大户有啥不好意思的。"

吴惠良哈哈大笑道:"说大户,谁能比得了林总。"

两拨人应酬了几句,吴惠良又被人拽走了,杨月钟葭将戒指递给林无畏

道:"我可不要她的东西。"

"我拿就更不像话了。"

"我不管,反正我不要,如果你不拿,我就丢了它。"

"我先替你收着,回头给马陆去。"

"大家静一静,下面有请欧阳青石会长给我们讲话。"一名工作人员站在临时搭建的舞台上,对着麦克风道。

顿时,热烈的掌声响起。

陨石贩子联盟的作用非常重要,基本掌控着整个行业的交易渠道,所以说欧阳青石是陨石猎人的财神爷,一点不为过。

只听脚步声响,身着浅灰色西服的欧阳青石从舞台后方走出来,他笑容满面,心情似乎非常好。

"今天,能有机会和大家相聚一堂,我感到……"

一听到这些套话,杨月钟葭脑子就晕,道:"我去趟洗手间。"

进到厕所里,她点了支烟,慢悠悠地抽完,估计废话已经结束了,于是掐灭烟头,推门而出。

正巧,遇到吴惠良在水池前洗手。

透过镜子看到杨月钟葭,她道:"我要是没认错,你就是杨教授的闺女吧?"

杨月钟葭迟疑片刻道:"是的。"

"你家世啥的也不差,干啥和林无畏处对象?"

"这……和吴大姐没啥关系吧?"

吴惠良点了支烟,道:"老妹儿,听姐一句劝,和林无畏这种人,还是少搀和得好,甭管你因为啥跟他接触,到头来吃亏的只能是你。"

"您这么说肯定有证据了,能说说吗?"

"咱们这行,没几个人底子干净,我可不敢轻易揭露别人,否则到头来倒霉的还是自己。"

"姐,你是为了妹妹好,我心里有数,绝不乱嚼舌头根。"

杨月钟葭所为,就是看吴惠良究竟如何"给她儿子做媒",到时候当面戳穿她的"阴谋诡计"。

吴惠良扯着大嗓门笑了几声,道:"林无畏祸害了不少好姑娘,就我确实知道的,有一个疯了,有一个躺在医院里至今无意识。"

"如果这些女孩确实受到林总的伤害,为什么任由他逍遥法外?"

"我只是说给你知道,信不信在你。"

吴惠良掐了烟,正打算走,杨月钟葭道:"吴大姐,我不是质疑,我只想知道究竟发生了什么事?"相比于吴惠良,姑娘更不信任林无畏。

"疯了的那个,是我外甥女,我亲自给她介绍的。"说到这儿,吴惠良满脸的肥肉情不自禁地抖动了几下,"要不是这浑蛋身边人多,我早弄死他了。"

说罢,她又无可奈何地叹了口气道:"外人看来,两人就是正常地处朋友,也没有吵闹纠纷,出事之前,我外甥女也好得很。可是,突然就疯了,去医院检查,结论是自身问题导致的精神疾病,报警也没用。"

"那失去意识的女孩呢?"

"我们和对方联系过,情况一样,女孩也是在家里突然失去意识的,送去医院检查,说是脑溢血……"

"脑溢血病因是明确的?"

"女孩是省艺术体操队的队员,出事前没有任何心血管疾病,突然脑溢血,难道不奇怪?而且,只要是和林无畏交往的女孩,过不了多久都会突然发病,虽然病情不同,可状况是一样的。"

"伤害了这么多人,难道没一个能奈何他?"

"如果有,你还能在他身边吗?"

"吴大姐,谢谢你能提醒我,真的特别重要。"

"我外甥女被我给推火坑了,也讨不来公道,像你们这种小姑娘,我帮一个算一个了。唉,我也不知道你跟他图啥,如果就是为钱,我劝你还是走吧。"

说罢,她擦了擦眼睛,转身离开了。

杨月钟葭正打算出去,忽然,听到"咔哒"一声轻响,她立刻警惕地转过身,只见一排隔间门有的半开,有的微闭,只有最后一间关得严实。

她走到门前道:"我没有恶意,请开门吧。"

"我正在上厕所,请你离开。"里面的人回应,声音很年轻。

"我不想找麻烦,不过有句话想当面说。"

"你说吧,我听着。"

"我们闲聊说的话,希望你不要乱传,否则就算我不找你,吴大姐也不会放过你。"

"放心,我不是一个乱说话的人。"

听脚步声,杨月钟葭离开了,片刻,隔间门打开,一名浓妆艳抹、穿着廉价晚礼服的女子,探头探脑走了出来,正是当晚的司仪。她拨了拨头发,神色匆匆地走到门口,就见人影一闪,杨月钟葭挡在她身前。

司仪面色顿时变得尴尬,低着头道:"不好意思,借过。"

"你不会惹麻烦的,对吗?"

"惹什么麻烦?"她装糊涂。

杨月钟葭一把拧着她的胳膊,将人推进厕所。

这些年的野外生活,不但锻炼了她的体格,也磨炼了她的性格,她此刻毫不犹豫地出手了。

"你干什么,弄疼我了。"司仪低声惊呼。

松开手,杨月钟葭道:"干我们这行的,都是野人,我已经知道你的样子,要是敢把今天的话传出去,我保证你会受到无法想象的伤害。"

司仪吓得瑟瑟发抖道:"我保证不会外传的。"

"重新补个妆吧,脸都花了。"杨月钟葭从包里取出一支粉底,塞进她的手里。

回到会场,林无畏正在跟人应酬,在一群面相凶狠、气质鄙陋的人里,他谈笑自如、风度翩翩、鹤立鸡群。

看到杨月钟葭,他招呼道:"钟葭啊,这几位都是行业里的顶级大咖,过来打个招呼。"

杨月钟葭露出笑脸迎上前去,却在暗中观察吴惠良,她皱着眉摇了摇头。

打完招呼,林无畏道:"刚跟欧阳会长碰了面,他特地问了探星的情况,你们是怎么认识的?"

杨月钟葭道:"几年前我刚入行不久,替他办过一件事。"

"哦,刚入行的新人,就被大佬看上了?"

"也不是啥大事儿,找陨石而已,再说那时候探星的头儿是老刀,跟我们没关系。"

"嗯,你们的能力,其实不比老刀差。"

"说到找陨石,凤凰蛋这次最危险,石头居然将潭水变得和硫酸一样具有强腐蚀性,也不知道什么原因。"

"陨石的突发性风险,没人能预料,不过这也是陨石的魅力所在。当然,凤凰蛋并非陨石,而是一块奇石。"

"石头归谁了?"

林无畏道:"庞总愿意和我打招呼,已经说明了石头的归属。"

杨月钟葭忽然笑着道:"那挺好。"

"好什么?"

"王兴海疯了之后,翻来覆去念看'两块石头大欢喜,一块石头要人命',我们也差点为凤凰蛋打起来,还是林总高风亮节,愿意成人之美。"

"老庞需要一块够分量的石头进圈子,凤凰蛋对他的意义更大,所以我就让了。见多了珍珠翡翠,谁还把金子当宝呢。"林无畏笑道。

"你认识王立旺吗?"

"不算,他只是老庞的跟班,和我说不上话。"

"王立旺背着庞总赚钱,马蒙和林怀亿就是从他那儿买的消息。"

"你和我说这些……是不是想我捅给庞总?"

"当然,他亲手杀了一个人,林怀亿和马蒙的死也是他间接造成的,王立旺是个笑面虎。"

"东临石窟发生的事情你和谁都别说,警方迟早会介入,王立旺瞒不了多久。"

"林怀亿的两名手下,也被你买通了?"

林无畏笑道:"这个问题,有些突兀。"

"你会给我一个答案吗?"

"当然,林怀亿的事儿与我无关,就算那两人真被人买通,也是别人给的钱。"

不等她发问,林无畏道:"钟葭,别人的事情与我们无关,好不容易放松一晚,开心点好吗?"

"我很难感到轻松。"

250

话音未落,林无畏再握住她的手,姑娘立刻挣脱了。

"林总,咱们是上下级的关系,这么做不合适。"

"咱们之间不该有距离,钟葭,我有喜欢你的权利。"

如此直接的表白,让杨月钟葭愣住了。

"怎么,你不相信我说的话?"

"我、我……林总,我和马陆……"

"据我所知,你和马陆没有结婚。也就是说,我还有机会。"

"不,你没有机会了。"

"为什么?我哪里不如马陆?学识、身份、能力,我哪点不在他之上?"

"你是非常优秀的男士,可我对你不来电。"

"那是因为你对我的了解……"

"我不想了解你,林总,给自己留些体面吧,我不接受你的表白。"杨月钟葭恼火地转身离开,出了酒店。

回到医院,见阿蛮呆呆地坐在椅子上,正要问情况,阿蛮冷笑一声道:"换衣服了?"

"总不能灰头土脸去参加宴会吧?"

"当然不能,一定要穿得风风光光的,这才般配。"

杨月钟葭气得一句话堵在嗓子眼儿里,过了半晌才道:"阿蛮,你也不小了,能不能成熟点?"

"呼"的一声,阿蛮起身后狠狠瞪了她一眼,远远走开。

杨月钟葭忽然产生了一股巨大的孤独感,仿佛世界只剩下自己一个人。

"我真的快撑不住了。"杨月钟葭捂着脸,悄无声息地哭起来。

忽然,瘆人的惨叫声响起,吓得杨月钟葭一激灵,站起身。

只见一名满脸络腮胡、满头卷发的男子,被阿蛮按倒在地,他虽然奋力挣扎,可腰骨被阿蛮膝盖顶住,无法挣脱。

在男子身边不远处,有一把精光闪闪的伞兵刀,刀锋极其锋利。

"快报警,这人是杀手。"阿蛮边与之搏斗边道。

杨月钟葭赶紧取出手机报了警,见男子满脸凶相破口大骂,她捡起伞兵刀,一把揪住那男子的头发,用刀尖对着男子的眼珠子道:"都这样了,狠什么?敢乱啐,我把你眼珠子戳瞎了。"

"来啊,借你两个胆,看你敢不敢。"他气喘吁吁大笑起来,满脸不屑的神情。

杨月钟葭一咬牙,在他脸上划了一刀。

"我的天,你个臭婊子……"

"再骂一次……"刀尖再次对准他的眼珠。

后半句话顿时吞回肚里,杀手老实了。

鲜血一滴滴顺着面颊淌落在地上,这一刀划的伤口挺深。

"怎么回事?"三名警员跟着保安赶到现场。

"这个人想杀我。"阿蛮道。

"警察同志,这两人神经有毛病,我只是玩儿刚买到的工艺刀,他们出手就伤人。"杀手狡辩。

警员看了一眼伞兵刀道:"你这把工艺刀,挺实用。"

"刀锋是刚磨的。"

凶手正在那儿扯皮,杨月钟葭收到连力如发来的短信。

"凶手在楼梯道口的消防栓上,藏了一把手枪,上面有指纹。(记得删除)"

删了短信,杨月钟葭走到他身前,凶手很镇定,装作满脸为难的样子道:"真是误会了,我就是个送外卖的。"

"你送外卖,何必带这么一把刀?"

"我喜欢工艺刀,不信,你们去我家,我租的房子就在医院对面小区。"

杀手显然是有备而来,做事儿之前已想好退路,他说租了房子,绝不是瞎说。

警察道:"那就带我们去你租的房子里看看。"

杀手脸上闪过一丝得意神色,忙不迭地道:"当然,咱们这就过去。"

正要走,杨月钟葭道:"慢着,你以为租一套房子,就能糊弄警察了?"

"唉,二位真是误会我了,一起去我租的房子……"

"你藏了一把手枪,就在楼梯道口的消防栓上,对吗?"

杨月钟葭这句话问得十分突然,对方顿时愣住了。

待反应过来,他勉强笑道:"真是越说越不像了。"

"去查一下不就知道了。"杨月钟葭道。

252

一名警员正要出去，杀手忽然反手一斩，劈中他颈部，警员顿时晕了过去，他又一脚，踹倒另一名警员，趁乱朝应急道口冲去。

"拦住他，别让他抢到枪。"

阿蛮和另一名警员距他尚有几米，然而鞭长莫及，杨月钟葭被他推倒在地，眼睁睁地看着凶手冲入安全通道。

这可是医院，人群密集度极高，一旦凶手拿到枪，极有可能造成重大伤亡。

此时疏散人群，时间上根本来不及，警员若是持枪还击，也存在巨大风险，真是一场进退两难之局。

三名警员中，两新一老，长者约莫五十岁出头年纪，也是这次出警任务的总指挥，虽被打倒在地，毕竟经验丰富，掏出手枪，打算冲入楼道，将杀手挡在楼梯间——即便发生枪战，不会伤到病患与医护人员。

然而，当他堵住门口，却透过门缝看到杀手趴在地上，一动不动。

"警告你立刻投降，否则，我就开枪了。"

连喊两声，凶手依旧不动。

用手枪抵开门，确认凶手失去抵抗能力，三名警员进入楼梯通道，给凶手上了铐子，又在消防栓上找到了他还没来得及抢到的手枪。

这下事实物证俱在，容不得凶手抵赖，调查程序立刻启动，同时，警方调派人手，保护马陆。

杨月钟葭告知警方，王立旺有重大嫌疑，因为己方曾亲眼目睹，他在东临石窟的犯罪事实。

很快，庞总赶到警局，见到杨月钟葭，他上前道："真没想到，王立旺居然会背着我做出违法犯罪的事情，万幸几位没受到伤害，否则……"

"马陆现在还在ICU，我们肯定受到伤害了。"

"是，这是我管理上的过失，我一定全力配合警方，抓到王立旺。"

"什么，让他给跑了？"杨月钟葭惊讶地问。

第十四章

冒充畸形人

"唉,谁能想到,他竟然敢杀人,简直……骇人听闻。"

"庞总,你确定他是畏罪潜逃,而不是被人故意放跑?"

"杨小姐,很遗憾您会这么说。"

正说着话,支援的警力到场,由于出现了枪支,刑警大队和特警支队都出动了,整个医院出入口全被封锁。

"我是市刑警队队长李森,这边的情况应该找你们谁?"

李森四十多岁年纪,身材消瘦,面相十分精明,第一眼给人感觉像做生意的。

"李队长,我叫杨月钟葭,刚刚我们遭遇了一场暗杀,杀手是庞总手下职员雇佣的,而今天晚上我还看到两人在一起,出事儿后,雇凶者就跑了。"

庞总表情有些尴尬,赶紧解释道:"李队长,这事儿我确实不知情,因为我这名员工曾当着他二人的面杀了一名毒贩,之所以雇凶,肯定是为了灭口。"

李森不置可否,拍拍庞总的肩膀道:"你先回去吧,如果有需要,我再联系你。"

"李队长,你不能就这么把人给放了,这太草率了。"杨月钟葭怒了。

"我比谁都想弄清楚事情真相,可法律就是法律,在没有确凿的证据之前，我没有权力扣人。"

说罢，他挥了挥手，警员就要送庞总出去，没想到他还不干了，堆出一副笑脸道："李队长，眼下最重要的是消除影响，证明我的清白，我就在这里协助你们调查吧。"

"放心，我们会尽一切必要手段，为无辜之人消除有罪影响，如果需要协助，我会找你的。"

李森表情严肃，目光犀利，庞总只能离开。

"我并不是放走他，而是眼下留他在这儿，弊大于利。"李森道。

"如果他是幕后真凶，又怎么办？"

"虽不敢说一切情况都在掌握中，不过他想跑，也跑不了。"

"好吧，反正怎么说理都在你这儿。"

李森笑道："我不会解释办案手法，你有质疑的权利，但是必须配合我调查。"

"当然，你是警察，你问什么我都会回答的，否则就是妨碍公务，我懂法的。"

李森到场后就放走庞总，这引起杨月钟葭的极度不满，她认定两人必有私下交易，所以话里夹枪带棒。

李森假装没听出来，问道："王立旺杀毒贩的地点在哪儿？"

"东临石窟附近的一处沙漠区。"

"为什么不报警？"

"林无畏让我别报警，说这事儿迟早会暴露。"

"林无畏？又是谁？"

"是我公司的老板。"到这份上，杨月钟葭压根儿没打算替人打掩护，一切线索全部交由警方。

"你觉得，林无畏和这起暗杀事件，是否有关联？"

"有，而且他的手下冬军，曾几次试图暗杀我们。"

李森皱起眉头道："林无畏和庞总之间……"

"他们之间有合作，关系也不错。"

李森来回走了几圈，道："这两起案子，可能存在关联，是否可以提供一份林无畏的信息说明？"

"李队长,林无畏是一名慈善家、亿万富豪,说他和一起暗杀事件有关联,没人相信的。"

"只是调查,至于有没有关系,得看证据链。"

一名警员走过来道:"李队,已经查过了,没有发现别的武器和可疑人员。"

"嗯,或许还有杀手混在医院里,继续保持高压态势。"

说罢,他又对杨月钟葭道:"你得去警局一趟……"

话音未落,他身边一位二十来岁的警员,忽然摇晃着走了起来,就像喝醉酒一样。

"小宛,你怎么回事?"李森不满地问道。

警员望向他,满是不解的表情,走了几步路后鼻子里鲜血流出,他张了张嘴似乎要说话,却"扑通"一声摔倒在地。

"怎么回事?"

在场的警察立刻围拢过来,只见晕厥的警员口鼻中不断有鲜血渗出,脸色变得惨白。

"快,快叫医生。"李森吼道。

值班的医生护士很快到场,将警员抬上病床后以最快速度送入病房。

"他刚才人还好好的,突然成了这样,是什么原因?"李森问留在现场的医生。

"不好说,有可能是脑溢血导致的上呼吸道出血,具体病因,要等检查过后才知道。"

"小宛可是我们队里的马拉松冠军,怎么可能脑溢血?"

"一些病理成因和病患是否锻炼身体没有直接关系,我见过不怎么运动的人长命百岁的,也见过长期坚持锻炼的人得心脏病的,说不好,当然,也有可能……"他皱了皱眉道,"会不会是凶手用了某种毒剂?"

"如果真有化学毒剂,我们都趴下了。"

杨月钟葭忽然觉得有些头晕,靠墙而立,只觉得心脏跳动剧烈,呼吸变得困难。

"我、我……"

阿蛮注意到她的异常变化,赶紧扶住人道:"医生,这里有情况。"

这下，医生找到了化学武器存在的理论依据道："这是第二位受害者了。"

杨月钟葭只觉鼻子里热流涌动，用手一摸，全是血，接着，强烈的眩晕感传来，两眼一黑，晕了过去。

当杨月钟葭再次恢复意识，恍然间，她看到了林无畏的背影。

自己居然和他同处于一张床上，区别在于他坐着，自己躺着。

这下可把杨月钟葭吓得不轻，正要喝问什么情况时，就听林无畏叹了口气，接着，站起身开始脱衣服。

杨月钟葭羞愤欲死，她想大声疾呼，却发不出半点声音，与此同时林无畏居然脱了裤子，只穿一条内裤。

然而，他并没有转过身，而是将左腿跷上床，只见五根脚趾是连在一起的，就像长了一层脚蹼。

林无畏身体畸形，并不奇怪，奇怪的是，他随即从脚面上"剥下来一层皮"，露出一只雪白粉嫩、完好无损的脚掌。

"面子"对于底层人而言，就是一张脸，可对于这些身处特殊行业的有钱人而言，甚至比钱都重要。

所以身体上的缺陷是最大的弱点，绝不能被人知道。

可林无畏反其道行之，正常人冒充畸形人。

为什么要这么做？

奇怪到了极点，杨月钟葭甚至忘了害怕，只见林无畏将两只脚的伪装全部卸下后，呆呆地坐着良久未动。她鼓足勇气，正要开口询问，忽然，眼中所见发生了翻天覆地的变化……

此时，医生正用力地挤压她的心口，一阵剧烈的咳嗽后，杨月钟葭骤然觉得轻松，她深吸口气道："我是怎么了？"医生来不及回答，她就被送上轮椅，之后经历了一圈检查，什么心电图、脑电图……全部做了个遍，结论是一切正常。

拿着一堆报告单，医生道："这只能说明，你现在的状况是稳定的，所以，一定要注意休息，饮食方面以清淡为主……"想了想他又补充道，"已经抽血化验了，结果要等几天，不过就目前的情况来看，中毒的可能性不大。"

"那名警员情况如何了?"

"和你一样,经过心肺复苏,已经恢复正常了,也没什么明显的问题。"

杨月钟葭起身就走,医生道:"别急,我这儿正开……"医生的话还没说完,她已经出了屋子。

虽然现场存在化学毒剂的可能性微乎其微,警方还是封锁了整层楼,专业人员进驻现场,正在分析化验空气标本。

杨月钟葭在临时指挥所里见到了李森,他也抽了血,表情略显疲倦。

"没事儿了?"

"李队,我想和晕倒的警员聊聊,行吗?"

"当然,我来安排。"

在一间病房里,她见到了那个晕倒的警员,他名叫杨云清,二十来岁的小伙子,面相略显稚嫩,胸口的衣物上能看到大片血迹。

"你流的鼻血,比我多。"

"当时我特别难受,还以为犯了心肌梗死。"警员笑道。

"你晕倒后,有没有产生幻觉?"

"啊,你也产生幻觉了?"

"你在幻觉中见到的人什么模样?在做什么?"

"嗯……是个三十多岁的男人,他背对我,样子没看见,做的事儿有点莫名其妙,好像是从脚上剥了一层皮,也没见流血。"

杨月钟葭心中了然,道:"咱俩连幻觉都是相同的。"

"为什么会这样?"

"谁知道呢,世上稀奇古怪的事儿太多了,或许,我们只是刚好遇到。"

杨月钟葭并没有实话实说,何况这事儿也说不清楚。

她去了女厕所,确定无人在场,拿出电话拨通林无畏的号码。

"钟葭吗?"林无畏倒是气定神闲。

"你用了什么损招?"

"损招?我给你说蒙了,怎么回事?"

"林总,你用的陨石特点非常明显,查出来并不难,所以,何必掩耳盗铃呢?"

林无畏笑道:"钟葭,你为什么不能相信我一次呢?"

"因为你不值得信任,林总,既然你手里握着一块能杀人的陨石,何必要找废物办事,直接出面办事儿不就行了?"

"我对天发誓,我绝对不可能是那个伤害你的人。"

"这世上最不值钱的,就是骗子的誓言,对吗?"

"究竟要我怎么做,你才能相信?"

"我把所知一切告诉警方了,证明清白的唯一手段,就是让警方证实你说的不假。"

"你以为警方会凭你一句话,就对一位身世清白、出身良好的慈善家展开全面调查?你想得太简单了。"

"当然不会,可是在警方的监控下,最起码你的行为会有所收敛,再不能像之前那样随心所欲地做坏事了。"

说罢,杨月钟葭狠狠地挂了电话,心内盘踞的怒气,终于吐了出来。

洗了把脸,返回病房,正好遇到李森,他做了个手势道:"还真查出事儿了。"

"难道,确实是化学毒剂?"

"是一种电离辐射,当然,极其微量,短时间接触,不会对人体造成危害。"

"如果没有危害,我和杨云清的情况,怎么解释?"

"或许你俩的体质比较敏感,所以接收程度比我们要高。"

"绝对没有可能。"

"哦,你为什么这么肯定?"

"因为我和杨云清产生了同样的幻觉,其中都有林无畏。李队,就算病征相同,总不至于幻觉都一样吧?"

"还有这种事儿?"李森吃了一惊道,"这么重要的线索,小杨居然没有告诉我。"

"杨警官不认识幻觉中见到的人,他以为那就是幻觉。"

李森双手环抱,站了良久道:"看来,必须见见这位大人物了。"

这边话音未落,警员一路小跑着过来道:"李队,有一位姓林的市民,想要见您。"

李森望向杨月钟葭道:"难不成,'曹操'到了?"

陨石猎人 下

杨月钟葭打那通电话的目的,就是要林无畏自乱阵脚,最好是"畏罪潜逃",案子就不破自明了,没想到他非但没有亏心,反而主动进场了。

"见面说话你得小心,重要线索千万不能让他知道。"李森叮嘱。

林无畏到场后,表情自然,行为如常,看不出丝毫破绽。

"正打算去找林总,您来了正好。"李森笑着招呼。

"杨小姐是我们公司非常重要的员工,出了事情,我必须到场。"

"听说林总手上有一门买卖陨石的生意,我是头次听说这行。"

"知道这行的人确实不多,但是,陨石在科研领域的作用非常重要,所以必须有人去做,杨小姐年纪虽轻,在行业里却有了相当的知名度,我非常看好她。"

"所以,林总绝不会让她受到伤害?"

"当然,我必须保证公司员工的安全。"

李森笑着道:"可是杨小姐对你的行为存在疑虑,她并不认为你在保护她,相反,她觉得你在试图伤害她。"

"这并不奇怪,陨石猎人工作环境恶劣,长期从事这一职业,就会变得敏感多疑,这也是生存的必要手段。"

"林总,我受到的威胁,是确实存在的,可不能归结于我的想象。"

"当然,管理者存在的意义,就是为所有员工解决问题,我希望一切顺利,无论是工作还是生活。"

"有这个意识,事儿就好聊了,林总是否可以详细介绍一下庞总与冬军这两个人?"李森笑道。

林无畏笑道:"这两人算是我的合作伙伴,他们和今天发生的事儿,有什么关联?"

"关联就在于,你的两位合作伙伴,都想暗中杀我们灭口。"

"杨小姐,请注意你的措辞。"

"我几次三番成为别人的暗杀目标,真凶都没归案,我说两句话怎么了?"

李森制止她道:"没证据的话不说为好,否则除了麻烦,什么都不会有。"

"李队长,我是个生意人,有生之年从未触犯过任何法律,杨小姐认定

的这些事儿我从未做过,希望你们的工作不会受到影响。"

"小杨刚遭遇麻烦,情绪有些激动,你别往心里去。"

"那不会,我唯一担心的是杨小姐的精神状态,是否会影响她接下来的工作。"

杨月钟葭冷笑一声道:"您放心,从此以后,我绝对不会为探星出任务了,除非这件事真相大白。"

"真相一定会有的,只要杨小姐想知道。"林无畏微微一笑道,"李队长,有点小事儿要和杨小姐商议,您批准吗?"

"当然,只要小杨同意就行。"

杨月钟葭冷笑一声道:"林总还有什么花招?"

林无畏并不生气,反而哈哈大笑道:"那就找个地方聊聊。"

在通道中找了一处人少之地,林无畏道:"钟葭,有必要搞成这样吗?"

"当然,否则我死都不知道怎么回事。"

"唉,我也不解释了,就在你心里当个坏人吧,不过有个特别重要的事儿告诉你,那块拓片,查出线索了。"

"什么?你指的是……"

"就是你父亲留下的那块,拿到拓片后,我请了国内著名的密码学专家研究拓片上的符号,也就是今天下午刚得到消息,专家破译了拓片上的部分信息。"

"怎么回事?"

"居然是一处坐标信息,对应的区域是铁弓山。"

"什么?铁弓山?这怎么可能?"

"我也觉得不可思议,但符号破译的工作进展很顺利,我准备明天发表声明,到时候会请各大网站和不少于二十家的自媒体公司参与报道。"

"难道,拓片里的信息和铁弓山的黑色闪电有关?"

"拓片没有完全破译,还有很多秘密亟待挖掘,不过我推测,黑色闪电肯定是其中之一,而且是极其重要的因素。"

说罢,林无畏语重心长地道:"钟葭,你静下心的时候细想想,咱们合作多年,何至于闹到非死不可的程度?"

"我只是觉得,两起暗杀的组织者都和你有关,太巧合了。"

"冬军的做法算不上暗杀，更多的是逼迫你们就范，庞总和我并无深交，他做的事儿，不能算到我身上。"

"林总，你这算是否认吗？"

"拓片事儿为大，我来不是为了解释，而是邀请你出席发布会，这块拓片发现的消息，对于整个行业而言极其重要，我需要你的支持。"

"我不想帮你。"

"你不是帮我，是帮你的父亲，这可是你的父亲的心血，一旦消息放出去，必然震动行业，真正受益的是你们杨家。"

一句话，将杨月钟葭要说的话全挡住了，沉默片刻后她道："你确定，由我和你一起出席发布会？"

"当然，我也不是纯粹为你做嫁衣，没有杨家人在，拓片毫无价值可言，所以互相帮助、互利共赢。"

说罢，他笑了笑道："话说到这份上，你觉得冬军、庞总是受我的指使吗？"

"好吧，是我紧张过头了，我不该因为一时冲动，把你拉进是非里。"

"我不怪你，马陆受伤，你心情肯定受到影响，再加上王立旺这破事儿……"

林无畏话音未落，李森找上二人道："案情有进展了。"

"抓到王立旺了？"

"没有，不过我们找着王兴海了，他已经交代了作案原因。"

"这么快就交代了？"林无畏略感意外。

"他的精神出了问题，问什么说什么，虽然提供的信息没法作为证据使用，不过提供了破案方向。"

"这事儿和庞总究竟有没有关系？"

"可以肯定，王兴海是受王立旺指使，两人是堂兄弟关系，跟着马蒙的目的，就是为了挑拨三方为凤凰蛋大打出手。"

说到这儿，李森转而问："凤凰蛋又是什么？"

杨月钟葭详细描述了凤凰蛋的作用，李森惊讶地道："还有这种石头？"

"虽然不多，但确实有。"林无畏道。

"这么说，王立旺安排堂弟卧底，促成你们自相残杀，目的在于三拨人死光后,他能独霸凤凰蛋?"

"这是最合理且唯一的解释。"

李森来回踱着步子,过了一会儿,停下脚步道:"三个团队的队长两死一重伤,队员却几乎没有损伤,王立旺的计划,真是失败中的失败。"

"他想利用人的贪婪和欲望,却忽视了一点,雇员可没有老板那么强烈的索取信念。"

"嗯,这一线索特别重要,基本上排除了庞总的嫌疑。"说罢,李森又对杨月钟葭道,"林总的嫌疑,也被排除了。"

杨月钟葭脸上一红,低头道:"对不起,我太冲动了。"

"有误会很正常,过去的事儿不说了,一切向前看。"

"怎么,这么快就又合作了?"李森笑道。

"明天下午,我邀请了一些全国性的媒体,准备发布一条关于陨石的重要信息,李队长有空就来坐坐。"

"这些石头确实勾起了我的好奇心,明天下午是吧,有入场券给我留一张。"

"一言为定。"说罢,林无畏又对杨月钟葭道,"咱俩先去对对词儿,晚上我送你回来。"

见杨月钟葭犹豫,他笑道:"有李队长见证咱俩一起离开,难不成我还敢在警察眼皮子底下犯案?"

"好吧,不过阿蛮必须跟我一起。"

三个人出了医院,来到宾馆,屋子里没有别人,林无畏道:"这事儿非常机密,除了咱们三个,不能让任何人知道。"

"林总,别卖关子了,赶紧说事儿吧。"杨月钟葭道。

"拓片上的线索,其实是一段'猪圈'密码。"

"什么,是密码?如果是密码,那就是人做的事儿了?"杨月钟葭道。

"没错,猪圈密码是字母替代式密码法,出现至今也有好几百年了,肯定是人干的事儿无疑。"

"这一线索,是如何被发现的?"

"猪圈密码并不复杂,加密信息时,是以网格线代替字母位置,这是拓片上的图案。"

林无畏点开手机里的图片,只见拓片底部位置排列着一段类似于"曲、折、撇、捺"的图形,天长日久,这些浮雕的图形磨损严重,不是专业人士,很难看明白。

拓片共分上、中、下三片区域,除了底部的线形图案,上、中两部分图案更加模糊,只剩一点浅浅印记,如果这些图案也是密码,根本无法辨认。

林无畏道:"这次发现的意义在于几百年前就有人发现了铁弓山的秘密,而至今这个秘密也没有被人重视起来,一旦消息透露出去,有助于推动整个行业对于铁弓山的认识。"

杨月钟葭忽然心念一动道:"林总,有句话想问,如果说得不对,你别见怪。"

"说吧,请你们来,就是为了统一口风的。"

"这段密码恰好是铁弓山的坐标,按理说几百年前也没有GPS,这人却把坐标预言出来并使用了,我觉得是不是太假了?"

林无畏笑了,道:"你觉得,这是我个人中饱私囊的行为?"

"起码我是有这种感觉,以我的智商能想到的事儿,很多人都会想到,所以,林总作何解释?"

"铁弓山存在黑色闪电的消息,无论什么时候放出去,都会引发整个行业的轰动,根本不需要借助拓片炒作。恰恰相反,这些年来,我的所作所为就是为了防止消息泄露,所以铁弓山才能不那么引人注意。"

"嗯,也是。"

"而且,我做了相关的痕迹鉴定,证实拓片表面图形形成的时间超过两百年。所以,你的疑问很好证明。"

林无畏取出一份证明材料,是由省厅下辖的痕迹鉴定中心出具的报告,绝无伪造的可能。

"简直不可思议。"

"陨石行业,本就是一个充满奇迹的行业,猎人们冒着生命危险搜寻陨石的信念,多来自对奇迹的向往。"

"需要我做什么?"

"嗯……"林无畏满意地点点头道,"这个消息,理应由你来宣布。"

"我?可是,这块拓片已经是你的了……"

"从归属权而言，是我的没错，从情感而言，普罗大众最希望看到的，应该还是由杨教授的女儿宣布此事，你能引发共情，而我不行。"

"所以，这件事上升到了整个行业的高度？"

"铁弓山不是我林某的私产，如果山内确实蕴藏着不可思议的能量，应该被更多的人知晓，如果这种能量非我能控制，那就应该引入更为先进的管理机构，由他们接管。"

"好，既然林总想明白了，我全力配合。"

之后，林无畏安排司机送两人返回医院，杨月钟葭联系了连力如道："目前看没什么事了，要不然，我请你吃顿饭吧？"

连力如哈哈笑道："如果不需要我了，直说就是，吃什么饭。"

"不是，你别误会，我真心实意想请你吃顿饭的。"

"不用了，我这种人不适合抛头露面，总之心意我领了，将来再遇到什么事儿，尽管说。"

"连大哥，我不知道……"

"没事儿，那就先这样，再联系。"

挂了电话，杨月钟葭略感疲惫，正打算休息一会儿，就听阿蛮道："姐，之前我不该说那些话。"

"你没错，错在我忽略了你的感受。阿蛮，我们是一个整体，绝不能让别人分裂我们。"

"我知道，以后绝不会小心眼儿了。"

杨月钟葭摸了摸他的脑袋。

"我就是觉得，林总真会有这么好心？"

"怎么，你不相信？"

"就算到这份上，我也不信他。"

杨月钟葭轻叹了口气道："我和你一样，不过这件事里我发现不了任何问题，或许马陆可以发现，可是他还没有脱离危险。"

"我一定会保护你，可是……万一我连自己都保护不了，怎么办？"

"别多想了，事到如今，只能是走一步算一步。"

没过多久，她便坐在椅子上沉沉睡去，却连做噩梦，醒来后浑身被冷汗浸湿，杨月钟葭隐约有种不祥的预感，思来想去，情绪越发焦虑，于是给李森打了个电话。

"有什么线索?"李森睡得迷迷糊糊,口齿不清地问。

"不好意思李队,没什么大事儿,只是……"

"有事就说,别吞吞吐吐的。"

"明天,您是否会去发布会现场?"

"当然,我受到了邀请,肯定去的,怎么了?"

"哦,没什么,我就是问问。"

"别胡思乱想,有我在,保证你的安全。"

有了李森的保证,杨月钟葭终于平静,之后睡了小半夜好觉。

第二天上午,专车到宾馆接杨月钟葭,由于当地没有像样的会馆,只能在酒店大堂召开了新闻发布会。当天,四大网站的记者、二十家大型自媒体大V悉数到场,大堂内挤满了人和设备。

杨月钟葭道:"陨石猎人行业,很难吸引这么多家媒体的注意,你是如何请来这些人的?"

"还有钱搞不定的事儿吗?"林无畏笑道。

"这一轮头条买下来,得花不少钱吧。"

"这是宣传我们行业的大好机会,相信我,普罗大众会对这件事儿感兴趣的。"说罢林无畏让助手给在场记者分发纪念品,由陨石制成的手表。之后,他走上讲台道,"大家远道而来辛苦了,请你们来的目的,是因为我们团队有了一个重大发现,在对一块陨石拓片研究的过程中,发现了标量武器可能存在的线索。"

"林先生,是否可以解释一下,标量武器究竟是什么样的武器装备?"一名网站记者大声问道。

"我是一名商人,而非物理学家,所以,这类专业名词的解释……"

"不需要专业,我们只要一个大概,故事需要。"

一句话,逗得众人哄堂大笑。

"那就聊个五毛钱的。"说罢,林无畏煞有介事地取出一张卡片,看了一眼道,"标量场指的是物理系统在一定空间内的分布状态,比如温度场、密度场、电势场等。标量武器的原理,就是在空间的某处位置产生标量场,以此来攻击敌人的武器。比如,我可以在赤道区域,通过标量武器提升温度和攻击效果，使整个区域化作一片火海，岩石都将被彻底融化。这么说，不知道大家是否都能理解？"

"这种类型的武器，比核武器都要可怕？"

"标量武器的作用，就是在某一空间内实施无差别攻击，肉眼所能见到的一切物体，都将被彻底毁灭。"

"以人类目前的科技水平，能设计制作出标量武器吗？"

"对于未知事物，我只能说不知道，不过从拓片中分析出的信息，我们得知在某一处区域，可能存在标量武器。"

"既然人类科技无法生产标量武器，拓片上的信息又从何而来？"

"我们发现了几亿年前的人类足印化石、二十亿年前的核电站、史前时期的火花塞，人类并不完全了解这个世界，对吗？"

不等记者继续发问，林无畏道："大家别急，关于拓片的说明，会有专人来解释，我只是抛砖引玉罢了。接下来，我把讲台交给杨小姐，由她来为大家答疑解惑。当然，不是以提问的形式，因为这块拓片还有很多秘密亟待发掘。"

闹哄哄的现场顿时安静，所有人的目光都望向走上讲台的杨月钟葭。

由于时间不多，她并没有提前阅读发言稿，只匆匆扫了一眼。

杨月钟葭清了清嗓子，道："感谢林总给我这个机会，这块拓片，是家父多年前所得，他曾对我说过，拓片中隐藏了一个极其重要的秘密。可惜在父亲有生之年，这个秘密并没有被破解出来，而拓片也几次易手，但最终还是回到了杨家。在这里，我必须要感谢林总，如果不是他，父亲多年的心血必将彻底埋没。我想，这是父亲不愿见到的。"

这番话并非是她有感而发，而是发言稿中的内容。

对于这段略带自吹自擂性质的话，杨月钟葭并不想念，只是其中并无夸张成分，所以，还是勉为其难地读了出来。

"很多朋友并不了解这块拓片和陨石猎人间的关联，就像鱼儿并不了解水的作用。拓片是一种载体，它寄存着猎人们对陨石的终极梦想，那就是尽一切可能，为人类文明、科技发展做出贡献。

"这绝非一句空谈，事实上陨石确实具有巨大的科研价值，除了对宇宙星球的认知，其中所蕴含的物质、能量堪称宝库。所以，如何有效挖掘、利用陨石能量,是一门极其重要的科研项目。

"但是,人类对于陨石认知极其有限,这些天外来客的复杂程度是难以想象的。所以一旦利用不当,不但整个研究课题受阻,对于研究人员,甚至我们生存的世界,都会造成毁灭性的影响,这并非危言耸听。"

话说到这儿,台下的人群中发出一阵细微的议论声,杨月钟葭安静等待。片刻,一名记者道:"请问……"

不等记者把话说完,林无畏道:"现在不是提问环节,有什么问题,过会儿再交流。"

现场变得安静之后,杨月钟葭继续念道:"而我的父亲,一生致力于陨石的收藏与研究工作。早年间,他曾经获得一块原始拓片,年代历史无从考据,可父亲对这块毫不起眼的拓片的重视程度,却远超过其余极有价值的陨石。多年来,我一直无法理解,直到与林总合作,经过不懈的探索与研究,我们终于发现拓片隐藏的秘密,这就是标量武器确实存在的线索与证据。"

有记者忍不住打断杨月钟葭道:"之前林总提到的标量武器,并没有使用肯定的词汇,听您的发言,这事儿已成定局了?"

"嗯……"杨月钟葭犹豫着不知该如何回答。

就听林无畏道:"一切信息,以书面材料为准,聊天时说的话,未必每一个字都精准,大家多包涵。"

"林总,这份稿子我不想念了。"杨月钟葭忽然放下稿件,大声道。

这下变故出乎林无畏意料,迟疑片刻他道:"杨小姐,这份稿子每一个字……"

"林总,对于这块拓片我并不了解。所以,不能假装很懂的样子。"

林无畏笑道:"毕竟是您父亲的一番心血,希望您配合说明。"

"我知道,可是,对这里的内容我并不认可。"

"能说说不认可的原因吗?"有记者大声问道。

"在我看来,资料的内容有点过于自信了,陨石确实可能蕴藏与众不同的能量。但是,作为从业者,我们不该危言耸听,吓唬那些不知情的人。"

"您是不是觉得这些材料言不符实?"

"我不敢断言,但是,我们这行有约定俗成的规矩,对于陨石的特殊性,绝不对外展示。林总是行业里举足轻重的大人物,这个规矩他遵守了多年,但是在这件事上,确实违背了行规。"

"原来杨小姐担心规矩。"林无畏笑道,"我确实有过考量,不过拓片并非陨石,对吗?"

"林总,以您的身份地位,没必要屈尊与我辩论。总之,这份声明我不想再念了。"

林无畏并不觉得意外,走上讲台道:"我从不强迫别人做不愿做的事儿,也能理解杨小姐的心情,不过拓片是杨教授一生的心血,外人没有参与的资格,所以到此为止。"

戛然而止的高潮,令在场记者颇为不满,顿时一片抱怨声。

林无畏则不慌不忙地取出一个木盒道:"大家不用觉得遗憾,好戏才刚刚开始。"

说罢,他戴上绝缘的橡胶手套,取出木盒里的物件,是一块类似煤渣的黑色石头。

"这是一块陨石。"林无畏举起石头展示。

"在我的收藏生涯里,这是一块非常重要的陨石,在这之前,我和你们一样,以为陨石就是天外飞来的石头。直到得到它,我才知道,陨石和人一样,内在极其复杂,一旦受到外力影响,它就会完全展现出来。"

他将一个灯泡摆在陨石上,又取出一根点煤气用的电子枪,对着陨石底部按动按钮。枪管喷出电火花,触在陨石表面,黑黢黢的陨石立刻显出数道细如发丝的金线,灯泡闪烁几下,亮了。林无畏放下电子枪,电能又持续了十几秒钟,随后逐渐消失。

"电子枪释放的电流是极其微弱的,通过这块陨石,却能点亮一盏60瓦的灯泡,如果电流势能更强,会怎样?"

这块陨石的奇特性,杨月钟葭有过切身体会,并不觉得奇怪,记者们则是纷纷称奇。

"设想一下,如果是以电厂计量的最大电流通过这块陨石,又会怎样?"

"这块陨石的作用,相当于变压器了?"一名记者道。

"没错,不过变压器只能升高电压,使之成为生活、工业用电。这块陨石放大的电能效果,可以达到武器级别,甚至是标量武器的级别。所以,只要有陨石存在,标量武器并非绝不可得,对吗?"

"林总,您是否可以升级展示下,如果效果足够震撼,视频上网后,必然会引起更多人的兴趣。"

"当然,我就是这么想的,有一处天然的试验场,可以证明这块拓片提供的信息来源是准确的。"

杨月钟葭立刻想到了铁弓山,以及山内神出鬼没的黑色闪电。

黑色闪电的势能,本就极其强烈,通过陨石触发,会产生怎样的效果?

"您说的试验场在哪儿?"

"铁弓山,距离咱们这儿大约五百公里。"林无畏的回答,在杨月钟葭的意料之内。

见记者不吭声了,林无畏笑道:"我安排了豪华软座的客车,保证大家一路舒舒服服。当然,不敢勉强诸位,不愿去的,可以退出。"

一众记者你望我,我望你,既不想跑得太远,又不甘心就这么走人。

所以,他们都在等,最好所有人都不去,便有个合情合理的退出借口。

可等了好一会儿,没人愿意挑头说去或是不去,林无畏道:"我保证,这趟不会让大家失望的。"

这句话一语双关,当记者的都不傻,大家都听出了弦外之音。于是各自联络公司,申请新一轮的采访计划。

杨月钟葭小声问道:"林总,黑色闪电势能极强,万一造成灾难性后果,怎么办?"

"何必杞人忧天,黑色闪电既然在铁弓山内产生,自然不会对山体造成损害。否则,铁弓山早就消失了。"

"可,总有万一?"

"钟葭,我这么做,只是为了证明拓片上的信息是真实的。否则,别人会根据你的行为,认定我是个骗子。"

"林总,我不是有意刁难你,只是这份资料,话说得太大,而且以父亲的口吻叙述,我觉得别扭。"

"我不勉强你,不过,你得明白,拓片是杨教授毕生心血所在,远比你想的重要。"

"我相信,但是以我父亲的性格,他不会这样说话。"

"你……真以为了解你父亲?"

杨月钟葭愣住了,过了好一会儿才道:"难道我不了解自己的父亲?"

"你觉得,杨教授会在女儿面前,毫无保留地展示所有?"

"中国式父亲"与"西方式父亲"最大的区别在于,后者多把孩子当朋友,前者多把孩子当下属,为了维护父亲的尊严,几乎一生都在掩藏自己的弱点。

在杨月钟葭的记忆中,父亲就是个学者,无悲无喜、无惊无扰。但是,他与老刀有来往,和圣雄会有关系。这些情况,他活着时,从未吐露半个字。所以,父亲对自己而言,确实挺神秘的。

见杨月钟葭不吭声,林无畏笑道:"看来,你并不能确定。"

"林总,有什么话你就直接说吧,何必绕来绕去的?"

"早在十几年前,杨教授就给出了结论,拓片隐藏了死亡钟的秘密,可拓片密码并没有被破解,他是如何知道的?"

"你想暗示什么?"

"别多心,我不会抹黑杨教授,他是收藏界的标杆,是我们的榜样。"

说罢,林无畏转身朝外走去。

"你去哪儿?"

"带队去铁弓山啊,这次的旅游计划中,我可是第一导游。"

"可事儿还没聊完?"

"聊天的前提,得完成本职工作。所以,等我回来。"

杨月钟葭急了,上前一把拉住他的胳膊道:"等等。"

"都看着呢,拉拉扯扯的,不太合适。"

杨月钟葭顾不得许多,道:"话不说清楚,你不能走。"

"钟葭,你不可能拦住我,何必呢?"

话音未落,两名膀大腰圆的保安走了过来。

"二位,麻烦将杨小姐送走。"

两人正打算动手,杨月钟葭一把将林无畏推开道:"看你们谁敢碰我一下?"

林无畏示意两人退下,正要继续前行,杨月钟葭道:"我跟你一起。"

"恐怕座位不够。"

"林总,你是需要杨家的,对吗?"

冒充畸形人

林无畏终于停下脚步,轻轻叹了口气道:"转来转去,还是回到了原点,何必呢?"

"林总……是我错了,请你原谅。"杨月钟葭几乎咬着牙,才把这句话说出口。

"那就,让我们换个方式继续相处。"林无畏一副"大人不记小人过"的模样。

杨月钟葭终于得到了一张车票,她对阿蛮道:"你得去医院照顾你哥。"

"大哥没什么问题,我要保护你。"

"满满两车记者,他不敢把我怎样。"

"如果大哥醒来,知道我在医院傻坐着,没守着你,肯定会骂死我。"

时间紧迫,不容犹豫,杨月钟葭点点头道:"那就上路。"

上车后,杨月钟葭给李森发了条短信,拜托他照顾马陆。

很快李森打来电话道:"刚在开会,你去哪儿?"

"去外地,配合完成一项非常重要的任务。"

"案子还没了结,你是当事人……"

"李队放心,事儿办完,我立刻回来。"

"有专门的警员照顾马陆,医院方面也安排了保安,不会有事的。"

正说着话,林无畏扶着椅背走过来道:"如果你担心马陆的安全,我可以安排人……"

"不用,有警察在,他是安全的。"

林无畏点点头,正要走开,杨月钟葭道:"林总,有个事儿,想问问你。"

"哦,好事坏事儿?"

"你的女朋友,普遍身体都不太好。为什么?"

"原来如此。"林无畏笑道,"如果把一段话掐头去尾,只挑中间说,往往和真相有巨大出入,这就是谣言的由来。"

"所以,我给你一个澄清谣言的机会。"

"这件事,我根本懒得和人说。当然,我会告诉你真相。"林无畏摘下眼镜,揉了揉鼻梁道,"从来没有'所有',和我有过交往的女性,有两人发生意外,其余都是甩了我而去,但是这两人……吴惠良的侄女,是意图盗窃陨石时发生了意外，另一人发病原因和她相同，如果这些算意外，那盗窃罪可以'意外'结案了。"

"这些人都是小偷？"

"准确地说，她们的家人是小偷，她俩不过是被利用的可怜人罢了。钟葭，这种谎言其实不堪一击，如果是我的原因，受害者家属就这么算了？吴惠良是这么容易摆平的？"

"如果和你无关，为什么不出面解释？"

"她们的身体已经受到伤害，再去伤害她们的名誉，我实在不忍心。"

林无畏可能撒谎，吴惠良同样不可信任，杨月钟葭并非为了寻找真相，只是为敲打提醒对方。

一名记者自座位上起身道："林总，这次铁弓山之旅，我们能得到哪些信息，是否可以提前预告？"

林无畏笑道："真相就在不远的前方，你们自己寻找不是更有意思？"

"就怕找错了方向，能给个提纲吗？"

"没有提纲，所有需要的素材，都在铁弓山里。"

既然林无畏不愿透露，记者也没再追问，之后随行的工作人员给大家分发零食、饮料，又有漂亮妹子活跃气氛，众人只觉时间飞快，很快夜幕降临。

车子进入市区，停在了一间五星级酒店前，林无畏给每位记者提供了单间，并包下酒店的高档自助餐厅，提供饮食。

一番操作下来，林无畏成了记者们交口称赞的"良心企业家"。

杨月钟葭和阿蛮坐在玻璃幕墙边上，整个城市似乎就在他们脚下。

"等你大哥恢复，我想退出这行，你觉得呢？"杨月钟葭喝着奶昔道。

"听你们的，我没意见。"

"反正不管未来如何决定，我们都是一家人，一定要互相照顾彼此。"

"当然，我会永远保护你们。"

话音刚落，杨月钟葭的手机就响了，接通后，连力如声音传来："说话方便吗？"

"方便，怎么了？"

"我也是刚得到的消息，林无畏的资金链断了。"

冒充畸形人

"资金链断了？什么意思？"

"他在外面欠了很多钱，其中一笔，是欠了我的某位同行，如果不是难到极处，这种钱是不会欠的。"

"这就奇怪了，从报道上看，这些年他生意做得顺风顺水，怎么会出现这种问题？"

"玩陨石的人，一旦走火入魔了，连命都能搭进去，更何况钱呢？"

杨月钟葭笑道："你好像很了解我们这行。"

"你们这行？"连力如道，"我曾经也是一名陨石猎人。"

"啊，你也是猎人？"

"我上贼船，就是因为玩石头玩大了，没钱还债，所以被逼杀的人。有了第一次，后面就越来越多，在这行里，不要命的赌徒实在太多了。"

"如果林无畏的资金链真的断了，他为什么要做这些不着调的事情？"

"或许是炒作拓片，抬个高价卖出去，或许别有图谋。总之，林无畏现在的处境并不好。"

"连大哥，谢谢你的提醒，我一定会小心提防的。"

挂了电话，杨月钟葭暗中观察林无畏，只见他面色自如，并没有"垂死挣扎"的痕迹。

杨月钟葭绝对信任连力如，他不会骗自己，消息来源一定是准确的，沉默片刻她道："阿蛮，你得配合我演场戏。"

"怎么演？"

杨月钟葭小声言说，阿蛮明白她的意思后，走开了。

"一位美丽的女士，是不该被冷落的。"没过多久，林无畏笑着走过来。

"林总今晚要应酬的人很多，没必要把宝贵的时间浪费在我身上。"

"这话说得太见外了，无论再忙，陪杨小姐聊天的时间总是有的。"

杨月钟葭笑道："林总真会说话，虽然明知是客套话，可听着就是舒坦。"

林无畏坐在她对面的椅子上道："我可没说客气话，这是心里话。"

"说真心话的人，能请我喝杯酒吧。"杨月钟葭晃了晃空酒杯。

林无畏正要招呼侍应，见阿蛮急忙走过来，表情有些慌张。

"姐……"看到林无畏，他立刻住口。

"没什么大不了的事儿,说吧。"杨月钟葭道。

"那个老狐狸,就是不同意款项延期。"

"我不是让你告诉他,半个月后就打款吗?"

"说了,可老家伙说什么都不同意。"

林无畏道:"我能问一句,怎么回事?"

"唉,为了一块石头,前期我们付了订金,约定后天打款,因为一笔转账出了意外,暂时付不了了。"

"差多少?"

"一百八十万。"

"给我个账号,这就转给你。"

林无畏的豪爽,出乎杨月钟葭的意料,她愣住了。

"怎么?"

"哦,没什么,我这就给你截图。"

无奈,杨月钟葭只能把公司账号的截图给林无畏,没过多久,便收到银行信息,钱到账了。

第十五章

虚幻空间

"林总,真的非常感谢。"杨月钟葭勉强挤出一丝微笑。
"没事儿。"
"我给你写张借条吧,这么大笔款项……"
"别麻烦了,一点小钱而已,我相信你的人品。"
"林总,我们能合个影吗?"几名女性记者问道。
"那就先这样。"说罢,林无畏起身离开。
杨月钟葭哭笑不得,道:"我拿这一百八十万元怎么办?"
"存一段时间,再还给他。"
"唉,连大哥消息有误,他不缺资金。"
"做房地产的,赚钱速度比卖毒品都快,怎么可能缺钱。"
杨月钟葭忍不住笑道:"这可不是一回事。"
"都是暴利行业。"

话音未落,就听一名女记者尖着嗓子道:"林总,你手头肯定不止一块陨石,再弄一块,咱们开开眼。"

立刻就有人附和道:"是啊,这些都可以作为素材来报道,对于贵公司也有宣传作用。"

"好,既然大家感兴趣,那就再展示一块。"

看得出，林无畏心情不错，他让助手取来一块陨石，用手托举着道："这块石头，也算是意外所得，特别有意思，不过报道就算了，因为摄像机无法摄录这块陨石的表现形式。"

说罢，他晃了晃手里的石头道："我需要志愿者，愿意的来报名。"

几乎所有人的手都举了起来，林无畏选了两男两女，道："请你们各搬一张凳子，放在我周围两米左右。"

四个人按要求摆好凳子，林无畏道："请坐。"将陨石摆在四个人之间的地上，他退出圈子。

所有人屏息静气，望着地上的陨石，期待着神奇一幕的发生。

然而，足足过了十来分钟，四个人仿佛睡着了，石头也没出现任何奇特的状况。

众人熬不住了，窃窃私语声此起彼伏。

忽然，一个人毫无征兆地跳了起来，撞倒座椅后摔在地上。

其余的三个人也是如此，四个人显得惊恐万分，就像活见鬼一般。

"你们看见什么了？"有人高声问道。

林无畏道："大家别问，让他们自己说，谁先来？"

摔得最惨的那位惊魂未定地摇了摇头道："我刚坐下，就发现周围环境全变了，在一处极为荒凉的土坡上，周围只有尘土和许多小山丘。而且最奇怪的是，我不觉得所见的是幻觉，甚至我压根儿就没意识到自己是个人。"

"不是人，又是什么？"

"我也说不好，反正我看不到自己的模样，但肯定不是人。我就伸长脖子眺望，就在我看到一些黑乎乎的物体在天地间出现时，忽然，有一张类似鳄鱼的巨口，从我脚下冒出来，对着我的脖子就咬，本来我以为死定了，可眼一睁开，才发现自己回来了。"

一名女子道："真见鬼了，咱俩产生的幻觉一模一样。"

"不光你俩，我也是。"

经确认，四个人产生了完全相同的幻觉，这下可把一群记者给唬住了。

"我可以发誓，这次实验绝没有任何作假，四位也是随机选择，可不是托儿。"林无畏笑道。

"林总，我们也想试试。"

虚幻空间

"当然,但是一次最多不能超过六个人,否则会减弱效果。"

之后,所有的人排队体验,参与者无一例外获得了奇妙刺激的体验。

"就像看 VR 电影,但效果更加真实。"这是一名记者给的评价。

杨月钟葭旁观在侧,自然而然想到了前些日子遭遇的事情。

隐藏在沙漠地下的蝙蝠群,以及那座拥有记忆的山洞。

组成山洞的每一块石头,都记录了一段过往的情景,当人进入其中,那段原始蛮荒的画面,波澜壮阔得无以复加。即便是拥有顶级特效的好莱坞团队做出的电影镜头,也无法与之相比。

林无畏用来展示的所谓"陨石",必然来源于此,只不过这些石头虽然貌似神奇,不过以地球上拥有的巨大储量来看,注定只是廉价的岩石而已。

趁记者玩得嗨,林无畏走到杨月钟葭身边道:"这些人,是不是特别可笑?"

"林总,这么说不太厚道吧?"

"我其实特别讨厌记者,当年家里面那点破事儿,就被这些人挖得干干净净,各种添油加醋地乱写。"

"可惜,你还是要跟这些人合作。"

"没办法,谁让他们是'无冕之王'呢。"林无畏语带讥讽道。

"这块陨石,从哪儿弄到的?"

"咱们之间,不用装糊涂了吧?"

杨月钟葭微微笑道:"那就不是陨石了?"

"也不算骗人,否则起码做上假的熔壳、气印,即便是刚入行的新手,也能看出这就是块岩石,哄他们开心呗。"

"也有不开心的时候。"

"哦,怎么说?"

杨月钟葭一时没忍住,把自己在医院里的遭遇说了一遍,又道:"我和警员产生了相同的幻境,随后不久林总就出现了,情况和这里如出一辙。"

"原来如此。"林无畏若有所思地点点头。

"林总想到了什么?"

"我管这种石头叫'虚幻空间',得到它,是在十五年前了,地点是北方某市的郊外果园,当然,那是一块散为多块的陨石。"

"陨石？"

"是的，和你们在罗布泊里发现的岩石成分几乎相同，只不过'虚幻空间'确实是陨石。刚出现时，轰动了收藏圈，藏家为了得到这种石头，开出了极高的价格。所以，有人动了歪脑筋，利用家人接近我，企图偷走它。"

"难道吴惠良把侄女介绍给你，就是为了偷这块石头？"

"是的，不过阴差阳错，否则躺在医院里的人应该就是我了。"

"当时你们并不知道陨石会对人造成伤害？"

"我检测过射线值，没有一项超标，不过再次进入幻境时，如果只有一个人，就会受到伤害，至于原因，到今天也没找到。"

"你明知陨石会对人造成伤害，还要带在身上？"

林无畏抬起左手，小拇指上戴着一枚似铁非铁的戒指。

"就是这么点大小，从没对人造成过影响，你俩是不是对陨石过敏？"

"这枚戒指，你一直戴在手上？却只在特定的时段、区域对我造成了影响？"

林无畏见她一脸怀疑的样子道："得了，我跟你说说这枚戒指的由来。"

他摘下戒指，放在桌上，道："我并不是一个猎人，最多算个藏家，而促使我彻底退出猎人行的原因，就是在我刚出任务时，便找到了'虚幻空间'。

"当时我和家里闹得很疆，所以想当一名猎人，永远在外执行任务，不用再见到那些虚伪的男女。也算运气好，第一次出门，就遇到'陨落'，那时候猎人也少，赶到现场的只有我们一队人马，满地散落的陨石，比秃子头上的虱子还要明显，随便捡捡，便有八十公斤重。

"找石头的人里，也没个懂行的，回来后就把石头堆在租的房子里，打算找个买家，可最后却连送都送不出去。所以，我们很快就把这堆石头给忘了，再想起来，是因为一场要命的意外。

"那个年代电压并不稳定，一到夏天隔三岔五就停电。我们买了几盏充电的蓄电灯，这种灯的蓄电池充足了电，够一盏六十瓦的灯泡用个两三天的，唉……那时候的人，脑子就是不开窍，明明一晚上就行，非要定个几天的限量，电池做得又笨又大，质量还差。

"出事那天，我刚好有事不在租屋，办完事儿回去，只见整栋楼都被烧得不成了样子。当时还没查清楚起火原因，我趁乱混进烧得一团焦糊的屋子里，没想到产生了幻境，并且在幻境里见到失火原因，是短路导致电池燃烧。而屋里的人发现情况时已经迟了，没等火势沾身，就被毒烟熏倒。"

林无畏叹了口气道："我有三个问题想不明白，第一，如果我看到的是幻境，怎会和事故相关？第二，为什么会产生幻境？第三，为什么我能看到，别人却看不到？"

说罢，他问道："这也是你的疑问，对吗？"

"嗯……应该是吧。"女孩迟疑片刻后回应。

"当时，我不可能知道事发原因，不过隐约猜到可能与陨石有关。于是我带走了部分石头，托关系找到一家科研所合作。经过长时间的研究，对方发现陨石存在的环境一旦发生剧烈变化，便会对人的精神意识造成影响，这是幻境成因。

"而环境的变化，除了温度、湿度，电磁干扰效果最明显，而在相同能量场的作用下，进入的人越多，受到的影响就越弱。这也是我独自一人进屋产生幻境，而火灾抢救调查人员进入较多，所以没有产生幻境的原因。"

"可医院里环境变化不大，而且人很多，为什么我会身入幻境，甚至差点送了命？"

"我对'虚幻空间'的研究并不够多，没法回答你的问题，可天地良心，钟葭，你应该知道我对你的心意，怎会害你？"

突然而至的表白，出乎杨月钟葭的意料，她的脸顿时红透了。

林无畏意识到了不太妥当，笑得略显尴尬道："钟葭，你别误会……"

"林总，我们之间还是以工作为重，如何？"

"当然，你说了算。"

这是赤裸裸地拒绝了，林无畏面上无光，待了一会儿，借口离开了。

记者们玩得挺嗨，所有人体验一圈后都想采访林无畏，却到处找不着人，只能散场。

第二天再见到林无畏，他的状态已然恢复，对杨月钟葭的态度也十分自然，昨天的事儿，就像从未发生过。

又是一天颠簸，到了铁弓山，山脚下狭长的铁丝网似乎又做了加固，更高更宽了，负责安保的人也明显增多，甚至组建了巡逻队，一圈圈地转着。

"上次来,没这么多人。"杨月钟葭道。

"林总肯定是有了新的发现。"

"是的,就是不知道发现了什么。"

"要不,我探探消息?"

"你打算怎么做?"

"暗中监视,暗中偷听,无非这些。"

"以他的谨慎,恐怕很难露出马脚,不过这么做也是个办法,总比两眼一抹黑要好。"

"那我就盯着他,有什么发现,立刻告诉你。"

阿蛮走后,杨月钟葭和一名记者聊了一会儿,得知她来这里的目的,是为带回一些"具有价值"的新闻消息。

"林总展示的两块陨石的消息,什么时候出来?"

女记者笑道:"这两块陨石,没有报道价值,所以我连写都没写。"

"你们也算是见多识广了,这两块陨石在我看来,非常有意思。"

"并非陨石不够独特,而是我们作为新闻媒体,得有高度的新闻自觉性,过于耸人听闻的消息,是不能上台面的。"

"即便它是真的?"

"哎,什么叫真的?老百姓愿意相信的事儿,就是真的,否则你硬要上去,也会被骂成骗子。"

杨月钟葭哭笑不得道:"这也能叫新闻自觉性?"

"当然,你做了这行才能知道,一条消息推送意味着将要和无数不同的观点碰撞,而产生这些观点的人群,有文化宗教的差异,有身份财富的差别,任何一点的不同,都会对消息本身解读出不同的答案。所以报道一条绝大多数人认同的消息,对新闻工作者来说就是行业自觉,否则我们不成了专门挑事儿的人?再说这块的报道,如果网站如实报道两块陨石的消息,只会造成两种结果,一方面是质疑,一方面是配合有关部门证实新闻的真实性,哪个网站吃饱了撑的,给自己找这些麻烦?所以,出乎常理的消息我们是不会报道的。"

"按你的说法,不光是你一家网站,其余的也都不会报道了?"

"这就是行规,我们来这儿,是为科普一些陨石的基础知识,最有价值的消息，就是一个穷困潦倒的人，是如何靠陨石一夜暴富的，至于这种能释放特殊能量并造成诡异幻境的陨石，看看就好。"

"林总请你们来，大概要失望了。"

"就算是刚入行的不懂规矩，发回去的稿子也会被主编毙掉的。所以，林总这趟，大概是白忙活了。"

"你们来的目的，就是为了拿点东西，吃吃喝喝？"

"作为媒体人，不至于没品到这份上，我们确实是为了拿一条好的报道，可林总提供的素材过于科幻，并不适合网站报道。当然，科技八卦网站肯定是感兴趣的。"

"这种网站没有丝毫公信力，林无畏也不会选择合作的。"

"那是他们之间的问题，与我无关。"女记者笑道。

"感谢你的坦诚，对于一个陌生人而言。"

"我看林总经常和你一起交流，你是他的秘书或是助理？"

"我和他没有雇佣关系，算生意上的合作伙伴。"

"如果有机会，你把我说的话告诉林总，别再白花钱了。"说罢，她礼节性地点点头，离开了。

杨月钟葭打算问问马陆的状况，没等拿出手机，阿蛮回来了，表情有些鬼鬼祟祟。

"你这模样，别人一看就有事儿，至于这样吗？"

阿蛮小心翼翼地观察了一下四周，确认隔墙无耳后，小声道："林无畏的资金确实出了问题。"

"他亲口说的？"

"是他的一个助理，打电话时我无意听到的，并没直接说没钱，而是找人打款两百万元，说是应急用。"

"啊……还有这种事儿？"杨月钟葭哭笑不得。

"看来，他转给你的钱，是他所有的身家了。"

"早知道，我要二百八十万元，他打肿脸都不够了。"

杨月钟葭取出手机，搜索林无畏公司的信息，查阅一番后道："从网上消息看，他公司开发的楼盘卖得可不差。"

"或许，他把生意里赚到的钱，都用到别的地方去了，收藏陨石可要不

少钱。"

杨月钟葭做了个"无奈"的表情道:"这事儿和我们也没关系,不管了,就看林无畏到底想要耍什么花招。"

话音未落,就见一名头发飘逸、身着修身西服的年轻女子拍手道:"请大家注意下,来我这里集合。"

等众人围拢在她身边,女子道:"上山之前,大家千万要听仔细接下来我说的注意事项,因为与安全相关,待会儿我会给大家编组,两人一组,分别乘坐特制设备上山。进入山里,无论遇到任何状况,不要大声喧哗,不要走出设备外,可以使用手机摄影,不要用大型肩扛式摄录机。还有,千万不要拨打电话,因为手机的电磁辐射在山里会变得十分强大,有可能会对人体造成伤害。"

杨月钟葭笑道:"真是只老狐狸。"

"怎么?"

"刚才跟一个记者聊天,以她的说法,来的这些网站,没谁报道林总那些稀奇古怪的陨石,所以他另辟蹊径,让人用手机拍摄。"

"那又怎样?"

"你傻啊,用摄录机拍的画面必须上交网站,手机拍的属于个人,到时候肯定有人传上网。他需要的不是网站,而是网络上的传播量。"

阿蛮对于网络的了解有限,听得半懂不懂。很快,安排分组的人将他两人安排在一处,上了一个类似面包的塑料轨道车内。坐下后,一名记者道:"这是什么玩意儿?跟游乐园里的小火车差不多。"

"谁知道,估计是起绝缘作用的。"一名记者摸着塑料墙壁道。

轨道车缓缓启动,由山下往山上而去,悬挂的电视亮了,美女助理出现在屏幕中,依旧笑容可掬地道:"大家好,现在已经踏上了冒险的旅途,希望所有人都有一次满意的体验,不过在这之前,有几项工作需要大家配合做好。首先,轨道车是需要稳定的工具,发生激烈晃动,可能导致脱轨,所以请大家系好安全带,尽量坐得端正,不要做出剧烈的动作。其次,使用手机拍摄外部情况时,不要过于贴近窗口,因为任何一道浅显的印记,都会造成巨大的危险。"

"会有什么风险,能具体说说吗?"有记者大声问道。

然而这里的屏幕并没有通话功能,无法交流。女助理继续和颜悦色道:"第三,小屋完全封闭,液压开启装置在外部。所以,内部是靠供氧维持氧气,一旦氧气储量低于安全值,小屋内就会发出警报,不过请大家不要惊慌,因为即便是最低值,也足够小屋返回山下。"

"这些潜在的危险因素,上山的时候为什么不告诉我们?"

一名记者愤怒地质问,然而没有人回答他的问题,美女助理说完三点后,笑盈盈地道:"此次入山,将会是您毕生难忘的一次旅行,准备好手机,记录下一切不可思议的瞬间吧。"

说罢,人影消失,屏幕关闭。

"什么玩意儿,你们说林无畏憋着什么心眼呢?"

"总不至于集体谋杀吧?"另一名记者笑道。

"反正到现在,我都没搞清楚,他请咱们来这儿到底为什么?"

"不就是炒作他手里的那些陨石吗,趁机抬高价格出手,不过想以这么小的代价,炒热他手里的几块石头,想得太简单了,我才不当他的枪使呢。"

"你可没当枪使的资格,这种消息写了稿子,主编那儿也通不过。"

"少说两句吧,这屋子里的氧气可是有限的。"

由于上山的人比较多,共有三台塑料屋前后相连,打头阵的是林无畏所在的屋子。

"我再说一句,万一出了事儿,千万记得报警。"

"没可能了,手机进山之后就没信号了。"

"你们看,那是什么?"

众人透过玻璃窗观察外部状况,只见此处山景与别的地儿没有不同,花草树木生长茂盛,而就在一处长满浆果的灌木丛边,五头山羊正慢悠悠地吃着树枝上挂着的浆果。

只有阿蛮和杨月钟葭知道接下来将要发生什么。

有人转而用手机拍摄山羊,镜头转过后他准备起身拍摄,可身体被安全带固定,无法动弹,于是他准备解开搭扣。

可摆弄了几次,也没能解开。

"帮个忙。"他转而求助别人。

两人合力摆弄了半天,也没把搭扣解开。

"不会坏了吧？"

只听另一人回道："我的搭扣也解不开了。"

杨月钟葭暗道："不妙。"她想要解开搭扣，然而无论如何摆弄，搭扣始终解不开。

安全绳是用加厚尼龙制成的，且有弹力效果，紧紧裹住人的身体，无法挣脱。

也不知是谁，喊了一声："谁有刀，把绳子割断。"

有一个人慌里慌张地取出钥匙扣，挂着一把削水果的小刀，然而用刀刃在安全带上割了半天，连条印子都没有。

"带子里加了金属线。"他道。

果然，细看下，只见米色绳带在灯光下微微反射银光。

"我们被林无畏设计了。"

"大家冷静，他为什么要设计我们？一群跟他毫无利益冲突的记者有什么用？"

"冷静个屁，这屋子里的氧气很快就会耗光，我们会被闷死的。"

杨月钟葭道："大家千万安静，我来过这里，大声喊叫或是明显的动作，会引出能量极强的黑色闪电，现在情况并不明朗，咱们别自乱阵脚。"

"你少在那瞎指挥，从一开始我就看到你和姓林的天天在一起，你就是帮凶。"

"我和你们一样，被困在这里出不去，难道我帮别人害自己？"

"别吵了，现在情况不明朗，何必内讧呢？"

说话的是上山前和杨月钟葭聊天的女记者，她倒是颇为镇定，没有像别人那样盲目挣扎。

"杨小姐，以你对林总的了解，能不能推测一下他为什么要这么做？"

"你怎么知道我的名字？"

"现在不是讨论细枝末节的时候，说正事儿吧。"

看她果断冷静的气度，绝非一个普通网站的记者。杨月钟葭大概猜到她的来路，道："我对林总并不了解，但铁弓山里确实非常危险。我亲眼见过一种古怪的黑色闪电，将狗和羊电得尸骨无存，如果没有绝缘小屋的保护，我们也会面临相同的风险。"

两名女记者吓得当场哭出声来。

"我就知道来了没好事,你却非要来,这下好了,我们完蛋了。"一名男记者扯着通红的脖子,大声嚷嚷。

"唉,干吗不省点力气,你喊破嗓子都没用。"

"你管我,老子窝囊了一辈子,临死前喊两嗓子犯哪家王法了?"

"少说几句,一旦氧气耗尽,咱们就死定了。"

"管他的什么氧气,闭什么嘴,老子就喊了、就喊了……"

望着这些失去理智、无事争执的人们,杨月钟葭从心里觉得悲哀。

正吵得不可开交,忽然,脚下一震,轨道车停了下来。

不过是无比平常的一次动作,却让众人发出此起彼伏的尖叫声,那位意欲放飞自我的男子,此刻比谁喊得都惨、都大声。

忽然,阿蛮站起身,一脚踹在他脸上,将他踹晕了。

"我实在受不了。"阿蛮皱眉道。

"你怎么解开搭扣的?"一名女记者问道。

阿蛮摊开手掌,手中有一枚银光闪闪的曲别针。

自从他迷上电影里"开手铐"的技术,这段时间一直刻苦自学,没想到他居然真靠自学掌握了"全套技术"。

"别傻站着,赶紧给我们打开。"

阿蛮并不理睬别人的求救,先后解开杨月钟葭和冒牌女记者的搭扣,之后,他坐回椅子里。

"喂,还有我们呢?"

"放了你们,这间屋子肯定保不住,老实坐着吧。"

"你有什么权利……"

"别和我谈权利,我只是个半大少年。"

这些人被阿蛮怼得不知道说什么才好,吵吵嚷嚷的人声,顿时安静下来。

"见死不救,等同于谋杀。"

阿蛮也不理会,将绳索套在身上。

"你到底打算怎么办?"一女子几乎是号叫着质问。

"我不是你们的问题,林无畏才是。"阿蛮依旧平静。

"大家少安毋躁,让我们共同想一个解决问题的办法。"

"你们脱身了,却让我们要倒大霉的人安静?不可能,就是死,我也不会放过你们。"一名模样文质彬彬的男子,失控地吼叫着。

阿蛮"噌"地一下起身道:"别逼我动粗。"

话音未落,就见林无畏所在小屋顶部缓缓升起一道圆顶,随着圆顶转动,小屋看似完整的表面出现数道裂缝,继而缓缓打开,就像被剥开的橘皮。

如此一来,包括林无畏在内的所有人,直接暴露了。

只见他悠闲地喝着咖啡,并不担心潜藏于暗中的黑色闪电,其余众人可没他如此镇定,坐在椅子上瑟瑟发抖。

与此同时,几头山羊啃食青草缓缓走近,林无畏递了个眼神,坐在他身边的一名瘦小男子举起一把塑料做成的弹弓,对准其中一头山羊,打出一颗塑料弹珠。

虽没有杀伤力,却让山羊觉得疼痛,叫唤一声,跑了起来。

一头羊突然受惊,又吓到其余几头,原本悄无声息的山中热闹起来。

杨月钟葭取出手机,对着玻璃窗外拍摄,只见羊群叫声中,林木深处瑟瑟响动,一股股来历不明的轻烟四处冒起。接着,数十团黑球般的闪电纷纷从树木缝隙处钻了出来,球体不停有电火花闪烁。

"这就是黑色闪电?"冒牌女记者问。

"是的,看似实体,其实就是一股电能的结合体,但是能量非常强大。"

暴露在荒野中的人们,个个吓得涕泪横流、浑身哆嗦,林无畏却神态轻松,做了个噤声的手势,然后居然拿起报纸,悠闲地看了起来。

黑色闪电开始跟随山羊的移动,起初速度很慢,可越来越快,就在即将接触时,忽然一跃而起,落在山羊身体。

眨眼间,几头山羊被电火花烧得踪影全无,只剩些羊毛飘在空中。

眼见如此"奇景",记者们不再吵闹,甚至忘记了害怕,忙不迭地取出手机来拍摄。

只见黑色闪电转而缓缓移动到林无畏等人身旁,球体表面的电火花,闪烁更加剧烈。

众人吓得几乎要崩溃,倒是拼命忍住没发出半点声音,只见林无畏将手中报纸远远丢出，落地时发出的声响，吸引着黑色闪电蜂拥而至。

"他打算直播自杀？"

"老张、马薇他们几个都在呢，这可不是自杀，而是拖着所有人陪葬。"

"行了，大家都闭嘴吧，任何声音都会给你们同事招来灭顶之灾的。"杨月钟葭道。

林无畏忽然从椅子上起身，他从身前的桌子上拿起一块拇指大小的石子，对杨月钟葭这边晃了晃，脸上露出一丝得意的笑容。

杨月钟葭倒抽一口冷气道："这个人疯了。"

话音未落，就见林无畏将小石块丢入其中一团黑色闪电中。

瞬间，球体表面爆发出一阵剧烈抖动，如细线般的电火花瞬间暴涨，变得如拇指粗细，强烈势能每一次与沙地接触，都会打出一条浅坑。

浅坑呈柱状，坑壁上能清晰看到电弧击打时造成的螺旋状纹路。

这一现象，对应了父亲对于死亡钟的描述，难道黑色闪电就是死亡钟？

液晶屏再度亮起，这次出镜的是林无畏本人，只见他身着西装，满脸微笑道："诸位，接下来将是一段迎接新生的旅途，希望大家都能成功到达生的彼岸，而非被拖入无尽地狱。所以，接下来我说的每一句话都很重要，请大家务必仔细听讲、用心记录。"

他指着领带上的纯金夹道："在铁弓山里，一切金属器物都会吸引黑色闪电，所以身上带有首饰、钥匙以及类似物品的，请全部取出，存入桌子下方的塑料箱中。"

接着他又摘下手表道："同样道理，手机和一切电子元器件，也会吸引黑色闪电，所以必须存入绝缘箱中。同志们，给你们五分钟准备时间，小屋即将开放。"

所有人顿时慌了神，手忙脚乱地撸戒指、摘耳环。其中有一名男记者放了手机、皮带，想想又觉得不对，伸手进嘴里，用尽全力，痛得满头大汗，掰断了一颗银色的金属假牙，不顾鲜血顺着腮帮子往下淌，将血淋淋的假牙丢入密封箱中。

"对了，有没有体内装有金属材料的人？比如固定骨头的铁钉、钛合金的头盖骨等？如果有，得弄出来，虽然很疼，不过跟活着比，这点疼值了。"

"死变态、疯子。"有一人低声咒骂。

"唉，我们就是案板上的鱼肉，他想怎么割，就怎么割了。"

"请大家配合我，一旦屋子打开，不要露出破绽，有机会，我就能拿下林无畏。"阿蛮道。

"你疯了？在这种地方和他发生打斗？"杨月钟葭道。

"未必动手，看我能有怎样的机会。"

话音未落，就听林无畏笑道："钟葭，你这又是何苦，本来咱们能共同研究所拥有的陨石，非要拒绝我，以至于把自己弄到如此被动的境地，让杨教授知道了，该有多痛心。"

视频是提前录制的，所以上山之前，林无畏就做了决定，毁灭自己无法得到的，即便是一条生命。

杨月钟葭气得几欲晕厥，却也毫无办法，连质问的机会都没有。

只听"咔咔"声响，塑料小屋墙壁分裂，四面展开，所有人暴露在空气中，他们用手紧紧捂住嘴，虽然吓得满头冷汗、浑身哆嗦，却不敢发出一丝声响。

数十枚黑色闪电，似乎感知到"新鲜生命"的出现，在两座小屋之间的空地上来回移动。

即便是杨月钟葭，心也提到了嗓子眼儿里，死亡的恐惧牢牢包裹着她的身体，由此而产生的麻痹感难受到了极点，却连手指头都不敢动一下。

然而，就在生死攸关时，林无畏却站起身，他满不在乎地看了一眼身前不远处的黑色闪电，居然抬脚从绝缘小屋走到地上。

当牛皮鞋底踩在泥地中，发出轻微的"沙沙"响，正不停移动的黑色闪电，忽然停住了，闪电不停地击在同一处，泥地上出现了许多冒着烟的孔洞。

在众人眼里，林无畏的行为无异于作死，可他并没有停下的打算，而是轻轻抬脚，走入一堆黑色闪电中，只要稍有偏差，立马化为粉末。

然而，这并不足以使他害怕，林无畏甚至垫脚转了一圈。

疯狂的举动，吓得其中一个人不自禁发出一声惊呼，虽然捂着嘴，可声音还是传出来了。

黑色闪电立刻移动，以肉眼无法看清的速度，瞬间到达此人身前不到半米处，林无畏所立处恰巧避过所有闪电，稀里糊涂得了一条性命。

虚幻空间

看得出，他也被吓得不轻，深吸了口气，摇了摇头。

生死路上走一遭的林无畏尚且没有怎样，那名记者却绷不住了，发出了抽泣声，原本渐渐停住的闪电再度移动起来。

她身边的男子立刻用手死死捂住她的嘴，瞪着一双惊恐的眼睛，流露出恨不能立刻捂死女子的眼神，片刻，女子几乎要翻了白眼，黑色闪电才逐渐平静。

男子这才松开手，她当即大口吸气，这次没再发出声响。

林无畏则继续朝山口走去，眼看就要走到出口，阿蛮忽然起身，拿起一瓶矿泉水，丢在林无畏身前。

"啪嗒"一声轻响，满地的黑色闪电瞬间移动，眨眼间便将矿泉水瓶炸成碎片，一片带着电火花的细密水珠洒入空中，也不知有多少洒在林无畏的身上。

"滋滋"声响中，林无畏腾空而起，再落地时，整个人被电得几乎缩成了人干，浑身冒着青烟。

只是带电的水珠，否则，他已被气化。

然而，落地时发出的声响，又导致闪电瞬间而至。最终，林无畏消失了。

阿蛮与杨月钟葭对视一眼，两人心照不宣地点点头。阿蛮小心翼翼地走出绝缘小屋，捡起一块石头，远远丢出……

利用声响，将黑色闪电远远引开后，阿蛮取出曲别针，逐一解开搭扣，他压低嗓门叮嘱所有人道："大家千万小心，咱们步行下山。"

这些人早吓得六神无主，跟在阿蛮身后走，死也不愿再踏上这片诡异凶险的土地。

铁弓山山势并不高，然而众人足足走了大半天，终于走到山脚下，脱离了危险，顿时瘫倒一片，哭喊声此起彼伏响起。

冒牌女记者走到阿蛮面前道："多亏你了，不过，眼下你还要配合我的部门做一件事。"

"你……到底是做什么的？"

"我叫王馨悦，东方研究院的调查员。"她取出名片，递了过去。

"东方研究院？"杨月钟葭看了名片一眼，惊诧地问，"真的是你们？"

东方研究院之于陨石行业,是最重要也是最神秘的机构,没有之一。它存在的目的只有一个,封存并追踪具有强大异常能量的陨石。

所有的陨石猎人都知道东方研究院,可真正见过的却少之又少,因为能量异常的陨石毕竟罕见。

"当然不假,事实上我们一直试图和林无畏接触。可惜,他始终拒绝会面。"

"所以,你们就对他展开调查?"

"事情远比你想的复杂,我们调查林无畏不是为了面子,也不是为了他收藏的陨石,而是他这个人。"

"为什么?"

"作为一名掌握着巨大财富的企业家,他考虑的不是赚钱,而是不断挪用公司款项,购买大量陨石,这其中绝大部分是没有价值的普通陨石。"

"如果他侵害了股东利益,该由经济犯罪部门的人员调查,跟东方研究院有什么关系?"

"之所以会调查他,源自对圣雄会的调查结果,你还记得圣雄会总部所在,有一处圣山吗?"

"记得,是一块巨大的磁石,圣雄会的人相信这块石头能对人体磁场造成影响。"

"林无畏一直谋划以高价收购它。"

两处看似毫无关系的区域,居然能"混为一谈",杨月钟葭沉思良久后,微微点头道:"难怪我会觉得眼熟。"

"想到什么了?"王馨悦取出纸笔问。

"陨石交易大会当天,我在'传奇猎人'栏里,见到一张马陆二叔和老刀的合影,这张合影的背景地,就是我在幻境中见到的林无畏的那间屋子。"

王馨悦取出手机,调出一幅照片道:"你说的是不是这张?"

"没错,所以探星早就和林无畏有往来?"

"我们其实一直在调查圣雄会和探星,可以肯定地告诉你一点,马二河并非死于意外,而是死于谋杀,只是在我们把掌握的证据提交给公安机关后没多久,老刀就彻底消失了。"

"老刀是造……"

"他的遭遇我很清楚,但是这套说辞没法对行外的人说,他们也不会相信。"

"老刀为什么要杀害自己的队员?"

"他试图让马二河加入圣雄会,却遭到了拒绝,或许是为了灭口。"

"老刀就是个疯子,十足的疯子。"

"你不够了解林无畏,他才是真正的疯子,这辈子都在做疯狂的事情。"

"这两个疯子都死了,所以,你应该为阿蛮做点事儿,别让一个秉持正义的人受到伤害。"

王馨悦沉默片刻道:"放心,我保证阿蛮不会有麻烦。不过,有一件非常重要的事儿需要你帮忙,我们希望可以彻查老刀留下的资料。"

"资料都在,给你们也没问题,可老刀已经死了几年,现在调查是不是迟了点?"

"必须掌握所有线索,才能保证没有漏网之鱼。"

"那么铁弓山呢?对于这座山,东方研究所有没有研究?"

王馨悦回望一眼道:"林无畏想要得到圣山,就是为了存入铁弓山,这地方除了黑色闪电,一定还有什么不可告人的秘密。"

很快警方介入,等到专业救援人员进场,在阿蛮的协助下,其余记者也被营救出山,随后众人被带回警局调查。

杨月钟霞的调查很快就结束了,离开时她想要探望阿蛮,却被告知暂时禁止接触。

"不用担心,律师已经在路上,大概只是走个过场罢了。"

"老刀留下的资料在西京市……"

"没事儿,一切准备就绪,你带路就行。"

两人上了专车,到达机场后,乘坐公务机在当天晚上就到达了西京。

在探星租用的办公室里,杨月钟霞打开一个布满蛛网灰尘的文件柜,里面堆满了一封封归档的资料,全部是老刀留下的。

同行的还有七名男女,同为调查员,众人迫不及待地干起活儿来。

终于得闲,杨月钟霞给李森打了个电话,得知马陆恢复良好,暗自松了口气。

挂断电话,见王馨悦站在阳台上抽烟,披肩长发散开,美丽的背影,却显出几分落寞。

"有没有发现什么？"

"哦，应该还没有。"

王馨悦对她举起烟盒，杨月钟葭摇头道："不会。"

"这个世界，一直属于男人，对吗？"

"什么意思？"杨月钟葭有点蒙。

"我的意思是，无论他们说得多好听，但权力的顶峰，从来不会轮到女人，也许我们可以做个助手，或是在不太重要的位置上担当领导责任，可是最根本的权力机构，一定是由男人掌控。"

"没办法，女人天性就比较软弱，尤其生了孩子之后。"

"所以母性是权力的天敌，想要拥有权力，就得放弃孩子家庭，这二者，你会如何选择？"

杨月钟葭没有丝毫犹豫道："我只想做个妻子、母亲，女王从来不是我的追求。"

"唉，你比我坚定，没有一点迷茫。"

"倒不是坚定，我没啥出息，从没想过做大事儿。"

"那也挺好，至少你的人生过得不会太差。"

话音未落，就听屋里有人喊道："有情况。"

所有人立刻围了上去。

只见摊开的文件夹里，有一堆写满计算公式的草稿纸，其中还有一张马二河的照片，上面用红笔打了个叉。

"这本资料和别的资料明显有异，应该标记。"审查员道。

王馨悦沉默片刻后，拨通了一个电话："王教授，没打扰您休息吧？对，是我，有个事情想请您帮忙，我这儿有一堆草稿，想请您帮忙看看，计算的结果是什么……好，我这就发给您。"

拍照发送后，王馨悦道："王教授是我的研究生导师，主攻线性代数，特别优秀的数学家……"

话音未落，对方电话已经打了过来。

王馨悦按了免提键，一个颇为苍老的声音道："具体数值，你不着急要吧？"

"暂时不需要,您只要告诉我,这些公式的计算方向就行。"

"这是一篇行星轨道的计算公式。"

圣器搜寻者

"好的,麻烦您了。"

挂断电话,王馨悦道:"公式是用来确定陨石坠落区位置的,没什么价值,继续。"

杨月钟葭看了一眼满地的资料道:"你们先忙着,我回家一趟。"

"是不是应该有一名探星的队员在,否则……"

"没什么值钱的东西,无非就是一些资料,你们忙吧。"

回到家中,杨月钟葭直接去了负一楼。

地下室的门,是用纯钢制成,密码和指纹双重保险锁,开门而入,四面墙壁以及顶板也是用硬度极强的特种钢制成。

此地的坚固程度,堪比钢筋混凝土制成的地堡,即便强震也无法摧毁。

屋子分隔为若干区域,各种造型不同的隔板上,分别摆放着各类陨石,大大小小足有数百块之多。

这是父亲一生心血所在,也是杨月钟葭的骄傲。

她驻足良久,轻轻叹了口气道:"爸,您到底想要做什么?"

老刀、林无畏,这两位陨石圈中的奇人都与父亲有着说不清道不明的关联。甚至,两人的种种所为,似乎都在延续父亲的遗志。

这并非胡思乱想,圣雄会疯狂攫取的"冷心石"与父亲有关,林无畏用尽手段获取的"拓片"也是父亲珍藏之物。

这不是巧合。

忽然,手机响起,吓了她一跳。

铁门开着,否则以此处的密封性能,电话信号无法透入。

电话是王馨悦打来的,正要接通,忽然杨月钟葭眼前的景色全都变了,居然又回到了"那间屋里"。

然而这次见到的并非赤身裸体的林无畏,而是一名陌生男子。

男子四十岁出头,身材强壮,穿着一身笔挺西装,有点职业保镖的意思,他拿着一部黑莓手机,正在发送信息。

杨月钟葭想凑上去看一眼内容,却无法动弹分毫,正着急,就见屋门打开,一名男子走了出来道:"林总,杨教授有请。"

一言既出,眼前景象再度发生翻天覆地的变化,杨月钟葭又回到了现实。

这处幻境居然与父亲有关,难道是手机信号触发所致?

手机铃声依旧响着,是王馨悦打来的第三个电话。接通后,她的声调略显高亢道:"钟葭,有突破了。"

"发现什么了?"

"根据老刀在二〇〇四年七月留下的资料,他和林无畏发现一种名为'虚幻空间'的陨石,在电磁波的影响下,可以记录当时所处的场景。他们认为这种陨石的实际价值被低估,所以打算集齐这些陨石后,再发布相关消息,以此提高价格,趁机出手。"

"消息并不新鲜,林无畏曾经说过,这些陨石都在他手上。"

"他们早在二〇〇四年就准备发布的消息,为什么直到今年,才零零散散传出来?"

"嗯……是啊,按理说赚钱的事儿,行动得越早越好?"

"这个道理并不复杂,我推测,两人极有可能通过陨石记录的信息,发现了不能公开的秘密,所以只能压制消息。"

"那就找到陨石,这些消息对于还原林无畏和老刀的所为,是非常重要的。"

王馨悦却突然沉默了,过了一会儿杨月钟葭问道:"我说错什么了?"

"你说得很有道理,不过……我的消息来源确切指明,林无畏是从杨教授手中购买的'虚幻空间'。"

"从我爸手上?你搞错了,林无畏前两天才告诉我,这些陨石是他捡来的。"

"北方某市郊外果园对吗?地址没有错,但最先找到的不是林无畏,而是杨教授,双方的交易有明确的人证物证,而且老刀的资料里,也有这笔交易的记录,林无畏骗了你。"

"他为什么要骗我?"

"具体原因无从得知了,不过既然'虚幻空间'最早是被杨教授找到的。那么,记录下的内容,很可能……"

王馨悦没再继续,杨月钟葭却明白她的意思,道:"所以,你真正调查的对象,是我爸?"

"钟葭,我没得选择。"

"你们为什么追查我的父亲?"

"毋庸置疑,杨教授是一位出色的收藏家,为陨石行业的发展做出了巨大贡献。不过每一位理想主义者,都是一枚潜在的炸弹,比如老刀和林无畏,而这两人,都是杨教授最忠实的拥趸。"

"别兜圈子了,直说吧,我爸究竟干了什么?"

"从我们得到的消息,杨教授曾秘密组织了一个名为'圣器搜寻者'的团队,寻找能量强大的陨石,致力于开发利用。他的目的,众说纷纭,至今难有明确定论,但是这种行为,严重违反了陨石行业的道德宣言。而杨教授遇难之后,曾经的团队并未销声匿迹,而是继续推动任务开展。钟葭,你知道陨石可能造成的破坏,所以,必须彻底找到并阻止这些狂热的信徒。"

杨月钟葭绝望了,虽然她早有预感,却还是难以想到,父亲居然是一群疯子的头领。

"老刀为摧毁时间制作的武器,造成了空间扭曲,接着又是林无畏的'标量武器'论,未来随着这类事情越来越多,迟早会出现一个堵不住的窟窿。"

杨月钟葭叹了口气道:"需要我做什么?"

"林无畏已经死了,所以,我们需要你进入'虚幻空间',找到曾经发生的事情。"

"那会要我命的。"

"从他们留下的资料，可以判断林无畏不止一次进入'虚幻空间'，却并没有受到任何伤害。"

"医院有我和另一名警员的就诊记录，可以证明我没有骗人。"

"你受伤的原因，与'虚幻空间'无关，而是'钴钴骨'所致。林无畏戴着一枚陨石戒指就是'钴钴骨'制成的。"

"钴钴骨"是一种带有极强放射性的陨石，并不会对本体造成伤害，只会对指向的人造成伤害，被指向时间越久，受到伤害越重。

"我和警员遭遇同样的幻境，如何解释？"

"你戴着一枚'猛兽之心'做成的护身符对吗？"

"没错，可是警员……"

"出事之前，他在案发现场捡到了一枚胸针，并没有上报，这枚胸针，便是'猛兽之心'做成的。"

"可是'猛兽之心'与'虚幻空间'有什么关联？"

"二者的组成元素完全相同，不是关联，根本就是同一种陨石，你所佩戴的护身符，就像一道密匙，可以触发幻境。杨教授多年前就已开始布局，而你，是他钦点的开门人。"

"我、我……"

"你们在医院的遭遇，是为了掩人耳目，产生幻境后，不会怀疑到林无畏身上。"

"可这一切，只是你的猜测？"

"钟葭，这就是陨石，我们不可能彻底了解它，一切对于陨石的利用，都是极其危险的。虽然我并不知道林无畏的图谋，但是对于'虚幻空间'的研究，东方研究院一定是最全面的，远比这些民间组织强。否则，我们何必找你？"

"研究院既然早就关注了这件事，为什么等到今天？"

"我们不想打草惊蛇，可眼看事儿就要做了，林无畏却死了。"

"阿蛮除掉他，是为了……"

"没人在意林无畏的死活，不过他死后，对方会变更计划执行人，短时间内,我们很难找到他,这才是问题所在。钟葭,你是杨教授的女儿,我们需要你的帮助。"

"我当然愿意,可是,我并不知道这些事儿。"

"或许,你很快就会知道了,到时候无论他们如何花言巧语,希望你能尽快把消息告诉我。"

挂了电话,杨月钟葭开始寻找父亲留下的"虚幻空间",然而父亲只给陨石编了序号,并没有标明名称,杨月钟葭试图找到"编册本",可屋子里除了陨石,没有别的东西。

"唉……"想了想,她取出手机,拨通座机号。

随着电话铃声响起,眼前的景象又变了,杨月钟葭再度进入完全相同的幻境中。这次,她更加仔细地观察"林无畏",发现他面色苍白、表情呆滞,就像一具没有思想的行尸走肉。

"必须找到这间屋子。"杨月钟葭脑中灵光一闪,忽然想到这条极其重要的线索。

这是一间兼具居住、办公的屋子,问题是,父亲为什么让来访者在卧室等候?如果父亲拥有这套屋产,为什么林无畏住在里面?

想要弄清这些线索,必须找到这间屋子。

杨教授去世后,杨月钟葭继承的所有物品,都是从助理吴燕处获得的,她清点过,跟房产相关的证件一共两份,分别是柳南路的"荣茂天阶"别墅和京基路"御品天成"豪华公寓。

所以,至少还有一套房产,在吴燕手中。

为了表明态度,杨月钟葭半夜拨通了吴燕的手机。

吴燕是杨教授的学生,比杨月钟葭整整大十岁,模样温婉可人,却有极强的执行力,多年来一直担任助理工作。

接通电话后,她并未睡觉,笑着道:"这么晚来电,想我了?"

杨月钟葭小时候特别黏她,用情同姐妹来形容两人的关系也不为过,钟葭父亲去世后虽然来往不多,但每年总要见几次面。

"我没吵醒姐夫吧?"

"没,你姐夫出差了,不在家,出任务回来了?"

"嗯,刚到家没多久。"

"明天你们过来,我包饺子,你最喜欢的龙虾馅。"

"明天估计不行,还有些事情要办,对了姐,我有个事情想问你。"

"你说。"

"我爸去世前,法定意义上继承遗产的,是不是只有我?"

"你……说这话什么意思?"吴燕笑了。

"姐,我不是跟你开玩笑,我得确认这点。"

"杨教授的为人,你应该比我清楚。"

"可是,我并没有完全收到他遗留下来的东西。"

"哦。"吴燕轻叹一声道,"所以,你怀疑我……"

"姐,我从没怀疑过你,不过,如果父亲确实给你留了东西我能理解,也不会追讨。但是,我必须知道……"

"葭葭,我知道说什么你都不会相信,要不然你现在就过来,我保留了所有杨教授生前经手的款项,包括物品买卖,你可以找人审核。"

"姐,你别生气,我是从别人那儿听说父亲手上还有一套房子,是他办公用的。所以,想问问这套房子究竟是怎么回事。"

"哦,你是说'嘉华广场'的写字楼啊,这写字间确实是杨教授买下来的。不过好像是二〇〇四年吧,具体日子我记不清了,他转卖了,接手的是他朋友……"

"是不是姓林?"

"没错,叫什么来着……"

"林无畏。"

"不对,叫林长荣,就是林氏地产公司的副总裁。"

"现在这间写字间,还在他手上吗?"

"这我哪知道,我又不是他的助理。"

"既然是办公间,怎么会有卧室?"

"杨教授有午睡的习惯,就把其中一间屋子改成了简易的卧室。"

"姐,谢谢你了,别生气,回头事儿忙好了,我请酒赔罪。"

挂了电话,杨月钟葭迫不及待打给武明星道:"两个事儿要拜托你。"

"啥事儿,急成这样,马陆呢?"

"没工夫说闲话了,你帮我查下,林氏地产是否在嘉华广场买了一间屋子，如果产权在林长荣名下，想办法让我进去。"

"要偷陨石，都交给我不就得了？"

"我必须亲自去。"

"行，明天等我消息。"

挂了电话，杨月钟葭终于舒了口气，真相离她越来越近了。

泡了杯咖啡，坐在沙发上，没等喝上一口，便睡着了。

一阵手机铃声，将她从熟睡中惊醒。

"喂。"

"可以啊，都中午了还在睡。"武明星笑道。

"我睡得迟，事情怎么样？"

"准备好，我过来接你。"

"能进去了？"杨月钟葭顿时来了精神。

"我办事还能有差错吗？"

梳洗之后换了一身黑色的运动服，杨月钟葭出了小区，在路口等武明星。

"就你一个？"

"马陆受伤了，在医院里。"

"还有这种事儿？"

"最近发生的事情太多，来不及和你细说。"

"林长荣和马陆受伤有没有关系？"

"难说，我认为应该有。"

"林长荣和老刀关系不错，我跟他也见过几次。"武明星道。

"你见过林长荣？"

"他……"武明星想了一会儿道，"跟陨石行业的人牵连很深，反倒是你说的那个林无畏，没听说过。"

"咱俩正好反过来，我是压根儿没听过林长荣，不过他俩都姓林，会不会是亲兄弟？"

"不知道，谁想起来问他家里人。"

"你打算怎么进去？"

"不过就是个写字间，又不是银行保险库，想进去还不容易。不过我顺

陨石猎人 下

带打听了下,这间屋子登记的公司是盛华广告,至今还在履行租约,人从没来过。"

"不出意料,这屋子有人用才奇怪。"

林怀市的写字楼出租率并不高,嘉华广场虽然地处市中心区域,也没见几个人进出,武明星将车子开进地下停车场,一名保安用手电亮了几下,走过来道:"七号货梯。"

到了十六楼,找到对应号码的写字间,武明星取出一把钥匙递给杨月钟葭道:"我就不进去了,需要帮忙打我电话。"

钥匙插入门锁的一刹那,杨月钟葭忽然觉得紧张,开锁时手都在发抖。

一声锁舌响,屋门打开,只见近一百平米的房间里,堆满了各种办公用品,阳光透过宽阔的落地窗洒入屋内,木质地板上铺着一层灰尘,由此可见这地方多久没人来了。

另外隔了三间,推开其中一间,里面空无一物,再推开一间,按照书房的格局装修,应该是父亲的办公间。

当杨月钟葭打开最里一间的木门,幻境中的卧室,一丝不差地出现在她眼中。

实地观察,看得更加仔细,卧房里除了一张木床,另有一个五斗柜和两张木椅,家具是六七十年代的风格。

一目了然的空间,没有丝毫异常,杨月钟葭走进屋里,将五斗柜的柜子逐一打开,里面空无一物,再看床底,除了灰尘没别的东西。

整间屋子没有丝毫线索可用,杨月钟葭总有一种怪怪的感觉,可究竟奇怪在哪儿,也想不清楚,她坐在木床上,苦苦思索,却毫无所得。

"爸,你究竟给这个世界,留下了什么?"

正纠结着,手机响了,一看号码,居然是马陆打来的。

杨月钟葭迫不及待地接通手机道:"怎么,你能打电话了?"

"唉,躺了这么多天,打个电话算啥,你要来,我能表演翻跟头。"

他的声音如此愉快,杨月钟葭忍不住笑出声道:"还在养身体,少贫两句嘴吧。"

"调戏你是最好的养生之道,我正在锻炼身体。"

"讨不讨厌。"

"这都无聊多少天了,我得释放心情,对了,你忙啥呢?"

"我?我在整理家。"

"别开玩笑了,你知道笤帚长什么样吗?"

"我请人打扫屋子不行吗?"

"你啊,就别骗我了,是不是在嘉华广场?"

杨月钟葭愣住了道:"你行啊,怎么知道的?"

"老夫运筹帷幄之中,决胜千里之外。"

"别吹牛了,是不是武明星告诉你的?"

"看破又说破的人,最讨厌了。"

"所以,别装大神,一句话就能揭你的底。"

马陆忽然轻叹口气道:"对不起,这么关键的时候,我没法陪着你。"

"是你救了我的命,谢谢你。"

"怎么突然间又煽情了,画风变得太快。"马陆笑道。

"还不是你。"

"钟葭,答应我,千万小心,好吗?"

"放心吧,我没事儿的,到时候肯定去接你出院。"

两人虽然说说笑笑,可心里的沉重感,彼此都感知得到,挂了电话,她忽然哭了起来。

武明星见到杨月钟葭时,见她双眼红肿,不解地问:"怎么了?"

"没什么。"想想又道,"为什么我接了马陆的电话,会觉得特别难过?"

"想他了呗,这很正常,说明你俩心里真有对方了。"

说罢,他正要发动汽车,杨月钟葭忽然道:"慢着。"

"怎么了?"

"我想起来了。"

"想起啥了?"

杨月钟葭下车就往回跑,再返回房里,她抚摸着房里老旧的家具,喃喃自语道:"爸,您是为了再见到我妈,对吗?"

之所以觉得这间屋子眼熟,并非是对于照片的回忆,早在见到照片之前,自己就曾在这间屋子里生活过,那时候,母亲还在。

自己两三岁时,单位分给父亲一套一居室的宿舍,卧房里摆的就是这些家具。

杨月钟葭依稀记得,那是老爸最快乐的时光,简陋窄小的宿舍里,整天都是欢笑声,直到……妈妈因病去世。

母亲去世之后,老爸沉迷于陨石收藏,整日风里来雨里去,起初把自己丢给几个姨娘照顾,有钱后又请了保姆。他一生都在为陨石奔忙,却并不是别人以为的那样,这不是他的事业,而是他想再见到母亲。

"丫头,没事儿吧?"武明星问道。

"武哥,我想和林长荣见个面,能安排吗?"

"林无畏刚死在阿蛮手里,挑这个时候和林家人碰面,合适吗?"

"我必须见他。"

"那我去联系,安全这块……"

"他不会伤害我的,见面地点就在这里。"

"好。"说罢,武明星取出手机,开始联系。

杨月钟葭就这么坐着,也不知过了多久,武明星道:"刚联系上了林长荣的秘书,他人就在西京。"

"不是巧合,或许,他一直在等我。"

"如果需要我陪你……"

"麻烦你了武哥,我没事儿,我最迟明天给你结算钱。"

送走了武明星,杨月钟葭依旧坐着,不知过了多久,屋门打开,随后一人轻轻走了进来。

"林总?"杨月钟葭起身相迎。

来者四十多岁年纪,身材矮壮,面色苍白,表情略显呆滞。

"钟葭,你好。"他挤出一丝木呆呆的笑容。

"林无畏去世前转给我一百八十万元,这笔钱……"

"这笔钱你留着吧,反正也是杨教授的资产。"

杨月钟葭并不觉得意外,道:"所谓的林氏企业,应该是杨氏企业,对吗?"

林长荣放声大笑道:"林氏企业,可不就是'临时企业'吗?"

"林总,我请你来……"

"我知道,不需要解释,钟葭,我们都是教授的拥趸,如果没有那场意外,或许,他已经改变了这个世界,可惜造化弄人。"

"计划还在继续?"

"我们继承了教授遗志,不过能力所限,一切努力都是瞎折腾。"林长荣笑得有些无奈。

"老刀做的事儿,难道是我父亲的意思?"

"大方向是的,但到了个人这儿,结果难料,毕竟人都是有私心的。摧毁时间……"林长荣冷笑一声道,"这项实验的根本,是以相对论为根本,通过人造极重量态,导致空间发生变形,从而打开虫洞,实现时间旅行……"

"难道老爸打算回到过去去找妈妈?"杨月钟葭愕然。

"很疯狂对吗?可差一点就成功了,教授的过人之处就在于,他是这个世界上最意识到陨石可堪大用的人。他具有超前的意识思维,也是人类中最了解陨石的。"

"你呢,在我父亲的计划中,又担负着什么?"

"我……只是个无足轻重的人,教授最看重的是马二河。"

"林总,如果我要你交出所有资料,你会答应吗?"

"为什么是我?"林长荣笑问。

"这个地方虽不起眼,对父亲却极为重要,交给你,不言自明。"

林长荣微微点头道:"是啊,这里埋藏了教授所有的记忆,他一直活在记忆里,无法自拔,死亡也是种解脱。"

"难道所有的'虚幻空间'藏在这里?"

"这是教授最早得到的陨石,一直摆在家里,所以记录下了他们夫妻的点点滴滴,别人说'活在回忆里'是句感叹,教授却真是如此,也正是因为如此,他才产生了利用陨石与妻子再聚的念头,并为此付诸一生。"

"钟葭,我唯一能交给你的,就是这四句话了。"说罢,他从口袋里取出一张纸条,递了过来,看字迹正是父亲的。

杨月钟葭轻声念道:"一杯酒敬天,因为天生有我。一杯酒敬地,因为地老天荒。一杯酒敬你,因为你美如画。一杯酒敬我,因为我定胜天。"念罢,泪水夺眶而出。

这四句话,字字如石中刀刻一般凝重深邃,父亲对母亲的思念和与之重聚的执念，无不感受得清清楚楚。

待情绪恢复平静，杨月钟葭走到墙边，用手指抠墙，细粉如雪般落下。很快，黑黝黝的陨石露了出来。

"可是，我在屋里打过几个电话，却没有触发幻境。"

"以手机的能量，对一块'虚幻空间'石也只能造成部分幻境，何况这么多的石头。"

"明白了，谢谢你。"

"不用谢，你应该知道这些。"

钟葭擦干眼泪道："可是林无畏呢，他的所作所为和我父亲没有关系？"

林长荣一张脸顿时紧绷，轻叹口气道："这些年，他管着教授留下来的陨石。"

"我家里……"

"那只是极少的一部分，大量的陨石需要有专门的场地储存，他是我的亲弟弟，也是教授的管家，他辜负了所有人的信任。"

"他做的这些事，你怎会不知道？"

"说了你可能不信，这段时间我特别忙，因为一个新项目，林无畏正是利用这段时间做的这些事儿。钟葭，实在抱歉，我辜负了你的期望。"

"我也觉得抱歉，伤害他，实在是迫不得已。"

"不怪你们，是他咎由自取。"林长荣无奈地摇了摇头道，"怪我，太宠溺他，以至于他不懂天高地厚，唉。"

与林长荣虽是头一次见面，却有种老友重逢的感觉，或许父亲的精神一直存在于此，所以见到他就像见到了亲人。

"林哥，能见到你，我特别开心，真的。"

"钟葭，教授一直不让咱们见面的原因，你知道吗？"

"为什么？"

"因为，陨石行业风险极大，保护你的唯一方式，就是让你置身事外。"

"明白了，你放心，我不会给大家添乱的。"

"我相信，你是我在这个世界上，唯一相信的人。"林长荣的笑容虽依旧呆板，却真情流露。

走出嘉华广场，杨月钟葭只觉此生从未像现在这样轻松过，打车去了探

306

星总部,见到王馨悦,第一句话就是:"不用怀疑我爸,他做这些事儿的目的,是为见到我妈。"

"什么?"王馨悦蒙了。

随后的一番讲解,虽然杨月钟葭声情并茂,却并未感动到王馨悦。

"你不信对吗?我有证据。"

"在哪儿?"

众人再度返回嘉华广场,在墙壁中,取出所有被封存的"虚幻空间"。

陨石表面刻有序号,根据序号通过电磁激发而出的幻境,犹如电视连续剧一般,在众人面前一一展现,这种感受对杨月钟葭而言无比神奇,她就像一位时间旅行者穿梭于虫洞中,重新回到自己曾度过的时光。

一切都是生活,没有阴谋诡计。

王馨悦无语反驳,点头道:"我大概相信你说的话了,如果没有新的线索,我会整理成资料交上去。"

"谢谢你,还原我的父亲,他没有错,只是太痴情。"

"嗯,不过从陨石的编号看,'1'不在,所以至少缺了一块,信息链不算完整。"

杨月钟葭正打算说家里还藏了一块,转而又想那块陨石记录的信息和林长荣有关,没必要混入"父母的生活中",脑子一打岔,王馨悦已经告辞离开了。

回到家,她走进地下室,根据形状找出"虚幻空间",石头表面并没有编号,属于"独立收藏"。

如果把所有的"虚幻空间"运回来,需要空出一些空间。于是,杨月钟葭开始归置场地,先将所有陨石贴上标签,随后将石头撤下,开始搬动展柜,然而推开一个展柜时,下方露出一个奇怪的盒子。

盒子大约一米长宽,四面铁皮,底部嵌有两处按钮,盒内是一处造型怪异的铁制容器。

盯着盒子看了半天,杨月钟葭取来那块"虚幻空间",只见石头与盒内容器形状完全契合。

她很快意识到,这是释放电磁能量的设备,专门用以触发幻境,而装盛陨石的容器与石块形状相契合,可以最大程度释放出储存于陨石中的内容。

杨月钟葭将陨石装入其中,接通电源后,开关指示灯亮起,另有一处旋钮装置控制电磁释放强度。

开启电源,将释放值调至最高。片刻,杨月钟葭眼前的景象发生剧变,她又"回"到了那间屋子里。

"林先生,教授请您进去。"吴燕打开屋门道。

杨月钟葭虽然无法行动,却能看到办公间里的情况,只见父亲靠在书桌上,表情有些疲惫,等林长荣走进后他摆摆手道:"小燕,麻烦你去买两杯咖啡。"

等她离开,杨教授忽然抬手指着林长荣的脸质问道:"你怎么办事的?"

"这事儿可不怨我,那小子顽固不化,非得要举报,我劝他了,就是不听。"

"就为这事儿杀人了?"杨教授愤怒地呵斥。

"教授,我冒昧地说一句,为这事儿别说杀他一个人,就是再多的人也得宰了。"

"你……"沉默半晌,杨教授叹了口气道,"二河有没有受苦?"

"没有,我对天发誓,就是眨眼工夫。"

杨教授微微摇头道:"早知道二河如此坚决,我宁可不做了。"

"这事儿开弓没有回头箭,现在后悔没用了。"

"他的家人,你们一定要照顾好。"

"您放心,我们商量过补偿方式了。"

"具体怎么做?"

"他有个侄子,到时候弄进探星,报酬开高点,这种补偿方式不露痕迹,比直接给钱好。"

"嗯,一定要尽快落实。"说罢,杨教授挥了挥手道,"我累了。"

林长荣出了办公间,并未离开,待在卧房里翻看杂志,过了十几分钟,只听脚步声响,老刀、林无畏、庞总三个人走了进来。

他们三个人就像斗败的鸭子,垂头丧气,不发一言,站在林长荣面前。林长荣缓缓放下杂志,站起身,忽然一拳狠狠地打在老刀肚子上。

老刀闷吼一声,跪倒在地。

这一拳打得不轻,老刀捂着肚子半天没起来。

"你们居然敢自作主张?"林长荣愤怒到了极点,脸上的表情却很呆滞。

"呸。"老刀吐了一口唾沫道,"不办了他,我们都得倒霉。"

"什么时候轮到你说了算?真当我死了?"说罢,林长荣居然开始脱衣服。

莫名其妙的举动却让其余三个人感到恐惧,不由自主各自退了几步。

等他脱了上衣,杨月钟葭终于知道三个人为何害怕了,就在林长荣的左腰处,居然有一张人脸。

这张脸,额骨起伏不平,只有一只眼睛,嘴巴和鼻子扁平一团,几乎看不出来。

虽然他极为恼火,怪脸却无法做出任何表情,只能蠕动肚脐眼一样的嘴,可发出声音的,却是脑袋上的嘴巴。

"都给我记好了,无论你们做什么,只要我还在,就必须得到我的许可。"

"我们记住了。"林无畏轻声道。

"滚蛋。"

三人仓皇退出,杨月钟葭面前的景象再度变化,从虚幻回到了现实,只觉双腿酸麻,犹如无数小虫啃噬表皮,也没站多长时间,腿却麻了。

杨月钟葭一看手机,才发现,居然过了一整天。幻境中五个人的对话,感觉不过十来分钟,现实中竟然过了这么久?更令她没想到的是,马二河的死,居然和父亲有关。这叫自己如何面对马陆?

还有庞总,并不是"玩票的有钱佬",而是林长荣的手下,那么,他和林无畏之间唱的究竟是哪出戏?不得消息,坐立不定,得了消息却令人心烦。

但是,最让杨月钟葭感到意外的,还是林长荣,他居然有两张脸,起主导作用的,还是腰间那张诡脸,难怪他表情呆板,原来脑袋上的脸只是个"傀儡"。

接着,又想到林无畏名下的慈善基金,专门资助畸形人,林无畏身体残缺其实是化装效果。难道这都是林长荣掩人耳目的手段?

想想也合理,他的身体畸形实在太可怕了,简直和鬼一样。

一堆信息涌入脑中,根本想不过来了,无奈之下,杨月钟葭拨通了吴燕的电话道:"姐,你认识林长荣吗?"

"当然,他和教授的私交很好,两人常有往来。"

"你觉得他这个人怎么样?"

"不知道,因为每次他来,教授都会把我支走,现在林老板是个大地产商,估计钱都是从陨石上来的。"

不等回话,王馨悦的电话又打了进来,接通后她道:"刚查到一份老刀的转账凭证,他在探星担任队长期间,有贪污公款的嫌疑,而且金额不在少数。"

"人死债消,说这个没意思。"

"如果这些钱是转给马陆呢?"

"啊……这怎么可能?"

"转账单据明明白白,而且这件事不难求证,对吗?"

老刀这么做,极有可能是为弥补杀害马二河的罪行,可一旦查到老爸身上,马陆还不恨死自己。

"钟葭,你觉得他俩是在合谋侵吞公款吗?"

"马陆不是这种人。"

"我大概和你说下情况,这里的金额牵涉有数千万,足够判马陆无期了。"

杨月钟葭心里乱成了一锅粥,不说,眼睁睁看着马陆进监狱,说了,两人从此形同陌路。

这可是一次进退两难的选择。

忽然,杨月钟葭心念一动道:"给我一点时间,这件事我能解决。"

"行啊,反正我这儿还有很多资料要查阅。"

挂了电话,杨月钟葭去到车库,上了一辆保时捷跑车,这是父亲送给她的生日礼物,直到今天才第一次开。

"林哥吗,我想和你见个面。"

"怎么,又有什么事儿了?"

"还是当面说罢,电话里不方便。"

"好,我就在嘉华广场二楼咖啡厅等你。"

挂断电话,杨月钟葭驾车而出,然而还没出小区,就收到了吴燕的短

信,她道:"对不起,我骗了你,林长荣是我的前夫。"

一声刹车响,车子停在路边。

又一条短信发来:"我一直纠结是否应该告诉你,因为这是我一辈子的噩梦。"

"我能理解,谢谢你的坦诚。"杨月钟葭回复。

"外人是无法理解的,钟葭,这个世界上最复杂的就是人,林长荣的行为确实有太多疑点,可我还是要劝你放弃对他的调查。否则,你迟早会深陷其中的。"

"姐,能说得更细一些吗?"

"我只是个普通人,无力改变任何事情,唯一担心的就是你会受到伤害。放弃吧,你永远不可能胜过他。"

"这不是打擂台,我只是在做一件必须要做的事情,姐,我必须把一些事情搞清楚。否则,对不起为了我躺在病床上的伙伴。"

过了很久,吴燕回复道:"你想明白,我不拦着,不过你必须知道,和老刀相比,林长荣是个彻头彻尾的疯子、神经病。他压根儿不是人,而是一个魔鬼。"

"谢谢姐的提醒,我会保护好自己的。"

杨月钟葭再度上路,很快到了约见地点,林长荣挥手示意后道:"喝什么咖啡?"

"不用了,我说几句就走。"

"什么事儿,急成这样?"林长荣笑呵呵地问。

"我只想知道,你们为什么要除掉马二河?"

"你……"林长荣呆板的笑容顿时凝固了。

"钟葭,有些话可不能乱说,诽谤是很严重的违法行为。"

"包括父亲在内的所有人都想他死,而真正的执行者是老刀,对吗?法理上你们是无罪的,这不是威胁,我只想知道,父亲究竟是怎样一个人。"

林长荣沉吟良久道:"钟葭,每个人总有缺点和弱点,教授也一样。但这不妨碍他的伟大,既然你想彻底地了解教授生平,我可以告诉你,但愿你不会后悔。"

"真实的痛苦,远胜于虚假的幸福,这是父亲告诉我的。"

311

"教授是个特别真实的人,他一生都在为感情付出,至于二河,他是个理想主义者,把事业当成信仰,总觉得自己是这世上最崇高的人。这种人其实特别让人讨厌,因为他把自己的标准凌驾于所有人之上。"

"他为什么要阻拦你们?"

"教授既然想利用陨石再与师母团聚,必然涉及陨石的研究开发。二河认为,不能彻底了解管控陨石能量前,不该开发陨石的能量,这就是我们矛盾的由来。"

"父亲确实纵容了你们?"

"如果陨石研究出了成果,足以改变人类文明进程,我们所有人都会是受益者。"说到这儿,林长荣苍白的脸都在闪光。

"所以我爸是为了情,你们是为了利?"

"没错,我就是为了利,巨大的利益。"

杨月钟葭叹了口气道:"就算老刀将冷心石的作用发挥到了极致,你们没有从中获得任何好处吗?"

"这是一场巨大的赌局,愿赌服输,进场的时候我就想明白了,现在资金链濒临断裂,所有项目全部触礁,可我不后悔。因为这一切,是延续教授的意志,钟葭,这本该是你的责任,对吗?"

"把姓庞的交给我,我不再追究你的所作所为。"

"庞庄?"林长荣眉头略皱道,"为什么是他?"

"他有预谋地伤害了马陆,也差点害死我,这笔账得算清楚。"

林长荣想了想道:"我确实不知道他在哪儿,给我几天时间。"

"林哥,这个人特别重要,所以别敷衍我。"

杨月钟葭离开后,林长荣的表情似有些阴晴不定,静坐片刻,他拿起手机拨通了一个号码。

"庞庄必须消失。"

第二天,杨月钟葭将手头所持有的现金转到另一张卡上,之后拨打了很长时间电话,聊完,又买了咖啡赶往探星总部。

"谢谢,一夜没睡我都快困死了,这杯咖啡来得正好。"王馨悦笑道。

"有没有什么进展?"

"暂时没有,你对马陆接受公款的事儿怎么看?"

"他是无辜的。"

"我相信,不过牵扯到钱,浑身是嘴也说不清。"

"你一定会帮他的。"

"为什么对我这么有信心?"

"因为,我手里也有牌。"

"哦,我很感兴趣。"

"给我几天时间,到时候,你会知道一切。"

"好,一言为定。"

两天时间,杨月钟葭窝在家里连家门都没有出过,她耐心地等着对方自投罗网。她之所以有把握,是因为抓了对方的"辫子",就算他们不情愿,也必须来。果然,第三天傍晚,正在做美甲的杨月钟葭接到了王兴海的电话。

"王大哥的精神病好了?"

"妹子,就别开我玩笑了,实在惭愧。"

"惭愧?什么意思?"

"是我错了行不行?我向妹子郑重道歉,愿意接受任何惩罚。"

"我真不知道你在说什么。"

王兴海当然明白她的意思,道:"我认栽,说吧,究竟怎么做,你才肯帮我?"

"你说呢?"

"马陆受伤,是我使的坏,可他已经这样了,我就是……"

"别扯没用的,捡要紧的说。"

"唉……"他重重叹了口气道,"是林无畏下的命令,让庞总做局,把你们三队人马引去东临石窟,利用杀人潭,悄无声息地除掉你们。"

残酷的真相,总是令人心惊肉跳,杨月钟葭震惊良久才道:"拓片已经给了林无畏,为什么还要除掉我们?"

"要杀的人里不包括你,也和拓片无关,真正的原因,是那些蝴蝶石。这世上的陨石猎人团队,只有你们见过蝴蝶石,所以必须除掉。"

莫名其妙又把蝴蝶石扯了进来,杨月钟葭正要继续追问,王兴海道:"没有庇护,我再不会说一个字。"

"你们三个一起?"

"是的,如果你同意见面,明天上午,我们在立山酒店等你。"

这三个人,就是庞庄、王兴海、王立旺。

之所以将他们引了出来,就是通过消息传递,让林长荣认为庞庄身份暴露,促使其下手灭口。这些人无路可逃,只能回过头来找杨教授的女儿寻求帮助。

成功逼出三位隐藏在暗中的帮凶,杨月钟葭松了口气,和马陆通了电话。

确认没有警察在场,她道:"终于能为你讨回公道了。"

马陆平静地道:"这些人不过就是傀儡,真正的凶手,鬼才知道是谁。"

"案子是一步步查清楚的,只要这些人愿意作证,幕后真凶迟早会被揪出来。"

"钟葭,你真打算彻底调查林长荣?他可是杨教授的代理人。"

"无论什么原因,都不应该伤害别人,尤其是你。"

"可是,他掌握了教授大量的研究成果,如果因为这件案子,连累了教授的成果……"

"如果父亲的研究成果和犯罪扯上关系,就应该被取缔。"

"你想清楚了,将来别为这个后悔。"

"我想得很清楚,明天就劝他们三人自首。"

挂了电话,杨月钟葭长舒一口气,压在心头的负罪感轻了几分,之后又做了一顿精美的晚餐,独自享用后便早早休息了。

夜里,她做了一个奇怪的梦,从不抽烟的父亲,愁眉紧锁一根接一根地抽着烟,无论如何劝阻,他始终不发一言,也没有掐灭香烟。

醒来后,杨月钟葭来回琢磨,觉得这个梦可能暗指父亲做的事儿,并没有得到自己的认可。

之后她再也睡不着,于是起床,看时间才凌晨四点多,正打算去晨跑一圈,手机响了。

接通电话,王兴海的声音传来:"打搅你休息了吗?"

"没,我起床早。"

"这一趟走得比较顺,我们提前到了,701 房。"

"好，我尽快赶到。"

杨月钟葭假装心静如水，却恨不能飞到宾馆，洗漱后连头发都没打理，就出了门。

马路上空空荡荡，车开到限速最大值，很快便到了约定的房间门口，她调整了一下情绪，按下门铃。

然而没人开门。

再按几下，仍旧没有动静。

"是不是搞错了？"杨月钟葭拨通了王兴海的手机，从房间里传出来电话铃声，却无人接听。

她暗道："不好。"立刻找楼管，让他打开701房间的门。

楼管当然拒绝，杨月钟葭急道："屋里可能出了人命，现在开门或许还有得救。"

见她态度坚决，楼管心里也犯了嘀咕，联系主管得到准许后，打开701的房门。

这是个标准间，站在门口可看到房内的所有景象，只见三人一动不动地站着，虽睁着眼，可眼神呆滞空洞，脸上挂着一丝怪异笑容。

三人的呼吸、心跳无碍，可任凭外人如何呼喊，甚至拍打，也没有半点反应，就像失去灵魂的行尸走肉。

"他们是不是中邪了？"楼管道。

经理狠狠地瞪楼管一眼道："胡说什么！咱们酒店开多少年了，怎么可能中邪？"

楼管低着头不敢说话了，经理呵斥他道："发什么愣，赶紧打电话给医院。"

杨月钟葭道："医院的人来也没办法。"

"那也得……"

"先别急，让我先试试，不过需要你的配合。"

"成，你说，需要我做什么。"

"先把这屋子里的电断了。"

"麻烦你赶紧走，别在这儿添乱了。"经理没好气地道。

"如果把医生找来，肯定会有乱七八糟的闲话传出去，对你们宾馆的名誉会造成损害的。"

"谁会传？这就是个小概率事件。"

"我。"说罢，杨月钟葭举起手机，对着呆若木鸡的三个人连拍了几张照片。

"这些照片如果挂在网上会怎样？对了，我还可以把素材提供给网络写手、挖空心思找骇人听闻消息的新媒体编辑。总之，我有一百种手段，能让这消息在网上传播。"

经理的脸上一阵红一阵白，他强忍着怒气道："咱们无冤无仇的，这又何必呢？"

"相信我，这事儿真不能以常理去看，但是，我有把握解决这里的问题。"

"唉。"经理叹了口气，举起对讲机，通知电工切断701房的电源。

然而这招并没有效果，三人依旧呆立不动，杨月钟葭沉思片刻道："能不能同时切断三层楼的电源，只需要一分钟就好。"

"你疯了？这么做我会被开除的。"

"一分钟而已，这个点，大多数人还在睡觉呢。"

"我算是上贼船了。"他抱怨着拿起对讲机……

然而十几秒钟过去，经理依旧一动不动地站着，连表情都没变化。

杨月钟葭顿时反应过来，走出屋子，只见走廊上的服务生和电工也是一动不动地站着，犹如定格的图片。

酒店，忽然变得死一般寂静，杨月钟葭浑身寒毛直竖，立刻朝电梯间跑去，然而没等她跑出几步，就见走廊尽头人影晃动，身着便服的林长荣走了出来。

"你、你想怎样？"杨月钟葭停住脚步，慢慢向后退去。

"唉，这句话应该由我问才对，钟葭，你到底想怎样？"林长荣似有倦意，语气无奈地道。

"很多人都知道我来这里，如果你敢伤害我……"

"如果我要伤害你，你早和这些人一样了。"说罢，他指了指那些呆立的人。

"林哥，我知道你忠于我的父亲，可你不能助纣为虐。"

林长荣微微一笑道:"咱们进屋聊吧,放心,宁可我死了,也不会伤害你的。"

他当先走入701房,杨月钟葭犹豫片刻,还是跟了进去,分别坐下,他道:"我们对于陨石的研究,早有突破,别说这些人,就是比他们厉害十倍的人,在我眼里也是蝼蚁。"

"我相信。"

"钟葭,别老是站在我对立面,咱们根本就是一体的。陨石虽然在我手上,可终归会交给你。而你,注定会成为世界的女王,无论多么强大的人,都会拜倒在你的脚下。"

"这不是我父亲要的结果。"

"当然,教授没那么大的野心,不过当他决定开发陨石为己所用,就必须接受一切结果。"说着话,他竟然从腰间抽出一把装着消音器的手枪。

"你、你……"

"别怕,只是为了展示陨石能量的强大。"

说罢,他忽然举起手枪,对着庞庄的太阳穴扣动了扳机。

突然发生的枪击案,吓得杨月钟葭一声尖叫,差点没晕过去。

随后又是两枪,王兴海和王立旺一个没留,鲜血脑浆溅满了墙壁,三个僵立不动的人,摔倒在地。

林长荣随手将冒着烟的手枪丢在地下,淡然道:"叛徒就是这个下场。"

"你个疯子、神经病!"

"钟葭,如果你知道我们的事业,会亲手干掉他们的。"

"我永远不会杀人,永远不会做触犯法律的事情。"

"法律……"林长荣嗤笑一声道,"法律的本质和陨石能量其实相同,只不过是人类造出来用以控制另一些人的能量而已,当我足够强大时,我说的话就是法律。"

"林哥,如果你想当国王,与我和父亲没有一点关系,别把我们扯进来。"

"国王……"林长荣微微摇头道,"我从没想过,我要的是主宰世界,不过不是为我……无论你是否愿意,这一切都将是你的。"

林长荣正要离开,杨月钟葭道:"为什么如此忠于我的父亲?"

"我一直觉得,世上最丑陋的物种就是人类,他们自私、贪婪、懦弱、愤怒,是所有缺陷的来源体,不过其中却有一项品质堪称完美,那就是忠诚,算是我留给自己唯一的礼物吧。"

杨月钟葭冷笑一声道:"你忠于父亲,是因为他对你很好,甚至愿意重用你。"

"没错,教授投之以桃,我报之以李。"

"遇到父亲之前,你受尽了白眼,所有人都拿你当怪物看。所以,你觉得世界是黑暗的,而父亲以常人对待你,甚至委以重任,这些平常不过的情感,对你而言却极其重要。所以,你才会如此感激他,对吗?"

林长荣的脸像是被冻住了,表情变得又冷又僵,沉默片刻,他叹了口气道:"钟葭,何必伤我?"

"我不是冷漠的人,也同情你的遭遇,可我不会因为你天生的缺陷,原谅你做的所有错事,林哥,现在收手还来得及。"

"现在收手,那才是真疯了。"林长荣笑道。

说罢,他没有停留,径直离开了,走后没多久,头顶的吊灯忽然极速闪烁了几下,"啪"的一声,灯管炸裂了。

一堆碎玻璃如雪片落下,与此同时,僵立不动的经理忽然恢复了知觉,他看到三具尸体,吓得失声尖叫,见鬼一般跑出房间。倒是楼管探头探脑地看了一眼,轻声叨念了一句:"我的妈呀!"脑袋一缩,溜了。

杨月钟葭心知走不了了,反倒坦然,静静地坐在椅子上,等警察来。

很快,警笛鸣响,随后三名警察当先进屋,其中一人身着便装,观察现场后道:"这三个人是你杀的?"

"杀死他们的是林长荣,林氏地产的董事长。"

"哦。"他并没有明确质疑或是肯定,只是取出乳胶手套,戴上后拿起手枪道:"枪柄上应该有林长荣的指纹了?"

"没什么事儿是应该的,他也不是傻瓜,作案时肯定戴着手套。"

"有什么证据可以证明你的说法?"

"我想不到。"

警察点点头道:"来的时候我问过值班经理,他说这间屋子除了他,只有你进来过。"

"他应该产生了幻境,对吗?"

"幻境?"三名警察互相对视一眼,各自露出奇怪的神情。

便衣走到杨月钟葭面前轻声问道:"你有没有吸毒史?"

杨月钟葭脑子"嗡"地一下道:"你不相信我说的,可以问酒店经理。"

"好。"便衣扭头道,"去把经理叫来。"

很快,经理来到房间门口,便衣问:"刚才你有没有见到什么幻境?"

"幻境?当然没有,我就看到这三具尸体。"

"怎么解释?"警察又问钟葭。

杨月钟葭急得冷汗一股股往外涌,还是低估了林长荣的手段,既然敢杀人,他早就想好了退路。

"走吧,去警局慢慢说。"便衣取出手铐。

"我要见律师。"

"放心,都会有的。"

杨月钟葭生平第一次被手铐铐着带回警局,暂时被羁押在审讯室里,过了没多久,律师到场。

"我和杨教授合作多年了,我叫宇飞。"一名四十来岁长相儒雅的男子坐在杨月钟葭对面。

"宇律师,我没有杀人。"

"现场确实没有目击者看到你杀了人,不过证据链对你极其不利。"

"我是被人栽赃陷害的。"

"警方调取了录像,如果林长荣确实来过,会有录像……"话音未落,律师忽然僵住了。

杨月钟葭心头一震,朝头顶吊灯望去,只见雪白的灯光并未发生闪烁。

"咔嗒"一声,审讯室的大门被人从外捅开,林长荣平静地站在门外。

"你、你……"杨月钟葭是真的怕了,相比于那些穷凶极恶的人,林长荣就像一个超人,拥有着人类难以企及的能力。

"市局又如何?还不是来去自如。"他笑道。

"你究竟要怎样?"

"我只是接你回家而已。"

林长荣上前打开手铐道:"跟我走吧。"

说罢他当先走出审讯室,杨月钟葭迟疑片刻,也跟了出去,只见满屋子的人个个立定当场,动也不动,整栋警局,只有电视里传出的声响。

"你要是再敢杀人,我……"

"我又不是变态杀手,不会伤害无辜的。"

他并未走出去,而是来到警局的信息科,走进房间,只见四个人挤在电脑前一动不动,电脑屏幕里播放的,正是酒店的监控视频。

林长荣点开进度条,直接拉到他出现的画面,通过编辑软件删除了整段画面,杨月钟葭就在旁边看着,却丝毫没有办法。

随后林长荣搓了搓手笑道:"说什么都没用了。"

"你简直太卑鄙了。"杨月钟葭气得几欲晕厥。

"现在你是连杀三人的逃犯,愿意收容你的,只有我了。"林长荣龇刻地笑道。

"栽赃陷害我,对你有什么好处?"

"这不是栽赃陷害,而是争取你的加入。钟葭,这个项目如果没有你在,就没有继续下去的意义了。"

第十七章

重力锁眼

杨月钟葭心知绝非林长荣的对手,只能认怂,暗中寻找对付他的机会。

"林哥,你辛苦做事,我坐享其成,不合适吧?"

"我做的都是杨教授留下来的事儿,交给你,物归原主罢了。"说罢,他又指了指周围道,"钟葭,今天我对你做的事情,绝不是栽赃陷害,而是通过手段,迫使你接受应该属于你的一切,虽然你会恨我,不过多年后回头再看,你一定会感激我。"

"嗯,其实道理我也明白,之前推辞,是因为心里没底……"

"不用解释,我能理解,我对你而言就是个陌生人,不可能初次见面就毫无保留地信任,不过我已经证明了自己的能力。钟葭,这次一旦成功,你知道意味着什么?"

"林哥,我可以踏踏实实地跟你创业,前提是咱们得坦诚相见。"

"当然,我对你绝不会有任何隐瞒。"

杨月钟葭抽出一把座椅,稳稳坐下道:"那就聊聊。"

"你想知道些什么?"

"我的第一个问题。"杨月钟葭假装想了一会儿问道,"听说林哥有先天残疾,是真还是假?"

林长荣的脸色顿时绷紧,愤怒到了极点,然而,强忍着没有发作,道:

"这算隐私了,不过我既然答应你没有隐瞒,一定做到。"说罢,他脱去外衣,露出与众不同的第二张脸。

幻境中,林长荣尚且年轻,随着年纪增长,生长于左胸的脸已见衰老,独眼下的眼袋耷拉下来,犹如多了一块肉。

"如你所见,我可能是这世上最丑陋、怪异的畸形人,所以我很少与人分享这一秘密。"胸口那张脸,努力蠕动嘴巴,发出含糊不清的声音。

"为什么会有两张脸?"杨月钟葭故作镇定。

"因为我和我的同胞兄弟,因为某种原因,同卵没有分裂,所以长在了一起,只是我的身体没能生长完全,就被他彻底吸收进了体内。阴差阳错的是,我们神经系统融合后,他反而失去了对身体的控制权。"

"所以,你们一个具有肉体,一个具有精神?"

"无论多难,我们俩都活着,没被这个残酷的世界打败。"说罢,两张脸同时露出怪异的笑容,看得杨月钟葭寒毛直竖。

林长荣穿上外套道:"这个问题的答案,你已经知道了。所以,接下来的问题是什么?"

"林无畏暗杀三队猎人的原因?别再说你不知道。"

"三拨人都知道蝴蝶石,这是绝不能被人知道的极品宝石。"林长荣笑道。

"不过就是一些岩石,而且储量巨大,能有什么价值?"

"在懂它的人眼里,蝴蝶石的价值无可比拟,而拓片记载了蝴蝶石的秘密,我们想尽办法拿回来,也是为了避免消息外露。"

"拓片竟然和蝴蝶石有关?"

"没想到吧,这就是我们行业迷人之处,你根本不会知道将要发生的事情,所有人都是闭着眼开飞机,撞到哪儿算哪儿。"

"那就,聊聊蝴蝶石吧。"

林长荣笑道:"有些事儿靠嘴说,有些事儿靠做。钟葭,想弄清楚蝴蝶石,只能靠自己了。"说罢,他转身出屋。

"站住,你走了,这些人怎么办?"

"这些人很快就会恢复知觉,他们并不知道这段时间的停滞。所以,你将成为罪犯,是走是留,你自己看着办。"

杨月钟葭低声骂了一句，边走边道："我还有选择的权利吗？"

"你是被逼上王座的，这种好事儿，怎么就没让我遇到？"

出了警局，只见马路上车水马龙，林长荣走到停在路边的一辆破旧的皮卡车旁，扯掉贴在车窗上的罚单道："什么玩意儿。"便随手丢在地上。

杨月钟葭正打算上车，就见一名交通协管远远地朝他们走过来，她暗中冷笑一声道："你能不能把这一条街的人都给定住？"

"你当我是太乙真人呢。"

"那麻烦来了。"杨月钟葭指了指朝他们走过来的协管。

"对这次处罚有意见，可以去交警队投诉，如不接受处罚，会被吊销执照的。"协管说道。

林长荣笑道："你们协管，没开罚单的权力吧？"

"罚单是交警开的，我只是提醒你，按时交纳罚款，否则吃亏的只能是你。"

"这世上，能给我开罚单的人，还没从他妈的肚子里出来呢。"

如此"猖狂"的人，协警还是第一次遇到，不免动了火儿道："如果你不捡罚单，我立刻上报。"

"成啊，我等你。"

协警气咻咻地取出报话机，没等举起，就听"啪"的一声脆响，一阵火星从对讲机中喷涌而出，烧得他嗷嗷叫疼，赶紧丢了出去。

林长荣哈哈笑道："演滑稽剧呢？"

协警气得浑身发抖，却也无话可说，只能看着破皮卡车冒着一股黑烟扬长而去。

"这是去哪儿？"

"该去的地方。"

"然后呢？由我继承一切？"

"当然，否则我做这些事还有什么意义？"

"我还是想不明白，如果真打算把这一切交给我，又何必搞得这么曲折，在我加入探星时，直接告诉我不就得了？"

"你主动要求加入探星，出乎我们意料，把原有的节奏打乱了，否则，最多不过半年，我就会尝试着跟你接触了。事实证明我错了，没有在探星这几年的经历,你应该更容易接受我的提议。"

"所以,你们除掉马陆,不仅是因为他见过蝴蝶石,对吗?"

林长荣愣住了,过了很久才道:"钟葭,我确实打算干掉马陆,既不是因为蝴蝶石,也跟你无关,而是他的二叔。"他叹了口气继续道,"马二河的思想,跟我完全不同,如果他和马陆说起过队里的事儿,对我而言就是个威胁。"

"他绝对没有说过,因为马陆从没说过这方面的消息。"

"或许是我多心了,但这种事儿,可错不起。"

"这么说,马陆非死不可了?"

"你不来,他就得死,不过,现在无所谓了。"

"看来,我根本没有拒绝你的可能。"杨月钟葭无奈地道。

"当你决心做一件事,必然势如破竹。"林长荣边说边取出一张纸条递给她。

展开来,只见上面写着"天煞五万,地煞十万,迷迷茫茫,无边无沿"。

"什么意思?"

"其实得到拓片后不久,教授就破译了这四句话,只是对于描述的本质不能理解。"

"这四句话……"杨月钟葭想了想道,"总觉得有点眼熟。"

林长荣笑道:"看似莫名其妙,不过和蝴蝶石,是不是有某种说不清道不明的关系?"

"没错,好像是的,难道这四句话描述的是幻境?"

"不愧是教授的女儿。"林长荣赞许地点点头道,"拓片的制作者,描述的就是蝴蝶石造成的幻境,前两句描述的是整座山洞里蝴蝶石的数量,后两句描述的是蝴蝶石造成的幻境,而这四句话的根本,是对人精神的控制。"

"蝴蝶石只是造成幻境,如何控制人的精神?"

"一切事物,只有发掘它的内在,才能掌握根本,否则流于表象的研究毫无意义。"说话间,车已开到高速公路入口,林长荣在加油站旁停了车道,"还有很长的路要走,先吃饭。"

吃了一顿索然无味的盒饭,将皮卡油箱加满油,两人再度上路,搞清楚了行驶方向,杨月钟葭道:"又回到铁弓山了?"

"没错,铁弓山是一切起始的源头,当年教授手下共有八名猎人,号称'八大金刚',其中三人死在了铁弓山内,只留下我、老刀、马二河、林无畏、庞庄……"

"算上林无畏,四个了。"

"没错。"林长荣苦笑道,"损失惨重啊,不过,同样回报惊人。"

"林哥,你有没有想过,其实平平淡淡的生活也挺好。"

"我做梦也想不到那种日子,咱们不一样,你活在太平盛世,体会过人间的美好,而我这种人,有谁会善待?所以,注定要活在风雨中。"

"因为……你身体的问题?"

"他们甚至不承认我是人,如果不是教授和兄弟们,我会比流浪狗死得更惨。"

杨月钟葭叹了口气道:"林哥,我真的很同情你。"

"不需要,教授已经对我很好了。"

"我的同情,不是因为你身体的缺陷,而是父亲对你犯下的大错。"

林长荣笑了,道:"钟葭,我愿意为教授毁了这个世界,一两句挑拨的话根本没用。"

"我当然相信,因为父亲的手段实在是太高明了。"

"哦,那你仔细说说这其中的道理。"

"林哥,我父亲选择你继承事业,并非对你另眼相看,而是他早料到,你那具受伤的灵魂,会让人癫狂地坚持毁灭这个世界的理想。说白了,他早就知道你是个疯子,所以才选的你。"

林长荣的手剧烈地抽动,使方向盘偏离了方向,但他反应也快,立刻反打一把,车子左右摇晃着滑行,总算没撞上高速护栏。

待车子平稳,林长荣呼呼喘着粗气,两眼一动不动地瞪着前方。

杨月钟葭没再说话,貌似平静地望着车外,右手悄悄握住座位下的梅花套筒。

片刻,林长荣晃了晃脑袋,深呼吸几次后勉强挤出一丝笑道:"这只是你的想法。"

"你知道我说的是对的,只是不愿承认罢了。"

"啪",他狠狠地敲了一下方向盘,满脸愤怒,不发一言。

陨石猎人 下

随后一路,两人再没说过一句话,到了铁弓山下,天色已晚,只见四周又布了铁丝网,到处都是"危险!禁止上山"的标识牌,来往巡逻的安保人员,比之前多了许多。

"这座山,是林氏企业的私产,现在充公了?"

"教授留下的资金,这些年我们一直在做投资,而且非常成功。"

"说真的,我一直以为你们是大地产商。"

"不过可惜,所有资金全部丢在这座山里,没钱继续了。"说罢,林长荣叹了口气。

林氏地产资金链断裂,居然是搞科研的结果。杨月钟葭哭笑不得道:"一名成功的商人,是多少人梦寐以求的结果,你这是何苦呢?"

"说不喜欢钱那是假的,地产公司成功之后,我偶尔也动过在地产行业混下去的念头。不过,陨石的魔力实在无法抗拒,逼着我把把'梭哈'。"

"'梭哈'的结果,有可能一赢到底,也有可能输个干净。"

"无论输赢,都得轰轰烈烈。"林长荣正准备熄火,两名保安走了过来。

这可不是四五十岁下岗再就业的中老年安保,而是年轻强悍的特警,还带着枪械。

"这里不许停车。"

"我有这座山的承租权。"林长荣递出一份报告。

"我们得到的指令是安全区地面的清理,这里不允许停车,有投诉建议,请往前七百米,有专门的人员记录备案。"

"好的,谢谢。"林长荣并未展示他的"超能力",发动汽车,向前行驶。

"就这么算了?"

"否则呢?和拿枪的人硬杠,你当我疯了?"

"警察也有枪,没见你怕。"

"别急,还没到唱戏的时候。"

车子沿着山脚缓缓开动,绕了一圈后,又回到原来位置。

"这一路,有多少安保人员,你注意没有?"林长荣问。

"没有细数,但是人不少。"

"这是个极佳的试验场,面积大,人流少……"

"你们怎么又回来了?"两名特警再次走过来,手按在腰间的防爆棍上。

"哦，看看风景。"林长荣笑道。

"消遣我们呢？"小伙子怒了。

"言重了，我可没这个胆子。"

林长荣正要推开车门，一名特警抽出棍子，抵住车门道："赶紧走，立刻。"

林长荣伸了个懒腰笑道："如果我不走呢？"

两人使了个眼色，其中一人退后半步道："立刻下车。"

"刚才我下车你不让，现在又要我下车，耍猴呢？"

年轻人终归是血气方刚，被人挑衅，立马就急眼了，一把拉开车门，准备拽人，可身子刚刚弯下，就愣住不动了。

杨月钟葭问道："你用什么办法触发了'虚幻空间'？"

"舍得下本钱，总有解决的办法。"

"所以，从房地产市场赚的钱，全用来研究这些了？"

"是啊，科研项目最耗资金，往往投入巨资，却毫无回报，我们算幸运了，起码得到了十成中的两成。"

林长荣一把将人推倒在地，从驾驶室走出，指了指铁弓山道："敢和我一起进山吗？"

"有什么不敢的，你带路。"

走到山脚下，杨月钟葭问道："林无畏为什么要招一帮记者来这里？感觉有点无厘头。"

"那小子是为了出风头，他打算让记者报道山里的情况，把消息提前散出去。"

"为什么？引起有关方面的注意，对这个项目有什么好处？"

"他是为了逼我。"

"逼你？"

"无畏思想激进，所以做事儿不计后果，他认为项目推进应该迅速有效，而我觉得不能操之过急。"

"所以，他通过逼宫，让你不得不加快进度？"

"是的，他不愿意再等，因为他得了晚期胃癌。"

"啊……"

"我说过,他就是这么任性,一辈子如此。"林长荣苦笑一声。

"他的目的达到了。"

"打了我一个措手不及,不过,他的想法我也能理解,我们烧掉了所有可用的资金,他觉得等下去就是死路一条,不如搏一把。"

"就算有人知道了,也没人给你们提供资金。"

林长荣笑道:"如果我是个疯子,这世上的疯子肯定不止我一个,对吗?"

"这倒是真的。"

林长荣迈步朝山上走去,他并不担心隐匿在暗中的黑色闪电,大步流星地走着,夜色中的铁弓山,没有灯光,黑得伸手不见五指,杨月钟葭有些心虚,总觉得那些神秘的"带电体"就隐藏在骏黑的山路中,随时会一跃而出,把自己电得粉身碎骨。

一路走到山顶,并没有遇到任何状况,在一株高大的合欢树前,林长荣停下脚步道:"大自然造就了一切神奇,这话对吗?"

"你敢在这种地方出声?"

"当然,这是我的地盘。"说罢,林长荣不知从哪儿摸出来一把铁斧,砍起了树干,一下下斧头劈砍,发出"咔咔"声响,不但响,还有回音。

"你疯了?"

"钟葭,我来这儿不是为了自杀的,所以不用担心没发生的危险。"

"可是那些黑色闪电……"

"我肯定比你了解山里的状况,既然我不怕,你也不用担心。"

说罢,林长荣继续劈砍树干,声音越来越响,然而,确如他所言,随声音而动的黑色闪电并没有因此出现。

"这是怎么回事?"杨月钟葭惊讶地问道。

"钟葭,你看清这棵树,这是一段记号。"

"记号,什么记号?"

"就是你记忆中的记号。"话音未落,杨月钟葭面前忽然一阵翻天覆地的变化,她猛地睁开眼睛,却发现自己依旧坐在车里,林长荣表情淡然地抽着烟。

"刚才是怎么回事?"

"记号,你还记得吗?"

"当然。"

"好,上山吧。"

"上什么山?我们究竟什么时候从山上下来的?"林长荣并未回答,推开车门,朝山上走去。

"你站住,到底是怎么回事?"杨月钟葭跟了出去,只见所有的安保人员如雕塑一般呆立当场,却并没有人被推倒在地。

这次林长荣上山的速度更快,只用了十几分钟便走到了山顶,杨月钟葭累得心脏怦怦直跳,深深吸了口气。

"刚才你上山,有没有觉得疲累?"

"嗯……没有。"

"有什么感觉?"

"好像什么感觉都没有。"

"这就是记号的重要性,它能让你精准地分辨出究竟是处于现实还是幻境。"

"啊……难道,刚才我在幻境里?这也太真实了。"

说着话走到合欢树前,只见整株大树完好无损,不见破损。

杨月钟葭走上前,轻抚树干道:"这才是'虚幻空间'真正的作用?"

"'虚幻空间'可以通过电磁触发,记录当时场景里发生的一切,就像摄录机,也能创造幻境,最可怕的在于,身入其中者,并不觉得一切行为来自幻想。如果你没有发现记号,就会永远沉溺其中。"

话音未落,杨月钟葭眼前景象再度发生变化,眨眼间,面前的合欢树又变回被铁斧劈砍后的状态。

"这……到底哪个是真的?"杨月钟葭糊涂了,她用力掐了一下手背,疼痛感清晰传来。

"只有记号存在的世界,才是真的。"

"难道刚才那次上山才是幻境,可是疲累感……"

"如果没有真假难分的体验,又怎能让人彻底沉眠?所以触发'虚幻空间'之前,必须寻找记号,否则控制者自己都有可能陷入其中,无法自拔。"

"警察、保安,都是进入了真假难辨的幻境中?"

"对他们而言,办案、巡逻的过程一丝不差,甚至会回家、与人应酬,生活有条不紊地继续。所以,幻境与现实切换的过程中,不会发生断层。"

"怎么可能?"杨月钟葭只觉得浑身阵阵发冷。

"这是神技,对吗?"林长荣的笑,不再呆板,而是非常灿烂。

"可是……如果在幻境中遇到熟人,突然回到现实,不就露馅了?"杨月钟葭企图找到破绽。

"绝无可能,因为进入幻境后,人的思想意识会变得极其缓慢,就像深度睡眠中的脏器。所以,你在幻境中感受到的时间,远长于现实中,没等你在幻境中走远,现实中的身体就会因为长时间不进水食或是缺乏休息而崩溃。"

"所以,这项技术可以同时杀死许多人?"

"我们发明这项技术的初衷,绝不是为了杀戮,只想获得蝴蝶石中的有效信息,这项技术是在无意中被发掘出来的。"林长荣的得意之情,不可抑制地流露而出。

"杨教授得到拓片后不久,便组建了一支由三人组成的符号学专家团队,用两个月的时间,破译了拓片内容。

"而拓片里记录的内容,并非什么开天辟地的大事儿,就是蝴蝶石所在的位置信息,之后你们三人为了躲避追杀,误打误撞发现了蝴蝶石,只能说,是命运使然。

"蝴蝶石里记录的信息,对教授而言没什么特殊意义,无非输送给考古学界,建立一条新的科研资源,他真正想做的,是通过冷心石打开时间通道。"

"所以拓片隐藏'末日之钟'的信息,是你借着我爸名义,搞的虚假宣传?"

"我这么做,是给老喇嘛施加压力,让他退回拓片,没想到他死后,居然将拓片交到你的手上。按理说这本来就是你的东西,不过这个秘密不能让马陆和他的小弟知道。"

"原来如此。"

"教授死后,我负责蝴蝶石的研究,无意中发现了人进入幻境时,会呈现长久的沉眠状态。正巧那段时间有个浑蛋,想尽办法占我们的便宜,所以,我尝试着用这招对付他,效果极好,医院检查了他的全身,也没有任何发现,至今靠滴液维持生命。"

说话时,林长荣笑得"满脸开花",嗨到极致。

"可他人在北京,电磁波的范围不能太远,怎么能对他持续造成影响?"

"只能用笨办法,让人带着设备始终跟着他,保持幻境不灭,通过实验,我们又发现,长时间的沉眠会导致人的意识彻底丧失,之后无论是否受到影响,都不会醒了。"

"难道人会长久地沉浸于幻境中,而不自知?"

"最长一次的沉眠实验,实验者沉眠了十五天,唤醒后根据他的描述,幻境中的生活与现实中没有不同,他无法意识到一切只存在于幻想,因为幻境中他能感受到温度、气味,甚至与人交往时情绪的变化。我估计,一旦达到永久沉眠状态,只要能维持生命,人的精神是处在活动中的。"

"太可怕了。"杨月钟葭道。

"这可是悲天悯人的技术,举个例子,当两军大规模对垒,即将交战时,如果开启设备使所有人沉眠于幻境,一场战争就消弭于无形了。再比如有人身患绝症,可以通过幻境,使他沉眠于人生中最后一段快乐时光,毫无痛苦地死去。"

"想得挺好,可事事都能如你所料?"

林长荣没有回答,而是继续劈砍树干,与此同时,黑暗茂密的树林中,响起轻微的声音,一股股乌金火花,透过林叶缝隙,闪烁起来。

杨月钟葭顿时紧张起来道:"黑色闪电。"

"只要站着别动,我保证你没事儿。"林长荣连眼皮子都没抬一下。

一瞬间,数十颗乌黑色的球状体跳跃而出,通体闪烁着电火花,朝二人撞来。

杨月钟葭方寸大乱,正要躲避,却被林长荣一把拉住道:"千万别乱动。"只见黑色闪电从四面八方呈包围之势而来,根本没处躲避。

然而确如林长荣所说,它们并非毫无规则地移动,而是沿着人体四周形成了一个圆形包围圈,林长荣并不理会"它们",继续砍树,终于将合欢树劈出一道深口。之后,又在相反位置继续劈砍,树干缺口越来越深,几乎只有一掌厚度时,他收起斧子,伸手在树干上轻轻一推。

合欢树断落后,压在黑色闪电之上。随即,数十道火苗从树枝缝隙处喷涌而出,整株树干发生燃烧,随着火势渐旺,周围草木也被烧着,引发火灾,整座山顶犹如被点着的大蜡烛,火势汹涌。

林长荣逆风火点,因此二人所立之处山火并未波及。虽然如此,杨月钟葭也觉得身入烤炉中,皮肤滚烫难忍,却也只能咬紧牙关一动不动。

大火几乎映红了黑暗的天空,整座城市都能看到,杨月钟葭道:"市政部门很快就会介入,你的秘密守不住了。"

"未必。"林长荣显得很有自信。

"除非你打算让整座城市的人陷入幻境。"

"并不是没有可能。"

"你……林哥,你是不是疯了?"

"钟葭,还记得巨人神庙那次任务,你们遭遇的流星雨吗?"

"当然,烧死了所有的猎人。"

"其实,那就是一场沉眠实验,所有进入者,都会产生相同幻觉,那片区域,可比这里的面积要大得多。"

"什么?那次任务……居然只是一场幻境?"

"为人创造生活,这是王者的权力,对吗?"

"你既然已经掌握了王权,又何必使用杀人这种最低级的手段?"

"除掉马蒙他们三人,是因为蝴蝶石的秘密太过重要,我不敢冒险。"

"接下来,你准备做什么?"

"宇宙中受到大行星引力干扰的空间,在小行星运行而过时会受到吸引发生撞击,这就是'重力锁眼',所以如何创造一处重力锁眼,引导小行星撞击,是我最早研究的项目。理论上讲,在地球某处设置磁性达到极致的区域,就可以创造重力锁眼,我也做了多年的准备,却发现要达到重力锁眼标准值,需要设置的引力场,即便消耗地球所有的电能也不可能达到。所以,我悲哀地认为,这一理想只怕是永生无望了。然而,天无绝人之路,又让我发现了蝴蝶石的秘密,所以,我换了一种思路,如果在现实中我无法创造真实的重力锁眼,创造一幕幻境也是不错的选择,同样能把所有人吓得魂飞魄散、哭爹喊娘。"

话说到这儿,他不禁大笑起来。

"所以,你把所有的人引到铁弓山来,就是为了一个如此无聊的目的?"

"当然不止这些人,我的目标,是让全世界的人类亲眼目睹一次陨石毁灭世界的壮观奇景。"

杨月钟葭觉得这个念头简直不可理喻,问道:"可一切不过是幻境,就算吓死几个心脏不好的人,对你来说又能得到什么实质性的好处?"

"当所有人沉眠于幻境中,世界就会变得安静,当所有人只以精神形式而存在,肉体终将毁灭。"林长荣轻轻叹了口气道,"从我生下来第一天起,包括亲妈在内的所有人都想我死,只有杨教授收养了我,抚养我长大,所以除了他和他的家人,我不会怜悯任何一条生命,他们都有罪,都是肮脏的。"

"林哥,我理解你的心情,被人歧视的滋味确实不好受,可毕竟这世上绝大部分人和你素昧平生……"

"那又怎样,谁让他们是人?从生下来那一刻起,他们的命运便已注定,这不怪我。"

数十辆消防车拉着警笛,由远而近,靠近铁弓山时,忽然失去控制,或相撞,或侧翻,有几辆虽然停住,却没人下来。

林长荣脸上露出一丝得意笑容道:"好戏开场了。"

"可是,同样会有电能瓶颈,就算把整座城市的电量偷来,也不足以支撑你释放影响世界的电磁波。"

"依靠一地的发电量当然不成,可铁弓山的黑色闪电,瞬间释放的电能是极其巨大的。何况我还掌握着大量扩大电能的陨石,通过这些陨石,再将黑色闪电能量放大十倍,这是什么概念?"

大火烧光了茂密的树林,隐藏其中的陨石暴露出来。只见大量陨石整齐码成一堆,每块石头形状完全相同,被烈火炙烤的陨石表面,闪烁着一层乌油油的光芒。

"这些石头,都是复制出的?"

"凤凰蛋、蝴蝶石、虚幻空间、释电石,因为拥有这四种奇石,所以我的计划可以付诸实施,任何梦想都不是一蹴而就的,我总算等到这一天了。"

"林哥,现在收手还来得及。"

"钟葭,你是不是疯了?到这一步,让我收手?"

"如果你的同类全部死亡,就算拥有整个世界,又能怎样?"

"当然是想怎样就怎样,整个世界只剩你一人,才能得到绝对的自由,而且人类所有的秘密都将留存于世,你可以一一挖掘出来,就像玩真人版的盗宝游戏。"林长荣神经质般地咯咯笑着。

"我不需要所谓绝对自由,更不想玩什么盗宝游戏,我只想普普通通地活着,孤单的时候能找人聊天,生病的时候找医生看病。"

"你简直就是个不可理喻的疯子。"林长荣目瞪口呆地望着她。

"我是疯子?"杨月钟葭简直不能相信自己的耳朵。

"唉,看来,我做的一切都是无用功了,钟葭,我真的很心痛。"

杨月钟葭暗道:"坏了。"正准备阻止他动手,猛然就见眼前一阵天翻地覆的变化。

随即,她"站在"一处空旷的沙漠腹地,远处天际,极强的光脉冲犹如一个太阳,将黑暗的天空照得雪亮,杨月钟葭双脚感到阵阵凉飕飕的麻感,似乎不断有电流通过,低头看,只听见脚上皮鞋的表面,居然发出怪异的"嘶嘶"声。

一颗直径超过五十公里的巨型星体,以每秒11.2公里的"第二宇宙速度",从六十公里的高度坠落太平洋。

撞击发生瞬间,巨大的能量开始蒸发海水,灰岩大量分解,固定在水圈和岩石圈中的二氧化碳大量喷发而出,短时间内满溢至大气层,当数值远远超过气层承受上限,大型温室效应爆发,杨月钟葭仿佛身处温度极高的桑拿浴室,又闷又热,喘气都变得困难。

然而又在眨眼间,陨石撞击产生的大量悬尘溅向平流层,阳光被反射,气温又变得极度寒冷,杨月钟葭仿佛身入冰窟,浑身血液都被冻住。

冷热交替作用,那种痛苦让杨月钟葭恨不能一刀抹了脖子,然而身处幻境,她无力做出任何行为,相比于身体的痛苦,更加可怕的是整个地球只有她一个人,独自面对山崩海啸的末日景象、令人绝望的孤单感,几乎彻底摧毁了她的精神。

林长荣创造的幻境,其实有诛心之效,就算没有碰人半根头发,却已将人推下地狱。

"救命、救命……"杨月钟葭虚弱地呼救着,虽然明知不可能有人救她。

然而……

"钟葭醒醒,快醒醒……"

浑黄的天空,忽然传来一个人的声音,这声音是如此的熟悉。

"马陆。"杨月钟葭浑身一激灵,睁开了眼。

一阵刺眼的白光,使她双目产生了暂时性的失明,下意识用手拦在眼前。片刻,灯光逐渐变暗,直到恢复正常,马陆那张脸,出现在她的双眼中。

"你终于醒了。"马陆笑了,眼泪却夺眶而出。

"我这是在幻境里?"

"这是真实的世界,我们把你救回来了。"

"怎么可能?"杨月钟葭强撑着起身,却发现马陆坐在轮椅上。

"有人在幻境中找到了记号,林长荣的计划彻底失败了。"

"谁?"

"你们在西京市警局,林长荣触发幻境后,市局一名信息部的实习生,发现正在编写的程序代码没有变化,所以意识到自己身处幻境,恢复了意识。"

杨月钟葭顿时明白过来,幻境中的"记号",其实就是本人创作的对标物,无论是有意还是无意,只要此物对你具有唯一性,并且是亲手制成,就能够在幻境中唤醒记忆,由此"幡然醒悟"。

所以,这门技术看似无懈可击,其实并不靠谱,因为每一个认真做事儿的人,都会有"对标物"存在,而这些"清醒者",就是存在于幻境壁垒的"定时炸弹",随时会发生摧毁幻境的爆炸效果。

"林长荣呢?"

"他死了。"

"死了?"杨月钟葭吓了一跳。

"他对黑色闪电使用了释电石,由于释放出的电能过于强烈,造成山体开裂,被石头砸死了。"

"可山上都是黑色闪电,我是怎么活下来的?"

"黑色闪电确实存在,不过科学家在山体表面,发现了一种硅晶体原料制成的蛛网状薄膜,这种膜极薄却很坚硬,而且具有导电功能,黑色闪电就

335

是沿着蛛网形状移动，只要找到其中的空隙，就能避免接触闪电，你失去意识时人是站立的，如果摔倒……"

杨月钟葭轻轻叹了口气道："他和老刀一样，都是天才，也都是疯子。"

"追求奇迹的疯子，最终却被奇迹毁灭。"

"你的腿……"

马陆无所谓地笑道："脊骨受了不可逆的损伤，下半辈子估计都要坐轮椅了。"

杨月钟葭捂住嘴，泪水在眼眶转圈。

"别哭，对我而言不是坏事儿，陪你这些天，我静下心想了很多，如果两条腿没事儿，我肯定还是要东奔西跑的。现在可好，想跑都没得跑了，钟葭，这是因祸得福，看看那些猎人的下场，你应该替我感到高兴。"

"你真的这么想？"

"当然，我不会骗你。"

杨月钟葭靠在马陆的肩头，轻声道："那我们就这样在一起，永远不分离，好吗？"

"不行，我已经残废了，不能拖累……"

杨月钟葭伸手按住他的嘴道："别说了，我再也不可能遇到，愿意为我付出生命的男人，将来我们会变老、变丑，变得庸俗不堪，甚至会为了曾经的决定吵闹。但是，我永远不会离开你，直到我离开世界的那一天。"

小小的病房，一对年轻人悄悄诉说着海誓山盟，彼此祈祷心中的爱就像陨石，永不磨灭。

图书在版编目（CIP）数据

陨石猎人 / 易飞扬著 . -- 上海：文汇出版社 ,2021.5
ISBN 978-7-5496-3506-1

Ⅰ．①陨… Ⅱ．①易… Ⅲ．①幻想小说－中国－当代 Ⅳ．① I247.5

中国版本图书馆 CIP 数据核字 (2021) 第 068015 号

陨石猎人

著　　者 / 易飞扬
责任编辑 / 徐曙蕾
封面装帧 / 鬼鬼
策划监制 / 牧神文化
特约编辑 / 江心语　王辉城

出版发行 / 文汇出版社
　　　　　上海市威海路 755 号
　　　　　（邮政编码 200041）
印刷装订 / 启东市人民印刷有限公司
版　　次 / 2021 年 5 月第 1 版
印　　次 / 2021 年 5 月第 1 次印刷
开　　本 / 890×1240　1/32
字　　数 / 600 千字
印　　张 / 20.25

ISBN 978-7-5496-3506-1
定　　价 / 98.00 元